D1719322

Kohlhammer

Religionspädagogik innovativ

Herausgegeben von

Rita Burrichter
Bernhard Grümme
Hans Mendl
Manfred L. Pirner
Martin Rothgangel
Thomas Schlag

Band 46

Die Reihe „Religionspädagogik innovativ" umfasst sowohl Lehr-, Studien- und Arbeitsbücher als auch besonders qualifizierte Forschungsarbeiten. Sie versteht sich als Forum für die Vernetzung von religionspädagogischer Theorie und religionsunterrichtlicher Praxis, bezieht konfessions- und religionsübergreifende sowie internationale Perspektiven ein und berücksichtigt die unterschiedlichen Phasen der Lehrerbildung. „Religionspädagogik innovativ" greift zentrale Entwicklungen im gesellschaftlichen und bildungspolitischen Bereich sowie im wissenschaftstheoretischen Selbstverständnis der Religionspädagogik der jüngsten Zeit auf und setzt Akzente für eine zukunftsfähige religionspädagogische Forschung und Lehre.

Norbert Brieden

Paradoxien entfalten und bearbeiten

Beobachtungen zu Differenzierungspraktiken in der Religionspädagogik

Verlag W. Kohlhammer

Die vorliegende Arbeit wurde als Dissertation am Institut für Katholische Theologie der Fakultät für Kulturwissenschaften der Universität Paderborn angenommen.

1. Auflage 2022

Alle Rechte vorbehalten
© W. Kohlhammer GmbH, Stuttgart
Gesamtherstellung: W. Kohlhammer GmbH, Stuttgart

Print:
ISBN 978-3-17-042478-4

E-Book-Format:
pdf: ISBN 978-3-17-042479-1

Inhaltsverzeichnis

Ich geh, weiß nit, wohin.
Ich komm, weiß nit, von wo.
Ich bin, ich weiß nit, was.
Mich wundert, dass ich so fröhlich bin.

(volkstümlich aus dem Mittelalter)

Vorbemerkung

Wohin gehen – woher kommen – was sein? Die Fragen, die den ersten drei Versen des Vierzeilers zugrunde liegen, unterscheiden zwischen Zukunft, Vergangenheit und Gegenwart. Obwohl das lyrische Ich die Antwort auf diese Fragen „nit weiß", stellt es am Ende verwundert fest, dass es „fröhlich" ist. Jede Beobachtung ist eine zeitlich strukturierte Operation, die etwas bezeichnet – z. B. sich selbst als „fröhlich" – und mit der Bezeichnung zugleich dieses Etwas von dem unterscheidet, was es nicht ist. Obwohl das Nicht-Wissen über Zukunft, Herkunft und Identität doch eher traurig stimmen könnte, ist das lyrische Ich paradoxerweise fröhlich.

In der Beschäftigung mit konstruktivistischem Denken stieß ich immer wieder auf eine Reflexion der Form der Unterscheidung, die sich häufig auf die „Logik der Form" von George Spencer Brown bezog. Dass in seiner Analyse der Aufforderung „Triff eine Unterscheidung!" die Unterscheidung als eine Form mit den beiden Seiten des Bezeichnens und Unterscheidens zugleich den Vollzug des Beobachtens beschreibt, soll dazu beitragen, die Denkbewegungen einer konstruktivistischen Religionsdidaktik verständlich zu machen. Dass die Form der Unterscheidung zugleich paradox ist, zeigt sich durch einen Wiedereintritt der Form in die Form: Die Einheit von Bezeichnen und Unterscheiden kann beispielsweise auf die Seite des Bezeichnens wiedereingeführt werden (die paradoxe Einheit von Fröhlich-Sein und Nicht-Fröhlich-Sein). Spencer Brown bezeichnet das als Reentry, der in seinem mathematischen Kalkül zu Gleichungen zweiter Ordnung führt. In der Praxis des Beobachtens werden auf diese Weise Beobachtungen zweiter Ordnung möglich, die das Beobachten beobachten (die Beobachtung des lyrischen Ichs und seiner Selbstbeobachtung). Daran kann deutlich werden, dass Bezeichnen und Unterscheiden voneinander unterschieden werden müssen, obwohl im Unterscheiden die Einheit der beiden Vollzüge gesetzt ist. Niklas Luhmann hat sich intensiv mit dieser Paradoxie befasst, die als Paradoxie der Form der Unterscheidung in allen Beobachtungen mitspielt und deshalb näher untersucht werden soll.

Möglicherweise liegt es an dieser ubiquitären Paradoxie, dass sich das Vorhaben, konstruktivistisches Denken zu fassen, vergleichen lässt mit der Aufgabe, einen Sack Flöhe zu hüten: Glaubt man, es irgendwie in den Griff bekommen zu haben, entgleitet es dem begreifenden Verstand ebenso wie die Flöhe der nach ihnen greifenden Hand. Zwischen den Fingern zerrinnt jeglicher Bestand irgendeines vermeintlichen Wissens – und am Ende steht man, so mag es zunächst der oberflächlichen Betrachtung erscheinen, mit leeren Händen da. Das paradoxe Bemühen, Unfassliches zu erfassen, Unverständliches zu verstehen bzw. Unsystematisierbares zu systematisieren, könnte an der selbst gesetzten Aufgabe verzweifeln lassen – zeigte sich nicht in der Beobachtung dieses Bemühens selbst, dass durch es gelernt werden kann, mit Paradoxien umzugehen: euryalistisch ein zwölftes Kamel einzuführen und es sthenographisch zurückzugeben (wer das Buch gelesen hat, weiß, was damit gemeint ist).

Was somit in diesem Buch zum Ausdruck kommen soll, ist weniger ein Festhalten von Ergebnissen unterschiedlicher wissenschaftlicher (pädagogischer, theologischer, philosophischer, soziologischer, mathematischer etc.) Diskurse, sondern vielmehr das Einüben in eine konstruktivistische Haltung. Dass ‚der‘ Konstruktivismus – den es konstruktivistisch betrachtet aufgrund der Vielfalt von Perspektiven auf ihn sowieso nicht geben kann – selbst kein definierbares ‚Konstrukt‘ ist, sondern eher ein Antrieb für die nicht abschließbaren Prozesse des Weiterdenkens, soll sich in diesem Buch zeigen, indem religionspädagogische Reflexionen mit der paradoxen Form der Unterscheidung verbunden werden.

Es geht beim Konstruktivismus weniger um abstrakte Theoriebildung – selbst wenn es um sie natürlich auch immer geht – als vielmehr darum, die Praxis des Lebens derart nachzuvollziehen, dass Irritationen nicht verdeckt, sondern zugelassen und sogar gestärkt werden. Eine konstruktivistische Denkweise ist besonders interessiert an Impulsen für Neues, die Handlungsspielräume der Menschen erweitern, statt sie im scheinbar alternativlosen Reagieren auf Sachzwänge zum Verschwinden zu bringen. Das Leben ist ein Wunder, auch und gerade in den Zeiten der Corona-Krise und drohender klimatischer Umwälzungen.

Ein Verständnis von *Konstruktivismus* als eine weltanschauliche Haltung, die offene Begegnungen mit ‚Wirklichkeit‘ erleichtert, hat zur Folge, dass die Einsicht in die Paradoxalität der Aufgabenstellung auch in die Form der Auseinandersetzung eingeht: Begrifflich scharfe Analysen stehen neben Skizzen komplexer Diskurse; Tiefenbohrungen an Detailfragen entzünden sich an narrativen Sprachformen wie beispielsweise einem Witz oder einer Legende zur Klärung eines erbrechtlichen Problems bzw. werden konkretisiert durch die Auslegung einer Wundererzählung oder mit Versen eines Gedichts. Der changierende Stil ist somit nicht Selbstzweck, sondern Ausdruck der im Letzten verborgenen Antworten auf unsere wichtigsten Fragen – wie es in dem volkstümlichen Vierzeiler zum Ausdruck kommt, der als Motto der Arbeit vorausgeht. Dieses Motto konstruktivistisch zu deuten, auch im Gegenüber zur Ansicht, es handele sich um heidnische Gedanken, da wir ja wüssten, wohin wir gingen – nämlich zu Gott, steht am Ende dieser Arbeit, das kein Ende sein kann.

Am Ende soll sich gleichwohl zeigen, dass das Postulat einer Beobachtung dritter Ordnung im Horizont der beschriebenen konstruktivistischen Grundhaltung steht. Diese Beobachtung ist die paradoxe Einheit von Beobachtung und Nicht-Beobachtung, deren Spur sich besonders in den mystischen Erfahrungen der Einheit mit Gott zeigt. Versuche, diese Nähe-Erfahrungen zu beschreiben, dokumentieren zugleich die Ferne zu Gott. Wer den Weg abkürzen möchte, kann direkt mit der Lektüre des vierten Kapitels beginnen; ich vermute jedoch, dass diese dritte Beobachtungsordnung besser nachzuvollziehen ist, wenn man dem verschlungenen Weg folgt, der dem Postulat einer solchen unordentlichen Beobachtungsordnung in seiner paradoxalen Grundstruktur entspricht. Dieses Postulat ist ein Konstrukt, das nur im mühsamen Prozess, sich ihm aus verschiedenen Richtungen anzunähern, fundiert werden kann. Den Prozess zu rekonstruieren erfordet seine Dekonstruktion.

Die Motti vor den Kapiteln der Arbeit sollen eine erweiternde oder verfremdende Perspektive auf den Inhalt des Kapitels bieten. Ihre Auswahl ist wohl bedacht, wird allerdings nicht reflektierend begründet, sondern soll die Leser*innen in ihrer Lektüre anregen, bzw. sie für die Lektüre öffnen oder motivieren. Um den Text gendergerecht zu schreiben, nutze ich in der Regel das Sternchen* als Zeichen dafür, dass auch geschlechtliche Zuschreibungen nicht ohne Konstrukte funktionieren. Das Sternchen* dient zugleich auch als Platzhalter für jene Menschen, deren Selbstbeschreibung sich biologisch bzw. kulturell nicht im Differenz-Dual männlich/weiblich erschöpft. Teilweise nutze ich weibliche und männliche Formen alternierend, um den Text nicht unnötig zu verkomplizieren. Dass der Blick auf die Geschlechtervielfalt paradoxerweise und kontraintentional Ungerechtigkeiten bestätigen oder sogar verschärfen kann, scheint unvermeidbar. Hervorhebungen in den Zitaten stammen immer aus den zitierten Texten, wenn nicht anders gekennzeichnet.

Die Arbeit wurde im SoSe 2021 an der Universität Paderborn als Dissertationsschrift eingereicht. Oliver Reis danke ich nicht nur für das Erstgutachten, sondern vor Allem für wichtige Hinweise, die der Arbeit eine höhere Stringenz verliehen. Jan Woppowa danke ich für die Übernahme des Zweitgutachtens. Bei der Disputatio zum Abschluss des Promotionsverfahrens wurde im kollegialen Gespräch – ein herzliches Dankeschön dafür der Vorsitzenden der Promotionskommission, Rita Burrichter, dem externen Mitglied, Matthias Gronover, und den beiden Gutachtern – einmal mehr deutlich, wie sehr es auf allen Ebenen der Kommunikation bedarf, um sich wechselseitig auf blinde Flecken hinzuweisen. In diesem Sinne verstehe ich die hier vorgelegte Beobachtungstheorie nicht als ein normatives Rezept für religionspädagogische Applikationen, sondern insgesamt als ein ‚zwölftes Kamel‘, bei dem es sicher nicht an allen Stellen gelungen ist, es adäquat ‚zurückzugeben‘. Deshalb bitte ich alle, die meine Denkversuche nachverfolgen, an der ‚Rückgabe des zwölften Kamels‘ mitzuwirken.

Für wichtige Impulse und Hinweise auf allen Ebenen danke ich Annette Scheible, Markus Tomberg, Bernhard Grümme und seinem Oberseminar, Klaus

Feldmann, Matthias Gronover, Christian Handschuhmacher, Samuel Brieden und Jonas Maria Hoff, Matei Chihaia und Bea Burghoff für die interdisziplinären Seminare zu Ernesto Cardenal, den Herausgebern und der Herausgeberin des Jahrbuchs für konstruktivistische Religionsdidaktik und allen Teilnehmer*innen an den Jahrestreffen des Vereins für Konstruktivismus in Theologie und Religionsdidaktik, zu denen ich einige der hier vertretenen Thesen erstmals diskutieren konnte. Es ist mir eine Ehre, diesem Herausgeberkreis seit 2020 anzugehören. Außerdem bin ich dem Forschungskreis „Kommunikative Theologie" zu großem Dank verpflichtet, der mir die theologische Bedeutung einer wissenschaftlichen Forschungsgruppe immer wieder nachhaltig vor Augen führt, sowie dem Netzwerk für Theologie und Hochschuldidaktik, in dem die enge Vernetzung theologischer und pädagogisch-didaktischer Fragen auf hohem Niveau diskutiert wird. Schließlich bedanke ich mich bei Timo Alles, der die Abbildungen für diese Veröffentlichung in eine druckreife Form gebracht hat.

Dass ich ohne die emotionale Unterstützung meiner Familie ein solches Buch nicht hätte schreiben können, mag sich von selbst verstehen. Aber ihr gebührt größere Anerkennung, als Worte sie vermitteln, nicht nur aufgrund der Bereitstellung zeitlicher Ressourcen und des Einsatzes für das leibliche Wohl.

Die Kindliche Kaiserin zu Atréju über Menschenkinder, die nach Phantásien kommen:
„Wo sie vorher nur Alltäglichkeit gefunden hatten,
entdeckten sie plötzlich Wunder und Geheimnisse.
Deshalb kamen sie gern zu uns nach Phantásien.
Und je reicher und blühender unsere Welt dadurch wurde,
desto weniger Lügen gab es in der ihren
und desto vollkommener war also auch sie."
Michael Ende

1. Grundlagen, Vorgehensweise, Ziele

Welche Aussagen konstruktivistischer Theorieangebote eignen sich eigentlich dafür, Lehren und Lernen in Bezug auf das weite Feld der Religion zu beschreiben? Und weiter: Welche religionsdidaktischen Ansätze ließen sich durch konstruktivistische Theoriebausteine besser begründen, tiefer verstehen, präziser fundieren? Wäre eine derart konstruktivistisch fundierte Religionsdidaktik dann lediglich eine Stimme in der Vielfalt religionsdidaktischer Perspektiven, oder käme ihr das Privileg einer „grundlegenden" Religionsdidaktik zu,[1] die verschiedene Dimensionen, wie etwa die interreligiöse, die performative oder die kompetenzorientierte, zielgerichtet miteinander verbände bzw. voneinander abgrenzte?[2] Oder wäre sie darüber hinaus in der Lage, unterschiedliche didaktische Strukturen, wie die problemorientierte, die symboldidaktische, die traditionserschließende und die religionsdialogische[3], genauer aufeinander zu beziehen? Dürfte sie damit gar den Status einer religionsdidaktischen Konzeption beanspruchen, obwohl ein „breiter Konsens" darüber zu bestehen scheint, dass in unserer Zeit „großangelegte Theoriegebäude" nicht „pluralitätsfähig und flexibel" genug für die Aufgabe sind, „auf die vielfältigen, je konkreten Anforde-

---

[1] Vgl. Englert, Rudolf (2012): Religionsunterricht wohin? Versuch einer Bilanz, in: Grümme, Bernhard/Lenhard, Hartmut/Pirner, Manfred (Hg.): Religionsunterricht neu denken. Innovative Ansätze und Perspektiven der Religionsdidaktik. Ein Arbeitsbuch (Religionsdidaktik innovativ 1), Stuttgart, 247–258. S. u. 2.3; 4.3.

[2] Vgl. Schweitzer, Friedrich (2014): Wo also steht die Religionsdidaktik? Kritische Fragen in weiterführender Absicht, in: Zeitschrift für Pädagogik und Theologie, 66, 385–391.

[3] Vgl. Beyer, Franz-Heinrich/Brieden, Norbert (2011): Evangelische und Katholische Religionspädagogik, in: Marko Demantowsky/Volker Steenblock (Hg.): Selbstdeutung und Fremdkonzept. Die Didaktiken der kulturwissenschaftlichen Fächer im Gespräch (Bochumer Beiträge zur bildungswissenschaftlichen und fachdidaktischen Theorie und Forschung 1), Bochum, 53–73. In diesem Beitrag beziehen wir uns auf ein um die religionsdialogische Struktur erweitertes Modell von Biehl, Peter (1996): Didaktische Strukturen des Religionsunterrichts, in: Jahrbuch für Religionspädagogik, 12, 197–223.

rungen des religionsdidaktischen Praxisfeldes reagieren zu können"[4] Wäre ein solcher Anspruch dann möglich, wenn Unabgeschlossenheit, Perspektivenviel-falt und Flexibilität zentrale Bausteine einer solchen konstruktivistischen Religionsdidaktik sind? Aber wie lässt sich das in der theoretischen Beschreibung selbst durchhalten?

In diesem Buch geht es mir darum, im Rückgriff auf Theorieelemente verschiedener konstruktivistisch argumentierender Wissenschaftler*innen das Fundament für eine solche konstruktivistische Religionsdidaktik in der Form der Unterscheidung zu legen, die alle Differenzierungspraktiken begründet und unweigerlich zu Paradoxien führt, die dann wiederum beobachtungstheoretisch entfaltet und konstruktivistisch bearbeitet werden können. Ob diese Fundierung bereits ausreicht, um eine solche Didaktik als eine grundlegende Religionsdidaktik oder gar als weitausholende Konzeption zu etablieren, sei dem Urteil der Leser*innen überlassen. Jedenfalls sind meine Überlegungen damit eindeutig der religionsdidaktischen Grundlagenforschung zuzuordnen, und zwar zum einen dem Format „Religionsdidaktische Konzeptbildung", das auf Theologie und die Bildungswissenschaften zurückgreift, hier um das hermeneutische Potential konstruktivistischer Theorien zum Verstehen religiöser Lehr- und Lernprozesse zu plausibilisieren, zum anderen aber auch das Format der Forschung zu den „Rahmenbedingungen des Religionsunterrichts", insofern religiöse und theologische Denkformen soziologisch-systemtheoretisch erörtert werden. Damit kommt zugleich auch das Forschungsformat „Religionsdidaktische Wissenschaftstheorie" ins Spiel, weil philosophisch-wahrheitstheoretische Diskurse z. B. religionsdidaktische Reflexionstypen formatieren.[5]

Einleitend möchte ich den Horizont der vielfältigen Deutungsansätze abschreiten, in den hinein ich meine Überlegungen verorte. In einem ersten Schritt möchte ich zeigen, wodurch eine Argumentation als „konstruktivistisch" charakterisiert werden kann: Durch welche Eigenschaften ließe sich eine solche Redeweise von welchen anderen sinnvoll differenzieren? Hier geht es darum, im weiten Panorama konstruktivistischen Denkens vier Fixpunkte zu markieren – als markante Gipfel innerhalb dieses Panoramas (1).[6] In einem zweiten Schritt stehen pädagogische Ableitungen konstruktivistischer Argumentationen im

---

[4]   Grümme, Bernhard/Lenhard, Hartmut/Pirner, Manfred (2012): Religionsunterricht neu denken? Zur Einführung, in: Dies. (Hg.), a. a. O., 9–13, 11.

[5]   Vgl. Riegel, Ulrich/Rothgangel, Martin (2021): Formate religionsdidaktischer Forschung, in: Kropač, Ulrich/Riegel, Ulrich (Hg.): Handbuch Religionsdidaktik, Stuttgart, 537–546, 542–544.

[6]   Die Ausführungen in diesem Abschnitt finden sich etwas gekürzt und bezogen auf die Beiträge des Jubiläumsbandes des Jahrbuchs für konstruktivistische Religionsdidaktik; vgl. Brieden, Norbert (2019): Kriterien konstruktivistischer Religionsdidaktik und die Diskussionen im Jahrbuch als Spiegel der Theorie-Entwicklung, in: Büttner, Dietrich/Mendl, Hans/Reis, Oliver/Roose, Hanna (Hg.): Praxistheorie (Jahrbuch für konstruktivistische Religionsdidaktik 10), Babenhausen, 235–250, 236–244.

Vordergrund: Welche Bedeutung haben sie für ein konstruktivistisches Verständnis von Lehr- und Lernprozessen (2)? In einem dritten Schritt stelle ich exemplarisch die vielfältigen Resonanzen vor, die konstruktivistisches Denken in Theologie und Religionspädagogik gefunden hat: Wie lässt sich der Glaube an Gott in einem konstruktivistischen Rahmen verstehen, der die Aktivität von Subjekten in ihren Konstruktionen von Gottesbildern betont (3)? Davon ausgehend stellt ein vierter Schritt die Vorgehensweise und Gliederung dieses Buches in den drei weiteren Kapiteln vor (4).

1.1 Den Konstruktivismus gibt es nicht, oder: Was macht konstruktivistisches Denken attraktiv?

Der Philosoph und Medienwissenschaftler Siegfried J. Schmidt (geb. 1940) hat in seinen Veröffentlichungen den Diskurs um den sogenannten ‚Radikalen Konstruktivismus' in den 1980er und 1990er Jahren angeregt. 2003 kam sein Buch mit dem Untertitel „Abschied vom Konstruktivismus" heraus.[7] Klar wurde mir bei der Lektüre, dass er auf den Begriff lieber verzichtet, wenn er bis zur Unkenntlichkeit verschwimmt und mehr Missverständnisse hervorruft als Verständnis bewirkt. Aus konstruktivistischer Perspektive ist ein Abschied von ‚dem' Konstruktivismus nur konsequent, denn ‚den' Konstruktivismus kann es nicht geben: Es ist jeweils zu erläutern und zu diskutieren, was man selbst im Diskurs mit anderen unter ‚Konstruktivismus' versteht. Und das kann je nach Perspektive und Erkenntnisinteresse dann auch etwas sehr Unterschiedliches sein – kein Wunder, bei der Vielzahl von Theorien und Konzepten, die die konstruktive Tätigkeit des Menschen ins Zentrum ihres Interesses rücken.

In einem Lexikonartikel definiert Peter Janich nämlich den Konstruktivismus als „eine allgemeine Bezeichnung für Richtungen und Bemühungen in Wissenschaft, Kunst und Philosophie, die den Begriff der Konstruktion für das Hervorbringen der jeweiligen Gegenstände ins Zentrum stellen".[8] Seine Typologie von naturalistischen und kulturalistischen Konstruktivismuskonzepten bricht sich nun gerade an der Konzeption von Schmidt, insofern sie sich „ungeklärten naturalistischen und naturwissenschaftsaffirmativen Prämissen eines hirntheoretischen oder biologistischen Anfangs versagt" (1).[9]

Demgegenüber rückt Falko von Ameln eine erkenntnistheoretische Grundüberzeugung ins Zentrum, die in die Ablehnung eines korrespondenztheoretischen Wahrheitsbegriffs mündet: Weil es für keinen von uns einen objektiven

---

[7] Vgl. Schmidt, Siegfried J. (2003): Geschichten & Diskurse. Abschied vom Konstruktivismus, Hamburg.

[8] Janich, Peter (2003): Artikel „Konstruktivismus", in: Sandkühler, Hans Jörg (Hg.): Enzyklopädie Philosophie, Hamburg, 722–726, 722.

[9] Ebd., 724.

Standpunkt gibt, von dem aus wir die Übereinstimmung zwischen unseren Konstrukten und der Realität an sich feststellen könnten (das wäre die Perspektive Gottes), ist wahr zunächst pragmatisch das, was geht – solange es geht und bis es durch neue Konstrukte ersetzt oder ergänzt werden muss (2).

Wissenschaftstheoretisch klingt hier das Programm des kritischen Rationalismus etwa bei Karl Popper (1902–1994) an, Erkenntnisse solange für wahr zu halten, bis sie falsifiziert werden bzw. durch eine umfassendere Theorie in ihrer Begrenztheit zu erkennen sind (wie z. B. die Gravitationstheorie Newtons durch die Relativitätstheorie Einsteins). Gegenüber einem solchen Programm, das noch von der Hoffnung zehrt, sich im Laufe der Wissenschaftsgeschichte immer mehr der objektiven Wahrheit anzunähern, verankert Finn Collin den Konstruktivismus in der wissenssoziologischen Theorie der Edinburgh-Schule des Psychologen David Bloor (geb. 1942) und des Naturwissenschaftlers Barry Barnes (geb. 1943): Sämtliche „Aspekte der Wissenschaft [sind] für eine Erklärung durch gesellschaftliche Faktoren zugänglich [...], darunter auch der Inhalt anerkannter wissenschaftlicher Theorien beispielsweise der Physik".[10] Der wissenschaftstheoretische Perspektivenwechsel von den Inhalten zu den Paradigmen ihrer Erforschung (Thomas Kuhn) ist für konstruktivistische Ansätze insofern bedeutsam, als er ihre politisch-emanzipatorischen Dimensionen anzeigt (3).

Mir scheint vor diesem Hintergrund besonders der systemische Blick relevant zu sein, insofern er, um es mit den Worten des Mediziners und Organisationsberaters Fritz B. Simon zu sagen, „eine radikal andere Art von Erklärungen für die beobachteten Phänomene konstruiert" (4).[11]

1.1.1 Naturalistische und kulturalistische Konstruktivismen, oder: Den unbefangenen Blick einüben (z. B. Peter Janich)

Der Philosoph Peter Janich (1942–2016) erblickt im Konstruktivismus „eine erkenntnistheoretische Perspektive, die jede Erkenntnistätigkeit als konstruierend begreift und Gegenpositionen zu metaphysischen Ontologien und realistischen Erkenntnistheorien formuliert. Heute gibt es eine kaum mehr überschaubare Vielzahl sich untereinander teilweise erheblich unterscheidender Kon-

---

[10] Collin, Finn (2008): Konstruktivismus für Einsteiger, Paderborn, 40. Die Ergänzung „für Einsteiger" hat der Verlag vermutlich aus wirtschaftlichen Erwägungen vorgenommen; die dänische Originalausgabe unter dem Titel „Konstruktivisme" (2003) ist offener für die komplexen wissenschaftstheoretischen Überlegungen, die eher eine Zuschreibung „für Fortgeschrittene" nahelegen. Zu Bloor s. u. 4.2.2.1.1.

[11] Simon, Fritz (2009): Einführung in Systemtheorie und Konstruktivismus, Heidelberg, 4. Aufl., 12.

struktivismen, die sich in die zwei Großgruppen naturalistischer und kulturalistischer Typen einteilen lassen."[12]

Die Vertreter des sogenannten ‚Radikalen Konstruktivismus' ordnet Janich dem naturalistischen Typus zu – sofern sie sich wie Humberto R. Maturana (1928–2021) und Francisco J. Varela (1946–2001) auf Ergebnisse ihrer biologischen Studien stützten, wie Ernst von Glasersfeld (1917–2010) im Gefolge von Jean Piaget (1896–1980) auf einer unhinterfragten entwicklungspsychologischen Theorie aufbauten oder wie Heinz von Foerster (1911–2002) ausgehend von kybernetischen Studien zur Maschinensteuerung von einer ‚operativen' Erkenntnistheorie sprächen. Ihnen gegenüber seien die Vertreter des abgrenzend so genannten ‚Methodischen Konstruktivismus' paradoxerweise radikaler, weil sie die kulturelle Einbettung auch der naturwissenschaftlichen Erkenntnisse stärker in den Blick nähmen. Der Methodische Konstruktivismus differenziere sich in eine Erlanger – Wilhelm Kamlah (1905–1976), Paul Lorenzen (1915–1994) und Kuno Lorenz (geb. 1932) – und eine Marburger Schule, zu der sich Peter Janich zusammen mit Friedrich Kambartel (geb. 1935) und Jürgen Mittelstraß (geb. 1936) selbst rechnet. Gemeinsame Wurzeln aller konstruktivistischen Richtungen sieht Janich bei Immanuel Kant (1724–1804), Gottlob Frege (1848–1925), Hugo Dingler (1884–1954) und Silvio Ceccato (1914–1997); die Differenzierung in naturalistische und kulturalistische Typen sieht er bei Siegfried J. Schmidt und seinen Diskursen über den Radikalen Konstruktivismus unterlaufen.[13]

Hier zeigt sich ein erstes typisches Merkmal konstruktivistischen Denkens: Unterscheidungen werden konstruiert (hier die Differenz von kulturalistischen und naturalistischen Konstruktivismustypen) und zugleich dekonstruiert bzw. relativiert, wenn sie auf eine bestimmte Wirklichkeitserfahrung (hier durch die Begegnung mit den konstruktivistischen Überlegungen von Schmidt) nicht (mehr) zutreffen. Damit ist eine wissenschaftliche Haltung verbunden, die sich in Prozessen konstruktivistischen Denkens lernen lässt: Es ist die Bereitschaft, für sicher geglaubte Erkenntnisse zu ‚vergessen',[14] um sich neuen Ufern zuzuwenden.

---

[12]   Janich 2003, 722.

[13]   Vgl. ebd., 723f. Vgl. Schmidt, Siegfried J. (1987/Hg.): Der Diskurs des Radikalen Konstruktivismus, Frankfurt a. M.

[14]   Nicht umsonst formuliert der Konstruktivist Heinz von Foerster eine Lethologie (Lehre vom Vergessen): Foerster, Heinz von (2002): Lethologie. Eine Theorie des Erlernens und Erwissens angesichts von Unwißbarem, Unbestimmbarem und Unentscheidbarem, in: Voß, Reinhard (Hg.): Die Schule neu erfinden. Systemisch-konstruktivistische Annäherungen an Schule und Pädagogik, Neuwied-Kriftel, 4. überarb. Aufl., 14–32.

1.1.2 Abschied von der Korrespondenz, oder: Wahr ist, was geht (z. B. Falko von Ameln)

Die erkenntnistheoretische Grundüberzeugung des Konstruktivismus, die Janich als Abgrenzung von metaphysischen Ontologien und realistischen Erkenntnistheorien versteht, fasst der Beratungswissenschaftler Falko von Ameln (geb. 1970) in seinem Arbeitsbuch zum Konstruktivismus in folgenden zwei Annahmen zusammen:

> „1) Das, was wir als unsere Wirklichkeit erleben, ist nicht ein passives Abbild der Realität, sondern Ergebnis einer aktiven Erkenntnisleistung. 2) Da wir über kein außerhalb unserer Erkenntnismöglichkeiten stehendes Instrument verfügen, um die Gültigkeit unserer Erkenntnis zu überprüfen, können wir über die Übereinstimmung zwischen subjektiver Wirklichkeit und objektiver Realität keine gesicherten Aussagen treffen."[15]

Diese Grundüberzeugung setzt eine systematische Reflexion auf die eigene Erkenntnistätigkeit voraus, die von Ameln erst in der Neuzeit seit René Descartes (1596–1650) wahrnimmt und in Abgrenzung von ihm bei den englischen Empiristen John Locke (1632–1704), George Berkeley (1683–1753) und David Hume (1711–1776). Selbst wenn Giambattista Vico (1668–1744) bereits die konstruktive Tätigkeit des Menschen betone, habe erstmals Immanuel Kant „einen dem Konstruktivismus nahen Standpunkt ... im Detail dargelegt".[16]

Auch die Phänomenologie eines Edmund Husserl (1859–1938) beschreibt von Ameln als konstruktivistische Position, insofern für Husserl „Realität nichts Selbständiges darstellt, sondern nur als Produkt des Bewusstseins auftritt, das seine Phänomene erschafft".[17] Insofern sich bei William James (1842–1910) „die Wahrheit einer Erkenntnis ... im Grad der Wirksamkeit ihrer praktischen Anwendung äußert" und John Dewey (1859–1952) Erkenntnis „im Handeln im Dienste einer praktischen Problemlösung" verortet, identifiziert von Ameln in Pragmatismus und Instrumentalismus Vorläufer des von Glasersfeldschen Viabilitätskonzeptes: Wahr ist, was geht – was sich in der Praxis als gangbar (viabel) erweist.[18]

Von Ameln sieht konstruktivistisches Denken logisch grundgelegt durch das mathematische Kalkül von George Spencer Brown (1923–2016): Erkenntnis entsteht, indem ich eine Unterscheidung treffe, mit der ich etwas markiere (*marked space*), das sich von dem Unmarkierten (*unmarked space*) abhebt. „Durch die Bezeichnung (*indication*) des Unterschiedenen wird Identität konstruiert, und zwar stets in Differenz zu etwas anderem".[19] Die Logik des „*Draw a distinction*" ist das

---

[15] Ameln, Falko von (2004): Konstruktivismus, Tübingen-Basel, 3.
[16] Ebd., 13, vgl. ebd., 10–16.
[17] Ebd., 16. S. u. 4.2.2.
[18] Ameln 2004, 17.
[19] Vgl. ebd., 29–32, 30.

Fundament der beiden konstruktivistischen Konzepte, die für von Ameln zentral sind: Das Autopoiesis-Konzept Maturanas und die Systemtheorie von Niklas Luhmann (1927–1998).[20] Weitere konstruktivistische Konzepte sind die genetische Epistemologie von Jean Piaget, die Psychologie der persönlichen Konstrukte von George A. Kelly (1905–1967), die Unterscheidung von Ebenen des Lernens bei Gregory Bateson (1904–1980), die Kommunikationsaxiome von Paul Watzlawick (1921–2007), die Selbststabilisierung von Systemen durch Eigenwerte nach Heinz von Foerster und das Viabilitätskonzept nach Ernst von Glasersfeld.[21]

Das Viabilitätskonzept – wahr ist, was sich als gangbar erweist – generiert ein zweites typisches Merkmal konstruktivistischen Denkens: Den Verzicht auf den Anspruch, die Korrespondenz einer Erkenntnis mit der Realität, wie sie an sich selbst sei, zu behaupten (s. u. 4.2.3.1). Damit einher geht eine Haltung der Gelassenheit, die zugleich dem ersten Gebot, nichts anderes an Gottes Stelle zu setzen, entspricht: Die ‚wirkliche Wahrheit' weiß alleine Gott, dessen Standpunkt einzunehmen Hybris wäre; Einschätzungen von Menschen können sich ändern, sie sind durch viele Faktoren bedingt; was heute noch als allgemeine Wahrheit verkündet wird, kann sich morgen bereits als nicht mehr tragfähig erweisen. So ist die Wahrheit von gestern, dass die Prügelstrafe pädagogisch legitim ist, heute obsolet;[22] vielleicht erweist sich schon morgen, dass die Praxis der Notengebung von heute in manchen Ausprägungen morgen schon als Äquivalent der Prügelstrafe betrachtet wird. Hier könnte man sicher kritisch einwenden, dass die Wahrheit von gestern auch gestern schon nicht wahr war; nur nutzte das den verprügelten Kindern nichts. Der Blick in die Vergangenheit macht uns aufmerksam für blinde Flecken – und schärft die Bereitschaft, auch heute blinde Flecken wahrzunehmen, gelassen und interessiert auf Wahrheitsansprüche von Zeitgenossen zu reagieren, die irritieren: denn sie könnten auf jeweils eigene blinde Flecken hinweisen.

---

[20] Vgl. ebd., 62–84, 98–167. Zu Spencer Brown s. u. 2.2; zu Luhmann bes. Kap. 3.

[21] Ameln 2004, 33–61, 85–97. Praktische Anwendung findet der Konstruktivismus nach von Ameln im medizinisch-psychologischen Bereich (systemische Therapie), in der Wirtschaft (systemische Organisationsberatung) und in der Pädagogik und Erwachsenenbildung, vgl. ebd., 205–268.

[22] In der DDR wurde die Prügelstrafe an Schulen 1949 verboten, in der BRD 1973, in Bayern 1980. Seit 2000 ist in Deutschland Gewalt in der Erziehung generell gesetzlich untersagt. In den USA ist die Prügelstrafe in 19 Staaten erlaubt.

1.1.3 Der emanzipatorische wissenschaftstheoretische Perspektivenwechsel, oder: Die Bereitschaft, sich perturbieren zu lassen (z. B. Finn Collin)

Finn Collin (geb. 1949) bezieht sich in seiner Analyse u. a. auf die Wiener Wissenschaftstheoretikerin Karin Knorr Cetina (geb. 1944), die ergänzend zur Edinburgher Schule den Blick von gesellschaftlichen Erklärungen, warum bestimmte Methoden und Forschungsergebnisse zu bestimmten Zeiten entsprechend sich wandelnder Paradigmen erfolgreich waren, auch auf die genaue Beschreibung der Erkenntniswege lenkt: Der wissenschaftliche Forschungsprozess „stellt sich dar als eine Serie von Entscheidungen oder, wie Knorr Cetina sie nennt: *Selektionen,* d. h. als eine Auswahl des bevorzugten Verfahrens oder der beliebtesten Möglichkeit unter mehreren anderen. Ein wissenschaftliches Resultat ist, wie ein technologisches Produkt, das Ergebnis eines menschlichen Herstellungsprozesses mit beträchtlichen Freiheitsgraden."[23] Der Konstruktivismus ist nach Collin für seine Anhänger*innen so attraktiv, weil er die Vorstellung bestärkt, „dass die Einrichtung und Gestaltung der Wirklichkeit keinerlei Notwendigkeit an sich hat". Im Gegensatz zu den Befreiungsbewegungen früherer Generationen, wie etwa dem „durch seinen erkenntnistheoretischen Dogmatismus" diskreditierten Marxismus, sei das „Befreiungsprojekt des Konstruktivismus [...] tolerant und demokratisch": „[A]lle Wahrheiten sind Menschenwerk, und die Aufgabe besteht nun darin, diejenige ‚Wahrheit' auszumachen, die das Leben und Gedeihen der Menschheit am sichersten garantiert".[24]

Gegenüber einem solchen Wahrheitsrelativismus, in dessen Gefolge nach Collin auch die Rede vom Tod Gottes steht, möchte er auf die „Vorstellung einer objektiven Wahrheit als Bedingung eines jeglichen Emanzipationsvorhabens"

---

[23] Collin 2008, 63. Collin referiert zudem noch Wissenschaftstheorien von Steve Fuller (geb. 1959), der ethische Fragen einbringt (vgl. ebd., 72–78), Bruno Latour (geb. 1957), der sich auf das literaturtheoretische Aktantenmodell von Greimas bezieht (vgl. S. 78–86), und Harry Collins (geb. 1943), der ausgehend von Wittgenstein das Reflexivitätsproblem der Edinburgh-Schule angeht: Wie können sich die Methoden der Wissenschaftssoziologie widerspruchslos zur Erklärung der eigenen Ergebnisse anwenden lassen, ohne von einem sozialen Realismus auszugehen, der besagt, dass nämlich genau diese Methodik die Forschenden mit einer sozialen Wirklichkeit verbindet, die unabhängig von ihren Untersuchungen vorliegt (s. u. 4.2.2.1)? Harry Collins' Lösung einer „Meta-Alternation" (vgl. ebd., 70–72) lässt sich mit meiner Theorie der Beobachterebenen verbinden (s. u. 4.1.1.1). Außerdem geht Collin noch auf Michel Foucault (1926–1984), Niklas Luhmann und die Diskurstheorie der Politologen Ernesto Laclau und Chantal Mouffe ein (vgl. S. 87–124). Collins Typologie konstruktivistischer Ansätze, die auf den beiden Differenzierungen erkenntnistheoretisch/ontologisch und den Bezug auf entweder die physische oder die sozialanthropologische Wirklichkeit (in dieser Differenz spiegelt sich die Unterscheidung Janichs wider) beruht, hat m. E. eher heuristischen Wert (vgl. ebd., 23–26).

[24] Collin 2008, 126.

nicht verzichten. Zu solchen Wahrheiten zählen seines Erachtens das Prinzip der Menschenwürde, das sich beispielsweise in der Gleichberechtigung aller Menschen unabhängig von Geschlecht, Rasse oder ökonomischer Potenz ausdrückt, sowie die Akzeptanz geschichtlicher Tatsachen, etwa in der Abwehr von Holocaustleugnern.[25]

Dass der Relativismus konstruktivistischer Positionen sich entgegen dem ersten Anschein durchaus mit einem Wahrheitsverständnis verbinden lässt, das sich gegen eine relativistische Beliebigkeit wendet, ist die Voraussetzung einer konstruktivistischen Theologie und Religionspädagogik, wie sie in diesem Buch entfaltet werden soll.[26] Zentral ist die Frage, wie an einem Konzept verbindlicher Wahrheit so festgehalten werden kann, dass auch diese verbindliche Wahrheit dynamisch verstanden wird. Inwiefern dabei ein alteritätstheoretisches Wahrheitsverständnis, wie es religionspädagogisch von Bernhard Grümme vertreten wird, einen unverzichtbaren Dienst leistet, wird zu thematisieren sein.[27]

Für die Begründung eines solchen die Alterität Gottes wahrenden konstruktivistischen Konzepts ist m. E. eine wissenschaftstheoretische Reflexion nötig, die beobachtet, wie wissenschaftliche Beobachter*innen beobachten. Eine solche Reflexion erschließt als besondere Spielart einer Beobachtung zweiter Ordnung nämlich die Besonderheiten konstruktivistischer Hermeneutik. Wer keinen Zugang zu ihr findet, wird Äußerungen von konstruktivistisch argumentierenden Personen häufig missverstehen. Hier zeigt sich ein weiteres typisches Merkmal konstruktivistischen Denkens. Es ist die Bereitschaft, die Beobachtungsposition zu wechseln, um Dinge mit einem „fremden Blick" wahrzunehmen,[28] sich perturbieren zu lassen – d. h. Räume für Prozesse des Akkommodierens zu eröffnen. So können etwa in verfahrenen Situationen neue Lösungswege gefunden werden. Mit dem theoretischen Autopoiesis-Konzept, das die sich selbst erhaltende Selbstbezüglichkeit lebender und sozialer Systeme beschreibt (s. u. 1.4.1), wird die Beobachtungsrolle nicht allein reflektiert, sondern in der

---

[25] Ebd., 127f.

[26] Seewald plädiert deshalb für eine präzise Wahrnehmung der unterschiedlichen Diskurse zum Relativismus, vgl. Seewald, Michael (2016): Was ist Relativismus? Zu den Konturen eines theologischen Schreckgespensts, in: Internationale Katholische Zeitschrift „Communio" 45, 493–508. Seewald bezieht sich zwar nicht direkt auf den Konstruktivismus, sondern auf den amerikanischen analytischen Philosophen Willard Van Orman Quine (1908–2000) und den französischen Kulturphilosophen Jean-François Lyotard (1924–1998), aber „die *Fähigkeit zur Differenzierung*, die der Theologie auch im Dialog mit dem *vermeintlichen* Schreckgespenst des Relativismus nicht verloren gehen darf" (S. 506, Herv. N. B.), ist ebenfalls im Dialog mit konstruktivistischen Ansätzen unverzichtbar. Zur geforderten Differenzierung möchte diese Arbeit beitragen.

[27] S. u. 2.3.2, 4.1.4, 4.2.4; vgl. Grümme, Bernhard (2007): Vom Anderen eröffnete Erfahrung. Zur Neubestimmung des Erfahrungsbegriffs in der Religionsdidaktik (Religionspädagogik in pluraler Gesellschaft 10), Gütersloh, 235–312.

[28] Vgl. Rumpf, Horst (1986): Mit fremdem Blick. Stücke gegen die Verbiederung der Welt, Weinheim/Basel.

„Architektur der gesamten Theorie" verankert.[29] Die konstruktivistische Theorie der Beobachtung, die in der Praxis die Paradoxien der Beobachtung entfaltet, könnte sich dann als wissenschaftstheoretische Perspektive begründen, die verschiedene Perspektiven integriert.[30]

1.1.4 Die relationale Logik systemisch-konstruktivistischer Beobachtung, oder: Der Schlüsselbegriff der Autopoiese (z. B. Fritz Simon)

Die Attraktivität konstruktivistischer Positionen resultiert schließlich aus ihrem systemischen Kausalitätskonzept, wie es beispielsweise der Psychiater, Psychoanalytiker und Familientherapeut Fritz B. Simon (geb. 1948) charakterisiert: „An die Stelle geradlinig-kausaler treten zirkuläre Erklärungen, und statt isolierter Objekte werden die Relationen unter ihnen betrachtet."[31] Es geht um eine Überwindung der Trennung von Subjekt und Objekt, die wissenschaftsgeschichtlich der zweiwertigen Logik im abendländischen Denken seit Platon folgt und im Dualismus Descartes' von *res cogitans* (Beobachter*in) und *res extensa* (beobachtetes Objekt) einen wirkmächtigen Ausdruck gefunden hat.[32] Eine relationale Logik stellt dagegen die Austauschprozesse zwischen einem System und seiner Umwelt ins Zentrum der Betrachtung. In mathematischen Berechnungen von Rückkopplungsschleifen (etwa in den Regelkreisen einer Kybernetik erster Ordnung) sind beispielsweise *rekursive Funktionen* nachvollziehbar: Indem bestimmte Operationen immer wieder am Ergebnis der Operationen ausgeführt werden, entstehen durch diese *iterativen Prozesse* „stabile Gleichgewichtspunkte, in denen das System Ruhe zu finden scheint"; Heinz von Foerster nennt diese als *Attraktoren* bezeichneten Punkte auch *Eigen-Werte*. Wichtig ist, dass diese Eigen-Werte nur aufrecht erhalten werden können, indem die Prozesse weiter laufen; es besteht eine „*Anschlussnotwendigkeit* von Operationen an Operationen in selbstorganisierten, dynamischen Systemen".[33] In Chaos- und Komplexitätstheorien werden die beobachteten Ordnungsformen unterschieden und Gesetzmäßigkeiten untersucht, nach denen Systeme ins Chaos abgleiten und auch wie-

---

29 Simon 2009, 43.
30 Vgl. dazu im Blick auf die Religionspädagogik die fast enzyklopädische Dissertationsschrift: Heger, Johannes (2017): Wissenschaftstheorie als Perspektivenfrage?! Eine kritische Diskussion wissenschaftstheoretischer Ansätze der Religionspädagogik (Religionspädagogik in pluraler Gesellschaft 22), Paderborn; s. u. 4.3.7, 4.4.1.
31 Simon 2009, 13.
32 Vgl. ebd., 9–12.
33 Vgl. ebd., 18–27, 27.

der zu neuen Strukturen finden (z. B. meteorologisch die Wolkenbildung oder ökonomisch die Vorgänge auf dem Aktienmarkt).[34]

In lebenden Systemen ist demgegenüber „ein Quantensprung im Organisationsgrad" festzustellen, der durch den Begriff der *Autopoiese* (Maturana/Varela) beschrieben wird:

> „Während bei Selbstorganisationsprozessen, wie sie in computersimulierten, komplexen Systemen [...] zu beobachten sind, ein System seine vorgegebenen Elemente zu einer *Struktur* ordnet (besser gesagt: in dem die Elemente sich zu einer Struktur ordnen), organisieren autopoietische Systeme nicht nur ihre eigenen, internen Strukturen, sondern sie produzieren auch die *Elemente*, aus denen die Strukturen gebildet werden. [...] Die Elemente (z. B. die Zellen des menschlichen Körpers) sterben ab und werden neu gebildet; die Strukturen, bestehend aus Elementen und ihren Relationen zueinander, können sich wandeln (durch Wachstum, Heilungs- und Degenerationsprozesse usw.); was konstant bleibt, ist das (abstrakte) Muster der Prozesse, die dafür sorgen, dass die Elemente reproduziert und in eine bestimmte Relation zueinander gebracht werden, d. h. ihre *Organisation*."[35]

An den Beispielen von Zelle und Körper lässt sich der Zusammenhang von autopoietischem System und Umwelt illustrieren: Die Zelle regeneriert sich selbst, indem in diesem Prozess über die Zellmembran als Grenze zwischen innen (System) und außen (Umwelt) unterschieden wird; beim Körper geschieht dasselbe über die Haut. Die Zellen bzw. Körper sind bezüglich des Austauschs von Energie und Materie der Umwelt gegenüber offen, aber *operational geschlossen*:

> „Damit soll gesagt sein, dass das Netzwerk der Interaktionen, das die Grenzen des Systems kreiert und dadurch das System als abgegrenzte Einheit hervorbringt, in sich und gegenüber dem Rest der Welt abgeschlossen funktioniert. *Systeminterne Operationen schließen immer an systeminterne Operationen an.* Ereignisse im Körperinneren schließen an Ereignisse im Körperinneren an und bilden so die körperinternen Prozesse. Aus der Perspektive eines Beobachters dieses Körpers ließe sich sagen: Was drinnen ist, ist drin, und was draußen ist, ist draußen. Die Grenze ist klar und eindeutig gezogen, und sie wird vom Körper durch seine Aktivitäten selbst aufrechterhalten – was natürlich nur geht, wenn die Umgebung das zulässt und es mit dem Leben vereinbar ist".[36]

Den Unterschied zwischen informationeller Offenheit und operationaler Geschlossenheit zu verstehen ist wichtig. Denn die Rede von operationaler Geschlossenheit führt sonst leicht zu dem Missverständnis, der Konstruktivismus leugne die Existenz einer Realität außerhalb von Systemen und habe deshalb einen Hang zum Solipsismus (als der philosophischen Position, nur das System des Selbst existiere). Die operationale Geschlossenheit bedeutet allerdings, dass Veränderungen immer auf systemimmanenten Prozessen beruhen: Auch wenn

---

[34] Vgl. ebd., 27–31.
[35] Ebd., 32.
[36] Ebd., 34.

mir jemand auf den Kopf haut, wird diese ‚Information' der Umwelt innerhalb meines Körpersystems operational geschlossen verarbeitet (Schmerzempfindungen, ein Bluterguss, Reaktionen auf den Angriff etc.). Autopoietische Systeme sind trotz synthetischer Determiniertheit ihrer Organisationsstruktur (*Strukturdeterminiertheit*) analytisch unbestimmbar. Reaktionen sind abhängig von vergangenen Verarbeitungsprozessen der aus der Umwelt aufgenommenen Informationen und lassen sich nicht voraussehen.[37] Anders ausgedrückt: Autopoietische Systeme sind keine *trivialen Maschinen,* die einem festgelegten Reiz-Reaktions-Muster unterliegen.[38]

Wendet man diese Erkenntnisse aus der Biologie auch auf soziale Systeme an und bejaht deren Autopoiese (wie etwa Luhmann innerhalb seiner Systemtheorie), dann hat das zur Konsequenz, dass ein System wie ‚Religion' nicht von außen gesteuert werden kann. Es kann zwar Informationen aus der Umwelt aufnehmen, verändert sich aber allein aufgrund der systeminternen Operationen. Während die Kybernetik erster Ordnung die „Steuerung und Regelung des Verhaltens von Systemen, die von ihrer Umwelt und vom Beobachter isoliert sind", erforscht (Norbert Wiener), widmet sich die Kybernetik zweiter Ordnung als „Kybernetik der Kybernetik" (Heinz von Foerster) dem komplexeren System, das aus der Verbindung von System, Umwelt und deren Beobachterin entsteht.[39] Das System ‚Religion' ist dann nur im Zusammenhang mit seiner Umwelt und der Reflexion seiner Beobachtung adäquat zu verstehen.

Diese Differenzierung lässt sich am Beispiel der systemischen Familientherapie erläutern. Als Kybernetik erster Ordnung schreibt sie Störungen im Zusammenleben nicht einem einzelnen Element der Familie zu, sondern beobachtet die komplexen Beziehungen der Familienmitglieder. Therapeutisch geht es zunächst darum, dem Familiensystem Anstöße zu geben, dass es sich selbst verändert. Zugleich werden im Sinne der Kybernetik zweiter Ordnung Co-Therapeut*innen als Beobachter*innen der Therapie installiert, die das System der Familientherapie beobachten und dann diese Fremdperspektive in die Therapie einspeisen. So können im Perspektivwechsel blinde Flecken aufgedeckt und weitere therapeutische Ideen gewonnen werden. Analog werden aus der Sicht einer systemischen Pädagogik Lernprozesse nicht geradlinig-kausal durch Lehrende bewirkt, sondern bedürfen einerseits ständiger Feedback-Schleifen (etwa beim *Scaffolding*) und andererseits des Vertrauens in die Eigenständigkeit der Lernenden (im Sinne einer Kybernetik erster Ordnung). Dazu kommen im Sinne einer

---

[37] Vgl. ebd., 35–40.

[38] Vgl. Foerster, Heinz von (1999): Sicht und Einsicht. Versuche zu einer operativen Erkenntnistheorie, Heidelberg, 173–204.

[39] Vgl. Simon 2009, 40–43, 41. Zum Gespräch darüber mit H. v. Foerster, N. Luhmann und F. Varela vgl. Simon, Fritz B. (1997): Lebende Systeme. Wirklichkeitskonstruktionen in der Systemischen Therapie, Frankfurt a. M. Damit eine zweite Ordnung entsteht, ist formal ein Wiedereintritt der Form in die Form nötig, im Beispiel der Kybernetik in die Kybernetik (s. u. 2.2.2).

Kybernetik zweiter Ordnung die erforderliche Reflexivität der Lehrer*innen, gefördert z. B. durch kollegiale Fallberatungen und Supervisionen,[40] sowie eine hohe Fehlertoleranz, indem etwa Fehler als Lernchancen gewürdigt werden.[41]

1.2 Konstruktivismus und Pädagogik, oder: Was hat Lernen mit konstruktivistischen Denkansätzen zu tun?

Der Pädagoge und Familientherapeut Rolf Huschke-Rhein definiert 1998 den Bildungsbegriff wie folgt: „Bildung ist der erwünschte Endzustand eines Systems, das auf der Basis von Selbstorganisation mit Hilfe von Erziehung aus dem Systemzustand anfänglicher Fremdbestimmung zum Systemzustand maximaler Selbstbestimmung gelangen soll. Dieser Prozeß ist ein ‚evolutionärer' Prozeß, also ein Entwicklungsprozeß."[42] In dieser Definition sind mindestens zwei konstruktivistische Denkansätze zentral: mit der Wendung „auf der Basis von Selbstorganisation" wird einerseits der autopoietische Aspekt des Lernens betont (ohne die Selbsttätigkeit des Systems ‚Subjekt' ist Bildung nicht möglich), andererseits gerät die Prozesshaftigkeit des Lernens als „evolutionärer Prozess" in den Fokus. Fraglich bleibt allerdings, inwiefern ein linearer Prozess von „anfänglicher Fremdbestimmung" zu „maximaler Selbstbestimmung" unterstellt werden kann und ob „Bildung" in einem materialen Sinne überhaupt als „Endzustand" zu verstehen ist. Und auch, wie die „Hilfe von Erziehung" auf dem Weg zur Selbstbestimmung in konkreten Fällen aussieht, wäre zu problematisieren – gerade angesichts der radikalkonstruktivistischen Einsicht, dass Lernen grundsätzlich selbstbestimmt funktioniert. Immerhin kann das Ziel der Selbstbestimmung als Kriterium gedeutet werden: Erzieherische Begleitung ist dann legitim bzw. sinnvoll, wenn sie der Selbstbestimmung der Edukanden dient.

In der Definition von Huschke-Rhein greifen die drei „Wirkungsebenen pädagogischer Theorie und Praxis" ineinander:[43] Auf der Ebene der *Reflexionsleitung* gibt die Definition eine Orientierung, indem sie den Kontext von Bildung in der

---

[40] Vgl. Mosell, Robert (2016): Systemische Pädagogik. Ein Leitfaden für Praktiker, Weinheim, 190–196; Voß, Reinhard (2002a): Lebenserfahrung passiert, wenn Geschichten zu Personen passen. Supervision mit berufs- und lebenserfahrenen LehrerInnen, in: Ders. (Hg.), a. a. O., 272–281.

[41] Vgl. Spychiger, Maria B. (2010): Fehlerkultur und Reflexionsdidaktik, in: Jürgens, Eiko/Standop, Jutta (Hg.): Was ist „guter" Unterricht? Bad Heilbrunn, 175–197. Zu entsprechenden Dynamiken des Reentry s. u. 2.2.3.2.

[42] Huschke-Rhein, Rolf (2003): Einführung in die systemische und konstruktivistische Pädagogik. Beratung – Systemanalyse –Selbstorganisation, Weinheim-Basel-Berlin, 2. Aufl., 107.

[43] Vgl. Lindemann, Holger (2006): Konstruktivismus und Pädagogik. Grundlagen, Modelle, Wege zur Praxis, München, 213–218.

Entwicklung von Systemen verortet. Auf der Ebene der *Gestaltungsleitung* formuliert sie mit dem Ziel „maximaler Selbstbestimmung" einen Wert, an dem sich etwa die pädagogische Grundhaltung einer erzieherischen Maßnahme messen lässt. Und durch die Wendung „mit Hilfe von Erziehung" wird die Ebene der *Handlungsleitung* ins Spiel gebracht, selbst wenn innerhalb der abstrakten Definition hier noch keine konkrete operative Maßnahme benannt wird (wie z. B. Lernumgebungen schaffen oder kommunikative Methoden nutzen). Der Pädagoge Holger Lindemann ist nun der Ansicht, dass konstruktivistische Denkansätze pädagogisch bedeutsam werden, weil sie auf der Ebene der Reflexionsleitung einen Habitus begründen, der sich dann auf den Ebenen der Gestaltungs- und Handlungsleitung niederschlägt. Der Konstruktivismus biete dort nämlich „eine *undogmatische Brille*, mit deren Hilfe gestaltungs- und handlungsleitende Aussagen unabhängig von ihrer theoretischen Herkunft oder ihrem Wahrheitsanspruch genutzt werden können. Eine konstruktivistische Perspektive bedingt, dass eine Differenz in der Reflexionsleitung keine zwangsläufige Differenz in Fragen der Gestaltungs- und Handlungsleitung nach sich zieht".[44]

Wenn im Folgenden ausgewählte Ansätze konstruktivistischer Pädagogik skizziert werden, dann soll dadurch deutlich werden, dass und inwiefern konkrete Erfahrungen aus der pädagogischen Theorie und Praxis zur Ausarbeitung dieser Ansätze geführt haben: Bei Reinhard Voß war es die Unzufriedenheit mit der Diagnose von und dem Umgang mit verhaltensauffälligen Kindern, bei Rolf Arnold und Horst Siebert standen die Dringlichkeit einer neuen Fundierung von Erwachsenenbildung angesichts wenig erfolgreicher Maßnahmen etwa der betrieblichen Weiterbildung bzw. die mangelnde Berücksichtigung von Emotionen für das Verstehen von Lernprozessen im Vordergrund (1), und Kersten Reich begründet seinen Ansatz eines interaktionistischen Konstruktivismus gegen die Einseitigkeiten einer individualistischen Subjektorientierung in beeindruckender geistesgeschichtlicher Breite (2). Deutlich wird allemal, wie Lindemann formuliert: „Diese systemisch-konstruktivistische Pädagogik ist keine Theorie aus einem Guss und stellt sich vor allem in pragmatischen Fragen der Handlungsleitung als äußerst heterogener Diskussionszusammenhang dar und keinesfalls als einheitliche Denkrichtung oder Schule."[45]

---

[44] Ebd., 216, Herv. N. B. Auch wenn diese Stärke konstruktivistischen Denkens natürlich zugleich auch als dessen Schwäche ausgelegt werden kann: „Die Kritik am Konstruktivismus geht sogar so weit zu behaupten, der Konstruktivismus sei für die Pädagogik unbrauchbar und würde einen nicht hinterfragten Pluralismus und eine Beliebigkeit im pädagogischen Handeln mit sich bringen" (ebd., 9).

[45] Ebd., 9.

1.2.1 Systemisch-konstruktivistische Ansätze (z. B. Reinhard Voß, Rolf Arnold und Horst Siebert)

Anfang der 1980er Jahre ärgerte sich der Schulpädagoge *Reinhard Voß* (geb. 1947) über die „defizitorientierte Praxis im Umgang mit dem ‚störenden' Kind". Auf der Suche nach „anderen lebenswelt- und kompetenzorientierten Handlungskonzepten" lud er Fritz Simon zur Tagung „Helfen, aber nicht auf Rezept" 1982 nach Frankfurt ein und begann danach eine Ausbildung zum systemischen Familientherapeuten.[46] 1988 lernte er auf einer Tagung in Norwegen zur Umsetzung der Kybernetik zweiter Ordnung innerhalb der systemischen Familientherapie (s. o. 1.1.4) Maturana, von Glasersfeld und von Foerster kennen.[47] Daraufhin brachte er auf dem großen Kongress „die Schule neu erfinden" 1996 in Heidelberg mit über 1000 Teilnehmer*innen und auf weiteren Tagungen sowie in den daraus entstandenen Publikationen die Exponent*innen systemisch-konstruktivistischen Denkens mit Vertreter*innen der Schulpraxis und Schulpädagogik zusammen. So verwirklichte er seinen Wunsch,

> „die faszinierenden Ideen und Erfahrungen des systemisch-konstruktivistischen Paradigmas auch in seiner Relevanz für die Schulpädagogik und den Alltag in den Schulen überprüfen zu können. Es wuchs die Überzeugung, daß diese Perspektiven (vom Abbild zur Konstruktion, von der Wahrheit zur Wirklichkeit, von der Instruktion zur Perturbation und vom Individuum zum Kontext, vom Defizit zur Kompetenz, vom Einzelkämpfer zum Team etc.) für die notwendige Neugestaltung der Schule von besonderer Bedeutung sein können."[48]

Auch der Erwachsenen- und Berufspädagoge *Rolf Arnold* (geb. 1952) geht von dem systemisch-konstruktivistischen Denkansatz aus und entwickelt eine „systemisch-konstruktivistische Didaktik", die er auch als „Ermöglichungsdidaktik" bezeichnet.[49] Sein allgemeiner Lernbegriff setzt voraus, dass jedes Leben notwendig mit Lernen verbunden ist: „Man kann nicht nicht lernen. Lernen ist die kontinuierliche Aneignung von und die kontinuierliche Auseinandersetzung des Subjekts mit den Anregungen, Aufgaben und Anforderungen seiner Umwelt,

---

[46] Voß, Reinhard (2002): Vorwort und Einleitung, in: Ders. (Hg.), a. a. O., 1–11, 1. Vgl. Voß, Reinhard (1991/Hg.): Helfen – aber nicht auf Rezept. Alternativen und vorbeugende Maßnahmen aus gemeinsamer Verantwortung für das auffällige Kind, München/Basel, 2. Aufl.

[47] Vgl. Voß, Reinhard (2007): A Daisy in December – Ernst von Glasersfeld wird 90, in: Zeitschrift für Systemische Therapie und Beratung, Heft 2, 25, 113f.

[48] Voß 2002, 2. Vgl. Voß, Reinhard (1998/Hg.): SchulVisionen: Theorie und Praxis systemisch-konstruktivistischer Pädagogik, Heidelberg; Voß, Reinhard (2005/Hg.): Unterricht aus konstruktivistischer Sicht – Die Welten in den Köpfen der Kinder, Weinheim/Basel, 2. Aufl.; Voß, Reinhard (2006a/Hg.): LernLust und EigenSinn – Systemisch-konstruktivistische Lernwelten, Heidelberg, 2. Aufl.; Voß, Reinhard (2006b/Hg.): Wir erfinden Schulen neu – Lernzentrierte Pädagogik in Schule und Unterricht, Weinheim/Basel.

[49] Vgl. Arnold, Rolf (2007): Ich lerne, also bin ich. Eine systemisch-konstruktivistische Didaktik, Heidelberg, 33–53.

d. h. seiner Lebenswelt und der Gesellschaft."[50] Ein besonderes Anliegen ist es ihm, die Bedeutung der Emotionen beim Lernen aufzuweisen. Es geht ihm darum, emotionale Lernbarrieren abzubauen und Wege zu zeigen, wie durch positive Gefühle die Bereitschaft der Lernenden, sich auf Themen einzulassen, stimuliert werden kann.[51] Dabei spielt auch der innerhalb pädagogischer Diskurse selten reflektierte Zugang durch ‚Spiritualität' eine wichtige Rolle.[52]

In dem zusammen mit *Horst Siebert* (geb. 1939) verfassten Buch „Konstruktivistische Erwachsenenbildung", das 1995 erstmalig erschien, wird der Pionier der Entwicklungspsychologie Jean Piaget als „gemäßigter Konstruktivist" bezeichnet. Allerdings wird nicht deutlich, worin sich das Gemäßigt-Sein Piagets von der Radikalität Ernst von Glasersfelds unterscheidet, dessen Piaget-Rezeption zustimmend dargeboten wird.[53] Möglicherweise liegt hier ein Ursprung für die missverständliche Differenzierung zwischen einem gemäßigten und dem Radikalen Konstruktivismus.[54] Die Unterscheidung hat den Zweck, pädagogisch relevante Konsequenzen des Radikalen Konstruktivismus bejahen und zugleich seine erkenntnistheoretischen Grundlagen ablehnen zu können. Diese Position ist analog zur Unterscheidung zwischen gemäßigtem und Radikalem Konstruk-

---

50 Arnold, Rolf (2015): Wie man lehrt, ohne zu belehren, Heidelberg, 3. Aufl., 13.

51 Vgl. Arnold, Rolf (2009): Seit wann haben sie das? Grundlinien eines Emotionalen Konstruktivismus, Heidelberg; Arnold 2007, 181–210; Arnold (2005): Die emotionale Konstruktion der Wirklichkeit (Grundlagen der Berufs- und Erwachsenenbildung 44), Baltmannsweiler.

52 Vgl. Arnold 2009, 172–182. S. u. 4.3.4.

53 Vgl. Arnold, Rolf/Siebert, Horst (2005): Konstruktivistische Erwachsenenbildung. Von der Deutung zur Konstruktion von Wirklichkeit (Grundlagen der Berufs- und Erwachsenenbildung 4), Baltmannsweiler, 5. Aufl., 45–49. Neben Piaget nennen Arnold und Siebert als Vorläufer und Impulsgeber ihres Buches den Kantianer Hans Vaihinger (1852–1933) mit seiner „Philosophie des Als-Ob", wieder aufgegriffen durch Watzlawick (vgl. ebd., 41–45), den Pädagogen Alfred Mann (1889–1937) mit seiner Betonung der „Ich-Gesichtswinkel" für die Lernprozesse von Erwachsenen, den Sozialphilosophen George Herbert Mead (1863–1931) als Begründer des Symbolischen Interaktionismus (fortgeführt durch Alfred Schütz, Peter L. Berger und Thomas Luckmann), Luhmann mit seiner Systemtheorie sowie die Individualisierungsprozesse in der Moderne, die den konstruktiven Charakter von Biographien sichtbar machten (vgl. S. 50–79).

54 Zum Verhältnis von Piaget und von Glasersfeld vgl. Scheible, Annette (2014): Die Rezeption der Erkenntnistheorie Jean Piagets im Radikalen Konstruktivismus nach Ernst von Glasersfeld, in: Weinhardt, Birgitta A./Weinhardt, Joachim (Hg.): Naturwissenschaften und Theologie II. Wirklichkeit: Phänomene, Konstruktionen, Transzendenzen, Stuttgart, 34–57, 44–55. In ihrer detaillierten Analyse arbeitet Scheible heraus, dass Piaget „gemäßigt" argumentiert, wenn er ein „Herantasten an die Realität" betont. Von Glasersfeld nannte seine (von Piaget selbst durchaus geschätzte) Piaget-Rezeption deshalb radikal, weil er die ursprüngliche Intuition Piagets – seine erkenntnistheoretische ‚Wurzel' (radix) – in den Vordergrund rückte: In allem Erkennen steckt ein Erfinden - und beides heißt ‚Konstruieren'.

tivismus nicht kohärent, weil ein Konstruktivismus radikal sein muss, um noch Konstruktivismus sein zu können.[55]

Interessant an dem Buch von Arnold und Siebert ist, dass sie ihre eigenen unterschiedlichen Positionen (die zunächst lediglich angedeutet werden[56]) im letzten Kapitel kontrovers diskutieren:[57] Während etwa Arnold für eine „Relativitätspädagogik" optiert, die den Bildungsbegriff „durch eine spezifische Qualität der Konstruktion und Gestaltung von Wirklichkeit" zu ersetzen vermöge, hält Siebert an ‚Bildung' als einer regulativen Idee fest, die „Vernunft und Verantwortung, [...] Selbstaufklärung und Ideologiekritik" im Spiel halte.[58] Ihren Dialog setzen die beiden zehn Jahre später in einem als Buch dokumentierten Briefwechsel von Oktober 2004 bis Weihnachten 2005 in neunzehn Briefen fort; ein experimentell-offener Austausch über erwachsenenpädagogische Grundfragen.[59] Im letzten Briefwechsel landen sie wieder beim Bildungsbegriff: Arnold betont das Dilemma, dass Bildung als „Befreiung des Menschen zu sich selbst" die Fassbarkeit des Selbst voraussetze, obwohl „uns das Selbst nicht greifbar wird". So begründet er im Rückgriff auf Francisco Varela die Notwendigkeit einer Reflexion, die das Selbst als Beobachter*in in die Reflexion einschließt: „Während ich über das Ich denke und schreibe, wird mir die Fragilität und Perzeptionsabhängigkeit dieses Ich[s] deutlich, was mich verwundert. Und diese Verwunderung ist die Basis einer Klärung der Substanz des Selbst und seines erkenntnistheoretischen Status."[60]

Siebert zitiert dagegen Wilhelm von Humboldt, der Bildung in der „Verknüpfung unseres Ichs mit der Welt zu der allgemeinsten, regesten und freiesten

---

[55]   Vgl. Brieden, Norbert (2010): Radikal heißt nicht beliebig. Der Konstruktivismus im Streit um die Wahrheit, in: Büttner, Gerhard/Mendl, Hans/Reis, Oliver/Roose, Hanna (Hg.): Lernen mit der Bibel (Jahrbuch für konstruktivistische Religionsdidaktik 1), Hannover, 165–179. Mir geht es insgesamt immer auch darum, tragfähige Unterscheidungen zu erproben und sie gegen Differenzierungen zu behaupten, die Komplexität zu stark reduzieren, wie beispielsweise auch jener zwischen pädagogisch zu fördernder ‚Konstruktion' versus einer die Lernenden überwältigenden ‚Instruktion'. An der Produktion solcher Differenzierungen sind auch sich als konstruktivistisch verstehende Pädagogen beteiligt; vgl. Brieden, Norbert (2013): Instruktion ist Konstruktion, oder: Was bedeutet Jesu ‚Piercing'?, in: Büttner, Gerhard/Mendl, Hans/Reis, Oliver/Roose, Hanna (Hg.): Lernumgebungen (Jahrbuch für konstruktivistische Religionsdidaktik 3), Hannover, 53–69.

[56]   Z. B. zur Bedeutung des Bildungsbegriffs, vgl. Arnold/Siebert 2005, 37f.

[57]   Vgl. ebd., 167–172.

[58]   Ebd., 167, 170. Zur Position Sieberts und seinen Vorschlägen zur praktischen Umsetzung vgl. Siebert, Horst (2002): Der Konstruktivismus als pädagogische Weltanschauung. Entwurf einer konstruktivistischen Didaktik, Frankfurt a. M.; Siebert, Horst (2003): Vernetztes Lernen. Systemisch-konstruktivistische Methoden der Bildungsarbeit, München.

[59]   Vgl. Arnold, Rolf/Siebert, Horst (2006): Die Verschränkung der Blicke. Konstruktivistische Erwachsenenbildung im Dialog (Grundlagen der Berufs- und Erwachsenenbildung 46), Baltmannsweiler.

[60]   Ebd., 145–147.

Wechselwirkung" verortet. Diese „freieste Wechselwirkung" hält Siebert für nicht kompatibel „mit dem radikalen Konstruktivismus, wohl aber mit dem relationalen Konstruktivismus" (der nun die Rolle des gemäßigten Konstruktivismus einnimmt). Bildung sei konstruktivistisch betrachtet „eine Beobachterperspektive", pädagogisch eine weiterhin unverzichtbare „regulative Idee". Pädagogik und Konstruktivismus verbindet Siebert in seiner den Briefwechsel abschließenden Reflexion über Wirklichkeit und Möglichkeit im Horizont von Zeitlichkeit:

> „Innerhalb des Konstruktivismusdiskurses verweist der Bildungsbegriff auf eine Leerstelle. Konstruktivistischer Schlüsselbegriff ist Wirklichkeitskonstruktion. Wirklichkeit ist aber nicht denkbar ohne Möglichkeit. ‚Realitätssinn' impliziert ‚Möglichkeitssinn'. Über Bildung nachdenken heißt auch: über Menschenmögliches, über mögliche Zukunft nachdenken. Vorstellungen über Zukunft gehören ebenso zu einer konstruktivistischen Kompetenz wie Erinnerungen an die Vergangenheit. Über Zukunft nachzudenken heißt aber auch, sich mit Endlichkeit und Vergänglichkeit auseinander zu setzen."[61]

An diese grundlegenden Aussagen zur Bildung lassen sich religiöse Fragen zum Sinn des Lebens, zu seinem Woher und Wohin anschließen – und zur Reflexion der darin involvierten Beobachterperspektiven wird ein radikal-relationaler Konstruktivismus hilfreich sein (s. u. 4. Kapitel).

1.2.2 Interaktionistischer Konstruktivismus (z. B. Kersten Reich)

Arnold und Siebert konzedieren die Gefahr konstruktivistischer Ansätze, aufgrund des verstärkten Augenmerks auf die individuellen Konstruktionsleistungen der Subjekte die sozialen Konstruktionen zu vernachlässigen.[62] Dagegen wendet sich der Pädagoge *Kersten Reich* (geb. 1948), indem er die sozialen Konstruktionen durch den Begriff der Interaktion in sein Konzept einer systemisch-konstruktivistischen Pädagogik verankert. Neben den bereits genannten Protagonisten konstruktivistischen Denkens befasst sich Reich in seinem zweibändigen Hauptwerk „Die Ordnung der Blicke" mit philosophischen und psychologischen Grundlagen eines interaktionistischen Konstruktivismus (u. a. durch Rezeption der Schriften von Hegel, Freud, Sartre, Levinas, Foucault, Derrida, Habermas, Luhmann, Baudrillard, Lacan[63]), den er wie folgt definiert:

---

[61] Ebd., 157f.
[62] Vgl. Arnold/Siebert 2005, 40.
[63] Vgl. Reich, Kersten (2009): Die Ordnung der Blicke. Perspektiven des interaktionistischen Konstruktivismus (1998). Band 1: Beobachtung und die Unschärfen der Erkenntnis, 2. völlig überarbeitete Aufl.: http://www.uni-koeln.de/hf/konstrukt/reich_works/buecher/ordnung/band1/reich_ordnung_band_1.pdf, Aufruf 15.12.2021; Reich, Kersten (2009a): Die Ordnung der Blicke. Perspektiven des interaktionistischen Konstruktivismus. Band 2:

„Der *Interaktionistische Konstruktivismus* ist ein neuer konstruktivistischer Ansatz, der stärker als der subjektivistische Radikale Konstruktivismus und der eher sprachtheoretische Methodische Konstruktivismus die Bedeutung der kulturellen und lebensweltlichen Interaktionen bei der Re/De/Konstruktion von Wirklichkeiten beachtet und analysiert. Der Interaktionistische Konstruktivismus setzt sich umfassend mit anderen Ansätzen in der Geistes- und Kulturgeschichte auseinander und versucht so, den Konstruktivismus als Ausdruck einer Kulturentwicklung und kultureller Praktiken zu verstehen und zu verdeutlichen."[64]

Mit „Re/De/Konstruktion von Wirklichkeiten" sind folgende drei Perspektiven einer konstruktivistischen Didaktik gemeint: In der Perspektive der *Konstruktion* geht es darum, selbst tätig zu sein; unter dem Motto: „Wir sind die Erfinder unserer Wirklichkeit." Aber wir erfinden das meiste nicht selbst, sondern sind in kulturelle Zusammenhänge eingebunden, die uns anregen nachzuempfinden, was andere vor uns erfunden haben, die Welt quasi „nachzuentdecken". Deshalb lautet das Motto der Perspektive der *Rekonstruktion*: „Wir sind die Entdecker unserer Wirklichkeit." Aber mit Erfinden und Entdecken ist das Lernen nicht stillzustellen. Immer wieder wenden wir uns der Welt auf der Suche nach neuen Perspektiven und vergessenen Sichtweisen zu; unter der Perspektive der *Dekonstruktion* heißt es deshalb: „Es könnte auch noch anders sein." Erst das Zusammenspiel von Re/De/Konstruktion garantiert die Unerschöpflichkeit des Lernens, das deshalb auch niemals in einen Endzustand von Bildung als „maximaler Selbstbestimmung" (Huschke-Rhein) mündet.[65]

Die Religionspädagogin Viera Pirker (geb. 1978) hat den drei Perspektiven Rollen von Lehrkräften zugeordnet: Bezüglich der Perspektive des Konstruierens zeigt sich die Lehrerin als „Visionärin, Begleiterin, Ermöglicherin"; für das Rekonstruieren kommen dem Lehrer „die Rollen des Mehrwissers, vielleicht auch der Führungskraft zu"; dekonstruierend arbeiten Lehrer*innen, „wenn sie

---

Beziehungen und Lebenswelt, 2. völlig überarbeitete Aufl.: http://www.uni-koeln.de/hf/konstrukt/reich_works/buecher/ordnung/band2/PDF/reich_ordnung_band_2_komplett.pdf Aufruf 15.12.2021. Auch der Soziale Konstruktionismus des Psychologen Kenneth J. Gergen (geb. 1934) gehört m. E. zu den Ansätzen eines interaktionistischen Konstruktivismus, insofern er besonders die Wechselwirkungen von Kultur und sozialer sowie psychologischer Entwicklung betont. Vgl. Gergen, Kenneth J. (2002): Konstruierte Wirklichkeiten. Eine Hinführung zum Sozialen Konstruktionismus, Stuttgart. Zur Differenz der Beobachtungstheorien von Reich und Luhmann s. u. 4.1.2.1.

[64] Reich, Kersten (2007): Interaktionistischer Konstruktivismus. Texte zur Einführung, http://konstruktivismus.uni-koeln.de/texte/einfuehrung/einf_1.html, Aufruf 15.12.2021. Vgl. Reich, Kersten (2010): Systemisch-konstruktivistische Pädagogik. Einführung in Grundlagen einer interaktionistisch-konstruktivistischen Pädagogik (1996), Weinheim, 6. Aufl.; Reich, Kersten (2012): Konstruktivistische Didaktik. Das Lehr- und Studienbuch mit Online-Methodenpool, Weinheim, 5. Aufl.

[65] S. u. 3.1.1; vgl. als kompakte Zusammenfassung des Grundgedankens Reich, Kersten (2002): Systemisch-konstruktivistische Didaktik. Eine allgemeine Zielbestimmung, in: Voß (Hg.), a. a. O., 70–91, 83–87.

Positionen der Kritikerin oder des advocatus diaboli im Lehr-Lernprozess einnehmen. Dekonstruktion bedeutet auch: Innehalten, In-Frage-Stellen, Hofnarr
sein".[66] Als vierte Perspektive ergänzt Pirker die Instruktion, die den Lehrer als
„Wissensvermittler" wahrnimmt: „Instruktion im Sinne von Wissensvermitt-
lung, beispielsweise in einem Lehrervortrag, einer Tafelsituation oder auch
durch die inhaltliche Vorbereitung von Stationenlernen seitens der Lehrperson
findet selbstverständlich weiterhin statt, wobei ein Augenmerk darauf liegen
sollte, den Lernenden wirklich rekonstruierende Aktivitäten zu ermöglichen."[67]
In diesem Sinne formuliert Klaus Kießling (geb. 1962), auf den Pirker sich beruft:

> „[...] unabhängig davon, ob Unterricht instruktivistisch oder konstruktivistisch
> angelegt ist, setzen sich Schülerinnen und Schüler damit genauso auseinander,
> wie es ihnen ihre eigenen Voraussetzungen und Vorausurteile nahelegen, also
> konstruktivistisch. Denn wer von uns kennt nicht die Freude an eigenen Entde-
> ckungen oder gar Erfindungen und ihre prägende Kraft? Wer von uns will nicht
> lieber selber auf den Trichter kommen, anstatt sich eine Lehre eintrichtern zu
> lassen?"[68]

Jede Instruktion beruht daher auf Konstruktionen der Lehrkräfte, die über ihre
Instruktionen wenigstens Rekonstruktionen der Schüler*innen anregen,[69] aber
sich – sofern sie sich einen konstruktivistischen Habitus angeeignet haben – besonders über Konstruktionen oder Dekonstruktionen freuen dürften, sofern sich
Schüler*innen dazu provozieren ließen.

Wenn Pirker dem didaktischen Handeln des Instruierens den Schlüsselsatz
zuordnet: „Wir sind die Empfänger unserer Wirklichkeit", dann liegt hier noch
eine zu starke Trennung zwischen Lehrer- und Schüler*innen-Perspektiven vor.
Denn auch Schüler*innen wollen und können instruieren, indem sie ihre Sicht
der Wirklichkeit anderen Schülern*innen oder auch ihren Lehrern*innen ‚vermitteln'. Um es mit dem Pädagogen Paulo Freire zu sagen: „Die Bildungsarbeit
muß einsetzen bei der Lösung des Schüler-Lehrer-Widerspruchs, bei der Ver-
söhnung der Pole des Widerspruchs, so daß beide gleichzeitig Lehrer und Schüler werden."[70] Dem Instruieren als Derivaten des Konstruierens (auf Seite der
Lehrerin-Schülerin) oder Rekonstruierens (auf Seite des Schüler-Lehrers) käme
dann eher der Schlüsselsatz zu: „Wir sind die ‚Vermittler' unserer Wirklichkeit"

---

[66] Pirker, Viera (2009): Konstruktivistische Didaktik erleben und anwenden, in: Transforma-
      tionen. Pastoralpsychologische Werkstattberichte, Heft 12, 9, 83–118, 90.
[67] Ebd., 91.
[68] Kießling, Klaus (2009): Konstruktivistische Religionsdidaktik?, in: Transformationen. Pas-
      toralpsychologische Werkstattberichte, Heft 12, 9, 30–82, 66f. S. u. 4.4.2.
[69] Deshalb ist es richtig, wenn Pirker in ihrer Tabelle den „Lernweg" des Instruierens als
      „Teil des Rekonstruierens" charakterisiert, das wiederum nur „so viel wie nötig" gegen-
      über dem „immer vorzuziehen[den]" Konstruieren einzuplanen sei, während das Dekon-
      struieren „so viel wie möglich" eingeübt werden sollte (Pirker 2009, 91).
[70] Freire, Paulo (1973): Pädagogik der Unterdrückten. Bildung als Praxis der Freiheit, Rein-
      bek, 58.

– im konstruktivistischen Bewusstsein der Grenzen des ‚Vermittelns‘, das auf die rekonstruierende Tätigkeit der Adressat*innen der Vermittlung angewiesen bleibt.

Wenn Pirker anschließend schreibt: „Gerade in spiritueller Hinsicht gilt es, im Religionsunterricht statt auf Instruktion stärker auf Inspiration zu setzen“, dann rücken Tätigkeiten wie Inspirieren oder Meditieren in den Vordergrund, die didaktisch kaum funktionalisiert werden können: Ob und wie die im didaktischen Prozess beteiligten Akteur*innen – das sind alle Personen, aber auch Gegenstände des Unterrichts – sich wechselseitig inspirieren, kann nicht im Vorhinein geplant werden. Zwar können wir zur Unterrichtsvorbereitung verschiedene Phasen des Unterrichts planen, die auch im „Normalunterricht“ vier alltagstaugliche Schritte anbieten: Erstens erheben wir zunächst die ‚Lernausgangslagen‘, die Vorerfahrungen der Schüler*innen, als Kontexte unseres Themas, bevor wir zweitens davon ausgehend eine eingegrenzte Lernlandschaft anbieten und durch sie die Schüler*innen instruieren, die vorbereiteten Medien bzw. Materialien zur Kenntnis zu nehmen („instruktivistische Phase“). In den beiden folgenden Phasen können sich die Schüler*innen dann drittens in Einzelarbeit zur Thematik ausdrücken, bevor sie viertens ihre individuellen Konstruktionen im Dialog untereinander anreichern (re/de/konstruktiv).[71]

Zum Angebot einer Lernlandschaft gehören im Religionsunterricht auch Methoden der Meditation. Sie können eingeübt werden und so in Stillezeiten Räume öffnen, aber was innerhalb dieser Zeiträume beim einzelnen geschieht, ist der didaktischen Planung enthoben. Immerhin würde auf dort gemachte Erfahrungen gegebenenfalls der Schlüsselsatz passen: „Wir sind die Empfänger unserer Wirklichkeit“ – ein wichtiger Satz, der die ‚dekonstruktivistische‘ Perspektive in gewisser Weise voraussetzt, insofern die Offenheit dafür, dass ‚es auch noch anders sein könnte‘, zugleich darauf vorbereitet, Wirklichkeit zu ‚empfangen‘ (s. u. 2.3.2, 4.3.4). Geht es in Theologie und Religionspädagogik nicht im Letzten darum, sich selbst und andere darauf vorzubereiten, sich der ‚Wirklichkeit Gottes‘ zu öffnen – im paradoxen Wissen darum, dass niemand genau sagen kann, was das ist?

---

[71] Vgl. Büttner, Gerhard/Mendl, Hans/Reis, Oliver/Roose, Hanna (2014): Unterrichtsplanung im Religionsunterricht – eine konstruktivistische Perspektive, in: Dies. (Hg.): Religionsunterricht planen (Jahrbuch für konstruktivistische Religionsdidaktik 5), Babenhausen 2014, 9–27, 20f.; Sitzberger, Rudolf (2005): Konstruktivistisch Unterricht planen, in: Mendl, Hans (Hg.): Konstruktivistische Religionspädagogik. Ein Arbeitsbuch, Münster, 83–104; Brieden, Norbert (2021): Artikulation, in: Kropač/Riegel (Hg.), a. a. O., 361–374.

1.3 Konstruktivismus und Theologie, oder: Wie kommt Gott ins Spiel?

Wird denn die Wirklichkeit Gottes überhaupt ernst genommen, wenn alle unsere Aussagen über Gott in konstruktivistischer Perspektive unvermeidlich durch ihr Konstruiertsein von uns geprägt sind? Klaus Kießling empfiehlt konstruktivistischer Subjektorientierung und phänomenologischer Empfänglichkeit, sich wechselseitig zu inspirieren – was dem Anliegen Reichs mit seinem interaktionistischen Konstruktivismus entspricht:

> „Im In-der-Welt-Sein klingt ein Netz von Beziehungen an, in denen und aus denen Menschen leben und aneinander Ich und Du werden. Der konstruktivistische Diskurs hingegen setzt bei Individuen an und fragt danach, wie diese sich mit anderen Individuen verständigen können. Eine konstruktivistische Erkenntnistheorie, die sich von ihren phänomenologischen Wurzeln abschneidet, würde beziehungslos, so dass nach meiner Überzeugung jede konstruktivistische Didaktik auf eine Beziehungsdidaktik verwiesen bleibt."[72]

Es ist aus konstruktivistischer Perspektive durchaus möglich, Anliegen und Methoden phänomenologisch ausgerichteter Philosophie und Theologie aufzugreifen (s. u. 4.2.3). Trotzdem bleibt die Frage, wie strukturdeterminierte Systeme trotz operationaler Geschlossenheit mit den sie umgebenden Umwelten kommunizieren: Wie passen *Autopoiesis* – mit seinem starken Akzent auf der Selbstorganisation autonomer Systeme – und *Pistis* – als neutestamentlicher Ausdruck für das sich Gott in Glauben und Vertrauen übereignende Selbst – zusammen? Für Katarína Kristinová kulminiert die „radikalkonstruktivistische Herausforderung" in der Frage: „Was bleibt vom Glauben übrig, wenn sich selbst Gott und seine Offenbarung als Konstrukte des Menschen erweisen?" Bewirkt diese Herausforderung „ein weiteres Stadium [im] Reifungsprozess [...]" der Theologie, insofern sie dazu führt, den „nächsten ... folgerichtigen Schritt der glaubensgemäßen theologischen Reflexion auf dem Weg der Selbstentmythologisierung" zu gehen?[73]

---

[72] Kießling 2009, 64f., vgl. ebd., 57–65. Vgl. zur Bedeutung der Phänomenologie für die Religionspädagogik: Brieden, Norbert (2021a): Artikel „Wahrnehmungswissenschaft", in: Das Wissenschaftliche-Religionspädagogische Lexikon WiReLex. https://www.bibelwissen schaft.de/stichwort/200259/ Aufruf 15.12.2021.

[73] Kristinová, Katarína (2018): Die verbotene Wirklichkeit. Untersuchungen zu der wirklichkeitskonstitutiven Relevanz des christlichen Offenbarungsbegriffs, Tübingen, 3. Kristinová engt die Perspektive bewusst auf die evangelische Theologie ein; sie spricht von einem „wichtigen Wendepunkt innerhalb der Mündigwerdung des christlichen Glaubens in seiner evangelischen Gestalt" und charakterisiert ihn – in der Tradition von „christologische[r] Konzentration, [...] Rechtfertigungslehre, [...] historisch-kritische[r] Methode [und] hermeneutische[r] Wende" – „als die Fortsetzung der Loslösung von falschen Sicherungen sowie der konsequent durchgehaltenen Bewegung tiefer in die Ungesichertheit

Diese theologischen Kernfragen nach den Beziehungen von einzelnen bzw. einer Gemeinschaft zu Gott bzw. seiner Offenbarung (auch im wissenschafts-theoretischen Blick auf Aufgaben und Möglichkeiten der Theologie) wurden sys-tematisch-theologisch in zwei Dissertationsschriften bearbeitet, auf die ich zu-nächst verweisen möchte (1), bevor ich die Rezeption konstruktivistischer Denk-ansätze bei zwei Neutestamentlern (2) sowie konstruktivismusaffines Denken innerhalb der Kirchengeschichtsdidaktik skizziere (3). Für die vorliegende reli-gionsdidaktische Arbeit sind wiederum zwei Dissertationsschriften aus der Reli-gionspädagogik grundlegend (4) sowie die Diskussionen im Verein für Konstruk-tivismus in Theologie und Religionsdidaktik, die im Jahrbuch für konstruk-tivistische Religionsdidaktik ihren Niederschlag gefunden haben und weiterhin finden (5). Der Verein ist ökumenisch ausgerichtet – und so sind auch die jeweils exemplarisch genannten Vertreter*innen einer konstruktivistisch ausgerichte-ten Systematischen, Biblischen, Historischen und Praktischen Theologie jeweils aus beiden Konfessionen gewählt. Einen Sonderfall stellen die Arbeiten des Sys-tematikers und Religionspädagogen Oliver Reis dar, der seine Thesen immer auch hochschuldidaktisch reflektiert – was seinen Ausführungen eine besondere Tiefe verleiht (6). Die beiden zentralen Kriterien zur Auswahl der vorgestellten Arbeiten sind erstens ihre Ergiebigkeit zur Profilierung des Verhältnisses von Theologie und Konstruktivismus und damit verbunden zweitens ihre wissen-schaftliche Prägnanz, die es erlaubt, die Breite der theologischen Reflexion im konstruktivistischen Paradigma zu bezeugen.

1.3.1 Konstruktivistische Ansätze in der Systematischen Theologie: Matthias Wallich und Andreas Klein

Der katholische Fundamentaltheologe *Matthias Wallich* vergleicht in seiner Saar-brücker Dissertationsschrift von 1999 die Dialogtheorien einer relationalen Theologie – mit ihren beiden zentralen Prämissen eines personalen Wahrheits-verständnisses (in Abgrenzung zu einem objektivistisch-ontologischen Wahr-heitsbegriff) und der These, dass Gott sich in den Beziehungen der Menschen offenbart – mit den Dialogtheorien radikalkonstruktivistischer Ansätze.[74] In sei-nen detaillierten Analysen arbeitet Wallich überzeugend heraus, wie sich beide Theoriefamilien wechselseitig ergänzen und erhellen können.[75] Insofern kon-

---

des Glaubens hinein und damit hin zu Gott als dem alleinigen Grund und Ziel der gläubi-gen Existenz" (S. 3f.).

[74] Vgl. Wallich, Matthias (1999): Autopoiesis und Pistis. Zur theologischen Relevanz der Dia-logtheorien des Radikalen Konstruktivismus (Saarbrücker Hochschulschriften 32), St. Ingbert.

[75] Vgl. bes. ebd., 427–457, 601–603.

struktivistische Ansätze in ihren Überlegungen zur Bedeutung der Ich-Du-Beziehung keine solipsistische Erkenntnistheorie vertreten, sondern die Frage nach dem Anderen „mit Schritten zur Entwicklung interaktiver Ko-Konstruktivität" angehen, sei „eine Übernahme konstruktivistisch-dialogischer Epistemologie als Basistheorie für eine relationale Theologie möglich".[76] Auf dieser Grundlage kann nach Wallich der „Gedanke der Gottes-Prädikation [...] in den interpretationistischen Horizont des radikalen Konstruktivismus" implementiert werden. Beide Theoriefamilien sind s. E. dazu beauftragt, ihre „blinden Flecken" wechselseitig zu beobachten.[77] So könne die relationale Theologie durch „Betonung von letztem, dialogisch erfahrbarem Sinn im Horizont beobachterrelativer Unterscheidungsspiele" konstruktivistische Ansätze perturbieren, denn die Sinnbehauptung könne als „Anstoß und Skandalon empfunden werden". Auf diese Weise ergänze relationale Theologie „die konstruktivistische Bezugnahme auf Paradoxien um das christliche Paradoxon" und präzisiere das „Paradox der Verschiedenheit des Gleichen, das bislang als Grundparadox fungierte, in der Möglichkeit der Erfahrung des Unbedingten im Bedingten".[78] Das bedeutet im Klartext: Gotteserfahrung ist möglich, aber nur in paradoxer Form mitteilbar (s. u. 3.2.2.3). Welche Rolle zum Verständnis dieser zentralen Aussage die konstruktivistische Theorie des Beobachtens spielt, wird im Verlaufe dieser Arbeit zu zeigen sein (s. u. 4.1.3).

Festzuhalten ist zunächst das zentrale Ergebnis der Arbeit von Wallich, dass Theologie und Radikaler Konstruktivismus keine unversöhnbaren Antipoden sind; im Gegenteil: Aus dem konstruktivistischen „Entontologisierungsprogramm" gewinnt relationale Theologie ihre pragmatische Selbstbestimmung als „Reflexion über die Bedingungen nichtobjektivierender Kommunikation".[79] Die Bescheidenheit radikalkonstruktivistischer Wissenstheorien – charakterisiert durch die Paradoxie, dass jedes Wissen durch Nichtwissen indiziert ist – erlaube es, *Selbstreferentialität der Imperative* und Urteile zu denken: eine derartig beeinflußte Theologie scheut das Bemühen nicht, aus der Subjektabhängigkeit heraus die Verschiedenheit des anderen zu denken".[80]

Ebenso kommt der evangelische Systematische Theologe *Andreas Klein* in seiner Wiener Dissertationsschrift von 2003 zu dem Ergebnis, dass (radikal-)konstruktivistisches Denken für die Theologie relevant sei.[81] Nach einer detaillierten

---

[76] Ebd., 602.

[77] Ebd., 599.

[78] Ebd., 600.

[79] Ebd., 456.

[80] Ebd., 450.

[81] Vgl. Klein, Andreas (2003): „Die Wahrheit ist irgendwo da drinnen ...?" Zur theologischen Relevanz (radikal) konstruktivistischer Ansätze unter besonderer Berücksichtigung neurobiologischer Fragestellungen, Neukirchen-Vluyn.

Rekonstruktion radikalkonstruktivistischer Erkenntnistheorie und ihrer Diskussion u. a. im Rückgriff auf Kants Vernunftkritik[82] sowie einem Abschnitt zum Verhältnis von Gehirn und Bewusstsein auf der Basis neurobiologischer Erkenntnisse[83] erörtert Klein recht kritisch die explizite Rezeption des Konstruktivismus in der Dissertationsschrift von Roija Weidhas und in einem Essay von Heinrich Erdmann:[84] Weidhas versuche, konstruktivistische Einsichten für die Aufgabe der Evangelisierung zu instrumentalisieren, ohne die erkenntnistheoretischen Voraussetzungen des Konstruktivismus präzise zu rekonstruieren, geschweige denn sie auf sein (theologisch zu undifferenziert reflektiertes) Offenbarungsverständnis anzuwenden. Trotzdem habe die Arbeit als erste ernstzunehmende theologische Auseinandersetzung mit dem Radikalen Konstruktivismus eine Bresche geschlagen und sei daher positiv zu würdigen. Klein bemängelt zwar Erdmanns „unbedarfte Herangehensweise" und seinen problematischen, esoterisch-mystischen Begriff religiöser Begabung. Trotzdem gebe sein Beitrag gerade dadurch „Impulse und Anregungen", die auch „in die eigenen Überlegungen einfließen können".[85]

Diese eigenen Überlegungen werden schließlich in der Auseinandersetzung mit den Theologien von Ingolf U. Dalferth und Johannes Fischer geschärft:[86] Dort aufgespürte Aporien der differenzierenden Relationierung von gelebtem Glauben einerseits und theologischer Vernunft und ihrer Kombinatorik angesichts der pluralistischen Gegenwart andererseits meint Klein durch die konstruktivistische Unterscheidung zwischen Beobachtung erster und zweiter Ordnung lösen zu können. Denn sie sei geeignet, „den Konstruktstatus unserer Wirklichkeitskonzepte" durchzuhalten „und auch für den (christlichen) Glauben entsprechend" zu verarbeiten:

---

[82] Vgl. ebd., 33–249.

[83] Vgl. ebd., 251–364.

[84] Vgl. ebd., 377–391 (zu Weidhas, Roija F. (1994): Konstruktion – Wirklichkeit – Schöpfung. Das Wirklichkeitsverständnis des christlichen Glaubens im Dialog mit dem Radikalen Konstruktivismus unter besonderer Berücksichtigung der Kognitionstheorie H. Maturanas, Frankfurt a. M.); 392–408 (zu Erdmann, Heinrich (1999): Vom Glauben an die Wahrheit und von der Wahrheit des Glaubens. Konstruktivismus und seine Bedeutung für Wissenschaft, Weltbild, Ethik und Religion, Frankfurt a. M.); die „sehr ausführliche und instruktive Arbeit" von Wallich sei ihm „leider erst zu spät erhältlich gewesen" (ebd., 375). Auch Kristinová geht in ihrer jüngeren Dissertationsschrift leider nicht auf die Thesen Wallichs ein (vgl. Kristinová 2018); das hätte sie möglicherweise davor bewahrt, einige Begriffsbestimmungen allzu plakativ bzw. einseitig theologisch präformiert vorzunehmen, etwa das Wort „transzendental" als „von der Transzendenz konstitutiv abhängig" zu definieren (vgl. ebd., 43). M. E. replizieren die Thesen Kristinovás diejenigen von Wallich – wenn auch in einem anderen, protestantischen Sprachspiel – und müssen daher hier nicht diskutiert werden.

[85] Klein 2003, 408.

[86] Vgl. ebd., 409–497.

„Die theologische Aufgabenformulierung lässt sich demnach vielschichtig darstellen und durchaus i. S. Dalferths als (re-)kombinatorisches Deuteverfahren anlegen. Theologie nimmt dann vielseitige Beobachtungsaufgaben wahr und muß
aus diesen eigene Entwürfe generieren. Sie wendet sich einer Beobachterebene
erster Ordnung (Stichwort ‚gelebte Religion‘) ebenso zu, wie sie auf der anderen
Seite kohärente, plausibilisierbare und anschlußfähige Beschreibungsmodelle
(Gottesgedanken: dogmatische und philosophisch-theologische Aufgabe) entwirft, die sie schließlich wiederum mit ersterem korrelieren muß. D. h., sie muß
diese beiden Beobachtungsoperationen in eine gemeinsame Relation bringen, um
nicht als Selbstläufer zu fungieren und schließlich unbrauchbar zu werden. Daß
diese Beobachtungsoperationen durch zahlreiche Verfahren geleistet und wiederum aufeinander bezogen werden können, liegt auf der Hand. Es kann hier keine
privilegierte Methode geben. [...] Klar ist aber, daß unter dieser ‚Brille‘ keine ‚ewigen Wahrheiten‘ verteidigt werden (müssen), sondern Alterität unumgänglich
und nutzbringend verarbeitbar ist.“[87]

In beiden Dissertationsschriften ist somit die konstruktivistische Beobachtungstheorie das zentrale Medium, um die Bedeutung konstruktivistischen Denkens
für die theologische Theorieentwicklung aufzuweisen (s. u. 4. Kapitel). Beide
Autoren konzedieren dem Konstruktivismus, angemessen mit dem Phänomen
von Alterität umzugehen – d. h. die Fremdheit des Anderen im Bewusstsein, dass
eben alles auch anders sein könnte, als bleibende Fremdheit und Stachel im
Fleisch zu Veränderungen (im Gegensatz zum Festhalten ‚ewiger Wahrheiten‘)
anzuerkennen. Bei Wallich kommt dazu noch das Interesse und die theologische
Wertschätzung für die Denkform der Paradoxie (s. u. 3. Kapitel).

1.3.2 Konstruktivistische Ansätze in der Biblischen Theologie: Peter Lampe und Alois Stimpfle

Der evangelische Neutestamentler *Peter Lampe* hat in einem Aufsatz von 1997 ein
konstruktivistisch-wissenssoziologisches Modell auf die Frage nach der Entstehung des Osterglaubens angewendet.[88] Für diesen Glauben sind demnach vier

---

[87] Ebd., 490. Klein weist in einem späteren Aufsatz darauf hin, dass „wir unsere Interpreta-
tionsinterpretationen“ nicht an „‚Gott selbst‘ [...] überprüfen“ können und betont die
theologische Notwendigkeit, „die konstruktionalen Bedingungen“ des eigenen theolo-
gisch-wissenschaftlichen Arbeitens zu reflektieren: Klein, Andreas (2011): Konstruktivistische Diskurse und ihre philosophische und theologische Relevanz, in: Ders./Körtner, Ulrich H. J. (Hg.): Die Wirklichkeit als Interpretationskonstrukt? Herausforderungen konstruktivistischer Ansätze für die Theologie, Neukirchen-Vluyn, 13–43, 43. S. u. 4.2.3.3.
[88] Vgl. Lampe, Peter (1997): Wissenssoziologische Annäherung an das Neue Testament, in:
New Testament Studies, 43, 347–366. Lampe bezieht sich auf einen Feldversuch von Stenger, Horst/Geißlinger, Hans (1991): Die Transformation sozialer Realität. Ein Beitrag zur
empirischen Wissenssoziologie, in: Kölner Zeitschrift für Soziologie und Sozialpsychologie 43, 247–270.

Evidenzquellen zu rekonstruieren: *Sinnliche Wahrnehmungen* (die Erscheinungen des Auferstandenen), *kognitive Konstruktionen* (der Osterglauben kongruiert erstens mit dem von Jesus verkündigten Gott, der sich den Verlorenen – wie Jesus am Kreuz – liebend zuwendet; zweitens mit der jüdischen Hoffnung auf Auferweckung der Toten entsprechend dem Glauben an die Schöpferkraft Gottes und drittens mit der jesuanischen Reich-Gottes-Botschaft, nach der die Königsherrschaft Gottes bereits angebrochen ist), *soziale Bestätigung* (wachsende Intersubjektivität der frohen Botschaft, Jesus sei von den Toten auferweckt, sowie daran anknüpfend ihre organisatorische Stärkung in den Gemeinden und deren ‚sakramentalen' Handlungen) und *positives emotionales Erleben* (von Trauer zur Freude).

Historisch könne nun lediglich festgestellt werden, dass die Christ*innen in neutestamentlicher Zeit zweifellos davon ausgingen, Jesus selbst habe sich gezeigt, während die Frage, ob es sich dabei nicht auch um Halluzinationen gehandelt haben könnte, nicht wissenschaftlich zu beantworten sei:

> „Diese Christophanien waren für die Urchristen Ausdruck eines aktiven Bezugnehmens seitens eines Auferstandenen, der sich auf diese Weise selbst als Lebender bekundete. So verstanden die ersten Christen ihre Welt, und Historiker können sich glücklich preisen, wenn sie im allerbesten Fall wenigstens näherungsweise an diese von den Urchristen konstruierte Welt herankommen. Über die *ontische Realität* dagegen, die dieser konstruierten Wirklichkeit der urchristlichen Ostergläubigen parallel lief, haben wir aus konstruktivistischer Sicht als Wissenschaftlerinnen und Historiker *eo ipso* keinen Zugang. Der Streit über die ontische Realität dieser Visionen – ob rezeptiv oder produktiv – ist deshalb *eo ipso* auch kein wissenschaftlicher, keiner, der auf dem Felde historischer Forschung ausgetragen oder durch Intensivierung der historischen Rückfrage entschieden werden könnte."[89]

Trotzdem wurde und wird beispielsweise zwischen den Angehörigen unterschiedlichen Glaubens oder zwischen Christ*innen und Atheist*innen darüber gestritten, ob Jesus ‚wirklich' auferstanden ist, oder ob es sich um ‚Einbildung' bzw. sogar eine bewusste ‚Täuschung' der Jünger*innen handelte. Während eine Manipulation (etwa ein Entwenden des Leichnams Jesu) wohl historisch ausgeschlossen werden kann, ist die andere Streitfrage nach Lampe nicht wissenschaftlich entscheidbar. Ihr lägen vielmehr, unabhängig von der wissenschaftlich-historischen Untersuchung, unterschiedliche Wirklichkeitsverständnisse zugrunde:

> „Denn ob sich jemand für oder gegen eine Kategorisierung der urchristlichen Ostererfahrungen als rezeptiv entscheidet, hängt ab von der *Wirklichkeit,* die er

---

[89]   Ebd., 360f. Mit „ontischer Realität" meint Lampe die zwar der Erkenntnis, aber nicht der Erfahrung unzugängliche Wirklichkeit ‚an sich', deren Existenz aus konstruktivistischer Sicht nicht geleugnet werden sollte (s. u. 4.2.3.1). Die ontische Realität sei erfahrbar, insofern sie „immer wieder unserem Handeln Schranken entgegenstellt" (ebd., 351).

oder sie bereits *vor* aller historischen Forschungsarbeit *für sich persönlich* konstruiert hat. Das der einen Entscheidung zugrunde liegende Wirklichkeitsverständnis rechnet mit der Existenz Gottes und mit Gottes schöpferischem Wirken in den Ereignissen der Welt. Das der Gegenthese zugrunde liegende Wirklichkeitsverständnis schließt ein schöpferisches Wirken Gottes, das einen Gestorbenen mit neuer personaler Existenz zu beschenken vermag, prinzipiell aus."[90]

In seiner Monographie von 2006 erweitert Lampe die theoretische Grundlage, indem er die Ergebnisse der hirnphysiologischen Forschung einbezieht und das Modell der vier Evidenzquellen präzisiert, das er auf weitere biblische Texte anwendet.[91] In einem Artikel im ersten Jahrbuch für konstruktivistische Religionsdidaktik greift Lampe die zitierten Formulierungen aus dem frühen Aufsatz auf und gibt religionspädagogische Hinweise, wie sein „Vier-Komponenten-Modell" in der Lebenswelt der Schüler*innen verankert werden kann.[92] Nachdem die Schüler*innen die Evidenzquellen des Auferstehungsglaubens erarbeitet haben, könne schließlich „die Wahrheitsfrage nicht ausgeblendet bleiben. Schüler werden sie aufwerfen!" Allerdings demontiere eine konstruktivistische Herangehensweise das Wirklichkeitsverständnis des Glaubens nicht, sondern verdeutliche, dass keinem Wirklichkeitsverständnis ein ontologischer Vorrang vor einem anderen zukommt. Der Osterglaube zerbreche nicht am Pluralismus der Wirklichkeitsverständnisse: „Wer als Theologin konstruktivistische Epistemologie betreibt, hört deshalb nicht auf, ehrlich zu glauben und sonntags in die Kirche zu gehen, wenn sich all dies in ihrem Leben als plausibel erwies. Wir können und dürfen nicht aus unserer menschlichen Haut. Die Metaebene konstruktivistischer Epistemologie führt nicht zum Exodus aus der *conditio humana*, die auf die Konstruktion intersubjektiver Realität angewiesen ist."[93]

Während Lampe damit die bereits bekannte Unterscheidung einer Beobachtung erster Ordnung (der ehrlich glaubende Theologe) von der „Metaebene konstruktivistischer Epistemologie" als einer Beobachtung zweiter Ordnung vollzieht, legt der katholische Neutestamentler *Alois Stimpfle* mit seiner konstruktionsgeschichtlichen Exegese eine rezeptionsorientierte Unterscheidung in sechs Ebenen der Beobachtung vor:[94] Auf der ersten Ebene siedelt er das Erleben

---

90   Ebd., 361.
91   Vgl. Lampe, Peter (2006): Die Wirklichkeit als Bild. Das Neue Testament als ein Grunddokument abendländischer Kultur im Lichte konstruktivistischer Epistemologie und Wissenssoziologie, Neukirchen/Vluyn.
92   Lampe, Peter (2010): Kognition, Emotion, Empirie und sozialer Kontext. Ein konstruktivistisches Vier-Komponenten-Modell als Steigbügel zum Verstehen der urchristlichen Rede von der „Auferstehung Jesu" in der Religionspädagogik, in: Büttner/Mendl/Reis/Roose (Hg.), a. a. O., 21–34.
93   Ebd., 34; vgl. Lampe 1997, 356. S. u. 4.1.3.
94   Stimpfle, Alois (2010): „Ich habe den Herrn gesehen!" (Joh 20,11–18). Konstruktionsgeschichtliche Überlegungen zur neutestamentlichen Auferstehungserfahrung, in: Büttner/Mendl/Reis/Roose (Hg.), a. a. O., 51–66.

der Zeitgenoss*innen Jesu an, die nach dem Modell der alttestamentlich-frühjü-
dischen Lebenswelt ihre Erfahrungen machten und sie versprachlichten. Auf der
zweiten Ebene kümmerten sich frühchristliche Tradent*innen in ihrem Rahmen
der frühchristlich-hellenistischen Lebenswelt um die Weitergabe des Erlebten
(formgeschichtlicher Kontext). Auf der dritten Ebene formulierten neutesta-
mentliche Schreiber nach dem Modell der rhetorisch-literarischen Redaktion
ihre Texte, die auf der vierten Ebene im Rahmen der kirchlich-systematischen
Komposition im intratextuellen Kontext kanonisiert wurden. Die fünfte Ebene
sei markiert durch die weitere Wirkungsgeschichte der Texte in ihrer jeweiligen
geschichtlich-kontextuellen Rezeption und ihren Auslegungskontexten, bevor
auf der sechsten Ebene schließlich aktuelle Applikationen im Kontext der
(post-)modern-neuzeitlichen Lebenswelt erfolgten.[95] Die Unterscheidung dieser
Ebenen sei religionsdidaktisch wichtig, weil sich Lehrkräfte jeweils entscheiden
müssten, welche Ebene sie thematisierten. Daraus ergäben sich dann unterschiedliche Ziele der bibeldidaktischen Arbeit; auf der ersten Ebene einer konstruktionsgeschichtlichen Erschließung der Auferstehungserfahrung der *apos-
tola apostolorum* beispielsweise das Ziel, ihre Wahrnehmung des Auferstandenen
als Folge ihres Glaubens zu verstehen.[96]

Ähnlich wie Lampe ist Stimpfle die Evidenzquelle der sinnlich-leiblichen
Wahrnehmungen wichtig: Was hat Maria Magdalena gesehen, als sie dem Auferstandenen im Garten begegnete?[97] Wie kann z. B. die Wahrnehmung des See-
wandels Jesu durch die Jünger jenseits einer psychologischen, literarischen oder
symbolischen Erklärung als solche ernst genommen werden?[98] Getreu dem
Motto ‚Ich sehe, was ich glaube' meint Stimpfle, anders als Lampe, durch die
konstruktionsgeschichtliche Exegese die empirischen Evidenzerfahrungen der
Zeitzeugen Jesu nachvollziehen zu können.[99] Während für Stimpfle die beschriebenen Erfahrungen als Tatsachen konstruktionsgeschichtlich greifbar sind,
bleibt Lampes Anspruch bescheidener: Wir können zwar wissenssoziologisch
einige Konstruktionsbedingungen dieser Erfahrungen und die ihnen zugrunde
liegenden Wirklichkeitsverständnisse erschließen (als Beobachtung zweiter
Ordnung), ihre Tatsächlichkeit im Sinne einer Bestätigung der Beobachtung erster Ordnung bleibt uns allerdings verborgen.

---

[95]   Vgl. die Tabelle ebd., 56.
[96]   Vgl. ebd., 65f.
[97]   Vgl. ebd., 63–65.
[98]   Vgl. Stimpfle, Alois (2004): Wie wirklich ist die biblische Wirklichkeit? Die Bibel konstruktionsgeschichtlich gelesen, in: Religionsunterricht an höheren Schulen (47) 133–143, 139–
141.
[99]   Vgl. ebd., 141f.; Stimpfle, Alois (2006): Von Mächten und Gewalten. Konstruktionsgeschichtlich orientierter Lernzirkel zum biblischen „Wunder"-Phänomen, in: Büttner
(Hg.): Lernwege im Religionsunterricht. Konstruktivistische Perspektiven, Stuttgart, 98–
115, 111.

Das konstruktionsgeschichtliche Beobachtungsmodell von Stimpfle ist sicherlich hilfreich, um die unterschiedlichen Phasen der Entstehung biblischer Texte und ihrer differenten Interpretationen zu charakterisieren. Fraglich bleibt, ob ein Rückschluss auf die Beobachtung erster Ordnung der Jünger*innen in der Weise eines unmittelbaren Rückschlusses vom Geglaubten auf das sinnlich Wahrgenommene möglich ist, wie Stimpfle es nahelegt. Warum reicht es beispielsweise nicht aus, Erzählungen von Naturwundern als Symbolgeschichten zu verstehen, die die im Leben Jesu von Nazareth sich offenbarende Schöpferkraft Gottes vergegenwärtigen?[100]

Im Vergleich mit dem hier im Rückgriff auf die konstruktivistischen und systemtheoretischen Überlegungen zur Differenz von Beobachtungsordnungen noch zu entwickelnden Modell (s. zu. 4.1) handelt es sich bei Stimpfles Ansatz weniger um eine systematische Erfassung unterschiedlicher Ebenen von Beobachtung als vielmehr um ein diachrones Modell, unterschiedliche Perspektiven und Interessen im Prozess des Verstehens biblischer Texte und ihrer geschichtlichen Entstehung zu markieren.

1.3.3 Konstruktivismusaffines Denken in der Kirchengeschichtsdidaktik: Heidrun Dierk und Konstantin Lindner

Dezidiert konstruktivistische kirchenhistorische Ansätze sind mir nicht bekannt. Deshalb beziehe ich mich an dieser Stelle auf zwei kirchengeschichtsdidaktische Positionen, die dem konstruktivistischen Denken nahestehen, insofern sie sich selbst in konstruktivistischer Begrifflichkeit darstellen. Die evangelische Kirchenhistorikerin und Religionspädagogin *Heidrun Dierk* systematisiert in ihrer Habilitationsschrift die bis dato vorliegenden Konzepte zur Einbindung kirchengeschichtlicher Themen in den Religionsunterricht und entwickelt ausgehend von der Didaktik der Elementarisierung (Karl Ernst Nipkow, Friedrich Schweitzer) ein Kriterien- und Kategorienraster, um für Schüler*innen relevante kirchengeschichtliche Themen und die Ziele ihrer Erarbeitung im Religionsunterricht zu bestimmen; Kategorien sind die elementaren Motive wie Schöpfung, Sünde/Entfremdung, Befreiung, Hoffnung etc.; Kriterien sind die

---

[100] Stimpfle kritisiert etwa die einseitige Rezeption der Seewandel-Erzählung vom Osterglauben her, als hätten wir es „mit einer Wirklichkeit zu tun, die nach dem gesunden Menschenverstand unmöglich ist und auf der Basis bibelwissenschaftlichen Bewusstseins eigentlich unnötig, da sie ja lediglich sprachspielerisch inszeniert, was Ostern meint. Anders bei einer konstruktionsgeschichtlichen Bibellektüre: Jenseits einer naturwissenschaftlich oder bibeltheologisch motivierten Wirklichkeits-Hybris behält der Text zunächst mal Recht" (Stimpfle 2004, 139).

entwicklungspsychologische Passung, die Konfrontation mit der historischen Fremdheit sowie das ethische Lernen.[101]

Als grundlegende didaktische Problemfelder analysiert Dierk Lehrpläne und Schulbücher im Blick auf ihren Schüler*innenbezug, die Repräsentativität und Exemplarität der ausgewählten Inhalte sowie die Bedingungen der oft geforderten, aber nur selten realisierten Kooperation zwischen Geschichts- und Religionsunterricht; zur Bearbeitung der Probleme erörtert sie zahlreiche kirchengeschichtliche Lernumgebungen bezüglich ihrer Chancen und Grenzen.[102]

Im abschließenden Kapitel zu den Perspektiven der Kirchengeschichtsdidaktik stellt sie mit Klaus König als zentrales Motiv die Gottesfrage heraus:

> „Die wesentliche Frage lautet: Welcher Gott (im Sinne eines Gottesbildes) bildet die Hintergrundfolie kirchengeschichtlicher Ereignisse, menschlicher Taten, Glaubensvollzüge usw.? Die Gottesfrage ist die elementare Wahrheitsfrage (Nipkow), die durch Kirchengeschichte an uns gestellt wird. Im Religionsunterricht lässt sich daher durch die Kirchengeschichte die Erkenntnis vermitteln, dass die Wahrheit des Glaubens nur in ihrer jeweiligen zeitabhängigen Form, gleichsam in actu, zu erfassen ist, nicht als abstraktes Korrelat biblischer Aussagen oder lehrmäßiger Glaubenssätze. Das Feld der kirchengeschichtlichen Traditionen erweist sich so als ein religionspädagogischer Entdeckungszusammenhang, der auch neue (fremde) Einsichten in biblische Themenkomplexe eröffnen kann."[103]

Dierk plädiert für eine exemplarisch-narrative und kritisch-werterhellende Kirchengeschichtsdidaktik, die sich des (re-)konstruktiven Charakters der Geschichtsschreibung bewusst bleibt und daher ihre Themen geschichtsdidaktisch reflektiert und multiperspektivisch angeht.[104] Sie lässt sich durch Konvergenzen mit anderen religionsdidaktischen Ansätzen wie der Bibel- und Symboldidaktik, der Bild- und Ethikdidaktik inspirieren und rezipiert entwicklungspsychologische Modelle, um die konstruktiven Möglichkeiten der Schüler*innen abschätzen und motivational auf sie eingehen zu können.[105] Abschließend betont Dierk

---

[101] Vgl. Dierk, Heidrun (2005): Kirchengeschichte elementar. Entwurf einer Theorie des Umgangs mit geschichtlichen Traditionen im Religionsunterricht (Heidelberger Studien zur Praktischen Theologie 10), Münster, 116–120, 268–284.

[102] Vgl. ebd., 285–444.

[103] Ebd., 447.

[104] Vgl. ebd., 448–450.

[105] Vgl. ebd., 450–452. Neben einer stärkeren Zusammenarbeit von Fachwissenschaft und Fachdidaktik betont Dierk den hochschuldidaktischen Bedarf eines motivierenden, berufsorientierten Studiums kirchengeschichtlicher Themen, denn nur wenn die zukünftigen Lehrkräfte das Studium der Kirchengeschichte nicht als langweilig erlebten, könnten sie auch ihre Schüler*innen später für diese Themen begeistern (vgl. ebd., 453–455). In der Tat weisen Studienanfänger*innen auf fehlende kirchengeschichtliche Themen im Religionsunterricht hin; vgl. Erwartung sieben in der Studie: Brieden, Norbert (2018): „Ich studiere katholische Theologie, weil ich finde, dass es ein breites Spektrum geworden ist." Studienmotivationen und Studienerwartungen von StudienanfängerInnen im Fach Katholische Theologie, in: Ders./Reis, Oliver (Hg.): Glaubensreflexion – Berufsorientierung –

den Beitrag der Kichengeschichtsdidaktik für einen pluralitätsfähigen Religionsunterricht, der „auf die Vielfalt christlicher Lebensentwürfe und Sinnangebote, Formen des Glaubens und Gottesvorstellungen aus der Vergangenheit wie der aktuellen Gegenwart – in all ihrer Vorläufigkeit, Fragmentarität und Entfremdung – nicht verzichten [sollte]. In ihnen zeigt sich anschaulich und elementar, worin sich Christsein Ausdruck verschaffen kann. Ein Verzicht darauf käme einer Reduktion der ‚story' Gottes mit den Menschen gleich."[106]

Diese „*story*" Gottes zeigt sich besonders in den Lebensgeschichten von Menschen. Deshalb lotet der katholische Religionspädagoge *Konstantin Lindner* in seiner Dissertationsschrift die Chancen des Lernens an Biografien im Rahmen des Religionsunterrichts aus:[107] Lebensgeschichten von Menschen, die durch ihren Bezug zu Religion, Glaube bzw. Gott geprägt sind, könnten die Reflexion der eigenen Biografie anregen, Modelle gelebten Glaubens anbieten, zu Perspektivwechseln provozieren und Orientierung schenken.[108] Zu vermeiden seien „Personalisierung" – die Ableitung der Geschichte von großen, machtvollen Gestalten; demgegenüber seien die ‚kleinen Leute' über Sozial-, Mentalitäts- und Alltagsgeschichte zu berücksichtigen – und „Moralisierung" – die Instrumentalisierung von Biografien in einem idealisierten Vorbildlernen; demgegenüber könnten Biografien über ein Herausarbeiten moralischer Dilemmata oder zentraler Lebensentscheidungen ethisches Lernen fördern.[109] Auch eine fiktionale (Re-)Konstruktion von Kirchengeschichte sei sinnvoll, wenn etwa Schüler*innen angeleitet würden, „selbst fiktionale Personen in ihrem (Er-)Leben kirchenhistorischer Zusammenhänge zu kreieren".[110] Fiktionale Erzählungen zu kir-

---

theologische Habitusbildung. Der Einstieg ins Theologiestudium als hochschulddidaktische Herausforderung (Theologie und Hochschuldidaktik 8), Berlin-Münster, 15–58, 29. Die Bedeutung geschichtlicher Themen wird teilweise sehr hoch eingeschätzt (vgl. Fall 1, ebd., 51f.). Im Theologiestudium wünschten sich von den 557 befragten Studienanfänger*innen knapp 20 % kirchengeschichtliche Themen – im Vergleich zu knapp 15 %, die interreligiöse Themen wünschten, ein unerwartet hoher Wert (vgl. ebd., 55).

[106] Dierk 2005, a. a. O., 458.

[107] Vgl. Lindner, Konstantin (2007): In Kirchengeschichte verstrickt. Zur Bedeutung biographischer Zugänge für die Thematisierung kirchengeschichtlicher Inhalte im Religionsunterricht (Arbeiten zur Religionspädagogik 31), Göttingen.

[108] Vgl. ebd., 109–115.

[109] Vgl. Lindner, Konstantin (2016): Biografische Zugänge zur Kirchengeschichte. Religionsdidaktische Auslotungen, in: Bork, Stefan/Gärtner, Claudia (Hg.): Kirchengeschichtsdidaktik. Verortungen zwischen Religionspädagogik, Kirchengeschichte und Geschichtsdidaktik (Religionspädagogik innovativ 12), Stuttgart, 204–219, 214f.

[110] Lindner, Konstantin (2013): Kirchengeschichte biographisch erschließen, in: Ders./Riegel, Ulrich/Hoffmann, Andreas (Hg.): Alltagsgeschichte im Religionsunterricht. Kirchengeschichtliche Studien und religionsdidaktische Perspektiven, Stuttgart, 227–234, 232.

chenhistorischen Themen könnten Schüler*innen anleiten, die Konstruktivität von Geschichte tiefer zu erfassen.[111]

Auch wenn Dierk und Lindner in ihren Qualifikationsschriften nicht dezidiert konstruktivistisch argumentieren, sind ihre Thesen kongruent zu konstruktivistischen Denkbewegungen.[112] So erschließt Dierk den Kreislauf von Re/De/Konstruktion (Reich) kirchengeschichtsdidaktisch: Schüler*innen konstruierten, wenn sie „eigene Zugänge zu den Unterrichtsthemen entwickeln, eigene Frage- und Arbeitsperspektiven erarbeiten, nach Verbindungen der eigenen Subjektivität zum jeweiligen Thema suchen" und „die Frage subjektiver oder auch intersubjektiver Viabilität" stellen. Für Rekonstruktionen sei die „Forderung nach Multiperspektivität" relevant, damit die Schüler*innen den „kritische[n] Umgang mit Geschichtsbildern im Sinne wirkmächtiger Rekonstruktionen" einüben können. Bezüglich der Dekonstruktion empfiehlt Dierk, „nach Auslassungen innerhalb der gängigen Konstruktionen und Rekonstruktionen zu fragen, also nach den Verlierern der theologischen Auseinandersetzungen, d. h. den so genannten Ketzern, Minderheiten, Frauen usw., daneben nach der konfessionellen Provenienz historischer Darstellungen und Urteile, im Kontext kirchlicher Zeitgeschichte auch nach politisch motivierten Geschichtsdeutungen."[113]

Auch Lindner geht von einem durch Jean-François Lyotard und Jean Baudrillard geschulten postmodernen Geschichtsbegriff aus, der im konstruktivistischen Sinne Pluralität, Heterogenität und Mehrperspektivität im Umgang mit Traditionen voraussetzt.[114] In seinen Beiträgen im zweiten Jahrbuch für konstruktivistische Religionsdidaktik reformuliert er seine Kernthesen mit konstruktivistischem Vokabular und konkretisiert am Beispiel einer Zeitzeugenbefragung im Religionsunterricht, was konstruktivistische Kirchengeschichtsdidaktik in der Praxis bedeutet.[115]

---

[111] Vgl. Dierk, Heidrun (2013): Kirchengeschichte erzählend verorten, in: Lindner/Riegel/Hoffmann (Hg.), a. a. O., 217–226, 220.

[112] Vgl. die Rezension der beiden Bücher: König, Klaus (2011): Neue Bücher zur Didaktik der Kirchengeschichte, in: Büttner, Gerhard/Mendl, Hans/Reis, Oliver/Roose, Hanna (Hg.): Kirchengeschichte, (Jahrbuch für konstruktivistische Religionsdidaktik 2), Hannover, 195–197.

[113] Dierk, Heidrun (2006): Konstruktion – Rekonstruktion – Dekonstruktion. Zur Viabilität genuin historischer Methoden im Kontext einer konstruktivistischen Kirchengeschichtsdidaktik, in: Büttner (Hg.), a. a. O., 132–144, 138f.

[114] Vgl. Lindner 2007, a. a. O., 177–200. Zu Lindners Unterscheidung zwischen Biographischem erster, zweiter und dritter Ordnung (vgl. ebd., 41f.278f.) und ihrem Bezug zur Beobachtung erster, zweiter und dritter Ordnung s. u. 4.3.4.

[115] Vgl. Lindner, Konstantin (2011): Kirchengeschichte im Religionsunterricht re-konstruieren. Perspektiven einer konstruktivistischen Kirchengeschichtsdidaktik am Beispiel „Oral History" als Zugang zum Vaticanum II, in: Büttner/Mendl/Reis/Roose (Hg.), a. a. O., 85–

Ähnlich den Überlegungen zur konstruktivistischen Bibelhermeneutik geht es in einem konstruktivistischen Verständnis von Kirchengeschichte darum, die konstruktiven Prozesse in der Vergangenheit multiperspektivisch zu verstehen, um ihre Bedeutung für die Gegenwart zu erschließen. Die Re/De/Konstruktionen von Vergangenem in der Gegenwart leisten einen Beitrag dazu, Menschen als autopoietische Systeme darauf vorzubereiten, viable Sinnperspektiven wahrzunehmen – und damit für die Gestaltung einer Zukunft motiviert zu sein, die ein Leben in Fülle verheißt. Bilder eines solchen Lebens finden wir in allen Religionen.

1.3.4 Konstruktivistische Ansätze in der Religionspädagogik: Rudolf Sitzberger und Annette Scheible

Für die Wahrnehmung von Sinnperspektiven oder auch von Bildern eines Lebens in Fülle ist die Sprache unverzichtbar. Der katholische Religionspädagoge *Rudolf Sitzberger* widmet sich deshalb in seiner Dissertationsschrift der Bedeutung von Sprache im Religionsunterricht.[116] Zu Beginn greift er die Sprachtheorie von Karl Bühler, die Sprechakttheorie von Austin und Searle sowie ein entwicklungspsychologisches Modell zum Sprachverstehen auf, bevor er nach kurzen Hinweisen zur theologischen Bedeutung von Sprache (Ausdruck, Bekenntnis, Tradierung, Gemeinschaft, Transzendenzbezug) den religionspädagogischen Diskurs um Sprache und religiöses Lernen seit dem Erscheinen von Halbfas' Fundamentalkatechetik (1968) resümiert.[117] Als konstruktivistische Sprachtheorien rezipiert Sitzberger die Ansätze des Sprachwissenschaftlers Ernst von Glasersfeld und des Hirnforschers Gerhard Roth (geb. 1942); Gewährsleute für den pädagogischen Konstruktivismus sind Hans Siebert und Kersten Reich; für die Religionspädagogik analysiert Sitzberger die Sammelbände von Hans Mendl (2005) und Gerhard Büttner (2006) sowie den ersten Band des Jahrbuchs für konstruktivistische Religionsdidaktik (2010).[118]

Als Fazit dieser Auseinandersetzung ergeben sich vier Thesen zur Bedeutung der Sprache:[119] 1. Weil die Wirklichkeit nicht vollständig erkennbar ist, muss sie immer wieder neu in Sprache zum Ausdruck kommen; der Prozess der Semiose ist unabschließbar. 2. Weil Lernen ein aktiver Prozess ist, muss die Spra-

---

98; Lindner, Konstantin (2011a): Kirchengeschichtsdidaktik konstruktivistisch konkretisieren: dem Vaticanum II mit Zeitzeugen auf der Spur, in: Büttner/Mendl/ Reis/Roose (Hg.), a. a. O., 156–175.

[116] Vgl. Sitzberger, Rudolf (2013): Die Bedeutung von Sprache innerhalb eines konstruktivistisch orientierten Religionsunterrichts (Religion konkret 3), Berlin.

[117] Vgl. ebd., 13–126.

[118] Vgl. ebd., 129–255.

[119] Vgl. zum Folgenden ebd., 256–268.

che im Religionsunterricht sorgfältig gebraucht werden, damit sie den Lernenden Anschluss- und Vernetzungsmöglichkeiten für ihre Konstruktionen bietet. 3. Weil konstruktivistisch lehren bedeutet, Lernumgebungen zu gestalten, sind „sprachliche Räume zu schaffen, in denen das Gelernte als Sprachwirklichkeit existent werden kann, in denen es probeweise untersucht und auf seine Viabilität geprüft werden kann".[120] 4. Weil auch konstruktivistischer Unterricht nicht auf Inhalte verzichtet, muss die Wahrheitsfrage diskutiert und offengehalten werden – und zwar auf eine Weise, die die Lernenden zu authentischen Stellungnahmen in ihrer jeweils eigenen Sprache bezüglich des christlichen Glaubensangebots herausfordert.

Im letzten Kapitel benennt Sitzberger fünf „Zielfelder religiösen Sprechens im konstruktivistisch orientierten Religionsunterricht", die die oben ausgeführten Hinweise zu Theologie und Sprache aufgreifen:[121] 1. „Sprache als Ausdrucksmittel" der Lernenden ist in ihrer Wirklichkeit schaffenden und Wirklichkeit erschließenden Kraft zu fördern; im Religionsunterricht sind die Besonderheiten symbolischer und bildhafter Sprache in Gebrauch zu nehmen und zu reflektieren. 2. „Sprache als Mittel einer selbstkonstruierten Welt- und Glaubensdeutung" verlangt nach offenen Räumen, in denen sie sich erproben kann; im Religionsunterricht sind dafür Gelegenheiten für Performanz zu schaffen, damit die in religiöser Sprache verheißene Wirklichkeit zumindest ansatzweise die Chance hat, sich zu zeigen. 3. „Sprache als Mittel einer Tradierung in Kontinuität und konstruktivistischem Wandel" bedarf der steten Pflege und Erneuerung; im Religionsunterricht wird Tradition lebendig, wenn Kinder und Jugendliche Gelegenheiten erhalten, Altes neu und auf ihre Weise auszusagen. 4. „Sprache als Mittel einer viablen, gemeinsamen Weltdeutungsgemeinschaft" betont den sozialen Charakter des Sprechens über Sinnfragen; im Religionsunterricht ist über die Kommunikation unterschiedlicher Sinnantworten und das gemeinsame Erleben anderer Sprachformen (z. B. Ritualen) komplementäres Denken einzuüben. 5. „Sprache als Mittel zur selbst konstruierten Bezugnahme zum Transzendenten" verlangt einen sensiblen Umgang mit der Gottesfrage; im Religionsunterricht sind dazu Möglichkeiten spirituellen Lernens auszubauen, die die Verwandtschaft von poetischer und religiöser Sprache nutzen sowie die Freiheiten Gottes und der Menschen schützen (s. u. 4.3.4–6).

Diese Freiheiten zu wahren, darum geht es auch der evangelischen Religionspädagogin *Annette Scheible*, wenn sie in ihrer Dissertationsschrift im vorletzten Kapitel eine „gemeinsame Grenze von Radikalem Konstruktivismus und Religionsunterricht" erörtert, die sie durch „Negative Theologie und Kontem-

---

[120] Ebd., 265.
[121] Vgl. zum Folgenden ebd., 271–283.

plation" charakterisiert.[122] Die von den Religionen plural beschriebene bzw. verehrte „transzendente Realität wird vom Radikalen Konstruktivismus als solche akzeptiert, jedoch will er keine Aussagen über sie machen".[123] Denn Fragen, die die transzendente Realität betreffen, wie z. B. warum Gott das Leiden zulässt oder ob Gott die Welt erschaffen hat bzw. ob er überhaupt existiert, seien prinzipiell unbeantwortbar in dem Sinne, dass sie auf der Basis rationalen Wissens definitiv entschieden werden könnten. Gleichwohl stellten Menschen solche Fragen und müssten sich auch irgendwie zu ihnen verhalten. Oft entschieden sie diese Fragen auf der Basis ihrer religiösen oder kulturellen Sozialisation oder weil sie (religiöse) Erfahrungen gemacht hätten, die ihnen ihre Entscheidungen emotional plausibilisierten. Mystik und Kontemplation seien Wege zu solchen spirituellen Erfahrungen, die auch im Religionsunterricht eingeübt werden könnten. Wichtig bleibe auf der Ebene des rationalen Wissens eine Negative Theologie, die den Menschen einschärfe, dass das, was sie über Gott aussagten, niemals identisch mit Gott sei. Dadurch werde die Freiheit und Alterität Gottes gewahrt und die Menschen schützten sich selbst vor Dogmatismus und Fundamentalismus. Dieses wichtige Ziel religiöser Bildung definiere ‚Negative Theologie' als Wächterin einer zentralen Grenze zum Schutz Gottes und der Menschen – und entspreche so auch den Anliegen des Radikalen Konstruktivismus.

Deshalb vermittele der Radikale Konstruktivismus entgegen dem ersten Anschein eine Grundhaltung, die besser zum konfessionellen Religionsunterricht passe als etwa zu einer Religionskunde. Denn der konfessionelle Religionsunterricht stelle Wege bereit, sich zu einer bestimmte Religion zu positionieren – etwa durch Reibung an dem religiösen Bekenntnis der konfessionellen Lehrkraft – „und ermöglicht auch das vom Radikalen Konstruktivismus stark gemachte religiöse Erleben", während die Religionskunde aufgrund des Neutralitätsgebots eher nahelege, religiöse Entscheidungen zu vermeiden.[124] Am Ende kommt Scheible zu dem Ergebnis, der Radikale Konstruktivismus und seine „pragmatische Wahrheitstheorie mit starken kohärenztheoretischen Zügen" habe die Hauptaufgabe, „als ‚subversives Element' Dogmatismus und Fundamentalismus zu irritieren. Er kann als Korrektiv gegen Intoleranz fungieren, indem er intensive Selbstreflexion propagiert und so Voreingenommenheiten vorbeugen kann. Durch die Korrektur intellektueller Verhärtungen kann der Radikale Konstruktivismus für blinde Flecken sensibilisieren und so neue Wahrnehmungsmöglichkeiten [...] entwickeln."[125] So entstehe eine Grundhaltung, die auch pädagogisch,

---

[122] Vgl., auch zum Folgenden, Scheible, Annette (2015): Der Radikale Konstruktivismus. Die Entstehung einer Denkströmung und ihre Anschlussfähigkeit an die Religionspädagogik (Religionsdidaktik konkret 7), Münster, 279-312.
[123] Ebd., 279.
[124] Ebd., 305.
[125] Ebd., 313f.

religionspädagogisch und theologisch relevant sei, wie bereits in der Diskussion zur Negativen Theologie gezeigt.[126]

Nachdem Scheible in einem detaillierten Anlauf die Denkwege von Heinz von Foerster, Ernst von Glasersfeld und Humberto Maturana mit ihren Quellen und wechselseitigen Inspirationen nachgezeichnet[127] und „Kritik und Gegenkritik" diskutiert hat,[128] kommt sie zu dem Schluss, dass Religionsdidaktik und Radikaler Konstruktivismus entgegen dem ersten Anschein – etwa aufgrund eines starken theologischen Offenbarungsbegriffs – eine hohe Kompatibilität aufweisen.[129]

1.3.5 *Konstruktivistisches Denken als Weg theologischer Kommunikation – im Verein für Konstruktivismus in Theologie und Religionsdidaktik*

Der katholische Religionspädagoge Hans Mendl gab 2005 „ein Arbeitsbuch" zur konstruktivistischen Religionspädagogik heraus,[130] und der evangelische Religionspädagoge Gerhard Büttner diskutierte 2006 „konstruktivistische Perspektiven";[131] die beiden Sammelbände erwuchsen aus parallel in der evangelischen und der katholischen Religionspädagogik verlaufenden Rezeptionen konstruktivistischen Denkens: Es verhalf Mendl zunächst zu einer deskriptiv-„kritischen Sicht des real existierenden Religionsunterrichts",[132] aufgrund der Fragen, warum dieselben Bildungsgegenstände so unterschiedliche Resonanzen hervorrufen und wie in der Auseinandersetzung mit Inhalten eine sozial konstruierte Wirklichkeit im Klassenzimmer entsteht,[133] bevor es „im Sog der reformpädagogischen Aufbrüche in den 90er-Jahren [...] als erkenntnisleitende Lerntheorie" auch normative Impulse setzte.[134] „Diese Fortschreibung von einer *deskriptiven* zu einer *normativen* didaktischen Verwendung konstruktivistischen Gedankenguts fand parallel auch in der evangelischen Religionspädagogik statt, wo Godwin Lämmermann und Gerhard Büttner unterschiedliche konstruktivistische

---

[126] Vgl. ebd., 314–321. S. u. 4.3.1,4,6.
[127] Vgl. S. 27–221.
[128] Vgl. S. 223–278.
[129] Vgl. ebd., 311f.
[130] Mendl 2005/Hg., a. a. O.
[131] Büttner 2006/Hg., a. a. O.
[132] Mendl, Hans (2013): Konstruktivismus. Eine tragfähige Theorie für eine zukunftsfähige Religionspädagogik!, in: Religionspädagogische Beiträge 69, 17–23, 18.
[133] Vgl. Mendl, Hans (2000): Religion Lernen als Konstruktionsprozess. Schülerinnen und Schüler begegnen der Bibel, in: Porzelt, Burkhard/Güth, Ralph (Hg.): Empirische Religionspädagogik. Grundlagen – Zugänge – Aktuelle Projekte, Münster, 139–152.
[134] Mendl 2013, a. a. O., 18. Vgl. auf der Homepage des Lehrstuhls von Mendl: http://www.phil.uni-passau.de/religionspaedagogik/forschung/konstruktivismus/ Aufruf 15.12.2021.

Modelle vorstellten."[135] Seit 2010 bündelt nun das ökumenische Jahrbuch für konstruktivistische Religionsdidaktik religionspädagogisch-konstruktivistische Überlegungen. Es enthält Beiträge von wissenschaftstheoretischer Abstraktion bis zur religionsunterrichtlichen Konkretisierung und ringt damit um eine Balance „zwischen Analytik und Normativität".[136] Zum großen Teil werden die Beiträge vor ihrer Veröffentlichung intensiv diskutiert, seit 2014 jeweils anlässlich der Jahrestagung des „Vereins für Konstruktivismus in Theologie und Religionspädagogik". In der Regel werden Theoriebeiträge konstruktivistischer oder nicht-konstruktivistischer Provenienz angefragt, die zusätzlich zu den einleitenden Überlegungen der Herausgeber und der Herausgeberin als roter Faden für die weiteren Beiträge dienen (in den ersten vier Bänden unter der Rubrik ‚theoretische Grundlegungen', danach unter dem Stichwort ‚theoretisch'). Als Abschluss der Bände dient jeweils ein Beitrag, der zunächst unter der Rubrik ‚Der fremde Blick', nun unter dem Stichwort ‚kritisch', die Diskussionen des jeweiligen Jahrbuchs bündelt, sie erweitert, kritisch reflektiert oder neu perspektiviert. Die Beiträge dazwischen wurden zunächst unter den Rubriken ‚Theorie-Praxis-Beiträge' und ‚Unterrichtsentwürfe/Lernumgebungen' sortiert; sie werden seit 2014 unter den Stichworten ‚reflexiv' bzw. ‚konkret' eingeordnet. 2010 ging es um „Lernen mit der Bibel", 2011 um „Kirchengeschichte", 2012 um „Lernumgebungen", 2013 um „Ethik", 2014 um „Religionsunterricht planen", 2015 um „Glaubenswissen", 2016 um „Narrativität", 2017 um „Religiöse Pluralität", 2018 um „Heterogenität im Klassenzimmer", im Jubiläumsband 2019 um „Praxis des RU", 2020 um „Biblische Welten", 2021 um „Digitale Praktiken" und 2022 um „nachhaltige Wirkung des RU". Auf der Lehrstuhlhomepage von Hans Mendl kann eine Gesamtliste der bereits im Jahrbuch veröffentlichten Beiträge heruntergeladen werden.[137]

Die Tagungen und die aus ihnen erwachsenen Jahrbücher sind von der konstruktivistischen Haltung geprägt, dass *alles immer auch anders sein könnte*. Der Austausch lebt von der Offenheit der überschaubaren Zahl von Teilnehmer*innen, die sich dem konstruktiv-kritischen Diskurs stellen. Die Vortragenden präsentieren ihre Kernthesen in einer halben Stunde und erhalten durch die kritischen Anfragen und Hinweise in der darauffolgenden halbstündigen Diskussion wertvolle Impulse zur Präzisierung ihrer Thesen. Vortragende und Teilnehmende kommen nicht nur aus Deutschland (z. B. auch aus den Niederlanden, Tschechien, Österreich, Schweiz), was die Perspektivenvielfalt der Diskussionen bereichert. Diese Form der Kommunikation entspricht konstruktivistischem

---

135   Mendl 2013, a. a. O., 18.
136   Mendl, Hans/Roose, Hanna/Büttner, Gerhard/Reis, Oliver (2019): 10 Jahre Konstruktivismus – eine Entwicklungsgeschichte, in: Büttner/Mendl/Reis/Roose (Hg.), a. a. O., 213–223, 216.
137   http://www.phil.uni-passau.de/religionspaedagogik/forschung/konstruktivismus/ Aufruf 15.12.2021.

Denken: Sich für Impulse von anderen zu öffnen, sich perturbieren zu lassen, die eigenen blinden Flecken wahrzunehmen. So wird in den lebendigen Diskussionen über Gott und den Religionsunterricht etwas von dem Geist jener Freiheit spürbar, den die Schriften vieler Konstruktivist*innen atmen und der auch Paulus bewegte: „Wo aber der Geist des Herrn ist, da ist Freiheit" (2 Kor 3,17).

Seit dem Jubiläumsjahrbuch 2019 erschließt sich der im Verein erprobten konstruktivistischen Religionsdidaktik neben dem bewährten operativen Konstruktivismus der Systemtheorie von Niklas Luhmann mit der Praxistheorie ein weiteres Feld, das nun nicht nur die „(verbale) Kommunikation, sondern auch Artefakte, Räume, Körper, Praktiken und Routinen in den Blick" zu nehmen verspricht.[138] Obwohl der Fokus auf den religiösen Konstruktionsprozessen der Individuen die programmatische Subjektorientierung unterstreicht, führt das Kriterium der Viabilität zu einer pragmatischen Hinwendung zu Modellen wie der Systemtheorie und Praxistheorie, die in der Beobachtungsperspektive „Subjekt, Intentionalität und Rationalität entweder ganz aussparen oder bewusst abschatten" (s. o. 1.1.2).[139]

Sicherlich wäre es angemessen, nun die einschlägigen Schriften der Herausgeber und der Herausgeberin des Jahrbuchs zu skizzieren, die mit unterschiedlichen Akzentuierungen konzeptionelle, entwicklungstheoretische, bibeldidaktische und unterrichtspraktische Konsequenzen einer konstruktivistischen religionspädagogischen Theoriebildung bedenken.[140] Ich beschränke mich mit dem folgenden Abschnitt allerdings auf Arbeiten von Oliver Reis, weil bei ihm neben

---

[138] Roose, Hanna (2021): Konstruktivistische Religionsdidaktik, in: Kropač/Riegel (Hg.), a. a. O., 246–252, 247.

[139] Ebd., 249.

[140] Vgl. neben den Aufsätzen in den Jahrbüchern: Büttner, Gerhard/Dieterich, Veit-Jakobus (2004): Religion als Unterricht. Ein Kompendium; Büttner, Gerhard/Scheunpflug, Annette/Elsenbast, Volker (2007/Hg.): Zwischen Erziehung und Religion. Religionspädagogische Perspektiven nach Niklas Luhmann (Schriften aus dem Comenius-Institut 18), Berlin (darin v. A. die Aufsätze von Büttner, Reis, Roose); Büttner, Gerhard/Roose, Hanna (2007): Das Johannesevangelium im Religionsunterricht. Informationen, Anregungen und Materialien für die Praxis, Stuttgart; Büttner, Gerhard/Dieterich, Veit-Jakobus/Roose, Hanna (2015): Einführung in den Religionsunterricht. Eine kompetenzorientierte Didaktik, Stuttgart; Büttner, Gerhard/Dieterich, Veit-Jakobus (2016): Entwicklungspsychologie und Religionspädagogik, 2. Aufl., Göttingen; Büttner und Roose haben das Jahrbuch für Kindertheologie bzw. das Jahrbuch für Jugendtheologie mit herausgegeben und sind seit 2018 neben Thomas Schlag die Herausgeber des neuen, die beiden Jahrbücher zusammenführenden, Jahrbuchs für Kinder- und Jugendtheologie (s. u. 4.3.1); Mendl, Hans (2016): Religion zeigen – Religion erleben – Religion verstehen. Ein Arbeitsbuch zum performativen Religionsunterricht (Religionsdidaktik innovativ 16), Stuttgart; Mendl, Hans (2018): Religionsdidaktik kompakt. Für Studium, Prüfung und Beruf, überarbeitete 6. Aufl., München; Mendl, Hans (2019): Artikel „performativer Religionsunterricht, katholisch", in: Das Wissenschaftlich-Religionspädagogische Lexikon WiReLex. https://www.bibelwissen schaft.de/stichwort/200631/ Aufruf 15.12.2021.

den genannten Akzenten eine Perspektive besonders berücksichtigt wird, die ansonsten wenig Beachtung findet: Diejenige der Hochschuldidaktik, die von der Gesellschaft für wissenschaftliche Religionspädagogik zum Thema ihrer Jahrestagung 2015 gemacht wurde – und zwar unter dem provozierenden Titel: „Der Riese Religionsdidaktik in hochschuldidaktischen Kinderschuhen? Aufgaben und Desiderate der Religionslehrerbildung.“[141]

1.3.6 Konstruktivistisches Denken in der (theologischen) Hochschuldidaktik: Oliver Reis

Bereits in seiner systematisch-theologischen Dissertationsschrift zur sozialethischen Nachhaltigkeitsdebatte legt Oliver Reis das konstruktivistische Theoriedesign der Systemtheorie Niklas Luhmanns zugrunde.[142] Indem er den Diskurs um das sozialethische Prinzip der Nachhaltigkeit als System rekonstruiert, gelangt Reis zu folgender These: Die theologische Auseinandersetzung mit dem Thema krankt daran, dass sie die mögliche Außenperspektive (über das System ‚Religion‘) verweigert. Indem theologische Ansätze die ethischen Programme zur gesellschaftlichen Stabilisierung des ökonomisch-politischen Systems übernähmen, gelinge es ihnen nicht, die „religiöse [...] Selbstabschließung der Gesellschaft im Nachhaltigkeitssystem“ zu beobachten.[143]

Das lässt sich so verstehen, dass die Nachhaltigkeitsdebatte in ihren Verweisen auf ökonomische und handlungspraktische Alternativlosigkeit selbst einen religiösen Charakter erhält, insofern sie ihre Entscheidungslogik als transzendent setzt und damit einer Verfügbarkeit durch mögliche andere Entscheidungen entzieht. Wenn nun theologische Überlegungen zustimmend in diese gesellschaftlich-dominante Dynamik einschwängen, beraubten sie sich der Möglichkeit, vom System der eigenen Religion her prophetische Kritik zu üben.[144] Würde hingegen der Glaube an den Schöpfergott und seine Kreativität ernst genommen, könnte innerhalb der christlichen Gemeinschaft, etwa im Rechtsraum der Kirche, nachhaltige Entwicklung derart erprobt werden, dass sie über „eine un-

---

[141] Eine Dokumentation der Tagung findet sich in Heft 2/2015 (14. Jahrgang) der Zeitschrift theo-web: http://www.theo-web.de/zeitschrift/ausgabe-2015-02a/ Aufruf 15.12.2021.

[142] Vgl. Reis, Oliver (2003): Nachhaltigkeit – Ethik – Theologie. Eine theologische Beobachtung der Nachhaltigkeitsdebatte (Forum Religion & Sozialkultur, Abteilung B, Profile und Projekte 18), Münster.

[143] Ebd., 503. Vgl. Frieling, Gudula (2016): Christliche Ethik oder Ethik für Christen? Die Universalität christlicher Ethik auf dem Prüfstand, Regensburg, 415–417. Kann eine „positional-christliche Ethik“ die ökonomische Logik, der universale Ethikansätze verhaftet bleiben, kritisch überwinden (vgl. ebd., 444–582)?

[144] Vgl. Reis 2003, 55f.

verbindliche Universalethik ohne Adressaten [...], wie sie die Neuzeit hervorgebracht hat", hinausginge.[145]

Nach Luhmann müsste sich „Religion darauf konzentrieren [...], ihre eigene Rationalität und Logik zu entfalten", was Thomas Ruster, Reis' Doktorvater, so auslegt, dass sich „die Religionen an sich selbst identifizieren und bei ihren Bestimmtheiten (Ritus, Dogmatik) bleiben".[146] Die Gefahr einer fundamentalistischen Abschließung des religiösen Systems von der Gesellschaft sei zu vermeiden, indem die Religion auf universale Geltungsansprüche hinsichtlich des religiösen Codes der Unterscheidung von Immanenz und Transzendenz verzichte;[147] d. h. Kirche und Theologie zeigten in Theorie und Praxis Alternativen auf, ohne davon auszugehen, dass diese Alternativen universal gelten müssten; zugleich biete die religiöse Kommunikation dieser Alternativen innerhalb des Systems der Religion die Chance, Sinnantworten im Blick auf lebensbedrohliche Situationen, hier am Beispiel der ökologischen Gefährdungen, gesellschaftlich zu kommunizieren, also Anschlusskommunikationen zu eröffnen.

Im Zuge der gesellschaftlichen Entwicklung zu funktionaler Differenzierung werde nämlich innerhalb des Systems der Religion „eine religiöse Kommunikation möglich, die sich auf den operativen Konstruktivismus umstellt".[148] Reis zitiert im Folgenden einen Satz aus Luhmanns Werk „Die Religion der Gesellschaft", der sich auf die Neufassung des logischen Satzes der Identität bezieht und von grundlegender Bedeutung zum Verständnis der hochschuldidaktischen Perspektive ist. Deshalb interpretiere ich ihn aus seinem Kontext heraus:

> „Im operativen Konstruktivismus muß [...] der logische Satz der Identität umformuliert werden. Er lautet dann nicht mehr ‚A ist A', sondern ‚wenn A dann A'. Damit ist gesagt, daß Identität nur in operativen Sequenzen konstituiert werden kann und dann als Strukturbedingung dafür fungiert, daß eine hochselektive, sich selbst abgrenzende (unterscheidende) Sequenzbildung überhaupt möglich ist. Und auch dies führt wieder auf eine Unterscheidung zurück. Jede Wiederholung muß das Wiederholte identifizieren und dabei *kondensieren* auf das, was aus dem vorigen Kontext übernommen wird. Und sie muß diese Identität *konfirmieren*, also sicherstellen, daß sie auch zu einem anderen Kontext paßt."[149]

Luhmann greift hier zurück auf Überlegungen der Logiker Gotthard Günther und George Spencer Brown (s. u. 2.2), die beide versuchen, die herkömmliche

[145] Ebd., 508. Zum Desiderat der politisch-ethischen Dimensionierung der Religionspädagogik und ihrer Paradoxien s. u. 4.3.5; 4.3.7.
[146] Ebd., 57f.; mit Bezug auf Luhmann, Niklas (1988): Ökologische Kommunikation. Kann die moderne Gesellschaft sich auf ökologische Gefährdungen einstellen?, 2. Aufl. Opladen, 190–192; Ruster, Thomas (2001): Distanzierte Beobachtung. Niklas Luhmanns ‚Religion der Gesellschaft', in: Herder Korrespondenz H. 1, 55, 90–96, 94.
[147] Vgl. Reis 2003, a. a. O., 49–65.
[148] Ebd., 51f. Vgl. Mendl/Roose/Büttner/Reis 2019, a. a. O., 221f.
[149] Luhmann, Niklas (2000): Die Religion der Gesellschaft, hg. von André Kieserling, Frankfurt a. M., 73.

zweiwertige Logik durch eine drei- oder mehrwertige Logik zu ergänzen (nicht zu ersetzen, insofern die zweiwertige Logik für viele Schlüsse unverzichtbar bleibt). Eine mehrwertige Logik beruht auf der Beobachtung, dass nicht allein zwischen A oder Nicht-A zu entscheiden ist, sondern dass neben den zwei Werten (A ist der Fall; es ist nicht der Fall, dass A) auch noch der Freiheitswert eine Rolle spielt, die geforderte Positiv/Negativ-Unterscheidung zu verweigern. Luhmann bezeichnet diesen Wert mit Günther als „Rejektionswert", der selbst nicht in die abgelehnte Unterscheidung eingreift, sondern beispielsweise einen anderen Unterscheidungscode wählt.[150]

Diese Wahlfreiheit charakterisiere nun den Unterschied zwischen den Aussagen „A ist A" und „wenn A dann A", insofern die traditionelle „Metacodierung durch die Unterscheidung Sein/Nichtsein" in der gewählten Operation „wenn ... dann ..." aufgesprengt werde.[151] Günther erklärt den Satz „A ist A" so: „Das Prinzip der Identität besagt, dass der Gegenstand eine primordiale unabhängige Existenz hat gegenüber allen Akten und Prozessen, in denen er gedacht werden kann. Kein Denkvorgang kann daran etwas ändern. In der Identität etabliert sich der ontologische Seinscharakter des Objekts oder Dinges."[152] Die mehrwertige Logik zeigt, dass „A ist A" nicht unabhängig von zeitlichen und sozialen Vollzügen von Subjekten bzw. Systemen gelten kann. Die Objektidentität wird in ihrer Abhängigkeit von den operativen Konstruktionen erfasst: „Wenn A dann A".

Hochschuldidaktisch geht es Oliver Reis deshalb darum, den Studierenden Gelegenheiten für ein operatives Konstruieren und Modellieren theologischer Aussagen zu geben, um dadurch ihre theologische (und religiöse) Identität auszubilden. Das sind langfristige Prozesse, die „nur in operativen Sequenzen konstituiert werden" können.[153] Zugleich dienen Identitäten „als Strukturbedingung dafür, daß eine hochselektive, sich selbst abgrenzende (unterscheidende)

---

[150] Vgl. ebd., 66–72. Luhmann gibt ein Beispiel: „Wenn das Recht die moralische Unterscheidung gut/schlecht rejiziert, heißt das nicht, daß man so nicht unterscheiden könne, und nicht einmal: daß das Recht keiner moralischen Beurteilung unterliege. Es heißt nur, daß die anstehende Operation diese Unterscheidung nicht benutzt, um sich auf den Code des Rechts zu konzentrieren. Nicht die Werte der rejizierten Unterscheidung werden negiert, denn das wäre nur unter Benutzung eben dieser Unterscheidung möglich, sondern nur die Unterscheidung selbst" (ebd., 71f., Fußn. 24). S. u. 3.3.3; 3.4.

[151] Ebd., 72f.

[152] Günther, Gotthard (2000): Identität, Gegenidentität und Negativsprache, in: Joachim Paul (Hg.), www.vordenker.de, URL: http://www.vordenker.de/ggphilosophy/gunther_identi taet.pdf Aufruf 15.12.2021, 5. Ursprünglich publiziert in: Hegeljahrbücher 1979, 22–88. Günther war in den 1960er Jahren durch Heinz von Foerster an das Biological Computer Lab der University of Illinois geholt worden; vgl. Foerster, Heinz von/Lorenz, Kai/Grube, Gernot (1997): Interview vom 23.1.1997 in Berlin, in: Joachim Paul (Hg.), www.vorden ker.de, URL: http://vordenker.de/contribs.htm Aufruf 15.12.2021.

[153] Die Zitate in diesem Absatz sind aus dem längeren Zitat von Luhmann (2000, 73: s. o. Fußn. 149). Zu den langfristigen Prozessen einer theologischen Habitusbildung von Theologie-

Sequenzbildung überhaupt möglich ist." Identitäten theologischer Objekte und lernender Subjekte sind in einem dialektischen Prozess ineinander verschränkt. Die operativen Sequenzen, die Studierende in ihrem theologischen Lernen vollziehen, müssen sich durch Übung einprägen, indem die Studierenden das Wiederholte „identifizieren und dabei kondensieren auf das, was aus dem vorigen Kontext übernommen wird" – ein Kontext, der sich aus ihrer Lernbiografie ergibt. Zugleich ist das Gelernte zu „konfirmieren", indem es auf andere Kontexte angewendet wird.

Reis hat theologische Lernprozesse von Studierenden auf vielfältige Weise erforscht. In den vierzehn Sitzungen einer mehrfach erprobten Vorlesung zum Thema „Gott denken" stellt er in der ersten Sitzung zur „Einführung in die theologische Logik" zwei Stile religiösen Denkens vor, die an ihren Grenzen in Fundamentalismus bzw. Fideismus (für hörendes Denken) oder in Subjektivismus bzw. Rationalismus (für ordnendes Denken) ausarten können (s. u. 4.1.3). Bezüglich der Themen „Gottes Dasein", „Gottes Macht", „Gottes Rede", „Gottes Herrschaft", „Gottes Rechtfertigung" und „Gottes Gewalt" präsentiert Reis den Studierenden theologische Konstrukte, die sie in ihren jeweiligen Chancen und Grenzen nachvollziehen sollen und auf die Stile religiösen Denkens beziehen können. Dabei geht er regelmäßig von Anforderungssituationen aus, die sich den Studierenden als zukünftigen Religionslehrer*innen stellen: etwa über schwierige Fragen oder provozierende Aussagen von Kindern oder Jugendlichen. Dadurch eröffnen sich Gesprächschancen, indem jede Sitzung als Kombination von Vorlesung und Übung nach oder vor einem ca. einstündigen Input einen ca. halbstündigen Austausch erlaubt. In der vierten Sitzung erklärt Reis den Studierenden sein Kompetenzniveaumodell zur Leistungsmessung. Durch Reflexion ihrer Lernwege können die Studierenden ihren eigenen Lernstand selbst bewerten und Ansätze zur Lernentwicklung formulieren. Die beiden Sitzungen zu „Gottes Name" und „Gottes Wille" steigern die theologische Komplexität, indem sie Vernetzungen zu den bisherigen Themen erfordern und die Notwendigkeit einer eigenen Positionierung noch stärker herausarbeiten. Die letzten vier Sitzungen dienen lerntheoretischer, theologischer und wissenschaftstheoretischer Reflexion und Evaluation. Nach jeder Sitzung erledigen die Studierenden schriftliche Aufgaben in Einzelarbeit, die korrigiert und entsprechend dem Kompetenzniveaumodell bewertet werden. Das Buch dokumentiert die Inhalte der Vorlesungen, exemplarische Hausaufgaben von drei Studierenden auf unterschiedlichen Leistungsniveaus, theologisch brisante Diskussionen aus den Übungsteilen der Vorlesung sowie alle Aufgaben und Materialien.[154]

Studierenden vgl. Reis, Oliver (2018): Der Übergang Schule-Hochschule aus hochschuldidaktischer Sicht. Der Forschungsstand zur Studieneingangsphase, in: Brieden/Ders. (Hg.), a. a. O., 139–157.

[154] Vgl. Reis, Oliver (2012): Gott denken. Eine mehrperspektivische Gotteslehre (Studienbücher zur Lehrerbildung – Theologie 1), Berlin.

Die konstruktivistische Anlage des Lernprozesses zeigt sich einmal darin, dass den Studierenden zu allen Themen eine Vielfalt theologischer Lösungsmodelle auf der Basis von Leitdifferenzen (Bedeutungsstrukturen und Wirklichkeitsverständnisse) präsentiert wird, die sie in den Aufgaben auf der Basis der vorgetragenen Modellkonstruktionen selbstständig rekonstruieren können. Dadurch wird deutlich, dass es nicht die eine, wahre Lösung für ein theologisches Problem gibt, sondern jede Lösung ihren blinden Fleck hat. Außerdem könnte es im Sinne der Dekonstruktion immer auch anders sein: Die Studierenden werden ermutigt, eigene Denk-Wege zu gehen, vielleicht sogar neue Lösungsmöglichkeiten zu (er)finden (s. o. 1.2.2) – auch wenn dieses hohe Kompetenzniveau in der Bachelorphase des Studiums selten erreicht wird. Die berufsnahen Beispiele motivieren die Studierenden zur aktiven Teilnahme, denn sie kreieren Anforderungssituationen, die die Studierenden bewältigen können, wenn sie die in der Veranstaltung avisierten Kompetenzen erwerben. Schließlich werden „Tiefenstrukturen" des Gottdenkens auf der Basis der konstruktivistischen Systemtheorie Luhmanns erarbeitet: die Selbstreferentialität, Projektionalität und Zirkularität religiöser Rede, die Geschlossenheit religiöser Sprachspiele sowie die Paradoxie-Bearbeitungen durch die Transzendenz-Immanenz-Kreuzungen im christlichen Glauben.[155]

Mit seiner praktisch-theologischen Dissertationsschrift, der ersten im Feld der Hochschuldidaktik, evaluiert und reflektiert Reis seine Vorlesung „Gott denken" durch kompetenzdiagnostische Beobachtungen und inhaltsanalytische Vertiefungen. Dabei kommt er zu dem Ergebnis, dass zwar „Kompetenzorientierung ein wirkmächtiges Instrument für eine professionsbezogene Religionslehrerbildung ist", gleichwohl sei aber eine Offenheit für „nicht-kompetenzorientierte Leerstellen" in theologischen Bildungsprozessen konstitutiv, um zu sich selbst in Distanz zu treten, weil eine „quasi-objektivistische Diagnosekultur" dazu neige, „blind für die eigene Fehlbarkeit" zu sein.[156]

Die hochschuldidaktische, fachbezogene Theoriebildung erfordert neben der hohen fachlichen Kompetenz weitere Reflexionsschleifen im Blick auf die

---

[155] Vgl. ebd., 309–366. Weitere Beiträge zu Modellierungen theologischer Themen im Blick auf den Lernort Religionsunterricht (zur Auferstehung 2009, zur Anthropologie 2011, zur Schöpfung 2014, zur Sakramentenlehre 2015) finden sich teilweise resümiert in der Monografie: Büttner, Gerhard/Reis, Oliver (2020): Modelle als Wege des Theologisierens. Religionsunterricht besser planen und durchführen, Göttingen.

[156] Reis, Oliver (2014): Systematische Theologie für eine kompetenzorientierte Religionslehrer/innenbildung. Ein Lehrmodell und seine kompetenzdiagnostische Auswertung im Rahmen der Studienreform (Theologie und Hochschuldidaktik 4), Münster, 427. Eine zweite theologisch-hochschuldidaktische Dissertation wurde verfasst von: Zimmermann, Barbara (2018): Mehr als nur Wissen! Kompetenzorientierung im Bologna-Prozess. Eine theologiedidaktische Analyse (Studien zur Praktischen Theologie 3), Münster. Zur Kompetenzorientierung s. u. 3.1; 4.3.7.

Aufgaben einer theologischen Habitusbildung und transparenten Leistungsdiagnose.[157] Der konstruktivistische Hintergrund und die Prägung durch die Systemtheorie Luhmanns hat bei Reis selbst einen Habitus erzeugt, der die ständige Bereitschaft zur kritischen Analyse auf unterschiedlichen Ebenen forciert und das Aufdecken eigener blinder Flecken zu einem zentralen Motiv der theoretischen Reflexion erhebt.

1.4 Zur Begründung der weiteren Vorgehensweise

Die ersten Abschnitte dieser Einleitung gaben einen Einblick in konstruktivistisches Denken durch exemplarische Hinweise auf den fortlaufenden Diskurs – mit einem Schwerpunkt auf pädagogische und theologische Rezeptionen konstruktivistischer Denkfiguren. Die genannten Diskurslinien stellen das Fundament dar, auf dem die folgende Arbeit aufbaut. Nicht alles, was geleistet wurde, kann diese Arbeit resümieren. Denn es ist in den vergangenen Jahrzehnten vieles zur Thematik diskutiert und publiziert worden – das sollte deutlich geworden sein, auch wenn trotz der Fülle der Namen nicht alle relevanten Autor*innen bereits genannt wurden und sie auch nicht in der ihnen gebührenden Präzision diskutiert werden können.[158]

---

[157] Vgl. dazu, bezogen auf den Religionsunterricht: Reis, Oliver/Schwarzkopf, Theresa Schwarzkopf (2015/Hg.): Diagnose im Religionsunterricht. Konzeptionelle Grundlagen und Praxiserprobungen (Studienbücher zur Lehrerbildung – Theologie 3), Münster.

[158] Z. B. gehe ich nicht ein auf: Conrads, Eva (2009): Systemisch-konstruktivistische Ansätze und ihre mögliche Perspektive in der Religionspädagogik und -didaktik mit Blick auf den Religionsunterricht an Berufskollegs, Aachen, publications.rwth-aachen.de/record/511 08/files/Conrads_Eva.pdf Aufruf 15.12.2021. Conrads wählt einen eingeschränkten Beobachtungsbegriff mit Bezug auf Kersten Reich (s. u. 4.1.2.1). Ebenso, wie bereits erläutert, verweise ich nur kurz auf die Dissertationsschrift von Kristinová 2018 (s. o. 1.3.1, Fußn. 84). Weiterhin möchte ich hier den knappen, aber durchaus instruktiven Beitrag von Thomas Bornhauser nennen, der sein im Komplementaritätsprinzip begründetes Konzept kirchlicher Erwachsenenbildung durch eine konstruktivistische Formatierung inspiriert: Bornhauser, Thomas (2002): Gott für Erwachsene. Ein Konzept kirchlicher Erwachsenenbildung im Zeichen postmoderner Vielfalt (Praktische Theologie heute 51), Stuttgart, 3. Aufl., 97–111. Und – *last but not least* – soll der evangelische Pfarrer und Kirchenmusiker genannt sein, der als einer der ersten Theologen die konstruktivistische Erkenntnistheorie in seiner Dissertation zu pastoralpsychologischen Grundfragen konsultiert und in einer weiteren Monographie ihre Bedeutung für den Religionsunterricht herausstellte: Ammermann, Norbert (1994): Zur Konstruktion von Seelsorge. Seelsorge, Erkenntnistheorie und Methodenfrage unter dem Aspekt der Psychologie der persönlichen Konstrukte und auf dem Hintergrund konstruktivistischer Erkenntnistheorien, Frankfurt a. M.; Ders. (1999): Seelsorge im Religionsunterricht. Religionspädagogische und pastoralpsychologische Elementarisierungen unter dem Blickwinkel der Konstruktdimensionen Wahrheit und Sinn, (Forschungen zur praktischen Theologie 18), Frankfurt a. M.

So stellt sich nun die Frage, warum dieses Buch geschrieben wurde bzw. welchen noch ausstehenden Beitrag es zu leisten beansprucht. Was m. E. angesichts der bereits existierenden Vielfalt disparater konstruktivistischer Überlegungen zur Frage religiöser Bildung noch aussteht, ist eine systematisch-religionspädagogische Grundlegung konstruktivistischer Religionsdidaktik, sie – durchaus im Sinne von Bernhard Grümmes Plädoyer für die Denkform einer aufgeklärten Heterogenität – als relevante „religionspädagogische Denkform" auszuweisen.[159] Als solche soll sie einerseits eine Hilfe bieten, unterschiedliche Ansätze besser aufeinander zu beziehen, darf aber andererseits keine dogmatischen Festlegungen vornehmen – sonst würde sie ihren Charakter der Offenheit verlieren und dem konstruktivistischen Bewusstsein der Vorläufigkeit und Irritierbarkeit allen Wissens widersprechen.

Um diese paradoxe Aufgabenstellung – Komplexität reduzieren bei gleichzeitiger Offenheit für Komplexität, Begriffe festlegen bei gleichzeitiger Relativierung ihrer Geltung, Gesetzmäßigkeiten formulieren im Bewusstsein ihrer Veränderlichkeit – nachvollziehen zu können, soll in den drei folgenden Kapiteln präzise herausgearbeitet werden, was bereits gezeigt wurde: Der Konstruktivismus ist eine in sich plurale Weltanschauung (s. o. 1.1). Die Basis dieser Weltanschauung ist ein durch Autopoiesis (Selbsttätigkeit) geprägter Begriff des Lebens, den besonders Humberto Maturana und Francisco Varela erarbeitet haben. Diesen Begriff gilt es zunächst zu fassen (1), bevor die Gliederung der Arbeit in den weiteren drei Kapiteln inhaltlich skizziert und deren jeweilige Methodik begründet wird (2–4). In diesen Kapiteln geht es darum, den zentralen Vollzug konstruktivistischen Denkens systematisch zu benennen und zu beschreiben. Er wurde bereits angedeutet bzw. kam schon zur Geltung: Es geht um die Form der Unterscheidung, die entsprechend der Anweisung von George Spencer Brown: *Draw a distinction* zu untersuchen ist, und zwar in der Einheit ihres Vollzugs und seiner Elemente (s. o. 1.1.1; 1.1.2; 1.3.1), als Entfaltung von Paradoxien und einer ihrer Komplexität entsprechenden Theorie von Beobachtung.

Niklas Luhmann, der sich zur Begründung des operativen Konstruktivismus seiner Systemtheorie immer wieder auf Spencer Brown beruft, arbeitet die Paradoxie der Unterscheidungsform heraus, die er in der Einheit von Unterscheidung und Bezeichnung begründet sieht. Aufgrund der Paradoxie der Form ist die Form der Paradoxie präzise zu analysieren, denn sie enthält in sich die religionsdidaktisch bedeutsamen Vollzüge, Paradoxien nachzuvollziehen und zu reflektieren (s. o. 1.3.1), Perspektivität ernst zu nehmen und einzusetzen (s. o. 1.1.2; 1.3.6) sowie Komplexität zu reduzieren und zu erweitern (s. o. 1.1.1; 1.1.4). Im Hintergrund steht eine alle diese Vollzüge überblickende wissenschaftstheore-

---

[159]   Vgl. Grümme, Bernhard (2019): Religionspädagogische Denkformen. Eine kritische Revision im Kontext von Heterogenität (Quaestiones Disputatae 299), Freiburg i. Br. S. u. 4.1.4; 4.3.7.

tische Perspektive: Beobachtungen auf unterschiedlichen Ebenen durchzuführen und sie aufeinander zu beziehen (s. o. 1.1.3; 1.3.2).

Riegel und Gennerich differenzieren in ihrem Artikel zu religionspädagogischen Forschungsmethoden zwischen empirischen, historischen, hermeneutischen und komparativen Methoden.[160] In diesem Buch ist der hermeneutische Weg zentral, insofern es darum geht, die Bedeutung der Unterscheidungsform sowie der mit ihr gegebenen Paradoxien und Beobachtungsweisen für das Verstehen religiöser Bildung zu erfassen.

1.4.1   Basis: Der Konstruktivismus als plurale Weltanschauung

Wie schauen Lebewesen die Welt an? Was charakterisiert ihr Leben in der Welt, wodurch wird es begrenzt? Geborenwerden, leben und sterben: Letztere Vollzüge scheinen eher als aktive Handlungen von Lebewesen betrachtet zu werden, während die Geburt ein Ereignis ist, das ihnen passiv geschieht. Der Platz im Mutterleib reicht nicht mehr aus, Wehen setzen ein und ein Mensch wird geboren. Andererseits ist die Rede davon, dass der Mensch zur Welt komme, ihr Licht erblicke; zuweilen scheint es ihm, als würde sein Leben gelebt – und auch sein Sterben beruht zumeist nicht auf einer freien Entscheidung. Der Tod wird eher erlitten und die Aktivität beschränkt sich meistens darauf, in ihn einzuwilligen, ihn zu akzeptieren, ihn in Frieden anzunehmen und an sich geschehen zu lassen (s. u. 4.3.4; 4.4.3).

Konstruktivistische Positionen betonen die Aktivität des Menschen in Vollzügen des Re/De/Konstruierens. Sie schauen auf lebende und soziale Systeme, die aufgrund von Autopoiese und Strukturdeterminismus selbst die Urheber von Veränderungen sind. Zugleich sind alle Systeme eingebettet in Umwelten. Weil andere Systeme innerhalb dieser Umwelten ähnlich organisiert sind, gibt es „strukturelle Koppelungen": System und Umwelt sind verträglich, indem sie einander als „Quelle von Perturbationen" dienen und „beim jeweils anderen Zustandsveränderungen" auslösen.[161] Aufgrund der strukturellen Koppelung kann es soweit kommen, dass Einzeller sich phylogenetisch zu „Metazellern"[162] entwickeln – ein Prozess, der sich ontogenetisch wiederholt, insofern die Fortpflanzung mit der Verschmelzung von Ei- und Samenzelle in der Zygote beginnt. Die

---

[160]   Vgl. zum Überblick: Riegel, Ulrich/Gennerich, Carsten (2015): Artikel „Forschungsmethoden, religionspädagogische", in: Das Wissenschaftlich-Religionspädagogische Lexikon WiReLex. https://www.bibelwissenschaft.de/stichwort/100003/ Aufruf 15.12.2021.

[161]   Maturana/Varela 2009, 110.

[162]   „Die begriffliche Neubildung ‚Metazeller' [...] trägt dem Rechnung, daß zu den so bezeichneten biologischen Einheiten zusätzlich zu den Vielzellern auch biologische Einheiten höherer Ordnung wie Kolonien und Gesellschaften gehören (Anm. d. Übers.)" (ebd., 83).

so entstandene komplexere biologische Einheit bezeichnen Maturana und Varela als „autopoietisches System zweiter Ordnung".[163]

Als sich mit den Einzellern autopoietische Systeme erster Ordnung entwickelten, entstand Leben auf dieser Erde.[164] Diese Systeme sind dadurch ausgezeichnet, dass sie eine „autopoietische Einheit" bilden, charakterisiert durch die Einheit von „Erzeuger und Erzeugnis": „Das Sein und das Tun einer autopoietischen Einheit sind untrennbar, und das bildet ihre spezifische Art von Organisation."[165] Ob nun autopoietische Systeme zweiter Ordnung zugleich immer auch autopoietische Systeme erster Ordnung sind und damit eine autopoietische Einheit in dem beschriebenen Sinne bilden – diese Frage lassen Maturana und Varela offen; weil aber die Systeme zweiter Ordnung aus jenen erster Ordnung zusammengesetzt sind und „Abstammungslinien durch Fortpflanzung auf zellulärer Ebene" bilden, gehen Maturana und Varela davon aus, dass ihre Erkenntnisse über die Einzeller auch für Metazeller gelten.[166]

Schließlich weisen Maturana und Varela auf strukturelle Kopplungen dritter Ordnung hin, wenn Metazeller sich zu funktionierenden Systemen zusammenschließen, z. B. im Ameisenvolk oder wenn in einer talwärts flüchtenden Antilopenherde eine Antilope auf dem Berg zurückbleibt, um die Gefahr im Blick zu behalten.[167] Auch wenn diese Antilope ihr Leben riskiert, ist ihr Verhalten nicht widersprüchlich, insofern sie ihre „Individualität als Mitglied einer Gruppe verwirklicht: Sie ist auf ,altruistische Weise' ein Egoist und zugleich auf ,egoistische Weise' ein Altruist, da ihre individuelle Verwirklichung die strukturelle Koppelung mit der Gruppe, zu der sie gehört, einschließt."[168]

Beim Menschen entsteht durch die Sprache ein Netzwerk struktureller Koppelungen, das sowohl Ich-Bewusstsein als auch soziales Miteinander prägt und entwickelt:[169]

> „Was die Biologie uns zeigt, ist, daß die Einzigartigkeit des Menschseins ausschließlich in seiner sozialen Strukturkoppelung besteht, die durch das In-der-Sprache-Sein zustande kommt. Dadurch werden einerseits die Regelmäßigkeiten erzeugt, die der menschlichen sozialen Dynamik eigen sind, wie zum Beispiel individuelle Identität und Selbstbewußtsein. Andererseits wird die rekursive soziale Dynamik des menschlichen Lebens erzeugt, zu der eine Reflexion gehört, welche uns in die Lage versetzt zu sehen, daß wir als menschliche Wesen nur die

---

163 Vgl. ebd., 83–100.
164 Vgl. ebd., 39–60. Das ist die Basis für die Wissenschaft der Biologie, denn etwas wird dann zu einem biologischen Phänomen, wenn die „Autopoiese mindestens eines Lebewesens" einbezogen wird (ebd., 60).
165 Ebd., 56.
166 Ebd., 100.
167 Vgl. ebd., 195–218.
168 Ebd., 213
169 Vgl. ebd., 221–254.

Welt haben, die wir zusammen mit anderen hervorbringen – ob wir die anderen mögen oder nicht."[170]

Maturana und Varela beschreiben Menschsein – menschliches Erkennen und Handeln – in den entwicklungsgeschichtlichen Zusammenhängen des Lebens, wie es sich ihres Erachtens auf der Basis biologischer Forschung zeigt: als *„natürliches Driften, ein Ergebnis der Erhaltung von Autopoiesis und Anpassung"*.[171] Mit dem natürlichen Driften meinen sie die evolutionären Prozesse, in denen Organismen (als Systeme) in ihren Milieus (als ihren Umwelten) entstehen, sich entwickeln, vergehen oder sich erhalten.

Vor diesem Hintergrund muss konstruktivistisches Denken davon ausgehen, dass alles Re/De/Konstruieren in Beziehungsgeflechte des Lebens eingebettet ist und aus einer wissenschaftlichen Beobachterperspektive auch nur so angemessen rekonstruiert werden kann.[172] Deshalb sind alle disziplinären Herangehensweisen an ein Phänomen für sein Verständnis relevant, die den Charakter verkörperter Kognition in den Inszenierungen des Re/De/Konstruierens ernst nehmen.[173] Konstruktivistisches Denken ist somit *per definitionem* in sich plural, insofern es die unterschiedlichen Weisen und Perspektiven des Re/De/Konstruierens beobachtet und sie durch Einordnung in Beziehungsgeflechte des Lebens verständlich machen will. Das gilt dann auch für die wissenschaftstheoretische Metaperspektive, die die Arten und Weisen beobachtet, wie Beobachtungen beobachtet werden. Aus keiner Perspektive kann jedoch davon abgesehen werden, dass Kognitionen in Vollzügen des Unterscheidens entstehen. Die abstrakteste Fassung des Unterschieds ist die Differenz von System und Umwelt, wobei es auf die Perspektive ankommt, was jeweils mit System (Zelle, Körper, Bewusstsein, soziale Systeme, Gesellschaft) gemeint ist und aufgrund welcher Vollzüge des Unterscheidens sich zeigt, was deren jeweilige Umwelt ist.

In den nächsten beiden Kapiteln dieser Arbeit wird der zentrale Vollzug, der das menschliche Leben und Denken auf einer grundlegenden Ebene prägt, auf der Basis der soeben skizzierten konstruktivistischen Perspektive analysiert, wodurch die Eigenart dieser Perspektive zugleich erhellt wird. Der Vollzug des

---

[170] Ebd., 265.

[171] Ebd., 129.

[172] Vgl. Varela, Francisco J. (1990): Kognitionswissenschaft – Kognitionstechnik. Eine Skizze aktueller Perspektiven, Frankfurt a. M. In einem späteren Buch greift Varela zur Erläuterung seines Verständnisses u. a. auf die buddhistische Lehre vom „Entstehen in gegenseitiger Abhängigkeit" zurück; vgl. Varela, Francisco J./Thompson, Evan/Rosch, Eleanor (1992): Der Mittlere Weg der Erkenntnis. Der Brückenschlag zwischen wissenschaftlicher Theorie und menschlicher Erfahrung, Bern u. a., 156–166. Der mittlere Weg der Erkenntnis versucht jenseits repräsentationalistischer Realismen und abstrahierender Idealismen die Körperlichkeit der Erfahrungen ins Zentrum zu rücken und „die Extreme des Objektivismus und des Subjektivismus, des Absolutismus und des Nihilismus" zu vermeiden (ebd., 306). Zu Parallelen mit einem phänomenologischen Ansatz s. u. 4.2.2.1.3.

[173] Vgl. ebd., 205–252, am Beispiel der Farbwahrnehmung.

Unterscheidens beinhaltet eine fundamentale Paradoxie, die sich durch Perspektivität und Komplexitätsreduktion entfalten lässt, wobei die Reduktion zugleich eine Erweiterung von Komplexität aus sich entbindet.

1.4.2 Zu Methode und Inhalt des zweiten Kapitels: Die Form der Unterscheidung

Im zweiten Kapitel geht es darum, was es bedeutet, dass Menschen Unterscheidungen treffen, und inwiefern eine konstruktivistische Weltanschauung dazu herausfordert, diese Unterscheidungen immer wieder zu hinterfragen. Das Indikationenkalkül von George Spencer Brown steht hier im Fokus des theoretischen Interesses.[174] Sechs Aspekte der ,Form der Unterscheidung' werden analysiert: In jeder Unterscheidung wird eine *markierte Seite (1)*, von ihrer *unmarkierten Seite (2)* durch eine *Grenze (3)* voneinander unterschieden. Dabei sind zu beachten: der *Kontext (4)* der Unterscheidung und ihr *Motiv (5)*, wodurch die Beobachterin ins Spiel kommt. Das Unterscheiden erweist sich somit als ein Beobachten, das sich analog zur Selbstbeobachtung in die Unterscheidung wiedereinführen lässt. Mit diesem *Reentry (6)* der Unterscheidungsform in die Unterscheidung erklärt Spencer Brown, wie Gleichungen zweiten Grades entstehen. Bezogen auf den Vollzug des Beobachtens ergibt sich daraus das Konzept einer Beobachtung zweiter Ordnung.

Methodisch gehe ich zur Erläuterung des Indikationenkalküls und seiner religionsdidaktischen Relevanz in folgenden drei Schritten vor:

- In einem ersten Schritt erläutere ich die Form der Unterscheidung in Bezug auf eine Wahrnehmung der religionsdidaktisch relevanten Differenzen von Ich und Du, Wir und Ihr, Ich und Gott, Gott und Wir sowie Gott und Gott.
- Im zweiten Schritt stelle ich das konstruktivistische Theorieelement des Indikationenkalküls dar und wende es auf die relevanten Differenzen an. Daraus ergibt sich ein erster Nachweis der religionspädagogischen Bedeutung des konstruktivistischen Theorieelements.
- Die erarbeiteten sechs Aspekte werden im dritten Schritt exemplarisch mit zwei religionsdidaktischen Modellen verbunden, die sich jeweils als Aktualisierungen der Korrelationsdidaktik verstehen. Die zentrale Intuition dieser

---

[174] Vgl. Spencer Brown, George (1997): Laws of Form – Gesetze der Form, Lübeck, 7. Aufl. Erstveröffentlichung: Spencer Brown, George (1969): Laws of Form, London. Für meine Interpretation greife ich auf folgende Kommentare dieses Werks zurück: Lau, Felix (2015): Die Form der Paradoxie. Eine Einführung in die Mathematik und Philosophie der „Laws of Form" von George Spencer Brown (2005). Mit einem Vorwort von Peter Fuchs, Heidelberg, 5. Aufl.; Schönwälder-Kuntze, Tatjana/Wille, Katrin/Hölscher, Thomas (2009): George Spencer Brown. Eine Einführung in die Laws of Form (2004), Wiesbaden, überarbeitete 2. Aufl.

Didaktik, dass im Lernprozess Glaube und Leben aufeinander zu beziehen sind, gilt als religionsdidaktischer Konsens seit dem Synodenbeschluss zum Religionsunterricht von 1974.[175] Ausgewählt habe ich dazu die dialogisch-beziehungsorientierte (Reinhold Boschki) und die alteritätstheoretische Religionsdidaktik (Bernhard Grümme) aufgrund der Vermutung, dass sich der Gehalt der Modelle und ihre Differenzen über eine konstruktivistische Rezeption erschließen lassen. Die jeweils drei Schritte der Re/De/Konstruktion verstehen sich entsprechend dem Ansatz von Reich (s. o. 1.2.2) als mögliche Schritte einer konstruktivistischen Hermeneutik. Sie sind nicht abgeleitet vom philosophischen Ansatz der Dekonstruktion (Jacques Derrida), der sich von hermeneutischen Theorien und deren Intepretationspraxis abgrenzt, wenn auch Kersten Reich sich von diesem Ansatz hat inspirieren lassen.[176] Die religionspädagogischen Hermeneutiken von Boschki und Grümme dienen in den weiteren Kapiteln als exemplarische Orte, um an ihnen den eigenen konstruktivistischen Ansatz zu bewähren (s. u. 3.4.3; 4.1.4).

1.4.3 Zu Methode und Inhalt des dritten Kapitels: Die Form der Paradoxie

Die Paradoxie ist eine von mehreren Dynamiken des Reentry der Form der Unterscheidung in diese Form. Katrin Wille unterscheidet in ihrer Analyse des elften Kapitels der Laws of Form das Paradox im ,schwachen Sinn' einer Widerständigkeit gegen den common sense von seinem ,starken Sinn' als logische Selbstwidersprüchlichkeit.[177] Für beide Sorten mag gelten, was Niklas Luhmann im Glossar zu seinem Buch „Ökologische Kommunikation" schreibt: „Ein Paradox

---

[175] Synodenbeschluss (1976): Der Religionsunterricht in der Schule (1974), in: Gemeinsame Synode der Bistümer in der Bundesrepublik Deutschland. Beschlüsse der Vollversammlung. Offizielle Gesamtausgabe, Freiburg/Basel/Wien, 123–152. Der korrelative Konsens kommt in folgendem vielzitierten Satz zum Ausdruck: „Der Glaube soll im Kontext des Lebens vollziehbar, und das Leben soll im Licht des Glaubens verstehbar werden" (2.4.2). Vgl. zur Umsetzung des Korrelationsprinzips in Lehrpläne und Richtlinien: Porzelt, Burkard (1999): Jugendliche Intensiverfahrungen. Qualitativ-empirischer Zugang und religionspädagogische Relevanz, Graz, 20–31; zu den historischen Zusammenhängen vgl. Langer, Wolfgang (1985): Religionsunterricht in einer ,nachchristlichen' Gesellschaft, Hildesheim-Zürich-New York; zur konzeptionellen Entwicklung vgl. Hemel, Ulrich (1986): Religionspädagogik im Kontext von Theologie und Kirche, Düsseldorf, 21–25.

[176] Vgl. Reich 2009, 143–152. Zu Luhmanns Begriff von Dekonstruktion s. u. 3.3.3.2 (bes. Fußn. 323).

[177] Vgl. Wille, Katrin (2009a): Das elfte Kapitel: Equations of the second degree, in: Schönwälder-Kuntze/Dies./Hölscher (Hg.), a. a. O., 174–193, 180–186. S. u. 2.2.2.

ergibt sich, wenn die Bedingungen der Möglichkeit einer Operation zugleich die Bedingungen der Unmöglichkeit dieser Operation sind."[178]

Luhmann verweist in seinen Schriften immer wieder auf die „Paradoxie der Form" der Unterscheidung, die in der paradoxen Einheit von Sehen und Nicht-Sehen begründet ist.[179] Für Günter Thomas liegt darin „zweifellos der Kern der konstruktivistischen Denkweise Luhmanns".[180] In den 1990er Jahren wird George Spencer Brown zum „Vordenker, an dem Luhmann die eigenen Theoriearbeit orientiert."[181] Die im Beobachten des Unterscheidens gewonnene Einsicht in die Paradoxie der Einheit von Unterscheidung und Bezeichnung ersetzt innerhalb eines operativen Konstruktivismus die Suche nach transzendentalen Bedingungen der Möglichkeit, deren Anspruch auf ewige Geltung (insofern sie aller möglichen Erfahrung vorausliegen) bestritten wird:

> „Zu sehen, was andere nicht sehen können (und dem anderen zu konzedieren, daß er nicht sehen kann, was er nicht sehen kann), ist gewissermaßen der systematische Schlußstein der Erkenntnistheorie – das, was an die Stelle ihrer Begründung a priori tritt. Deshalb ist auf die Feststellung wert zu legen, daß jeder Beobachter sich, indem er seinem Beobachten eine Unterscheidung zugrundelegt, in eine Paradoxie verstrickt. Deshalb kann er weder das Anfangen noch das Aufhören seines Beobachtens beobachten – es sei denn mit einer anderen Unterscheidung, mit der er schon angefangen hat bzw. nach dem Aufhören weitermacht. Deshalb erfordert alles Projektieren, alles Zwecksetzen, jede Episodierung schon rekursives Beobachten, und rekursives Beobachten ermöglicht seinerseits zwar nicht eine Eliminierung von Paradoxien, wohl aber ihre zeitliche und soziale Aufteilung auf verschiedene Operationen."[182]

Die Frage, ob die These von der Allgegenwärtigkeit des Paradoxen das Unterscheidungskalkül Spencer Browns von der Systemtheorie Luhmanns trennt, kann unterschiedlich beantwortet werden.[183] Wenn es aber notwendig sein

---

[178] Luhmann 1988, 268. S. u. 3.4.2.3.

[179] Explizit im Aufsatztitel: Vgl. Luhmann, Niklas (1993): Die Paradoxie der Form, in: Baecker, Dirk (Hg.): Kalkül der Form, Frankfurt a. M., 197–212.

[180] Thomas, Günter (2006): Kommunikation des Evangeliums – oder: Offenbarung als Re-entry, in: Ders./Schüle, Andreas (2006/Hg.): Luhmann und die Theologie, Darmstadt, 15–32, 20

[181] Baecker, Dirk (2012): Niklas Luhmann: Der Werdegang, in: Jahraus, Oliver/Nassehi, Armin u. a. (Hg.): Luhmann-Handbuch. Leben – Werk – Wirkung, Stuttgart, 1–3, 2. Diese Rolle spielten „Husserl in den 1950er und Parsons in den 1960er Jahren, Maturana mit Heinz von Foerster und Gotthard Günther in den 1970er und 1980er Jahren und schließlich George Spencer Brown in den 1990er Jahren" (ebd.).

[182] Luhmann, Niklas (1990a): Soziologische Aufklärung 5. Konstruktivistische Perspektiven, Opladen, 49 (vgl. ebd., 31–58, den Aufsatz mit dem Titel: „Das Erkenntnisprogramm des Konstruktivismus und die unbekannt bleibende Realität").

[183] Vgl. Schönwälder-Kuntze, Tatjana (2012): Luhmann und Spencer-Brown, in: Jahraus/ Nassehi u. a. (Hg.), a. a. O., 34–39: „An der Beantwortung der Frage, ob die reflexive Be-

sollte, „mit Unterscheidungsoperationen zu beginnen", dann steht nach Luhmann jedenfalls nicht „Arbeit am Mythos" im Zentrum auch des Aufgabenspektrums religiöser Systeme, sondern „Arbeit an Paradoxien".[184] „Rekursives Beobachten" ist eine Weise des Umgangs mit Paradoxien. In solcher Arbeit kann die Paradoxie selbst entweder in die Latenz verdrängt (invisibilisiert) werden – Luhmann spricht dann von ‚Entparadoxierung' –, oder es bleibt möglich, ihre Gegenwärtigkeit zu beachten – das schließt der diesbezüglich neutralere Ausdruck der ‚Paradoxieentfaltung' ein. Dass Luhmann dieser Arbeit hohe Priorität einräumt, wird deutlich darin, dass er dafür zwei ‚Wissenschaften' erfindet: ‚Sthenographie', die der Paradoxie trotz Gefahr der eigenen Erstarrung ins Auge blickt, und ‚Euryalistik', die mit ihrer „Blickvermeidungsstrategie" eher entparadoxierend tätig wird.[185] Paradoxieentfaltung geschieht beispielsweise durch die „zeitliche und soziale Aufteilung auf verschiedene Operationen". Mit der sozialen Aufteilung ist die Differenzierung unterschiedlicher Perspektiven verbunden, die jeweils ernst zu nehmen sind, aber eben auch eingesetzt werden können. Durch zeitliche Aufteilung wird Komplexität reduziert, insofern man sich einzelnen Bestandteilen eines Problems nacheinander widmen kann. Damit ist allerdings paradoxerweise zugleich eine Steigerung von Komplexität verbunden, insofern in der Beschränkung auf das Detail dessen Komplexität neu ins Spiel kommt. Solche Paradoxien zu ‚verstehen' und zu reflektieren sind für jedes religionspädagogische Nachdenken zentrale Lernziele.

Das dritte Kapitel setzt diesen umfassenden Paradoxiebegriff Luhmanns voraus. Er ist abzugrenzen vom Paradoxiebegriff der analytischen Philosophie, die Paradoxien als Rätsel versteht, die durch logische Untersuchungen zu lösen wären. So definiert etwa R. Mark Sainsbury ‚Paradoxie' als eine „scheinbar unannehmbare Schlussfolgerung, die durch einen scheinbar annehmbaren Gedan-

---

trachtung der Form bloß potentiell oder schon aktual im 1. Kapitel der *Laws of Form* angelegt ist – und damit tatsächlich ein Anfangsparadox gedacht werden muss –, scheiden sich die Geister der Interpreten [...]. Sie lässt sich dahingehend beantworten, dass Luhmann dann Recht hat, wenn man die durch die Unterscheidung aufgespannte Form der Unterscheidung bereits als *Zeichen* betrachtet. Dann und nur dann ignoriert Spencer-Brown das Anfangsparadox" (ebd., 38). S. u. 2.2.

[184]   Luhmann, Niklas (1987): Soziologische Aufklärung 4. Beiträge zur funktionalen Differenzierung der Gesellschaft, Opladen, 265 (vgl. ebd., 254–274, den Aufsatz mit dem Titel: „Brauchen wir einen neuen Mythos?", wiederabgedruckt in Höhn, Hans-Joachim (1996/Hg.): Krise der Immanenz. Religion an den Grenzen der Moderne, Frankfurt/M, 128–153).

[185]   Vgl. Luhmann, Niklas (2003): Sthenographie (1990), in: Ders./Maturana, Umberto/Namiki, Mikio/Redder, Volker/Varela, Francisco: Beobachter. Konvergenz der Erkenntnistheorien? München, 3. Aufl., 119–137; Luhmann, Niklas (1991): Sthenographie und Euryalistik, in: Gumbrecht, Hans Ulrich/Pfeiffer, K. Ludwig (Hg.): Paradoxien, Dissonanzen, Zusammenbrüche. Situationen offener Epistemologie, Frankfurt a. M., 58–82, 71.

kengang aus scheinbar annehmbaren Prämissen abgeleitet ist".[186] In der philosophischen Behandlung von Paradoxien geht es dann lediglich darum, die Schwächen in den Prämissen oder dem Gedankengang aufzudecken und damit die Paradoxien aufzulösen. Die Auseinandersetzung mit Paradoxien schult das logische Denken.

Für Luhmann hingegen tritt die Paradoxie „an die Stelle des transzendentalen Subjekts" und seines ihm von der Transzendentalphilosophie eingeräumten Zugangs „zu unkonditioniertem, a priori gültigem, aus sich selbst heraus einsichtigem Wissen"; Paradoxien sind für Luhmann „die einzige Form, in der Wissen *unbedingt* gegeben ist", und die Pardoxieentfaltung fordert zu Entscheidungen heraus – aber „entscheiden kann man nur (um auch dies paradox zu formulieren), was im Prinzip unentscheidbar ist".[187] Da es in der Religion um die Entscheidung derjenigen Fragen geht, die wissenschaftlich nicht entschieden werden können – wie Fragen nach dem Sinn von Leben und Tod –, „hat anspruchsvolles theologisches Denken [...] es immer wieder mit [...] Paradoxien zu tun gehabt".[188] In diesem Sinne betont Philipp Stoellger die theologische Bedeutung der Arbeit an Paradoxien: „Wenn Paradoxe in religiöser und theologischer Kommunikation (und auch für deren spätere Beobachtung) so ‚eigentlich' sind wie Gleichnisse und Metaphern, können sie der Theologie nicht nur als Scheinwidersprüche gelten. [...] Wer erfolgreich alle ‚Paradoxe ausmerzen' würde, hätte deren Funktion in Theologie wie religiöser Rede verspielt".[189]

Stoellger kritisiert allerdings, dass „bei Luhmann das Paradox *inflationär* wird", weil alle Differenzen nun einmal „über latente paradoxe Einheiten vermittelt [sind] – und die sind so ubiquitär wie die Differenzen".[190] Luhmanns „strukturdynamische Paradoxdefinition" sei zwar „pragmatisch in den Praktiken der Systeme verortet", bleibe aber semantisch im Vagen.[191] Mit Elena Esposito betont Stoellger, dass nicht jede Differenzeinheit eine Paradoxie darstelle (z. B. „indexikalische bzw. perspektivische" wie oben/unten, rechts/links, vorne/ hinten). Auch grenzt Stoellger Paradoxien von inkonsistenten Selbstreferenzen (Widersprüchen) und konsistenten Selbstreferenzen (Antinomien) ab; eine Selbstreferenz sei nur dann ein Paradox, wenn sie zugleich konsistent und inkonsistent sei, also oszilliere. Ebenso gebe es „weitgehend unproblemati-

---

[186] Sainsbury, R. Mark (2010): Paradoxien. Aus dem Englischen übersetzt von Vincent C. Müller und Volker Ellerberck, Stuttgart, 4. Aufl., 12.

[187] Luhmann 2000, 132. Luhmann zitiert hier Heinz von Foerster: „Only *those* questions that are in principle undecidable, *we* can decide" (ebd., Anm. 26). S. u. 4.2.3.1.

[188] Ebd., 74.

[189] Stoellger, Philipp (2006): Kommunikation von Paradoxen. Zu Luhmanns Umgang mit Paradoxen und den anschließenden Möglichkeiten für die Theologie, in: Thomas/Schüle (Hg.), a. a. O., 67–91, 72. S. u. 3.3.3.2.

[190] Ebd., 73. Stoellger kritisiert die auch von Luhmann selbst wahrgenommene „*Banalisierung* durch Ubiquität": „Man findet auf beiden Seiten immer beide Seiten" (ebd.).

[191] Ebd., 75.

sche Selbstreferenzen" (z. B. den konsistent selbstbezüglichen Ausdruck ‚Metapher'). Reentrys von Differenzen auf deren Innenseite könnten auch einen „bloßen Widerspruch" bezeichnen – selbst wenn sie dabei hülfen, die Genese von Paradoxen zu verstehen.[192] Esposito nennt als zwei notwendige Bedingungen für Paradoxien „das Vorhandensein einer Situation der *Selbstreferenz*" und dass sie „zu Situationen der *Unentscheidbarkeit*" führten, in denen die Beobachterin zwischen zwei Polen oszilliere (z. B. beim Lügenparadox: Ist der Satz „Dieser Satz ist unwahr" wahr oder falsch?).[193]

Paradoxien können stabilisierend oder labilisierend wirken, d. h. sichernd oder entsichernd – und je nach Perspektive auch beides zugleich. Sie werden normativ als gut oder schlecht beurteilt; sie können wie in der Dogmenentwicklung als Paradoxien thematisiert werden und dadurch manifest sein, oder latent eine besondere Wirkung entfalten, wenn es beispielsweise paradox ist, „von Gott zu sprechen, obwohl (und indem) von ihm keine Rede ist – wie in den Gleichnisreden Jesu (sieht man von den Einleitungsformeln ab)."[194]

Der Philosoph Jean Clam versteht Luhmanns Überlegungen zur Paradoxie als Aufforderung, „eine Theorie des *Paradoxen* zu entwickeln", in der das Paradoxe „als *Generator von umweghaften Sinn- und Kommunikationsgebilden*" fungiert, statt „als aufhebendes Ende der Sinnmöglichkeit überhaupt". Clam problematisiert dabei die Anwendung dieser Theorie auf sich selbst als einer „Theorie der Theorie des Paradoxen": „Die *Autoreferenzialisierung* von ausdifferenzierten Aspekten der Kommunikation mag zu deren Schließung um Paradoxe führen, die die Kommunikation virtualisieren und unwahrscheinlicher produktiver machen; sie mag mit solchen Konstellierungen in an einzelnen Paradoxien geschnürten Systemen zur *Polykontexturalisierung der Kommunikation* insgesamt führen. Unklar bleibt weiterhin, wie die Theorie ihre eigene Paradoxität verantworten soll."[195] Daraus lässt sich die Forderung ableiten, das Reden über die Form der Paradoxie als wissenschaftliche Weise der Paradoxieentfaltung habe sich ihrer eigenen Paradoxität bewusst zu bleiben und es in ihrer Rede anzuzeigen. Luhmann wird dieser autologen Forderung gerecht, wenn er in einem späten Aufsatz schreibt, „dass die Unterscheidung zwischen einer Paradoxie und ihrer Entfaltung selber eine Paradoxie ist".[196] Die Anwendung des theoretisch Erarbeiteten auf die Theorie selbst ist ein zentrales Charakteristikum von Luhmanns Denkstil und einer von mehreren Gründen für das Urteil Clams: Die Theorie Luhmanns „ist die erste, ihre eigenen Wege bereitende postontologische Theorie

---

[192]   Ebd., 69f.

[193]   Esposito, Elena (1991): Paradoxien als Unterscheidungen von Unterscheidungen, in: Gumbrecht/Pfeiffer, a. a. O., 35–57, 35–38. Zu Espositos Differenzierungen s. u. 4.1.1.

[194]   Stoellger 2006, 71, vgl. ebd., 70f.

[195]   Clam, Jean (2004): Kontingenz, Paradox, Nur-Vollzug, Konstanz, 319.

[196]   Luhmann, Niklas (1995): Dekonstruktion als Beobachtung zweiter Ordnung, in: Berg, Henk de/Prangel, Matthias (Hg.): Differenzen. Systemtheorie zwischen Dekonstruktion und Konstruktivismus, Tübingen/Basel, 9–35, 20.

unseres postmetaphysischen Zeitalters. Sie ist die erste, die, unter Bedingungen postmetaphysischen Denkens, die Gestalt von Theorie als noch möglicher Theorie exemplifiziert und in beeindruckender Weise sehr weit ausführt."[197] Georg Kneer und Armin Nassehi stellen Paradoxie und Autologie als die letzten beiden von acht Charakteristika der Beobachtungstheorie Luhmanns vor (s. u. 1.4.4).[198]

Die hier begonnene Diskussion zur Form der Paradoxie wird im dritten Kapitel konkretisiert. Es sollte deutlich geworden sein, wie umstritten die Definition des Paradoxiebegriffs ist. Sicherlich versteht Luhmann die Form der Paradoxie sehr weit, und man kann mit Stoellger seinen „recht ‚promiske[n]' Gebrauch von ‚Paradox'" kritisieren.[199] Luhmann ist bei der Bestimmung des begrifflichen Umfangs von ‚Paradoxie' nicht so streng wie seine Schülerin Esposito; es gibt keine notwendigen Kriterien des Begriffs, denn mit jeder Beobachtungsoperation ist eine Paradoxie am Werke – ob das dem beobachtenden System nun bewusst ist oder nicht. Luhmanns Technik der Begriffsverwendung – den Begriffen einen möglichst großen Umfang zu geben und (paradoxerweise) zugleich eine möglichst präzise Sinnspitze, durch die die Begriffe unterscheidbar bleiben – erlaubt es ihm, seine Begriffe in vielen Zusammenhängen erkenntnisfördernd zu verwenden und an seine theoretisch zu erörternden Fragen anzuschmiegen. Dem entspricht auch die Weise seines Umgangs mit Theoriestücken anderer Denker*innen. Es geht nie um eine philologisch korrekte Rekonstruktion, sondern immer um die Passung im Vollzug des Theoretisierens: „Die entliehenen Theorien sind fast immer *theoretische Bruch-Stücke*, die aus einer Brechung ihres Ursprungsganzen hervorgehen oder abfallen."[200]

Die Faszination des Luhmannschen Denkens resultiert aus seinen immer neuen Denkbewegungen, in denen er unterschiedliche Ansätze und Gegenstände jeweils so verbindet, dass sie bei den geneigten Leser*innen „*Intellektion als spezifisches Erlebnis und spezifische Gratifikation von Theorie* [...] produzieren".[201] Für Jean Clam ist dieses Intellektionspotential Luhmannscher Reflexionen herausragend und zugleich der pluralen Gesellschaft angemessen: „*Heuresis* kann *heute* nur so geschehen: *in grundsätzlicher Inadäquität sowohl zu irgendeiner Sache als zu sich selbst bei Bestehen einer Spannung zu einer Adäquität, die sich wieder am äußersten Rand der durch Fragmentarität und Kreuzung gespannten Intellektion einstellt*."[202]

---

[197] Clam 2004, 12.
[198] Vgl. Kneer, Georg/Nassehi, Armin (2000): Niklas Luhmanns Theorie sozialer Systeme. Eine Einführung (1993), Paderborn, 4. Aufl., 95–110.
[199] Stoellger 2006, 74.
[200] Clam 2004, 327.
[201] Ebd., 329.
[202] Ebd., 328f.

Mit Spencer Browns *Laws of Form* wird im zweiten Kapitel zwar ein Theorie-Element rekonstruiert, auf das „Luhmann sich in den letzten Jahren immer häufiger und rückhaltloser bezieht".[203] Trotzdem ist im Blick zu behalten, dass keine der von Luhmann „in die intellektive Fabrik seines postontologischen Theoretisierens eingebrachten und damit ummodellierten Theoriestück[e] [...] durchgängige Priorität vor anderen" besitzt:[204]

> „Man ist versucht, *Spencer Browns Logik der Form* eine solche vorrangige Position unter den beanspruchten Theoriestücken einzuräumen, weil sie, je weiter Luhmann seine Theoriebildung betrieb, immer mehr an den Anfang all seiner geregelten Darstellungen von Aspekten seines Ansatzes oder von verhältnismäßig geschlossenen theoretischen Entwürfen einzelner sozialer Subsysteme gestellt wurde. Doch führt Spencer Browns Logik nicht sehr weit ohne das Theoriestück von der Autopoiesis, dieses nicht weiter ohne das kommunikationstheoretische von Kodierung und Prozessierung, letzteres wiederum nicht ohne das mediologische der Formbildung an Materien und ihren Fluktuationen, etc."[205]

Das gilt es zu berücksichtigen, wenn im dritten Kapitel Luhmanns Gebrauch des Paradoxiebegriffs in den Fokus rückt. Ganz davon abgesehen, dass der zu beobachtende Textkorpus exponentiell umfangreicher und vielschichtiger ist als bei Spencer Brown,[206] müsste in allen Fällen die Einbettung der Gedanken in Luhmanns ‚Supertheorie' bedacht und ihre jeweils voneinander abweichenden Bezüge detailliert rekonstruiert werden.[207] Dazu bedürfte es einer eigenen Arbeit, die hier nicht geleistet werden kann. Gleichwohl möchte ich den multiperspektivischen Überlegungen Luhmanns erst einmal trauen, statt sie voreilig aufgrund begrifflicher Unschärfen zu kritisieren. Indem ich einigen von ihnen in ihren Verästelungen nachspüre, möchte ich sie zumindest an ausgewählten Stellen auf die Probe stellen, was Tiefenbohrungen durch intensive Textanaly-

---

203   Plumpe, Gerhard/Werber, Niels: Différance, Differenz, Literatur. Systemtheoretische und dekonstruktivistische Lektüren, in: de Berg/Prangel (Hg.), a. a. O., 91–112, 97.

204   Clam 2004, 325.

205   Ebd., 326. Hinter dem „etc." verbergen sich beispielsweise Gotthard Günthers Polykontekturale Logik und Heinz von Foersters *Second-order cybernetics*. Zu weiteren Bezügen in Übernahme und Abgrenzung vgl. Jahraus/Nassehi (Hg.), a. a. O., 261–330.

206   Die über 50 Monographien und 500 Aufsätze Luhmanns wurden für diese Arbeit nur in einer Auswahl gesichtet, die dem Schwerpunkt des Paradoxiebegriffs und seiner Bedeutung für die Religion der Gesellschaft geschuldet ist. Für eine instruktive Übersicht über das wissenschaftliche Lebenswerk Luhmanns, seine vielfältigen theoretischen Bezüge und präzis-kompakte Einblicke zu einzelnen Themen vgl. Jahraus/Nassehi u. a. (Hg.), a. a. O.; dort findet sich auch eine Bibliographie (vgl. ebd., 443–462).

207   Für eine erste Einführung in Luhmanns ‚Supertheorie' vgl. Kneer/Nassehi 2000. Sie stellen Systemtheorie als ein interdisziplinäres Forschungsvorhaben dar und beschreiben die Entwicklung von Systemtheorien und ihre Merkmale (Autopoiesis, emergente Ordnungsebene, Kommunikation und Handlung, Beobachtungstheorie) als Wege zu einer Theorie der Gesellschaft zur Diagnose von Gesellschaft.

sen erfordert. Methodisch gehe ich daher zur Erläuterung der Form der Paradoxie und ihrer religionsdidaktischen Relevanz in folgenden vier Schritten vor:

- In einem ersten Schritt beobachte ich Paradoxien in der Lebenswelt, im pädagogischen und religionsdidaktischen Alltag sowie innerhalb der religiösen Kommunikation. In Bezug auf Letztere beziehe ich mich bereits auf den weiten Religionsbegriff Luhmanns, dem die paradoxe Einheit von Immanenz und Transzendenz zugrunde liegt, und erörtere im Rückgriff auf einen Essay von Peter Fuchs die paradoxe Kommunikation des Inkommunikablen, wie sie innerhalb der Mystik eingeübt wurde und wird.[208] Dieser Essay ist religionsdidaktisch von größtem Interesse, weil sich in der Frage über die Kommunikation religiöser Erfahrung die Frage nach der Lernbarkeit des Glaubens widerspiegelt. Denn der Glaube entzieht sich als Wirkung der göttlichen Gnade einer pädagogischen Verfügbarkeit, etwa im Organisieren von Lernprozessen, und prägt sich zugleich als ein Lernen im Umgang mit der Gottesbeziehung aus. Er ist in diesem Sinne auf paradoxe Weise nichtlernbar und lernbar zugleich. Die Diskussion um die Lernbarkeit des Glaubens wird im vierten Kapitel auf der Basis der im zweiten und dritten Kapitel erarbeiteten Grundlagen entfaltet.
- Im zweiten Schritt untersuche ich Luhmanns Gebrauch des Paradoxiebegriffs, indem ich zunächst seinen Begriff der Kommunikation an einem häufig zitierten, grundlegenden Text erläutere.[209] Auf dieser Basis entfalte ich sodann die in der Kontingenzformel ‚Gott‘ zusammengefassten Paradoxien von Welt und Selbst, und zwar im Rückgriff auf die Kritik des Philosophen Günter Schulte am blinden Fleck der Systemtheorie, den Schulte im Tod verortet, verweisend auf Arnold Gehlens Erläuterung des Todes als irrationale Erfahrungsgewissheit.[210] Eine Tiefenbohrung betrifft Luhmanns Aufnahme von Gedanken des frühmittelalterlichen Theologen Johannes Scotus Eriugena, der mit seiner ‚Hypertheologie‘ einen Weg des Redens über Gott gefunden hat, den Luhmann nur sehr verkürzt wahrnehmen kann: Zwar erkennt Luhmann die Wurzel der Paradoxie in der paradoxen Einheit der Ununterscheidbarkeit Gottes mit der göttlichen Weisung, Unterscheidungen zu treffen. Aber es gelingt ihm nicht, Eriugenas Steigerung der Unerkennbarkeit Gottes zur Vorstellung, dass Gott auch für sich selbst unerkennbar sei, als paradoxen Weg theologischer Reflexion (*via eminentiae*) angemessen zu würdigen. Weitere Tiefenbohrungen betreffen Luhmanns Rezeptionen

---

[208] Vgl. Luhmann, Niklas/Fuchs, Peter (1989): Reden und Schweigen, Frankfurt a. M., 70–100.

[209] Vgl. ebd., den ersten Abschnitt des einleitenden Essays „Reden und Schweigen", 7–20, 7–9. Zur religiösen Kommunikation vgl. Luhmann, Niklas (1998): Religion als Kommunikation, in: Tyrell, Hartmann/Krech, Volkhard/Knoblauch, Hubert (Hg.): Religion als Kommunikation, Würzburg, 135–145.

[210] Vgl. Schulte, Günter (2013): Der blinde Fleck in Luhmanns Systemtheorie (1993), (Wissenschaftliche Paperbacks 23), Berlin.

eines Aphorismus von Thomas Browne, der das Verhältnisses von Glaube und Vernunft bei Tertullian verarbeitet, sowie Luhmanns Aneignung des Traktats *De casu diaboli* (‚Vom Fall der Engel') von Anselm von Canterbury. Für Luhmann verarbeiten die Narrationen zum Engelsturz die Paradoxien der Freiheit und Liebe. Theologie zeigt sich auf diese Weise als Ahnfrau von Sthenographie und Euryalistik, insofern sich die Beispiele Eriugenas und Tertullians als euryalistische Paradoxieentfaltung deuten lassen, während Luhmann in der Beobachtungsweise des Teufels ein sthenographisches Muster erkennt, dessen sich die Theologie bedient.

- Im dritten Schritt geht es mir darum, Luhmanns Verortung der Paradoxie in der Ununterscheidbarkeit Gottes zu analysieren, um auf diesem Weg Differenzen zwischen soziologischer und theologischer Beobachtungsweise präziser zu erfassen. Dafür gehe ich zunächst der Frage nach, wie Luhmann theologische Aussagen soziologisch rezipiert: Aphoristisch in seiner Verwendung eines Zitats von Thomas Browne, okkasionell in seiner Eriugena-Rezeption und prinzipiell im Austausch mit Anselm. Die prinzipielle Auseinandersetzung wird in einer weiteren Tiefenbohrung rekonstruiert, indem relevante Aussagen Anselms zum Freiheitsparadox aus seinen anderen Schriften mit Luhmanns Rezeption verglichen werden, woraus sich weitere Aufschlüsse über die Relationen von Freiheit und Verantwortung sowie von Zeit und Ewigkeit ergeben. Schließlich werden aus der detaillierten Analyse des Endes eines theologisch bedeutsamen Aufsatzes Luhmanns fünf Fragen destilliert,[211] die zum hermeneutischen Schlüssel einer Interpretation des letzten Kapitels der posthum erschienenen Monographie zur „Religion der Gesellschaft" werden.[212] Die religiöse Verortung der Paradoxie in der Ununterscheidbarkeit Gottes entspricht der Begründung der Religionspädagogik in ihren beiden paradox formulierten Aufgabenbeschreibungen auf der Grenze von Pädagogik und Theologie: religiöse Bildung und Erziehung zu konstruieren, denen „sie sich zugleich verdankt", und Gott zu benennen, „den sie nicht kennt".[213] Die Religionspädagogik im Besonderen

---

[211] Der Aufsatztitel wird in der Überschrift des Abschnitts zitiert: „Die Weisung Gottes als Form der Freiheit" (vgl. Luhmann 1990a, 77–94); der interpretierte Auszug findet sich ebd., 92–94.

[212] Der auf die Autologie des Systems hinweisende Name des Kapitels lautet: „Selbstbeschreibung" (vgl. Luhmann 2000, 320–356).

[213] Gronover, Matthias (2006): Religionspädagogik mit Luhmann. Wissenschaftstheoretische, systemtheoretische Zugänge zur Theologie und Pragmatik des Fachs (Tübinger Perspektiven zur Pastoraltheologie und Religionspädagogik 24), Münster, 190. Gronover geht es u. a. darum, die Begründbarkeit der Religionspädagogik in ihrer doppelten Paradoxie aufzuzeigen: „Diese Begründbarkeit verweist auf den Wahrheitskern des christlichen Glaubens", insofern dieser Wahrheitskern seine Form „in der Einheit der Differenz von Nächsten- und Gottesliebe [...] findet" (ebd., 268).

gründet wie die Form der Unterscheidung im Allgemeinen in der Ununterscheidbarkeit Gottes und der sich aus seiner Weisung, eine Unterscheidung zu treffen, ergebenden Paradoxien. Das kann mithilfe der soziologischen Beobachtungsweise Luhmanns auch theologisch und religionspädagogisch besser verstanden werden.

- Der vierte Schritt bündelt die Ergebnisse der ausführlichen Rekonstruktionen zu Luhmanns Paradoxiebegriff über die Narration vom zwölften Kamel und seiner Rückgabe – einer Geschichte zu erbrechtlichen Klärungen aus arabischer Tradition, die zum Symbol für die Paradoxie des Rechts und ihrer Entfaltung wird.[214] Indem ich Jean Clams Verständnis dieser Paradoxie und seine paradoxologische Methodik vorstelle, bereite ich eine Entfaltung der religionspädagogischen Paradoxie im vierten Kapitel vor. Dort soll Jean Clams Paradoxitätsanalyse von Teilparadoxien der Grundparadoxie des Rechts[215] auf religiöse bzw. theologische Fragen bezogen werden, denen religionspädagogische Grundfragen entsprechen. Am Ende fasse ich den Paradoxiebegriff Luhmanns in sechs Merkmalen zusammen, erwäge den Standort des Paradoxiebegriffs innerhalb der Systemtheorie und erläutere die vollständige Version der zu Beginn dieses Abschnitts zitierten Paradoxiedefinition Luhmanns[216] an einer Narration – der neutestamentlichen Erzählung einer Dämonenaustreibung, bevor eine paradoxietheoretisch angeschärfte Beobachtung der Denkansätze von Boschki und Grümme das Kapitel beschließt.

1.4.4 Zu Methode und Inhalt des vierten Kapitels: Beobachtung und Wahrheit

Grundlage des Konstruktivismus als einer wissenschaftsbezogenen Weltanschauung ist seine Konstruktion der Beobachterposition, der im Rückgriff auf die Überlegungen in den vorausgegangenen Kapiteln das *vierte Kapitel* des Buches gewidmet ist. Aus ihr ergeben sich die zwei Maximen: „Alles Gesagte ist von jemandem gesagt." – „Jedes Tun ist Erkennen, und jedes Erkennen ist Tun."[217] Diese beiden Maximen fokussieren Religionspädagogik als eine Einheit von

---

[214] Vgl. Luhmann, Niklas (2000a): Die Rückgabe des zwölften Kamels: Zum Sinn einer soziologischen Analyse des Rechts, in: Teubner, Gunther (2000/Hg.): Die Rückgabe des zwölften Kamels. Niklas Luhmann in der Diskussion über Gerechtigkeit. Sonderausgabe der Zeitschrift für Rechtssoziologie 21, Heft 1, Stuttgart, 3–60.

[215] Vgl. Clam 2004, 104–148.

[216] Vgl. Luhmann 1988, 268.

[217] Maturana, Humberto R./Varela, Francisco J. (2009): Der Baum der Erkenntnis. Die biologischen Wurzeln menschlicher Erkenntnis (1987), Frankfurt a. M., 2. Aufl., 32.

Wahrnehmungs- und Handlungswissenschaft.[218] Neben einer Beobachtung erster Ordnung, durch die die Perspektive des Alltags bestimmt wird (die unmittelbaren Lebensvollzüge sind zugleich immer auch Vollzüge des Beobachtens), ist die Beobachtung zweiter Ordnung beispielsweise als Perspektive von Wissenschaft und Wissenschaftstheorie allgemein anerkannt: Wissenschaftler*innen reflektieren ihr Beobachten, um durch methodisches Handeln blinde Flecken des Beobachtens erster Ordnung auszuschließen; wissenschaftstheoretisch werden im Beobachten des wissenschaftlichen Beobachtens auch dessen blinde Flecken sichtbar. Auch dieses Beobachten hat freilich seine blinden Flecken – als Folge der ubiquitären Paradoxie der Form der Unterscheidung (s. o. 1.1.2, 1.1.3, 1.2.1, 1.3.1, 1.3.2; s. u. 3.2.2). Ist das Wort ‚Beobachten' aufgrund seiner engen Bindung an die Paradoxie „eines der gefährlichsten Worte der Gegenwart", wie Peter Fuchs meint?[219]

Die Beobachtungstheorie Luhmanns ist ein wichtiger Bezugspunkt meiner eigenen Überlegungen. Für Luhmann ist Beobachten generell „eine paradoxe Operation", insofern sie die Zwei-Seiten-Form der Unterscheidung als Einheit aktualisiert.[220] Die Beobachterin zweiter Ordnung ist dann besonders daran interessiert, „wie der beobachtete Beobachter mit seiner Paradoxie umgeht; wie er diese Paradoxie auflöst; wie er die Paradoxie des Beobachtens entparadoxiert."[221] Luhmanns Begriff der Beobachtung ist daher, analog zu den Begriffen der Unterscheidung und der Paradoxie, ebenfalls ubiquitär. Luhmann ersetzt die traditionelle Unterscheidung von Willen und Verstand/Vernunft „durch den Begriff des Beobachters. Der Begriff Beobachten umfaßt also Erkennen und Handeln."[222] Folgt man diesem weiten Verständnis von ‚Beobachten', müsste er der zentrale Begriff der Religionspädagogik sein, durch den sie sich jeweils als Einheit von Wahrnehmungs- und Handlungswissenschaft aktualisiert. Luhmann erläutert die Verbindung des Begriffs mit der paradoxen Unterscheidungsform und erklärt, warum Spencer Brown die Figur ‚Beobachter' erst relativ spät einführt (s. o. 1.4.2; s. u. 2.2.2):

„Die Unterscheidung ist der Grund der Beobachtung (denn mit einer anderen Unterscheidung würde man etwas anderes beobachten). Die Unterscheidung kann aber nur selbstimplikativ eingeführt werden, und das wird zum Paradox, wenn man mit dem Unterscheiden beginnt. Denn die Unterscheidung ist eine Form, die

---

[218] Vgl. Brieden, Norbert/Heger, Johannes (2018): Art. „Handlungswissenschaft", in: Das Wissenschaftliche-Religionspädagogische Lexikon WiReLex. https://www.bibelwissenschaft.de/stichwort/200258/ Aufruf 15.12.2021; Heger 2017, 183–226, 287–374; Brieden 2021a.

[219] Fuchs, Peter (2000): Das Fehlen einer Ab-SICHT, in: Jahraus, Oliver/Ort, Nina (Hg.): Beobachtungen des Unbeobachtbaren. Konzepte radikaler Theoriebildung in den Geisteswissenschaften, Weilerswist, 9–13, 12 (s. u. 4.1.2).

[220] Luhmann, Niklas (1990): Die Wissenschaft der Gesellschaft, Frankfurt a. M., 95.

[221] Ebd., 98.

[222] Ebd., 112.

ihrerseits eine Innenseite (das Unterschiedene) und eine Außenseite (das Sonstige) unterscheidet. Also kann man mit dem Unterscheiden nicht anfangen, ohne schon unterschieden zu haben. Der Kalkül Spencer Browns schiebt dieses Problem vor sich her (er läßt sich dadurch nicht blockieren), bis er komplex genug ist, um es mit der Figur des ‚re-entry‘, dem Eintritt der Unterscheidung in das Unterschiedene, zu behandeln.“[223]

Georg Kneer und Armin Nassehi stellen in ihrer Zusammenfassung der Beobachtungstheorie Luhmanns *acht Charakteristika* heraus, die das Gesagte bestätigen und weiterführen:[224] Das erste Merkmal betreffe die *Allgemeinheit* der Operation ‚Beobachten‘, die nicht nur von den autopoietischen Systemen des Körpers, des Bewusstseins und der Gesellschaft vollzogen werden könnten, sondern auch von allopoietischen Systemen wie etwa einem Thermostat. Dabei gelte für alles Beobachten zweitens ihre *operationale Geschlossenheit*, d. h. im Blick auf die Systemtheorie, dass keine direkten Kontakte zur Umwelt der Systeme bestünden, sondern die Beobachtungen, die im Vollzug eine Differenz von Operation und Beobachtung setzten, systeminterne Konstruktionen der jeweiligen Systeme blieben (s. o. 1.1.4). Drittens habe jede Beobachtung ihren *blinden Fleck*, weil sie auf die jeweils anvisierte Unterscheidung bezogen bleibe; wenn z. B. das Rechtssystems aufgrund seines Codes recht/unrecht einen Einbruch als unrecht beobachte, fielen andere mögliche Unterscheidungen unter den Tisch (etwa ob der Einbruch für den Einbrecher gewinnbringend war oder nicht, oder ob er technisch gut ausgeführt wurde oder nicht). Zudem könne keine Beobachtung beide Seiten der Unterscheidung zugleich beobachten (das Rechtssystem bezeichnet den Einbruch als unrecht und könnte erst später durch Kreuzen der Grenze feststellen, ob und inwiefern dem Einbruch auch ein relatives Recht zuzuordnen wäre, z. B. weil der Einbrecher nur auf diese Weise seinen Hungertod verhinderte oder sich lediglich zurückholte, was sein Opfer ihm zuvor genommen hatte).

Damit hänge viertens zusammen, dass sich die Beobachtung *nicht im Beobachten selbst beobachten* könne (im Vollzug des Unterscheidens von recht und unrecht kann nicht zugleich darüber reflektiert werden, ob diese Unterscheidung selbst recht oder unrecht ist, oder was diese Unterscheidung von anderen möglichen Unterscheidungen unterscheidet wie z. B. der Differenz des religiösen Systems von immanent und transzendent). Der Vollzug des Unterscheidens beinhalte damit wie gesagt immer auch einen blinden Fleck des Beobachtens. Zwar könne über eine *Beobachtung zweiter Ordnung* das Beobachten beobachtet werden, aber auch diese Beobachtung bleibe an die eigene Unterscheidung gebunden und habe ihren blinden Fleck. Deshalb sei fünftens die *Beobachtung zweiter Ordnung nicht privilegiert* gegenüber einer Beobachtung erster Ordnung. Allerdings führe die Beobachtung zweiter Ordnung – indem sie zu sehen erlaube, dass

---

[223] Luhmann 1990, 84.
[224] Vgl. Kneer/Nassehi 2000, 95–110.

sie nicht sehen kann, was sie nicht sehen kann – sechstens „zu einem radikal gewandelten Welt-, Seins- und Realitätsverständnis". Denn deutlich werde, dass die Welt immer auch anders beobachtet werden kann. Ein monokontexturales Weltverständnis, das allein auf der Basis von Beobachtungen erster Ordnung oder innerhalb geschlossener gesellschaftlicher Systeme bestehe, wandele sich zu einer *polykontexturalen Weltsicht*: „Polykontexturalität meint, daß es eine Vielzahl von Unterscheidungen, eine Vielzahl von unterschiedlichen Kontexturen gibt, die von keinem archimedischen Beobachtungspunkt ineinander überführt und verglichen werden können." Es gebe keine „absolut ‚richtige' Sicht der Dinge".[225] Siebtens führe die bereits präsentierte *Paradoxie als Form der Unterscheidung* und damit auch des Beobachtens zu Situationen von Unentscheidbarkeit, in denen ein Oszillieren zwischen zwei Werten zu beobachten sei (s. o. 1.4.2).

Das achte und letzte Merkmal betrifft die Forderung nach *Autologie,* dass also die Merkmale der Beobachtung auf Luhmanns ‚Supertheorie' selbst anzuwenden seien: Diese Selbstreflexivität der Theorie impliziere folglich

- ihre Allgemeinheit (die Systemtheorie lässt sich auf alle Felder des Gesellschaftlichen und auf sich selbst beziehen),
- operationale Geschlossenheit (die Beobachtungen der Theorie sind interne Konstruktionen innerhalb des Systems Wissenschaft),
- Betroffenheit von blinden Flecken und damit in wissenschaftstheoretischer Perspektive eine epistemologische Bescheidenheit (die Systemtheorie ist verwiesen auf Interdisziplinarität, damit sich die Wissenschaften gegenseitig über ihre jeweiligen blinden Flecken aufklären, und auf Transdisziplinarität, um blinde Flecken des Wissenschaftssystems wahrzunehmen),
- Betroffenheit von Paradoxien (die wissenschaftlich durch ein Zusammenspiel von Euryalistik und Sthenographie zu entfalten wären).

Über Luhmanns Beobachtungstheorie hinaus geht das paradoxe Konstrukt einer Beobachtung dritter Ordnung (manche bezeichnen die wissenschaftstheoretische Beobachtung als eine solche; m. E. stellt sie allerdings lediglich einen Sonderfall der Beobachtung zweiter Ordnung dar): Sie umfasst Perspektiven ästhetischer und religiöser Wahrnehmung, indem sie, bezogen auf die Religion, die ersten beiden Ordnungen in der Bestärkung reflektierter religiöser Entschiedenheit integriert (was Paul Ricœur als „zweite Naivität" bezeichnete) und auch Innen- und Außenperspektive durch Überwindung der Subjekt-Objekt-Spaltung ineinander verschränkt (was Rudolf Otto mit der Erfahrung des Heiligen als des *fascinosum et tremendum* beschrieb).[226] Die Beobachtung dritter Ordnung ist ein

---

[225] Ebd., 102f.

[226] Vgl. Brieden, Norbert/Göllner, Reinhard (2012): Vielfalt viabler Wege versus ‚Einfalt' christlicher Glaubenswahrheit? Zur Subjektorientierung religiöser Lernprozesse, in: Mette, Norbert/Sellmann, Matthias (Hg.): Religionsunterricht als Ort der Theologie, (Quaestiones Disputatae 247), Freiburg i. Br., 297–321, 307–314.

paradoxes Konstrukt, weil sie von außen nicht von der Beobachtung erster Ordnung zu unterscheiden ist und im Grunde erst postreflexiv, im Nachhinein, aus der Perspektive einer Beobachtung zweiter Ordnung als Beobachtung erkennbar ist. Sie ist aus dieser nachträglichen Beobachterperspektive, paradox gesprochen, Beobachtung einer Nicht-Beobachtung. Im Blick auf den dritten Wert jenseits von Beobachtung und Nicht-Beobachtung kann sie als die paradoxe Einheit von Beobachtung und Nicht-Beobachtung bezeichnet werden. Zur Darstellung des Postulats einer Beobachtung dritter Ordnung gehe ich methodisch in folgenden vier Schritten vor:

- Im ersten Schritt werden die drei Beobachtungsordnungen systematisch entfaltet, zunächst die erste und zweite Ordnung auf vier Ebenen im Anschluss an Überlegungen von Luhmanns Schülerin Elena Esposito.[227] Die abstrakte Grundlegung wird am Freiheitsparadox konkretisiert, wozu die im dritten Kapitel erarbeitete Analyse der Willensfreiheit bei Anselm von Canterbury ergänzt wird. Danach soll das Postulat einer Beobachtung dritter Ordnung begründet werden, indem es zunächst abgegrenzt wird von einem interaktionistischen Verständnis bei Kersten Reich und einer erkenntnistheoretischen Fassung des Begriffs bei Luhmann, bevor ein Rückblick auf das Erarbeitete das Postulat plausibilisiert: Erfahrungen der Mystik und die Unterbrechung des Normalen im Wunder sind Spuren einer Beobachtung dritter Ordnung. Von ihnen her erschließt sich, was mit religiöser Wahrheit gemeint ist. Inwiefern lassen sich mit einer solchen Beobachtungstheorie die Ansätze von Boschki und Grümme rekonstruieren? In welchem Verhältnis steht sie zu den wissenschaftstheoretischen Überlegungen der beiden Religionspädagogen? Damit soll zugleich exemplarisch gezeigt werden, welche hermeneutische Relevanz die Beobachtungstheorie für das Verstehen anderer theoretischer Konstrukte haben kann
- Im zweiten Schritt wird die Beobachtungstheorie mit dem Diskurs zur religiösen Wahrheit verbunden. Konstruktivistische Wahrheitskonzepte werden mit drei aufgrund ihrer Aktualität ausgewählten Realismus-Konzeptionen verglichen. Kompatibel sind weder der Tatsachen-Objektivismus Paul Boghossians,[228] noch der neue ontologische Realismus Markus Gabriels,[229] obwohl sich mit ihm einige Schnittfelder zu konstruktivistischen Positionen ergeben. Am ertragreichsten scheint ein Austausch mit dem pluralistisch-robusten Realismus phänomenologischer Richtung, den Hubert Dreyfus und Charles Taylor vorgestellt haben.[230] Deshalb wird die phänomenologische

---

[227] Vgl. Esposito 1991.

[228] Vgl. Boghossian, Paul (2015): Angst vor der Wahrheit. Ein Plädoyer gegen Relativismus und Konstruktivismus, Frankfurt a. M. 2013, 5. Aufl.

[229] Vgl. z. B. Gabriel, Markus (2013): Warum es die Welt nicht gibt, Berlin.

[230] Vgl. Dreyfus, Hubert/Taylor, Charles (2016): Die Wiedergewinnung des Realismus, Berlin.

Logik von Sein und Schein anhand der Beobachtungstheorie mit konstruktivistischen Logiken zum Verständnis von ‚Realität' verglichen (von Glasersfeld, Luhmann, Maturana). Auf den philosophischen Diskurs folgen Überlegungen zur Kompatibilität von Radikalem Konstruktivismus und Theologischem Realismus in der Auseinandersetzung mit der These von Raphaela
Meyer zu Hörste-Bührer, beide Positionen seien aufgrund ihrer Axiomatik
unvereinbar.[231] Sie lassen sich jedoch angesichts der Unerkennbarkeit des
‚Dings an sich' unter der Maßgabe epistemologischer Demut durchaus miteinander denken. Indem diese Haltung wissenden Nicht-Wissens als eine für
interreligiöse Dialoge und religiöse Bildung unverzichtbare, konstruktivistisch gut begründete Haltung theologisch gestärkt wird, ergibt sich für jede
Person, die ihren Glauben theologisch reflektiert, die Chance zur Selbstdistanzierung, die zugleich größere Freiheit im eigenen Glauben und im Umgang mit den Glaubenswelten anderer erlaubt. Wie verhält sich diesbezüglich Rudolf Englerts Differenzierung theologischer Denkformen in hybride,
lehramtliche, wissenschaftliche und sapientiale Theologie[232] zur Vier-Ebe-
nen-Theorie Espositos? Welche religionsdidaktischen Konsequenzen ergeben sich aus einer Viabilisierung des Wahrheitsbegriffs und seiner wissenschaftstheoretischen Reflexion mithilfe der Beobachtungstheorie angesichts des Theorie-Praxis-Zirkels, in dem Religionslehrkräfte stehen?[233]
Auch hier soll sich die Relevanz der Beobachtungstheorie erweisen (analog
zur Rekonstruktion der Überlegungen von Boschki und Grümme).

• Im dritten Schritt wird die Beobachtungstheorie zur Entparadoxierung herangezogen. Methodisch entfalte ich die religionspädagogische Paradoxie,
indem ich Jean Clams Paradoxitätsanalyse von Momenten des Paradoxalen
innerhalb der Paradoxie des Rechts[234] auf religiöse bzw. theologische Paradoxien beziehe, denen religionspädagogische Grundfragen entsprechen: Die
Identitätsfrage nach der religiösen Wahrheit und der Lernbarkeit des Glaubens, die Ursprungsfrage nach dem Offenbarungskanon und dem Anfang
des Glaubens, die Ambiguitätsfrage nach der Ambivalenz der Perspektiven
und der Vielfalt des Glaubens, die Mutualitätsfrage nach dem Weg der Glau-
bensentwicklung und den Möglichkeiten spiritueller Bildung, die Parasitie-
rungsfrage nach der Bedeutung von Moral, Kunst und Politik für den Glauben und für religiöses Lernen und die Unabschließbarkeitsfrage nach dem

---

[231] Vgl. Meyer zu Hörste-Bührer, Raphaela (2017): „Wir haben diesen Satz in irdenen Gefässen" Erkenntnistheoretische Überlegungen zur reformierten Bekenntnishermeneutik
vor dem Hintergrund von Realismus und Konstruktivismus, in: Bienert, Maren/Hofheinz,
Marco/Jochum-Bortfeld, Carsten (Hg.): Neuere reformierte Bekenntnisse im Fokus. Studien zu ihrer Entstehung und Geltung, Zürich, 71–89.

[232] Vgl. Englert, Rudolf (2020): Geht Religion auch ohne Theologie, Freiburg i. Br., 15–39.

[233] Vgl. Reis, Oliver (2012a): Didaktik und Theologie in ihrer konstruktiven Wechselwirkung,
in: Mette/Sellmann (Hg.), a. a. O., 284–297.

[234] Vgl. Clam 2004, 104–148.

Ziel des Glaubens, das zugleich ein Nicht-Ziel ist. Damit sind die religions-pädagogischen Teilparadoxien nicht vollständig behandelt, denn ich gehe davon aus, dass die Liste noch um viele Paradoxien zu ergänzen wäre, bei-spielsweise der paradoxen Einheit von Kompetenz und Nicht-Kompetenz.

- Nach einem wissenschaftstheoretischen Resümee und dem Bekenntnis zu den unvermeidlichen Desideraten dieser Arbeit wirft der letzte Schritt mit dem Hinweis auf ihr Motto den Blick zurück nach vorn: Was steht aus? Wel-che Fragen bleiben offen? Wohin kann sich konstruktivistische Religions-didaktik noch entwickeln? Deutlich wird so, dass das Ende kein Ende sein kann.

Es zeigen sich Spuren einer Beobachtung dritter Ordnung am ehesten in ästhe-tischer und religiöser Wahrnehmung. Sie präzise zu beschreiben verhilft dazu, den poetischen „Erzählvorgang transparent" zu machen, wie Büttner es in sei-nem einleitenden Aufsatz zum siebten Jahrbuch für konstruktivistische Reli-gionsdidaktik beschreibt.[235] Und Reis charakterisiert in seinem resümierenden Beitrag desselben Bandes die narratologische Perspektive als „eine wirkmäch-tige ‚Unterfamilie' des Konstruktivismus", insofern sie durch ihre Fragen Per-spektivenwechsel anregt, die wiederum blinde Flecken anderer konstruktivisti-scher Perspektiven aufdecken können.[236] Keine Religion kommt ohne Narratio-nen aus; die biblischen Schriften zeigen einen großen Reichtum an ihnen, z. B. Wundererzählungen (s. u. 3.4.2.3) und Gleichnisse (s. u. 3.1.3.2).[237] „Biblische Welten entstehen (narrativ) in biblischen Texten, (geschichtlich) hinter bibli-schen Texten, (kontextuell) um biblische Texte und (rezeptionsorientiert) vor biblischen Texten. Alle diese Welten bleiben Konstruktionen, die historisch-kri-tisch, aber auch didaktisch oder anderweitig informiert sein können."[238] Welche Informationen sind für das Leben relevant?

---

[235] Büttner, Gerhard (2016): Von der religiösen Wirklichkeit erzählen. Narratologische Im-pulse für die Religionspädagogik, in: Ders./Mendl, Hans/Reis, Oliver/Roose, Hanna (Hg.): Narrativität (Jahrbuch für konstruktivistische Religionsdidaktik 7), Babenhausen, 9–22, 12.

[236] Reis, Oliver (2016): Was kann eine konstruktivistische Religionsdidaktik von der Narrato-logie lernen?, in: Büttner/Mendl/Ders./Roose (Hg.), a. a. O., 175–180, 178: „Wie kommt es eigentlich zur Teilhabe an Narrationen? [...] Was passiert bei der Reflexion der Narration? [...] Unter welchen Bedingungen werden Narrationen so transformiert, dass die gemeinte Wirklichkeit erhalten bleibt? [...]"

[237] Vgl. Roose, Hanna (2016): Wundererzählungen und Gleichnisse im Geflecht von Faktuali-tät und Fiktionalität. Narratologische, theologische und didaktische Perspektiven, in: Büttner/Mendl/Reis/Dies. (Hg.), a. a. O., 62–72.

[238] Roose, Hanna (2020): Biblische Welten und historische Methode – am Beispiel der Figur Jesu, in: Brieden, Norbert/Mendl, Hans/Reis, Oliver/Dies. (Hg.): Biblische Welten (Jahr-buch für konstruktivistische Religionsdidaktik 11), Babenhausen, 11–20, 20.

2. Unterscheidungen treffen und hinterfragen

Wer lebt, trifft Unterscheidungen. In dem Wort steckt der Begriff ‚Scheidung'. Es ist kein schönes Wort. Die ersten Assoziationen sind negativ: Erlittene Trennungen von Partnerschaften, Scheidungskinder, Ehen vor Gericht. Und doch beginnt schon das Leben mit einer notwendigen ‚Scheidung'. Wenn die Nabelschnur nicht zerschnitten wird, können weder Mutter noch Kind weiterleben. Die stärkste ‚strukturelle Koppelung', die zwischen Menschen denkbar ist, die Einheit der Mutter mit ihrer ‚Leibesfrucht', bedarf einer Abkoppelung. Es ist diese Ur-Trennung von Anfang an, die menschliches Dasein durchzieht: Ich und Du, Selbst-Sein als Eigenes und Anders-Sein als Fremdes.

Wie können Beziehungen gelingen, strukturelle Koppelungen der strukturdeterminierten Systeme langfristig erfolgen? Welche Bedeutung hat die Alterität des anderen und deren Anerkennung? Indem Denken und damit Beobachten anfangen, finden Menschen Unterschiede vor, werden in sie hinein sozialisiert. Grundsätzlich werden Ich und Du, Wir und Ihr, Gott und Ich, Wir und Gott und auch Gott und Gott unterschieden (1). Was ist das für eine Logik, die hinter dem Unterscheiden steht? Was bedeutet der Imperativ: „Triff eine Unterscheidung! *Draw a distinction!"* (Georges Spencer Brown), der jeder Beobachtung zugrunde liegt? Wichtig die Einsicht, dass jede Unterscheidung ihre blinden Flecken hat. Welche allgemeinen Merkmale der Unterscheidungsform lassen sich benennen? Welche religionsdidaktische Relevanz haben sie (2)? Bezüglich der genannten grundlegenden Unterscheidungen sind religionsdidaktische Ansätze wie diejenigen von Reinhold Boschki und Bernhard Grümme zentral, die den Beziehungsbegriff und die Alterität des Anderen reflektieren und dabei die Beziehung zu Gott und die Paradoxie seiner Nähe und Fremdheit ins Zentrum rücken (3).

2.1 Wahrnehmungen des Phänomens Unterscheidung

Zunächst geht es um die Unterscheidung zwischen Ich und Du (1). Sie wird zum Anlass dafür, den Sinn des Unterscheidens kritisch zu reflektieren: Welche Unterscheidungen sind aus welchen Gründen sinnvoll und notwendig, welche Differenzierungen führen warum in die Irre? Beispielsweise werden der Islam und Deutschland unterschieden, und um die richtige Zuordnung dieser beiden Größen wird gestritten: Gehört der Islam zum ‚Wir‘ eines deutschen Nationalgefühls? Oder ist das ‚Ihr‘ der muslimischen Minderheit zur Bewahrung christlich-abendländischer Traditionen in Deutschland scharf zu trennen vom ‚Wir‘ einer (noch) christlichen Mehrheit? Dabei wäre vielleicht bereits zuvor der Sinn dieser Unterscheidung kritisch zu hinterfragen (2). Wie ist das mit Gott? Viele Religionen unterscheiden streng zwischen Gott und Welt. Er ist der schlechthin Andere und doch *interior intimo meo* (mir innerer als mein Innerstes), wie Augustinus schreibt (3).[1] Und nach christlicher Glaubensvorstellung ist er sogar in sich Beziehung, dreifaltig einer. Interessant die Beobachtung, wie hier zugleich unterschieden und verbunden wird (4).

2.1.1 Ich und Du: Identität und Fremdheit im Dialog

Solange der Säugling das „ozeanische Gefühl", mit seiner Umwelt eins zu sein, aufrechterhalten kann, ist der Drang zur Unterscheidung gering. Sigmund Freud beginnt seine Schrift „Das Unbehagen an der Kultur" mit der Bemerkung, sein Freund, der Schriftsteller Romain Rolland, habe sich zwar insgesamt zustimmend zu seiner religionskritischen Schrift „Die Zukunft einer Illusion" (1927) geäußert. Aber der eigentliche Grund für Religiosität sei nicht die dort beschriebene Vatersehnsucht (der Mensch wünscht sich ein höheres Wesen, das alles wieder gut macht), sondern ein Gefühl, „das er die Empfindung der ‚Ewigkeit‘ nennen möchte, ein Gefühl wie von etwas Unbegrenztem, Schrankenlosem, gleichsam ‚Ozeanischem‘. Dies Gefühl sei eine rein subjektive Tatsache, kein Glaubenssatz; keine Zusicherung persönlicher Fortdauer knüpfe sich daran, aber es sei die Quelle der religiösen Energie, die von den verschiedenen Kirchen und Religionssystemen gefaßt, in bestimmte Kanäle geleitet und gewiß auch aufgezehrt werde. Nur auf Grund dieses ozeanischen Gefühls dürfe man sich religiös heißen, auch wenn man jeden Glauben und jede Illusion ablehne."[2] Obschon Freud selbst dieses Gefühl nicht empfindet, rekonstruiert er es als einen frühkindlichen Narzissmus:

> „Ursprünglich enthält das Ich alles, später scheidet es eine Außenwelt von sich ab. Unser heutiges Ichgefühl ist also nur ein eingeschrumpfter Rest eines weit

---

[1] Augustinus, Aurelius (2002): Confessiones – Bekenntnisse, lat.-dt. Eine Synopse nach Netzquellen zusammengestellt von Dittmann, Karsten, Confessiones lateinisch – deutsch – GEOCITIES.ws Aufruf 15.12.2021, III, 6, 11; danach heißt es direkt *et superior summo meo* (und höher als mein Höchstes), womit die Paradoxie im Gottesverständnis zum Ausdruck kommt, dass das, was so in mir ist, dass es tiefer nicht geht, zugleich das ist, was so weit über mich hinausreicht, dass es kaum zu denken ist.

[2] Freud, Sigmund (1930): Das Unbehagen in der Kultur, Wien, 6.

umfassenderen, ja – eines allumfassenden Gefühls, welches einer innigeren Verbundenheit des Ichs mit der Umwelt entsprach. Wenn wir annehmen dürfen, daß dieses primäre Ichgefühl sich im Seelenleben vieler Menschen [...] erhalten hat, so würde es sich dem enger und schärfer umgrenzten Ichgefühl der Reifezeit wie eine Art Gegenstück an die Seite stellen, und die zu ihm passenden Vorstellungsinhalte wären gerade die der Unbegrenztheit und der Verbundenheit mit dem All, dieselben, mit denen mein Freund das ‚ozeanische' Gefühl erläutert."[3]

Probleme der Ich-Abgrenzung konstatiert Freud bei einigen psychischen Erkrankungen und bei Verliebten, die ineinander zu verschmelzen vermeinen.[4] Weil im Seelischen nichts verloren gehe, könne das „primäre Ichgefühl" immer wieder regressiv durchschlagen. Allerdings ist Freud skeptisch, ob dieser frühkindliche Narzissmus als religiöse Energiequelle fungiert, weil das ozeanische Gefühl keine starken Bedürfnisse zum Ausdruck bringt, im Gegenteil: Das zentrale Bedürfnis nach Nahrung, die sich für den Säugling in der Mutterbrust manifestiert, wird zum Anlass, den Narzissmus zu überwinden; das Kind schreit nach der Mutter und lernt sie als ein Du zu akzeptieren, das der eigenen Verfügung immer auch entzogen ist.[5]

Man könnte sagen: Das Ich des Kindes wird erst zum Ich durch das Du der Mutter (oder einer anderen Bezugsperson).

Im Gegensatz zu Freud, der die Unterscheidung des Ichs von der Außenwelt in den Bedürfnissen zur Triebbefriedigung verankert, verorten Philosophen wie beispielsweise Martin Buber die Ichwerdung in den Begegnungen mit Menschen (Ich-Du) und Dingen (Ich-Es). Im Hauptwerk seiner dialogischen Philosophie schreibt Buber: „Die Einsammlung und Verschmelzung zum ganzen Wesen kann nie durch mich, kann nie ohne mich geschehen. Ich werde am Du; Ich werdend spreche ich Du. Alles wirkliche Leben ist Begegnung."[6] Während das Grundwort

---

[3]   Ebd., 11.

[4]   Vgl. ebd., 8f.

[5]   Vgl. ebd., 9–11. „Für die religiösen Bedürfnisse scheint mir die Ableitung von der infantilen Hilflosigkeit und der durch sie geweckten Vatersehnsucht unabweisbar, zumal da sich dies Gefühl nicht einfach aus dem kindlichen Leben fortsetzt, sondern durch die Angst vor der Übermacht des Schicksals dauernd erhalten wird. Ein ähnlich starkes Bedürfnis aus der Kindheit wie das nach dem Vaterschutz wüßte ich nicht anzugeben. Damit ist die Rolle des ozeanischen Gefühls, das etwa die Wiederherstellung des uneingeschränkten Narzißmus anstreben könnte, vom Vordergrund abgedrängt. Bis zum Gefühl der kindlichen Hilflosigkeit kann man den Ursprung der religiösen Einstellung in klaren Umrissen verfolgen. Es mag noch anderes dahinterstecken, aber das verhüllt einstweilen der Nebel. Ich kann mir vorstellen, daß das ozeanische Gefühl nachträglich in Beziehungen zur Religion geraten ist. Dies Eins-Sein mit dem All, was als Gedankeninhalt ihm zugehört, spricht uns ja an wie ein erster Versuch einer religiösen Tröstung, wie ein anderer Weg zur Ableugnung der Gefahr, die das Ich als von der Außenwelt drohend erkennt" (ebd., 18f.).

[6]   Buber, Martin (1984): Ich und Du (1923), in: Das dialogische Prinzip, Heidelberg, 5. Aufl., 15.

Ich-Du nach Buber „nur mit dem ganzen Wesen gesprochen werden" kann, wird dieses ganze Wesen im Grundwort Ich-Es niemals herausgefordert: Ich-Es bezieht sich auf die Welt der Tätigkeiten, Ich-Du eröffnet die Welt der Beziehung.[7] „Zum ganzen Wesen" wird das Ich erst in der Beziehung zum Du. Zum unverwechselbaren, einzigartigen Menschen machen mich nicht meine Erfahrungen mit den Dingen, sondern das „wirkliche Leben" der „Begegnung" formt mich zu der unteilbaren Person, deren geheimnisvolle Tiefe im Dialog mit dem Anderen aufscheint. Auch wenn dieses „Personsein" sich „nie ohne mich" ereignen kann, so bin ich Ich „nie durch mich": Mein Personsein ist Geschenk der Begegnung mit dem Du: „Ich werde am Du; Ich werdend spreche ich Du".

Noch stärker als Buber betonten Franz Rosenzweig – mit dem zusammen Buber die Hebräische Heilige Schrift verdeutschte – und später Emmanuel Levinas die Unverfügbarkeit des Anderen, seine Alterität, die nicht für das Ziel meiner Ichwerdung zu instrumentalisieren sei. Rosenzweig erprobt in seinem Hauptwerk „Der Stern der Erlösung" (1921) ein neues Denken, in dem er die Abhängigkeit des Denkens vom Anderen, von der Sprache und der Zeitlichkeit ernst nimmt. Die Methode seines neuen Denkens beschreibt er in einem späteren Aufsatz von 1925 wie folgt:

> „An die Stelle der Methode des Denkens, wie sie alle frühere Philosophie ausgebildet hat, tritt die Methode des Sprechens. Das Denken ist zeitlos, will es sein; es will mit einem Schlag tausend Verbindungen schlagen; das Letzte, das Ziel ist ihm das Erste. Sprechen ist zeitgebunden, zeitgenährt; es kann und will diesen Nährboden nicht verlassen; es weiß nicht im voraus, wo es herauskommen wird; es lässt sich seine Stichworte vom andern geben. Es lebt überhaupt vom Leben des andern [...]; während Denken immer einsam ist, mag es auch gemeinsam zwischen mehreren ‚Symphilosophierenden' geschehen: auch dann macht der andre mir nur die Einwände, die ich mir eigentlich selbst machen müßte, – worauf ja die Langweiligkeit der meisten philosophischen Dialoge, auch des überwiegenden Teils der platonischen, beruht. Im wirklichen Gespräch geschieht eben etwas; ich weiß nicht vorher, was mir der andere sagen wird, weil ich nämlich auch noch nicht einmal weiß, was ich selber sagen werde; ja vielleicht noch nicht einmal, daß ich überhaupt etwas sagen werde; es könnte ja sein, daß der andere anfängt, ja es wird sogar im echten Gespräch meist so sein; [...]. Zeit brauchen heißt nichts vorwegnehmen können, alles abwarten müssen, mit dem Eigenen vom andern abhängig sein. Das alles ist dem denkenden Denker völlig undenkbar, während es dem Sprachdenker einzig entspricht. Sprachdenker – denn natürlich ist auch das neue, das sprechende Denken ein Denken, so gut wie das alte, das denkende Denken nicht ohne inneres Sprechen geschah; der Unterschied zwischen altem und neuem, logischem und grammatischem Denken liegt nicht in laut und leise, sondern im Bedürfen des andern und, was dasselbe ist, im Ernstnehmen der Zeit".[8]

---

[7]   Ebd., 7.

[8]   Rosenzweig, Franz (1984): Das neue Denken. Einige nachträgliche Bemerkungen zum „Stern der Erlösung" (1925), in: Ders., Der Mensch und sein Werk. Gesammelte Schriften

Das „Bedürfen des andern" setzt Rosenzweig hier gleich mit dem „Ernstnehmen der Zeit". Beides drückt sich aus im Sprachdenken, das hier durchaus als eine Inszenierung der verkörperten Kognition im Sinne Varelas verstanden werden kann (s. o. 1.4.1). Rosenzweig wendet sich gegen idealistische Abstraktionen möglicher Gesprächspartner (worauf die „Langweiligkeit der meisten philosophischen Dialoge" beruht) ebenso wie gegen vorgefertigte Repräsentationen einer scheinbar realen Welt. Dagegen setzt er eine Haltung des Sich-Einlassens auf das Ungewisse, die mit der konstruktivistischen Erwartung, es könnte alles auch ganz anders sein, korreliert. Gefordert ist, sich der Gegenwart des Anderen und diesem aktuellen Moment ganz anzuvertrauen, und die so entstehenden strukturellen Koppelungen sprachlich zum Ausdruck zu bringen – wie Maturana und Varela die Einzigartigkeit des Menschen in seinem In-der-Sprache-Sein verorten: Unsere Autopoiese vollzieht sich wie diejenige aller Lebewesen eingebettet in die Zeitlichkeit unserer Entwicklung und in unsere Abhängigkeit von anderen – Menschen, Tieren und Pflanzen.

Diese strukturellen Analogien zwischen Rosenzweigs neuem Denken und dem konstruktivistischen Denken so auszuführen, mag etwas gewagt erscheinen, insofern Rosenzweigs Denken selbst wiederum eingebettet ist in seine theologischen Überlegungen zu Schöpfung, Offenbarung und Erlösung (ausgehend von seiner Entdeckung des Judentums als Wurzel der eigenen religiösen Existenz).[9] Auch wäre noch zu fragen, ob die Alterität des Anderen, für Rosenzweig der bestimmende Grund seines Reflektierens, bereits von dem gedeckt ist, was konstruktivistisch in der nicht voraussagbaren Begegnung von Menschen als wechselseitige Perturbation in struktureller Koppelung bezeichnet wird.

Aber für den Moment bleibt festzuhalten, dass die Differenz zwischen mir und dem anderen grundlegend ähnlich beobachtet wird: Eine Unterscheidung, die sich zeitlich gebunden als eine Abhängigkeit des Systems (Organismus) von seiner Umwelt (seinem Milieu) konkret ereignet und verkörpert. Dabei ist die Grenze zwischen Ich und Du von der ontogenetischen Entwicklung des Menschen abhängig (Freud); sie wird zugleich dekonstruiert im Grundwort Ich-Du, insofern das Ich ohne das Du sein ‚ganzes Wesen' nicht realisieren kann (Buber), und rekonstruiert im Ernstnehmen des Andern, der mir unvordenklich und nicht ausrechenbar im Medium der Sprache jeweils aktuell neu begegnet (Rosenzweig, Levinas). Im verkörperten Dialog mit dem Du – in Sprache, Gesten, Be-

---

III: Zweistromland. Kleinere Schriften zu Glauben und Denken, hg. v. Reinhold und Annemarie Mayer, Dordrecht, 139–161, 150f.

[9] Vgl. Rosenzweig, Franz (1976): Der Mensch und sein Werk. Gesammelte Schriften II: Der Stern der Erlösung (4. Aufl., erste Auflage 1921), mit einer Einführung von Reinhold Mayer, Haag. Für einen ersten Überblick vgl. Goertz, Heinz-Jürgen (1992): Franz Rosenzweigs neues Denken. Eine Einführung aus der Perspektive christlicher Theologie (Bonner dogmatische Studien 12), Würzburg. Zu Levinas' Verhältnis zu Rosenzweig vgl. ebd., 12–16. Zur religionspädagogischen Reflexion vgl. Grümme 2007, 235–268.

rührungen etc. – entwickelt sich Identität, die in der Begegnung mit der Fremdheit des Anderen zugleich dekonstruiert und jeweils neu rekonstruiert wird:
Identität ist fragil und fluide;[10] Unterscheidungen werden getroffen und sind immer wieder kritisch zu hinterfragen.

2.1.2 Wir und Ihr: Zur Kritik des Unterscheidens im Blick auf interreligiöses Lernen

Reinhold Boschki berichtet von einer Erfahrung im Religionsunterricht an einer
Berufsschule im Anschluss an eine Übung, in der er die Jugendlichen einer religiös heterogenen Klasse mit Auszubildenden im Bereich Einzelhandel dazu einlud, Briefe an Gott zu schreiben – ob sie an Gott glaubten oder nicht: „Ein junger
Mann meldet sich, steht auf und sagt zu seinen Klassenkameraden: *Ich bin Muslim. Draußen muss ich mich ständig rechtfertigen dafür. Andere sagen: ,Hej, du, wo hast
du deinen Sprengstoffgürtel?' Aber hier in der Klasse, im Reliunterricht, wenn wir über
Religion sprechen, da versteht ihr mich und akzeptiert mich, so wie ich bin.*"[11]
  Der junge Muslim beobachtet seine Erfahrungen mit seiner eigenen Religiosität (Selbstbeziehung: „Ich bin Muslim") auf der Basis seiner Beziehungen zu
anderen. Dabei fällt ihm ein gravierender Unterschied auf, der zu einer Differenzierung zwischen „draußen" und „im Reliunterricht" (drinnen) führt: In den
Beziehungen während seiner beruflichen Tätigkeit muss er sein Muslimsein
„ständig rechtfertigen"; in den Beziehungen zu seinen Klassenkameraden (und
der Lehrkraft) hingegen wird er ,verstanden' und ,akzeptiert, so wie er ist'. Das
spricht dafür, dass es im Religionsunterricht gelungen ist, eine vertrauensvolle
Atmosphäre aufzubauen, in der jede Einzelne in ihrem jeweiligen Sosein respektiert wird. Auch traut sich der junge Mann, seine ihn irritierende Differenz-
erfahrung im öffentlichen Raum des Unterrichts zu thematisieren. Dieses ,Drin-
nen' „im Reliunterricht" unterscheidet sich vom familiären ,Drinnen', insofern
die Mitglieder des Systems ,Unterricht' religiös heterogen sind – was sie wiederum mit dem ,Draußen' verbindet. Warum ist es nun „draußen" so anders als
„im Reliunterricht"?
  Diese Frage könnte im Unterricht thematisiert werden. Dann würde sich
vielleicht ergeben, dass ,draußen' stark zwischen dem Islam und Deutschland
unterschieden wird. Zugleich wird der Islam mit dessen fundamentalistischen

---

[10]   Vgl. Pirker, Viera (2013): Fluide und fragil. Identität als Grundoption zeitsensibler Pasto-
       ralpsychologie (Zeitzeichen 31), Ostfildern.
[11]   Boschki, Reinhold (2017): Persönlichkeits-Bildung in Beziehungen. Grundlegende Gedan-
       ken zum Religionsunterricht an berufsbildenden Schulen, in: Ders./Gronover, Matthias
       u. a. (Hg.): Person – Persönlichkeit – Bildung. Aufgaben und Möglichkeiten des Religions-
       unterrichts an berufsbildenden Schulen (Glaube – Wertebildung – Interreligiosität. Be-
       rufsorientierte Religionspädagogik 11), Münster, 69–81, 70.

Auswüchsen identifiziert; Muslime werden mit terroristischen Anschlägen in Verbindung gebracht: „Hej, du, wo hast du deinen Sprengstoffgürtel?" Deutlich wird: der Religionsunterricht ist eingebunden in die gesellschaftlichen, geschichtlich-kulturellen und politischen Rahmenbedingungen einer historischen Situation, den GLOBE, der zurzeit in Deutschland von der Diskussion um Flucht und Migration geprägt ist. Fast ein Viertel der deutschen Bevölkerung hat einen Migrationshintergrund, die Hälfte von Ihnen besitzt einen deutschen Pass.[12] Verschiedene politische Agenten heizen jedoch die Angst vor dem Fremden an, indem sie Bilder mit starker emotionaler Wirkung erzeugen.

Dazu möchte ich kurz von einer eigenen Erfahrung berichten: Am Rande einer hochschuldidaktischen Tagung besuchte ich eine Diskussionsveranstaltung an der Katholischen Akademie Dresden zum Thema „Angst ums Abendland. Ein Streitgespräch über Identität". Nach kurzen Vorträgen stritten Alexander Gauland (AfD) und Thomas Sternberg (CDU, ZdK-Präsident) über Flüchtlingspolitik und Einwanderung.

Gauland brachte seine Angst um das christliche Abendland mit dem Bild des in eine Moschee verwandelten Kölner Doms auf den Punkt. Er wolle keine Veränderungen. Diese seien aber durch die verantwortungslose, unkontrollierte Grenzöffnungspolitik Merkels kaum noch zu vermeiden: Eine Regierung, die die eigenen Grenzen nicht schützt, „muss weg" – war seine plakative Botschaft. Gegen die Vereinfachungen eines terrorbestimmten Islam- und unhistorischen Schariabildes versuchte Sternberg mit Differenzierungen zu argumentieren. Er betonte seinen Stolz auf Menschen, die sich für die Aufnahme und Integration der Flüchtlinge engagierten. Gauland wollte ihnen seinen Respekt nicht versagen, bezeichnete sie in einem Zitat, dem er sich so nicht anschließe, aber als „nützliche Idioten":[13] Weil sie den Bankrott des von Merkel regierten Staates verhindert hatten, wäre es ihm im Grunde lieber gewesen, sie hätten sich nicht so für die Hilfsbedürftigen eingesetzt.

Trotz solcher Entgleisungen war und blieb das Publikum geteilt: Eine Hälfte applaudierte den simplen Botschaften Gaulands, die andere Hälfte unterstützte den wacker argumentierenden Sternberg. Am Ende des unversöhnlichen Schlagabtauschs wurden noch vier Meldungen aus dem Publikum zugelassen; drei betonten die christliche Pflicht des Einsatzes für traumatisierte Menschen;

---

[12]   Vgl. Bertelsmann-Stiftung (2018/Hg.): Zusammenleben in kultureller Vielfalt. Vorstellungen und Präferenzen in Deutschland (Autoren: Benoit, Verena/El Menouar, Yasemin/Helbling, Marc), Gütersloh, 9. Als Download verfügbar: https://www.bertelsmann-stiftung.de/de/publikationen/publikation/did/zusammenleben-in-kultureller-vielfalt/ Aufruf 15.12.2021.

[13]   Hier wird eine für Gauland typische rhetorische Technik sichtbar, einen beleidigenden Sprachgebrauch zu verwenden: Menschen, die helfen, als „nützliche Idioten" zu bezeichnen, ist nicht opportun, was Gauland in seiner Distanzierung vom Zitat zum Ausdruck bringt, während er paradoxerweise diesen Sprachgebrauch zugleich nobilitiert, indem er seine Zitierfähigkeit durch Verwendung anzeigt.

eine kritische Anfrage kam von der Dresdener Religionspädagogin Monika Scheidler: Ist es angemessen, in den Räumen einer katholischen Akademie so viele Aussagen von Islamfeindlichkeit und Hetze zuzulassen? Die Gefolgschaft Gaulands buhte; bevor aus ihrer Richtung Fragen gestellt werden konnten, wurde der Abend nach einer kurzen Reaktion der Redner auf die Anfragen beendet. Die kritische Frage wurde durch den Verweis auf die Notwendigkeit des Dialogs abgewiegelt.

Wie ist zu verhindern, dass Bilder der Angst und eine verrohende Sprache dominieren? Durften sich AfD-Sympathisant*innen in Dresden bestätigt fühlen, weil Ihre Meinungen Öffentlichkeit im Raum der Katholischen Kirche erhielten? Wie können die hinter diesen Meinungen stehenden Ängste ernst genommen werden? Wie ist angemessen auf sie zu reagieren?[14] Das Beispiel aus dem Religionsunterricht zeigt einen Weg auf: Im persönlichen Austausch über religiöse Fragen fühlt sich der junge Muslim im Klassenverband respektiert, während die Begegnungen „draußen" einen ausgrenzenden Charakter haben. Er muss sich wegen seines Glaubens rechtfertigen und wird mit terroristischem Verhalten in Verbindung gebracht („Sprengstoffgürtel"). Im weiteren Verlauf des Unterrichts wäre es aufschlussreich, die Unterscheidung des jungen Mannes zwischen ‚draußen' und ‚drinnen' mindestens in zwei Richtungen zu diskutieren, in eine gesellschaftliche und in eine persönliche.

Gesellschaftlich könnte gefragt werden, welche Unterscheidungen dieser Unterschied voraussetzt. Die Jugendlichen könnten etwa herausarbeiten, dass die kontroverse Diskussion um die Frage, ob der Islam zu Deutschland gehöre, eine Unterscheidung zwischen ‚dem Islam' einerseits und ‚Deutschland' andererseits provoziert. Ist eine solche Differenz zwischen einer Religion und einem Staat sinnvoll? Im Religionsunterricht wird hingegen unterschieden zwischen dem Muslimsein des Jungen und dem Christsein seiner „Klassenkameraden". In der vertrauensvollen Unterrichtsatmosphäre fühlen sich alle in ihren unterschiedlichen religiösen Vorstellungen respektiert. Es geht also nicht darum, Unterschiede der Religionen zu leugnen, sondern an ihnen im wechselseitigen Respekt voreinander zu lernen. Dieser Respekt fehlt „draußen", nicht zuletzt aufgrund einer politischen Unterscheidung zwischen dem Islam einerseits und Deutschland andererseits.[15]

Auf einer persönlichen Ebene könnte im Religionsunterricht diskutiert werden, wie sich die Jugendlichen in den Zusammenhängen „draußen" verhalten: In welche Richtung prägt mich die Stimmungslage einer bestimmten Gruppe?

---

14 Vgl. Kutzer, Mirja (2018): Mit anderen Augen. Vom Beitrag des Christentums zu religiöser Toleranz, in: Reese-Schnitker, Annegret/Bertram, Daniel/Franzmann, Marcel (Hg.): Migration, Flucht und Vertreibung. Theologische Analyse und religionsunterrichtliche Praxis (Religionspädagogik innovativ 23), Stuttgart, 51–65, 62f.
15 Vgl. Polak, Regina (2018): Interreligiöser Dialog im Kontext einer Migrationsgesellschaft, in: Reese-Schnittker/Bertram/Franzmann (Hg.), a. a. O., 15–38, 19–24.

Passe ich mich den diskriminierenden Sprüchen an, schweige ich, wenn ich sie höre (z. B. aus Angst, selbst zum Opfer zu werden), oder leiste ich Widerstand? In den öffentlichen Bildungsinstitutionen, zu denen neben den Kindertagesstätten, Schulen und Hochschulen auch die Kirchengemeinden und viele Vereine zählen, muss Raum sein für respektvolle Begegnungen zwischen Menschen unterschiedlicher Religion. Denn Umfrageergebnisse zeigen, dass weniger als 3 % derjenigen, die mit Muslimen im Dialog sind, denken, der Islam bedrohe ihre Freiheit und Rechte. Dieser Meinung sind aber ein Drittel der Gesamtbevölkerung Deutschlands. Dass die muslimische Kultur auch in unser westliches Weltbild passe, denkt nur ein Viertel der Gesamtbevölkerung, aber über 80 % der Dialogaktiven.[16] Die Offenheit für kulturelle Vielfalt korreliert stark mit dem Faktor Bildung: Für ein kulturelles Zusammenwachsen in Vielfalt plädiert knapp die Hälfte der Menschen mit hoher Schulbildung, aber nur ein Viertel der Menschen mit niedriger Schulbildung. 60 % von ihnen fordern hingegen eine kulturelle Anpassung der Migrant*innen, die Menschen mit hoher Schulbildung zu 43 % erwarten.[17]

Zusammenfassend bleibt festzuhalten: Bildung durch Begegnung verändert unsere Bilder vom Anderen – zum Positiven meistens dann, wenn diese Begegnungen qualitativ so ablaufen, dass Gemeinsamkeiten untereinander gestärkt werden, ohne dabei Unterschiede zu leugnen. Auf diese Weise kann dann auch die bereichernde Besonderheit der verschiedenen Religionen und Kulturen zum Vorschein kommen und bewahrt werden. Die Ziele, die für ökumenisches Lernen formuliert wurden, lassen sich somit auch auf das interreligiöse Lernen übertragen: Es geht darum, in der Praxis des Unterscheidens Gemeinsamkeiten zu stärken, Unterschieden gerecht zu werden und die Besonderheiten gerade auch darin zu bergen, dass ungerechtfertigte oder das gemeinsame Leben hindernde oder zerstörende Unterscheidungen zurückgewiesen werden – wie sie etwa im Phänomen des „*Othering*" auftreten, wenn die nicht anwesenden Anderen fremder gemacht werden, als sie es sind.[18]

---

[16] Zu den Unterschieden in der Akzeptanz von Musliminnen und Muslimen innerhalb Europas vgl. Bertelsmann-Stiftung (2017/Hg.): Muslime in Europa. Integriert, aber nicht akzeptiert? (Autoren: Halm, Dirk/Sauer, Martina), Gütersloh. Als Download verfügbar: https://www.bertelsmann-stiftung.de/de/publikationen/publikation/did/muslime-in-europa/ Aufruf 15.12.2021. Obwohl die Muslime in Deutschland bezüglich des Arbeitsmarktes und des Zugangs zur Staatsbürgerschaft am besten integriert sind (im Vergleich zu den Ländern Frankreich, Großbritannien, Österreich und der Schweiz), ist Deutschland bezüglich der kulturellen Akzeptanz nur auf dem dritten Platz, vgl. ebd., 15–23.

[17] Vgl. Bertelsmann-Stiftung 2018/Hg., a. a. O., 26–28.

[18] Zum Phänomen des „Othering" vgl. Hauser, Beatrix (2018): Artikel „Kulturanthropologische Religionsforschung/Religionsethnologie", in: Das Wissenschaftlich-Religionspädagogische Lexikon WiReLex. https://www.bibelwissenschaft.de/stichwort/200354/ Aufruf 15.12.2021, 3.2. Zum Religionsunterricht vgl. Lindner, Konstantin (2017): Überlegungen zur Didaktik eines konfessionell-kooperativen Religionsunterrichts, in: Woppowa, Jan/

2.1.3 Ich und Gott – Gott und Wir: Die unio mystica und ihre Kritik

„Die stärkste ‚strukturelle Koppelung‘, die zwischen Menschen denkbar ist, die Einheit der Mutter mit ihrer ‚Leibesfrucht‘, bedarf einer Abkoppelung", hieß es eingangs dieses Kapitels. „Gebenedeit ist die Frucht deines Leibes", beten Christ*innen im Avemaria, neben dem Vaterunser wohl das verbreitetste Grundgebet im Christentum. Maria und Jesus werden unterschieden, aber es ist kein Wunder, dass Maria so verehrt wird – war sie doch wie niemand sonst so eng verbunden mit jenem Menschen, dem sich das Christentum verdankt. Darum gilt sie als Prototyp der Beziehung zwischen Ich und Gott: Die ‚Gottesgebärerin‘ mutet jedem zu, in seinem Leben selbst Gott zur Welt zu bringen.

„Christus hat keine Hände, nur unsere Hände, um seine Arbeit heute zu tun", wie es in einem Gebet aus dem 14. Jahrhundert heißt. Aber zugleich ist kein Mensch Christus und natürlich auch nicht Gott, auch wenn Jesus seinen Jünger*innen einschärft, sie würden ihm in allen Menschen begegnen, die ihrer Hilfe bedürfen (vgl. Mt 25,40). Die Theologie betont mit Recht den Unterschied zwischen Gott und Mensch, denn jeder Mensch steht in der Gefahr, sich selbst zu vergöttlichen und so das erste Gebot zu verletzen: Der andere Gott neben oder gar über Gott wäre dann das Ich. In der säkularen Variante wird in gesellschaftskritischer Absicht gerne auf einen verbreiteten Egoismus innerhalb unserer Gesellschaft verwiesen: Wenn sich alles nur um das eigene Ich dreht (Konsummöglichkeiten, Selbstperfektionierung etc.), geraten Gott und andere Menschen schnell aus dem Blick. In der religiösen Variante droht die Gefahr der Vergöttlichung, wenn der Glauben einseitig auf das Erleben von Gottes Nähe fokussiert wird, bei mystischen Erfahrungen sogar auf die Einheit des Menschen mit Gott, die *unio mystica*.

Nach dem Historiker Peter Dinzelbacher wird sie „beschrieben als eine religiöse Gipfelerfahrung [...], d. h. ein Phänomen, das mit höchster emotioneller und/oder intellektueller Intensität für kurze Zeit den Menschen in seiner Ganzheit erfaßt." Obwohl mit sprachlichen Mitteln nicht angemessen darstellbar, wird ein solches Erlebnis „meist als vollkommene Verschmelzung der Seele mit der Gottheit während einer Ekstase" in Worte gefasst.[19] In der christlichen Mystik wird zwischen Braut-, Passions- und Wesensmystik unterschieden.

Isik, Tuba/Kammeyer, Katharina/Peters, Bergit (Hg.): Kooperativer Religionsunterricht. Fragen – Optionen – Wege (Religionsdidaktik innovativ 20), Stuttgart 79–90, 84–88. In Bezug auf den Lernort Hochschule vgl. exemplarisch das Projekt komparativer Theologie: z. B. Khorchide, Mouhanad/Stosch, Klaus von (2018): Der andere Prophet. Jesus im Koran, Freiburg/Basel/Wien. S. u. 4.3.3 u. 4.3.4.

[19] Dinzelbacher, Peter (2001): Die Psychohistorie der *unio mystica*, in: Jahrbuch für Psychohistorische Forschung, 2, 45–76, 45.

In der *Brautmystik* ist die Seele die Braut, die sich dem Eindringen Gottes öffnet und hingibt. Hier finden sich sinnlich-erotische Beschreibungen, in denen das Erlebnis, mit Gott verschmolzen zu sein, oft in einer sexuellen Semantik dargestellt wird; mystische Schwangerschaftszustände, z. B. bei der heiligen Brigitta von Schweden, waren nicht selten die Folge.[20] Ein aktuelleres Beispiel aus männlicher Perspektive ist das Gedicht „Teleskop in dunkler Nacht" von Ernesto Cardenal, der hier in einer paradoxen Wendung das Zölibat als Ehe beschreibt: „Wenn sie hörten, was ich dir manchmal sage, / wären sie empört: Welch Gotteslästerung! / Doch du verstehst, wie ich's meine. / Und außerdem scherze ich nur. / Eben Dinge, die im Bett die Liebenden sich sagen."[21] Und fünfzehn Seiten später: „Geliebter, laß uns miteinander schlafen. / Ich weiß nicht, was ‚Gott zu Ehren' bedeutet. Was Liebe ist wohl. / Für mich ist die Ehre, / Gott in meinem Bett zu haben oder in der Hängematte. / Genießen wir uns. / Die Rohrdommeln fliegen. / Genießen wir uns, Geliebter."[22] Und Cardenal stellt in dem Gedicht die Frage: „Sollte der, der den Sex erfand / nicht lieben können?"[23] Ähnlich plastische Beispiele kommentiert Dinzelbacher mit einem Zitat von Simone Weil: „Mystikern vorzuwerfen, sie liebten Gott mit der Kraft der sexuellen Liebe, das ist so, als würde man einem Maler vorwerfen, Bilder mit Farben zu malen, die aus materiellen Substanzen bestehen. Wir haben nichts anderes, womit wir lieben können."[24]

In der *Passionsmystik*, bekannt sind etwa die Stigmata bei Franz von Assisi, steht die Einfühlung in das Leiden Christi im Vordergrund. Hier gehe es nicht um eine *unio mystica*, insofern Gott und Mensch getrennt blieben, selbst wenn der Mensch die Passion Christi nicht nur gedanklich nachempfinde, sondern auch körperlich miterleide.[25]

Im Vergleich zu diesen in den Leib sich einschreibenden mystischen Erfahrungen geht es in der *Wesensmystik* eher um eine abstrakte Einheitserfahrung, wie sie Meister Eckhart, Heinrich Seuse und Johannes Tauler im 14. Jahrhundert mit der Rede vom „Zunichtewerden des Ich und seiner Entgrenzung, von Gottüberformung und Vergöttlichung, kurz: der wesensmystischen Vereinigung" in vergleichsweise ‚blutleere' Worte zu fassen versuchten.[26] Sophie von

---

20 Vgl. ebd., 47–62. Zu den sichtbaren Scheinschwangerschaften vgl. ebd., 50f.
21 Cardenal, Ernesto (1994): Teleskop in dunkler Nacht. El telescopio en la noche oscura. Mit einem Nachwort von Luce López-Baralt. Aus dem Spanischen von Lutz Kliche und Anneliese Schwarzer, Wuppertal, 11 (8. Strophe). Das Gedicht hat auf 27 Seiten 92 Strophen und 563 Verse.
22 Ebd., 41 (62. Strophe).
23 Ebd., 35 (53. Strophe). „Daß im Universum alles männlich und weiblich ist / [...] bestätigt mir / daß Zölibat Ehe bedeutet" (ebd., 13, 11. Strophe).
24 Dinzelbacher 2001, 54.
25 Vgl. ebd., 62–68.
26 Ebd., 68. Vgl. ebd., 68–71.

Klingnau dient Dinzelbacher als seltenes Beispiel für einen ausführlicheren Erlebnisbericht (aus dem um 1340 entstandenen Tösser Schwesternbuch):

> „Nach verschiedenen Lichtphänomenen ‚sah ich, daß Gott liebevoll und gnädig sich selbst mit meiner Seele verband, so daß er wahrlich mit ihr vereint war und sie mit ihm. Und in dieser liebevollen Vereinigung war da meine Seele von Gott versichert, daß alle meine Sünden ganz vergeben waren ... Darob wurde meine Seele so hochgemut und so voll reicher Freude, daß sie dachte, allen Segen und alle Freude zu besitzen, und daß sie, hätte sie die Macht zu wünschen gehabt, nichts weiter hätte wünschen wollen oder können‘."[27]

Als wichtiges Kriterium zur theologischen Beurteilung solcher Erfahrungen dient der Grad der beanspruchten Geltung: Sie durften nicht vollkommen sein, denn die *Visio beatifica*, die selige Schau Gottes, blieb, irdisch unerreichbar, der Endzeit vorbehalten. Auch „der Anspruch, die Gotteseinung würde nicht nur kurzzeitig, sondern permanent erfahren, gilt als sicheres Zeichen für Ketzerei".[28] Wenn Cardenal in seinem Gedicht schreibt: „Du bist näher bei mir als ich selbst. / Darum scheinst du mir so fern",[29] dann wird darin der Unverfügbarkeit Gottes in der Paradoxie der Gotteserfahrung, gleichzeitig Nähe und Ferne erleben zu lassen, genüge getan – allerdings nicht, um nicht als Ketzer zu gelten, sondern aufgrund der besonderen Qualität der mystischen Erfahrung, die sich in paradoxen Wendungen sprachlich halbwegs angemessen ausdrücken lässt, insofern sie das Ungenügen dieses Ausdrucks mitkommuniziert (s. u. 3.1.3).

Dinzelbacher weist im Rahmen seiner psychohistorischen Ausführungen darauf hin, dass Verschmelzungserfahrungen auch nichtreligiös erreicht werden können, etwa durch Autogenes Training oder Hypnose. Psychoanalytisch spricht er von Regressionen in den pränatalen Zustand der Mutter-Kind-Einheit, also einer Rückkehr in den Zustand vor aller Unterscheidung (s. o. zu Freud). Psychologisch wirkten Inhibition (trainierte Reizreduktion) und Autosuggestion zusammen:[30]

> „Was durch Askese und Meditation von entsprechend disponierten Individuen tatsächlich selbst ausgelöst wurde, wurde von ihnen als Eingriff übermenschlicher Macht interpretiert. Diese ‚Mischung von Zustands- und Wertgefühlen‘ gehört zu den psychischen Gipfelerfahrungen, und darf wohl als Vereinigung des Bewußtseins mit dem Unbewußten verstanden werden, oder eher als Überflutung ersteren durch letzteres. Dabei werden abgespaltene Selbst-Anteile – das göttliche Gegenüber – kurzzeitig wieder integriert."[31]

---

[27]   Ebd., 69.

[28]   Ebd., 46.

[29]   Cardenal 1994, 41 (63. Strophe).

[30]   Vgl. Dinzelbacher 2001, 71f.

[31]   Ebd., 74. Zu einer anderen, kybernetisch-konstruktivistischen Perspektive auf deviantes Erleben s. u. 4.1.2.2.

Gemäß dieser psychohistorischen Deutung begegnet ein Mensch, der die *unio mystica* erlebt, also nicht Gott, sondern sich selbst in seinen „abgespaltenen Selbst-Anteilen", die er für „das göttliche Gegenüber" hält, weil ihm sein Anteil am Entstehen der Erfahrung unbewusst bleibt. Das ist eine Erklärung, die aus der Perspektive der wissenschaftlichen Beobachtung zweiter Ordnung eine geläufige Hypothese darstellt. Die derart beobachteten Beobachtungen sind jedoch aus der Perspektive der Betroffenen im Grunde nicht angemessen zu versprachlichen, weil dafür die Beobachtungsordnung gewechselt werden muss. Wenn gläubige Menschen heute im Wissen um psychologische Deutungen (als Beobachtungen zweiter Ordnung) Erfahrungen der *unio mystica* machen, sind sie sich der Möglichkeit bewusst, dass es sich dabei lediglich um Selbsterfahrungen handelt. So schreibt Cardenal, indem er sich an seine heißblütige Jugendzeit erinnert, ironisch im Selbstgespräch: „Der, der einmal am meisten liebte, / von allen seinen Freunden, seinem ganzen Jahrgang, / liebt jetzt ein sogenanntes transzendentes Wesen, / was so viel heißt wie einen, den es gar nicht gibt. / Weit ist es mit dir gekommen, Ernesto."[32] Obwohl Cardenal weiß, dass sein „transzendentes Wesen" eine Illusion sein könnte, wenn es dieses Wesen „gar nicht gibt", hält er an seiner Liebe zu Gott fest, weil die psychologische Deutung für ihn nicht viabel ist und seine mystische Erfahrung hinreichend erklärt: „Wie anders, dich im eigenen Selbst zu spüren / als nur sich selbst im eigenen Selbst, / das heißt leer."[33]

Ebenso werden sich andere Gläubige entscheiden, ob die Deutung der mystischen Erfahrung als bloße Selbsterfahrung für sie viabel ist. Vielleicht gab es Anteile in der Erfahrung, die eben nicht mit einer psychologischen Deutung kongruent sind oder ihr gar widersprechen. Von solchen Erfahrungen erzählen die alttestamentlichen Prophetenbücher – allerdings berichten sie weniger von mystischen Einheitserfahrungen als eher von dem Herausgerufensein durch einen Gott, der die je eigenen Erwartungen durchkreuzt, sich nicht auf abgespaltene Selbst-Anteile reduzieren lässt und darin seine Alterität markiert.

Gleichwohl kann eine Lebensumkehr auch durch Erfahrungen der Verschmelzung von Ich und Gott, die für die Betroffenen nicht psychologisch-immanent zureichend erklärbar sind, verursacht sein. Wenn Bruder Klaus betet: „Mein Herr und mein Gott, nimm mich mir und gib mich ganz zu eigen Dir", dann steckt darin auch die Sehnsucht, von etwas anderem als dem eignen Ich ergriffen zu werden.[34] Erfahrungen der *unio mystica* können den Menschen zeigen, dass sie restlos auf Gott bezogen sind. Wenn in der Reflexion auf diese Erfahrungen aber nicht mehr deutlich werden kann, dass Gott zugleich auch rest-

---

[32] Cardenal 1994, 33 (48. Strophe).
[33] Ebd., 45 (71. Strophe).
[34] Vgl. Flüe, Niklaus von (o. J.): Gebetstexte, in: Homepage der Bruder-Klausen-Stiftung. https://bruderklaus.com/niklaus-von-fluee-dorothee-wyss/gebete/ursprung-des-bk-gebets/ Aufruf 15.12.2021.

los verschieden ist vom Menschen (etwa durch die von Cardenal beschriebenen paradoxen Grenzerfahrungen von Lust und Schmerz, von ferner Nähe und zölibatärer Ehe), dann ist sowohl die Gefahr der Selbst-Vergottung als auch der Selbst-Verkleinerung virulent. Ersteres, wenn sich der Mensch als Gott ebenbürtig wähnt und der Versuchung erliegt, wie Gott sein zu wollen (Gen 3,4); letzteres, wenn er die freie Partnerschaft, die Gott mit dem Menschen eingehen will, nicht annimmt, und das Geschick der Welt tatenlos in die Hände des übergroßen Gottes legt:

> „Die Welt ist unüberbietbar bezogen auf Gott, von dem sie radikal verschieden ist. Das ‚Bezogensein-auf-Gott‘ ist für die Welt *daseinskonstitutiv*. Das ‚Verschiedensein-von Gott‘ ist für die Welt *autonomiekonstitutiv*. Als radikal von Gott verschieden ist die Welt gerade in ihrem Verwiesensein auf Gott etwas Eigenes, d. h. sich zu eigen und sich selbst gegeben. Das Bezogensein-auf-Gott relativiert nicht die Autonomie der Welt, die in ihrem Verschiedensein-von-Gott begründet ist. In dem Maße, wie der Mensch unüberbietbar verwiesen ist auf Gott, ist er auch gegenüber Gott in einem nicht relativierbaren Maße frei. Zugleich begründet dieser Umstand die innerweltliche Nichtantreffbarkeit und die Nichtnotwendigkeit Gottes zur Bewältigung innerweltlicher Belange.“[35]

Erst die Einheit der beiden Perspektiven auf die Unterscheidung von Gott und Welt bzw. von Gott und Mensch – der Mensch ist total bezogen auf Gott und zugleich von ihm radikal verschieden – macht diese Unterscheidung zu einer heilsamen Differenz: Der Mensch muss nicht Gott sein wollen und kann sich ihm in freier Liebe anvertrauen. Auf diese Einheit von Bezogenheit und Freiheit ist die Unterscheidung von Gott und Mensch am jeweils konkreten Fall immer neu kritisch zu reflektieren (s. u. 4.1.1.1).

2.1.4   Gott und Gott: Beziehungsgeflechte

Wir unterscheiden nicht allein Gott und Mensch, sondern differenzieren in Gott drei Personen, wenn wir Gott den Vater unterscheiden von Gott dem Sohn und Gott dem Heiligen Geist. Zwar verbinden wir die drei Personen mit den Kunstworten der Dreifaltigkeit, Dreieinigkeit oder Trinität eng miteinander, aber Gott ist in sich plural. Die Wesenheiten in ihm sind unterscheidbar schon im Anfang, als der Geist über den Wassern schwebte (Gen 1,2) und das Wort, der Logos Christus, bei Gott war und Gott war (Joh 1,1). Und zugleich bilden sie eine Einheit in drei Gestalten: Gott bildet in sich eine Liebesgemeinschaft und ist deshalb nicht einsam.

Theologisch werden zentrale Unterscheidungen im Gottesbegriff getroffen – und zugleich kritisch hinterfragt: Kann nicht nur einer der höchste Gott sein?

---

[35]   Vgl. Höhn, Hans-Joachim (2020): Gottes Wort – Gottes Zeichen. Systematische Theologie, Würzburg, 177. S. u. 4.1.1.2.

Liegt nicht wiederum ein Verstoß gegen das erste Gebot vor: „Du sollst keine anderen Götter neben mir haben" (Ex 20,3; Dtn 5,7)? Wird nicht gegen die gemeinsame Grundlage von Judentum und Christentum verstoßen, wenn in dem einen Gott drei Personen unterschieden werden? Oder, wie es der Koran sagt, in der Übersetzung der Sure 112 von Friedrich Rückert: „Sprich: Gott ist Einer, / Ein ewig reiner, / hat nicht gezeugt und ihn gezeugt hat keiner, / Und nicht ihm gleich ist einer".[36] Mit dem Glauben an die Gottessohnschaft Jesu ist die zentrale Differenz des Christentums zu den beiden anderen abrahamischen Religionen benannt: Juden*Jüdinnen und Muslim*innen sind sich darin einig, dass Jesus zwar als Prophet anerkannt, aber nicht als Gott verehrt werden darf. Der Vorwurf des Tritheismus im Koran beruht dagegen auf einem Missverständnis, weil Muhammad christliche Sekten vor Augen hatte, die Maria, Gott und Jesus als göttliche Familie verehrten.[37]

Aber ist nicht die Vorstellung des dreieinen Gottes eine Projektion menschlicher Wünsche in Gott hinein, insofern Menschen Gott eine innergöttliche Gemeinschaft gönnen wollen? Wäre dann die Erleichterung darüber, dass Gott in sich nicht einsam sein braucht, allein auf den verdrängten Selbst-Anteil der Angst vor eigener Einsamkeit zurückzuführen? Deutlich wird: Projektionen sind immer mit im Spiel, und deshalb ist die kritische Anfrage seitens der anderen monotheistischen Religionen ernst zu nehmen. Darin zeigt sich auch: Niemand steht allein vor Gott, sondern bildet erstens mit denen, die seinen Glauben teilen, zweitens mit denen, die an der Einzigkeit eines Gottes festhalten und drittens mit allen Menschen ein gemeinsames ‚Wir' (der Christ*innen, der Monotheist*innen, der Menschheit). Im interreligiösen Dialog mit Menschen anderen Glaubens steht daher am Anfang immer das Bewusstsein um ein gemeinsames Wir: Alle Menschen sind aus biblischer und koranischer Sicht Geschöpfe Gottes und haben als solche eine unveräußerliche Würde. Diese Würde kann auch menschenrechtlich begründet werden, wird aber im Dialog allen daran Teilnehmen-

---

[36]   Rückert, Friedrich (o. J.): Koranübersetzung, in: Homepage des Vereins Alrahman – mit Vernunft und Hingabe. https://www.alrahman.de/surenuebersetzungen-von-rueckert/ Aufruf 15.12.2021.

[37]   Vgl. Sale, George (1877): The Koran or Alcoran of Mohammed. With Explanatory Notes … (1734), London, 25: In seinem Vorwort spricht Sale von den christlichen Häresien der Araber und erwähnt die Collyridianer: They „introduced the Virgin Mary for God, or worshipped her as such, offering her a sort of twisted cake called collyris, whence the sect had its name. This notion of the divinity of the virgin Mary was also believed by some at the council of Nice, who said there were two gods besides the Father, viz. Christ and the virgin Mary, and were thence named Mariamites. Others imagined her to be exempt from humanity, and deified; which goes but little beyond the popish superstition in calling her the complement of the Trinity, as if it were imperfect without her. This foolish imagination is justly condemned in the Koran as idolatrous, and gave a handle to Mohammed to attack the Trinity itself."

den erst einmal unterstellt – ganz egal, welchen Glauben oder Nichtglauben sie vertreten.

Im Dialog unter den abrahamischen Religionen ließen sich die christlichen Unterscheidungen im Gottesbegriff m. E. mit dem Monotheismus vereinbaren, wenn gezeigt werden kann, dass ein trinitarisches Gottesverständnis dem Glauben an den einen Gott nicht widerspricht. Das mag unter Theolog*innen eine Binsenweisheit sein.[38] Ich möchte sie exemplarisch nachweisen an einer Predigt von Bernhard von Clairvaux zu Hld 1,2 „Er küsse mich mit dem Kusse seines Mundes (*osculetur me osculo oris sui*)", weil ein zentraler Aspekt konstruktivistischen Denkens in diesem Text deutlich wird. Bernhard charakterisiert den Geist in seiner zur Brautmystik gezählten Predigt als ‚Kuss' zwischen Vater und Sohn; in der Übertragung von Josef Sudbrack: „Wenn wir also zu Recht annehmen, daß der Vater küßt und der Sohn geküßt wird, dann kann der Kuß selbst nur der Heilige Geist sein. Er ist doch der Friede von Vater und Sohn über allem Unfrieden, das unzerreißbare Band, die personale Liebe, die untrennbare Einheit."[39] Im Lateinischen lautet die letzte Wendung: „*utpote qui Patris Filiique imperturbabilis pax sit, gluten firmum, individuus amor, indivisibiliis unitas*"; Marvin Döbler übersetzt die Charakterisierung des Geistes näher am Original: „der nämlich der untrübbare Friede des Vaters und des Sohnes ist, fester Leim, unteilbare Liebe, untrennbare Einheit".[40]

Das Adjektiv ‚*imperturbabilis*' (ungestört, unerschütterlich, (seelen)ruhig, sorglos) zur näheren Beschreibung der Art des Friedens von Vater und Sohn umschreibt Sudbrack mit der Wendung „Friede über allem Unfrieden", während Döbler mit „untrübbar" ein neues Wort bildet. Maturana hat mit dem Wort ‚Perturbation' einen Begriff geprägt, der entgegen der Vorstellung, man könne durch einen ‚Input' ein System instruieren (im Sinne davon, es zu berechenbaren Zustandsveränderungen zu ‚zwingen'), den Strukturdeterminismus anerkennt: Perturbationen lösen Zustandsveränderungen aus, indem sie inspirieren, irritieren, verstören oder erschrecken. Die Zustandsveränderungen werden aber vom System selbst verursacht, nicht von der sie anregenden Umwelt (egal

---

[38] Vgl. Böhnke, Michael (2017): Gottes Geist im Handeln der Menschen. Praktische Pneumatologie, Freiburg/Basel/Wien, 170–193.

[39] Sudbrack, Josef (1977): Erfahrung des Geistes. Die achte Ansprache Bernhards von Clairvaux zum Hohenlied. Eingeführt und übersetzt von Josef Sudbrack, in: Geist und Leben, 50, 427–436, 431.

[40] Döbler, Martin (2013): Die Mystik und die Sinne. Eine religionshistorische Untersuchung am Beispiel Bernhards von Clairvaux, Göttingen, 120. Dort auch der lateinische Text. Döbler kommentiert: „Der Genitiv *Patris Filiique* zeigt deutlich, daß der Heilige Geist somit gleichsam vom Vater und vom Sohn ausgeht; Bernhard deutet hier semantisch auf die in der römischen Kirche gebräuchliche Fassung des Nicaeno-Constantinopolitanums" (ebd.).

wie das beobachtende System es beurteilt).[41] Man könnte diese feine Unterscheidung zwischen anregen/auslösen einerseits und verursachen/bewirken andererseits als Wortklauberei abtun, aber es geht um die Autonomie und damit die Freiheit des Systems: Die ‚Umwelt' kann sich ihrer Wirkungen auf ein ‚System' als nichttrivialer Maschine niemals sicher sein.

Die Aussage Bernhards sei versuchsweise in diesem konstruktivistischen Verständnis interpretiert: Wenn der Geist u. a. der nicht perturbierbare Frieden in Gott ist, dann heißt das, dass nichts den Frieden in Gott stören bzw. ihn zu Unfrieden inspirieren kann. Gott bleibt mit sich identisch als „Friede über allem Unfrieden", der seine Schöpfung grundiert. Im Gegensatz zu polytheistischen Vorstellungen von Götterkämpfen, die etwa im griechischen und römischen Pantheon vorherrschen und aus der Zwietracht der Götter eine farbenfroh-kämpferische Mythologie gewinnen, bleibt die christliche Unterscheidung in Gott dem Monotheismus der Jahwe-allein-Bewegung treu, die sich in Israel durchsetzen konnte, wie es die Schriften des Alten Testaments bezeugen.[42] Wozu aber dienen dann die Unterscheidungen Gottes innerhalb der trinitarischen Gottesvorstellung, wenn doch der jüdische Gott Jesu auch der Gott der Christ*innen sein soll?

Aufschluss gibt vielleicht Bernhards Auslegung der seltsam indirekten Aufforderung des Hohenliedes, der Bräutigam küsse die Braut mit dem Kuss seines Mundes, statt ihn zum direkten Kuss zu bitten:

> „Doch wir müssen noch deutlicher unterscheiden: Wer die Fülle selbst empfängt, der erhält den Kuß vom Mund. Wer aber *von der Fülle* (Joh 1,16) empfängt, erhält den Kuß vom Kuß.
>
> Paulus ist fürwahr groß; aber er mag seinen Mund so hoch darbieten, wie er will, selbst *bis in den dritten Himmel hinein* (2 Kor 12,2) –, er bleibt doch notwendigerweise unterhalb des Mundes des Allerhöchsten; er bleibt im Bereich der eigenen, geschöpflichen Möglichkeiten. Und da es ihm niemals gegeben sein wird, das Antlitz der Glorie selbst zu erreichen, deshalb bittet er in Demut, daß sie zu ihm herabsteige und ihm von oben her den Kuß schenke.
>
> Der aber, der *sein Gott-gleich-Sein nicht als Raub* (Phil 2, 6) betrachtete, und der deshalb zu sagen wagte: *Ich und der Vater sind eins* (Joh 10,30), weil er von gleich zu gleich mit ihm verbunden ist und ihn umarmt, er bettelt nicht von einem niedrigen Standort her um den Kuß, sondern er vereint Mund mit Mund in der gleichen erhabenen Höhe, und er erhält den Kuß von seinem Mund in einzigartiger Würde.

---

[41]   Vgl. Maturana, Humberto R./Pörksen, Bernhard (2014): Vom Sein zum Tun. Die Ursprünge der Biologie des Erkennens (2002), Heidelberg, 3. Aufl., 75–77; Maturana, Humberto R./Varela, Francisco J. (2009): Der Baum der Erkenntnis. Die biologischen Wurzeln menschlicher Erkenntnis (1987), Frankfurt a. M., 2. Aufl., 27.83–100.

[42]   Vgl. Lang, Bernhard (1981): *Die Jahwe-allein-Bewegung*, in: Ders. (Hg.): Der einzige Gott. Die Geburt des biblischen Monotheismus, München, 47–83.

Für Christus also bedeutet der Kuß Fülle; für Paulus aber Teilhabe daran. Und so rühmt sich jener, vom Munde geküßt zu werden, während dieser das Gleiche vom Kuß erfährt."[43]

Weil der Geist der Kuss der Gottesfülle ist, wird die Beziehung zwischen Gott und Mensch – im Beispiel des Apostels Paulus – durch den Geist gestiftet: Gott kommt in Kontakt mit den Menschen, indem der Kuss Gottes sie küsst. Es gibt keinen direkten Draht des Menschen zu Gott, der Mensch „bleibt notwendigerweise unterhalb des Mundes des Allerhöchsten", begrenzt durch seine „geschöpflichen Möglichkeiten", ohne *Visio beatifica* ins „Antlitz der Glorie". Aber wenn der Mensch „in Demut" Gott um das Geschenk des Kusses bittet, dann wird seiner Seele (als Bild für das Innerste des Menschen) diese Bitte gewährt. Denn die Seele weiß im „Geiste des Sohnes": „Du bist Tochter des Vaters, du bist Braut oder Schwester des Sohnes."[44]

Die trinitarische Gemeinschaft in Gott verweist darauf, dass die Dualität einer Zweierbeziehung über sich hinausweist auf etwas Drittes. Und in diesem Dritten ist auch der andere in die Gott-Mensch-Beziehung hineingezogen: Paulus bleibt mit seinem Geküsstsein vom Kuss Gottes nicht mit sich allein, sondern wendet sich an seine Gemeinden, um ihnen ihr Bezogensein auf Gott zu verdeutlichen. Michael Böhnke formuliert diesen Zusammenhang wie folgt:

> „Der Heilige Geist ist [...] die göttliche Person, die dem Ich den anderen als dessen eschatologische Bestimmung offenbart. Insofern ist das Gemeinschaft anzeigende Bei-Sein eine geeignete Bezeichnung für die Selbstoffenbarung Gottes im Heiligen Geist. Der Geist ist die Offenbarung des Beim-Vater-Sein des Sohnes wie auch das Beim-Sohn-Sein des Vaters. Er ist die Offenbarung der solidarischen Gegenwart des Ich beim anderen als deren eschatologische Bestimmung. Als anderer Beistand verbürgt er den Menschen die Treue zwischen Vater und Sohn als eschatologische Wahrheit der menschlichen Existenz. Er ist aktiver Bestimmungsgrund der Gerichtetheit des Geschehens,
> – in der Vater und Sohn einander gegenwärtig sind,
> – in der Gott den Menschen treu bleibt und
> – in der die Menschen bei Gott sein können.
> Kraft seines Beistands richtet sich das Handeln des Menschen auf die Würde des anderen aus."[45]

In der handelnden Sorge um das solidarische Miteinander der Menschen offenbart sich somit der Geist Gottes denen, die an Gott glauben. Sie können auch bei denjenigen, die in diesem Geiste handeln, die Gegenwart des göttlichen Geistes unterstellen, ob diese nun selbst daran glauben oder nicht. Konstruktivistisch gesehen ist hier besonders relevant, dass das glaubende Ich angeregt wird, den anderen sozusagen aus der Perspektive Gottes wahrzunehmen, indem es die trinitarische Beziehungswirklichkeit auf sein Verhältnis zum anderen projiziert,

---

[43] Sudbrack 1977, 435.
[44] Ebd., 436.
[45] Böhnke 2017, a. a. O., 192f.

wie es – vom glaubenden Bewusstsein aus gedacht – endzeitlich in Gott geborgen ist: „Der Heilige Geist ist als adverbiale Bestimmtheit des Geschehens die göttliche Person, die dem Ich und dem Du das Beim-Anderen-Sein als deren eschatologische Bestimmung in kommunikativer Dynamik offenbart."[46] Eine solche Einladung aus dem Glauben an den trinitarischen Gott kann durchaus als Perturbation verstanden werden, bedenkt man, welche Zumutungen das Ich in der Konfrontation mit einem unliebsamen Anderen oft empfindet.

Die beiden letzten Abschnitte zusammenfassend ist die Dynamik der Mensch-Gott-Beziehung in ihrer bleibenden Unterschiedenheit bei gleichzeitiger Bezogenheit festzuhalten. Diese Dynamik lässt sich vom christlich-trinitarischen Gottesverständnis aus zeigen, insofern die theologischen Unterscheidungen im Gottesverständnis den Heiligen Geist als das Bei-Gott-Sein der Menschen anzeigen. Die Gemeinschaft in Gott treibt über die Gott-Mensch-Beziehung, wie sie idealtypisch im Verhältnis des Sohnes zum Vater realisiert ist, hinaus zu einer Erweiterung des Beziehungskreises. Bildhaft gesprochen wird der Mensch vom Kuss Gottes, dem Heiligen Geist, geküsst, und darüber in seiner religiösen Tiefe dazu motiviert, sich für ein solidarisches Miteinander unter den Menschen einzusetzen. Das Wir Gottes ‚färbt‘ dann auf das Wir der Menschen ‚ab‘ und ermutigt dazu, die bestehenden Differenzen zwischen Wir und Ihr in der Hoffnung auf die endzeitliche Verbundenheit in Gott zugunsten eines in sich pluralen, vielfältigen und spannend-lustvollen Wir so zu überwinden, dass Gemeinschaft entsteht: in der Leben erhaltenden und schaffenden Wertschätzung der Unterschiede.

Welche ‚Logik‘ steckt nun hinter der Aufforderung, Unterschiede zu treffen und die eigenen Unterscheidungen kritisch zu hinterfragen?

2.2 Aspekte im Vollzug des Beobachtens nach George Spencer Brown

George Spencer Brown hat mit dem sogenannten „Indikationenkalkül" (*calculus of indication*), das er in seinem Grundlagenwerk „Laws of Form – Gesetze der Form" (1969) entwickelte,[47] nach Auffassung des Mathematikers Felix Lau die Mathematik auf eine neue Grundlage gestellt: Nicht die Logik sei Grundlage der Mathematik, sondern umgekehrt schaffe die Mathematik mit der Formalisierung des Einfachsten im Indikationenkalkül eine mathematische Grundlage, um aus ihr eine Logik abzuleiten, die sich im Vergleich zur verbreiteten zweiwertigen Logik weniger Einschränkungen auferlegt. Die zweiwertige Logik bestimme

---

[46]   Ebd., 190.
[47]   Spencer Brown 1997; Spencer Brown 1969.

eine Aussage entweder als wahr oder falsch. Insofern hingegen das Indikationenkalkül in der Figur des Wiedereintritts (*re-entry*) Selbstbezüglichkeit ermögliche, also Aussagen erlaube über die Wahrheit oder Falschheit der Aussage, gehe sie über eine bloße Zuordnung von ‚wahr‘ oder ‚falsch‘ hinaus. Mit der Selbstbezüglichkeit in Gleichungen zweiten Grades würden auch Paradoxien mathematisch darstellbar, die zuvor in einer von der Logik her aufgebauten Mathematik künstlich hätten ausgeschlossen werden müssen.[48]

Neben einer Neuausrichtung im Verhältnis von Logik und Mathematik (Louis Kauffmann, Matthias Varga von Kibéd) haben die *Laws of Form* konstruktivistisches Denken befruchtet, etwa hinsichtlich der Überlegungen zu einer Kybernetik zweiter Ordnung (Heinz von Foerster, Francisco Varela), dem Verständnis psychotherapeutischer Begleitung sowie systemischer Familienberatung (Paul Watzlawick, Fritz Simon) und bezüglich der zentralen System/Umwelt-Unterscheidung in der Gesellschaftstheorie von Niklas Luhmann.[49]

Luhmann nutzte die Grundlagen der *Laws of Form* – ohne ihre mathematische Formalisierung zu übernehmen – für seine soziologische Methode und Theoriebildung,[50] und eröffnete so einem breiteren Publikum einige Kerngedanken der

---

[48] Vgl. Lau 2015, 112–142. Zum Begriff ‚Reentry‘ gibt es verschiedene Schreibweisen (Groß- oder Kleinschreibung, mit oder ohne Bindestrich). Ich habe mich im Deutschen für die Großschreibung ohne Bindestrich entschieden, weil der Begriff ein fest geprägtes Fachwort im konstruktivistischen Vokabular geworden ist, das nicht adäquat mit ‚Wieder-Eintritt‘ zu übersetzen ist, wie es die englische Schreibweise ‚re-entry‘ nahelegen könnte. In den Zitaten wird die jeweils genutzte Schreibweise zitiert. Auch der Nachname Spencer Brown findet sich mal mit, mal ohne Bindestrich; hier nutze ich die Schreibweise ohne Bindestrich und folge damit den beiden Interpretationen der *Laws of Form* von Lau 2015 und Schönwälder-Kuntze/Wille/ Hölscher 2009.

[49] Vgl. Schönwälder-Kuntze/Wille/Hölscher 2009, 18–21. In diesem einschlägigen Werk finden sich eine Rekonstruktion der komplizierten Editionsgeschichte der *Laws of Form* mit seinen diversen, durch neue Vorworte bzw. Appendizes angereicherten Neuauflagen, Einordnungen in den wissenschaftsgeschichtlichen Kontext, ein Überblick über die Architektur der *Laws of Form*, detaillierte Rekonstruktionen der einzelnen Kapitel sowie diverse Beiträge zur Rezeption. Diejenige Rezension der *Laws of Form*, die bereits 1969 „augenblicklich eine umfassende Resonanz" erbrachte, stammt übrigens aus der Feder von Heinz von Foerster, der auch die AUM-Konferenz mit Spencer Brown als Mittelpunkt 1973 organisierte. Hier trafen Exponent*innen verschiedener wissenschaftlicher Disziplinen „sowie praktizierende Experimentatoren diverser religiöser bzw. spiritueller Traditionen zusammen. Alle waren interessiert an einer grenzüberschreitenden Betrachtung der westlichen wissenschaftlich-technischen Zivilisation, die Mehrzahl in strenger Erweiterung bzw. Revision der Grundlagen ihrer Disziplinen und das sowohl in praktischer wie theoretischer Hinsicht" (ebd., 18f., vgl. Lau 2015, 20).

[50] Vgl. Hölscher, Thomas (2009): Niklas Luhmanns Systemtheorie, in: Schönwälder-Kuntze/Wille/Ders., a. a. O., 257–272. Während Hölscher angesichts der „hochselektiv[en]" Rezeption Luhmanns von „tragische[r] Liebe" spricht und im Blick auf diverse Einschränkungen bei dessen Beobachtung der *Laws of Form* lediglich einen „Fall von produktivem Missverstehen" in Aussicht stellt (ebd., 257–259), urteilt Felix Lau: „Luhmann

Laws of Form.[51] Matthias Wallich weist darauf hin, dass zum Aufbau des Kalküls auf den „Begriff der Repräsentation" verzichtet werden könne. Da Spencer Brown „Erkenntnisprozess und Objekt" nicht trenne, beschreibe er „hier die Logik einer Entsubstantialisierung [...], die mit der im Autopoiesis-Konzept dargestellten Prozessualisierung der Wirklichkeit in konstruktiven Operationen vereinbar ist."[52]

Im Folgenden geht es darum, diesen innovativen konstruktivistischen Ansatz in seinen Grundzügen unter Aussparung der mathematischen Formalisierung darzustellen.[53] Dafür gehe ich zunächst auf fünf Aspekte ein, die in der Form des Unterscheidens enthalten sind (1), bevor ich die Begriffe ‚Beobachter' (*observer*) und ‚re-entry' (Wieder-Eintritt, Reentry) nach Spencer Brown erläutere (2). Die Relevanz für die Religionsdidaktik ist im Blick auf die Wahrnehmung des Phänomens „Unterscheidung" zu eruieren (3).

2.2.1 „Draw a distinction": Das Fünf-Aspekte-Modell der Unterscheidungsform

Felix Lau erzählt einen Witz, an dem ich die m. E. für die religionspädagogische Praxis relevanten Kerngedanken Spencer Browns erläutern möchte:

> „Ein Biologe, ein Physiker und ein Mathematiker erhalten die Aufgabe, eine möglichst große Rasenfläche mit einem 5 Meter langen Band zu umspannen. Der Biologe legt es geschwungen um möglichst viele verschiedene Pflanzen; der Physiker legt das Band als Kreis, da so (mathematisch) die größte Fläche mit einem gegebenen Umfang hergestellt wird (und denkt, er hätte gewonnen), bis der Mathematiker, der einen kleinen Kreis um sich gelegt hat, erklärt: ‚Ich definiere außen als innen'."[54]

Indem die drei Wissenschaftler das Band legen, folgen sie der Aufforderung, mit der Spencer Brown das zweite Kapitel der *Laws of Form* beginnt: „Draw a distinction!"[55] Denn sie unterscheiden mit dem Band, das eine Grenze bildet, zwischen dem Raum innerhalb des Bandes und dem Raum außerhalb des Bandes. Indem

---

verwendet die *Laws of Form* – also vor allem die Begriffe Unterscheidung, Anzeige (bei Luhmann: Bezeichnung) und Form, sowie die Figur des *re-entry* und eben die des Beobachters – in angemessener Weise" (Lau 2015, 151, vgl. ebd., 147–151). Zu einer vermittelnden Position vgl. Schönwälder-Kuntze 2012, 38 (s. o. 1.4.3).

[51]   Vgl. Lau 2015, 10.30f.
[52]   Wallich 1999, 464.
[53]   Eine knappe, gut verständliche Einführung in die mathematischen Grundlagen gibt Kauffman, Louis H. (2016): Das Prinzip der Unterscheidung. Über George Spencer-Brown, Laws of Form (1969), in: Baecker, Dirk (Hg.): Schlüsselwerke der Systemtheorie, Wiesbaden, 2., erw. und neu gest. Aufl., 263–279.
[54]   Lau 2015, 40, Anm. 30.
[55]   Spencer Brown 1969, a. a. O., 3.

der Biologe und der Physiker auf den Raum innerhalb des Kreises weisen, zeigen sie ihn als den Raum an, der ihrem Interesse gilt. Der Witz entsteht nun dadurch, dass der Mathematiker etwas Unvorhergesehenes tut: Indem er „außen als innen" definiert, richtet er sein Interesse auf den Raum außerhalb des Kreises, der für ihn zum neuen ‚Innen' wird.

Das erste Kapitel der *Laws of Form* beginnt damit, die beiden zentralen Vollzüge des Unterscheidens (das Band zu legen) und des Anzeigens (die Seite der Unterscheidung, der sich die Aufmerksamkeit widmet, zu benennen) in ihrem Zusammenhang zu erklären: „*We take as given the idea of distinction and the idea of indication, and that we cannot make an indication without drawing a distinction*".[56] Jede ‚*indication*' geht mit einer ‚*distinction*' einher: Ohne Unterscheidung gibt es keine Anzeige, und sobald jemand etwas anzeigt, trifft er eine Unterscheidung zwischen dem ‚Raum', dem die Aufmerksamkeit gilt (*marked space*), und dem durch die Unterscheidung davon abgegrenzten Raum (*unmarked space*). Diese Anzeige kann beispielsweise wie bei dem Biologen durch ein bloßes Zeigen auf die vielen Pflanzen im Kreis erfolgen, wie bei dem Physiker durch den Hinweis auf ein geometrisches Gesetz oder durch ein Definieren des gemeinten Raums durch sein Bezeichnen ‚außen ist innen' wie bei dem Mathematiker.[57]

Der Begriff ‚Indikationenkalkül' dürfte nun klar sein: Es geht darum, den (abstrakten) Vollzug des Anzeigens, der notwendig mit dem Vollzug des Unterscheidens verbunden ist, mathematisch zu formalisieren.[58] Spencer Brown definiert nun die Form der Unterscheidung als die Form, die es zu formalisieren gilt. Er hätte vielleicht auch die Form der Anzeige als die Form wählen können;[59]

---

[56] Ebd., 1

[57] Mit Lau bevorzuge ich die Übersetzung ‚Anzeige' für *indication*, weil sie allgemeiner ist als die übliche Übersetzung ‚Bezeichnung'. Mit *indication* ist auch ‚Andeutung' oder ‚Hinweis' gemeint, die nicht durch sprachliche Zeichen erfolgen müssen, die der Begriff ‚Bezeichnung' nahelegt (vgl. Lau 2015, a. a. O., 35). Ähnlich bevorzugen Schönwälder-Kuntze und Wille den Begriff ‚Hinweis': „Wenn ‚indication' als Zeichen *für* etwas verwendet wird, dann in dem Sinn, wie ein Signifikant auf ein Signifikat oder wie ein Wegweiser auf etwas hinweist. Wird ‚indication' im Sinn von ‚suggestion' gebraucht, dann ist es selbst eine Andeutung, ein Ankündiger *von* etwas, wie etwa das Wetterleuchten von weitem ein Unwetter ankündigt, weil es ein Ausdruck ist, der zum Ausgedrückten selbst gehört" (Schönwälder-Kuntze, Tatjana/Wille, Katrin (2009): Das erste Kapitel: The Form, in: Dies./Hölscher, a. a. O., 67–86, 68f.).

[58] Darauf kann ich hier nicht weiter eingehen, vgl. Spencer Brown 1997, 8–46; Lau 2015, 30f., sowie die Kommentare zu den *Laws of Form* in: Schönwälder-Kuntze/Wille/Hölscher, a. a. O., 67–222.

[59] „In der von Spencer Brown gewählten Form entspricht die Form der Unterscheidung dem operationalen Aspekt, der mit dem stationären (anzeigenden) Aspekt rechnet, auf ihm operiert. Würden wir stattdessen die Form der Anzeige wählen, würde der stationäre Aspekt mit dem operationalen rechnen. Vermutlich erschiene diese Alternative den gewohnten Vorstellungen als ungewöhnlich" (Lau 2015, 39, Anm. 28).

Schönwälder-Kuntze und Wille nennen zwei Argumente für die Wahl des Unterscheidens als Form: Man kann zum einen die Differenz der Prozesse betonen, wenn man davon ausgeht, dass jedes Anzeigen/Hinweisen ein Unterscheiden voraussetzt, das Hinweisen also vom Unterscheiden abhängig ist. Man kann zum anderen die Einheit beider Prozesse betonen, „insofern jeder Hinweis immer zugleich und ‚an sich selbst' auch eine Unterscheidung ist: *als* Hinweis *unterscheidet* er sich von anderem."[60] In diesem Sinne sind Prozesse des Unterscheidens als solche in ihrer Abstraktheit fassbarer als die Prozesse des Anzeigens, die sich unmittelbarer an konkrete Inhalte binden: Die Hinweise des Biologen, des Physikers und des Mathematikers sind inhaltlich voneinander zu unterscheiden; dass mit ihrem Anzeigen aber jeweils Prozesse des Unterscheidens verbunden sind, leuchtet auch ohne direkten Bezug auf die konkreten Inhalte ein.

Spencer Brown definiert weiter Unterscheidung als „perfekte Be-Inhaltung" (*perfect continence*):[61] Die Unterscheidung ist perfekt, weil sie eine präzise Unterscheidung vornimmt und deshalb die beiden Seiten der Grenze voneinander abschließt. Sie ist perfekte Be-Inhaltung, weil sie zugleich eine der beiden Seiten anzeigt: entweder den Raum innerhalb des Bandes wie beim Biologen und beim Physiker oder den Raum außerhalb des Bandes wie beim Mathematiker. Im Übrigen ist zu beachten, dass Spencer Brown eine Definition nicht im realistischen Sinne als Tatsachenbeschreibung versteht, sondern als eine Regel für ein Spiel im Sinne von „Laßt uns so tun, als ob".[62] Dieses spielerische Moment ist Charakteristikum einer konstruktivistischen Weltanschauung. Es zeigt sich auch in der Vieldeutigkeit des Begriffs ‚*continence*', der sowohl die „Fähigkeit zur Selbstkontrolle" als auch den „räumlichen Zusammenhalt" bezeichnet.[63]

So kann Unterscheidung hier zugleich definiert sein als „*vollzogener Zusammenhang*" und als „*vollkommene Enthaltsamkeit*".[64] Letzteres könnte sich auf die nicht-angezeigte Seite der Unterscheidung beziehen (den *unmarked space*), ersteres auf die angezeigte Seite (den *marked space*). Reduziert man die Unterscheidung auf die Anzeige, erscheint die Definition widersprüchlich, insofern der Vorgang des Trennens (Unterscheidens) durch sein Gegenteil, den Vorgang des

---

[60] Schönwälder-Kuntze/Wille 2009, 67.

[61] Spencer Brown 1997, a. a. O., 1; 1969, a. a. O., 1; vgl. Lau 2015, 40f.; Schönwälder-Kuntze/Wille 2009, 69–72.

[62] Spencer Brown 1997, x (Anm. in seinem Vorwort von 1985). „Eine Definition wie ‚Unterscheidung ist perfekte Be-Inhaltung' sagt nicht, was sie ist, sondern weist den Leser an diesem Punkt an, wie er sie zu definieren hat. Später werden wir, wie wir sehen werden, diese Definition zum Teil aufheben oder auf andere Weise definieren, somit beweisen, daß, was immer ‚sie' war, nicht unsere Definition von ihr war" (ebd.).

[63] Schönwälder-Kuntze/Wille 2009, 70. Luhmann legt im Sinne des erst später im Text von Spencer Brown eingeführten Reentrys (s. u.) die Interpretation nahe, die *continence* sei deshalb *perfect*, weil die Unterscheidung von *indication* und *distinction* „auch sich selber enthält"; Luhmann 1993, 199 (s. u. 3.2.1).

[64] Schönwälder-Kuntze/Wille 2009, 71.

Verbindens (Zusammenhaltens) erklärt wird.[65] Schönwälder-Kuntze und Wille setzen deshalb beide Zusammenhänge, wie sie in den verschiedenen Übersetzungen zutage treten, miteinander in Beziehung: „Der zusammenhängende Inhalt (Zusammenhang 1) und der Zusammenhang mit seinem Außen (Zusammenhang 2) bewirken gemeinsam etwas Neues und damit einen weiteren Sinn von Zusammenhang [Zusammenhang 3], durch den Inhalt und Außen *überhaupt erst unterscheidbar* sind."[66] Die Unterscheidung des Biologen hängt mit dem Inhalt der möglichst großen Zahl von Pflanzen zusammen, auf die er sich nur konzentrieren kann, indem er die Welt außerhalb seines Kreises ausschließt. Die Unterscheidung des Physikers weist auf den Rauminhalt seines Kreises hin, der aufgrund der gewählten Form der Grenze zwischen Innen und Außen die größtmögliche Fläche aufweist, die der Raum auf der Basis des vorgegebenen Grenzumfangs haben kann – ohne das unbestimmt bleibende Außen wäre dieser Inhalt nicht berechenbar, sondern würde sich ins Außen auflösen. Die Unterscheidung des Mathematikers definiert Außen als Innen und legt den Inhalt damit auf den unbegrenzten Außenraum fest, während er sich selbst in den Kreis stellt, den er als Außen definiert hat.

Im Vorwort zur Auflage von 1994 beschreibt Spencer Brown sehr deutlich die drei zentralen Aspekte der Form der Unterscheidung, die sich aus der Zusammenschau der drei Zusammenhänge ergeben: „Jede Kennzeichnung impliziert Dualität, wir können kein Ding produzieren, ohne Koproduktion dessen, was es nicht ist, und jede Dualität impliziert Triplizität: Was das Ding ist, was es nicht ist, und die Grenze dazwischen."[67] So erläutert er auch seine Definition bereits 1969: „*That is to say, a distinction is drawn by arranging a boundary with separate sides so that a point on one side cannot reach the other side without crossing the boundary.*"[68] Im jüngeren Zitat kommt, ausgehend vom Prozess des Anzeigens, die Gleichursprünglichkeit der drei Aspekte im Begriff der „Koproduktion" stärker zum Ausdruck, während im älteren Zitat, ausgehend vom Prozess des Grenze-Ziehens und der darin entstehenden zwei Seiten, deutlich wird, dass der Wechsel von einer Seite zur anderen ein Überqueren der Grenze erfordert. Damit der Biologe und der Physiker verstehen können, dass der Mathematiker die Aufgabe am besten gelöst hat, sind sie provoziert, die Grenze zu kreuzen: Sie müssen von der von ihnen benannten Innenseite der durch das Band gezogenen Grenze auf die Außenseite wechseln, um zu erkennen, dass dort die Fläche tatsächlich viel größer ist als die von ihnen eingegrenzte Fläche.

---

[65] Vgl. ebd. Die paradoxe Einheit von Trennen und Verbinden ist ein Beispiel für die Form der Paradoxie (s. u. Kap. 3), die Spencer Brown als eine Dynamik des Reentry versteht (s. u. Tabelle 1).

[66] Schönwälder-Kuntze/Wille 2009, 71f. Zudem weisen sie auf den etymologischen Zusammenhang hin, dass engl. *perfect* vom lat. *perficere* im Sinne von ‚bewirken' abgeleitet werden kann.

[67] Spencer Brown 1997, xviii.

[68] Spencer Brown 1969, 1.

Indem Spencer Brown nun das Beispiel gibt: „*For example, in a plane space a circle draws a distinction*",[69] fügt er in der Deutung von Schönwälder-Kuntze und Wille den drei expliziten Aspekten einen impliziten Aspekt der Unterscheidungsform hinzu: Der „ebene Raum" ist hier „der Kontext, der die beiden Seiten unterscheidbar bzw. zu verschiedenen macht".[70] Im Witz geht es um die „möglichst große Rasenfläche"; der Kontext könnte also sein, dass die drei Wissenschaftler auf einem Fußballfeld stehen. Indem Biologe und Physiker die Grenze kreuzen, werfen sie den Blick auf die Seite, die sie nicht eingegrenzt haben. Indem der Mathematiker die Grenze kreuzt, kann er nun leicht die von ihm umfasste Rasenfläche berechnen, indem er die Fläche des kleinen Kreises, den er um sich gezogen hat, von der Gesamtfläche des Fußballfeldes subtrahiert. Der Kontext könnte allerdings auch alle Rasenflächen auf der Erde umfassen – dann wäre die Berechnung schwieriger ...

Schönwälder-Kuntze und Wille weisen auf die Problematik hin, dass ein Explizit-Machen des Kontextes auf eine neue Unterscheidung hinausläuft.[71] Im Beispiel würde etwa das angezeigte Fußballfeld (*marked space* als erster Aspekt der Unterscheidung) seine Grenzen (etwa die Spielfeldmarkierung als dritter Aspekt der Unterscheidung) und je nach Kontext die Fläche der Stadt, des Landes, des Kontinents oder des Planeten ins Auge fassen (impliziter vierter Aspekt der Unterscheidung); wenn man von diesem Kontext die Fläche des Fußballfeldes abzieht, wäre damit die nicht bezeichnete Seite der Unterscheidung umrissen (*unmarked space* als zweiter Aspekt der Unterscheidung).

Wichtig ist zu bedenken, dass sowohl das Kreis-Beispiel von Spencer Brown als auch mein Witz-Beispiel räumliche Kontexte aufrufen, weil wir sie uns leichter vorstellen können. Wenn Spencer Brown im nächsten Satz sagt: „*Once a distinction is drawn, the spaces, states or contents on each side of the boundary, being distinct, can be indicated*",[72] dann ruft er damit neben räumlichen auch andere Kontexte auf: Zustände (*marked/unmarked state*) und Inhalte (*contents*), die immer markiert sind: um den Inhalt der anderen Seite zu erfassen, ist das Kreuzen der Grenze erforderlich. Schönwälder-Kuntze und Wille nennen als Beispiel für einen funktionalen Zustand die Zellmembran in der Beschreibung von Maturana und Varela (s. o. 1.4.1). Hier bezieht sich die Grenze „nicht auf eine räumliche Trennung", sondern auf den „geschlossene[n] Funktionszusammenhang" des autopoietischen Systems der Zelle. „Grenzen sind also in vielen Zusammenhängen ein Komplex von Kriterien, die erst gemeinsam die eine Seite zur einen, die andere Seite zur anderen machen, und damit entscheiden, was auf die eine Seite und was auf die andere gehört."[73]

---

[69]   Ebd.
[70]   Schönwälder-Kuntze/Wille 2009, 73.
[71]   Vgl. ebd., 74f.
[72]   Spencer Brown 1969, 1.
[73]   Schönwälder-Kuntze/Wille 2009, 75f.

In den nächsten Sätzen des ersten Kapitels der *Laws of Form* geht es um die Entscheidung, welche Seite markiert wird und welche nicht. Denn wie es im zuletzt zitierten Satz heißt, kann jede der beiden Seiten angezeigt werden: „In Bezug auf die Möglichkeit des Hinweisens sind die beiden Seiten symmetrisch."[74] Mit dem Begriff des „Motivs", sich für die eine oder andere Seite zu entscheiden, kommt nun die Funktion der Unterscheidung ins Spiel, die sich auf inhaltliche Werte bezieht: „*There can be no distinction without motive, and there can be no motive unless contents are seen to differ in value.*"[75] Das Motiv zur Unterscheidung wird in einer Differenz der Wahrnehmung von Werten gesehen. Hier geht es nicht mehr nur um Räume oder Zustände, die markiert oder nicht markiert werden, sondern um inhaltliche Werte, auf die im Unterscheiden hingewiesen wird. Diese Hinweise erfolgen nun nach Spencer Brown entweder darüber, dem Inhalt einen Namen zu geben, oder „über die Absicht, die Grenze zwischen den beiden unterschiedenen Inhalten zu überschreiten".[76] Der Biologe und der Physiker geben ihren Inhalten einen Namen: So könnte der Biologe etwa auf den Wert der von ihm eingegrenzten Pflanzen hinweisen und der Physiker auf den Wert des von ihm korrekt angewendeten mathematischen Gesetzes. Der Mathematiker fordert hingegen dazu auf, die Grenze zwischen den beiden unterschiedenen Inhalten zu kreuzen, indem er innen als außen definiert.

Auf der zweiten Seite des ersten Kapitels nennt Spencer Brown zwei Axiome, die „als Gesetze der Wiederholung von Hinweisen" zu verstehen sind.[77] „*The law of calling*", das Gesetz des Nennens besagt, dass der Wert eines Inhalts gleich bleibt, egal wie häufig dieser Wert benannt wird („*to recall is to call*"). Auf diesen Wert kann auch durch einmaliges Kreuzen in den entsprechenden Inhalt hinein hingewiesen werden, wodurch die beiden Hinweisarten des Nennens und Kreuzens miteinander verbunden sind. „*The law of crossing*", das Gesetz des Kreuzens, besagt hingegen, dass der Wert des wiederholten Kreuzens nicht dem Wert des (erstmaligen) Kreuzens entspricht („*to recross is not to cross*").[78] Während die Wiederholung der ersten Hinweisart also die Werte der Inhalte nicht verändert, tritt durch die Wiederholung der zweiten Hinweisart eine Veränderung der Werte ein. Dieser Unterschied ist wichtig, weil später durch ein Oszillieren auf der Grenze, also ein wiederholtes Kreuzen, neben dem Wert der ersten Seite und dem Wert der zweiten Seite ein dritter Wert entstehen kann, den Spencer Brown im elften Kapitel als „*imaginary value*" bezeichnet.[79]

Am Beispiel gezeigt: Wenn der Physiker und der Biologe dem Mathematiker folgen und die Grenze kreuzen, nehmen sie den hohen Flächenwert des Raumes

---

[74] Ebd., 76.
[75] Spencer Brown 1969, 1.
[76] Schönwälder-Kuntze/Wille 2009, 77, vgl. ebd., 77–80; vgl. Spencer Brown 1969, 1f.
[77] Schönwälder-Kuntze/Wille 2009, 80, vgl. ebd., 80–84.
[78] Spencer Brown 1969, 2.
[79] Vgl. Schönwälder-Kuntze/Wille 2009, 84f.

wahr, auf den der Mathematiker hinweist. Indem sie nun mit dieser Erfahrung die Grenze zurückkreuzen, haben sie die Chance, den von ihnen zuvor benannten Wert neu wahrzunehmen: Der Biologe könnte sich etwa nun erst recht den von ihm ausgewählten Pflanzen widmen, weil ihm die Notwendigkeit der Vereinfachung nun deutlicher geworden ist; der Physiker könnte beschämt sein von der Intelligenz des Mathematikers und den Wert seiner Fläche gering achten, was ihn im Weiteren dazu führen könnte, die Grenze immer wieder zu kreuzen, um im Oszillieren auf der Grenze einen dritten Wert zu entdecken. Für die Praxis erscheint mir wichtig, dass nicht das immer neue Benennen einer Seite des Unterschiedenen zu neuen Erkenntnissen führt, sondern dass vielmehr die Bewegungen auf der Grenze Dynamiken erzeugen, die Implikationen von Grenzziehungen erfahren und entdecken lassen.

Thomas Hölscher kritisiert an Luhmanns Rezeption von Spencer Brown, dass er die „Vereinfachungschancen", die der Anfang bei Spencer Brown biete, nicht wahrnehme.[80] Denn Spencer Brown ermögliche „eine beobachterfreie Formulierung der einfachsten Grundverhältnisse [...] und zwar ohne in die generelle Nichtbeachtung [...] des Beobachters [...] zurückzufallen." Dies gelinge, indem Spencer Brown im ersten Kapitel „einen Vorläufer, ‚precursor', als Statthalter des ‚observer' aus dem zwölften Kapitel [installiert]: das ‚motive', (das sich konsequenterweise deshalb auch nur hier findet).“[81] Hölscher schlägt vor, die Komplexität des Anfangs im Ansatz Luhmanns mit Spencer Brown zu vereinfachen. Die basale System/Umwelt-Unterscheidung des Beobachters werde bei Luhmann von Beginn an vorausgesetzt und produziere dadurch eine Vielzahl von Paradoxieverhältnissen, in deren Folge Techniken der Entparadoxierung nötig würden (s. u. 3.2). Diese Komplexität könne durch eine Fundierung über die fünf Aspekte der Unterscheidungsform sinnvoll reduziert werden – als wirksame Maßnahme gegenüber einer Systemtheorie, die in der Gefahr stehe, „sich selber [zu] apriorisieren [...]":

> „Es bietet sich an, das Vier-Aspekte-Modell unter Berücksichtigung der wichtigen Funktion des ‚motive' aus Kapitel 1 zu einem Modell von fünf konstitutiven Aspekten der ‚form of distinction' zu erweitern. In der wechselseitigen ‚Koproduktion' dieser fünf Aspekte hätte man darüber hinaus das Modell eines einfachsten, allgemeinsten Systembegriffs. Dieser lässt sich demnach aus der ‚form of distinction' ableiten; er muss nicht vorausgesetzt bleiben.“[82]

Als Ergebnis der Analyse des ersten Kapitels der *Laws of Form* möchte ich die fünf Aspekte der Form der Unterscheidung festhalten:

1. „das Unterschiedene, die eine Seite [*marked*],
2. das Übrige, die andere Seite [*unmarked*],
3. die Grenze zwischen den beiden Seiten[,]

---

[80]   Hölscher 2009, 262.
[81]   Ebd., 263.
[82]   Hölscher 2009, 265f.

4. der Kontext, der die beiden Seiten unterscheidbar bzw. zu verschiedenen macht",[83]
5. das Motiv, das den inhaltlichen Sinn des Unterscheidens verbürgt.

Aus diesem Fünf-Aspekte-Modell lässt sich der „einfachste, allgemeinste Systembegriff" ableiten, insofern seine fünf Elemente sich gleichursprünglich wechselseitig koproduzieren und autopoietisch erhalten, es die basale System/Umwelt-Differenz bereits in sich enthält (über den impliziten Aspekt des Kontextes) und auch den Beobachter bereits berücksichtigt (über den impliziten Aspekt des Motivs).

2.2.2 „Re-entry into the Form": Die Einführung des Beobachters

Ob die von Hölscher vorgeschlagene Aussparung des Beobachters zur Grundlegung der Form der Unterscheidung sinnvoll ist, überzeugt nicht vollständig angesichts der Einsicht, dass hinter dem Motiv doch etwas steckt, das dieses Motiv hat. Analog weist Rudolf Kaehr darauf hin, dass die Form der Unterscheidung bereits die Unterscheidung zwischen Unterscheidung und Entscheidung voraussetze, insofern der Vollzug des Unterscheidens von einer Entscheidung für diesen Vollzug abhänge. Spencer Brown hält diese Unterscheidung zunächst verborgen, indem er die Handlungsanweisung „draw a distinction" gibt. Zwar laufen Prozesse des Unterscheidens systemisch auch unwillkürlich ab, insofern das Leben selbst durch Unterscheidungen bestimmt ist (s. o.). Trotzdem ist Kaehr recht zu geben, dass der „Calculus of Indication [...] nicht mit einer Unterscheidung, sondern mit der Entscheidung für eine Unterscheidung" beginnt. Kaehr meint nun, dass in Spencer Browns Indikationenkalkül Entscheidung und Unterscheidung nicht zugleich erfolgten, sondern nacheinander: Die Unterscheidung setze voraus, sich für sie entschieden zu haben. Daraus schließe ich umgekehrt: Wer sich weigert, dem Imperativ des Unterscheidens zu folgen, den trifft der Kalkül nicht oder, insofern die Weigerung bereits ein Unterscheiden voraussetzt, der lässt sich zum Spielball seines eigenen Entschiedenseins machen. In der Abhängigkeit von der Entscheidung eines Beobachters sieht Kaehr die Wurzel für die „Spekulationen über den blinden Fleck der Beobachtung" (s. u. 3.2.2, 4.1.1).[84]

---

[83] Schönwälder-Kuntze/Wille 2009, 72f.

[84] Kaehr, Rudolf (1999): Zur Logik der ‚Second Order Cybernetics'. Von den ‚Laws of Form' zur Logik der Reflexionsform, in: Joachim Paul (Hg.), www.vordenker.de, URL: http://www.vordenker.de/contribs.htm Aufruf 15.12.2021, 3. Ursprünglich veröffentlicht in: Goldammer, Eberhard von (Hg.): Kybernetik und Systemtheorie – Wissenschaftsgebiete der Zukunft? Dresdener Symposium '91. Fachbericht des Instituts für Kybernetik und Systemtheorie (ICS), Greven 1992.

Insofern Unterscheidungen zu treffen Kennzeichen für das Leben ist, stehen wir, solange wir leben, zwar wohl nicht vor der Entscheidung, Unterscheidungen zu treffen oder nicht, sondern eher vor der Entscheidung, welche Unterscheidungen wir treffen. Darauf beruht m. E. die Entscheidung Spencer Browns, die Anfangsunterscheidung zwischen Entscheidung und Unterscheidung zu vernachlässigen, denn die Form der Unterscheidung gilt generell für jeden Prozess des Unterscheidens (so zeigt auch die vernachlässigte Unterscheidung zwischen Entscheidung und Unterscheidung in eins die Form der Unterscheidung mit an).

Gleichwohl gibt Spencer Brown mit den ersten beiden Sätzen des zwölften Kapitels Kaehr recht, auch wenn er hier nicht von Entscheidung, sondern von Verlangen (*desire*) spricht und damit eine mögliche kognitive Engführung vermeidet: „*The conception of the form lies in the desire to distinguish. Granted this desire, we cannot escape from the form, although we can see it any way we please*".[85] Wir können uns, solange wir verlangen zu leben, der Form des Unterscheidens nicht verweigern – aber wir haben die Freiheit, sie so zu sehen, wie wir es möchten; das Indikationenkalkül macht lediglich ein Angebot zur Formalisierung der Unterscheidung; was sich aber aus dem Wunsch zu unterscheiden entwickeln mag, ist nicht voraussehbar.[86] Kaehr verweist nun direkt – mit der Anzeige der vorgängigen Entscheidung – und Hölscher indirekt – indem er das ‚Motiv‘ als fünften Aspekt der Form der Unterscheidung zurechnet – auf den Beobachter, der bei Spencer Brown erst im letzten Kapitel der *Laws of Form* benannt ist, auch wenn er implizit bereits das erste Kapitel prägt (und sei es durch seine Abwesenheit).

Felix Lau fasst die Aussagen des ersten Kapitels der *Laws of Form* dem Anliegen Luhmanns entsprechend so zusammen, dass er den Begriff der Beobachtung bereits einführt:

> „Es geht also mit einer Unterscheidung, die getroffen wird, unmittelbar eine Anzeige einher, die ja gewissermaßen erst anzeigt, welche Unterscheidung es denn ist. Gleichzeitig ist eine Unterscheidung nur brauchbar, kann nur getroffen werden, wenn auch angezeigt wird. [...] Wir finden also in der Unterscheidung und der Anzeige zwei Aspekte einer Einheit, und diese Einheit, das heißt ihr gemeinsames, simultanes Auftreten ist Beobachtung. Nichtsdestotrotz kann man die Funktion dieser beiden Aspekte für Beobachtung getrennt betrachten – oder vielmehr: man kann sie nur beobachten, indem man sie trennt. Mit der Trennung der beiden Aspekte wird jedoch verdeckt, dass sie sich gegenseitig bedingen und insofern mit jedem von ihnen der andere vorausgesetzt ist."[87]

Der Biologe, der Physiker und der Mathematiker beobachten, indem sie ihre Unterscheidung mit dem Band treffen und jeweils eine der Seiten anzeigen. Die An-

---

[85]   Spencer Brown 1969, 69.

[86]   Vgl. Schönwälder-Kuntze, Tatjana (2009a): Das zwölfte Kapitel: Re-entry into the Form, in: Dies./Wille/Hölscher, a. a. O., 194–205, 195f. Vgl. ebd., 198, Anm. 4.

[87]   Lau 2015, 39.

zeige ist dabei unterschiedlich elaboriert und hängt von ihren jeweiligen Vorlieben ab: Der Biologe möchte möglichst viele Pflanzen in seinem *marked space* betrachten, der Physiker möchte mit seinem Hinweis seine mathematische Intelligenz illustrieren, wird dann aber vom Mathematiker in den Schatten gestellt, der den *unmarked space*, der der Aufmerksamkeit der beiden anderen entgangen ist, einfach zum *marked space* erklärt – und damit die Aufgabe offensichtlich am besten löst. Interessant an diesem Beispiel ist nun, dass sich bei dem Biologen die Beobachtung auf die Anzeige konzentriert (wie es im Alltag meistens geschieht und was uns sympathisch ist: er kümmert sich um die Vielfalt der Pflanzen), während der Physiker den Fokus auf die Unterscheidung legt (indem er die Grenze als Umfang ernst nimmt und zur Berechnung des Flächeninhalts seiner Anzeige nutzt). Allein dem Mathematiker gelingt der Perspektivenwechsel: Weil er die Einheit von Unterscheidung und Anzeige beobachtet, nimmt er den *unmarked space* wahr und definiert ihn kurzerhand um, indem er die Grenze kreuzt. Der Preis ist freilich, dass er nicht gleichzeitig den nunmehr nicht-angezeigten Raum innerhalb des Kreises beobachten kann.

Meine Methode, die Form der Unterscheidung am Witzbeispiel zu erläutern, läuft der Intention Spencer Browns insofern zuwider, als mit den drei Experten von Beginn an Beobachter im Spiel sind, die im Indikationenkalkül, weil es seinen Anfang in der Form des Unterscheidens mit den drei expliziten Aspekten der beiden Seiten und der Grenze setzt, zunächst abgeblendet werden. Dem entspricht dann auch die Einführung des Beobachters im zwölften Kapitel der *Laws of Form*, wo nun den Seiten der Unterscheidung jeweils „*two kinds of reference*", zwei Weisen der Inbezugnahme zugestanden wird. Die erste, explizite Weise ist dem Wert der markierten Seite zugeordnet und aus dem ersten Kapitel bekannt: die Markierung durch Nennen des Wertes oder Kreuzen der Grenze ist in den beiden Axiomen beschrieben. Die zweite, implizite Weise der Bezugnahme „*is to an outside observer. That is to say, the outside is the side from which a distinction is supposed to be seen*".[88] Wichtig ist hier zu sehen, dass die Bezugnahme von der markierten Seite aus betrachtet wird und nicht vom Beobachter aus. Der Beobachter ist relevant, um die unterschiedene Sache zu verstehen. Deshalb ist es wichtig, wie Spencer Brown in seinen Anmerkungen zum zwölften Kapitel schreibt, für den Beobachter „einen Platz hervorzuheben, von dem aus" er eingeladen wird, die Sache zu betrachten.[89]

Den Standort des Beobachters zu kennen, erweist sich als nötig, um die Einheit von Erkennen und Nicht-erkennen-Können im Prozess des Unterscheidens konkret wahrzunehmen. Abstrakt ist diese Einheit durch die Form der Unterscheidung gegeben, was Spencer Brown im Schlusswort der Ausgabe von 1997 als „selektive Blindheit" (*selective blindness*) bezeichnet: „Wir bemerken eine

---

[88]   Spencer Brown 1969, 69.
[89]   Spencer Brown 1997, 90. Vgl. Schönwälder-Kuntze 2009a, 199.

Seite einer Ding-Grenze um den Preis, der anderen Seite weniger Aufmerksamkeit zu schenken".[90] Darüber hinaus tritt die selektive Blindheit noch grundsätzlicher zutage, insofern in der Beobachtung (als Einheit von Unterscheidung und Anzeige) nicht zugleich mitbeobachtet werden kann, wie die Unterscheidung vorgenommen wird: „Um etwas zu sehen, muss der Beobachter nicht nur alles andere unberücksichtigt lassen; er kann prinzipiell nicht sehen, wie er es macht, dass er sieht, was er sieht."[91] Dieses Phänomen des „blinden Flecks" (die Bezeichnung aus der Sinnesphysiologie des Auges hat Luhmann von Maturana übernommen[92]) bleibt auch dann erhalten, wenn in einer Beobachtung zweiter Ordnung der Beobachter sieht, „dass Beobachter nicht sehen, was sie nicht sehen".[93]

So ist in der Beobachtung der Beobachtungen des Biologen, des Physikers und des Mathematikers zwar zu beschreiben, wie diese unterschiedlichen Beobachter zu ihren Beobachtungen kommen, indem sie je nach Aufmerksamkeitsrichtung Unterschiedliches nicht sehen; ja die Unterschiedlichkeit ihrer Beobachtungen regt gerade dazu an, in einer Beobachtung zweiter Ordnung zu erforschen, was passiert sein mag, dass es zu den differenten Beobachtungen kam; um aber zu beobachten, wie wir diese Beobachtung zweiter Ordnung vornehmen, müssten wir nun beobachten, wie wir die Beobachtung der drei beobachten. Ob das dann eine Beobachtung dritter Ordnung wäre, wird kontrovers diskutiert; m. E. handelt es sich um eine weitere Beobachtung zweiter Ordnung, weil es wieder um die Beobachtung von Beobachtungen geht (s. u. 4.1.2.1). So könnte diese weitere Beobachtung nun beobachten, dass unsere Beschreibung der Beobachtungen unseren Protagonisten unterschiedliche Interessen unterstellt: Der Biologe kümmere sich um Pflanzen – wie es seinem Beruf entspricht; der Physiker will mathematisch glänzen – um das zu bestätigen, müsste man ihn allerdings dazu befragen; der Mathematiker will gewinnen und überquert dazu die Grenze in den *unmarked space* – hat er dazu vielleicht selbst eine Beobachtung zweiter Ordnung vorgenommen, insofern er wahrnimmt, wie die beiden anderen beobachten, was es ihm erleichtern mag, nun selbst eine ganz andere Perspektive wahrzunehmen?

Sicher könnte man nun diese Beobachtung wieder beobachten, aber interessanterweise würde dabei inhaltlich nichts Neues herauskommen: Es wäre nur festzustellen, dass wir beobachtet haben, wie wir unsere Beobachtungen dazu beobachtet haben, wie die drei beobachtet haben. Inhaltlich wiederholt diese Beobachtung nur das, was wir in unserer Beobachtung der Beobachtung von Beobachtungen bereits beobachtet haben: dass wir unterschiedliche Interessen unterstellten. Der Blick auf diesen blinden Fleck unserer ersten Beobachtung zweiter Ordnung reicht aus, um die Suche nach möglichen anderen Perspektiven

---

90   Spencer Brown 1997, 191.
91   Lau 2015, a. a. O., 181.
92   Vgl. ebd., 157, Anm. 173.
93   Ebd., 158.

auf diese Beobachtung anzuregen. Statt unterschiedliche Interessen zu unterstellen, könnte man beispielsweise hinter den Beobachtungen unserer drei Freunde differente ästhetische Vorlieben im Umgang mit dem fünf Meter langen Band vermuten: Der Biologe erfreut sich daran, das Seil kunstvoll zu schwingen, der Physiker möchte unseren Augen einen perfekten Kreis darbieten, der Mathematiker stellt sich lässig in seinen kleinen Kreis. Diese Lösung würde allerdings völlig von der gestellten Aufgabe abstrahieren, eine möglichst große Fläche mit dem Fünf-Meter-Band zu umspannen. Sie müsste davon ausgehen, dass die drei Experten über das Spiel mit dem Seil ihr Interesse daran, die Aufgabe am besten zu erfüllen, vollständig vergäßen, um sich in interesselosem Wohlgefallen an ihrem Kunstwerk der gelegten Figur zu erfreuen.

Die besondere Form der Beobachtung zweiter Ordnung (als Beobachtung, wie Beobachtungen beobachtet werden) hat also den Sinn, andere Möglichkeiten einer Beobachtung zweiter Ordnung aufzuspüren – und bezieht sich damit mittelbar auf die ursprünglich beobachtete Beobachtung zurück. Eine Beobachtung vierter Ordnung (so man die besondere Form als Beobachtung dritter Ordnung bezeichnen möchte) ließe sich inhaltlich nicht mehr auf die ursprünglich beobachtete Beobachtung zurückführen. Deshalb kreisen alle weiteren möglichen Beobachtungsordnungen (wenn man akzeptiert, dass eine neue Ordnung bereits dadurch entsteht, dass derselbe Schritt, der zur Beobachtung zweiter Ordnung geführt hat, bereits eine weitere Ordnung konstituiert – was ich bezweifle) am Ende in sich selbst, verlieren allen Inhalt und repetieren allein die Form der Beobachtung.

Ein Reentry der Form des Beobachtens in das Beobachten ist deshalb m. E. nur zweimal sinnvoll (zumindest in der Dynamik einer Rekursion; Feedbackschleifen können häufiger sinnvoll sein). Lau verweist in einer Anmerkung auf eine mündliche Aussage von Dirk Baecker, der Luhmanns Rede von einer Beobachtung dritter Ordnung als „theoretischen Irrweg" bezeichnet habe: „Es ist jedoch fraglich, wohin die Unterscheidung dieser dritten Beobachtungsordnung [als Beobachtung der Beobachtung von Beobachtungen, N. B.] führen soll." Eine Begründung für den Irrweg wird zwar nicht gegeben; aufschlussreich ist allerdings die Parallele meiner Begründung zur mathematischen Beobachtung von Lau: „Auch im Indikationenkalkül finden wir wieder, dass nur der Schritt von Gleichungen ersten Grades auf Gleichungen zweiten Grades etwas grundsätzlich Neues hervorbringt. Das Neue ist die Selbstbezüglichkeit; Gleichungen höheren Grades als des zweiten sind deshalb nach George Spencer Brown in dem Sinne, dass man weitere Konzepte bräuchte oder erhielte, nichts Spezielles mehr".[94]

Eine Einladung zu konkreten Beobachtungen spricht Spencer Brown aus, indem er die Leserin einlädt, vier Experimente nachzuvollziehen. Tatjana Schönwälder-Kuntze fasst in ihrem Kommentar zusammen, wie die Experimente das ‚Re-entry into the Form' vorführen:

---

[94]   Ebd., 159, Fußn. 174. S. u. 4.1.2.1.

„Ein in einem flachen Raum gezogener Kreis trifft eine Unterscheidung. Als solcher *ist* er (1) eine Unterscheidung, *weist* er (2) indirekt auf das ‚Außen‘ seiner Form der Unterscheidung hin und *ist* so auch ein Hinweis auf seine ganze Form. Wird eine seiner Seiten mit einem ‚*mark*‘ (3) *markiert*, verleiht die Markierung dieser Seite (4) den *Wert* ‚markiert‘ und damit der anderen Seite den Wert ‚unmarkiert‘. Alle diese ‚Funktionen‘ stecken in jedem hinweisenden Zeichen, das immer auch an sich selbst eine Unterscheidung *ist*, und das immer zugleich auch ein Hinweis auf seine Form der Unterscheidung ist und damit ein Wieder-Eintritt in *die* Form, weil es auf sich selbst und den Rest ‚des Universums‘ zugleich hinweist.“[95]

Weil jede Anzeige die Form der Unterscheidung mit all ihren Aspekten generiert, vollzieht sie zugleich den „Wieder-Eintritt in die Form“, indem sie zugleich auf sich selbst (ihr Innen; die unterschiedene, markierte Seite) und auf alles Übrige (ihr Außen; die andere, unmarkierte Seite) hinweist. Deshalb, so lautet der Schlusssatz der *Laws of Form*, können wir nun sehen, „*that the first distinction, the mark, and the observer are not only interchangeable, but, in the form, identical*“.[96] Sowohl die erste Unterscheidung, als auch die Markierung der unterschiedenen Seite, als auch der Beobachter selbst sind der Form nach identisch, insofern sie ontologisch betrachtet „das Sein eines Unterschiedenen haben“.[97] Die Form der Unterscheidung trifft auf alle Formen zu, in denen unsere Experten das Band gelegt haben. Sie haftet auch den unterschiedlichen Markierungen an, die sie der jeweils gewählten Seite gegeben haben (Vielfalt der Pflanze, Kreisfläche, Kreuzen der Grenze durch Definition des Innen als Außen). Und die Form trifft auf unsere drei Beobachter selbst zu. Erstens sind sie selbst eine Unterscheidung in ihrer eigenen Form (sofern sie einen bestimmten Raum einnehmen, den sie als ihr Inneres von einem äußeren Raum abgrenzen – sei es nun der Raum des jeweiligen Körpers oder ein gedanklicher Raum, etwa den einer Sprache oder einer Weltanschauung, hier einer biologischen, physikalischen bzw. mathematischen). Zweitens sind sie Anzeigen von Unterscheidungen (insofern sie sich selbst als markierende Zeichen beobachten, indem sie die Unterscheidung von Beobachter und Beobachtetem anzeigen, weil sie sich als Beobachter vom Beobachteten beobachtend unterscheiden: sie gehen nicht auf in dem, was sie im Vollzug des Unterscheidens Unterschiedliches beobachtet haben).

Sehen wir uns exemplarisch den Mathematiker an, der sich selbst in den durch das Seil umschlossenen Kreis hineinstellt (was zur Lösung der Aufgabe unerheblich ist; beim Biologen und Physiker wäre, so wie der Witz formuliert ist, jeweils beides möglich: innerhalb oder außerhalb des im Unterscheiden markierten Unterschiedenen – dem Raum innerhalb des Bandes – zu stehen). Der Mathematiker löst die Aufgabe am besten, indem er die Grenze kreuzt und das Innen nach Außen verlegt. Das könnte paradox wirken, insofern er selbst (sein ‚Innen‘) in dem Kreis steht, den er als ‚Außen‘ definiert. Markierte er nicht in

---

[95] Schönwälder-Kuntze 2009a, 204.
[96] Spencer Brown 1969, 76.
[97] Schönwälder-Kuntze 2009a, 204.

sich selbst den Unterschied seines Unterscheidens zu ihm als Person, würde er mit seinem Vollzug des Unterscheidens zusammenfallen und darin verloren gehen. Solange er aber als Beobachter ständig den Wiedereintritt in die Form seines Unterschieden-Seins vollzieht, bleibt er als Person unterscheidbar und – am Leben.

Die Voraussetzung des ersten Kapitels der *Laws of Form*, *indication* und *distinction* als gegeben anzunehmen, erweist sich am Ende des letzten Kapitels als bloß scheinbare Voraussetzung, weil jeder Hinweis „immer auch an sich selbst eine vollzogene Unterscheidung" ist; umgekehrt formuliert: Ohne eine Unterscheidung zu treffen, kann auch „kein Hinweis *gegeben* werden". „Die Form jedes Hinweises ist somit die Form der Unterscheidung! Weil jeder Hinweis eine Unterscheidung in seiner eigenen Form ist, ist seine Verwendung als Hinweis auf eine Seite der *Form der Unterscheidung* zugleich ein Wieder-Eintritt in die Form."[98] Man könnte also sagen, sobald der Vollzug der *indication* dazu genutzt wird, um in ihm die Form der Unterscheidung zu indizieren, ist in diesem Selbstbezug ein Reentry erfolgt.

Im elften Kapitel führt Spencer Brown den Reentry in das mathematische Kalkül ein, um auf diese Weise Gleichungen zweiten Grades zu erzeugen, die den Rahmen in Richtung Unendlichkeit erweitern und zugleich den Faktor Zeit einführen: zum Verständnis des dritten Zustandes (*imaginery state*) als eines Zustandes der Form (neben den beiden Zuständen *marked/unmarked state*).[99] Spencer Brown nutzt zum Verständnis des dritten Zustands das Bild des Tunnels, der es erlaubt, die Grenze zu ‚unterwandern', ohne sie kreuzen zu müssen.[100] Felix Lau erläutert diesen Reentry wie folgt:

> „Eine Unterscheidung, die in sich selbst auf einer ihrer Seiten wieder vorkommt, trennt ihre beiden Seiten nicht mehr perfekt, da man von einer Seite auf die andere gelangt, ohne die Grenze zu kreuzen. Das Bild des Tunnels symbolisiert genau dies: auf die andere Seite zu gelangen, ohne zu kreuzen, dafür aber Zeit in Anspruch zu nehmen. Wir hatten ihre Perfektion bezüglich Be-Inhaltung die

---

[98]   Ebd., 205.

[99]   Vgl. Wille 2009a, 180–186; vgl. Lau 2015, 92–97. „Der Grad einer Gleichung gibt die Unbestimmtheit des Wertes (markiert oder unmarkiert) der in ihr vorkommenden Ausdrücke an. Ausdrücke in Gleichungen ersten Grades sind eindeutig bestimmt und es werden keine weiteren benötigt, um beispielsweise Logik zu betreiben. Von daher ist es nicht verwunderlich, dass es gelingen konnte, eine fundamentale Algebra (wie zum Beispiel die von George Boole) auf einem logischen Fundament zu entwickeln. Jedoch handelt man sich damit unüberwindliche Probleme ein, da man die Mathematik von Gleichungen höheren Grades abschneidet, wenn man sie mit Logik begründet; denn auf diese Weise werden (unnötigerweise) logische Beschränkungen in die Mathematik importiert. [...] Nach George Spencer Brown erhält man Gleichungen zweiten Grades, indem unendliche algebraische Ausdrücke durch Selbstbezüglichkeit als endliche Gleichungen dargestellt werden" (ebd., 87).

[100] Vgl. Spencer Brown 1997, 51.

ganze Zeit angenommen und finden nun, dass sie so nicht ist; perfekte Be-Inhaltung ‚beinhaltet' Imperfektion. George Spencer Brown gibt jedoch keine neue Definition an. Er stellt lediglich veranschaulichend heraus, dass die ursprüngliche Definition der Unterscheidung erweitert werden muss, da man *mit der Zeit* von einer Seite auf die andere gelangt, ohne die Grenze zu kreuzen."[101]

Mit dem imaginären Zustand oder Wert zeigt sich somit zugleich die Paradoxie in der Form der Unterscheidung, die als perfekte Be-Inhaltung auch Imperfektion enthält. Die mathematischen Ableitungen sind hier nicht nachzuvollziehen,[102] wichtig ist allerdings, dass Spencer Brown drei unterschiedliche Typen von Gleichungen zweiten Grades ermittelt, in denen der Reentry jeweils unterschiedliche Funktionen hat:

1. Bei Typen mit einem ungeradzahligen Reentry oszillieren die Zustände zwischen markiert und unmarkiert (Oszillatorfunktion),

2. Bei Typen mit einem geradzahligen Reentry erinnern die Gleichungen daran, welche Variable zuerst den markierten Zustand angezeigt hat (Gedächtnisfunktion),

3. Bei Typen mit mehreren Reentrys erlauben es die Gleichungen, durch Modulation von Wellenstrukturen Zählvorgänge darzustellen (Modulationsfunktion).[103]

Katrin Wille stellt die Strukturen und Dynamiken vor, mit denen man versucht hat, die Figur des Reentry zu identifizieren: *Selbstreferenz, Rekursion, Selbst-Ähnlichkeit, Feedback, Zirkularität, Imaginäres und Paradoxie.*[104] Zuvor mahnt sie, „dass das ‚Re-entry' eine komplexe Struktur/Dynamik mit verschiedenen Grundtypen ist, die nicht zu einem ‚Re-entry'-Singular verkürzt werden dürfen, wenn man sich auf die Ideen der *Laws of Form* beziehen will".[105]

---

[101] Lau 2015, 96f. Zur paradoxen Einheit von Perfektion und Imperfektion s. u. 4.3.4.

[102] Vgl. Spencer Brown 1997, 47–59; vgl. Wille 2009a; vgl. Lau 2015, 87–101. Kauffman 2016, 272, zeigt sich „fasziniert von der Vorstellung imaginärer boolescher Werte und dem Gedanken, dass die wiedereintretende Markierung und ihre Verwandten, die komplexen Zahlen, als solche Werte aufgefasst werden können. Die Idee besteht darin, dass es ‚logische Werte' jenseits von wahr und falsch gibt und dass diese Werte dazu benutzt werden können, Theoreme in Bereichen zu beweisen, die die gewöhnliche Logik nicht erreichen kann. Letztendlich kam ich zu der Einsicht, dass dies die kreative Funktion allen mathematischen Denkens ist."

[103] Vgl. Spencer Brown 1997, 52–58; vgl. Wille 2009a, 190f. Auf Aussagenebene entsprechen Gleichungen mit Gedächtnisfunktion der Tautologie, Gleichungen mit Oszillatorfunktion der Paradoxie (vgl. Lau 2015, 87f.). „Eine weitere Analogie stellen die Konzepte des positiven und negativen Feedbacks dar. Ein positives Feedback erinnert sich, ein negatives oszilliert" (ebd., 9).

[104] Vgl. Wille 2009a, 191–193.

[105] Wille 2009a, 191.

Strukturen/ Dynamiken	Definition (nach Katrin Wille)	Bezug zu *Laws of Form* (nach Katrin Wille)	Religionspädagogischer Kommentar
Selbst-Ähnlichkeit	Besonderer Fall der Teil-Ganzes-Beziehung: Das Ganze ist Ganzes und gleichzeitig Teil seiner selbst. (Beispiel: Fraktale)	Beim Ausdruck eines geradzahligen Reentry kommt eine Kopie seiner selbst innerhalb seiner selbst vor.	*Glaube*: jede Glaubensäußerung enthält in sich den Keim der Glaubensfülle. (Theologie)
Selbst-referenz	Ein selbstreferentieller Satz enthält einen Teilausdruck, der den ganzen Satz bezeichnet. Allgemein: Das, was bezeichnet, ist zugleich das, was bezeichnet wird.	Ein Teilausdruck auf der rechten Seite der Gleichung steht zugleich für die ganze Gleichung	*Reflexion des eigenen religionspädagogischen Handelns* (Lehrer*innenbildung, Religionsdidaktik, theologische Hochschuldidaktik)
Rekursion	Verfahren, das immer wieder auf sich selbst angewandt wird, bis eine gesuchte Größe erreicht ist. Geometrische Rekursion führt zur Entwicklung von Fraktalen.	Das geradzahlige Reentry kommt durch eine rekursive Vorschrift zustande, der allerdings kein Ende gesetzt ist. Wenn wir in dem Ausdruck 1+1/() an die Stelle der Klammer immer wieder den ganzen Ausdruck einsetzen, dann erhalten wir z. B. eine Variante der Fibonacci-Reihe, die Spencer Brown in den AUM-Transkriptionen mit dem elften Kapitel in Beziehung setzt.	*Mechanisches Lernen*; z. B. Auswendiglernen, Fragen und Antworten aus dem Katechismus; aber auch *Vertiefen des Verstehens*, im Sinne des hermeneutischen Zirkels (Geschichte der Religionspädagogik)
Zirkularität	In einem oder mehreren Kreisläufen kann, was übertragen wurde, an eine Stelle zurückfließen, von der es ausgegangen war.	Die Struktur/Dynamik von allen Typen von Reentrys ist zirkulär.	*‚Natürliche‘ Lernprozesse*: Aufgreifen und Einbauen, was interessiert (Pädagogik)
Feedback	Prozess, in dem der Output eines Kreislaufes den Input verändert.	Die Modulationsfunktion eines Reentry achten Grades hat einen	*Lernen professionell gestalten*: hohe Bedeutung von konkretem Feedback; Kompetenzorientierung

Strukturen/ Dynamiken	Definition (nach Katrin Wille)	Bezug zu *Laws of Form* (nach Katrin Wille)	Religionspädagogischer Kommentar
	Input/Output-Trennung ist häufig künstlich: Oft entstehen Input und Output simultan und in Abhängigkeit voneinander.	bestimmten Frequenzinput, der vom Output durch den achten Marker verändert wird. Die Oszillationsfunktion ist ein Beispiel für die simultane Entstehung von Input und Output.	*(Allgemeine Didaktik)*
Imaginäres	Die imaginäre Zahl i, die Wurzel aus Minus 1, hat eine reale und notwendige Funktion in der üblichen Mathematik und kann geometrisch als ‚realer‘ Vorgang interpretiert werden. Dadurch können Gleichungen gelöst werden, die sonst nicht direkt gelöst werden können.	Diese Funktion hat auch der imaginäre Wert des ungeradzahligen Reentry. Der imaginäre Wert bekommt eine reale Funktion in Kalkulationsvorgängen, die sonst nicht ausgeführt werden können. In der Interpretation als oszillierender Wellenzug wird eine ‚reale‘ Deutung möglich.	*Religion in ihrer Funktion, Unbestimmbares in Bestimmtes zu überführen; Antworten auf ‚unbeantwortbare‘ Fragen; Imagination: sich vorstellen können, was transzendent ist (Religionssoziologie, Religionspsychologie)*
Paradoxie	Schwacher Sinn: etwas geht gegen die Überzeugungen des common sense (para doxa) und ist trotzdem wahr. Stärkerer Sinn: Selbst-Widersprüchlichkeit	Spencer Brown will mit den Laws of Form erklärtermaßen aus dem Paradigma der Wahrheit austreten. Ungeradzahliger Reentry, solange die Konsistenzforderung der Primären Arithmetik gilt.	*Paradoxien des Glaubens wahren das Geheimnis Gottes; z. B. Jesus wahrer Gott und wahrer Mensch (Theologie)*

Tabelle 1: Sieben Strukturen/Dynamiken des Reentry der Form in die Form (zur Erläuterung s. u. 2.2.3.2)

Tabelle 1 stellt die zuvor genannten Begriffe in einer anderen Reihenfolge vor, indem sie zum einen die Bedeutung, die Wille ihnen zuschreibt und ihren Bezug zur Reentry-Figur bei Spencer Brown nebeneinander stellt.[106] Zum anderen lei-

---

[106]   Die ersten drei Spalten der Tabelle nach Wille 2009a, 191–193.

tet ein Kurzkommentar im Blick auf die religionspädagogische Praxis in den nächsten Abschnitt über.

2.2.3 Bedeutung für die Praxis: Religionsdidaktische Überlegungen

Bevor die in der Tabelle genannten sieben Strukturen bzw. Dynamiken möglicher Reentrys – der Reentry wird dabei verstanden als sechster Aspekt der Form der Unterscheidung – in ihren religionspädagogischen Konsequenzen genauer analysiert werden (2), sind zunächst die hermeneutischen Chancen zu erwägen, die sich der religionspädagogischen Analyse im Rückgriff auf das Fünf-Aspekte-Modell der Form der Unterscheidung nach Spencer Brown bieten (1). Zusammenfassend sollen neun Gründe genannt werden, warum die abstrakten Überlegungen Spencer Browns zur Form der Unterscheidung gerade für das Verständnis praktischen Handelns und seiner innovativen Entwicklung relevant sind (3).

2.2.3.1 Fünf Aspekte der Form der Unterscheidung: Hermeneutische Funktionen

Der erste Blick auf das Phänomen des Unterscheidens konnte zeigen: Das Leben, die Religion und die Theologie sind durch Unterscheidungen geprägt. Deutlich wurde auch: Es kommt darauf an, wie die Form der Unterscheidung jeweils konkret gefüllt wird. Unterschieden wurde u. a. die radikale Unterscheidung von Islam und Christentum (etwa bei den Anhängern der Pegida-Bewegung) von einer dialogischen Unterscheidung (etwa seitens christlicher Kirchen und muslimischer Verbände), die im Beispiel positive Wirkungen auf das Klima im Religionsunterricht auf der Berufsschule zeitigte. Bezüglich der Unterscheidung von Gott und Mensch wurde eine auf Ewigkeit gestellte *unio mystica* zurückgewiesen, während eine theologische Reflexion der Grenze zwischen Gott und Mensch und ihre Beschreibung durch die Relationsbegriffe ,restlos bezogen auf ...' in ,restloser Verschiedenheit von ...' Abhängigkeit und Freiheit zwischen Gott und Mensch in eine befriedigende Balance bringen mag.

Inwiefern könnte nun mit dem Fünf-Aspekte-Modell tiefer nach der Logik solcher Unterscheidungen gefragt werden? Etwa in Bezug auf die grundlegende Unterscheidung von Ich und Du: Auf welche Seite der Unterscheidung richtet ein Ich sein Augenmerk, wenn es den Unterschied von Ich und Du benennt? Wie kommt in seinem Unterscheiden die Grenze zwischen ihm selbst und dem Du zum Tragen? In welchem Kontext begegnen sie sich, der diese Unterscheidung ggf. rechtfertigt? Was ist das Motiv für die Unterscheidung? So könnten nun alle zu Beginn betrachteten Unterscheidungen anhand der fünf Aspekte befragt werden – aber, was bringt das? Die schematisch-abstrakte Anwendung erzeugt ein Unbehagen, das sich bereits bei der Formulierung der beiden Beispiel-Unterscheidungen (Islam-Christentum, Gott-Mensch) bemerkbar machte.

Vielleicht rührt es daher, dass die Anwendungen der abstrakten fünf Aspekte sowohl auf eine abstrakte Grundunterscheidung als auch auf die scheinbar konkreten Beispiel-Unterscheidungen notwendig im Vagen bleiben. So sind die Beispiele nur scheinbar konkret, denn es wird abstrahiert von den *Kontexten*, in denen dieselbe Unterscheidung je unterschiedlich getroffen (bzw. bei der auf Dauer gestellten *unio mystica* im Grunde verweigert) wird. Müssten die Aspekte nicht auf eine ganz konkrete Unterscheidung in einer bestimmten Situation angewendet werden, um ihre Relevanz zu zeigen? Ich nutze das konkrete Beispiel, in dem der muslimische Jugendliche zwischen den Orten „draußen" und „hier in der Klasse" unterscheidet (s. o. 2.1.2). Zunächst markiert er die Seite ‚draußen' als den Ort, wo er sich für sein Muslimsein rechtfertigen muss. Dann kreuzt er die Grenze und wechselt auf die Seite der Klasse, die er durch sein Sich-akzeptiert-Fühlen markiert. Die Grenze weist auf die Irritation der unterschiedenen Erfahrungen auf den beiden Seiten hin: Warum ist es einmal so – und einmal ganz anders? Hier ist der Kontext wichtig, der die beiden Seiten unterscheidbar macht: Es ist das Leben in einem Land, in dem Menschen unterschiedliche Unterscheidungen bezüglich des Verhältnisses von Islam und Christentum bzw. Islam und Deutschland treffen. Sein Motiv des Unterscheidens könnte sein, sich selbst Klarheit zu verschaffen über etwas, das ihn irritiert. Indem er den Unterschied benennt, schafft er die Voraussetzung dafür, diesen Unterschied weiter zu befragen und ihn mit seiner Lerngruppe zu explorieren: Warum erlebt unser Mitschüler diese Unterschiede im Verhalten der Menschen ihm gegenüber? Welche Konsequenzen sind mit diesen Unterschieden verbunden, gesellschaftlich und persönlich, für die Lerngruppe und jeden Einzelnen?

Was erbringt diese Anwendung der fünf Aspekte auf die Situation im Vergleich zur oben bereits vorgenommenen Analyse? Zunächst einmal eine Bestätigung: Die vorgenommene Unterscheidung mit ihren beiden Seiten wurde ähnlich beschrieben; statt des Wortes „Kontext" war oben vom GLOBE die Rede, der mit einer anderen Erfahrung breiter erläutert wurde; die Vorschläge zur weiteren Erarbeitung der Thematik laufen in dieselbe Richtung. Aber auch eine Erweiterung: Die Irritation des jungen Mannes beim Kreuzen der Grenze kommt durch die Analyse nach Spencer Brown schärfer zum Ausdruck; sein Motiv zu verstehen, was da eigentlich passiert, erscheint dringlicher. Der Wert, eine konkrete Unterscheidung anhand der fünf Aspekte der abstrakten Form der Unterscheidung zu analysieren, zeigt sich am Beispiel aus der Praxis.

Wahrscheinlich hat der junge Muslim am konfessionellen katholischen Religionsunterricht teilgenommen, der im Sinne der Gastfreundschaft allen interessierten Kindern und Jugendlichen offensteht. Nun wende ich die fünf Aspekte auf die Unterscheidung zwischen konfessionellem und multireligiösem Religionsunterricht an. Der Sinn dieser Unterscheidung steht nicht in Frage, sondern kontrovers diskutiert wird, welches Modell von Religionsunterricht das Bessere sei.[107] Für jede der beiden Seiten der Unterscheidung lassen sich gute Gründe anführen, in der Diskussion wird die Grenze gekreuzt, um die Stärken und Schwächen jedes Modells, jeder Seite herauszuarbeiten. Auch werden die unterschiedlichen Kontexte, in denen mal das eine und mal das andere Modell im Vorteil scheint, durchaus gesehen und reflektiert.[108] Und Motive, die den inhaltlichen Sinn der Unterscheidung verbürgen, lassen sich mehrere nennen: Es geht um die bestmögliche religiöse Bildung (pädagogisches Interesse), den größtmöglichen Einfluss der Kirchen (kirchenpolitisches Interesse), die Wirkungen wissenschaftlicher Diskurse auf das Bildungssystem (bildungs- bzw. forschungspolitisches Interesse), den wissenschaftlichen Nachwuchs (Selbsterhaltungsinteresse) etc. Natürlich steht das ehrenwerte pädagogische Interesse im Zentrum, weshalb zu erforschen ist, was Kriterien einer guten religiösen Bildung sind. Was wäre, wenn für eine gute religiöse Bildung die Unterscheidung konfessionell versus multireligiös gar nicht so relevant ist wie vermutet? Könnte ein häufigeres Kreuzen der Grenze möglicherweise zu einer ganz anderen Grenzziehung führen? Diese Fragen sind hier nicht zu beantworten – dazu müsste viel konkreter argumentiert werden. Allerdings sollte deutlich geworden sein, dass die Anwendung der fünf Aspekte durchaus hilft, den Blick zu weiten und ihn ggf. auf noch unbekanntes Terrain zu richten.

Schauen wir noch einmal auf Erfahrungen der *unio mystica*, in denen Menschen eine Verschmelzung mit Gott bzw. dem Göttlichen erleben. Würde jemand behaupten, diese Erfahrung ohne Unterbrechung zu machen, müsste er den Sinn der Unterscheidung zwischen Gott und Mensch leugnen. Dann könnte er aber auch nicht von dieser Erfahrung erzählen, denn die in ihr erfahrene Überwindung des Unterschieds setzt ja die Erfahrung des Unterschieds voraus. Im *Kontext des Redens über die Erfahrung* müssen die beiden Seiten Gott und Mensch unterscheidbar bleiben, im *Kontext der Erfahrung selbst* kann das anders sein. Vielleicht führt sie an den Anfang zurück, in den „*empty space*" vor der ersten Unterscheidung.[109] So beginnt Spencer Brown die *Laws of Form* mit chinesischen Schriftzeichen aus dem *Tao-Te-King*, in denen es inhaltlich um den Anfang geht.

---

[107] Vgl. z. B. die aufschlussreiche Kontroverse zwischen Thorsten Knauth und Andreas Verhülsdonk, in: Englert, Rudolf/Schwab, Ulrich/Schweitzer, Friedrich/Ziebertz, Hans-Georg (2012/Hg.): Welche Religionspädagogik ist pluralitätsfähig? Kontroversen um einen Leitbegriff, Freiburg i. Br. 2012, 15–52.

[108] Vgl. z. B. Lindner, Konstantin/Schambeck, Mirjam/Simojoki, Henrik/Naurath, Elisabeth (2017/Hg.): Zukunftsfähiger Religionsunterricht. Konfessionell – kooperativ – kontextuell, Freiburg/Basel/Wien. Vgl. in diesem Sammelband bes. die Aufsätze von Knauth, Thorsten (2017): Dialogisches Lernen als zentrale Figur interreligiöser Kooperation?, in: Lindner u. a. (Hg.), a. a. O., 193–212, und Woppowa, Jan (2017): Perspektivenverschränkung als zentrale Figur konfessioneller Kooperation, in: Lindner u. a. (Hg.), a. a. O., 174–192.

[109] Vgl. Lau 2015, 182–185.

Der Satz hat mehrere Übersetzungsmöglichkeiten. Katrin Wille nennt zwei wörtliche, Felix Lau zitiert die poetische Übertragung von Ernst Schwarz:

> „(1) Ohne Name ist der Anfang des Himmels und der Erde.
> (2) ‚Nichts' ist Name des Anfangs von Himmel und Erde."[110]
> (3) „namenlos des himmels, der erde beginn".[111]

Dieser Vers ist der dritte in einer Einheit von vier Versen, mit denen das *Tao-Te-King* beginnt. Im ersten Vers wird das Tao (Dao, Dau) benannt, an das Spencer Brown durch die Verwendung des dritten Verses erinnert. Die üblichen Übersetzungen „Weg, Sinn, universelles Prinzip, Weltgesetz, Gott, Schicksal oder auch das Sein" verweisen in ihrer Vielfalt auf die Unbestimmbarkeit des Dao: „Es ist ohne Grenzen, da es alle Grenzen der Festlegung überschreitet. Oder paradox formuliert: Per Definitionem ist das Dao undefinierbar."[112] Lau zitiert die Übersetzung der ersten vier Verse von Schwarz; in Klammern füge ich die Übersetzung von Wille hinzu:

> „sagbar das Dau doch nicht das ewige Dau"
> („1 Der Weg, der wirklich Weg ist, ist ein anderer als der unwandelbare Weg.")
> „nennbar der name doch nicht der ewige name"
> („2 Die Namen, die wirklich Namen sind, sind andere als unwandelbare Namen.")
> „namenlos des himmels, der erde beginn"
> („3 Namenlos/Nichts ist der Anfang von Himmel und Erde.")
> „namhaft erst der zahllosen dinge urmutter"
> („4 Der Name ist die Mutter der zehntausend Dinge.")[113]

Nach dem Schöpfungsgedicht schuf Gott am Anfang den Himmel und die Erde (Gen 1,1). Die Schöpfung ist durch das unterscheidende Handeln Gottes bestimmt, das bereits den Unterschied von Gott und Welt voraussetzt. Der Mensch darf am Schöpfungshandeln teilnehmen, indem er die Tiere durch Benennung unterscheidet, wie es die wahrscheinlich ältere Schöpfungserzählung formuliert (Gen 2,18). Diese Parallele betont ebenso der Philosoph Günter Schulte und ergänzt: „Spencer Browns Anweisung ‚Draw a distinction' [...] folgt der Weisung Gottes: ‚Es werde Licht'" (Gen 1,3).[114]

Schulte verbindet den Anfang der *Laws of Form* mit den Auslegungen von Gen 1 durch Gregory Bateson und Niklas Luhmann. ‚Welt' wird dabei für Luh-

---

[110] Wille, Katrin (2009b): 0. Kapitel: Womit der Anfang gemacht wird, in: Schönwälder-Kuntze/Dies./Hölscher, a. a. O., 64–66, 65. Wille interpretiert diesen Anfang so: „Wir können erwarten, etwas über das Verhältnis von Nichts, Namenlosigkeit und Namen, das angemessene Verständnis des Namens und die Entstehung von Komplexität aus dem Namen zu erfahren" (ebd., 66).

[111] Lau 2015, 183.

[112] Ebd., 182.

[113] Ebd., 183; Wille 2009b, 65.

[114] Schulte 2013, 97.

mann zum „„Kondensat‘ einer ehemals göttlichen Unterscheidungspraxis".[115] Im Rückgriff auf eine Parabel Spencer Browns mit dem Titel „Goodbye Trip" vertritt Schulte die These, dass dem Reentry eine religiöse Wiedergeburtslehre zugrunde liege: Im Wiedereintritt der Seele in die Gebärmutter wird die Unterscheidung von Mutter und Kind bei der Entbindung vorbereitet. In dieser „Wiedergeburtskybernetik" fließen Ende und neuer Anfang in der „Einheit von Leben (Geburt) und Tod" ineinander.[116]

Spencer Brown greift mit seiner Parabel, die analog zum Tibetanischen Totenbuch die Reisen der Seele im Kreislauf der Wiedergeburten begleitet, und dem Zitat aus dem Tao-Te-King fernöstliche religiöse Traditionen auf. Ein zentraler Unterschied zu den abrahamischen Traditionen könnte sein, dass bei ersteren vor der Unterscheidung von Himmel und Erde ‚Nichts‘, bei letzteren hingegen ‚Gott‘ vermutet wird. Wie dem auch sei: Vielleicht lassen Erfahrungen der *unio mystica* Menschen etwas von diesem Zauber des Anfangs noch vor allen Benennungen und Unterscheidungen erleben – und dieses Erlebte wird dann aus unterschiedlichen Traditionen heraus im Nachhinein (das paradoxerweise zugleich ein Vorhinein ist) anders benannt: als Dao, als Gott – oder als *empty space*, dem in den *Laws of Form* der „Anfang von Himmel und Erde" zugewiesen wird, auch wenn Spencer Brown „kein Wort über den ‚unbenennbaren Anfang‘ verliert".[117]

Wichtig scheint mir, *empty space* und *unmarked space* nicht zu verwechseln: Während der *unmarked space* erst durch das Anzeigen/Unterscheiden entsteht, liegt der *empty space* diesen Vollzügen voraus. Ähnlich wie der Begriff des Beobachters durch den fünften Aspekt des Motivs impliziert wird, kann der *empty space* als Implikation des vierten Aspekts verstanden werden. Er ähnelt nämlich formal dem Kontext, in dem sich das Anzeigen/Unterscheiden vollziehen. Während allerdings der Kontext durch weiteres Unterscheiden beschrieben werden kann, bleibt der *empty space* diesen Beschreibungen entzogen. Er ist sozusagen als Grenzbegriff des Kontexts der ‚Kontext schlechthin‘, der ‚Kontext aller Kontexte‘. In diesem Sinne sind die oben genannten Beschreibungen des vierten und fünften Aspekts zu präzisieren (s. o. 2.2.1):

1. der in einen nicht beschreibbaren Kontext (*empty space*) eingebettete *Kontext*, der die beiden Seiten (*marked/unmarked space*) unterscheidbar bzw. zu verschiedenen macht,

2. das *Motiv*, das den inhaltlichen Sinn des Unterscheidens verbürgt und einen Beobachter impliziert. Denn in Prozessen des Beobachtens werden Unterscheidungen getroffen (Beobachtungen erster und zweiter Ordnung) bzw. hinterfragt (Beobachtungen zweiter Ordnung).

---

[115] Ebd., 96. S. u. 3.2.1.3
[116] Vgl. ebd., 95–107, 106f. Die Parabel steht im Buch „Only Two can play This Game", das Spencer Brown 1971 unter dem Pseudonym James Keys veröffentlichte.
[117] Lau 2015, 185.

2.2.3.2 Sechster Aspekt Reentry: Dynamiken bzw. Strukturen seines Auftretens

Der sechste Aspekt der Form der Unterscheidung ist nun der Reentry, der in jeder Unterscheidung impliziert ist. Denn weil jede in einer Unterscheidung gegebene Anzeige auf eine Seite der Unterscheidung in sich die Form der Unterscheidung repräsentiert, erfolgt in der Verwendung der Anzeige einer Seite der Wiedereintritt in die Form.[118]

Sieben Dynamiken von Reentrys (s. o. Tabelle 1) werden nun genauer betrachtet, zunächst die drei theologisch relevanten „Selbst-Ähnlichkeit", „Imaginäres" und „Paradoxie" in Bezug auf die mit ihnen verbundenen religionspädagogischen Herausforderungen, danach die pädagogisch zentralen „Selbstreferenz", „Rekursion", „Zirkularität" und „Feedback".

1. *Selbst-Ähnlichkeit: Ganzes sein und gleichzeitig Teil seiner selbst*
   Im Körper von Lebewesen enthält jede Zelle als Teil die genetische Information für das Ganze. Insofern ist vom ganzen Körper her betrachtet jede neue Zelle ein Reentry der Form des Körpers in den Körper. Im Glauben jedes einzelnen Menschen ist trotz seiner Bruchstückhaftigkeit der Keim des ganzen Glaubens enthalten. Insofern ist von der Fülle des Glaubens her betrachtet jedes Glaubenszeugnis eines Menschen ein Reentry der Form des Glaubens in den Glauben. Daraus ergibt sich religionspädagogisch die Herausforderung, jede Glaubensäußerung als Glaubensform ernst zu nehmen. In jedem Ereignis, das Gottes Liebe zu den Menschen offenbart, und sei es noch so fragmentarisch, zeigt sich die ganze Fülle der göttlichen Liebe. Dementsprechend ist Gott im Leben, Sterben und Auferstehen Jesu vollständig präsent, wobei Christ*innen davon ausgehen, dass der Ausdruck der Liebe Gottes in Christus eine besondere Qualität hat. Daraus ergibt sich religionspädagogisch die Herausforderung, die Transparenz der Welt auf Gott hin immer neu aufzuweisen, und für eine christliche Religionspädagogik die Notwendigkeit, die christologische Dimension dieser Transparenz besonders zu berücksichtigen, zu deren Verständnis eine pneumatologische Einbettung gehört (s. o. 2.1.3).

2. *Imaginäres: Durch Imaginäres zuvor Unlösbares lösen*
   Angesprochen ist damit die Funktion der Religion, Unbestimmbares in Bestimmtes zu überführen, Antworten auf ungelöste Lebensfragen zu geben. Um die Lebenssituation der Menschen zu verstehen, sind Religionssoziologie und Religionspsychologie wichtige Dialogpartner für die Religionspädagogik. Die Oszillationsfunktion verweist darauf, dass Antworten in Bewegung geraten. So kann auch Bestimmtes zu Unbestimmtem werden und der *imaginary state* als dritter Zustand den Sinn einer Unterscheidung in Frage stellen (weder der *marked state* auf der einen Seite der Grenze, noch der *unmarked state* auf der anderen Seite der Grenze erweisen sich als haltbar); ein

---

[118] Vgl. Schönwälder-Kuntze 2009a, 205.

ständiges Kreuzen der Grenze kann in einen ,*imaginary state*' führen, der die Grenze selbst gegenstandslos macht. Im Imaginären kann der ,unbenennbare' *empty space* auch noch im Unterscheiden gegenwärtig werden. Religionspädagogisch besteht die Herausforderung, sich darauf einzulassen, dass alles immer auch anders sein könnte (s. o. 1.2.2, s. u. 4.4.1).

3. *Paradoxie: gegen den gesunden Menschenverstand und trotzdem wahr*
   Der Glaube drückt sich häufig in paradoxen Wendungen aus, um auf die Unverfügbarkeit und Offenheit Gottes hinzuweisen. Religionspädagogisch besteht die Herausforderung, Maßnahmen zu stärken, die das Denken und Fühlen von Menschen weiten, statt es einzuengen (s. o. 2.1.3, s. u. 4.3.6).

4. *Selbstreferenz: Identität von Bezeichnendem und Bezeichnetem*
   Die Bewertungen, die ich abgebe, bewerten mich. Die Reflexion des eigenen Handelns ist unverzichtbar. Der Reentry in Form der Selbstreferenz ist der zentrale Faktor von Lehrer*innenbildung, weil ohne ihn keine Entwicklung möglich wäre: für die Religionsdidaktik, um sich über Wirkungen religiöser Bildungsprozesse Rechenschaft abzulegen; für die theologische Hochschuldidaktik, um die Fähigkeit, religiöse Bildungsprozesse anzubahnen, theoretisch zu fundieren und praktisch zu vollziehen (s. o. 1.3.6, s. u. 4.3.2).

5. *Rekursion: Anwendung eines Verfahrens auf sich selbst bis zum Erreichen von x*
   Bezogen auf Lernprozesse erinnert die Rekursion an die mechanische Wiederholung derselben Lernschritte, etwa beim Vokabellernen. Das Auswendiglernen von Fragen und Antworten aus dem Katechismus war in der Gründungszeit der Religionspädagogik als Wissenschaft noch verbreitete Praxis. Zu fragen ist, welche religiösen ,Eigenwerte' dadurch bei Kindern und Jugendlichen erreicht werden konnten, qualitativ und quantitativ. Es besteht der Verdacht, dass Ablehnung oder eine Stagnation auf heteronome Glaubensstufen produziert wurden, sicher aber auch Widerstände gegen ein automatisiertes Lernen von Glaubensinhalten und damit ein Ausbrechen aus mechanischer Rekursion. Ein solcher Widerstand kann durch einen Reentry in der Dynamik der Selbstreferenz erzeugt werden. Solche Prozesse in der Geschichte des religiösen Lernens zu verstehen und nachzuzeichnen, ist eine Aufgabe der historischen Religionspädagogik. Die Logik der Form der Unterscheidung nach Spencer Brown könnte einen Beitrag zu dieser geforderten Hermeneutik leisten. Zentral für die religionspädagogische Reflexion ist die Diskussion um das Ziel „x" als die Lernergebnisse, die zu erreichen sein sollen. Welchen Beitrag kann vielleicht auch heute noch eine rekursive Mechanik leisten, um ,Eigenwerte' zu erzielen, die Kinder und Jugendliche darin unterstützen, sich in der pluralen Welt religiös zu orientieren? Ist das zentrale Ziel des Religionsunterrichts - sich selbst religiös positionieren zu lernen - überhaupt ein erreichbares „x", oder ist es nicht ein Grenzwert, dem sich die Lernenden durch stetes Wiederholen im hermeneutischen Zirkel lediglich annähern können? Verstehen kann zwar vertieft, aber niemals vollständig erreicht werden - und insofern muss die paradoxe Einheit von

Verstehen und Nicht-Verstehen religionsdidaktisch beachtet werden (s. u. 3.1.1).

6. *Zirkularität: Zurückfließen von etwas zum Ausgangspunkt (Kreislauf/Kreisläufe)*
Gegenüber dem formellen Lernen im strengen Katechismus-Unterricht, aber auch im aktuellen diskursiven Religionsunterricht sprudelte und sprudelt eine andere Quelle religiösen Lernens vielleicht nachhaltiger. Das informelle Lernen durch einfaches Miterleben der Glaubensvollzüge im Alltag (Beten, Rituale, Gottesdienste etc.) bietet die Chance, Bestandteile der erfahrenen Religion in das eigene Leben dort einzubauen, wo sie passen, und auf sie zurückzugreifen bzw. sie weiterzuentwickeln, wenn sie helfen oder herausfordern. Religionspädagogisch sind die auch heute noch aktuellen und beliebten Bräuche wie Martinsumzüge, Nikolausfeiern, Singumgänge, Prozessionen etc. wertzuschätzen und in ihrer Sinnlichkeit und Symbolkraft zu erhalten bzw. auszubauen (Weihrauchduft, Kerzen, farbenfrohe Gewänder, Weihwasser, Backwaren wie Stutenkerle etc.). Der Verlust solch primärer religiöser Sozialisation ist im Religionsunterricht nicht aufzuholen, auch hat der Religionsunterricht am öffentlichen Ort der Schule andere Aufgaben als etwa die kirchliche Katechese. Deshalb tritt im Kontext der Überlegungen zur performativen Religionsdidaktik der Schritt der Reflexion notwendig zum unmittelbaren Erleben religiöser Vollzüge hinzu. Das Miterleben dieser Vollzüge muss so vorbereitet werden, dass es nicht zu Überwältigungen oder Vereinnahmungen kommt (s. u. 4.3.1,4).

7. *Feedback: Prozess, in dem der Output eines Kreislaufs den Input verändert*
Feedback-Prozesse sind zentrale Mittel zur Gestaltung intentionaler Lernprozesse. Ihre Effekte für das Lernen werden in empirischen Untersuchungen als hoch ausgewiesen. Je konkreter das Feedback, desto nachhaltiger das Lernen. Für die Lehrenden ist der *Output* der Lernenden ein entscheidendes Kriterium zur Auswahl des *Inputs*. Das fängt bereits mit der Erhebung der ‚Lernausgangslage' an, die somit als ein erster *Output* zu verstehen ist.[119] Die kontroverse Diskussion um die Kompetenzorientierung dreht sich meistens darum, ob eine Orientierung am zuvor festgelegten *Learning Outcome* (dem *Output* der Lernergebnisse) der Freiheit der Lernsubjekte entsprechen kann. Ist die Kompetenzorientierung nicht ein Mittel der subtilen Steuerung von Heranwachsenden für ihnen äußerliche staatliche oder wirtschaftliche Ziele? Untergräbt nicht der Wechsel von einer curricularen *Input*-Orientierung zur standardfixierten *Output*-Orientierung das wissenschaftsorientierte Prinzip fachlicher Bildung? Allerdings ist einerseits eine Kompetenzentwicklung ohne Arbeit an konkreten Inhalten nicht möglich, und andererseits kann die Formulierung der Kompetenzen durchaus die Freiheit der

---

[119] Vgl. Hattie, John/Zierer, Klaus (2016): Kenne deinen Einfluss! „Visible Learning" für die Unterrichtspraxis, Baltmannsweiler, dort bes. das achte Kapitel: „Gib und fordere Rückmeldung!", ebd., 131–150.

Subjekte konkretisieren, etwa in dem allgemeinen Lernziel für den Religionsunterricht, dort im kommunikativen Austausch die Fähigkeit zur Positionierung in Bezug auf religiöse Fragen zu erwerben.[120]

Deutlich sollte geworden sein, dass Dynamiken bzw. Strukturen mit dem Charakter des Wiedereintritts in die Form der Unterscheidung (Reentry) unweigerlich alle Lebensprozesse und damit natürlich auch Prozesse religiöser Bildung und theologischer Reflexion prägen. Reentrys kommen überall mit unterschiedlichen Strukturen zur Geltung. Deshalb sind sie didaktisch zu reflektieren und überlegt einzusetzen. Wichtig zu bedenken ist dabei, dass für solche Reentrys Zeit benötigt wird. Dem entspricht, dass Spencer Brown den Faktor Zeit im elften Kapitel zusammen mit der Figur des Reentrys einführt;[121] und zwar um „den ‚imaginary state' als einen Zustand der Form verstehen zu können".[122]

2.2.3.3 Fazit: Neun Gründe für die Praxisrelevanz der Form der Unterscheidung

Zusammenfassend benenne ich im Anschluss an Katrin Wille neun Gründe, warum die sechs Aspekte der Form der Unterscheidung (markierte Seite, unmarkierte Seite, Grenze, Kontext, Motiv, Reentry) für vielfältige Anwendungen in der Praxis relevant geworden sind bzw. auch weiterhin wirkungsvoll sein dürften.[123]

1. Die *Einfachheit* des Ansatzes bei der elementaren Form der Unterscheidung: Diese Form lässt sich auf alle Bereiche des Handelns beziehen. Die Gefahr, durch „theoretische Artefakte" Probleme in die Praxis hineinzulesen, die in ihr selbst gar nicht virulent sind, ist gering, weil der theoretische Rahmen wenig voraussetzungsreich ist.[124]

2. Die *Formalität* der Aspekte der Form der Unterscheidung: Aufgrund der formal-abstrakten Ableitung der Aspekte, die für alle Unterscheidungen gelten, sind sie offen für unterschiedliche inhaltliche Anwendungen. Somit wird kein inhaltlicher Rahmen vorgegeben, sondern eher ein „Prozessschema", das eine gemeinsame „Kommunikationsebene" über inhaltliche Differenzen hinweg ermöglicht.[125]

---

[120] Vgl. Schambeck, Mirjam/Schröder, Bernd (2017): Auf dem Weg zu einer Didaktik konfessionell-kooperativer Lernprozesse, in: Lindner u. a. (Hg.), a. a. O., 343–363, 355–358. S. u. 3.1.2, 4.3.4.

[121] Vgl. Spencer Brown 1997, 51.

[122] Wille 2009a, 180.

[123] Wille, Katrin (2009c): Praxis der Unterscheidung, in: Schönwälder-Kuntze/Dies./Hölscher, a. a. O., 287–299, 288–293. Ich stelle sie im Folgenden in einer etwas anderen Reihenfolge dar.

[124] Ebd., 288.

[125] Ebd., 288f.

3. Die *Prozessualität* der Form der Unterscheidung:
   Es gibt keine Hinweise, Unterscheidungen, Grenzen an sich, sondern sie werden „generiert, aufrechterhalten, verwendet, aber auch verändert oder aufgelöst".[126] Dieses Verständnis stimmt überein mit den für den Konstruktivismus zentralen Vollzügen des Re/De/Konstruierens (s. o. 1.2.2).
4. Die *innere Komplexität* der Form der Unterscheidung:
   Weil sich die Form der Unterscheidung auf alle ihre Aspekte in ihrem wechselseitigen Bedingungsverhältnis richtet, ist sie für eine Anwendung komplex genug. Das zeigt sich z. B. hinsichtlich der Ambivalenz der Grundbegriffe wie dem der Grenze, der in seiner Doppelfunktion zugleich auf Trennung als auch auf Verbindung hinweist, oder in der Berücksichtigung von Kontexten, wie sie für systemisch-konstruktivistische Therapien charakteristisch sind (s. o. 1.1.4).[127]
5. Die überraschend erfahrungsproduktive *„Bewegung der Abstraktion"* im Nachvollziehen der Form der Unterscheidung:
   Die Abstraktion kann Räume schaffen für Erfahrungen „des Abstreifens, des Überschreitens, der Eröffnung von Freiräumen". Das konnte der erste Schritt der Anwendung des Fünf-Aspekte Modells zeigen.[128]
6. Die zentrale Bedeutung der *Erfahrung* für das Nachvollziehen der Form der Unterscheidung:
   Weil die jeweils eigene Erfahrung unverzichtbar für das Lernen ist, regt Spencer Brown mit dem didaktischen Mittel der *„Injunktion"* immer wieder dazu an, theoretische Schritte selbst nachzuvollziehen (beispielsweise in der Aufforderung: *Draw a distinction*).[129] Dahinter steckt die konstruktivistische Einsicht in die operationale Geschlossenheit von Systemen (s. o. 1.1.4).
7. Der Anstoß zu *Prozessen des Verlernens und der Musterunterbrechung* auf der „Grenze zwischen Formentstehung und Auflösung der Form":
   Weil die Form der Unterscheidung in jedem konkreten Anwendungsfall neu zu explorieren ist, wird dazu angeregt, Vorurteile zu verlernen und festgelegte Denk- und Handlungsmuster zu durchbrechen, was einer konstruktivistischen Grundhaltung entspricht.[130] Das sollte die Ergänzung zur Analyse der unterrichtlichen Erfahrung mit der Äußerung des muslimischen Jugendlichen zeigen (s. o. 2.2.3.1).
8. Der *Anfang* bei der Form der Unterscheidung:
   Weil weder idealistisch bei den Subjekten, noch realistisch bei den Objekten angesetzt wird, konvergieren im Prozess des Unterscheidens „die Ebene des

---

[126]   Ebd., 290.
[127]   Vgl. ebd., 291f.
[128]   Ebd., 290. S. o. 2.2.3.1.
[129]   Vgl. ebd.
[130]   Ebd., 289. Heinz von Foerster weist diesbezüglich auf die Bedeutung einer „Lethologie" als einer Lehre des Vergessens hin, vgl. Foerster 2002. S. o. 1.1.1.

Strukturellen und die Ebene des Individuellen". So ermöglicht etwa die „Erinnerung an die Form der (ersten) Unterscheidung" einen Reentry, insofern z. B. der Blick vom Eingebundensein in (vermeintliche) Sachzwänge auf die gegebenenfalls revidierbaren Unterscheidungen gerichtet wird, die überhaupt erst zu den Zwängen geführt haben.[131]

9. Die dynamische Form des ‚Reentry‘ als sechster Aspekt der Form der Unterscheidung:
Die formale Figur ist vielfältig interpretierbar, z. B. im Sinne der Rekursivität sich selbst bestätigender Kreisläufe, wie sie in „Watzlawicks ‚self-fulfilling prophecies‘ [...] in den allgemeinen Sprachgebrauch übergangen" ist (Gedächtnisfunktion), oder als „Möglichkeit der Rahmenerweiterung durch Widersprüche", wodurch im Hin-und-Her-Kippen von einer Seite auf die andere ein dritter Zustand (*imaginary state*) erzeugt werden kann (Oszillatorfunktion).[132]

2.3 Die Form der Unterscheidung im Blick auf zwei religionsdidaktische Ansätze

Im Folgenden möchte ich die Form der Unterscheidung in ihren sechs Aspekten dafür benutzen, zwei religionsdidaktische Ansätze zu re/de/konstruieren, in denen jeweils bestimmte Aspekte der Form der Unterscheidung zentral sind: Zunächst geht es um das Modell einer dialogisch-beziehungsorientierten Religionsdidaktik, das Reinhold Boschki vorgelegt hat.[133] Hier ist der dritte Aspekt zentral, insofern die Grenze in ihrer Ambivalenz des gleichzeitigen Verbindens und Trennens m. E. den Kern der von Boschki beschriebenen Beziehungsdimensionen darstellt (1). Sodann interessiere ich mich für das Modell einer alteritätstheoretischen Religionsdidaktik, mit dem Bernhard Grümme m. E. den vierten Aspekt der Form der Unterscheidung fokussiert.[134] Indem Grümme ‚Erfahrung‘

---

131 Vgl. Wille 2009c, 291.
132 Vgl. ebd., 292f.
133 Vgl. grundlegend Boschki, Reinhold (2003): ‚Beziehung‘ als Leitbegriff der Religionspädagogik. Grundlegung einer dialogisch-kreativen Religionsdidaktik (Zeitzeichen 13), Ostfildern. Zur kritischen Auseinandersetzung mit bereits explizit beziehungsorientierten Ansätzen innerhalb der Religionspädagogik (Wolfgang W. Esser, Egon Spiegel, Fritz Oser, Hermann Pius Siller, Albert Biesinger, Karl Ernst Nipkow und Werner Tzscheetzsch) vgl. ebd., 376–386. Der religionspädagogischen Rezeption der TZI, etwa durch Matthias Scharer, wirft Boschki vor, den Beziehungsbegriff als „selbstredend" vorauszusetzen (vgl. ebd., 386–388). Vgl. zusammenfassend Boschki, Reinhold (2012): Dialogisch-beziehungsorientierte Religionsdidaktik, in: Grümme/Lenhard/Pirner (Hg.), a. a. O., 173–184.
134 Vgl. grundlegend Grümme 2007; zusammenfassend Grümme, Bernhard (2012): Alteritätstheoretische Religionsdidaktik, in: Ders./Lenhard/Pirner (Hg.), a. a. O., 119–132.

als vom nicht definierbaren Anderen her gestiftet betrachtet, nimmt er den Anfang vor allem Anfang im unbenennbaren *empty space* als Kontext aller Kontexte ernst (2). Es sollte sich von selbst verstehen, dass diese Zuschreibungen nicht absolut gesetzt werden dürfen, denn natürlich enthalten beide Ansätze alle sechs Aspekte der Form der Unterscheidung in einer bestimmten Konstellation.

Beide Ansätze lassen sich als grundlegende Religionsdidaktiken verstehen. Im Unterschied zu „dimensionalen Religionsdidaktiken", die ihren Fokus auf konkrete Bereiche religionspädagogischer Arbeit (Medienwelt, Interkulturalität, Interreligiosität, ...) legen, haben „grundlegende Religionsdidaktiken" den Anspruch, Rahmenkonzepte vorzulegen, die sich grundsätzlich auf alle Bereiche anwenden lassen.[135] Unabhängig von der Frage, ob solche Rahmenkonzepte heute sinnvoll sind,[136] trifft der Anspruch für die beiden gewählten Ansätze m. E. zu. Zwischen grundlegenden und dimensionalen Religionsdidaktiken siedelt Rudolf Englert noch „pointierte Religionsdidaktiken" an, die „sich wesentlich der Auseinandersetzung mit einer bestimmten kulturwissenschaftlichen ‚Muttertheorie'" verdanken.[137] So ist Boschkis Ansatz auf das unterschiedliche Dialogdenken von Martin Buber und Emmanuel Levinas bezogen, während Grümmes Ansatz sich besonders auf die Alteritätsphilosophie Franz Rosenzweigs stützt.[138] Nach Englert können diese Didaktiken „auf bestimmte Schwachstellen und ‚blinde Flecken' in der religionspädagogischen Theoriebildung aufmerksam machen"; sie können aber „auch zum Ausgangspunkt für eine eigenständige Rekonstruktion der religionsdidaktischen Grundaufgabe werden".[139]

Da beide Ansätze diese Rekonstruktionsleistung erfüllen, ordne ich sie den grundlegenden Religionsdidaktiken zu – was auch ihrem Selbstverständnis als Weiterführung der grundlegenden Konzeption ‚Korrelationsdidaktik' entspricht.[140] Aber die Grenzen sind fließend: Zählt etwa Englert Grümmes Ansatz

---

[135] Vgl. Englert 2012, 247–249.

[136] Hans Mendl sieht derzeit „keine konzeptionelle Grundidee [...], die die Korrelationsdidaktik ablösen könnte"; er meint, „die Zeit grundlegender Konzepte scheint vorbei zu sein", und richtet seinen Blick deshalb vorzugsweise auf die „grundsätzlichen Prinzipien", in denen sich der Korrelationsgedanke verwirklicht (Mendl 2018, 55). Prinzipien sind „miteinander kombinierbar und begründen sich teilweise auch wechselseitig" (ebd., 180). Zu diesen Prinzipien zählt Mendl neben anderen das symbolorientierte, das erinnerungsgeleitete, das inklusionssensible, das performative und auch das konstruktivistische Lernen (vgl. ebd., 180–223). Die an den Prinzipien ‚Beziehung' bzw. ‚Alterität' orientierten Konzeptionen sind nach Mendl, das Selbstverständnis Boschkis und Grümmes bestätigend, „Weiterentwicklung[en] des Korrelationsgedankens" (ebd., 71).

[137] Vgl. Englert 2012, 247.

[138] Vgl. Boschki 2003, 306–320, Boschki 2012, 175f.; vgl. Grümme 2007, 235–294; Grümme 2012, 126.

[139] Englert 2012, 248.

[140] Vgl. Boschki 2003, 393–402, Boschki 2012, 174f.; vgl. Grümme 2007, 22–24.29–147; Grümme 2012, 120.124f.

(Kontext aller Kontexte)
(unbenennbarer leerer Raum, z. B. Nichts, Gott)

zu den pointierten Religionsdidaktiken, negiert Grümme selbst für seinen Ansatz „den weitausholenden Anspruch einer religionspädagogischen Konzeption" und möchte ihn „eher als religionsdidaktische Dimension" verstanden wissen.[141] Dagegen begreift Manfred Pirner in seiner englischsprachigen Zusammenfassung Grümmes alteritätstheoretische Religionsdidaktik als grundlegenden, *„fundamental approach"* und Boschkis Ansatz als *„dimensional approach"*, dem wiederum Englert einen über die pointierte Religionsdidaktiken (*„characteristic approaches"*) hinausgehenden grundlegenden Stellenwert zumisst.[142]

Die Darstellung der beiden Ansätze erfolgt jeweils in den drei Schritten der zusammenfassenden Rekonstruktion, der an der Form der Unterscheidung orientierten Dekonstruktion und einem aus der Bewegung des Re/De/Konstruierens zu ziehenden konstruktiven Fazit. Um die Dekonstruktion zu veranschaulichen, stelle ich die Ansätze jeweils in einem Schaubild dar, das sich strukturell an folgende Visualisierung der Form der Unterscheidung anlehnt: Die ersten drei

---

[141] Grümme 2012, 127; vgl. Englert 2012, 249.
[142] Pirner, Manfred (2012a): About this book, in: Grümme/Lenhard/Ders. (Hg.), a. a. O., 259; vgl. Englert 2012, 249.

zentralen und unmittelbar einleuchtenden Aspekte sind grafisch leicht darstellbar: Der angezeigte Inhalt der *markierten Seite* wird durch Benennen bzw. Kreuzen der Grenze von der *nicht markierten Seite* aus (der gerade schwarze Pfeil) sichtbar. Der Aspekt des *Kontexts* steht in Klammern, weil er zwar vorausgesetzt werden muss, aber eine neue Unterscheidung verursachte, würde man das Augenmerk auf ihn richten (der gestrichelte Kreis). Mit dem Kontext ist der *empty space* als Kontext aller Kontexte impliziert, er wird je nach religiöser Tradition unterschiedlich benannt (um die Durchlässigkeit des Kontextes zu zeigen, ist der Kreis gestrichelt).

Schwieriger darzustellen sind der fünfte und sechste Aspekt. Dafür wäre ein dreidimensionales Schaubild hilfreich: Jede Unterscheidung impliziert als fünften Aspekt ein *Motiv*, das wiederum eine *Beobachterin* nahelegt, die den Prozess des Unterscheidens in Gang setzt (der geschwungene graue Pfeil). Der Reentry der Form in die Form kann von jedem der fünf Aspekte der Form der Unterscheidung aus erfolgen; er steht in der Abbildung eher zufällig auf der nicht markierten Seite (angedeutet durch die graue Farbe und den Überlappungen mit dem gestrichelten Kontext-Kreis und der Grenze). In einem dreidimensionalen Schaubild könnte man ihn als Hintergrund der gesamten Form der Unterscheidung zeigen; damit könnte auch an das Bild des Tunnels für die Dynamik des Reentry als imaginärer Wert erinnert werden. Durch die in der Unterwanderung der Grenze ermöglichte Oszillation zwischen markierter und nicht markierter

Abbildung 1b: Das Sechs-Aspekte-Modell der Form der Unterscheidung (G. Spencer Brown), komplett

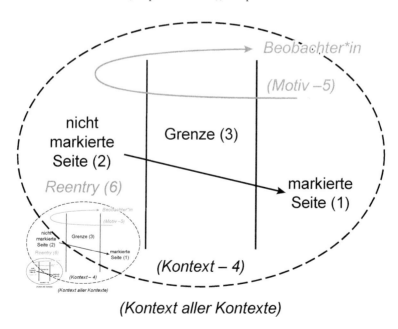

Seite führt Spencer Brown den Faktor Zeit in das mathematische Kalkül ein und charakterisiert die Grenze als ein in sich vielfältig wahrzunehmendes Gebilde – je nachdem, von welcher Seite und mit welcher Geschichte bereits erfolgten Kreuzens aus man sich ihr nähert bzw. sie untertunnelt.[143]

2.3.1 Dialogisch-beziehungsorientierte Religionsdidaktik (Reinhold Boschki)

2.3.1.1 Rekonstruktion: ‚Beziehung' als Leitbegriff der Religionspädagogik

Reinhold Boschki erörtert in seiner interdisziplinär angelegten Habilitationsschrift zu seinem Ansatz einer „dialogisch-kreativen Religionsdidaktik" die zentrale Bedeutung des Beziehungsbegriffs auf phänomenologischer, sozialwissenschaftlich-empirischer, erziehungswissenschaftlicher (erster Teil), biblisch-theologischer, jüdisch-theologischer und systematisch-theologischer Ebene (zweiter Teil), bevor er auf dieser Basis die verschiedenen Dimensionen des Begriffs religionspädagogisch begründet und sie zu „Konturen einer dialogisch-kreativen Religionsdidaktik" auszieht (dritter Teil). Religiöse Bildungsprozesse ereignen sich „*in Konvergenz aller Beziehungsdimensionen menschlichen Daseins*" – so Boschkis „Grundaxiom". Zu diesen Beziehungsdimensionen zählt Boschki die Selbstbeziehung als den zentralen *Ort* religiöser Bildung, die Beziehung zu anderen Menschen als deren *Setting*, die Beziehung zum GLOBE (Welt, Wirklichkeit, Geschichte) als deren *Horizont*, die Gottesbeziehung als deren *Brennpunkt* und die Beziehung zur Zeit als den *dynamisierenden Faktor* aller genannten Beziehungsdimensionen religiöser Bildung.[144]

Um die Bedeutung des Kernbegriffs ‚Beziehung' herauszustreichen, bezeichnet Boschki seinen Ansatz in der Zusammenfassung fast ein Jahrzehnt später als „dialogisch-beziehungsorientiert".[145] Damit begegnet er einer möglichen Eingrenzung des Dialogischen auf die Ich-Du-Beziehung, was ihm nun wichtiger erscheint, als das Moment des Kreativen in der alle Beziehungsdimensionen dynamisierenden Beziehung zur Zeit zu betonen. Die Bedeutung der fünf genannten Beziehungsdimensionen für religiöse Lernprozessen verdeutlicht Boschki, indem er sie in ihrer Facettenvielfalt und Vernetztheit beschreibt:

---

[143] Vgl. Spencer Brown 1997, 51–53. Spencer Brown wählt zur Visualisierung eine Ellipse auf einer Fläche. Durch die die markierte Seite umschließende Grenze wird so deutlicher, dass nur über ein Ausweichen in die dritte Dimension (als Symbol für den Reentry der Form in die Form und damit einer Beobachtung zweiter Ordnung) die Grenze ohne Kreuzen zu überschreiten ist. Zur mathematischen Erläuterung vgl. Wille 2009c, 185–188.

[144] Vgl. Boschki 2003, 350–372, 350; und aus den Abschnittsüberschriften: 355, 358, 363, 366, 370. Einzelne Passagen der Rekonstruktion habe ich übernommen aus: Brieden, Norbert (2005): Kreatives Visualisieren und Korrelative Religionsdidaktik, Diss. Bochum, 312–321.

[145] Vgl. Boschki 2012.

1. Die Selbstbeziehung als Ort religiöser Bildung umfasse dabei

   erstens *„die Beziehung zum eigenen Leibe"*, insofern „Gottes Gegenwart ... *stets konkret leiblich vermittelt"* sei;

   zweitens die *„Begegnung mit Natur"*, die zu einer die Gottesbeziehung eröffnenden Schlüsselerfahrung werden könne,

   und drittens die Beziehung zur eigenen *„Biographie"*, wie sie besonders in der Identitätssuche des Jugendalters an Bedeutung gewinne.

   Diese schließe, sozusagen als Glaubensbiographie, auch die Geschichte der eigenen Gottesbeziehung ein, die sich wiederum auf die Selbstbeziehung auswirke. Die Gottesbeziehung sei der religionspädagogischen Forschung allerdings nicht ohne weiteres zugänglich; Boschki charakterisiert sie sogar, insofern sie als „der innerste Kern des Selbstbezugs eines Kindes oder Jugendlichen" das Geheimnis des Personseins konstituiere, als *„Tatsache der grundsätzlichen Verborgenheit"*. Wie kann trotzdem die Gottesbeziehung erschlossen werden?

2. Die nicht fassbare Individualität eines jeden Menschen (*individuum est ineffabile*) bedeute nicht, dass das Individuum in seinen unergründlichen Selbstbezügen aufgehe. Es sei vielmehr eingebunden in das Netz vielfältiger Beziehungen zu anderen Menschen: „Die Beziehung zum Du, zum Anderen und zur Gemeinschaft ist das ‚Setting' und Milieu religiöser Bildung."[146] Dieses ‚Setting' sei

   erstens charakterisiert durch eine *„Dialektik von Selbständigkeit und Abhängigkeit"*, insofern es die anderen Menschen seien, die dem Individuum „die Sprache vermitteln", in der es von seiner durch Gott gestifteten „Gottesbeziehung zeugen" könne. Ohne die anderen werde es nicht gelingen, die je eigene Gottesbeziehung „zu verstehen, zu deuten und zu gestalten": „Die ‚religiöse Autonomie' kann sich erst in und aus der ‚religiösen Verbundenheit' (sprich: Beziehung) mit anderen Glaubenden realisieren". Religiöse Autonomie bilde sich in der durch Asymmetrie *„bedingte[n] Wechselseitigkeit von Beziehungen"* zwischen Lehrenden und Lernenden.

   Zweitens lernten auch die Lehrenden von der religiösen Kompetenz der Kinder und Jugendlichen, „die theologisch aus ihrer Gottunmittelbarkeit entspringt"; der Glaube der Lehrenden sei jedoch in der Regel durch einen Vorsprung an Glaubenswissen, Reflexivität und Glaubenserfahrung gekennzeichnet, der es ihnen erlaube, Lernenden Anstöße für religiöse Bildungsprozesse zu geben.

   Drittens gebiete die *„Alterität des Anderen"* als der Ursprung meines Lernens im Dialog mit ihm den *„Respekt vor der Andersheit der Gottesbeziehung des Anderen"*. Dieser Respekt vor der „Unverfügbarkeit von Beziehung", die eine „theologische ‚Hermeneutik des Differenten'" vor Augen führe, muss nach Boschki „zum unumstößlichen Prinzip religiöser Bildung werden".

---

[146] Boschki 2003, 355–358.

So werde die Beziehung zu dem Anderen viertens zu einer „*ethische[n] Beziehung (Levinas)*, die die Subjekthaftigkeit des Gegenübers annimmt und ihm solidarisch begegnet".

Solche Beziehungen seien schließlich fünftens durch „*positive Emotionen*" geprägt, die sich für die pädagogische Beziehung der Lehrenden zur Lernenden etwa in „Zugewandtheit, Grundakzeptanz und Vertrauen" konkretisierten.[147]

3. Im Blick auf den GLOBE, der etwa in sozialökologischen Subjekttheorien zum Ausgangspunkt der Reflexion wird, betont Boschki

erstens die „*Beziehung zur Natur*", die in unserer Gesellschaft immer nur „kultivierte Natur" sei;

zweitens die Beziehung zur „*gesellschaftlich-politischen Wirklichkeit*", die unsere ‚Lebenswelt' präge und den Kontext religiöser Bildung bestimme (worauf Politische Theologie insistiere);

drittens die „*Verortung in der Geschichte*", welche die „*temporale Tiefenstruktur*" der Identitätsbildung charakterisiere;

und viertens die „*Massenkommunikationsmittel*", die mit Fernsehsendungen, dem Internet, Computerspielen und der Werbung „für junge Menschen wichtige *Referenzpunkte ihres Beziehungsgeflechts*" darstellten.[148]

4. Diese vier Facetten füllten den Horizont religiöser Bildung, in deren Brennpunkt die Beziehung zu Gott stehe. Für Boschki sind die wichtigsten Facetten der Gottesbeziehung

erstens ihre „*Emotionalität*", ohne die „religiöses Lernen defizitär wird",

zweitens das „*Paradox*" ihrer „*Nicht-Machbarkeit*" bei gleichzeitiger „*Notwendigkeit* eines religiösen Bildungsprozesses", um für die bereits bestehende Gottesbeziehung und deren Beziehung zur Glaubenstradition zu sensibilisieren.

Weil Kinder und Jugendliche „bereits in der Gottesbeziehung stehen", müssen sie „nicht erst in einem korrelativen Prozess mit der Tradition des Glaubens in Kontakt gebracht werden". Aufgabe religiöser Bildung sei es vielmehr, durch kognitive, affektive und soziale Impulse die bereits „bestehenden Beziehungen bewusst zu machen, d. h. die Subjekte sensibel zu machen, damit sie *(selbstbildend) die bereits bestehenden Beziehungen (zu Christus, zu Gott und zur Tradition, aber auch zu sich, zu anderen und zur Welt) im Licht der christlichen Tradition deuten lernen*".[149]

Diese bereits bestehende Gottesbeziehung schließe im Sinne der transzendentalen Christologie Karl Rahners auch die Christusbeziehung mit ein, so

---

[147] Ebd., 358–362.

[148] Ebd., 363–366.

[149] Ebd., 366–369. Hier werden die Berührungspunkte zum Ansatz ‚abduktiver Korrelation' deutlich sichtbar (s. u. 4.3.6).

dass drittens von einer „*Identifikation von Gottesbeziehung und Christusbeziehung*" gesprochen werden könne.[150]

Schließlich betont Boschki viertens die „*Verflochtenheit der Gottesbeziehung in die anderen Beziehungsdimensionen*", von der aus zu begründen sei, dass nur ein „*mehrdimensionaler Beziehungsansatz für religiöse Bildung … den vielfältigen Beziehungsdimensionen, die Kinder und Jugendliche leben*", gerecht werde.[151]

5. In Bezug auf die ,Zeit' (Temporalität) als dem dynamisierenden Faktor aller Beziehungsdimensionen hebt Boschki ebenfalls vier Facetten hervor:

Erstens das Wechselspiel aus „*Akzelerationen und Retardationen*": dass beispielsweise die Gottesbeziehung etwa in der Jugendzeit oft in die Ferne rücke (Retardation), während sie in „Zeiten der Leid- und Todeserfahrung" häufig im Zentrum stehe (Akzeleration). Daraus ergebe sich für religiöse Bildung die Aufgabe, den Entwicklungsstand der Lernenden zu beachten.

Zweitens sei die „*Begrenztheit und Fragilität* von Beziehungen" zu betonen: ,Leben' (In-Beziehung-Sein) sei befristete „Beziehungszeit". Erst durch diese Befristung erhalte die stets gefährdete einzelne Beziehung ihren Wert: sie sei nicht wiederholbar, könne scheitern, bleibe fragmentarisch und sei stets vom Ende bedroht.

Indem religiöse Bildung auf diese „Fragmentarität von Beziehung" achte, werde drittens eine „*eschatologische Orientierung*" vorbereitet, die aus theologischer Perspektive zu fordern sei: Die Befristung sei hineingenommen „in die göttliche Dynamik des ,Noch-nicht'" – religionsdidaktisch „durch Sensibilisierung für die Leiden der Vergangenheit in kreativer Spannung zur Hoffnung auf die kommende end-gültige Gerechtigkeit durch Gott".[152]

Mit dieser Hoffnung ist viertens die Facette der „*Kreativität*" angesprochen: „Beziehungen haben stets die Potentialität zur Neuschöpfung – und zwar im Umgang mit sich selbst (Neuorientierung), in der Beziehung zu anderen (Umkehr), in der Beziehung zu Natur und Kultur (Neugestaltung durch kreative Auseinandersetzung), in der Gottesbeziehung (Neuwerdung)."[153]

Boschki entwickelt aus seinen didaktischen Leitfragen im Blick auf die unterrichtliche Bedeutung der verschiedenen Beziehungsdimensionen „*didaktische ,Leitfäden*', die die Religionsdidaktik im Ganzen durchziehen". Von daher versteht er sein Modell nicht als „Neuentwurf einer Einzeldidaktik", die „auf einen bestimmten Bereich religiöser Bildung fokussiert, wie etwa die Symboldidaktik,

---

[150] Ebd., 367; vgl. ebd., 369. Das In-Christus-Existieren (In-Christus-Sein) „ist ein biblischer Topos … Diese ,In-Existenz' [Guardini] kann als ,Bildungstheorie' entfaltet werden, wonach die Christusbeziehung der innerste (verborgene) Kern des Bildungsvorgangs darstellt und der Mensch (genauer: der Getaufte) sich dieser bestehenden Christusbeziehung nach und nach bewusst wird und auf Christi Beziehungsgabe antwortet" (ebd., 369).

[151] Ebd., 366, 369.

[152] Ebd., 370f.

[153] Ebd., 374; im Original kursiv.

Bibeldidaktik, Mediendidaktik, interreligiöse Didaktik etc.", sondern als „eine *integrative Theorie für religionsdidaktisches Denken und Handeln* insgesamt"[154] – also als eine grundlegende Religionsdidaktik.[155]

Aus der Konvergenz der Beziehungsdimensionen ergeben sich für Boschki fünf didaktische Leitfäden:

1. Im Zentrum stehe die ‚Sensibilisierung für die schon bestehende Gottesbeziehung'.[156] „Die eigene kreative religiöse Deutungskompetenz von Kindern und Jugendlichen, ihr eigenes Theologietreiben muss gefördert werden, damit sie lernen, ihre eigenen Vorstellungen mit denen der Tradition ‚in Beziehung zu setzen'."[157] In dieses Zentrum führten aber auch die anderen Leitfäden, und das mache eben „das Spezifikum des Religionsunterrichts" aus.

2. Deshalb stehe die ‚Sensibilisierung für die Beziehung zu sich selbst' im Religionsunterricht „im Horizont der Gottesbeziehung": Durch „Impulse zum Nachdenken oder durch meditative Elemente" kann „die Selbstbeziehung ... indirekt zum Thema gemacht werden"; aus einer Phänomenologie der ‚Leiblichkeit', von der her Seelsorge auch als ‚Leibsorge' zu verstehen ist, dürften die „körperliche Selbstwahrnehmung und die Achtsamkeit für die Sexualität" nicht ausgeblendet werden.[158] Boschki ordnet der Selbstbeziehung ebenso die ‚ästhetische Beziehung' zu, die auch alle anderen Beziehungsdimensionen betreffe.[159]

---

[154]   Ebd., 409.

[155]   Zur Konkretisierung vgl. Boschki 2012, 180–183.

[156]   Vgl. Boschki 2003, 418–429.

[157]   Ebd., 421. Boschki verweist dafür auf die „emotionale Dimension der Sensibilisierung" (vgl. ebd., 419f.) und empfiehlt ein „Wechselspiel aus kognitiven und affektiven Impulsen in der Arbeit mit Gottesvorstellungen" (vgl. ebd., 420–422), etwa durch das Ermöglichen von Symbolisierungen und das Einbringen mystagogischer Elemente (vgl. ebd., 425–427). Die Entwicklung einer Gottes- und Christusbeziehung solle „als Suchprozess" verstanden werden (vgl. ebd., 424f.), in dem die „Legitimität des Zweifels" (vgl. ebd., 422–424) anerkannt und mit einer alternativen Gebetserziehung experimentiert werde: Kinder und Jugendliche könnten und dürften mit Gott streiten (Klage), ihnen müsse Raum gegeben werden, in Anknüpfung (Korrelation) an ihre eigenen Gebetserfahrungen eine eigene Gebetssprache zu finden – „in dialogisch-kreativer Auseinandersetzung mit biblischen Gebeten, im Umschreiben und Neuformulieren von Gebetstexten der Überlieferung ... oder von Gebeten neuerer Zeit" (ebd., 427; vgl. ebd., 424, 427f.). Auf die religiöse Elementarerziehung und auf die Unterschiedlichkeit der Gottesbeziehung bei Mädchen und Jungen sei eine verstärkte religionspädagogische Aufmerksamkeit zu richten (vgl. ebd., 428f.).

[158]   Vgl. ebd., 430–432; Zitate: 430f. Auch hier fordert Boschki einen „differenzierten Unterricht", um „den verschiedenen Beziehungsbedürfnissen von Jungen und Mädchen Rechnung" zu tragen (ebd., 432).

[159]   Vgl. ebd., 432.

3. Die ‚Sensibilisierung für die Beziehungen zu und von anderen' im Sinne eines ethischen und sozialen Lernens sei „schon immer ein zentrales Moment religionsunterrichtlicher Prozesse" gewesen. Dass „*Beziehungslernen mit anderen stets in seiner Integration in die Gottesbeziehung zu realisieren ist*", müsse allerdings „noch viel stärker didaktisch eingeholt werden".[160] Das sei auch hochschuldidaktisch relevant: „Nur derjenige kann andere für die Gottesbeziehung sensibilisieren, der sich selbst für sie sensibilisiert hat."[161]

4. Die ‚Sensibilisierung für die Beziehung zu Welt und Wirklichkeit (Natur und Kultur, Gesellschaft und Geschichte, Kirche und Glaubenstradition)' geschehe primär dadurch, dass Schüler*innen durch kreative Auseinandersetzungen der Raum gegeben wird, mit den Themen, wie etwa Texten der Bibel, in eine ‚lebendige Berührung' zu kommen.[162] Hier gehe es didaktisch darum, die Lebenswelten der Kinder und Jugendlichen wahrzunehmen und an ihnen anzuknüpfen: „Lebenswelt ist der Deutungs- und Bedeutungsrahmen, der Sinnhorizont, den sich die Subjekte selber konstruieren. Menschen, die von außen gesehen in der gleichen Alltagswelt leben, können in völlig verschiedenen Lebenswelten existieren, da sie der erlebten Welt einen je anderen Sinn [...] zuschreiben."[163]

---

[160] Vgl. ebd., 432–438, 432f. Boschki erinnert an das Compassion-Projekt (vgl. ebd., 433), fordert dazu auf, TZI-Elemente im Beziehungsraum Schule zu nutzen, um das „schwierige Wir" und den „hässliche[n] Globe" zu bearbeiten (ebd., 433f.), weist auf die Bedeutung der „ReligionslehrerIn als konstruktiv-kritische[n] BeziehungspartnerIn" hin (ebd., 434–437) und sensibilisiert für die Unterschiede, mit denen Jungen oder Mädchen Beziehungen zu anderen eingehen (vgl. ebd., 437f.).

[161] Ebd., 437.

[162] Vgl. ebd., 438–452; bes. 438–441. Außerdem betont Boschki ‚Handlungsorientierung' als „*innere Struktur eines beziehungsorientierten Religionsunterrichts*" (ebd., 441), geht auf den Lernort „Massenmedien" ein (zentral ist wieder „die Frage nach der Gottes- und Jesusbeziehung des ‚Mediennutzers' selbst" und die diesbezüglich konstruktiv-kritische Aufgabe des RU; ebd., 442–444) und auf den Lebensweltcharakter des Systems Schule (hier steht als religionsdidaktische Kernaufgabe die Vernetzungsarbeit der Religionslehrer*innen im Vordergrund: „fächerübergreifendes, flexibles Arbeiten, stadtteil- und gemeindeorientierte Projekte, innovationsfreudiges Engagement, etc." und die „Beziehungskompetenz" im Kontakt zu Kolleg*innen und Eltern; ebd., 444–446). Weiterhin verweist Boschki auf Naturerfahrungen als das Denken erweiternde Beziehungserfahrungen (vgl. ebd., 446f.), betont die Bedeutung der historischen Dimension (Kirchengeschichte; vgl. ebd., 447–449), geht auf die Beziehungen zur gelebten Religion in den Gemeinden ein (das Prinzip des Glaubensangebots ist das der konkreten Begegnung; vgl. ebd., 449f.) und hebt die identitätsvertiefende Beziehung zu anderen Konfessionen, Religionen und Kulturen hervor (die Dialektik von Eigenem und Fremdem; vgl. ebd., 450–452).

[163] Boschki 2012, 178. Die Passung zu konstruktivistischen Überlegungen wird hier besonders deutlich.

5. Schließlich führe die ,Sensibilisierung für die Beziehung zur Zeit' in ein
   Ernstnehmen der „eschatologisch-apokalyptischen (d. h. letztlich zeitbe-
   dingten) Implikationen christlichen Glaubens" und damit neben die Wahrnehmung der Schüler*innen „in ihrer Potentialität zur Veränderung" auch
   in ein „*Bewusstsein des Todes*": Jeder Augenblick berge neben der „Chance zur
   Neuschöpfung ... auch die Gefahr des Scheiterns und des Abbruchs von Beziehung".[164] Das Bewusstsein des Fragmentarischen und Unabschließbaren
   schulischer Bildung „*in Sachen Religion*" sei die Kehrseite des religionspädagogischen Paradoxes, Korrelationen erzeugen zu wollen, ohne es zu können.
   Das religionsdidaktische Bewusstsein davon müsse allerdings nicht zur Ver-
   zweiflung führen, denn wir dürften aus der Hoffnung leben: Das „Fragment
   religiöser Bildung ,in Beziehung' [führt] zu jener Verheißung endgültiger
   und ungebrochener Beziehung, von der die Bibel zeugt".[165]

2.3.1.2   Dekonstruktion: Auf der Grenze

Mit dem Hinweis auf das Fragmentarische aller religiösen Bildungsprozesse
kann auf die Reentry-Dynamik der Selbst-Ähnlichkeit verwiesen werden, die in
jedem Glaubensfragment die Fülle des Glaubens vermuten lässt. Schauen wir uns
nun die Überlegungen von Boschki im Gestalt-Überblick des auf die Form der
Unterscheidung bezogenen Schaubildes an:

Auf der Grenze sind die fünf Dimensionen von Beziehung angesiedelt, die
Boschki unterscheidet und ineinander verwebt. In der Selbst-Beziehung steckt
bereits ein Reentry mit der Dynamik der Selbstreferenz, insofern das Selbst sich
auf der markierten Seite seiner Vorstellung von sich selbst differenziert von
dem, was es auf der nicht markierten Seite ist. Die Form der Unterscheidung
wahrt somit durch die nicht markierte Seite den Geheimnischarakter des Individuums: Das Ich bleibt sich selbst fremd, wie sehr es sich auch erforscht – und
paradoxerweise wächst diese Fremdheit, je mehr es von sich weiß (s. u. 3.2.2).

Zugleich kann durch Kreuzen der Grenze das Ich auf die markierte Seite rücken. Es steht in der Beziehung zum anderen Menschen, in der Differenz von Ich
und Du, auf der markierten Seite, während die Alterität des Anderen auf der
nicht markierten Seite gewahrt bleibt. In der Verwobenheit dieser beiden Beziehungsdimensionen wird die Dialektik von Selbständigkeit und Abhängigkeit
deutlich: Ohne die Beziehung zu anderen Menschen kann das Ich nicht leben
und zugleich ist es selbst die Person, die eigenständig die Beziehung zu den an-

---

[164] Vgl. Boschki 2003, 452–456; Zitate: 454f. „Da jeder Augenblick die Tür ist, durch die der
      Messias eintreten kann (Walter Benjamin), kommt religiöser Bildung und den daran be-
      teiligten Subjekten ... eine messianische Würde zu, die sie – trotz aller Abgründe und allem
      Scheitern in der konkreten Praxis – einbindet in die Beziehung zu Jesus Christus bezie-
      hungsweise zu Gott" (ebd., 455).
[165] Ebd., 455f. S. u. 4.3.6.

deren Menschen gestaltet. In diese Dialektik sind auch die anderen Beziehungsdimensionen eingebunden, insofern etwa die Alterität der Gottesbeziehung des anderen in religiösen Bildungsprozessen zu respektieren ist, ohne zugleich zu leugnen, dass die Gottesbeziehung und damit der Glaube im Hören auf andere Menschen und im gemeinsamen Erleben religiöser Traditionen wurzeln.

Abbildung 2: Dialogisch-beziehungsorientierte Religionsdidaktik (R. Boschki)

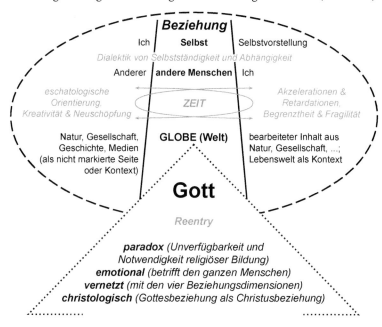

In der Beziehung zum GLOBE (zur Welt) steht jeweils der Aspekt auf der markierten Seite, auf den sich gerade die Aufmerksamkeit richtet. Aus dem Zusammenhang dessen, was auf der markierten Seite bereits stand und erinnert wird, konstruiert der Einzelne seine jeweilige Lebenswelt. Sie ist zugleich der Kontext, der seine Vollzüge des Unterscheidens prägt. Auf der nicht markierten Seite steht das, was im unmittelbaren Zusammenhang zum gerade bearbeiteten Inhalt steht, aber eben nicht gesehen wird. Es rekrutiert sich aus dem Kontext von Natur, Gesellschaft, Geschichte und Medien als jenem Kontext, der über das hinausgeht, was die Einzelne gerade lebensweltlich erfasst.

Die Zeit ist der dynamisierende Faktor, der das Beziehungsgeschehen auf der Grenze lebendig werden lässt. Akzelerationen und Retardationen, Begrenztheit und Fragilität stehen im Schaubild auf der markierten Seite, weil sie sich dem beobachtenden Blick schnell erschließen. Dagegen verweisen eschatologische Orientierung, Kreativität und Neuschöpfung auf der nicht markierten Seite auf die Unberechenbarkeit des Lebens und die freudige Spannung darauf, was es uns noch bieten mag – bis hinein in die Grenzerfahrung des Todes. Die Dynamik der Zeit, die Spencer Brown mit dem Reentry einführt und als Oszillations-, Gedächtnis- und Modulationsfunktion markiert, steht deshalb im Zentrum der Grenze; die geschwungenen Pfeile deuten das Kreuzen bzw. Untertunneln der Grenze an, für die Zeit erforderlich ist.

Die Beziehung zu Gott wächst aus dem *empty space* (das nach unten hin offene Dreieck) in die Grenze hinein und gibt so allen anderen Beziehungen eine besondere Qualität: die Spitze des Dreiecks zeigt auf diese vier Dimensionen – der Glaube daran, dass Gott für sie offen ist, wird durch die gepunkteten Linien angedeutet. Die Aufgabe der religiösen Bildung ist paradox, insofern die Gottesbeziehung unverfügbar ist und zugleich notwendig ihr zentraler Gegenstand sein muss. Zudem wird deutlich, dass dieser Gegenstand den ganzen Menschen betrifft: Wenn Gott keine Emotionen auslöste, könnte er nicht in den übrigen Beziehungsdimensionen der Menschen lebendig werden – in denen sich die Gottesbeziehung in der Regel konkretisiert.

Auf der Grenze trennen und verbinden alle Beziehungsdimensionen die markierte und die nicht markierte Seite und sind bereits darüber miteinander vernetzt. Didaktisch geht es gleichwohl immer auch darum, die Vernetztheit der Dimensionen wahrzunehmen und diese Retinität wenn möglich zu steigern. Dass die Gottesbeziehung im Sinne von Rahners transzendentaler Christologie zugleich auch die Christusbeziehung (und auf der Basis einer trinitarischen Gottesvorstellung ebenso jene zum Heiligen Geist) ist, scheint Boschki – vielleicht auch mit Rücksicht auf den abrahamischen Trialog – in der Kurzfassung seines Ansatzes nicht mehr so wichtig zu sein; hier geht er stärker auf die biblische Fundierung der Gottesbeziehung ein, die Gott von Beginn an „in einer engen Beziehung zu Welt und Wirklichkeit" verortet.[166]

Der Reentry ist mit der Form der Unterscheidung in allen Beziehungsdimensionen impliziert. Durch die Dynamiken des *Imaginären*, der *Paradoxie* und der *Selbst-Ähnlichkeit* zeigt sich allerdings, dass mit der Gottesbeziehung unterschiedliche Strukturen von Reentrys einhergehen, die es gerechtfertigt erscheinen lassen, den Reentry im Schaubild an der Stelle zu platzieren, an der der Kontext-Kreis vom Einbruch der Gottesbeziehung durchbrochen wird.

2.3.1.3 Fazit: Die Qualität der Beziehungen als Kriterium

Die Analyse konnte bestätigen, dass mit der dialogisch-beziehungsorientierten Religionsdidaktik von Reinhold Boschki ein grundlegender religionsdidaktischer Ansatz vorliegt, der über den Bezug auf das Dialogdenken bei Buber und Levinas hinausreicht. Mit der Beschreibung der fünf Beziehungsdimensionen in

---

[166] Boschki 2012, 177, vgl. ebd., 177f., und auch die Vorschläge zur praktischen Konkretisierung ebd., 180–183, etwa der Verweis auf das Thema Propheten in seinen Chancen für interreligiöses Lernen (ebd., 183).

ihrer wechselseitigen Verwobenheit gelingt es Boschki, Kriterien zur Gestaltung und Reflexion religiöser Bildungsprozesse zu formulieren, die theoretisch fundiert begründet und praktisch vielseitig anwendbar sind.

Indem Boschki mit den fünf Beziehungsdimensionen den dritten Aspekt der Form der Unterscheidung, die Grenze zwischen markierter und nicht markierter Seite, fokussiert, charakterisiert er die in der Ambivalenz der Grenze steckende Kraft zum Verbinden, aber auch zum Trennen, als jene Quelle, die für religiöse Bildungsprozesse noch stärker als bisher freizulegen sein dürfte: Wie werden in religiösen Bildungsprozessen die fünf Beziehungsdimensionen „thematisiert, involviert, evoziert"?[167] Welche Konsequenzen haben die Unterscheidungen, die sich aus jeder einzelnen Beziehungsdimension ergeben? Wie können durch die Vernetzung der Dimensionen und besonders durch das Thematisieren, Involvieren und Evozieren der Gottesbeziehung blinde Flecken einzelner Unterscheidungen aufgedeckt werden? Welche Trennungen werden im Verbinden der beiden Seiten von Unterscheidungen in Kauf genommen? Woran sind heilsame Beziehungen und notwendige Trennungen von zerstörerischen Verbindungen und kränkenden Exklusionen zu unterscheiden? Welchen Zeit- und Raumbedarf haben religiöse Bildungsprozesse?

Die Dekonstruktion des Ansatzes von Boschki anhand der Form der Unterscheidung ermöglichte einen anderen Blick auf ein innovatives religionsdidaktisches Konzept, das besonders die Stärken des Ansatzes herausarbeitete. Vielleicht konnte deutlich werden, dass dieser Ansatz vielschichtiger ist, als er auf den ersten Blick in seiner Zentrierung um den Begriff der Beziehung zu sein scheint (s. u. 4.3.3,4). Kritisch wäre zu fragen, inwiefern die Alterität Gottes trotz seiner Verwobenheit mit den anderen Beziehungsdimensionen gewahrt bleiben kann. Besteht nicht die Gefahr, dass Gott sich auf der Grenze zwischen markierter und nicht markierter Seite, im ‚Zwischen-allen-Beziehungen-Sein' auflöst? Auf diese Gefahr, die etwa in der Dialogphilosophie Bubers besteht, wenn er „Gottes Epiphanie in der Begegnung von Ich und Du ansiedelt", weist Grümme in seiner Zusammenfassung der Kritik Rosenzweigs an Buber hin[168] – und attestiert auch Boschki, obwohl dieser sich mit Levinas gegen Bubers Identitätsdenken wende, dass er „letztlich nicht über den Begriff der Dialogizität als ‚wechselseitigen Beziehungsprozess' hinaus" gelange.[169]

---

[167] Ebd., 180.
[168] Grümme 2007, 250.
[169] Ebd., 325.

2.3.2 Alteritätstheoretische Religionsdidaktik (Bernhard Grümme)

2.3.2.1 Rekonstruktion: Vom Anderen eröffnete Erfahrung

Bernhard Grümme diskutiert in seiner ebenfalls interdisziplinär angelegten Habilitationsschrift die Bedeutung des Erfahrungsbegriffs für eine korrelative Religionsdidaktik. Wissenschaftstheoretisch siedelt er seine Überlegungen auf der Ebene der Kriteriologie an, die im Unterschied zur Kairologie und Praxeologie die fundamental-theologischen Grundlagen religionspädagogischer Denkformen untersucht.[170] Zu diesen Denkformen gehöre ohne Zweifel der Erfahrungsbegriff, sofern der zentrale Inhalt religiöser Bildungsprozesse immer um religiöse Erfahrungen kreise – seien es diejenigen von anderen Personen (etwa in biblischen Texten oder bei Propheten und Heiligen) oder um die eigenen innerhalb einer Lerngruppe (etwa bei biografischem oder performativem religiösen Lernen).

Grümme geht seinem Verdacht nach, dass der Erfahrungsbegriff, der religionspädagogisch zugrunde gelegt wird, insofern defizitär ist, dass er die Andersheit Gottes nicht ernst genug nimmt. Seine zentrale These lautet, dass ohne einen alteritätstheoretisch begründeten Erfahrungsbegriff religionspädagogische Bemühungen ins Leere laufen, weil in dem Dialog zwischen Gott und Mensch als „Partnern auf Augenhöhe" Gott verloren zu gehen droht und der Mensch nur noch sich selbst bespiegelt.[171]

Ausgehend von der Diskussion um die Korrelationsdidaktik, rekonstruiert Grümme zur Begründung seines Verdachts zunächst die für diese grundlegende religionsdidaktische Konzeption zentral gewordenen systematisch-theologischen Erfahrungsbegriffe von Paul Tillich, Karl Rahner und Edward Schillebeeckx.[172] Dabei kommt er zu dem Schluss, dass trotz des religionspädagogisch „noch immer nicht ausgeschöpfte[n] Potential[s]" des transzendentalen Erfahrungsbegriffs bei Rahner (in seiner Kraft zur kritischen Vermittlung von „Religion und Gott, Erfahrung und Glaube"),[173] der religionspädagogisch rezipierte theologische Erfahrungsbegriff in der Regel daran krankt, dass er die Asymmetrie in der von Gott eröffneten Glaubenserfahrung nicht erfasst. Was Grümme in seiner Kritik an Schillebeeckx formuliert, gilt am Ende auch für Rahner und Tillich: „Die Dialogik ebnet den Rang nichtkorrelierbarer Erfahrungen im Korrela-

---

[170]   Ebd., 20–23.
[171]   Grümme 2012, 120. Dem entspricht der bereits diskutierte Verdacht bezüglich Erfahrungen der *unio mystica* (s. o. 2.1.3).
[172]   Vgl. Grümme 2007, 29–144.
[173]   Ebd., 121f.

tionsgeschehen ein und schwächt die kritische Potenz der Offenbarungserfahrung hinsichtlich der eigenen religiösen Selbstdefinition ab."[174]

Deshalb geht Grümme auf die „Suche nach einem alternativen Erfahrungsbegriff", indem er unterschiedliche philosophische Angänge und ggf. ihre religionspädagogische Rezeption kritisch unter die Lupe nimmt, u. a. das Erfahrungsdenken Walter Benjamins, die postmoderne Hermeneutik Gianni Vattimos sowie den Erfahrungsbegriff im Horizont von Semiotik, Konstruktivismus, Phänomenologie, transzendentaler Philosophie und Handlungstheorie.[175] In dieser hermeneutischen Diskussion schäle sich einerseits die Frage nach „Kriterien für die Autorität unbedingter Wahrheitsansprüche" heraus,[176] andererseits bleibe zu konstatieren, dass „[k]einer der herangezogenen Ansätze […] einen Erfahrungsbegriff grundlagentheoretischer Art [bietet], der der Zielstellung" seiner Grundlegung gerecht würde.[177]

Zur „Profilierung" des gesuchten „alteritätstheoretischen Erfahrungsbegriffs" greift Grümme schließlich auf Franz Rosenzweigs Neues Denken zurück, das er als „asymmetrisch grundierte Dialogizität" beschreibt und von einem radikalisierten Alteritätsdenken (etwa bei Emmanuel Levinas) abgrenzt.[178] Im Gegensatz zu Levinas hält Grümme daran fest, „dass ohne Erste-Person-Perspektive, ohne die Subjektivität des Ich, sich auch die Andersheit des Anderen nicht sichern ließe":[179] „Eine radikale Fremdheit wäre nicht mehr erfahrbar."[180] Auf dieser Basis stellt Grümme *vier Merkmale* seines alteritätstheoretischen Erfahrungsbegriffs heraus:

1. Im Sinne der „Erfahrungsorientierung" würdigt er „den Widerfahrnischarakter von Erfahrungen und mit ihm das radikal Neue, das völlig Überraschende, das Fremde, Irritierende, Unterbrechende, aber auch das Fragmentarische, Gebrochene" sowie „die Unkorrelierbarkeit des Subjekts mit sich selbst" im Gegensatz zu den Mustern einer „Verschmelzungshermeneutik", die die Differenz von Subjekt und Objekt, von Subjekt und Selbst zu übertünchen versuche.[181]

2. Im Sinne der „Subjektorientierung" denkt er das aktive Subjekt zugleich als ein Subjekt, „das sich unter dem vorgängigen Anspruch von Andersheit auf eine uneinholbare, unbedingte Alterität hin entzogen ist." In dieser „unab-

---

[174] Ebd., 141; in Bezug auf Rahner vgl. ebd., 118; in Bezug auf Tillich vgl. ebd., 99f.
[175] Vgl. ebd., 145–234.
[176] Ebd., 233.
[177] Ebd., 233f.
[178] Vgl. ebd., 235–312.
[179] Ebd., 256.
[180] Ebd., 258.
[181] Ebd., 282f.

schließbaren Eröffnetheit auf das Geheimnis Gottes ist das Subjekt Mitkonstituent des Erfahrungsgeschehens selber".[182] Hier rezipiert Grümme zustimmend die Habilitationsschrift von Boschki, dessen Beziehungsdenken er „auf der Argumentationslinie des alteritätstheoretischen Erfahrungsbegriffs" verortet, denn menschliche Erfahrungen sind Beziehungserfahrungen in der von Boschki dargestellten „interdependenten Konvergenz" der Beziehungsdimensionen.[183]

3. Im Sinne eines fragilen und fluiden Begriffs „fragmentarischer Identität" (Henning Luther) dezentriert Grümme das Subjekt in „kritische[r] Opposition zu einem auf Vollständigkeit und ungebrochene Reflexivität abhebenden Konzept subjektiver Identität". Dabei werde die „Freiheit und Subjektivität" des Subjekts „gerade nicht durch seine Dezentriertheit dementiert, sondern vielmehr qualitativ bestimmt".[184]

4. Im Sinne der „Pluralitätsfähigkeit" verbindet Grümme Religion und Religionskritik miteinander, um so die Differenzierung von „Kultur und Religion, Erfahrung und Religion, Glaube und Erfahrung" zu ermöglichen, ohne sie zugleich radikal voneinander zu trennen.[185] Nur eine „Differenzhermeneutik" könne im Gegensatz zur „Verschmelzungshermeneutik" (Ulrike Greiner) pluralitätsfähig zwischen den beiden Polen des Unterschiedenen vermitteln.[186] Zu diesem Zweck sei der Rückbezug auf begrifflich nicht einholbare Symbole und Metaphern unerlässlich, durch die religionsdidaktisch die kritische Symbolkunde (Peter Biehl) zu einer kritischen Metaphorologie zugespitzt werden könne.[187]

Im letzten Teil seiner Habilitationsschrift bündelt Grümme „Ertrag und Perspektiven" seiner Ausarbeitung eines alteritätstheoretischen Erfahrungsbegriffs, indem er *drei Bereiche* einer „alteritätstheoretischen Didaktik" skizziert:[188]

1. Über die Erkenntnis einer konstruktivistischen Didaktik hinaus, die im Sinne der Subjektorientierung „die hermeneutische Selbsttätigkeit der Schülerinnen und Schüler" profiliere, fordere eine alteritätstheoretische Didaktik eine *kritische Subjektorientierung* mit dem Mut, „gesellschaftliche und lebensweltliche Plausibilitäten kritisch anzufragen, durchaus unbequeme Wahrheiten einzubringen und doch zugleich darin die befreiende, identitätsstiftende Kraft des Gotteswortes auszusagen".[189]

---

[182] Ebd., 284.
[183] Ebd., 286. Zu Boschki vgl. ebd., 324–326; ebd., 328f., Anm. 96 (Kritik an Boschkis Kritik an der Habilitationsschrift von Egon Spiegel).
[184] Ebd., 288.
[185] Ebd., 291.
[186] Ebd., 292.
[187] Vgl. ebd., 295–312.334.
[188] Vgl. ebd., 315–346; vgl. Grümme 2012, 127–129.
[189] Vgl. Grümme 2007, 315–322, Zitate: 316.318.

2. Bezüglich der Aufgabe einer *grundlagentheoretischen Erneuerung der Korrelationsdidaktik* hebe sich die alteritätstheoretische von der abduktiven und dialogisch-beziehungsorientierten Religionsdidaktik durch eine größere Tiefenschärfe ab, indem sie „die Dialogik vom Alteritätsdenken qualifiziert": „Durch die ihr zugrunde liegende asymmetrische Dialogizität zerbricht sie jede identitätslogische Marginalisierung von Alterität, von Einbergung der Partikularität durch Allgemeinheit" und vermeide dadurch ein „subjektzentrierte[s] Gefälle [...], durch das die Abduktive Korrelationsdidaktik in der Gefahr steht, gegenüber den Erfahrungen der Subjekte die Fremdheit und Autorität der biblischen Botschaft abzuschatten".[190]

3. Im Blick auf die *Gestaltung konkreten Unterrichts* versteht Grümme alteritätstheoretische Didaktik als eine „vulnerable Didaktik":

> „Insofern sich Alteritätstheoretische Didaktik vom Ereignis des Anderen her eröffnet und fundiert sieht, insofern sie folglich in ihrer konstitutiven Unabschließbarkeit jeden Anspruch einer umfassenden Didaktisierbarkeit von Wirklichkeit grundlegend konterkariert, indem sie sich also in ihrem Anspruch vom anderen her verwunden lässt, kann man sie als vulnerable Didaktik charakterisieren. Sie wäre als eine Didaktik auszuarbeiten, die Raum gibt für das Unplanbare, für das plötzlich sich Einstellende, für die Unterbrechung einer Schule und Gesellschaft prägenden Kultur der Leistung, der Machbarkeit und der Zweckrationalität."[191]

In der fünf Jahre später erschienenen Zusammenfassung der alteritätstheoretischen Religionsdidaktik berichtet Grümme über den berufsbiografischen Entdeckungszusammenhang seines Ansatzes: Am Ende des Referendariats beschrieb und reflektierte er in seiner zweiten Staatsarbeit eine Unterrichtsreihe zum Thema Judentum für eine zehnte Klasse. Dafür habe das im Fachseminar erarbeitete religionsdidaktische Rüstzeug nicht gereicht: „Sowohl bei der Planung als auch in der Durchführung zeigte sich, wie sperrig das Thema Judentum für die Jugendlichen war." Das korrelationsdidaktische Instrumentarium „ermöglichte es nicht hinreichend, das Nicht-Synthetisierbare, das Ausstehende, eben das Fremde des Themas Judentum hinreichend didaktisch zu bedenken". Die korrelationsdidaktische Denkform, gegenwärtige Erfahrungen der Jugendlichen mit fremden Erfahrungen zu verbinden, habe erweitert werden müssen, wozu Grümme auf die „Auseinandersetzung mit jüdischem Denken im Rahmen [seiner] theologischen Promotion zu Karl Rahner und Franz Rosenzweig" zurückgegriffen habe.[192]

Zur didaktischen Konkretisierung des Ansatzes greift Grümme auf das Thema Judentum zurück und nennt *drei Aspekte*, die s. E. einen „Mehrwert gegenüber der dialogischen Korrelationsdidaktik" anzeigen:[193]

---

[190] Vgl. ebd., 323–334; Zitate: 325.328f.
[191] Vgl. ebd., 335–346, 341.
[192] Grümme 2012, 121.
[193] Ebd., 129, vgl. ebd., 129–131.

1. Die „Asymmetrie des Dialogs", die besonders beim interreligiösen Lernen zu jüdischen Themen aufgrund der bleibenden Verwiesenheit der Christ*innen „auf ihre ‚älteren Geschwister im Glauben' (Johannes Paul II.)" zum Tragen komme, und die mit dieser Asymmetrie besser zu wahrende „Anerkennung des Anderen in seinem Anderssein". Damit sei auch „das ‚Bildungsziel einer starken, aktiven Toleranz' (Nipkow [...])" besser zu erreichen.[194]
2. Oftmals werde im Unterricht „Jesus als Freund, als Bruder" vorgestellt, wodurch seine Sperrigkeit vergessen und sein Anstoß erregender Anspruch nivelliert würden. Die Auseinandersetzung mit Jesus als einem Juden und die Abgrenzung von diesem Wunderrabbi im zeitgenössischen Judentum könne produktive Spannungen und Irritationen bei den Schüler*innen auslösen: „Die Fremdheit Jesu spannungsvoll mit den christologischen Selbstkonstruktionen der Kinder und Jugendlichen im Interesse religiösen Lernens zusammen zu halten und diese Spannung nicht zu einer Seite hin vorschnell aufzulösen, kann einer alteritätstheoretischen Fundierung besser als rein dialogischen Ansätzen gelingen."[195]
3. Im Wechsel der Perspektiven (Selbst- und Fremdwahrnehmung, Innen- und Außenperspektive) sei, entwicklungspsychologisch informiert und entsprechend einfühlsam, eine „Differenzkompetenz [...] bei den Schülerinnen und Schülern sequentiell anzubahnen". So gelte es, das Judentum „in seiner höchst differenzierten Erscheinungsform wahrnehmen zu lernen" – im Gegensatz zu einer in Religionsbüchern häufig angebotenen Exotik und Folklore: „Das Sperrige, das Fremde, das Anstößige, das etwa mit einer stark rituell geprägten Frömmigkeit für Heranwachsende verbunden sein mag, kann intensiver als in dialogischen Didaktiken gewürdigt, abwehrbesetzte Themen wie die christliche Mitschuld an der Shoah könnten zugelassen werden."[196]

Sicherlich stellt sich die Frage, inwiefern der gewählte didaktische Ansatz für das Erreichen der genannten Ziele verantwortlich zeichnet. Warum sollten etwa „abwehrbesetzte Themen" nicht im Rahmen der dialogisch-beziehungsorientierten Religionsdidaktik angemessen bearbeitet werden können? Grümme selbst warnt angesichts seiner eigenen Schulerfahrungen davor, „die Reichweite fachdidaktischer Ansätze" zu überschätzen: „Gelegentlich ist eine kaum verhohlene Ahnungslosigkeit der Fachdidaktik hinsichtlich der Eigengesetzlichkeiten und Mechanismen unterrichtlicher Praxis festzustellen. Eine solche Immunisierung gegen schulische Realitäten steht vermutlich nicht selten im Dienste eines systematisch kongruenten Begriffsgefüges."[197]

---

[194] Ebd., 129f.
[195] Ebd., 130f.
[196] Ebd., 131.
[197] Grümme 2007, 334, Anm. 83.

Möglicherweise liegt darin auch ein Grund, warum die alteritätstheoretische Didaktik bislang selten für die Gestaltung von Unterrichtsmaterialien herangezogen wurde. Inwiefern lässt das „systematisch kongruente Begriffsgefüge" dieser Didaktik selbst Raum für Irritationen aus der Praxis? Reicht ihre Proklamation von Vulnerabilität aus, um den unplanbaren Einbruch des Anderen möglicherweise so ernst zu nehmen, dass daran die eigenen „Begriffsgefüge" zerbrechen? Oder immunisiert sie sich beispielsweise durch die Formulierung des in sich dialektischen, alteritätstheoretischen Erfahrungsbegriffs „gegen schulische Realitäten"?

> „Einerseits müssen die Verstehens- und Handlungsbedingungen im Subjekt bedacht werden, will man den Menschen denn wirklich ernst nehmen. Andererseits muss die menschliche Erfahrung in Kategorien von Freiheit formuliert sein. Diese Freiheit ist allerdings nicht eine, die der Mensch aus sich selber schöpfen kann. Sie ist vielmehr von Alterität zuvor eröffnet. Mit dieser Komplexität kann ein alteritätstheoretischer Erfahrungsbegriff die unauslotbare Transzendenz des biblischen Gottes formulieren, ohne die geschichtlich-intersubjektiv vermittelte Kommunizierbarkeit und Verstehbarkeit Gottes sowie die Würde subjekthafter Erfahrungen einzubüßen."[198]

Wie können Lehrkräfte in der Praxis diesen komplexen Erfahrungsbegriff als Planungsgrundlage für ihren Unterricht und als Kriterium für seine Reflexion verwenden?

2.3.2.2 Dekonstruktion: Jenseits der Grenze

Aus dem alteritätstheoretischen Erfahrungsbegriff ergeben sich Fragen, die sich Lehrkräfte zur Planung und Reflexion von konkretem Unterricht stellen können (s. u. 2.3.2.3). Schauen wir uns aber zunächst die Überlegungen von Grümme im Gestalt-Überblick des auf die Form der Unterscheidung bezogenen Schaubildes an:

---

[198] Grümme 2012, 120.

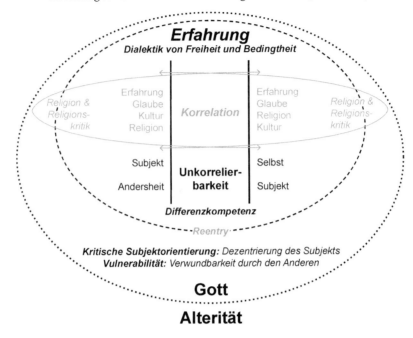

Abbildung 3: Alteritätstheoretische Religionsdidaktik (B. Grümme)

„Erfahrung" geschieht unweigerlich in der Form der Unterscheidung. Ohne eine Unterscheidung zu treffen, gibt es keine Erfahrung. Deshalb steht der zentrale Begriff oben in dem Kontext-Kreis, in dem die Grenze und die beiden Seiten der Unterscheidung verortet sind. Die Erfahrung selbst ist charakterisiert durch die „Dialektik", die der alteritätstheoretische Erfahrungsbegriff profiliert: Einerseits sind die Subjekte frei, ihre Erfahrungen auf jeweils eigene Weise zu machen, sich ihnen auszusetzen oder auch zu verweigern. Andererseits sind die Erfahrungen durch vielfältige Faktoren bedingt: Den Kontext (politisch, geschichtlich, ...), den subjektiven Standort (biografisch, körperlich, ...), die Wahl der markierten Seite, deren Benennung oder das Kreuzen der Grenze.

Die Grenze selbst ist bestimmt durch das In-Beziehung-Setzen der beiden Seiten, die „Korrelation". Korrelationen sind möglich beispielsweise zwischen „Glaube" und „Erfahrung" und „Kultur" und „Religion"; dabei können alle Elemente auf der markierten oder nicht markierten Seite stehen. Wichtig ist für die alteritätstheoretische Didaktik dabei, dass „Religion & Religionskritik" nicht unterschieden werden, sondern jeweils zusammen auf einer Seite stehen und auf diese Weise Korrelationsprozesse ideologiekritisch begleiten bzw. inszenieren (die geschwungenen Pfeile, die den Kontext-Kreis überlappen). Die Verbundenheit von Religion und Religionskritik setzt einen „Reentry" voraus (wie bei dem Schaubild zur beziehungsorientierten Religionsdidaktik auf dem Kontext-Kreis angesiedelt): Religionskritik ist immer eine Beobachtung zweiter Ordnung, insofern sie religiöse Beobachtungen (Unterscheidungen) beobachtet. Indem die alteritätstheoretische Didaktik eine Einheit der beiden Beobachtungsordnungen postuliert, impliziert sie zum einen ein Wahrheitskriterium für die religiöse Erfahrung: Sie muss sich der Kritik stellen können. Zum anderen bindet sie die Kritik an die ihr vorausgesetzte religiöse Erfahrung und verleiht der Kritik dadurch einen besonderen Auftrag: Was in der Kritik erfahren wird, hat seinen Sinn darin, die religiöse Erfahrung zu bestärken oder zu korrigieren; verliert die Kritik ihren Bezug auf die religiöse Erfahrung, verfehlt sie ihren Auftrag.

Dieser Auftrag ist tiefer begründet in der Asymmetrie des Dialogs zwischen Gott und Mensch: Der Kontext-Kreis ist jenseits der Grenze unterfangen vom Kontext der Kontexte, der hier mit „Gott" identifiziert wird. Der *empty space* ist die „Alterität", von der her sich allererst Erfahrung eröffnet. Deshalb umfasst der ‚Alteritäts-Kreis' den Kontext-Kreis; und auch die Linie dieses umgreifenden Kreises ist unterbrochen um anzuzeigen, dass Gott als Alterität schlechthin nicht umgrenzt werden kann. Zugleich steht ‚Gott' als Name für Alterität im Alteritäts-Kreis, um darzustellen, dass die Alterität auch anders benannt werden könnte, etwa als ‚Nichts'.

Diese Alterität ernst zu nehmen bedeutet zugleich anzuerkennen, dass nicht alles miteinander korreliert werden kann. Es gibt Situationen, in denen ein Kreuzen der Grenze nicht weiterhilft: Wenn etwa das „Selbst" sich als „Subjekt" nicht mehr selbst versteht, oder die „Andersheit" des Anderen sich als unüberwindbare Verstehensgrenze vom „Subjekt" aus aufrichtet. Korrelationskompetenz zeigt sich zwar im erfolgreichen Benennen der markierten Seite bzw. im Kreuzen der Grenze als geregeltes Wechseln von der nicht markierten auf die markierte Seite und umgekehrt. Aber diese Korrelationskompetenz reicht zum inhaltlichen Verstehen der Erfahrung (Unterscheidung) oft nicht mehr aus. Insofern die aller Erfahrung zugrundeliegende Alterität durchschlägt, ist jederzeit eine „Unkorrelierbarkeit" der Seiten möglich. „Differenzkompetenz" ist deshalb nicht allein die Kompetenz, zwischen markierter und nicht markierter Seite zu unterscheiden bzw. Innen- und Außenperspektiven voneinander zu trennen und aufeinander zu beziehen. Sondern sie ist auch die Kompetenz, Korrelierbares von Unkorrelierbarem zu unterscheiden und es durch einen Reentry aufeinander zu beziehen (deshalb steht die Differenzkompetenz zwischen der Grenze und dem Reentry am Kontext-Kreis).

Insofern die Form der Unterscheidung, die immer auch einen Dialog zwischen den beiden Seiten impliziert, vom Alteritätsdenken her qualifiziert wird (der zugrundeliegende Alteritäts-Kreis), ergeben sich zwei Maximen der Alteritätsdidaktik: 1. Begreife das Subjekt als dezentriert, d. h. nicht konzentriert auf sich selbst, sondern in seiner Abhängigkeit von den anderen, ohne seine Freiheit und Würde zu missachten („kritische Subjektorientierung"). 2. Kultiviere Räume der Offenheit dafür, von der Alterität des Anderen ‚verwundet' und dadurch ungeplant verändert zu werden („Vulnerabilität").

2.3.2.3 Fazit: Der Respekt vor Alterität als Kriterium

Die Analyse konnte bestätigen, dass mit der alteritätstheoretischen Religionsdidaktik von Bernhard Grümme ein grundlegender religionsdidaktischer Ansatz vorliegt, der über den Bezug auf das Alteritätsdenken Franz Rosenzweigs hinausreicht. Mit der Beschreibung der vom Anderen her eröffneten Erfahrung gelingt es Grümme, Kriterien zur Gestaltung und Reflexion religiöser Bildungsprozesse zu formulieren, die theoretisch präzise begründet sind. Indem Grümme mit der Asymmetrie des Dialogs aufgrund der vom Anderen her eröffneten Erfahrung den vierten Aspekt der Form der Unterscheidung, den Kontext und seinen impliziten Verweis auf den *empty space*, fokussiert, charakterisiert er den am Ursprung der Unterscheidung liegenden Kontext aller Kontexte als jene Anfangskraft, die als Quelle für alle religiösen Bildungsprozesse noch stärker als bisher freizulegen sein dürfte.

Anfragen ergeben sich bezüglich der praktischen Anwendbarkeit: In welchen Situationen kann diese Quelle sinnvoll benannt und reflektiert werden? Ist die Alteritätsdidaktik vielleicht nur auf solche Themen wie das Judentum anwendbar, in denen die Alterität der fremden Religion quasi heraussticht? Woran zeigt sich denn, dass etwas unkorrelierbar ist, und wie gehen Lehrkräfte in der Praxis mit dieser Unkorrelierbarkeit so um, dass der religiöse Bildungsprozess nicht versiegt?

Hilfreich könnte es sein, den komplexen, dialektischen Erfahrungsbegriff der Alteritätstheorie in Fragen zur konkreten Planung und Reflexion von Unterricht umzumünzen. Eine Erläuterung dieser Fragen im Rückgriff auf die fünf Dimensionen der Elementarisierung soll zeigen, dass die alteritätstheoretische Didaktik vielseitiger anwendbar ist, als es vielleicht zunächst scheint:[199]

Bedenke bzw. bedachte ich „die Verstehens- und Handlungsbedingungen" der Schüler*innen? Hier sind die elementaren Zugänge und Erfahrungen der Schüler*innen angesprochen, die allgemeindidaktisch für jeden Unterricht zu reflektieren sind.

Welche Freiheitsräume eröffnet bzw. eröffnete mein Unterrichtsarrangement? Hier geht es zum einen um die elementaren Lernwege, die im Sinne einer Binnendifferenzierung entsprechend unterschiedlicher Zugänge der Schü-

---

[199] Die folgenden Zitate beziehen sich auf die Definition des alteritätstheoretischen Erfahrungsbegriffs, vgl. Grümme 2012, 120 (s. o. am Ende der Rekonstruktion 2.3.2.1). Zur Didaktik der Elementarisierung vgl. Göllner, Reinhard/Brieden, Norbert/Kalloch, Christina (2010): Emmaus: Auferstehung heute eröffnen. Elementarisierung – Kompetenzorientierung – Kindertheologie (Bibel – Schule – Leben 8), Berlin, 173–246; Schweitzer, Friedrich (2012): Elementarisierung im Kontext neuerer Entwicklungen, in: Grümme/Lenhard/Pirner (Hg.), a. a. O., 234–246; Schweitzer, Friedrich/Haen, Sara/Krimmer, Evelyn (2019): Elementarisierung 2.0. Religionsunterricht vorbereiten nach dem Elementarisierungsmodell, Göttingen; Schweitzer, Friedrich (2021): Elementarisierung, in: Kropač/Riegel (Hg.), a. a. O., 353–360.

ler*innen Handlungen mit verschiedenem Freiheitsgrad evozieren. Zum anderen geht es um die elementare Wahrheit der Anerkennung der Freiheit der Lernenden, etwa der Anerkennung ihrer Freiheit zum Widerspruch gegenüber den geplanten Lernwegen: Welche Freiheit haben bzw. hatten die Schüler*innen, die eigenen Lernwege selbst zu planen und zu gestalten?

Inwiefern kommt bzw. kam im Unterricht zum Ausdruck, dass die Freiheit aller am Lernprozess Beteiligten eine „von Alterität zuvor eröffnete" Freiheit ist? Hier geht es um die elementare Wahrheit eines Menschenbildes, das den Menschen als ein von Gott nach seinem Ebenbild geschaffenes Wesen zeichnet, dessen Freiheit ein unverfügbares Geschenk der göttlichen Gnade ist. Das Bewusstsein dieser Wahrheit wird eher selten explizit im Unterricht reflektiert, es kann aber implizit den Unterricht prägen und sich beispielsweise in dem wechselseitigen Respekt zwischen Lehrer*innen und Schüler*innen und auch der Schüler*innen untereinander zeigen.

Inwiefern legt bzw. legte der Unterricht Spuren für die „unauslotbare Transzendenz des biblischen Gottes"? Hier geht es um die elementare Struktur des zentralen Inhalts im Religionsunterricht. Das Thema „Gott" soll in seiner Unabschließbarkeit zur Sprache kommen – und darin eröffnet sich dann auch der Raum, in dem Schüler*innen ggf. den biblischen Gott in seiner elementaren Wahrheit erfahren. Elementare Wahrheit und elementare Erfahrungen bedingen einander, wenn die Wahrheit Gottes „geschichtlich-intersubjektiv" so kommuniziert und verstanden wird, dass darin zugleich die „Würde subjekthafter Erfahrungen" zum Ausdruck kommen kann (s. u. 4.3.6).

Die Dekonstruktion des Ansatzes von Grümme anhand der Form der Unterscheidung ermöglichte einen anderen Blick auf ein innovatives religionsdidaktisches Konzept. Vielleicht konnte durch die Akzentuierung des vierten Aspekts jenseits der Grenze, nämlich die der Form der Unterscheidung zugrundeliegende Alterität des Anfangs, deutlich werden, in welche gedankliche Tiefe dieser Ansatz vorstößt. Damit verbunden sind aber dann auch die Probleme praktischer Anwendungen, insofern diese sich nicht so leicht ergeben wie etwa bei dem dialogisch-beziehungsorientierten Ansatz. Denn die alteritätstheoretische Didaktik verweigert ja geradezu eine allseitige „Didaktisierbarkeit von Wirklichkeit", sie möchte Räume eröffnen „für das Unplanbare, für das plötzlich sich Einstellende, für die Unterbrechung einer Schule und Gesellschaft prägenden Kultur der Leistung, der Machbarkeit und der Zweckrationalität".[200] Indem die Auseinandersetzung mit dem alteritätstheoretischen Erfahrungsbegriff allerdings eine Haltung des Respekts vor der Alterität erzeugt, scheint sie mir für die Religionslehrer*innenbildung von hohem Wert zu sein. Sie provoziert m. E. dazu, bei jedem Thema nach dem zu fragen, was unkorrelierbar bleibt, was uns dazu zwingt, die Unabschließbarkeit des jeweiligen Themas grundsätzlich anzuerken-

---

[200] Grümme 2007, 341 (s. o. 2.3.2.1).

nen. Weil sie die Basis der religiösen Erfahrung, ihre Fundierung in der Gotteserfahrung als einer Erfahrung von Alterität, freilegt, ist sie m. E. mehr als eine
„religionsdidaktische Dimension, die der religionsdidaktischen Wirklichkeit
eine bestimmte Prägung verleihen möchte".[201] Sie ist eine „grundlegende Religionsdidaktik" (Englert) im genauen Wortsinn; sie legt den Grund, an dem sich
jede Religionsdidaktik wird messen lassen müssen, die ihren Namen verdient:
Die Besonderheit religiöser Erfahrung in ihrer Verwobenheit mit anderen Erfahrungen charakterisieren und reflektieren zu können.

Dass auch die dialogisch-beziehungsorientierte Religionsdidaktik sich an
diesem alteritätstheoretischen Kriterium messen lassen kann, dürfte in der
Re/De/Konstruktion der Verwobenheit der fünf Beziehungsdimensionen deutlich geworden sein. Denn besonders die Gottesbeziehung ist es, die ausgehend
vom *empty space* die Beziehungen auf der Grenze in einem neuen Licht erscheinen lässt. Beide analysierten Religionsdidaktiken bieten Hilfen, über religiöse
Themen ins Gespräch zu kommen und im Gespräch zu bleiben – und liefern Kriterien, mit denen über die Qualität der Gespräche reflektiert werden kann. Dabei
verweigert die alteritätstheoretische Didaktik eine Verallgemeinerbarkeit konkreter Gestaltungsformen religiöser Bildungsprozesse, so dass eine mechanische
Anwendung kaum möglich erscheint (im Gegensatz etwa zur Elementarisie-
rungsdidaktik). Seine Stärke kann dieser Ansatz daher nur am Einzelfall erweisen. An ihm ist konkret zu überprüfen, wie die gestellten Fragen jeweils beantwortet werden können.

Das Verständnis der Chancen und Grenzen der beiden hier näher analysierten religionsdidaktischen Ansätze soll vertieft werden: einerseits im letzten Kapitel, indem sie auf die komplexe Beobachtungstheorie bezogen werden (s. u.
4.1.4), andererseits am Ende des nächsten Kapitels, indem auf ihre Paradoxie-
fähigkeit fokussiert wird (s. u. 3.4.3).

---

[201] Grümme 2012, 127.

3. Paradoxien nachvollziehen und reflektieren

Religiöse Bildung ist unverfügbar und zugleich notwendig (Boschki), sie erfordert Korrelationen von Glauben und Leben im Bewusstsein einer diese Korrelationen umgreifenden Unkorrelierbarkeit (Grümme). Das sind paradoxe Aussagen, insofern sie sich gegen (griech. *pará*) die zu erwartende Meinung (griech. *doxá*) richten, dass religiöse Bildung etwa durch Lehrpläne und Kompetenzkataloge verfügbar sei – und sich eben auch in jenen Korrelationen erweise, die Schüler*innen im Unterricht vollziehen. Diese Paradoxien lassen sich vielleicht durch die Differenzierung von zwei Perspektiven auf den Religionsunterricht entschärfen: Aus der praktischen Perspektive der erforderlichen Planung und Durchführung des Unterrichts sind die Vorurteile, religiöse Bildung sei verfügbar und Korrelationen seien herstellbar, unerlässlich – und ihre Berechtigung lässt sich auch in der Analyse von Lernergebnissen (etwa Klausuren) nachweisen. Aus der theoretischen Perspektive differenzierter Reflexionen des Unterrichts kann hingegen pädagogisch auf die Unabschließbarkeit religiöser Bildung fokussiert werden, theologisch auf das Wirken der göttlichen Gnade und konstruktivistisch darauf, dass der erfolgreiche Bildungsprozess im Letzten nicht einem bestimmten Lehrer*innenhandeln zugerechnet werden kann, entsprechend der operationalen Geschlossenheit aller Subjekt-Systeme (s. o. 1.1.4). Trotz einer solchen scheinbaren Auflösung der Paradoxie ist es sinnvoll, das Paradox als Dynamik des Reentry in einem weiten Sinne zu verstehen, womit das religionsdidaktische Paradox des Widerspruchs von vorausgesetzter Verfügbarkeit und theologisch sowie pädagogisch und konstruktivistisch begründeter Unverfügbarkeit religiöser Bildung erhalten bleibt. Deshalb wurde mit Katrin Wille das Paradox im ‚schwachen Sinn' einer Widerständigkeit gegen den *common sense* von seinem ‚starken Sinn' als logische Selbstwidersprüchlichkeit unterschieden (s. o. 2.2.2).

Um in der Reflexion auf ein Unterrichtsgeschehen die Verfügbarkeit als Nicht-Verfügbarkeit wahrzunehmen, muss ich es zugleich als verfügbar wahrnehmen können. Erst das Oszillieren der Wahrnehmung von Verfügbarkeit und Unverfügbarkeit bringt den Verstand wie bei der Betrachtung eines Kippbildes – bekannt ist dasjenige von Vase oder Profil – in eine Bewegung, die zum Wechsel der Beobachterposition anregen kann: Wie kommt es, dass religiöse Bildung einmal als verfügbar und dann wieder als unverfügbar wahrgenommen wird? Wie kann etwas, das sich gegen den gesunden Menschenverstand richtet, trotzdem wahr sein (s. o. 2.2.3.2)?

Felix Lau erläutert die beiden grundlegenden Paradoxien der Beobachterin und der Welt, die mit der Form der Unterscheidung gegeben sind – weshalb er seinem Buch auch den Titel „Die Form der Paradoxie" geben kann: Wer etwas beobachtet, unterscheidet sich als Beobachtende*n von dem, was er*sie beobachtet. Die Bedingung der Möglichkeit, die Operation ‚Beobachtung' zu vollziehen, ist eine Unterscheidung, die es zugleich unmöglich macht, etwas zu beobachten (s. o. 1.4.3). Denn die Einheit der Beobachterin mit dem von ihr Beobachteten ist der blinde Fleck der Beobachtung. Diese kann nur einzelne Aspekte beinhalten, nicht aber die Beobachtung in ihrer Ganzheit. Besonders deutlich wird das am Beispiel der Selbstbeobachtung: So kann ich beobachten, wie ich mich gerade fühle, ob ich etwa traurig oder fröhlich bin. In dieser Beobachtung beobachte ich aber nicht, dass ich zwischen mir als Beobachter und meiner Beobachtung unterscheide. Auch wenn ich in die Beobachtung zweiter Ordnung wechsele und beobachte, wie ich mich selbst beobachte, bleibt meiner Beobachtung die Ganzheit meines Selbst verborgen:

> „Ich sehe jetzt, dass ich mich als mich-selbst-beobachtend beobachte. Und nun sehe ich, dass ich mich als jemanden beobachte, der sich selbst als sich-selbst-beobachtend beobachtet etc. Man sieht das eigene aktuelle Denken, indem man einen weiteren Gedanken anschließt, der dann der aktuelle ist. Man oszilliert zwischen: sich als aktuelle Tätigkeit zu sehen und sich dabei in eine weitere Unterscheidung zwischen dem Beobachter und dem Beobachteten getrennt zu haben. Diese paradoxe Figur wird auf den Punkt gebracht durch die Formulierung: Ich kann (mich) nur dadurch sehen, indem ich es unmöglich mache, (mich) zu sehen; indem ich mich als Einheit zu gewinnen suche, trenne ich mich."[1]

Analog gilt das für die „Paradoxie der Welt": Um die Welt zu beobachten, muss ich unterscheiden zwischen mir als demjenigen, der die Welt beobachtet und der Welt, die ich als Ganzes zu beobachten versuche. Durch die Beobachtung aber entzieht sich mir die Welt als Ganze, denn ich selbst bin auch Teil der Welt. In jedem Lebewesen, das Welt beobachtet, beobachtet sich die Welt selbst, bekommt sich aber niemals als Ganze zu Gesicht, „da sie sich in ihrer Selbstbeobachtung verhalten muss, als wäre sie von sich selbst unterschieden": „Die Welt verändert sich mit unserer Beobachtung, und ein Beobachter kann sie nie als das erkennen, was oder wie sie (ohne ihn) *ist*. Würde das gelingen, träfen wir bei der Beobachtung keine Unterscheidungen"[2]. Die Bedingung der Möglichkeit, Welt zu beobachten, ist zugleich die Bedingung der Unmöglichkeit dieser Operation. Zwei Beispiele, wie Luhmann die ubiquitäre Paradoxie, die auch den Paradoxien von Selbst und Welt zugrunde liegt, zum Ausdruck bringt, stehen

---

[1]   Lau 2015, 160f.
[2]   Ebd., 161.

exemplarisch dafür, welche zentrale Relevanz dem Paradoxiebegriff für sein theoretisches Operieren zukommt. *Alle Erkenntnis und alle Handlung gründen auf Paradoxien, nicht auf Prinzipien*, wie Luhmann im ersten Zitat betont:

> „Wenn man versucht, beide Seiten der Unterscheidung, die man verwendet, zu gleicher Zeit zu sehen, so sieht man eine Paradoxie, das heißt eine Einheit ohne Anschlußwert. Das Differente ist identisch, das Identische ist different. Dies bedeutet zunächst, daß alle Erkenntnis und alle Handlung auf Paradoxien, nicht hingegen auf Prinzipien zu gründen ist: auf die selbstreferentielle Einheit des Positiven und des Negativen, das heißt auf eine im ontologischen Sinne nicht bestimmbare Welt. Und wenn man die Welt in einen markierten und einen unmarkierten Teil aufspaltet, um etwas zu beobachten, so wird ihre Einheit unsichtbar. Die Paradoxie ist der sichtbare Indikator der Unsichtbarkeit. Und da sie die Einheit der Unterscheidung darstellt, die für die Operation der Beobachtung erforderlich ist, bleibt die Operation selber für sich und vorläufig unsichtbar."[3]

> „Das Unterscheiden-und-Bezeichnen ist als Beobachten eine einzige Operation; denn es hätte keinen Sinn, etwas zu bezeichnen, was man nicht unterscheiden kann, so wie umgekehrt das bloße Unterscheiden unbestimmt bliebe und operativ nicht verwendet werden würde, wenn es nicht dazu käme, die eine Seite (das Gemeinte) und nicht die andere (das Nichtgemeinte) zu bezeichnen. Beobachten ist also eine paradoxe Operation. Sie aktualisiert eine Zweiheit als Einheit, in einem Zuge sozusagen. Und sie beruht auf der Unterscheidung von Unterscheidung und Bezeichnung, die in sich selbst wiedervorkommt."[4]

Um Luhmann mit Luhmann zu interpretieren: Die Bedingung der Möglichkeit des Beobachtens ist die Einheit von Unterscheidung und Bezeichnung. Zugleich ist diese Einheit Bedingung der Unmöglichkeit des Beobachtens, insofern die Einheit durch den Vollzug des Unterscheidens, in dem Unterscheidung und Bezeichnung geschieden sind, negiert wird (s. o. 1.4.3). Diese grundlegende Paradoxie, die als Dynamik des Reentry in jeder Form der Unterscheidung bewusstwerden kann („in sich selbst wiedervorkommt"), gilt es im Folgenden im Blick auf religiöse Bildungsprozesse in ihren verästelten Implikationen nachzuvollziehen und zu reflektieren. In einem ersten Schritt nähere ich mich dieser Dynamik an, indem ich Beispiele für sie aus pädagogischer, religionsdidaktischer und theologischer Reflexion untersuche, um ihre Allgegenwart wahrzunehmen (1).

Ein zweiter Schritt analysiert die Form der Paradoxie, wie sie sich im Studieren der Schriften von Niklas Luhmann darstellt. Im Fokus steht dabei sein Umgang mit konkreten Paradoxien: Grundlage ist seine Erläuterung der Paradoxie der Kommunikation als dem Medium der Gesellschaft. Darauf aufbauend werden die gerade beschriebenen Paradoxien von Welt und Selbst entfaltet, die in der Kontingenzformel ‚Gott' zusammenfinden und die Differenzeinheit von Immanenz und Transzendenz bestimmen. Die Theologie erweist sich schließlich als jene Wissenschaft, die die paradoxe Einheit von Glauben und Vernunft reflek-

---

[3]   Luhmann 1995, 19.
[4]   Luhmann 1990, 94f.

tiert. An den Beispielen der ,teuflischen' Paradoxien von Liebe und Freiheit soll deutlich werden, wie innerhalb der Theologie als Vorläuferin von Euryalistik und Sthenographie diese Paradoxien entfaltet wurden. Das wird konkretisiert am Dialog ,Über den Fall des Teufels' (*De casu diaboli*) von Anselm von Canterbury, der in seiner Rezeption durch Luhmann einer genauen Analyse unterzogen wird (2).

Diese Analyse findet eine Fortsetzung im dritten Schritt, indem der Fokus darauf gestellt wird, wie Luhmann mit der theologischen Beobachtungsperspektive umgeht: Auf welche Weisen rezipiert er theologische Gedanken, worin unterscheidet sich sein Umgang mit dem Freiheitsparadox innerhalb einer funktional differenzierten Gesellschaft von demjenigen Anselms, der in der stratifikatorisch differenzierten Gesellschaft des Mittelalters lebte, und wie versteht Luhmann die Aufgabe der Theologie als einer Wissenschaft, die es fundamental mit Paradoxien zu tun hat, insofern alle Paradoxien in ,Gott' wurzeln (3)?[5]

Ein vierter Schritt bündelt die Ergebnisse und veranschaulicht die Form der Paradoxie am Narrativ des zwölften Kamels nach Niklas Luhmann.[6] Es handelt sich dabei um eine Erzählung zur Rechtsprechung aus dem arabischen Raum, die in einer ähnlichen Variante bereits Heinz von Foerster inspiriert hatte: Ein Mann hinterlässt seinen drei Söhnen elf Kamele, von denen der älteste gemäß arabischem Erbrecht die Hälfte, der mittlere ein Viertel und der jüngste ein Sechstel erhalten soll. Da die Kamelherde nicht entsprechend teilbar ist, ziehen die Söhne einen Richter zu Rate, der ihnen sein Kamel ausleiht mit der Bitte, es ihm, sofern Allah es wolle, zurückzugeben. Erst mit dem zwölften Kamel funktioniert die Aufteilung des Erbes. Da das zwölfte Kamel zugleich nötig ist (um die richterliche Entscheidung zu treffen), und nicht nötig ist (weil es nicht aufgeteilt wird), kann es selbst bzw. die Frage nach seiner Rückgabe – der Bezug auf Allah verweist hier auf eine religiöse Dimension des Rechts – als Symbol für das Paradox des Rechtssystems fungieren: Das richterliche Urteil differenziert in seiner

---

[5]   Zur theologischen Auseinandersetzung mit der Systemtheorie vgl. Welker, Michael (1985/Hg.): Theologie und funktionale Systemtheorie. Luhmanns Religionssoziologie in theologischer Diskussion, Frankfurt a. M.; Krawietz, Werner/Welker, Michael (1992/Hg.): Kritik der Theorie sozialer Systeme. Auseinandersetzung mit Luhmanns Hauptwerk, Frankfurt a. M.; Dallmann, Hans-Ulrich (1994): Die Systemtheorie Niklas Luhmanns und ihre theologische Rezeption, Stuttgart u. a.; Büttner/Dieterich 2004; Thomas/Schüle 2006/Hg.; Gronover 2006; Büttner/Scheunpflug/Elsenbast 2007. Einen ersten Überblick gibt Karle, Isolde (2012): Rezeption Theologie, in: Jahraus/Nassehi u. a. (Hg.), a. a. O., 408–413. Die erste Gesamtdarstellung Luhmanns stammt übrigens aus der Feder eines Theologen: vgl. Scholz, Frithard (1982): Freiheit als Indifferenz: Alteuropäische Probleme mit der Systemtheorie Luhmanns, Frankfurt a. M. Frithard geht dabei aus von einem Satz, der Luhmann „über die Fachgrenzen hinaus" bekannt gemacht hat: „Alles könnte anders sein – und fast nichts kann ich ändern" (Baecker 2012, 2). Dieser Satz stammt aus dem Aufsatz: Luhmann, Niklas (1969): Komplexität und Demokratie, in: Politische Vierteljahresschrift, 10, 314–325.

[6]   Luhmann 2000a, 3–60.

Entscheidung zwischen Recht und Unrecht, setzt aber zugleich die dieser Differenzierung zugrundeliegende Einheit von Recht und Unrecht voraus.

Bei Heinz von Foerster steht das achtzehnte Kamel (die Aufteilung der siebzehn Kamele ist in dieser Variante: die Hälfte, ein Drittel, ein Neuntel) für den Begriff der beobachterunabhängigen „Wirklichkeit" – eine „Krücke, die man wegwirft, wenn man sich über alles andere klar ist". Nur, wann wäre man sich je „über alles andere" im Klaren?[7] Die Ironie des Konstruktivisten tritt auch in seiner Vorbemerkung hervor, wenn er schreibt, er hoffe, in dem Buch über ihn die Rolle des 18. Kamels zu spielen, das allerdings ohne den Richter, dessen Rolle von Foerster dem Autor Lynn Segal zuschanzt, „gar keine Rolle" spiele.[8] Inwiefern dekonstruiert der Konstruktivismus den blinden Fleck einer Erkenntnistheorie, die zwischen beobachterunabhängiger Wirklichkeit und Konstruktionen von Beobachterinnen differenziert? Wieso bleibt das, was Heinz von Foerster als Individuum ausmacht, eine Wirklichkeit, die unabhängig von den Beobachtungen seines Interpreten wirksam ist – und eben doch eine Rolle spielt?

Der blinde Fleck der Rechtsprechung liegt darin, wie zu legitimieren ist, dass überhaupt zwischen Recht und Unrecht differenziert wird. Die Analyse dieser Paradoxie nach Jean Clam wird zur Blaupause dafür, konstruktivistische Perspektiven zur Rekonstruktion von Kernthemen der theologischen und religionspädagogischen Paradoxieentfaltung anzuzeigen, die dann im letzten Kapitel skizziert werden. In dieser Weiterführung sowie in den zwei Schritten des Resümees etabliert sich die Scharnierfunktion des vierten Schritts (4), der im Blick auf die blinden Flecken der religionsdidaktischen Konzeptionen von Boschki und Grümme zum letzten Kapitel überleitet.

3.1 Religions-/didaktische Wahrnehmungen: Präsenz des Paradoxen

Jeder kennt das Phänomen: Man möchte etwas besonders gut machen – und gerade dieser Wunsch vereitelt das Vorhaben. Die Aufforderung, doch mal gelassener zu sein, setzt uns derart unter Druck, dass sie Gelassenheit verunmöglicht. Störendes Verhalten wird chronisch, weil sich funktionierende Routinen des Umgangs herausbilden, so dass eine Anpassung durch Nicht-Anpassung erfolgt. Der Mann, der seine Frau nach 20 Jahren Ehe umgebracht hat, empfindet sich selbst als Opfer ihres Verhaltens. Die Frau, die depressiv wird, weil ihr Mann sie wegen einer jüngeren Frau verlassen möchte, bewirkt durch ihre Ohnmacht ein

---

[7] Vgl. Segal, Lynn (1988): Das achtzehnte Kamel oder Die Welt als Erfindung. Zum Konstruktivismus Heinz von Foersters. Aus dem Amerikanischen von Inge Leipold, München, 9. Vgl. Baecker 2000, 147.

[8] Segal 1988, 14.

Umdenken des Mannes. Und auch auf gesellschaftlicher Ebene: Die Ohnmacht des gewaltfreien Widerstands kann sich als entscheidender Machtfaktor erweisen.[9] Wer als Politikerin oder Hochschulprofessor ihre bzw. seine Nachfolge bestimmen möchte, bewirkt durch den Versuch der Einflussnahme in der Regel eher das Gegenteil des Beabsichtigten. Die Einleitung eines Parteiausschlussverfahrens schenkt demjenigen öffentliche Aufmerksamkeit, dem sie eigentlich vorzuenthalten wäre. Der Zwang zur Inklusion, seien es körperlich oder geistig benachteiligter Kinder ins Schulsystem oder der von Migrant*innen in die Mehrheitsgesellschaft, zeitigt exkludierende Folgen.[10]

Diese kurzen Hinweise mögen genügen um nachzuweisen, dass Menschen immer schon mit den Dynamiken des Paradoxen vertraut sind.

Im Folgenden möchte ich erstens die grundlegende didaktische bzw. hermeneutische Paradoxie der Einheit von Lernen und Nicht-Lernen, von Verstehen und Missverstehen skizzieren (1), bevor ich zweitens die religionsdidaktische Paradoxie untersuche, wie die – auch im Religionsunterricht zu vermittelnde – Botschaft von der unbedingten Liebe Gottes zu dem Auftrag passt, gegebenenfalls schlechte Noten zu geben. Dazu gibt es ein interessantes Vorbild im Titusbrief, das sich durch eine Analyse der in Tit 1 zitierten, bekannten Lügenkreter-Paradoxie erschließen lässt (2). Die dort verhandelte Paradoxie der Einheit von Kommunizieren und Nicht-Kommunizieren leitet schließlich über zur Paradoxie des Glaubens, die Differenz von Immanenz und Transzendenz zu bezeugen, ohne gleichzeitig ihre Einheit zu leugnen (3).

Dabei wird das Paradox der Kommunikation über mystische Erfahrung als Erfahrung von Transzendenz in der Immanenz eine zentrale Rolle spielen (s. o. 2.1.3). Von ihm her wird sich die vielzitierte These von Karl Rahner schärfer begründen lassen, „daß der Christ der Zukunft ein Mystiker sei oder nicht mehr sei".[11] Aber was ist überhaupt eine ‚Mystikerin'? Anhand welcher Kriterien könnte man jemanden oder könnte sich dieser jemand selbst als ‚Mystiker' bezeichnen? Gilt hier nicht auch, dass die paradoxe Einheit von Mystikerin-Sein und Nicht-Mystikerin-Sein zu reflektieren wäre?

Zehn Jahre zuvor rückt Rahner sein Diktum in einen religionsdidaktischen Zusammenhang:

---

[9]   Vgl. zu den letzten vier Beispielen Simon, Fritz B. (2002): Die Kunst nicht zu lernen. Und andere Paradoxien in Psychotherapie, Management, Politik ..., Heidelberg, 3. Aufl., 67–83, 106–122. In diesem Buch finden sich viele weitere Beispiele.

[10]   Vgl. Brieden, Norbert (2016): Inklusion und Bildungsgerechtigkeit. Interdisziplinäre Sondierungen, in: Grümme, Bernhard/Schlag, Thomas (Hg.): Gerechter Religionsunterricht. Religionspädagogische, pädagogische und sozialethische Orientierungen (Religionspädagogik innovativ 11), Stuttgart, 42–62.

[11]   Rahner, Karl (2010): Zur Theologie und Spiritualität der Pfarrseelsorge (Vortrag von 1976), in: ders., Sämtliche Werke 28: Christentum in Gesellschaft. Schriften zur Pastoral, zur Jugend und zur christlichen Weltgestaltung. Bearbeitet von Andreas R. Batlogg und Walter Schmolly, Freiburg/Basel/Wien, 28–47, 38.

„[D]er Fromme von morgen wird ein ‚Mystiker‘ sein, einer, der etwas ‚erfahren‘ hat, oder er wird nicht mehr sein, weil die Frömmigkeit von morgen nicht mehr durch die im Voraus zu einer personalen Erfahrung und Entscheidung einstimmige, selbstverständliche öffentliche Überzeugung und religiöse Sitte aller mitgetragen wird, die bisher übliche religiöse Erziehung also nur noch eine sehr sekundäre Dressur für das religiös Institutionelle sein kann. Die Mystagogie muß von der angenommenen Erfahrung der Verwiesenheit des Menschen auf Gott hin das richtige ‚Gottesbild‘ vermitteln, die Erfahrung, daß des Menschen Grund der Abgrund ist: daß Gott wesentlich der Unbegreifliche ist; daß seine Unbegreiflichkeit wächst und nicht abnimmt, je richtiger Gott verstanden wird, je näher uns seine ihn selbst mitteilende Liebe kommt; [...] daß er nicht bestimmt werden kann als dialektisches Nein zu einem *erfahrenen* bestimmten Ja, z. B. nicht als der bloß Ferne gegenüber einer Nähe, nicht als Antipol zu Welt, sondern daß er über solche Gegensätze erhaben ist.“[12]

Rahner erkennt sehr genau, dass „die bisher übliche religiöse Erziehung“ nicht ausreicht – und das schließt sowohl die kirchliche Katechese als auch den damals katechetisch ausgerichteten Religionsunterricht ein. Religiöse Erziehung sei allenfalls „eine sehr sekundäre Dressur für das religiöse Institutionelle“ – aber ist der Institution Kirche im konfessionellen Religionsunterricht durch eine „sehr sekundäre Dressur“ gedient? Ist eine solche „Dressur“ überhaupt möglich? Inwiefern verhindert die Fixierung auf das Institutionelle ein Erreichen der Absicht, Menschen für kirchliches Leben zu begeistern (ein Paradox)?

Religionspädagogisch hat man mit der Entwicklung der Korrelationsdidaktik auf das Problem reagiert (s. o. 1.4.2, 2.3), trotzdem bleibt das mystagogische Paradox bestehen, wie den mystisch nicht Eingeweihten plausibel zu machen ist, sich mit der Frage nach dem „richtigen Gottesbild“ auseinanderzusetzen. Welchen Sinn soll das haben, wenn Gott „wesentlich der Unbegreifliche“ ist? Ist die paradoxe Antwort, dass „seine Unbegreiflichkeit wächst [...], je richtiger Gott verstanden wird“, wirklich motivierend oder nicht eher abschreckend? Was ist mit der Ahnung gewonnen, dass Gott über „solche Gegensätze erhaben ist“ wie den der Nähe oder Ferne zur Welt? Steht ein solches Lernziel nicht im Gegensatz zu den üblichen Lernerwartungen, die sich aus den anderen Schulfächern ergeben? Begründen dort nicht klare Kompetenzerwartungen – die natürlich auch für den Religionsunterricht formuliert werden – den gesellschaftlichen Sinn des zu Lernenden? Aber bereits im Lernen selbst steckt eine Paradoxie.[13]

---

[12] Rahner, Karl (2006): Frömmigkeit früher und heute (Vortrag von 1966), in: ders., Sämtliche Werke 23: Glaube im Alltag. Schriften zur Spiritualität und zum christlichen Glaubensvollzug. Bearbeitet von Albert Raffelt, Freiburg/Basel/Wien, 31–46, 39f.

[13] Im Folgenden greife ich einzelne Passagen aus dem Beitrag auf: Brieden, Norbert (2016a): ‚Verstehen von Anfang an‘. Hochschuldidaktische Überlegungen zur Paradoxiereflexion, in: Forum Exegese und Hochschuldidaktik. Verstehen von Anfang an 1, 57–76.

3.1.1 Lernen und Nichtlernen, Verstehen und Missverstehen

Fritz B. Simon beginnt das Kapitel zur Paradoxie des Lernens, das seinem Buch den Titel gegeben hat, mit dem Satz: „Lernen kann – wie Rauchen – der Gesundheit schaden. Vor allem aber: Es lohnt sich häufig nicht."[14] Simon erinnert daran, dass der Großteil der schulischen Lerninhalte vergessen wird. Oft bleibt nur die Form hängen, in der ‚gelernt' wurde. So konnte Schüler*innen beispielsweise während des Versuchs, „Grundregeln der höheren Mathematik" weiterzugeben, vermittelt werden, „daß sie Idioten sind, nichts wert oder gesellschaftlich randständig, daß sie sich unterwerfen oder katzbuckeln müssen".[15] Mit der Differenz zwischen dem heimlichen Lehrplan, wie er in der Form der Kommunikation zwischen Lehrkräften und Schüler*innen zum Ausdruck kommt, und dem offiziellen Lehrplan verweist Simon auf die Paradoxie der Lernzielorientierung: Die Proklamation erreichbarer Lernziele ist zugleich Bedingung der Möglichkeit wie der Unmöglichkeit, sie zu erreichen. Lernen schließt immer auch Nicht-Lernen ein, weil in der Zeit, in der ein bestimmtes Wissen erworben wird, anderes Wissen, das vielleicht für das Individuum bedeutsamer wäre, nicht angeeignet werden kann. Das gilt nicht nur psychologisch-temporal, sondern auch in einem grundsätzlichen Sinne physiologisch-lokal:

> „Das Gehirn ist zu Beginn seiner Entwicklung so strukturiert, daß nahezu jede Zelle mit jeder in Kontakt steht. Die Möglichkeiten der Entstehung von Prozeßmustern sind nahezu unbegrenzt. Im Laufe der Entwicklung, d. h. der Lerngeschichte, werden diese Verbindungen gekappt, so daß nur einige übrigbleiben. Und damit bleiben auch nur bestimmte, bevorzugte und immer wieder repetierte interne Hirnprozeßmuster übrig. [...] Es handelt sich dabei also um einen Selektionsprozeß, um die Beseitigung von Möglichkeiten. Wissen macht deshalb immer irgendwie ein wenig beschränkt. Der sokratisch bescheidene Satz ‚Ich weiß, daß ich nichts weiß' müßte also eigentlich abgewandelt werden: ‚Ich weiß, daß ich weiß.' Aber Wissen ist natürlich nicht schlimm, gefährlich wird es nur, wenn man nicht weiß, daß man weiß."[16]

Zu wissen, dass man weiß, heißt hier zugleich zu wissen, dass man nicht weiß. Die Einheit von Wissen und Nicht-Wissen wie die Einheit von Lernen und Nicht-Lernen wird in didaktischen Konzepten und Strategien in der Regel abgeblendet – Luhmann nennt das ein ‚Invisibilisieren' der Anfangsunterscheidung –, weil die durch das Wissen um das Paradox eingeleitete Oszillation die für das Lernen erforderliche Konzentration verhindert. Ein solches Oszillieren mag zuweilen heilsam sein, indem es ein Bewusstsein für die Unabschließbarkeit des Lernens erzeugt (s. o. 1.2); auf Dauer gestellt, würde es Lernen verunmöglichen. Deshalb

---

[14] Simon 2002, 145. Vgl. ebd., 145–159.
[15] Ebd., 153.
[16] Ebd., 156f.

bedarf es Strategien der ‚Entparadoxierung‘, und die Formulierung von Lernzielen ist eine solche Strategie.

Zwar wird im Wechsel von der Lernziel- zur Kompetenzorientierung die Perspektive der Schüler*innen insofern präziser berücksichtigt, als deren kompetentes Handeln zum Kriterium dafür wird, ob Unterricht gelingt. Aber die grundlegende Paradoxie von Lernen und Nicht-Lernen tritt als Paradoxie von Kompetenz und Nicht-Kompetenz gleichwohl auf den Plan, wie Dirk Baecker schon 2000 vermerkte:

> „Die Pädagogik beobachtet Lernkompetenzen aus der Sicht der Lehrer, und korrigiert dies allenfalls dadurch, dass sie die Perspektive selbst in Rechnung stellt und konzediert, dass sich der Prozess der Erziehung aus der Sicht der Schüler unter Umständen anders darstellt. Schon der Begriff der ‚Kompetenz‘ sollte darauf aufmerksam machen, dass man nicht weiß, worüber man spricht, und daher nur die Kompetenteren von den weniger Kompetenten anhand wechselnder Kriterien zu unterscheiden versuchen kann.“[17]

Es ist ein Gebot didaktischer Reflexion, mit der Einsicht in die Notwendigkeit der Entparadoxierung, etwa durch den Kompetenzbegriff, dieser Paradoxie nicht auszuweichen. Das geschieht dadurch, dass die Entparadoxierung ins Bewusstsein tritt, indem etwa die „wechselnden Kriterien“ gemeinsam mit den Schüler*innen erarbeitet werden, beispielsweise indem die jeweiligen Kompetenzniveaumodellierungen als Instrumente, „die Kompetenteren von den weniger Kompetenten [...] zu unterscheiden“, mit ihnen diskutiert werden. Eine Möglichkeit, die Paradoxien nachzuvollziehen und zu reflektieren, ist es somit, über Entparadoxierung so transparent wie möglich innerhalb einer Lerngruppe zu kommunizieren. Das setzt freilich voraus, dass die Paradoxie als solche von den Lehrkräften überhaupt wahrgenommen wird. Hochschuldidaktisch besteht die Aufgabe, die Studierenden für das grundlegende Paradox des Lernens zu sensibilisieren.[18] Wie kann das gehen?

Die didaktische Paradoxie, die in der Unwahrscheinlichkeit zum Ausdruck kommt, Lernprozesse zu steuern bzw. sie adäquat zu bewerten, spiegelt sich wider in der grundlegenden hermeneutischen Paradoxie: Der Vollzug des Verstehens beinhaltet eine Unterscheidung zwischen dem, der etwas zu verstehen behauptet, und dem, was er zu verstehen denkt. Somit impliziert jedes Verstehen einen Bezug zu ihm selbst und einen Bezug zu dem Verstandenen. Systemtheoretiker*innen sprechen hier von Selbst- und Fremdreferenz. Ein Text (Fremdreferenz) ist von daher in einem grundsätzlichen hermeneutischen Sinn mit dem letzten Punkt nicht zu Ende, sondern fängt neu an, sobald ich ihn in einen

---

[17]   Baecker, Dirk (2000): Wie steht es mit dem Willen Allahs?, in: Teubner, Gunther (Hg.), a. a. O., 145–176, 153.

[18]   Vgl. Brieden, Norbert (2015): Religionspädagogik lehren lernen – hochschuldidaktische Impulse, in: Theo-Web. Zeitschrift für Religionspädagogik 14, H. 2, 86–103, http://theo-web.de/zeitschrift/ausgabe-2015-02/ Aufruf 15.12.2021.

Bezug zu mir als Leser setze (Selbstreferenz). Im Interpretieren kommt die paradoxe Einheit von Fremd- und Selbstreferenz zum Ausdruck. Aus hochschuldidaktischer Perspektive weist Simone Horstmann deshalb mit Recht darauf hin, wie wichtig es für Studierende ist, „dem eigenen Nicht-Verstehen zu trauen und es im Sinne einer Problematisierungskompetenz zu habitualisieren". Gerade wenn man sich den kanonischen und „vermeintlich vertrauten" Texten zuwendet, ist es zunächst wichtig, „Abstand zu gewinnen" und „Stolpersteine" wahrzunehmen: „Wer im Text stolpert und dies zugleich bemerkt, hat also paradoxerweise einen großen Schritt in Richtung Textverstehen getan."[19]

Auch wenn jemand selbst (als ‚System') Gegenstand des Verstehens ist (also Teil der ‚Umwelt'), gilt diese Unterscheidung. Ich verstehe etwas über mich, indem ich die Differenz von Selbst- und Fremdreferenz in meinem Selbstverständnis konkretisiere; z. B. wenn ich mir vergegenwärtige, dass ich ‚Norbert Brieden' heiße, dann aktualisiere ich die Außenwahrnehmung der Anderen, die mich in der Regel mit diesem Namen ansprechen (Fremdreferenz), für meine Selbstwahrnehmung (Selbstreferenz). Zugleich schließe ich, indem ich ein bestimmtes Verständnis einer Sache aktualisiere, andere mögliche Verständnisse erst einmal aus. (Ich halte daran fest, Norbert Brieden zu sein, obwohl andere mich auch schon mal mit einem anderen Namen angeredet haben.)

Mein Verstehen (*Selbstreferenz*) wird dem, was zu verstehen ist (*Fremdreferenz*), jedoch nicht gerecht (ich kann niemals genau wissen, was die anderen alles mit ‚Norbert Brieden' verbinden). Im Sinne dieser Paradoxie – die Fremdreferenz ist immer nur als Reentry in die Form der Selbstreferenz verfügbar – ist jedes Verstehen immer auch ein Nicht-Verstehen. Dieses Nicht-Verstehens werde ich gewahr, indem ich den Reentry der paradoxen Einheit von Selbst- und Fremdreferenz in meine Selbstreferenz beobachte (s. o. 2.2.3.2). Und das ist im Grunde nichts anderes, als den Beobachtungsstandpunkt zu wechseln. Ich beobachte nicht nur etwas, sondern ich beobachte, wie ich oder andere etwas beobachten (wie die anderen ‚Norbert Brieden' im Unterschied zu mir selbst beobachten). Durch diese Beobachtung zweiter Ordnung können blinde Flecken und Vorurteile in der Beobachtung erster Ordnung aufgedeckt werden. Eine solche Beobachtung zweiter Ordnung ist die Bedingung der Möglichkeit nicht nur für ein Sensibilisieren im Blick auf das Paradox des Lernens, sondern für wissenschaftliche Operationen überhaupt, insofern über sie Rechenschaft abzulegen ist. Zugleich wäre sie Bedingung der Unmöglichkeit wissenschaftlicher Operationen dann, wenn keine Beobachtungen erster Ordnung vorlägen – hier zeigt sich die Bedeutung empirischer Daten, die gleichwohl zur Begründung der Methodik ihrer Erhebung und Auslegung einer Beobachtung zweiter Ordnung bedürfen.

---

[19]   Horstmann, Simone (2019): Intermezzo VI: Irritationen, Leerstellen und Brüche im Text, in: Ballhorn, Egbert/Horstmann, Simone (2019/Hg.): Theologie verstehen. Lernen mit dem Credo, Paderborn, 189f., 190.

Aus dem grundlegenden Paradox des Verstehens, das in dem erläuterten Sinne immer auch ein Nicht-Verstehen ist, lassen sich im Rückschluss die bereits angesprochenen pädagogischen und didaktischen Paradoxien ableiten. Die Operation des Erziehens ist zugleich die Bedingung der Möglichkeit von Erzogensein als auch die Bedingung seiner Unmöglichkeit: Wer noch der Erziehung bedarf, ist nicht erzogen, insofern das ‚Erzogensein' dadurch bestimmt ist, dass die ‚Erzogenen' für ein angemessenes Verhalten keine äußere Einwirkung benötigen. Wie viel Einfluss und welche Art heteronomer Einwirkung erlaubt das Ziel, Menschen zur Autonomie zu erziehen? Didaktische Überlegungen unterstellen den Sinn und die Möglichkeit, Lernprozesse anderer zu planen und zu reflektieren.[20] Lernen können aber die anderen nur von sich aus und auf der Basis ihres jeweils eigenen Standpunktes, auch wenn sie in einer ganz bestimmten Lernkultur aufwachsen und dadurch geprägt sind (s. o. 1.2). Wieweit und mit welchen Mitteln können Lehrende das Verstehen der Lernenden verstehen und vorantreiben? Wodurch wird das Lernen des Lernens gefördert oder behindert? Bleibt am Ende mehr als das Eingeständnis des eigenen Nicht-Wissens, das als wissendes Nichtwissen doch auch ein Wissen ist (ein Paradox)?

3.1.2 Gottes unbedingte Liebe, das Mängelwesen Mensch und das Paradox der Leistungsbewertung

Die von Manfred Pirner genannten Antinomien des Lehrer*innen-Handelns können ausgehend vom weiten Paradoxiebegriff Luhmanns auch als Paradoxien bezeichnet werden: Die „Autonomie-Antinomie" (in der heteronomen Zwangsanstalt Schule zur Autonomie zu erziehen), die „Ungewissheit-Antinomie" (die für die Zukunft bedeutsamen Inhalte des Unterrichts festzulegen, ohne die Zukunft der Schüler*innen zu kennen), die „Nähe-Distanz-Antinomie" (professionelle Distanz persönlich, authentisch und zugewandt zu gestalten) und die „Förderung-Selektion-Antinomie".[21] Bezüglich der beiden letztgenannten etwa steht die Aufgabe der Lehrerin, Leistung zu beurteilen und damit ggf. Entscheidungen über den Bildungsweg der Beurteilten zu fällen, dann nicht im Widerspruch zum zentralen Inhalt des Religionsunterrichts – Gott als der bedingungslos Liebende – wenn beide Perspektiven differenziert und reflektiert relationiert

---

[20] Vgl. Brieden, Norbert (2014): Könnte wirklich auch alles ganz anders sein? Zur Kritik konstruktivistischer Unterrichtsplanung, in: Büttner/Mendl/Reis/Roose (Hg.), a. a. O., 189–196.

[21] Pirner, Manfred (2012): Was ist ein guter Lehrer / eine gute Lehrerin? Ergebnisse der Lehrprofessionsforschung; in: Burrichter, Rita u. a. (Hg.): Religion professionell unterrichten. Ein Arbeitsbuch. Religionspädagogik innovativ 2, Stuttgart 2012, 13–32, 17. Vgl. Büttner/Dieterich 2004, 86–100.

sind: Fachliche Leistungsbeurteilung auf der einen und Wertschätzung der Persönlichkeiten von Schüler*innen auf der anderen Seite sind derart voneinander zu trennen und aufeinander zu beziehen, dass sich die Schülerin von ihrem Lehrer trotz ihrer als mangelhaft bewerteten Leistung respektiert fühlen kann (etwa durch die positive Unterstellung, dass Nichtverstandenes später noch verstanden wird).

Gerade eine Orientierung an dem komplexen Begriff der Kompetenz, der ein Konglomerat personenbezogener Fähigkeiten, Fertigkeiten und Haltungen umfasst, lässt deutlich werden, dass Leistungen nicht in allen Bereichen messbar sind. Im Begriff der Kompetenz liegt daher die Chance, die Illusion passgenauer Messbarkeit aufzubrechen. Hilfreich ist vielleicht nicht nur im Blick auf Religiöse Kompetenz die Differenzierung von Ulrich Hemel zwischen der „Kompetenz 1", die „sich vom Anspruch her auf das Ganze der Persönlichkeit" bezieht, und der „Kompetenz 2", die sich auf messbare „Fähigkeiten und Fertigkeiten" eingrenzen lässt.[22] Freilich steckt auch hinter dieser Differenzierung die in ihr invisibilisierte paradoxe Einheit beider Kompetenzen: Ohne Kompetenz eins wäre Kompetenz zwei sinnlos und ohne Kompetenz zwei bliebe Kompetenz eins im schulischen Sinne unterentwickelt, weil nicht festzuhalten wäre, was die Schüler*innen bereits gut können und in welchen Feldern Fähigkeiten optimierbar sind.

In diesem Sinne stellt die hilfreiche Unterscheidung auch eine Entparadoxierung dar, die auf der Ebene einer Beobachtung zweiter Ordnung zu reflektieren ist. Sie mag zwar in der kontroversen Diskussion um Kompetenzorientierung entspannend wirken, muss aber zugleich kritisch auf ihre Wirkungen hin überprüft werden. Arrangiert sie sich möglicherweise zu leicht mit einer Leistungsideologie, die alles schulische Handeln nur danach bewertet, ob und inwiefern es die zum Teil auf wirtschaftliche Interessen fokussierten Standards erfüllt? Wirkt die Differenzierung von Kompetenzarten, die motiviert ist durch den Wunsch, sich von einer Ideologie der Standardisierbarkeit von Leistungen abzugrenzen, paradoxerweise als Vademecum, das Standardisierungen von Kompetenzen erleichtert?

Der Entwicklungsgedanke, der im Kompetenzbegriff und einem pädagogischen Leistungsverständnis verborgen ist, verweist darauf, dass Leistung sich in Prozessen vollzieht. Die eingeforderte Benotung sollte daher immer einen zeitlichen Index beinhalten: Im Moment kann eine Schülerin eine geforderte Leistung noch nicht so erbringen, dass sie gemäß den vorgegebenen Standards zufriedenstellend wäre. Vielleicht ist dem Schüler nicht deutlich, was der Sinn der geforderten Leistung für ihn ist. Pädagogisches Handeln muss leistungsorientiert sein, um die Schüler*innen nicht zu unterfordern, darf dabei aber zugleich

---

[22] Hemel, Ulrich (2012): Religionsunterricht, religiöse Kompetenz, kompetenzorientierte Lehrpläne. Oder: Die Chance zum Gestalten eines persönlichen Lebensentwurfs, in: Religionspädagogische Beiträge 67, 17–30, 20–23.

die individuellen Möglichkeiten der einzelnen Schüler*innen nicht missachten.[23] Für Dirk Baecker stellt die Vergabe von Noten das zwölfte Kamel schulischer Pädagogik dar:

> „Für die Erziehung jedenfalls gilt, dass sich erst in das Nichtwissen um Selektion, Lehre und Lernen je aktuelle Problemlösungen für den Umgang mit Wissen, mit Schülern und mit gesellschaftlichen Bedarfslagen einzeichnen können, die das Erziehungssystem [...] reagibel und flexibel macht. Nur so befähigt es sich, seinen eigenen Kommunikationscode, nämlich besser/schlechter im Spiegel der eigenen Noten, nicht nur auf seine Schüler, sondern auch *auf sich selbst* anzuwenden und auf dieser Ebene die eigene Unterkomplexität sowohl im Verhältnis zur Komplexität der beteiligten Bewusstseinssysteme (der Schüler, aber auch der Lehrer) und der gesellschaftlichen Umwelt durch wechselnde Entwürfe neuer Pädagogiken und Didaktiken, vor allem aber: durch neue Schulformen, zu kompensieren. Das Erziehungssystem ist endogen unruhig, und das verdankt es einem Nichtwissen, das es nie recht eingestehen will, und einer Mogelei (der Benotung), die längst zum Systembestand gehört."[24]

Speziell im Religionsunterricht ist die theologische Perspektive relevant, die eine Fixierung auf den Leistungsbegriff verbietet und in diesem Sinne dazu provoziert, das zwölfte Kamel der Benotung zurückzugeben. Als Geschöpf Gottes hat jeder Mensch eine unveräußerliche Würde, die nicht von seiner Leistung abhängt. Im Gegenüber zu Gott ist jeder Mensch ein Mängelwesen – da fallen die graduellen Differenzen im Leistungsvermögen der unterschiedlichen Menschen weniger ins Gewicht und erscheinen wie eine „Mogelei". Zugleich ist jeder Mensch zum Mitwirken am Schöpfungshandeln Gottes berufen. Gerade Kinder zeigen eine ursprüngliche Freude am schöpferischen Handeln. Kreative Methoden, ein variables Setting von Angeboten zur Bearbeitung von Themen sowie Verfahren, die zu einer Selbsteinschätzung eigener Lernfortschritte anleiten, sind bevorzugte Mittel, die Eigenaktivität der Schüler*innen zu fördern.[25] Auch Erfahrungen des Scheiterns gehören dazu und müssen verarbeitet werden. „Gemäß der unverhältnismäßigen Gerechtigkeit Gottes gilt auch den Versagern, Erfolglosen und Gestrandeten Anerkennung und Wertschätzung und eine besondere Fürsorge."[26]

Ein biblischer Text zitiert ein berühmtes Paradox und lässt sich gegen den ersten Augenschein als Vorbild für ein religionsdidaktisches Handeln deuten, das im Bewusstsein der Mensch-Gott-Differenz jedem Menschen zutraut, seine

---

[23] Vgl. Reese-Schnitker, Annegret (2010): „Nun sag, wie hast du's mit der Leistung?" Leistungsverständnis und Leistungsorientierung im Religionsunterricht, in: Religionspädagogische Beiträge 64, 31–50, 36.

[24] Baecker 2000, 154.

[25] Vgl. Tomberg, Markus (2010a): Leisten ist Handeln in Beziehung. Leistungsbewertung in der Schule – Folgerungen für einen religionspädagogischen Leistungsbegriff, in: rpi-virtuell vom 29.01.2010, 1–15.

[26] Reese-Schnitker 2010, 38, vgl. ebd., 36–38.

besondere Form religiöser Kompetenz zu entwickeln. Im Titusbrief warnt der Verfasser im Namen des Apostels Paulus seinen Missionsgehilfen Titus vor den lügnerischen Kretern und zitiert dabei eine dem kretischen Dichterphilosophen Epimenides zugeschriebene Sentenz: „Ihnen muss man den Mund stopfen, denn aus übler Gewinnsucht zerstören sie ganze Familien mit ihren falschen Lehren. Einer von ihnen hat als ihr eigener Prophet gesagt: ‚Kreter sind immer Lügner, wilde Tiere, faule Bäuche.‘ Unser Zeugnis ist wahr" (Tit 1,11–13). Wäre das Zitat des Kreters wahr – also alle Kreter wären Lügner –, dann müsste er als Kreter mit diesem Satz auch selbst gelogen haben und der Satz wäre kein wahres „Zeugnis". Und wäre der Satz eine Lüge – also Kreter sagten die Wahrheit –, dann würde diese Konsequenz der Satzaussage widersprechen (wenn Epimenides lügt, sagt er die Wahrheit, obwohl er ein Lügner ist).

Die Paradoxie lässt sich entschärfen, wenn man die Allgemeinheit von Bestandteilen der Aussage infrage stellt: Ein Lügner lüge nicht immer, sondern sage auch schon einmal die Wahrheit, oder die Lüge des Epimenides – alle Kreter lügen – impliziere nicht, dass alle Kreter die Wahrheit sagen, sondern es reiche, wenn zumindest einer die Wahrheit spricht, und das müsse ja nicht gerade Epimenides sein: „Er könnte also mit diesem Satz lügen und ‚trotzdem‘ ein Lügner sein. Seine Aussage wird nicht wahr, wenn man annimmt, dass er lügt."[27] Interessant ist, wie der Verfasser des Titusbriefes sein Zitat einbettet: Er verlangt, den Kretern „den Mund [zu] stopfen", obwohl er „eine[m] von ihnen" direkt im nächsten Satz das Wort erteilt (ein Paradox). Und obwohl sie „mit ihren falschen Lehren" sogar „ganze Familien" „zerstören", kommt „ihr eigener Prophet" mit einem als „wahr" bezeichneten Spruch zur Geltung (ein Paradox).

Um den Lügenpropheten zu widersprechen, müssen ihre Aussagen zunächst einmal wahrgenommen werden (Bedingung der Möglichkeit der Operation „Widerspruch"). Wenn aber zumindest eine ihrer Aussagen als wahres Wort gilt, können sie nicht grundsätzlich der Lüge überführt werden (Bedingung der Unmöglichkeit dieser Operation). Der Verfasser des Titusbriefes zeigt im Epimenideszitat, dass er die Kommunikation mit den Lügenpropheten sucht, obwohl er ihnen „üble Gewinnsucht" unterstellt und ihnen „den Mund stopfen" will (ein Paradox). Dadurch gelingt es dem Verfasser, die Notwendigkeit des Dialogs ge-

---

27 Lau 2015, 135. Gegenüber dem Kreterparadox, das aufgrund des oben Gesagten kein echtes logisches Paradox darstellt, ist der Satz „‚Ich lüge mit diesem Satz.‘ nach formalen Gesichtspunkten eine Paradoxie. Die Aussage ist ja, dass ich mit dem Statement meiner Lüge lüge. Die auftretende Oszillation ist gebunden daran, dass es die selbe Unterscheidung ist, die in sich eingeführt wird. [Fußn. 155:] In abgewandelter Form kann einem das als Kinderspiel begegnen: ‚Hallo Papa, wir spielen gerade verkehrte Welt.‘ So wird das Spiel genannt, bei dem man immer das sagt, was nicht gemeint oder nicht der Fall ist. Spielt meine Tochter das Spiel gerade, wenn sie mir diese Mitteilung macht?" (ebd.) Zur Epimenides-Paradoxie und seiner Rezeption bei Luhmann vgl. Schulte 2013, 158–169.

genüber dem später geforderten Kommunikationsabbruch (Tit 3,10) zu verteidigen und die paradoxe Einheit von Kommunikation und Nicht-Kommunikation aufzuzeigen, die eine Bedingung für religionsdidaktisches Handeln darstellt.

Diese religionsdidaktische Auslegung stellt sich gegen den Text selbst, der im unmittelbaren Kontext der gerade interpretierten Stelle die „Reinen", zu denen Titus zählt, scharf von den ungehorsamen „Schwätzer[n]" abgrenzt (Tit 1,10):[28] „Für die Reinen ist alles rein; für die Unreinen und Ungläubigen aber ist nichts rein, sogar ihr Denken und ihr Gewissen sind unrein. Sie beteuern, Gott zu kennen, durch ihr Tun aber verleugnen sie ihn; es sind abscheuliche und ungehorsame Menschen, zu jeder guten Tat unbrauchbar" (Tit 1,15–16). In diesen scheinbar in Stein gemeißelten ‚Benotungen' sind die unveräußerliche Würde des Menschen und seine Chance zur Entwicklung kaum noch erkennbar. Immerhin soll Titus, wie es der Brief am Ende formuliert, „einen, der falsche Lehren vertritt, einmal und ein zweites Mal" ermahnen, bevor er den weiteren Kontakt abbricht (Tit 3,10). Dagegen verweist die Auslegung des Epimenides-Zitats im Sinne einer analogen Struktur auf die ursprüngliche Einheit der Differenz rein/unrein, insofern das Wort des Lügenkreters (unrein) als wahres Wort (rein) zitierbar ist.

Die aktuelle Einheitsübersetzung (2016) entschärft die Paradoxie, wenn sie direkt nach dem Epimenides-Zitat 1,13a übersetzt „Unser Zeugnis ist wahr" statt wie 1980 „Das ist ein wahres Wort" (*he martyría haúte estìn alethés*). Beide Übersetzungen sind vom Griechischen her möglich; offener ist die Lutherübersetzung „Dieses Zeugnis ist wahr": Das „Zeugnis" kann sich dann sowohl auf den Spruch des Epimenides (1,12b) beziehen, als auch auf die Behauptung, ein Kreter selbst habe das gesagt (1,12a) als auch auf die gesamte Sequenz mit der Aufforderung, diese Menschen zum Schweigen zu bringen (1,10–12). Offensichtlich ist beim Übersetzen die Paradoxie negativ aufgefallen, die in der Wertschätzung der Wahrheit des kretischen Zitats steckt. Indem dessen Urheber durch die Wendung „unser Zeugnis" verschleiert wird, geht die Wahrheit auf das Konto des Briefeschreibers und bestätigt die im übrigen Brief durchgeführte, hier dekonstruierte Entgegensetzung von wahr/falsch, rein/unrein.

Die ursprüngliche Einheit der vermeintlichen Gegensätze bestätigt Jesus in seiner Antwort auf die Frage des Petrus, wie oft er seinem Bruder, der sich gegen ihn versündigt habe, vergeben solle, etwa: „Bis zu siebenmal?" (Mt 18,21). Petrus

---

[28] Insofern mit den Ungehorsamen „besonders die aus der Beschneidung" (Tit 1,10) identifiziert werden, ist der Titusbrief ein Zeugnis für den Streit zwischen Juden/Jüdinnen und Christ*innen und wurde in der Folge häufig antijudaistisch interpretiert; auch heute noch werden entsprechende Aussagen verbreitet, etwa des evangelikalen Bibelforschers William Kelly (1821–1906). In seinem Kommentar zur Stelle im „Einführenden Vortrag zum Titusbrief" heißt es: „Ach, das Böse des Judentums infiziert auch Nichtjuden. Einige werden vom Geist der Überlieferung durchdrungen, andere sind in großem Maß getränkt mit Gesetzlichkeit." https://www.bibelkommentare.de/kommentare/474/einfuehren der-vortrag-zum-titusbrief Aufruf 15.12.2021.

wird bereits die siebenfache Vergebung als Überforderung beurteilen – und das ist sie auch, gemessen an der normalen Erwartungshaltung einer höchstens zweimaligen Ermahnung im Titusbrief. Die Antwort Jesu wird ihn überrascht haben: „Ich sage dir nicht: Bis zu siebenmal" – bis hierhin mag Petrus noch zufrieden genickt haben –, „sondern bis zu siebzigmal siebenmal" (Mt 18,22).

Die unbedingte, liebende Zuwendung Gottes zu allen Menschen überfordert das Mängelwesen Mensch in seiner Fähigkeit zu vergeben. Indem er jedoch Maß nimmt an der Zuwendung Gottes und im Zuspruch Jesu auf die Hilfe Gottes vertraut, aktualisiert er die paradoxe Einheit von Gott und Mensch, die zugleich die bleibende Differenz bejaht: „Die Oszillation [hier zwischen Gott und Mensch] unterwandert die Unterscheidung, die die Seiten hervorbringt, zwischen denen die Oszillation stattfindet – und insofern hält die Oszillation die Unterscheidung aufrecht *und* hebt sie auf."[29]

Was bedeutet das konkret für den Religionsunterricht? Nur ein Beispiel, passend zum Thema der von Jesus geforderten Vergebungsbereitschaft: Paul Platzbecker kontrastiert das „populäre Wegleugnen von Schuld" mit der entwicklungspsychologischen Einsicht, dass gerade Jugendliche in ihren fragilen Reifeprozessen „die befreiende Erfahrung von Vergebung und Neuanfang [...] brauchen". Wie kann die christliche „Gewissheit einer vergebenden und erlösenden Zusage" diese Jugendlichen erreichen, sie vielleicht irritieren und ihre Sichtweisen verändern? „Die Einsicht, selbst ein ‚gerechtfertigter Sünder' zu sein, setzt ihrerseits Vergebung frei. So wird die Erfahrung befreiter Freiheit möglich und weitergegeben."[30] Platzbecker weist selbst darauf hin, dass diese Botschaft im Kontrast steht zu einer „Schule als ‚Machtapparat' mit ihrer Schulpflicht, ihren Disziplinarmaßnahmen und ihrem Noten- und Evaluationsdruck" sowie mit ihrer Selektions- und Allokationsfunktion. Lässt sich die paradoxe „Spannung von Funktionalität und Trans-Funktionalität" unter der pädagogischen Perspektive von Bildung „unter diesen Umständen wirklich operationalisieren und auflösen [...,] oder bleiben subtile Mechanismen der Manipulation (un-)bewusst bestehen? Was bedeutet es für den RU, wenn er als ‚ordentliches

---

29   Lau 2015, 165. Lau bezieht sich hier auf die Zeit, die im Oszillieren vergeht: „Raum und Zeit im Sinne des Alltagsverständnisses sind, was geschieht, wenn man die Ideen einer Unterscheidung bzw. des Wechselns der Seiten einer Unterscheidung häufig genug in sie selbst einführt. Das alltägliche Konzept von Zeit, die ein Maß, eine Dauer hat, das oder die gemessen werden kann, kommt nur zustande, indem die Dauer mit einer anderen Zeit gemessen wird. ([Fußn. 180:] Heutzutage ist zum Beispiel eine Sekunde über die Schwingung eines Cäsium-Atoms definiert.) [...] Zeit als solche ist nicht erfahrbar oder beobachtbar. Zeit ‚zeigt' sich in der Veränderung von Zuständen. Das heißt aber auch, dass Zeit eine notwendige Form für die Wahrnehmung von Veränderungen ist" (ebd.).

30   Platzbecker, Paul (2012): Religiöse Bildung als Freiheitsgeschehen. Konturen einer religionspädagogischen Grundlagentheorie (Praktische Theologie heute 124), 402.

Lehrfach' [...] an dieser sehr speziellen Dialektik von Freiheit und Unfreiheit [...] Anteil hat?"[31]

3.1.3 Die paradoxe Einheit von Immanenz und Transzendenz

Das Paradox der Gott-Mensch-Einheit ist eine Variante des in der Überschrift dieses Abschnitts abstrakter formulierten Glaubensparadoxes, durch das Luhmann religiöse Systeme charakterisiert sieht. Im Medium des Glaubens wird die Transzendenz Gottes von der Immanenz der Welt unterschieden. Die Differenzierungsleistung des Systems Religion bezieht sich nach Luhmann also auf die Grenze von Immanenz und Transzendenz. Durch Bearbeiten dieser Grenze gelingt es im religiösen System, Unbestimmbares in Bestimmtes zu überführen, beispielsweise mit der konkreten Hoffnung auf Auferstehung die (nicht endgültig lösbare) Frage zu beantworten, was nach dem Tode kommt. Eine Kommunikation ist „immer dann religiös [...], wenn sie Immanentes unter dem Gesichtspunkt der Transzendenz betrachtet":[32] in unserem Beispiel den Tod unter der Perspektive der Auferstehungshoffnung.

Im Folgenden wird das Glaubensparadox vom Allmachtsparadox (1), vom Paradox der mystischen Erfahrung (2) und schließlich vom Paradox der Einheit von Mystik und Theologie her (3) erschlossen.

3.1.3.1 Die Paradoxie im Allmachtsparadox

Wer Gott, der den Tod besiegt, als ‚allmächtig' bezeichnet, stellt immanente Erfahrungen von Macht in die Perspektive der Transzendenz, indem er*sie die Differenz von Macht und Allmacht betont und zugleich ihre Einheit verschweigt (kein Mensch hat die Macht, einen Toten wieder zum Leben zu erwecken, und zugleich ist, was Allmacht sein soll, nur in seinem Bezug und in seiner Differenz zu Erfahrungen von Macht zu fassen).

Peter Fuchs erwähnt das bekannte Allmachtsparadox, indem er zugleich dessen ambivalenten Charakter notiert: „Wenn Gott, der Allmächtige, einen Stein schaffen soll, den er selbst nicht aufheben kann, wird ihm nicht nur Ungeziemendes angesonnen – er wird blockiert."[33] Die Blockade entsteht in der Reflexion des Paradoxes, insofern das Nachdenken oszilliert zwischen den beiden sich

---

[31] Ebd., 421.
[32] Luhmann 2000, 77. Vgl. ebd., 74–92. Vgl. Büttner/Dieterich 2004, 120–132. Für einen ersten Überblick vgl. Fuchs, Peter (2012): Die Religion der Gesellschaft (2000), in: Jahraus/Nassehi u. a. (Hg.), a. a. O., 247–253.
[33] Luhmann/Fuchs 1989, 54. Das Zitat steht im Zusammenhang des Beitrags von Fuchs über die paradoxe Kommunikation im Zen-Buddhismus (vgl. ebd., 46–69): „Welche Beispiele man auch für Paradoxien heranzieht, immer illustrieren sie den Fall, daß ein Ereignis erzeugt werden soll, das die Bedingung seiner Möglichkeit eliminiert, indem es gesetzt wird."

widersprechenden Allmachtsforderungen: Wenn Gott den geforderten Stein fertigt, schafft er es nicht, ihn aufzuheben, ist also nicht allmächtig; gelingt ihm die Erschaffung des Steins nicht, ist damit ebenfalls erwiesen, dass er nicht allmächtig ist. Ein allmächtiger Gott blockiert sich in diesem Sinne selbst – wäre es dann noch vernünftig, an einen allmächtigen Gott zu glauben? Die schnellste Entparadoxierung besteht folglich darin, den Glauben an Gott einfach über Bord zu werfen.

Fuchs sagt allerdings auch, dass Gott in dem Gedankenexperiment „Ungeziemendes angesonnen" werde. Inwiefern ziemt es sich nicht, Gott eine solche paradoxe Aufgabe zuzumuten? Man könnte sagen, dass in dieser Aufgabe zwar die Einheit von Macht und Allmacht postuliert wird. Aber wie steht es um die Differenz der Allmacht zur Macht? Wird nicht der transzendente Charakter der Allmacht unterschlagen, wenn sie sich in der Erschaffung eines Steines manifestieren soll – eines durchaus immanenten Gegenstands –, der zugleich als Beweis dafür zu dienen hat, dass es mit der Allmacht Gottes nicht gut bestellt ist, wenn er diesen von ihm geschaffenen Stein nicht aufheben kann – eine durchaus immanente Aufgabe, die an die Aktionen von Gewichthebern erinnert (was nicht unbedingt religiöse Assoziationen weckt). Man kann das Allmachtsparadox *ad absurdum* führen, wenn man sich den schwersten Stein vorstellt, den Gott aus der Materie des gesamten Universums formt. Wenn Gott nun diesen Stein nicht durchs Universum schleuderte (was auf dasselbe hinausläuft, wie wenn er es täte, denn der Stein wäre als Schwarzes Loch unsichtbar): Wer könnte das noch wahrnehmen? Wer könnte ihm das Zeugnis ausstellen, die gestellte Aufgabe ‚sehr gut' gelöst zu haben?

Eine solche Entparadoxierung läuft darauf hinaus, den im Allmachtsparadox unterstellten Allmachtsbegriff kritisch zu reflektieren. Weil das Allmachtsparadox die paradoxe Einheit von Immanenz und Transzendenz nicht abbildet, insofern es Transzendenz auf Immanenz reduziert, kann es zurückgewiesen werden. Gott darf also wieder an Bord kommen – der Glaube scheint gerettet.

Aber so einfach ist es nicht. Denn der Glaube lässt sich nur retten, indem er sich paradoxerweise zugleich bezweifelt. Das zeigt Fuchs in seinem Essay zur Mystik mit dem Titel „Von der Beobachtung des Unbeobachtbaren: Ist Mystik ein Fall von Inkommunikabilität?"[34] In diesem Essay geht es um die Frage, wie die inkommunikable mystische Erfahrung der Einheit von Gott und Mensch gleichwohl kommuniziert wird (denn ansonsten wüssten wir nichts von ihr),

---

[...] Die Zen-Paradoxie liegt darin, daß jeder Versuch, Differenzlosigkeit zu beobachten, im Moment des Versuchs Differenzlosigkeit aufhebt" (ebd., 54). Im Vorwort benennen Luhmann und Fuchs die Autorschaft für die einzelnen Beiträge (drei von Luhmann, fünf von Fuchs). Da sie das Buch als „Ergebnis einer langjährigen Zusammenarbeit der Verfasser" verstehen (ebd., 10f.), zitiere ich das Buch „Reden und Schweigen" jedoch als Gesamtwerk.

[34] Vgl. ebd., 70–100.

und zwar aus der distanzierten Perspektive einer Beobachtung zweiter Ordnung, die sicher nicht sieht, was die Mystik sieht, dafür aber zu sehen vermag, „was zu sehen sie [die Mystik, N. B.] nicht in der Lage sein darf",[35] wie Fuchs einleitend formuliert.

3.1.3.2 Das Paradox mystischer Erfahrung und ihrer Kommunikation

Im ersten von sieben Schritten seines Essays beschreibt Peter Fuchs die Weltverdopplung durch den religiösen Code der Unterscheidung von Immanenz und Transzendenz:

> „Die Welt, intramundan beobachtet, erhält den Titel der Immanenz nur, wenn Transzendenz mitgedacht wird, und Transzendenz gerät nur in den Blick, wenn die Diesseitigkeit der Beobachtung von Diesseitigem beobachtet wird. Wenn man einen Beobachtungsstandpunkt außerhalb von Religion bezieht, kann man sehen, daß der Bezug auf Transzendenz seinerseits eine immanente Operation ist, die immanent Welt so beobachtet, als würde sie von außen observiert: Welt wird durch sich selbst dupliziert. Sie ist Innen und Außen im Innen. Sie hat ihr Außen nicht anders denn als Innen."[36]

Die paradoxe Einheit des Codes wird zum Problem, wenn aus der momenthaften Erfahrung der Einheit Schlussfolgerungen gezogen werden, die sich „entweder an Immanenz oder Transzendenz (und beides immanent) anschließen [müssen], je nachdem, welche der beiden Seiten als positiver Wert gehandelt wird". Die „Sprachform des ‚Gleichnisses'" versuche diese Einheit mitzuteilen, sei aber der Gefahr „der Ausmünzbarkeit zu Rezepturen" ausgesetzt. Wiederholbarkeit, etwa zu didaktischen Zwecken, sei „dem Code Immanenz/Transzendenz nicht angemessen": Ein „Weg, sich der paradoxen Einheit des Codes nicht zu stellen, ist es, sie in Rezepturen hinein zu verbergen. Vielleicht liegt schon hier im Unterschied von Ereignis und Gleichnis ein Grund, dessentwegen Mystik und Theologie einander nur skeptisch begegnen".[37] Während Mystik auf der Einmaligkeit der ereignishaften Einheitserfahrung bestehe, versuche Theologie als wissenschaftliche Beobachtung eigener und fremder religiöser Erfahrungen deren Gesetzmäßigkeiten aufzudecken – und sie gegebenenfalls in Gleichnissen verfügbar zu halten.

Fuchs konzediert nun für die „europäische Mystik der letzten anderthalb Jahrtausende, [...] daß sie es immanent mit Transzendenz, transzendent mit Immanenz zu tun haben will", und zwar „in einer Form, die die immanente Konstitution des Schemas und damit die Paradoxie der Einheit präsent hält und: sich ihr stellt".[38] Nachdem er unterschiedliche Strategien präsentiert hat, mit denen

---

[35] Ebd., 71, vgl. ebd., 70f.
[36] Ebd., 71. Zur Bedeutung dieser Weltverdopplung für den Religionsunterricht vgl. Büttner/ Dieterich 2004, 120–132.
[37] Luhmann/Fuchs 1989, 71.
[38] Ebd., 72.

Mystiker*innen sich dieser Aufgabe stellten („die konsequente Ausmerzung verräumlichender Metaphorik", „das Aufladen von Transzendenz mit Unendlichkeit", „die Immanentisierung von Transzendenz"),[39] kommt Fuchs gleichwohl zu dem Schluss, „daß auch die Mystik bei all ihrer Fähigkeit zu Gratwanderungen nicht mit der Paradoxie leben kann. Nichts kann sich in Unmöglichkeiten halten".[40] Entparadoxierung tut Not.

Im zweiten Schritt erläutert Fuchs, wie in der Mystik Transzendenzerfahrungen in der Immanenz möglich werden, indem „ein immanentes Pendant der Transzendenz [...], Unort und Unzeit in Raum und Zeit" unterstellt wird. Dieses Pendant wird gefunden im Innersten der Psyche. Es handelt sich um „jenen Gedankenquellpunkt [...], den zu beobachten bedeutete: Nichtbeobachten oder Nichtdenken".[41] „Erleben läßt sich, daß Bewußtsein infinite Prozessualität mit struktureller Intransparenz auf der Ebene seiner Operationen kombiniert [...]. Unendlichkeit und Intransparenz sind Merkmale von Transzendenz, und deshalb kann Bewußtsein sich erleben als etwas, das ein Analogon der Transzendenz, eine Kompatibilitätsstelle birgt."[42] Der „Seelengrund" ist einer der Namen für diese Kompatibilitätsstelle. Um ihn von der Ablenkung durch Immanenz freizuhalten, sind „Sonderveranstaltungen plausibel" wie „lebenslanges Exerzitium, eine stufenförmig angelegte Folge von Kasteiungen, Askeseübungen, Meditationen" etc. Sie sind - freilich ohne Garantie auf Erfüllung - „Bedingung der Möglichkeit [...] mystischer Erfahrung": Sie bereiten „den Zusammenfall von Immanenz und Transzendenz in einem transzendenzaffinen Innenort vor. Dieser Ort kann nicht erreicht werden, solange die Immanenz des Draußen (und das ist alles unter Einschluß des psychischen Systems mit Ausnahme des Seelengrundes) den Weg verstellt".[43]

Im dritten Schritt beschreibt Fuchs, wie die Transzendenz durch die „Gottesgeburt" in der Seele personalisiert wird, so dass „im Referenzlosen nicht nur Referenz, sondern auch Selbstreferenz entsteht"[44]: „Denkt man die Transzendenz in die Form Gott hinein, kann sie nur als etwas gedacht werden, das sich

---

[39] Ebd., 73–75. Angesichts eines „solch abenteuerlichen Unterfangens" sei zu verstehen, „daß Mystik - theologisch beobachtet - als ein außerordentlich unordentliches Phänomen begriffen werden kann. Die Stoßrichtung [...] geht gegen die drohende Visibilisierung der Paradoxie. Mystik wird als Hybris gefaßt, da sie Gottesnähe durch sich selbst, also immanent herstellen will" (ebd., 75).

[40] Ebd., 76.

[41] Ebd., 77.

[42] Ebd., 77f. Fuchs listet die eindrucksvolle Namenvielfalt auf, die innerhalb der Mystik für diese „Kompatibilitätsstelle" gefunden wurden: „abditum mentis, apex mentis, mentis sinus, sancta sanctorum, scintilla animae, Gemüt, Grund, Fünklein, Gansterlein, Dolde der Istigkeit, Hafen und Wirbel der Seele, Inburgheit, Seelengrund etc." (ebd., 78).

[43] Ebd., 78f.

[44] Ebd., 80f.

über Nicht-Gott auf sich selbst bezieht, und das heißt als etwas, das notgedrungen beobachtet. Es hat keinen Sinn, die Transzendenz Gott zu nennen, wenn man nicht mitdächte, daß Er die Welt beobachtet."[45] Als „sozialer Automatismus" stelle sich im Gegenüber des beobachtenden Gottes das Bedürfnis ein, Gott als „denjenigen zu beobachten, der beobachtet". Das erklärt nach Fuchs die Brautmystik (s. o. 2.1.3) als eine Erfahrung, „die Selbstreferenz zugleich pointiert wie transzendiert, die Erfahrung einer möglichen Kombination von Fremd- und Selbstreferenz, des Wiedervorkommensollens der einen im anderen, das Erleben eines Tausches oder einer Spiegelung von Fremd- und Selbstreferenz jeweils in Fremd- und Selbstreferenz."[46]

Im vierten Schritt geht es Fuchs darum, das Motiv der Mystik als „Direktkontakt mit Gott" zu beschreiben: „Wer Gott beobachten will, wie Gott beobachtet, muß wie Gott beobachten. Er müßte die Unterscheidung Gottes benutzen und sie gleichzeitig beobachten, also sehend und blind auf einmal sein." – Er „hätte in der Immanenz aus der Transzendenz die Transzendenz zu beobachten."[47] Eine solche totalerfassende Beobachtung müsse sich von der herkömmlichen Beobachtung abgrenzen. Deshalb werde in der Rede von der seligen Gottesschau „Gott als actus purus, als essentia, als esse purum et plenum, als Wesen, Istigkeit, Erstigkeit" beobachtet – und Beobachtung ersetzt „durch transzendente, nicht zeit- und also nicht differenzkonstituierte Schau". Differenzlose Beobachtung sei jedoch selbstwidersprüchlich, weil Beobachtung sich unwillkürlich in der Form der Unterscheidung vollziehe.[48]

Deshalb könne die mystische Erfahrung sich „ihrem Wesen nach so wenig wie Zahnschmerzen oder Liebe kommunikativ abbilden" – und Fuchs stellt im fünften Schritt die Frage, was die spezifische Inkommunikabilität der mystischen Erfahrung auszeichnet, zumal sich Mitteilungen über diese Erfahrungen in erster Linie an „Nichteingeweihte" richteten.[49] Das sei paradox, insofern die Adressatin über keine Resonanzen in ihrer (Nicht-)Erfahrung verfüge, um das nicht mitgeteilte Nicht-Mitteilbare nachzuvollziehen. Von außen gesehen erscheine die Kommunikation zwecklos. Für Fuchs wird ihr jedoch Sinn verliehen durch die kommunizierte (didaktische) Erwartung, dass für den mystisch Unerfahrenen die Erfahrung noch ausstehe: Um den „Unaufrichtigkeitsverdacht" zu unterlaufen, werde der Zweifel „zurückkatapultiert zum Zweifler. Seine Komplettheit im Hinblick auf wichtiges Erleben werde bestritten" und provoziert in

---

[45]   Ebd., 82.
[46]   Ebd., 83.
[47]   Ebd., 84f.
[48]   Ebd., 86.
[49]   Ebd., 87f. Die soziologische Antwort auf diese Frage wird jedoch erst im nächsten Schritt gegeben.

der Erwartung künftiger Komplettierung eine „„provisorische' Zustimmung", die „selbstbestätigende Effekte" wahrscheinlich mache.[50]

Um Missbrauch auszuschließen, seien Kriterien zur Unterscheidung echter von falscher mystischer Erfahrung zu benennen: „Wie kann von außen entschieden werden, ob jemand ein echter Mystiker ist, und: wie kann der Mystiker selbst darüber befinden, ob er falsche oder echte mystische Erfahrungen hat?"[51]

Das Urteil von außen ergebe sich aus den Früchten des Werkes der Mystikerin, dessen „Positivität aus der Koinzidenz mit moralischen Ansprüchen des Christentums abgeleitet werden kann". Das Urteil von innen sei insofern paradox gelagert, als die Mystikerin ihre Erfahrung selbst bezweifeln und damit die „Unmittelbarkeit des eigenen Erlebens" bestreiten können muss. Kriterien nach William James sind „Unbeschreibbarkeit, Geistes- und Wahrheitscharakter, Unbeständigkeit und Passivität". Aber auch diese Kriterien müssten kriterienbezogen untersucht werden. Dass keines der inneren Kriterien *per se* gilt, könne somit selbst Kriterium sein: „Typisch für das Bekunden mystischer Erfahrung ist die Aussage, daß es ein ständiges Oszillieren zwischen Gewißheit und Ungewißheit gibt, eine Aussage, die in immer neue Metaphern hineinverdichtet wird. Die dunkle Nacht der Seele und die dagegen brillierende mystische Erfahrung sind gleichsam aktenkundige Kriterien echter Mystik."[52]

In diesem Zitat tritt die paradoxe Einheit von Glauben und Zweifeln besonders deutlich hervor, die auch im Gedicht von Ernesto Cardenal zu finden ist (s. o. 2.1.3). Paul Tillich bezeichnet dementsprechend Glaube und Zweifel als Pole des Ergriffenseins vom Unbedingten,[53] erfasst mit dieser Bestimmung jedoch den paradoxen Charakter der Einheit von Glauben und Nicht-Glauben nicht. Denn der Zweifel beinhaltet die Möglichkeit und das Recht, nicht zu glauben. Markus Tomberg weist darüber hinaus darauf hin, dass dem Zweifel „als Weg des Glaubenlernens" eine „theologische Bedeutung" zukommt: Im Zweifel „artikuliert sich nicht mehr und nicht weniger als die erlösungsbedürftige Freiheit des Menschen selbst, die sich ihrer selbst – und des Glaubens – nicht sicher ist und die doch im Akt des Zweifels Kriterien generiert, unterhalb derer nichts des Glaubens wert sein kann".[54] Die im Zweifel je neue aktualisierte Perspektive des Nicht-Glaubens erhält auf diese Weise den Glauben lebendig, indem sie dazu provoziert, die Kriterien zu entwickeln und zu präzisieren. Stellt sich der Glaube in

---

[50] Ebd., 88f.
[51] Ebd., 89.
[52] Ebd., 89f.
[53] „Existentieller Zweifel und Glaube sind die Pole, die den inneren Zustand des vom Unbedingten ergriffenen Menschen bestimmen." Tillich, Paul (1970): Wesen und Wandel des Glaubens (1957), in: Offenbarung und Glaube. Gesammelte Werke 8, Stuttgart, 111–196, 126.
[54] Tomberg, Markus (2010): Religionsunterricht als Praxis der Freiheit. Überlegungen zu einer religionsdidaktisch orientierten Theorie gläubigen Handelns (Praktische Theologie im Wissenschaftsdiskurs 7), Berlin, 302.

der paradoxen Einheit mit dem Nicht-Glauben auf diese Weise dem Anspruch Gottes, ist genau das nach Tomberg „der Weg des lernenden Glaubens" (s. u. 4.3.1).[55]

Im sechsten Schritt klärt Fuchs den Sonderstatus der Kommunikation über mystische Erfahrung kommunikationstheoretisch. Zunächst weist er nochmals darauf hin, dass die mit der „Inkommensurabilität von immanenter Sprache und transzendentem Erleben" begründete Unsagbarkeit der mystischen Erfahrung keinen „Sonderfall" darstellt. Denn die Inkommensurabilität der Kommunikation gelte im Grunde für alle Kommunikation zwischen unterschiedlichen Systemen, seien es psychische oder soziale. Dass die Mystik ein Sonderfall ist, erklärt sich für Fuchs daraus, „daß sie sich davon [der Inkommensurabilität] überraschen läßt und so verfährt, als käme es auf die richtige Repräsentation ihrer Erfahrungsbestände an". Im Versuch, „das Inkommunikable selbst zu kommunizieren", bediene sich die Mystik nun „der Form der Paradoxie": „Die artikulierte Nichtartikulation mystischer Erfahrung kann sich dieser Form bedienen, weil sie es nicht mit logikkontrollierter Kommunikation zu tun hat. Entscheidend ist, daß die Kommunikation von Paradoxien Folgen hat. Die Verbindung des Unverbindbaren (Gott ist gesprochen und ungesprochen Wort. Meister Eckhart.) läßt Kommunikation rotieren."[56]

Wenn sich die Kommunikation allerdings durch „Dauerbeschuß" mit Paradoxien nur noch um sich selber drehe, weil Paradoxien es verhinderten, dass sich Kommunikation einfach so an sie anschließe, sei aus Gründen sozialer Effektivität eine Entparadoxierung erforderlich. Sie erfolge über eine „quasi-terminologische" Behandlung der paradoxen Begriffe, die etwa in Gedankengebäude negativer Theologie eingebaut würden. „Der Effekt dieses Verfahrens ist, daß ausdauernde Kommunikation möglich wird. Man kann sich gewissermaßen verständigen, ohne sich verständigen zu können." Die Gefahr, dass dadurch der „Durchblick auf das Nichts-Besagende von Paradoxien" verstellt wird, werde durch „Steigerung des Abstraktionsniveaus" gemindert, was zugleich die „Komplexität möglicher Kommunikation" erhöhe.[57]

Im siebten und letzten Schritt bringt Fuchs die Paradoxie der Kommunikation über mystische Erfahrung auf den Punkt: Theologische Reflexionen mystischer Erfahrung versuchten, das in der Kommunikation nicht mitteilbare „Ausgesparte" zu kommunizieren und fügten so dem Bestand paradoxaler Ausdrücke weitere hinzu: „Das mystische Schweigen dehnt sich aus, wenn man, was es verschweigt, doch noch zu kommunizieren trachtet."[58] Hier zeigt sich die paradoxe Einheit von Reden und Schweigen am Deutlichsten.

---

[55]   Ebd. S. u. 3.4.1.2.
[56]   Luhmann/Fuchs 1989, 92–94.
[57]   Ebd., 94–96.
[58]   Ebd., 97.

Eine soziologische Reflexion beobachte hingegen die kommunikative Produktivität der Kommunikation über das Inkommunikable. Dadurch zeige sich einerseits die hohe Bedeutung der Mystik für das Religiöse.[59] Andererseits habe die Mystik Umgangsweisen mit polykontexturaler Komplexität und den doppelten Kontingenzen der beteiligten Systeme entwickelt, die sie für die Kommunikation der aktuellen gesellschaftlichen Lage – Pluralismus einerseits, Sehnsucht nach ‚Wirklichkeit‘ andererseits – besonders attraktiv erscheinen lasse.[60]

Die soziologische Begründung des kommunikativen Wertes der Kommunikation über das Inkommunikable ist religionsdidaktisch von großer Bedeutung, insofern sie aus einer anderen Perspektive als einer theologischen die Bedeutung religiöser Bildung begründet: Die Strukturen religiöser Kommunikation über die paradoxe Einheit von Immanenz und Transzendenz korrelieren mit den Sehnsüchten der Menschen nach Erfahrungen auf der „Höhe des Nichtmehrunterscheidens‘, die der Areopagite beschwört als Zentrum der mystischen Schau."[61]

Was sieht nun aber die soziologische Beobachtung, was zu sehen die Mystik „nicht in der Lage sein darf"?[62] Sie sieht, wie durch die Reflexion auf die Nicht-Mitteilbarkeit mystischer Erfahrung auf paradoxe Weise Kommunikation erzeugt wird. Diese paradoxe ‚Strategie‘ muss für die Mystagogin unsichtbar blei-

---

[59] Hier und öfter greife ich die von Rudolf Englert vorgeschlagene Empfehlung auf, von „dem Religiösen" zu reden, weil es den subjektiven Aspekt der ‚Religiosität‘ mit ihrer gesellschaftlichen Verobjektivierung in ‚Religionen‘ verbindet sowie als „elementare Form menschlicher Praxis" den operativen Aspekt betont, auf den auch der Konstruktivismus fokussiert. Vgl. Englert, Rudolf (2018): Was wird aus Religion? Beobachtungen, Analysen und Fallgeschichten einer irritierenden Transformation, Ostfildern, 28–34, 32. Allerdings meint Englert, der „dekonstruktive[] Grundimpuls" im Konstruktivismus untergrabe „den Sinn für die Wahrheit menschlicher Erkenntnis" (ebd., 257). Dazu s. u. 4.2.4; 4.4.2.

[60] Vgl. Luhmann/Fuchs 1989, 100. „Mystik hat es mit der Beobachtung von Selbstreferenz zu tun. Sie erfährt (und lange vor Ausbruch der Neuzeit) die dabei auftretenden Intransparenzen und Paradoxien. Sie sieht sich gezwungen, will sie überhaupt eine Rolle spielen, Strategien zur Vermeidung kommunikativer Blockaden zu entwickeln. Die Problematik wird dadurch verschärft, daß Kommunikation, die mystische Erfahrung behandelt, auf eine Mehrheit von Selbstreferenzen reagieren muß: auf Effekte des Umgangs mit der Selbstreferenz Gottes, auf die vertrackte Abgeschlossenheit des Systems, in dem sich Effekte zur Beobachtung der Selbstreferenz Gottes ereignen, auf die nicht minder intrikate Intransparenz der Systeme, die darüber mitgeteilte Informationen verstehen sollen. Man könnte sagen, daß doppelte Kontingenz in Überschärfe involviert ist. Oder anders: daß das Ausgangsproblem, an dem alle Kommunikation sich entzündet, die Intransparenz psychischer Systeme, sich durch Bezug auf mystische Erfahrung laufend und unverdeckt regeneriert. Reproduziert ist damit auch die Unwahrscheinlichkeit von Kommunikation" (ebd., 98).

[61] Ebd., 99f. Mit dem Areopagiten ist Pseudo-Dionysius gemeint, der im frühen sechsten Jahrhundert Schriften zur mystischen Theologie verfasste und als Kirchenlehrer gilt. Auf ihn greifen Autoren wie Eriugena und Nikolaus von Kues zurück, s. u. 3.2.2.3.

[62] Ebd., 71, s. o. die einleitende Formulierung am Ende von 3.1.3.1.

ben, da sie sich ansonsten gegenüber ihren Adressat*innen wie eine Gauklerin vorkommen müsste. Ohne Entparadoxierung wäre ihr religionsdidaktisches Handeln nicht möglich, weil sie in der Oszillation zwischen Strategie und Nicht-Strategie gefangen bliebe. Die Strategie ist sozusagen ihr zwölftes Kamel (s. u. 3.4).

3.1.3.3   Die paradoxe Einheit von Mystik und Theologie

Peter Fuchs weist darauf hin, wie in der religiösen Kommunikation mystische Grundbegriffe, „die Ungrundbegriffe sind", vor Relativierungen ins Beliebige geschützt werden: „durch Beobachtung von Fremdbeobachtung, durch offiziöse Theologie, das heißt: am dogmatischen Apparat. Die Resultate dürfen nur sehr gering voneinander abweichen".[63] Auch wenn Mystik „mit den Starrheiten dogmatischer Theologie zu kämpfen" hatte,[64] ist doch dieser Kampf produktiv, insofern er auf der Ebene der theologischen Beobachtung zweiter Ordnung (als einer „Beobachtung" dessen, was aus der paradoxen mystischen „Fremdbeobachtung" dritter Ordnung heraus kommuniziert wird) dazu verhilft, Begriffe zu klären. Insofern diese Klärung der Begriffe Komplexität reduziert, wird mit ihr zugleich Anschlusskommunikation für eine Erweiterung von Komplexität eröffnet (s. u. 3.3.3).

Niklas Luhmann zeigt, inwiefern dogmatische Paradoxien wie die Inkarnation des Logos oder das trinitarische Gottesbild die Grenze von Immanenz und Transzendenz kreuzen. Weil sie die Grenze kreuzen, sind sie plausibel und eröffnen zahlreiche Anschlüsse für religiöse bzw. theologische Kommunikation. Der „Vermittler" Jesus Christus ist ein Beispiel für „Inkarnationen des Paradoxes":

> „In seinem Weltleben ist Jesus von Nazareth Mensch (wenngleich Mensch ohne Sünde). Als Christus ist er Sohn Gottes. Als Teil der Trinität ist er Gott, also sein eigener Vater, so wie Gottvater sein eigener Sohn ist. Das Mysterium sabotiert die Unterscheidung, auf der es beruht. Die Differenz von Transzendenz (Gottvater) und Immanenz (Erdenleben des Sohnes) wird als Explikation des Problems vorausgesetzt und zugleich annulliert. Der Verzicht auf Logik ist kein Fehler, sondern die angemessene Form des Problems. Man kann es bei dieser Feststellung belassen, kann aber auch eine Neubeschreibung des Problems versuchen."[65]

---

[63]   Ebd., 95.

[64]   Ebd., Fußn. 69.

[65]   Luhmann 2000, 82f. Die Äußerungen Luhmanns sind aus theologischer Perspektive freilich ergänzungsbedürftig; etwa christologisch aus theologisch-exegetischer Sicht: „Jesus Christus ist nicht nur [...] der ‚Vermittler' zwischen Immanenz und Transzendenz, er ist vor allem derjenige, in dem die beiden Seiten der Unterscheidung jedenfalls innerhalb des Systems der christlichen Religion in ihrer Einheit reflektiert werden" (Starnitzke, Dierk (2006): Die binäre Codierung der christlichen Religion aus theologisch-exegetischer Sicht, in: Thomas/Schüle (Hg.), a. a. O., 173–188, 185). Zur Deutung des Heiligen Geistes

Die Aufgabe der Theologie ist es, den „Verzicht auf Logik" als „angemessene Form des Problems" zu begründen. Das Problem, wie das Paradox der Einheit von Immanenz und Transzendenz angemessen kommuniziert werden kann, ist im Horizont der sich verändernden gesellschaftlichen Situationen je neu zu beschreiben. Durch Reflexion der Paradoxie auf der Ebene der Beobachtung zweiter Ordnung schützt die Theologie ihr eigene Quelle: die mystische Erfahrung der Transzendenz als paradoxe (Nicht-)Beobachtung dritter Ordnung. Sie ist von außen nicht von der Beobachtung erster Ordnung zu unterscheiden und kommt erst im Nachhinein, als Kommunikation auf der Ebene erster oder zweiter Ordnung unter den Bedingungen der Immanenz zum Ausdruck. Aufgabe der theologischen Reflexion ist es, sie in ihrer besonderen Qualität zu erfassen und kritisch zu rekonstruieren. Die oben genannten Kriterien wie soziale Konsequenzen, Unsagbarkeit, Offenbarungscharakter (den Geist verändernd, durch Wahrheit erschütternd), Unbeständigkeit (lässt sich nicht auf Dauer stellen) und Unverfügbarkeit (lässt sich nicht aktiv erzwingen, sondern nur passiv ‚erleiden') können angewendet werden – im Bewusstsein, dass auch diese Kriterien der mystischen Erfahrung nicht gerecht werden. So kann es beispielsweise auch ein Kriterium für die ‚Echtheit' der mystischen Erfahrung sein, dass an ihr alle Kriterien zerbrechen.

Zugleich sind mystische Erfahrungen die Quelle der Theologie, weil ohne sie – die ja auch Gegenstand der biblischen Schriften sind und in der Geschichte jeder Religion prominente Bedeutung haben – die Theologie gar keinen Gegenstand hätte. Denn schließlich geht es in der Theologie als „Ausdruck der glaubensmäßigen, in unserem Falle christlichen Welt- und Lebensauffassung" im Gegensatz zur Philosophie darum, ihre Gebundenheit an den Glauben zu reflektieren, christlich den Glauben an den trinitarischen Gott, wie er sich in Jesus Christus offenbart hat.[66] Sich zu binden, braucht Mut. Karl Rahner spricht vom „Mut eines unmittelbaren Verhältnisses zum unsagbaren Gott" und vom „Mut, dessen schweigende Selbstmitteilung als das wahre Geheimnis des eigenen Daseins anzunehmen".[67] Die im Mut ergriffene Gebundenheit ist der formale Index aller theologischen Sprechversuche. Sie ist das, was Paul Tillich den „theologischen Zirkel" genannt hat.[68] Für Tillich ist es Aufgabe der Fundamentaltheologie „nachzuweisen, daß der christliche Anspruch auch vom Standpunkt außerhalb des theologischen Zirkels Geltung hat"; d. h. plausibel zu machen, dass die Zuwendung der Liebe Gottes auch für diejenigen gilt, die sich nicht an Gott gebunden fühlen.[69] In diesem Sinne ist es auch ein Kriterium guter Theologie, inwie-

---

innerhalb einer trinitarischen Gottesvorstellung (s. o. 2.1.4) bei Luhmann s. u. 3.3.3.2. Vgl. dazu Stoellger 2006, 79–82.

[66] Vgl. Heidegger, Martin (1970): Theologie und Phänomenologie (1927), Frankfurt a. M., 13.

[67] Rahner 2006, 39.

[68] Vgl. Tillich, Paul (1987): Systematische Theologie I (1951), Berlin, 8. Aufl., 17f.

[69] Ebd., 23.

fern sie mystischen Erfahrungen gerecht wird, die von der universalen Unbedingtheit der Liebe Gottes zeugen. Theologie kann ihnen gerecht werden, indem sie das Kriterium der Liebe auf die mystische Erfahrung bezieht und auf diese Weise zugleich dazu einlädt, sich dieser Erfahrung zu öffnen. Die paradoxe Einheit von Mystik und Theologie kann in dieser Beobachtung des theologischen Denkens sichtbar werden. Sie ermöglicht die „rekursive Vernetzung der Beobachtung von Beobachtungen".[70] Sie ist das zwölfte Kamel theologischen Denkens.

3.2 „Die Welt kommt nur als Paradox in die Welt": Form der Paradoxie

Es entspricht den Überlegungen zur Kommunikation über mystische Erfahrungen, wenn Luhmann in einem 1998 erschienen Aufsatz betont, dass in der religiösen Kommunikation, die Sinnfragen thematisiert, die an ihr Beteiligten als besonders „verwundbar" anzusehen sind. Das zeige sich daran, „daß man als Adressat einer solchen Kommunikation in eine verletzliche Position manövriert wird. Man ist, wenn man nicht mitmachen will, fast gezwungen, verletzt und verletzend zu reagieren."[71] Bevor es zu religiöser Kommunikation kommt, wird daher in der Regel eruiert, was für die einzelnen Teilnehmer*innen zumutbar erscheint. Religiöse Kommunikation, die nicht allein über Religion handelt, sondern in Religion hineinzieht, braucht daher eine vertrauliche Atmosphäre – das ist den meisten Religionslehrkräften bewusst. Vielleicht wird im Blick auf religiöse Kommunikation besonders deutlich, was für alle Kommunikation gilt: „Sie muß das Anderssein des Anderen nicht nur voraussetzen, sondern erzeugen, um Ansatzpunkte für ihr eigenes Operieren zu konstruieren."[72] Für ein solches Erzeugen des Andersseins des Anderen kommt es gerade in der religiösen Kommunikation darauf an, dass in ihr Reden und Schweigen so ausbalanciert sind, dass die Beteiligten angeregt werden, authentische Beiträge zu leisten.

Mit dem Essay „Reden und Schweigen" beginnt das gleichnamige Buch von Niklas Luhmann und Peter Fuchs, das die paradoxe Einheit von Reden und Schweigen, von Kommunikation und Nicht-Kommunikation erforscht.[73] Wenn die Form der Paradoxie dazu anregt, jeweilige System/Umwelt-Differenzen zu transzendieren, ist es kein Zufall, dass sich die Hälfte der acht Beiträge der religiös zu bearbeitenden Differenz von Immanenz und Transzendenz widmen: dem

---

[70] Luhmann/Fuchs 1989, 11.
[71] Luhmann 1998, 140.
[72] Ebd., 138.
[73] Vgl. Luhmann/Fuchs 1989, 7–20.

aszetischen Schweigen der Mönche, der Zen-Kommunikation, der Mystik (s. o. 3.1.3.2) und dem Geheimnis von Zeit und Ewigkeit.[74]

Im kürzesten, grundlegenden Beitrag beschreibt Luhmann im ersten Schritt die Form der Paradoxie am Beispiel der Kommunikation,[75] bevor er im zweiten Schritt die paradoxe Einheit von Reden und Schweigen anhand der Differenz von Medium und Form der Sprache erörtert[76] und im dritten Schritt die Besonderheit des Gesellschaftssystems charakterisiert, das, weil es alle Kommunikation einschließe, das einzige System sei, dessen „Umwelt schweigt".[77] Über Religion und die anderen gesellschaftlichen Systeme könne man kommunizieren, auch ohne religiöse, wirtschaftliche, rechtliche, wissenschaftliche ... Ausdrucksmittel zu nutzen; das Gesellschaftssystem sei diesbezüglich eine Ausnahme: Die Gesellschaft „kann man nicht beschreiben, ohne sich gesellschaftlicher Ausdrucksmittel zu bedienen, das heißt: zu kommunizieren".[78]

Im Folgenden werden zunächst die acht Absätze des ersten Schritts einer intensiven Analyse unterzogen, um die kommunikationstheoretische Grundlage der Form der Paradoxie zu erheben. Denn in diesem dichten Text, aus dem sich Anschlusskommunikationen in verschiedene Richtungen ergeben, wird das Paradox der Kommunikation erläutert – und da die Gesellschaft aus systemtheoretischer Perspektive durch Kommunikation im weitesten Sinne konstituiert wird, kommt damit die soziale Basis alles Paradoxen zur Sprache, die auch für die Mystik zentral ist (1).

Daraus ergeben sich zwei Fragestellungen: erstens zur Bedeutung der die Luhmannsche ‚Supertheorie' transzendierenden Begriffe ‚Welt' und ‚Selbst' bzw. der mit ihnen verbundenen Paradoxien, deren Komplementarität in der ‚Kontingenzformel Gott' bearbeitet wird (2), und zweitens zum Verhältnis soziologischer und theologischer Erforschung von Paradoxien (3).

3.2.1 Die paradoxe Einheit von Kommunikation und Nicht-Kommunikation

[1] „Eine Kommunikation teilt die Welt nicht mit, sie teilt sie ein. Wie jede Operation, wie auch eine solche des Lebensvollzugs oder des Denkens, bewirkt die Kommunikation eine Zäsur. Sie sagt, was sie sagt; sie sagt nicht, was sie nicht sagt. Sie

---

[74] Vgl. ebd., 21–137. Die drei anderen Beiträge bearbeiten Kunst (Lyrik), Psychoanalyse (Schemarevision) und Wirtschaft (Unternehmensberatung); vgl. ebd., 138–227.

[75] Vgl. ebd., 7–9.

[76] Vgl. ebd., 10–15. Vgl. Luhmann, Niklas (1993a): Zeichen als Form, in: Baecker, Dirk (Hg.): Probleme der Form, Frankfurt a. M., 45–69.

[77] Vgl. Luhmann/Fuchs 1989, 16–20, 16. Für alle anderen Systeme gilt: „Was nicht im System gesagt wird, kann immer noch von anderen Systemen aus anderen Anlässen mit anderen Worten, Begriffen, Metaphern kommuniziert werden" (ebd.).

[78] Luhmann, Niklas (1997): Die Gesellschaft der Gesellschaft, Frankfurt a. M., 989.

differenziert. Wenn weitere Kommunikationen anschließen, bilden sich auf diese Weise Systemgrenzen, die den Schnitt stabilisieren. Keine Operation findet den Weg zurück zu dem, was vor ihr war – zu dem unmarked space (Spencer Brown). Jeder Vollzug eines solchen Zurück wäre im Ausgang von dem System, das sich damit operativ reproduziert, ein weiterer Schritt voran."[79]

Luhmann geht vom Vollzug des Unterscheidens aus. Die Einheit von „*Operatio, Operator und Operatum* in einer systemischen *Nur-Vollzugs-Struktur*" charakterisiert seinen Ansatz als einen operativen Konstruktivismus.[80] Die sich an die erste Unterscheidung anschließende Kommunikation stabilisiert die Grenze und kann die Unterscheidung niemals rückgängig machten. Luhmann differenziert im Gegensatz zur hier vorgelegten Interpretation der *Laws of Form* nicht zwischen dem *unmarked space* als der nichtbezeichneten Seite der Unterscheidung und dem *empty space* als dem unbeschreiblichen Kontext aller Kontexte einer ersten Unterscheidung (s. o. 2.2.3). Die Formulierung, keine Operation finde „den Weg zurück zu dem, was vor ihr war", legt zwar eher einen Bezug auf den *empty space* nahe, insofern der *unmarked space* erst mit der Unterscheidung und der mit ihr gegebenen Anzeige des *marked space* entsteht. Aber trotzdem stimmt Luhmanns Aussage mit den *Laws of Form* überein, insofern jedes Anzeigen des *unmarked space* nun ein Kreuzen der Grenze vom *marked space* aus erforderlich macht, das entsprechend dem *law of crossing* nicht mit dem ersten Kreuzen identisch ist und von daher immer „einen weiteren Schritt voran" bedeutet: Durch jede Operation ändern sich die Voraussetzungen des weiteren Operierens (s. o. 2.2.1). Jede Unterscheidung am Substrat ‚Welt' ändert die Bedingungen, unter denen im weiteren Treffen von Unterscheidungen unterschieden wird. „Welt ist für jedes System das, was als Einheit der Differenz von System und Umwelt (Selbstreferenz und Fremdreferenz) angenommen werden muß, wenn (und nur wenn) man diese Unterscheidung verwendet."[81] Weil Kommunikation ‚Welt' nicht mitteilt, sondern einteilt, ist ‚Welt' als solche nicht als Information verfügbar, sondern im Sinne des Strukturdeterminismus nur über die Autopoiesis der Kommunikation zu erfassen:

[2] „Die Welt ist keine Information, sie ist ja keine Auswahl aus anderen Möglichkeiten. Sie ist daher auch nicht etwas, was verstanden werden müßte oder mißverstanden werden könnte, damit die Kommunikation ihren Fortgang nehmen kann. Sie ist nur das, was den Einschnitt verträgt, den die Kommunikation produziert – und auch dies kann nur bewirkt und gesagt, aber nicht vermieden werden."[82]

---

[79]   Ebd. 7.
[80]   Clam, Jean (2002): Was heißt, sich an Differenz statt an Identität orientieren? Zur De-Ontologisierung in Philosophie und Sozialwissenschaft, Konstanz, 60, vgl. ebd., 59–61.
[81]   Luhmann 1990a, 41.
[82]   Luhmann/Fuchs 1989, 7.

Kein System wählt mit seinen Operationen die Welt aus, sondern die Welt ist das Substrat, an dem sich Operationen vollziehen, insofern die Welt „den Einschnitt verträgt". Dass Kommunikationen solche Einschnitte vornehmen, ist unvermeidbar, weil jede Kommunikation die Differenz zwischen dem Kommunizierten und dem Nicht-Kommunizierten erzeugt. Das hermeneutische Paradox dreht sich nicht um Verstehen oder Missverstehen der Welt, sondern um die in der Einheit von Verstehen und Missverstehen erzeugte Anschlussrationalität, „damit die Kommunikation ihren Fortgang nehmen kann" (s. o. 3.1.1). „Kommunikation erfordert die mitlaufende Unterscheidung von Information und Mitteilung, von konstativen und performativen Aspekten ihrer Operation. Und Verstehen ist nichts anderes als die Beobachtung der Einheit dieser Differenz."[83]

Die Welt hingegen „ist der *Überschuss* schlechthin und wird von jeder Unterscheidung als *Transzendenz* mitgeführt".[84] Deshalb kann sie als Gegenbegriff zur Differenz verstanden werden, denn sie ist letztlich durch keine Systemoperation erreichbar, obwohl sich an ihr alle Differenzierung vollzieht. Um diese Paradoxie der gleichzeitigen Erreichbarkeit und Unerreichbarkeit von Welt geht es im nächsten Absatz:

[3] „Das schließt es zwar nicht aus, über die Welt zu reden. Man kann es tun. Wir tun es soeben. Aber auch dies erfordert eine Operation desselben Typs mit denselben Effekten. Sie verlängert nur die Differenz, an deren Reproduktion sie mitwirkt. Es ist möglich, diese Differenz selbst in der Kommunikation zu thematisieren, und das geschieht, wenn wir über die Welt reden. Aber dann muß die Differenz als Einheit des Differenten, als Kommunikation und Nichtkommunikation thematisiert werden, das heißt: als Paradox. Die Welt ist in der Kommunikation für die Kommunikation immer nur als Paradox gegeben. Der Vollzug der Kommunikation verletzt ihre Einheit. Er bejaht diese Einheit implizit dadurch, daß er sie verletzt. Und er negiert ihre Einheit implizit, indem er sie rekonstruiert. Mit ‚implizit' soll gesagt sein, daß nur ein Beobachter es so sehen und beschreiben kann."[85]

---

[83]   Luhmann 1995, 23. Ausführlicher Luhmann 1990, 25f.: „Verstehen ist insofern der laufende Aufbau und Abbau von Redundanzen als Bedingung für rekursive Operationen, das Wegarbeiten von Beliebigkeiten, die Verringerung von Informationslasten und das Einschränken von Anschlußmöglichkeiten – und all das vor dem Hintergrund des Zugeständnisses von Selbstreferenz, also in dem Wissen, daß alles auch anders möglich wäre. Das Raffinement des Verstehens besteht in der Auflösung der Paradoxie der Transparenz des Intransparenten. Man versteht nur, weil man nicht durchschauen kann. Es geht also nicht um Vorhersage und nicht um Erklärung psychischer Zustände; und es geht erst recht nicht um eine Vollerfassung selbstreferentieller Systeme durch einzelne externe oder interne Operationen. Aber zum Problem wird Verstehen nur dadurch, daß selbstreferentielle Systeme rekursive Operationen durchführen und sich eine dafür ausreichende Übersicht schaffen müssen."

[84]   Clam 2002, 64, vgl. ebd., 62–65.

[85]   Luhmann/Fuchs 1989, 7.

Die Reflexion über die Differenz, die Kommunikation erzeugt, ist selbst eine Kommunikation, die Differenzen erzeugt; unter anderem die zwischen der Kommunikation und ihrer „Beobachterin". Eine solche Differenz zwischen der ursprünglichen Unterscheidung durch Kommunikation (Beobachtung erster Ordnung) und der abgeleiteten Unterscheidung durch Kommunikation über Kommunikation (Beobachtung zweiter Ordnung) zeigt sich darin, dass die Welt nur als Paradox in die Kommunikation eintreten kann: Die Bedingung der Möglichkeit dafür – der Vollzug des Unterscheidens – ist zugleich die Bedingung der Unmöglichkeit dafür, die Welt in ihrer Einheit zu sehen. Deshalb vereint Kommunikation Bejahung und Verneinung der Einheit der Welt. Als selbstreferentielles System kann Kommunikation immerhin diese Paradoxie wahrnehmen:

[4] „Die Kommunikation muß sich mit dem begnügen, was sie kann; aber sie kann kommunizieren, daß sie nur das kann, was sie kann. So wie man vom Unbekannten jedenfalls weiß, daß es unbekannt ist, so kann man vom Inkommunikablen sagen, daß es inkommunikabel ist. Existenzaussagen und Negationen gehören zu den Operatoren sprachlich verfaßter kommunikativer Systeme; aber ihr operativer Gebrauch kann immer nur auf dieser Seite der Grenzlinie stattfinden, die durch ihren Gebrauch erneuert, aber nicht überschritten wird."[86]

Kommunikation kann nicht aus sich selbst heraustreten. Auch wenn sie wie die Mystik über die Inkommunikabilität des Inkommunikablen kommuniziert, bleibt sie auf „dieser Seite der Grenzlinie". Die Differenz von Immanenz und Transzendenz ist nur als immanente Kommunikation operabel. Im fünften Absatz erläutert Luhmann die Differenz von logischem und rhetorischem Paradoxiebegriff, die mit der Unterscheidung von starkem und schwachem Begriff identifiziert werden kann (s. o. 1.4.3). Luhmann begründet seine Entscheidung für den rhetorischen Paradoxiebegriff, der für ihn „fundamentaler" und deshalb in seiner ‚Schwäche' paradoxerweise ‚stärker' ist,[87] weil nur von seinem rhetorischen Gebrauch der logische Gebrauch beobachtet werden kann:

[5] „Die Welt kann, um es nochmals zu sagen, nur als Paradox in die Welt kommen. Gerade das ist aber durch Vollzug von Kommunikation möglich. Es bedarf

---

[86]   Ebd., 7f.
[87]   Die Rebellion der Kunsttheorie gegen den Code wahr/unwahr im 16. Jahrhundert weist für Luhmann darauf hin, dass die ‚starke' Definition der Paradoxie über den Begriff des logischen Widerspruchs nicht trägt. „Das muß nicht heißen, daß man auf den schwachen rhetorischen Begriff der Paradoxie zurückgreifen muß". Dieser schwache Paradoxiebegriff im Sinne einer „Abweichung vom Üblichen" reiche heute nicht aus, weshalb Luhmann empfiehlt, „den Begriff der Paradoxie an den notwendigen Formgebrauch jeder Beobachtung zu binden" (Luhmann meint die Form der Unterscheidung nach Spencer Brown); Luhmann 1993, 212. Im oben interpretierten Abschnitt [5] nutzt Luhmann einen rhetorischen Paradoxiebegriff „unter Absehen von allen historischen Besonderheiten der abendländischen Rhetorik"; zu deren Geschichte vgl. ebd., 207–212. Zur (vielleicht rhetorisch gemeinten) Frage Luhmanns, ob Religion eine „Letztzuständigkeit für die Paradoxie der Form" beanspruchen könne, da sie der Logik nicht zustehe (ebd., 212), s. u. 3.2.3.

dazu keiner logischen Analyse des Begriffs der Paradoxie, und wir beziehen uns folglich mehr auf die rhetorische als auf die logische Tradition dieses Begriffs. Die Logik beobachtet sich selbst als Paradoxie und als Tautologie. Sie benutzt Paradoxie und Tautologie zur Abgrenzung des Raums ihrer eigenen Operationen, das heißt als Warnmarken zur Abgrenzung eines Kommunikationsbereichs, der durch Logik kontrolliert werden kann. Sie muß, um zwei Grenzen zu gewinnen, das Problem der Paradoxie zunächst duplizieren, es in eine Paradoxie und eine Tautologie zerlegen (wobei die Tautologie, die die Selbigkeit des in der Aussage unterschiedenen behauptet, ebenfalls eine Paradoxie ist). An beiden Grenzen kann die Logik jedoch ihre Grenzmarken nur von innen sehen, also nicht als Form. Sie kann daher keinen vollständigen Begriff von Paradoxie und Tautologie gewinnen, den ein Beobachter benutzen könnte, der auch die Logik noch beobachten möchte. Deshalb halten wir, unter Absehen von allen historischen Besonderheiten der abendländischen Rhetorik-Tradition, deren Paradoxieverständnis für fundamentaler als das der Logik. Es geht schlicht um eine Kommunikation, die Inkompatibles zugleich verwenden möchte und sich dadurch der Anschlußfähigkeit beraubt. Es ist schon ein Sonderfall, wenn man für beide Seiten systematisch Wahrheitsargumente sammelt, um theorieförderliche Antinomien nachweisen zu können; oder wenn man mit schnellzüngigen Argumenten gegen die communis opinio vorgeht, um sie in Zweifel zu setzen. Für die Kommunikation von Paradoxien ist der operative Effekt ausschlaggebend: daß sie die Kommunikation ins Oszillieren bringt, weil jede eingenommene Position dazu zwingt, das Gegenteil zu behaupten, wofür dann dasselbe gilt."[88]

Der Vorrang des rhetorischen vor dem logischen Paradoxiebegriff liegt für Luhmann darin, dass nur der rhetorische Begriff in der Lage ist, die „Form" der Paradoxie zu sehen, das heißt sie von beiden Seiten ihrer Grenze aus zu beobachten. „Die Logik kann nur so viel sehen, daß Aussagen, auf deren Wahrheit sie nicht verzichten möchte, in Widerspruch geraten zu anderen Aussagen, für die dasselbe gilt. Über logische Manöver kann man dies Problem nicht lösen [...]".[89] Die Logik sei auf die Innenseite der Grenze beschränkt, weil es ihr nur darum geht, ihren durch Logik kontrollierbaren „Kommunikationsbereich" zu markieren, der von Paradoxien fernzuhalten sei. Im *marked space* ihrer Unterscheidung der Paradoxie stehe die „Tautologie", die etwas als dasselbe anzeigt und ihrerseits auf den *unmarked space* der Paradoxie verweise – und in diesem Sinne als „verdeckte Paradoxie" entlarvt werden könne, „denn sie behauptet einen Unterschied, von dem sie zugleich behauptet, daß er keiner ist".[90] Im rhetorischen Paradoxieverständnis gehe es hingegen darum, sich für eine „Kommunikation, die Inkompatibles zugleich verwenden möchte", offenzuhalten. Wenn die Kom-

---

[88]   Luhmann/Fuchs 1989, 8.

[89]   Luhmann 2003, 121.

[90]   Luhmann 1990, 491. An anderer Stelle fragt Luhmann, bezogen auf den tautologischen Gottesbegriff („Gott ist, was er ist"): „Muß man sich schon an dieser Stelle in die Resignation zurückziehen, daß ein Beobachter von Religion nur eine Paradoxie beobachten kann, also nur die Paradoxie seines Beobachtenwollens beobachten kann?" Luhmann 1987, 246.

munikation sich dadurch auch „der Anschlußfähigkeit beraubt", schaffe sie damit auf paradoxe Weise zugleich andere Anschlussmöglichkeiten: Wege der abendländischen Paradoxierhetorik, etwa „theorieförderliche Antinomien" aufzustellen oder dem *common sense* zu widersprechen, könnten auch als Mittel zur Entparadoxierung gelten. Diese verwinde den Zwang, „das Gegenteil" der gerade „eingenommenen Position" zu „behaupten". Wenn durch Paradoxien „die Kommunikation ins Oszillieren" kommt, sei sie zwar in der Zeit des Oszillierens ohne Anschlussfähigkeit, könne danach aber durch Entparadoxierung neue Anschlüsse erzeugen. Allerdings spricht Luhmann hier zunächst nicht davon, sondern bleibt in der Situation des Oszillierens, die er wiederum als eine Paradoxie auslegt:

> [6] „Da jede Operation Zeit braucht und vergehen läßt, ist auch die paradoxe Kommunikation nur unter Einbeziehung von Zeit zu begreifen. Sie zirkuliert mit extrem kurzen Zeitrhythmen in sich selbst. Es handelt sich um den, wenn überhaupt kommuniziert wird, nicht weiter reduzierbaren Grenzfall von Anschlußfähigkeit, in dem Anschlußfähigkeit und Anschlußlosigkeit konvergieren, also in gewisser Weise um die Problematisierung von Anschlußfähigkeit, um die Problematisierung von Zeit in der Rede."[91]

Im „nicht weiter reduzierbaren Grenzfall von Anschlußfähigkeit", im Oszillieren „mit extrem kurzen Zeitrhythmen", kann sich die paradoxe Einheit von „Anschlußfähigkeit und Anschlußlosigkeit" zeigen. Hier wird implizit Anschlussfähigkeit und „Zeit in der Rede" problematisiert. An anderer Stelle erläutert Luhmann die Paradoxie der Zeit als Einheit von Gleichzeitigkeit und Ungleichzeitigkeit.[92] In der Form der Unterscheidung vollzögen sich Unterscheiden und Anzeigen gleichzeitig, obwohl das Kreuzen der Grenze Zeit braucht (s. o. 2.2.2). Vergangenheit und Zukunft seien für das operierende System im Operieren nur als gegenwärtige Vergangenheit und gegenwärtige Zukunft vorhanden; Vergangenheit und Zukunft könnten „als komplementäre Zeithorizonte nur gleichzeitig gegeben sein [...], auch wenn am Geschehen Bewegung oder Veränderung und damit Vergangenheits- und Zukunftshorizonte ablesbar sind".[93] Die Kommunikation synchronisiert Ereignisse der Vergangenheit und Ausblicke in die Zukunft in der Form gegenwärtigen Operierens.[94] Diese paradoxe Einheit von

---

[91] Luhmann/Fuchs 1989, 8f.
[92] Vgl. Luhmann 1990a, 95–130. S. u. 3.3.2.3.
[93] Ebd., 101. Luhmann expliziert in seinem Beitrag die „ebenso triviale[] wie aufregende[] These [...]: daß *alles, was geschieht, gleichzeitig geschieht*" (ebd., 98). Vgl. ebd., 42–44.
[94] Vgl. ebd., 114–121. Das gilt auch für die Kommunikation von Organisationen: „Wenn es gut geht, operieren Organisationen so, daß der Eindruck entsteht, sie hätten das, was gerade geschieht, von Anfang an gewollt. Retrointerpretationen und Rückwärtskorrekturen verhelfen zu der passenden Vergangenheit, und für die Zukunft kann man darauf vertrauen, daß dies auch in Zukunft möglich sein wird. Nicht zum geringen Teil ist also Fernsynchronisation wiederum Selbsthilfe im Moment, und die Strukturen werden so eingerichtet, daß dies möglich ist und möglich bleibt" (ebd., 128). Ein Beispiel dafür sind

Gleichzeitigkeit und Ungleichzeitigkeit sei die Grundlage für eine Entparadoxierungsstrategie, die nun im nächsten Absatz genannt wird: der Absprung in die Metakommunikation.

[7] „Dies war gemeint, wenn gesagt war, daß die Welt nicht mitgeteilt werden kann und daß sie, wenn sie in die Kommunikation einbezogen wird, als Paradox der Einheit des Differenten erscheint, das nach einer Auflösung verlangt, wenn es überhaupt weitergehen soll. Die Welt bleibt dabei inkommunikabel. Kommunikabel ist nur, was statt dessen beobachtet und beschrieben wird. Die Thematisierung von Inkommunikabilität in der Kommunikation kann dann auch aufgefaßt werden als Indikator dafür, daß die Welt mitgeführt wird."[95]

Die Kommunikation über „Inkommunikabilität in der Kommunikation" ist eine Metakommunikation über die Möglichkeiten und Grenzen des Kommunizierens. Auch wenn in ihr gerade nichts über Welt mitgeteilt wird, ist sie auf paradoxe Weise „Indikator dafür, daß die Welt mitgeführt wird". Denn die Welt ist „Hintergrund aller Thematisierungen: sie ist der unerschöpfliche Grund der unzählbaren anderen Möglichkeiten als den gerade realisierten; die unerschöpfliche Menge der Alternativen zu den gerade vor diesem Grund beobachteten Unterscheidungen".[96] Im letzten Abschnitt nennt Luhmann eine Alternative zur „Thematisierung von Inkommunikabilität in der Kommunikation" – nicht eine Alternative dazu, die Welt mitzuführen:

[8] „Die andere Möglichkeit ist: das sich nicht mehr als Kommunikation verstanden wissen wollende (und doch immer wieder so verstandene und nur so verstehbare) Schweigen. Das heißt nicht nur: die Option für Schweigen innerhalb der Unterscheidung von Reden und Schweigen zu wählen, sondern die Unterscheidung als solche zu meiden, so daß das Problem gar nicht erst entsteht, daß man durch (paradoxes, inspiriertes) Reden ‚das Schweigen bricht'. Aber hat man nicht selbst dann noch das Problem, daß in einer Welt, in der geredet wird, das Schweigen nur innerhalb selbstgezogener Grenzen möglich ist, also als Erzeugung einer Differenz?"[97]

Strategien des kirchlichen Lehramts, die Einheit ihrer Glaubenslehre durch die Zeiten hindurch zu konstatieren. Die Absicht produziert blinde Flecken, die wiederum zu theologischen Auseinandersetzungen reizen, wie etwa im Streit um die sogenannte „Substitutionstheorie", die die Bundesverheißungen Gottes an Israel für das Christentum vereinnahmt. Vgl. Ratzinger, Joseph (2018): Gnade und Berufung ohne Reue. Anmerkungen zum Traktat „De Judaeis", in: Internationale Katholische Zeitschrift Communio 47, 387–406; Hoping, Helmut (2018): Joseph Ratzinger / Benedikt XVI. über das Judentum. Anmerkungen aus aktuellem Anlass, in: Internationale Katholische Zeitschrift Communio 47, 618–631. Zu den Reaktionen auf den Aufsatz von Ratzinger und dessen Reaktion auf diese Reaktionen vgl. Herder Korrespondenz (2018/Hg.): Zukunft des jüdisch-christlichen Dialogs. Dossier, Freiburg i. Br.

[95]   Luhmann/Fuchs 1989, 9.
[96]   Clam 2002, 63.
[97]   Luhmann/Fuchs 1989, 9. Ein Beispiel dafür ist die Erfahrung der Inkommunikabilität in intimen Beziehungen: „Alter wird für Ego in Hinsichten bedeutsam, die Ego dem Alter

Luhmann prononciert hier den emphatischen Begriff eines Schweigens, das versucht, sich im Schweigen der Differenz von Reden und Schweigen zu enthalten, weil die Markierung des Unterschieds dazu verführt, durch „paradoxes, inspiriertes Reden das Schweigen" zu brechen. Aber auch eine solche Intention lässt sich „in einer Welt, in der geredet wird", nur als Grenze im Gegenüber zum Reden markieren. Auch hier steht also wieder das Treffen einer Unterscheidung am Anfang des schweigenden Handelns (s. o. 2.2.1). Ist das emphatische Schweigen das zwölfte Kamel einer paradoxen Kommunikationssituation, in der über Inkommunikables derart kommuniziert werden soll, dass jedwedes Unterscheiden unterbleibt?

3.2.2 Die religiöse Dimension von ‚Welt‘ und ‚Selbst‘ als blinder Fleck der Systemtheorie?

Worüber schweigt Luhmanns Systemtheorie, die ihren Ausgang in der paradoxen Form der Unterscheidung nimmt? Was könnte ihr blinder Fleck sein, der im Sinne der von Luhmann geforderten Rekursion der eigenen Theorie auf sich selbst zu beobachten wäre? Aus soziologischer Beobachtungsperspektive kann der blinde Fleck der Soziologie nicht wahrgenommen werden; Luhmann gewinnt jedoch Anhaltspunkte zur Wahrnehmung blinder Flecken, indem er andere Beobachtungsperspektiven aufgreift. So spielt die Auseinandersetzung mit der theologischen Perspektive eine wichtige Rolle, wenn Luhmann die gesellschaftliche Funktion der ‚Kontingenzformel Gott‘ herausarbeitet. In ihr sind die Paradoxien der Welt und des Selbst komplementär miteinander verbunden: Die Weltparadoxie wird im Blick auf die Differenzen von und Bezügen zwischen *unmarked, marked* und *empty space* nach Spencer Brown diskutiert (1); die Selbstparadoxie spitzt sich zu in der Paradoxie des Todes, in der Günter Schulte im Rückgriff auf Arnold Gehlens Markierung des Todes als ‚irrationale Erfahrungewissheit‘ einen blinden Fleck der Luhmannschen Systemtheorie zu erblicken meint (2). Inwiefern könnte allerdings ein anderer blinder Fleck als solcher identifiziert werden: die religiöse Dimension der Welt- und Selbstparadoxie, deren

---

nicht mitteilen kann. [...] Die Kommunikation selbst würde dem, was sie mitteilen wollte, als Mitteilung einen Sinn geben, der nicht gemeint war; und da man gerade unter der Bedingung der Intimität dies weiß oder fühlt, unterläßt man es. Was in solchen Fällen versagt, ist das Prinzip der Kommunikation: die Differenz von Information und Mitteilung, die die Mitteilung als solche zum selektiven, Reaktion fordernden Ereignis werden läßt. Unter der Bedingung von Intimität wird dieses Reagieren-müssen noch verschärft und als verschärft antezipiert. Man kennt sich zu gut, man kann nicht ausweichen, ohne daß darin wieder ein Akt läge, der beantwortet werden muß. Der Rest ist Schweigen." Luhmann, Niklas (1984): Soziale Systeme. Grundriß einer allgemeinen Theorie, Frankfurt a. M., 310.

Komplementarität in der ‚Kontingenzformel Gott' aufgehoben ist? Eine Analyse von Luhmanns Rezeption einzelner Sätze aus dem Werk des frühmittelalterlichen Theologen Johannes Scotus Eriugena (ca. 810–877) soll zeigen, was Luhmann (nicht) wahrnimmt (3).

3.2.2.1 Das Geflecht der ‚Spaces' als Entfaltung der Weltparadoxie

Nach Jean Clam hat das Thema ‚Welt' innerhalb des Luhmannschen Theoriegebäudes ein Alleinstellungsmerkmal, insofern Luhmann nur bei diesem Thema zugebe, dass es „die eigene Theorie überfordert".[98] Clam meint, der Weltbegriff sei „der einzige theorieüberschreitende Begriff, der als solcher von Luhmann angemessen behandelt wird" – und zwar in dem gerade interpretierten Beitrag zu „Reden und Schweigen".[99] Habe sich Luhmann zunächst „am phänomenologischen *Weltbegriff* als des Horizonts allen Sinnes" orientiert, verschmelze der Weltbegriff später „mit einem Grundterm der Spencer Brownschen Protologik, dem ‚unmarked state' oder ‚space', und" bezeichne folglich in der Zusammenschau den „Horizont aller Horizonte als dem Hintergrund aller Thematisierungen".[100]

Dem entspricht der Gebrauch des Weltbegriffs in der soeben interpretierten längeren Passage zusammen mit der folgenden Aussage Luhmanns, in der er den *unmarked space* als Synonym für ‚Welt' versteht: „Paradoxien sind unvermeidlich, sobald die Welt (der ‚unmarked space' Spencer Browns) durch irgendeine Unterscheidung verletzt wird."[101] Aber konstituiert sich Welt nicht erst durch die Praxis dieses Unterscheidens, ist also ‚Welt' ohne ihre ‚Verletzung' überhaupt denkbar?[102] Wäre es deshalb nicht sinnvoller, sowohl den *empty space* als auch den *unmarked space* in ihrer Differenziertheit mit dem Begriff der Welt zu verbinden? Der *empty space* wäre dann der Zustand vor der ersten Unterscheidung, der *unmarked space* das in der Unterscheidung nicht Bezeichnete und die Welt eine beide ‚Räume' umgreifende Vorstellung, die alle möglichen ‚Räume'

---

[98] Clam 2002, 62.

[99] Ebd., Fußn. 84. Eine über den Weltbegriff „schleichende Re-ontologisierung gewisser Grundannahmen der Theorie können wir nicht sehen. Die äußerste De-ontologisierung kann das Weltproblem nicht zunichte machen; sie macht es im Gegenteil akuter – sonst hätte Dekonstruktion gar keine philosophische Akuität" (ebd.).

[100] Ebd., 63. Vgl. Thomas, Günter (1992): Welt als relative Einheit oder als Letzthorizont? Zur Azentrizität des Weltbegriffs, in: Krawietz/Welker (Hg.), a. a. O., 327–354. Zur Diskussion vgl. Werron, Tobias (2012): Welt, in: Jahraus/Nassehi u. a. (Hg.), a. a. O., 125–127. Werron beurteilt „ein gewisses Unbehagen an Luhmanns Weltbegriff als Bedingung seiner fruchtbaren Verwendung" (ebd., 127).

[101] Luhmann 2003, 129. Ähnlich, in Bezug auf den Schöpfungsgedanken: „die Schöpfung der Welt ist die Verletzung des ‚unmarked state', die immer, wenn man anfängt, aufs Neue erfolgt" (Luhmann 1990, 81).

[102] Der zweite Teil von Schultes philosophischer Auseinandersetzung mit der Systemtheorie steht unter dem Titel „Die Weltverletzung" (vgl. Schulte 2013, 93–169).

umfasst, auch die in Zukunft erst noch zu Erforschenden, die jetzt noch im *unmarked space* liegen.

Aber beinhaltet der Weltbegriff nicht auch das im *marked space* Bezeichnete? Und kann der Weltbegriff auch den *empty space* umgreifen, wenn letzterer als unterschiedsloses Sein oder Nichts die Differenz von Welt und Nicht-Welt markiert (s. o. 2.2.3)? Dann wäre es einleuchtend, ,Welt' als Einheit von *marked* und *unmarked space* zu begreifen: auch das bereits Bezeichnete (der *marked space*) gehörte zur Welt, und die Differenz zum *empty space,* der Welt transzendiert, würde deutlich.

Die einleitend beschriebene Paradoxie der ,Welt' – Welt als Ganze lässt sich nicht beobachten, weil im Unterscheiden immer ein *unmarked space* bleibt, etwa derjenige der eigenen Beobachterposition mit ihrem blinden Fleck – lässt sich als Beispiel der paradoxen Einheit von Immanenz und Transzendenz reformulieren. Denn der durch Bezeichnung festgestellte *marked space* (Immanenz) verweist auf den jenseits der Grenze liegenden *unmarked space* (Transzendenz). „Die ,andere Seite' jeder Unterscheidung bietet eine immanente Transzendenz."[103] Zwar kann durch Kreuzen der Grenze der *unmarked space* zum *marked space* werden. Aber auch diese neue Operation erlaubt keinen Blick auf das Ganze der Welt, denn das in dieser Unterscheidung Nicht-Bezeichnete bleibt ihr transzendent: Der *unmarked space* ist niemals vollkommen zu markieren – ansonsten gäbe es keine Notwendigkeit weiteren Beobachtens, und wissenschaftlicher Fortschritt wäre nicht möglich (weil alles schon beobachtet bzw. begriffen wäre). Luhmann weist in seinem späten Hauptwerk „Die Gesellschaft der Gesellschaft" darauf hin, dass der *unmarked space* als „Letzthorizont der Welt" Transzendenz mit sich führt und daher eine religiöse Bedeutung hat:

> „Religion hat es unmittelbar mit Eigentümlichkeiten des Beobachtens zu tun. Alles Beobachten muß unterscheiden, um etwas bezeichnen zu können, und sondert dabei einen ,unmarked space' ab, in den der Letzthorizont der Welt sich zurückzieht. Die damit alles Erfassbare begleitende Transzendenz verschiebt sich bei jedem Versuch, die Grenze mit neuen Unterscheidungen und Bezeichnungen zu überschreiten. Sie ist immer präsent als Gegenseite zu allem Bestimmten, ohne je erreichbar zu sein. Und eben diese Unerreichbarkeit ,bindet' den Beobachter, der sich selbst ebenfalls der Beobachtung entzieht, an das, was er bezeichnen kann. Die Rückbindung des Unbezeichenbaren an das Bezeichenbare – das ist, in welcher kulturellen Ausformung immer, im weitesten Sinne ,religio'."[104]

Wenn bereits der *unmarked space* Transzendenz markiert und somit als unerreichbare „Gegenseite zu allem Bestimmten" definiert werden kann: wo bleibt

---

[103] Thomas 2006, 20.

[104] Luhmann 1997, 232. Luhmann spielt hier mit der Etymologie des Religionsbegriffs, der sich u. a. auf das lateinische Verbum *religare* (zurückbinden) beziehen lässt. Zur religiösen Funktion des Weltbegriffs vgl. bereits Raden, Matthias J. (1985): Die chiffrierte Einheit einer expansiven Welt: Die heimliche ,religiöse Funktion' der Weltgesellschaft in der funktionalen Systemtheorie Luhmanns, in: Welker (Hg.), a. a. O., 38–56.

dann der *empty space*? Wird er von Luhmann in seiner Rezeption Spencer Browns möglicherweise deshalb ‚übersehen', weil er sich von keiner Beobachterposition aus vom *unmarked space* unterscheiden lässt?[105] Vielleicht wäre der *empty space* als ein besonderer *unmarked space* durch ein Reentry der Form in die Form zu rekonstruieren: Indem die Differenz von *marked* und *unmarked space* in die Differenz von Welt und Nicht-Welt eintritt, erscheint die paradoxe Einheit von *marked/unmarked space* (Welt) als *marked space* (der auch den Letzthorizont der Welt noch integriert) und der *empty space* wird zum *unmarked space* schlechthin (Nicht-Welt). Was wäre nun die paradoxe Einheit von Welt und Nicht-Welt?

3.2.2.2   *Der blinde Fleck des Todes als Zuspitzung der Selbstparadoxie*

Auch die einleitend beschriebene Paradoxie des Selbst – es kann sich niemals als Ganzes erfassen, denn bereits der Versuch, die Frage „wer bin ich?" selbst zu beantworten, unterscheidet zwischen dem Ich als Urheber und Gegenstand der Reflexion – lässt sich aufgrund der eigenen „Unerreichbarkeit" religiös deuten: Im Reflektieren über sich transzendiert das Ich sich selbst als immanenten Gegenstand. Wenn man auf diese Weise das Selbst (das Ich, die Seele) auf die Seite der Transzendenz zieht (wie es die Mystiker*innen tun, wenn sie vom ‚Seelengrund' sprechen), „wäre zu verstehen, daß das Individuum die Paradoxie der Einheit der Differenz von Immanenz und Transzendenz in sich selbst erfährt und dazu tendieren mag, sie durch Externalisierung, durch Realitätsverdoppelung, durch Annahme eines Nirwana oder durch Annahme eines sich unmittelbar gebenden Gottes aufzulösen".[106] Transzendenz ist dann nicht mehr in der Ferne verortet („im Himmel droben", der einem gleichgültig werden kann), sondern liegt nun „in der Unergründlichkeit des jeweils eigenen Selbst, des Ich".[107] Wie ist diese transzendente „Unergründlichkeit" des Individuums zu schützen? Könnte ein Reentry der Differenz von Ich und Nicht-Ich in die Differenz von Im-

---

[105]   Wenn Luhmann mit Ranulph Glanville dessen Frage verneint, ob das letzte Zeichen als Zeichen des Zeichens (verstanden als ein Reentry der Differenz von signifiant/signifié in den Zeichenprozess als solchen) „das allerletzte Zeichen sein könne", dann deutet seine Begründung dieser Antwort eine Identität an von *unmarked* und *empty space*: „Ein Zeichen muß sich in erster und letzter Linie von etwas unterscheiden, was nicht bezeichnet werden kann – von der Leere, dem unmarkierten Raum, der Weiße des Papiers, der Stille, die in jeder Wahrnehmung von Lauten vorausgesetzt ist. Und dies gilt auch und gerade dann, wenn ein Zeichen nichts anderes sein soll als die Unterscheidung von Bezeichnendem und Bezeichnetem" (Luhmann, Niklas (1992): Beobachtungen der Moderne, Opladen, 214f.).

[106]   Luhmann 2000, 111.

[107]   Ebd. Luhmann sieht darin eine Ursache für die „gegenwärtige Attraktivität des Buddhismus [...], der lehrt, daß es darauf ankomme, die Unterscheidungsgewohnheiten des täglichen Lebens abzulegen und in der Meditation zu der Leere zurückzufinden, auf die letztlich alles, was ist, das eigene Selbst eingeschlossen, gründet (damit allerdings die Vorstellung des Individuums als ‚Subjekt' verweigernd)" (ebd., 111f.).

manenz und Transzendenz beispielsweise eine Dogmatisierung der buddhistischen Anatta-Lehre verhindern oder die bleibende Andersheit des Andern im
Sinne von Levinas bewahren?[108]

Die Grundidee ist in beiden Reentry-Verfahren – sowohl bezüglich des Welt-
als auch des Selbst-Paradoxes –, dass zum einen die Immanenz der Unterscheidung von Ich und Nicht-Ich bzw. von Welt- und Nicht-Welt zugestanden wird.
Das beobachtet Luhmann soziologisch. Zum anderen ist aber die paradoxe Einheit des Unterschiedenen ein Transzendenzfaktor, der sich nicht vollständig im-
manentisieren lässt: Der *empty space* (östlich etwa in der Gestalt der Vorstellung
eines ‚Nirwana' – s. o. 2.2.3.1, westlich beispielsweise in der Gestalt von ‚Alterität'
– s. o. 2.3.2.3) und die Unergründlichkeit des Ichs (östlich etwa in der Gestalt der
Anatta-Lehre Buddhas, westlich z. B. in der Gestalt der Vorstellung vom *individuum ineffabile*) sind notwendige Ideen, die ‚Welt' und ‚Ich' vor einseitigen Feststellungen bewahren; anders ausgedrückt: was ‚Welt' und ‚Ich' ausmacht, ist niemals endgültig zu sagen; es bleibt immer etwas Geheimnisvolles, das alles über
‚Welt' und ‚Ich' jemals Fixierte transzendiert. Auch das beobachtet Luhmann mit
seiner soziologischen Brille, aber nur als formalen Vollzug. Wie wäre dieses ‚Geheimnisvolle' inhaltlich bestimmter zu fassen, ohne dass es seinen Geheimnischarakter verliert?

Aus philosophischer Perspektive nennt Günter Schulte dieses Geheimnisvolle die „unerfahrbare Wirklichkeit" als „die Wirklichkeit an sich, wie sie auch
ohne mich wäre" – und bleibt damit freilich auch noch abstrakt-formal. Einerseits könne das Ich nämlich gerade diese Wirklichkeit nicht erfassen, sie „nicht
‚realisieren'".

> „Andererseits blieben ohne dieses mögliche ‚Abstrahieren' meiner selbst meine
> Erlebnisse bloße Phantasien. Mein paradoxes Nichtsein, d. h. die Paradoxie mei-
> ner Todesvorstellung, bringt auf diese Weise erst das Sein hervor. – Die Paradoxie
> des Todes lässt sich auch als Komplementarität von Ich und Welt formulieren:
> Fixiere ich das eine, wird das andere unsichtbar. Gemäß der Umschreibung der
> Vernunft vom Subjekt aufs System ergäbe das eine Komplementarität von System
> und Umwelt. Sie bedeutete: System und Umwelt können nicht beide zugleich
> wirklich sein. Anders gesagt: Es könnte keine wirklichen Systeme in der wirkli-
> chen Welt geben. Für Luhmann gibt es sie dennoch. Also hat er bei der Umschrei-
> bung jene Todesparadoxie als Wirklichkeitskomplementarität ausgelassen, oder
> wie wir jetzt auch sagen können: im *blinden Fleck* des Systems untergebracht."[109]

Schulte bezieht sich hier auf eine Passage in Arnold Gehlens Grundlagenwerk
zur Anthropologie, in der Gehlen die Aussage: „Alle Menschen sind sterblich" als

[108] Vgl. Nhat Han, Thich (1996): Buddha und Christus heute. Eine Wahrheit – zwei Wege,
München, 77; Wohlmuth, Josef (2001): Chalkedonische Christologie und Metaphysik, in:
Knapp, Markus/Kobusch, Theo (Hg.): Religion – Metaphysik(kritik) – Theologie im Kontext der Moderne/Postmoderne, Berlin-New York, 333–354, 340f.350f. (mit Bezug auf eine
transontologische Relecture des „Horos von Chalkedon"; ebd., 334).
[109] Schulte 2013, 19f.

Beispiel für eine „irrationale Erfahrungsgewißheit" darstellt.[110] Eine solche irrationale Gewissheit unterscheidet Gehlen von Wahrheitsaussagen, die sensualistisch an empirischen Tests, idealistisch über (semantische) Kohärenzprüfung bzw. pragmatisch aufgrund ihrer Leistungsfähigkeit für (zukünftiges) Handeln gemessen werden können (wobei die pragmatische Überprüfung s. E. die ersten beiden Verfahren integriert).[111] Der Satz ‚Alle Menschen sind sterblich' habe lediglich „statistische Gültigkeit" im Sinne der Wahrscheinlichkeit, auch wenn biologisch viel für ihn spreche (Alterung der Zellen etc.). Denn erstens könnten niemals alle Menschen erfasst werden, nicht nur die noch lebenden, sondern ebenso diejenigen, „von denen wir annehmen, daß sie gelebt *haben*" – und zwar paradoxerweise „gerade deswegen, weil sie nicht mehr nachweisbar, nämlich gestorben sind". Und zweitens schließe „die Klasse ‚alle Menschen' auch jedes Ich ein", das seinen eigenen Tod „nur abstrakt für wahr halten" könne:[112]

> „Es gibt keine Möglichkeit für das denkende Ich, in der *Einsicht*: ich werde aufhören, zu sein, sich selbst denkend wegzudenken, d. h. diese Einsicht wirklich anschaulich zu vollziehen. Hier ist ein blinder Fleck im Bewußtsein, denn es gibt keine versuchsweise Aufhebung des Ichbewußtseins in der lebenden Reflexion. Also ist die absolute Geltung des Satzes, die man doch anerkennen muß, nur seine *Gewißheit*. Diese Gewißheit ist keineswegs eine bloße Verallgemeinerung aus der Tatsache, daß seit unbestimmter Zeit alle Menschen, die wir kannten, und die diese wieder kannten usw. gestorben sind, in ununterbrochener Tradition dieser doch nur partiellen Erfahrungen. Vielmehr ist diese Gewißheit ‚irrational', d. h. nicht ergründbar. Sie liegt im Kontext der menschlichen Gesamterfahrung, und keine gehäuften Aussagen würden genügen, den Satz so gewiß zu machen, wie er ist – aber die Allgegenwärtigkeit des Todes setzt ihn außer Zweifel. Diese nämlich durchdringt unsere tägliche Existenz, sie sitzt mit uns am Tisch, wenn wir essen, sie lebt in den Kindern, die uns überleben sollen, sie liegt in der Unsicherheit jedes Planes und Gedankens an nächstes Jahr, sie begleitet unsere Schritte auf unseren Wegen als Gefahr und sie steckt als Vergänglichkeit in jeder verfließenden Sekunde. Wäre der Satz falsch, so wäre der Kontext unserer Gesamterfahrung sinnlos, er hat Teil an der Gewißheit des Lebens selbst. Er ist also ein Certum, trotzdem er für die klare Reflexion nicht einmal vorstellbar ist."[113]

Statt von ‚irrationaler Gewissheit' könnte man vielleicht besser von einer ‚paradoxen Gewissheit' sprechen, die Schulte im Begriff „Todesparadoxie" zum Ausdruck bringt: Denn die Bedingung der Möglichkeit für die Operation, den Tod zu

---

[110]   Vgl. Gehlen, Arnold (1993): Der Mensch. Seine Natur und seine Stellung in der Welt. Textkritische Edition unter Einbeziehung des gesamten Textes der 1. Auflage von 1940. Teilband 1, Frankfurt a. M., 355–372.

[111]   Vgl. ebd., 341–355.

[112]   Ebd., 363f. Heinz von Foerster betont in seiner Kritik am bekannten Syllogismus die Unbeweisbarkeit des Obersatzes, alle Menschen seien sterblich, insofern ähnlich, als ihm lediglich Wahrscheinlichkeit zukomme.

[113]   Gehlen 1993, 364.

denken, ist das Lebendig-Sein; sobald der Tod eintritt, ist er Bedingung der Unmöglichkeit, ihn zu denken (zumindest scheint es uns so zu sein aufgrund der paradoxen Erfahrungsgewissheit).[114] Diese Erfahrungsgewissheit der paradoxen Einheit von Leben und Tod lässt sich dementsprechend als paradoxe Einheit von Ich und Nicht-Ich fassen. Es ist die auf die Spitze getriebene Paradoxie des Selbst, das sich denkt und zugleich von sich abstrahiert – aufgrund der von Gehlen so plastisch beschriebenen Präsenz der eigenen Sterblichkeit.

Schulte kritisiert Luhmann geschickt, indem er auf Gehlens Verwendung der Metapher des blinden Flecks rekurriert. Erstens weist er damit indirekt darauf hin, dass der Rückgriff auf das physiologische Phänomen des blinden Flecks, über den Maturana, Varela und von Foerster die erkenntnistheoretische Grundlage des Konstruktivismus erläutern und Luhmann seine Beobachtungstheorie schärft, von Arnold Gehlen bereits 1940 verwendet wurde.[115] Zweitens kritisiert er Luhmann von innen, denn dieser muss konzedieren (und hat auch kein Problem damit), dass seine Theorie wie jede andere auch ihre blinden Flecken hat – selbst wenn diese, „durch rekursive Vernetzung der Beobachtungen von Beobachtungen", etwas aufzuhellen sind.[116]

---

[114] Epikur nutzt diese Paradoxie in seinem berühmten Brief an Menoikeus, um rational zu begründen, warum es sich nicht lohne, Angst vor dem Tod zu haben. Vgl. Epikur (2003): Wege zum Glück, hg. v. Nickel, Rainer, Düsseldorf/Zürich, 222–235, 224f.

[115] Vgl. Schulte 2013, 25–36. Schulte stellt fest, dass Luhmann in seiner Antrittsvorlesung von 1967 Gehlen bezüglich der Bedeutung von Latenzen zitiert, ohne jedoch dessen Verwendung der Blinde-Fleck-Metapher zu erwähnen (ebd., 22): Vgl. Luhmann, Niklas (1970): Soziologische Aufklärung. Aufsätze zur Theorie sozialer Systeme. Band 1, Opladen, 66. Allerdings bezieht Luhmann sich hier auf ein anderes Buch von Gehlen (vgl. ebd., 87, Endn. 3). Wenn Luhmann 1967 den „Begriff der *Latenz*" auf „das Verdrängen wichtiger Aspekte der Handlungswelt" bezieht, „um Orientierbarkeit und Motivierbarkeit nicht zu verlieren", zum „Selbstschutz personaler und sozialer Handlungssysteme, ohne den sie nicht in der Lage wären, ihre eigene Identität und ihre integrierende Struktur in einer höchst komplexen Umwelt konstant zu halten" (ebd., 69, vgl. Schulte 2013, 23), dann sind Parallelen zur Definition ‚irrationaler Erfahrungsgewißheit' bei Gehlen offensichtlich: „Der Prozeß der Vergewisserung auf Grund zahlloser, sich ergänzender, oft unbewußt bleibender Erfahrungen ohne Problemstadium, in denen noch unsere Antriebe sich orientieren und weiterwachsen und ihrerseits zu neuen Vergewisserungen führen, ist völlig irrational, und in dem Versuch zu erklären, worin er besteht und wie er vor sich geht, würde ich mir selbst widersprechen" (Gehlen 1993, 363). Durchaus im Sinne Gehlens geht es Luhmann deshalb um „Durchblick auf Grenzen der Aufklärung, als Abklärung der Aufklärung" (Luhmann 1970, 68). Vgl. kritisch dazu Schulte 2013, 1–3.

[116] Luhmann/Fuchs 1989, 10. Vgl. Schulte 2013, 35. Deshalb ist der Titel von Schultes Monographie so gut. Schulte versucht nachzuweisen, dass das Mariottesche Experiment zum blinden Fleck durch Maturana, Varela und von Foerster unzulässig auf jedwede Erkenntnis verallgemeinert wird (vgl. ebd., 34). In der Tat wird der Wechsel vom physiologischen Phänomen zum metaphorischen Gebrauch nicht genügend reflektiert. Vgl. Maturana/Varela 1987, 19–37; Foerster, Heinz von (2013): Das Konstruieren einer Wirklichkeit (1973), in: Watzlawick, Paul (Hg.): Die erfundene Wirklichkeit. Wie wissen wir, was wir zu

Drittens verbindet Schulte über Gehlen den blinden Fleck des Bewusstseins, den Tod, mit der Systemtheorie.[117] Der blinde Fleck der Systemtheorie wäre dann, dass der blinde Fleck des Bewusstseins, da im blinden Fleck des Systems entschärft, beim Wechsel – Schulte spricht von „Umschreibung" – von der Bewusstseinstheorie (Komplementarität von Ich und Welt) zur Systemtheorie (Komplementarität von System und Umwelt) als blinder Fleck in Vergessenheit gerate. Deshalb kann Schulte das Programm der Systemtheorie als „Ich-Rettung" bezeichnen.[118] Das Subjekt erhält „die Bedeutung eines latenten Apriori", womit Schulte den Zusammenhang von Bewusstsein und Gesellschaft betont[119] – im Gegensatz zur häufig oberflächlich vorgetragenen Kritik an einer Subjektvergessenheit Luhmanns.[120]

---

wissen glauben? Beiträge zum Konstruktivismus, München, 7. Aufl., 39–60, 40–46; Luhmann 1990a, 31–58; Luhmann 1990, 85f.509f.

[117] Schulte bezieht sich nicht nur auf den blinden Fleck der Systemtheorie im Besonderen, sondern auf konstruktivistische Erkenntnistheorien im Allgemeinen: „Mit Gehlen ist es durchaus sinnvoll und aufschlussreich, die Vorstellung des *blinden Flecks* von der visuellen Wahrnehmung aufs Bewusstsein zu übertragen. Aber von der Todes-Bedeutung hören wir bei Maturana, Varela, von Foerster und Luhmann nichts. Sie interessieren sich für die beobachtbare Latenz des Beobachters, wobei die Reflexionsschranke eines Einzelsubjekts zur Geschlossenheit des rekursiven Systems der Beobachtung von Beobachtung gemacht wird" (Schulte 2013, 31f.).

[118] Schulte 2013, 22.

[119] Ebd., 4. Es lohnt sich, den Zusammenhang zu notieren: „Selten hat das Subjekt, das nach Freud mit der kaum durchdringbaren Abdunklung seines Selbstseins zu leben hat, eine solche Bedeutung gewonnen wie in Luhmanns Systemtheorie: die Bedeutung eines latenten Apriori. Die Systemtheorie erweist sich als eine extravertierte oder umgestülpte Subjekttheorie, die ihre eigene Abdunklung durch eine Mystik und Mythologie des Selbstschutzes besorgt. Entsprechend der Abdunklung der Todesvorstellung beim personalen Subjekt, für die Gehlen die Metapher vom blinden Fleck einsetzte [...], gehört zu Luhmanns Prinzip der möglichen Autopoiesis der Systeme die Abdunklung der Paradoxie der Selbsterzeugung durch einen methodisch geregelten Entparadoxierungskalkül. Der schützt vor Erstarrung, Bewegungslosigkeit und systemischer Impotenz – vor dem versteinernden Blick der *Gorgo*" (s. u. 3.2.3). Nach Luhmann ergibt sich, was Subjekt sein mag, vielleicht eher als „Interpenetration" der operational geschlossenen Autopoieseis von „Leben, Bewußtsein, soziale(r) Kommunikation." Luhmann, Niklas (1997a): Selbstreferentielle Systeme, in: Simon (Hg.), a. a. O., 69–77, 70. Vgl. ausführlicher dazu: Luhmann 1984, 286–345.

[120] Um intensive Kritik bemüht sich hingegen Kersten Reich; vgl. Reich 2009, 328–376 (s. u. 4.1.2.1). Auch Maturana, den Luhmann im Wintersemester 1987/88 als Gastprofessor nach Bielefeld einlud (vgl. Baecker 2012, 2), kritisiert Luhmanns Übertragung seiner Autopoiesis-Theorie auf soziale Systeme. Sie führe wegen ihrer Ausklammerung des Individuellen letztlich zur Tyrannei, da sich die Menschen (Autopoiesis 2. Ordnung) der Erhaltung der Gesellschaft (Autopoiesis 3. Ordnung) unterordnen müssten. Dieser Preis sei zu hoch für „die Eleganz des Formalismus" einer abstrakten Systemtheorie, die Menschen ausschließe, da sie „mit ihren Vorlieben und Abneigungen, ihren Wünschen und Emotionen

Aber ist Schultes Einwand plausibel? Zehrt seine Redeweise von der „wirklichen Welt" und dem „wirklichen System" nicht von einer Ontologie, die Luhmann durch seinen operativen Konstruktivismus zu überwinden trachtet? Nimmt die Parallelisierung der Systeme Bewusstsein und Gesellschaft in der Rede von der „Umschreibung" die operationale Geschlossenheit der gleichwohl aufeinander bezogenen autopoietischen Systeme genügend ernst? Hat die Feststellung, dass bei den komplementären Paarungen Ich/Welt bzw. System/Umwelt jeweils nur eine Seite markiert werden kann, wirklich die Konsequenz, die „Todesparadoxie als Wirklichkeitskomplementarität" auszulassen? Wird somit der blinde Fleck des Todes „im blinden Fleck des Systems untergebracht" – ohne dass die Systemtheorie selbst das beobachten könne (ihr blinder Fleck)?[121]

Was den persönlichen Tod angeht, bestätigt Luhmann die paradoxe Undenkbarkeit des Todes sowohl auf „der Ebene der autopoietischen Operationen" als auch „auf der Ebene der Semantik, die ihrer Beobachtung dient": „Das Bewußtsein kann keinen letzten Gedanken denken und sich deshalb auch nicht vorstellen, wie ein letzter Gedanke sich gleichsam anfühlen würde. [...] Für psychische wie für soziale Systeme [...] ist der Tod sicheres Wissen und sicheres Nichtwissen zugleich".[122] Der Tod als „Zerstörung des eigenen Leibes" ist denkbar, da zu erfahren an anderen, nicht aber der Gedanke eines letzten Gedankens.[123] Die Vorstellungen von der Unsterblichkeit der Seele sowie die religiösen

---

[...] die Schönheit der formalen Beschreibung" gefährdeten (Maturana, Humberto/Pörksen, Bernhard (2014): Vom Sein zum Tun. Die Ursprünge der Biologie des Erkennens, Heidelberg, 3. Aufl., 114). Pörksen wendet im Gespräch ein, man könne „die Weigerung, den Menschen in ein Element der eigenen Theorie zu verwandeln, auch als eine besondere Form der Wertschätzung verstehen" (114). Das gesteht Maturana zu, aber aufgrund seiner Erfahrungen mit der Pinochet-Diktatur ist er darauf konzentriert, die Einzigartigkeit jedes Menschen zu betonen (vgl. 111–115). M. E. schließt die Systemtheorie Luhmanns eine Wertschätzung jedes Individuums in seiner Einzigartigkeit nicht aus, auch und gerade weil Individuen nicht Gegenstand seiner Gesellschaftstheorie sind. Durch strukturelle Kopplung sind die Systeme Körper (Autopoiesis 1. Ordnung), Bewusstsein und Gesellschaft trotz operationaler Geschlossenheit eng miteinander verbunden. Zur Differenz aus Perspektive der Luhmann-Schule vgl. Scheffer, Bernd (2012): Konstruktivismus, in: Jahraus/Nassehi u. a. (Hg.), a. a. O., 327–330, 328f.

[121] Die kritischen Fragen zu Schultes Kritik beziehen sich auf die oben zitierte Passage (Schulte 2013, 19f.).

[122] Luhmann 2000, 51. Vgl. Pallesen, Carsten (2006): Der Weltbezug der Religion, in: Thomas/Schüle (Hg.), a. a. O., 51–64, 51f.

[123] Luhmann, Niklas (2000b): Das Medium der Religion. Eine soziologische Betrachtung über Gott und die Seelen, in: Soziale Systeme 6, 39–53, 46. Zum Verhältnis Seele/Gott als Medium der Religion vgl. ebd. Das entspricht insofern Luhmanns Interpretation des Glaubens als Medium der Religion, als der Glaube (in den monotheistischen Religionen) den Vollzug der menschlichen Gottesbeziehung bezeichnet. Im Allgemeinen bevorzugt Luhmann den neutraleren Begriff ‚Sinn' als Medium religiöser Kommunikation, die an gesellschaftlicher Kommunikation im Sinnmedium teilhat (vgl. Luhmann 1998, 138f.), rekursiv „als Reaktion auf die Frage nach dem Sinn von Sinn" (Fuchs 2012, 252). Das Verhältnis

Gerichtsvorstellungen zu deren Schicksal in der Ewigkeit bestätigen diese Undenkbarkeit des individuellen Todes: „Die Seele ist immanente Transzendenz, individualisiert durch Körperbindung, aber zugleich körperunabhängig, da sie nicht mit ihm das Schicksal der Körperlichkeit teilt."[124] Die Todesparadoxie kann sich verallgemeinern; die Konsequenzen reflektiert Luhmann in seinen Überlegungen zur „ökologische[n] Betroffenheit der Gesellschaft", vermittelt „durch das Betroffensein der menschlichen Körper":

> „Wenn man an Untergang denkt, hat es keinen Sinn, Menschen und Gesellschaft getrennt zu denken. Die Zerstörung von Kommunikationsmöglichkeiten mag zum Tode vieler führen. Man denke an den Zusammenbruch der Verkehrssysteme, der Geldwirtschaft oder auch der medizinischen Versorgung. Die Auslöschung des gesamten menschlichen Lebens heißt auf jeden Fall: Funkstille, Ende aller Kommunikation, Ende der Gesellschaft. Unter solchen Perspektiven kann man organische, psychische und soziale Systeme nicht trennen. Mehr noch als jede humanistische Perspektive faßt heute die ökologische Perspektive Gesellschaft und Menschen, wenn nicht zu einem Begriff, so doch zu einer Schicksalsgemeinschaft zusammen."[125]

Auch wenn die Systemtheorie im Regelfall „organische, psychische und soziale Systeme" (Körper, Bewusstsein, Gesellschaft) unterscheidet, weil diese selbstreferentiellen Systeme sich autopoietisch erhalten, markiert Luhmann hier die Todesparadoxie in der soziologischen Reflexion auf die ökologische Perspektive: Die Möglichkeit des „Untergang[s]" durch gesellschaftlich erzeugte Risiken (Umweltkatastrophen, Atomkrieg) führt „Gesellschaft und Menschen ... zu einer Schicksalsgemeinschaft zusammen". Der Blick auf das mögliche Ende allen Lebens auf der Erde universalisiert die Todesparadoxie: Sie gilt nicht allein für jeden einzelnen, sondern für alles. Die Differenzen von Ich und Welt bzw. System und Umwelt werden angesichts des universalen Todes irrelevant, obwohl er zugleich den Sinn des Ganzen in seiner Differenziertheit aufscheinen lässt: Für das, was droht, verloren zu werden, lohnt sich doch der Einsatz des Lebens!

Seele/Gott ist im Übrigen nicht analog zu den zwischenmenschlichen Relationen zu denken: „Erst im Monotheismus wird [...] die Seele zum Korrelat des beobachtenden Gottes. Sie hat ihre Identität und ihre Identitätsgewißheit allein und ausschließlich darin, daß Gott sie beobachtet (= schafft, = kennt, = liebt, ohne daß diese anthropomorphen Begriffe in Gott unterscheidbar sind). Aber sie kann ja nicht beobachten, daß und wie Gott sie beobachtet! Als Relation ist dieses Verhältnis Gott/Seele also nicht zu denken, auch nicht im ontologischen Sinne einer nur akzidentellen Verbindung verschiedener Substanzen" (Luhmann 2000b, 46); vgl. Gronover 2006, 210.

[124] Fuchs 2012, 249. Wenn Luhmann schreibt: „Eine Seele braucht der Mensch, um seinen eigenen Tod und das Danach denken zu können", dann zeigt schon der nächste Satz, dass der Tod nicht als ‚Nichts' ernst genommen wird und es somit nicht wirklich um die Denkbarkeit des Todes geht: „Seine Seele garantiert ihm ein Leben nach dem Tode – wie immer das dann im einzelnen ausgemalt worden ist" (Luhmann 2000b, 45. Vgl. Luhmann 2000, 206f.).

[125] Luhmann 1992, 162f.

Früher wurde die universale Bedrohung durch apokalyptische Bilder der Religionen vor Augen geführt, dass beispielsweise Gott im ‚Jüngsten Gericht' allem und jedem einen endgültigen Ort zuweise. Heute wird die Gefahr des endgültigen Endes als Risiko gesellschaftlich kommuniziert – und Luhmann plädiert, indem er über die Differenz von Wissen und Nicht-Wissen reflektiert, für eine „Ökologie des Nichtwissens".[126] Es ginge darum „zu verstehen, daß man nicht versteht, was man nicht versteht, und Semantiken auszuprobieren, die damit zurechtkommen". Früher seien dafür die Religionen zuständig gewesen. Die Fortsetzung religiöser Traditionen sei heute aber auf eine Auswechslung von Erwartungen angewiesen: „Dann ginge es nicht um ein Potential für Sicherheit, sondern um ein Potential für Unsicherheit. Und nicht um Bindung, sondern um Freiheit: um den Ort der Willkür, die nirgendwo einen Platz findet, um Imagination."[127]

Dieses ‚zwölfte Kamel' der ökologischen und runderneuerten religiösen Kommunikation dient also dazu, die Todesparadoxie zu entfalten – und insofern das in der Regel entparadoxierend abläuft, trifft Schultes Analyse zu. Denn der Tod muss dann im blinden Fleck des Gesellschaftssystems entschärft werden: „Der ‚blinde Fleck' der jeweiligen Beobachtung, ihre im Moment benutzte Unterscheidung, ist zugleich ihre Weltgarantie".[128]

3.2.2.3 Die ‚Kontingenzformel Gott' als Einheit der komplementären Paradoxien

Von Schultes Überlegungen sei festzuhalten: die durch die Todesparadoxie sichtbar gewordenen Komplementaritäten von Ich und Welt bzw. System und Umwelt und damit auch der grundlegenden Paradoxien von Selbst und Welt. Es stellte sich die Frage, wie die paradoxen Einheiten von Ich und Nicht-Ich sowie von Welt und Nicht-Welt nicht bloß als formale Erfordernisse, sondern material kommuniziert werden können. Inwiefern könnte dafür die „Kontingenzformel" ‚Gott' stehen, die in den monotheistischen Religionen der paradoxen Einheit von Immanenz und Transzendenz ihren Inhalt gibt?

Bereits in seinem Buch „Funktion der Religion" beschreibt Luhmann Kontingenzformeln als gesellschaftliche „Rekonstruktion beliebiger Komplexität und Kontingenz in Form von Reduktionen, die für das System bestimmbar sind

---

[126] Vgl. ebd., 149–220. Die „fundamentale Paradoxie" ökologischer Kommunikationen sieht Luhmann darin, „daß sie alle Sachverhalte zugleich mit Bezug auf Einheit und mit Bezug auf Differenz, mit Bezug auf die Einheit des ökologischen Zusammenhanges und mit Bezug auf die diesen Zusammenhang zerlegende Differenz von System und Umwelt zu behandeln haben. In der ökologischen Fragestellung wird die Einheit der Differenz von System und Umwelt zum Thema, nicht aber die Einheit eines umfassenden Systems" (Luhmann 1988, 21).

[127] Luhmann 1992, 90f. Vgl. Pallesen 2006, 61–64.

[128] Luhmann 1990a, 41.

und Selektionen und Anschlußselektionen ermöglichen".[129] In diesen Formeln, „die Abhängigkeiten und Interdependenzen ausdrücken [...,] wird die regellose Beliebigkeit von Möglichkeiten, anders zu sein, auf bestimmbare Relationen reduziert".[130] Im System der Religion liegt die Kontingenzformel „für die abendländische Tradition im Begriff Gott".[131] Später begreift Luhmann Kontingenzformeln als Maßnahmen zur Bearbeitung von Paradoxien und widmet der „Kontingenzformel Gott" in der posthum erschienen Monographie „Die Religion der Gesellschaft" ein eigenes Kapitel.[132] „Das Paradox: Anschluß ist Ausschluß und kann nur so vollzogen werden" bezieht sich auf die Form der Unterscheidung. Denn wer über Sinn kommunizieren möchte, muss aus vielfältigen Möglichkeiten eine Auswahl treffen, die im Unterscheiden zwar etwas bezeichnet, aber zugleich anderes ausschließt und „endlose Verweisungsüberschüsse appräsentiert".[133] Für Luhmann ist Sinn das zentrale Medium der Kommunikation, die Sinn konstituierende zentrale Differenz ist allerdings nicht jene von Sinn und Nicht-Sinn, sondern jene „von Aktualität und Möglichkeit".[134] Gemeint ist damit die Differenz „zwischen der aktuell selektierten Information, auf die sich ein bestimmter Sinn bezieht, und den Möglichkeiten für weitere Anschlüsse, die der Sinn als Verweisungszusammenhang mit sich führt."[135]

Wie kann die „endlose" Vielfalt zufälliger Möglichkeiten in handhabbare Einheiten überführt werden? Kontingenzformeln dienen dazu, „andere Möglichkeiten, die auch gegeben sind, zu unterdrücken".[136] Im Buddhismus etwa als atheistischer Religion übernimmt ‚Erlösung' die Funktion einer Kontingenzformel.[137] Wenn die Weltreligionen „mit Kontingenzformeln für die Religion" experimentieren, sind sie nach Luhmann daher durch „ein gemeinsames Element, nämlich eine Erlösungsperspektive", miteinander verbunden: „Sie stellen damit Zugang zur Transzendenz in Aussicht als Korrektiv für das Leiden an Unterschei-

---

[129]   Luhmann, Niklas (1977): Funktion der Religion, Frankfurt a. M., 82.
[130]   Ebd., 90.
[131]   Ebd., 126, vgl. ebd., 126–134; 204–208; vgl. Luhmann 2000, 151.
[132]   Vgl. Luhmann 2000, 147–186.
[133]   Ebd., 147.
[134]   Luhmann 1984, 100. Luhmann unterscheidet in Bezug auf den Sinnbegriff seine Sachdimension des Themenbezugs, seine Zeitdimension mit der Semantik von Vergangenheit, Gegenwart und Zukunft, und seine Sozialdimension im Blick auf die Konsensfähigkeit der Sinnerfahrung (vgl. ebd., 111–122). Zum Sinnbegriff vgl. das gesamte zweite Kapitel des Hauptwerks „Soziale Systeme" (ebd., 92–147).
[135]   Kirchmeier, Christian (2012a): Sinn, in: Jahraus/Nassehi u. a. (Hg.), a. a. O., 117–119, 118.
[136]   Luhmann 2000, 150.
[137]   Vgl. Fuchs 2012, 249. Fuchs meint: „Die Vielfalt der religiösen (und religioden) Formen unter Modernitätsbedingungen lässt den Schluss zu, dass die Symbolarrangements für das, was im System als unaustauschbar, also als Realität behandelt wird, mittlerweile auf Transzendenz selbst zulaufen, wie immer sie sich in konkreten Religionsverwendungsfällen dann auch programmatisch ausstatten lässt" (ebd.).

dungen. Sie stellen in Aussicht, daß jede Unterscheidung in ein Jenseits aller Unterscheidungen aufgehoben werden kann. Das ist die Form, in der die Unterscheidung von Immanenz und Transzendenz präsentiert wird."[138]

Aus soziologischer Perspektive kann die Unterscheidung von Immanenz und Transzendenz nur als Reentry auf der Seite der Immanenz beobachtet werden. Erst der Systemwechsel in die Religion verlagert den Reentry auf die Seite der Transzendenz. Dieser Vorgang wird von der Wissenschaft des Religionssystems, der Theologie, als ‚Offenbarung' bezeichnet: Gott teilt sich den Menschen mit.[139] So wird das „Problem der Kontingenz der Unterscheidung von Immanenz und Transzendenz [...] durch die Seite der Transzendenz [...] ‚gelöst' – obgleich dies natürlich nur auf der Seite der Immanenz geglaubt und gedacht werden kann":

> „Der Vollzug bzw. das Ereignis des für die christliche Religion charakteristischen Re-entrys kann [...] in der theologischen Selbstbeobachtung dreifach beschrieben werden: Der menschlichen Handlung (1) der Wiederholung der Unterscheidung von Transzendenz und Immanenz in der Immanenz ‚entspricht' die göttliche Selbstimplikation (2), wodurch die menschliche Handlung zugleich als sich göttlicher Aktivität verdankender Passivität (3) bzw. als Erleben erfaßt werden kann. Während die Selbstbeobachtung Gottes ein Re-entry auf der göttlichen Seite vollziehen würde, setzt die Selbstimplikation auf die andere Seite der Unterscheidung. Ist die Selbstbeobachtung eine Form der Selbstreflexion und des Selbsterhalts, so ist die Selbstimplikation primär ‚Selbstgabe'."[140]

Günter Thomas arbeitet in seiner Rekonstruktion der Luhmannschen Rezeption des Husserlschen Lebensweltbegriffs heraus, dass auch Luhmanns am Beobachten als empirischer (und damit beobachtbarer) Operation orientierte Theorie „mit Gründen an dem Vorstellungskomplex einer einheitlichen, einen Welt festhalten muß, aber andererseits dies mit Gründen eigentlich nicht darf. Also ein Paradoxon".[141] Gleiches gilt für den Vorstellungskomplex eines einheitlichen Subjekts. Immanuel Kant bearbeitet die Paradoxien mit den ‚regulativen Ideen' ‚Welt' und ‚Seele', deren Komplementarität in der regulativen Idee ‚Gott' eingeholt wird.[142] Luhmann meint, alle regulativen Ideen blieben „Projektionen; sie

---

[138]   Luhmann 2000, 150.

[139]   Vgl. Thomas 2006, 23–31, 28.

[140]   Ebd., 26. S. o. 3.1.3.2.

[141]   Thomas 1992, 353.

[142]   Nach Immanuel Kant haben die drei regulativen Ideen „Seele", „Welt" und „Gott" die Aufgabe, „den empirischen Gebrauch der Vernunft durch Eröffnung neuer Wege, die der Verstand nicht kennt, ins Unendliche (Unbestimmte) zu befördern und zu befestigen, ohne dabei jemals den Gesetzen des empirischen Gebrauchs im mindesten zuwider zu sein" (Kant, Immanuel (1990): Kritik der reinen Vernunft (1784). Nach der ersten und zweiten Original-Ausgabe hg. v. Raymund Schmidt, Hamburg, B 708). Mit den regulativen Ideen zeigten sich der Vernunft Gegenstände ihrer systematischen Einheit, die „durch keine Erfahrung gegeben werden" können (B 709). Die regulative Idee ‚Gott' ist nach Kant die

gelten nur so, als ob sie gelten würden; und dies, weil dies als Notlösung benötigt wird".[143]

Dem projektiven Charakter der regulativen Ideen würde Kant zustimmen; allerdings versucht er in seiner transzendentalen Argumentation nachzuweisen, dass diese Projektionen denknotwendig sind – das ist dann mehr als eine bloße „Notlösung", nämlich der Nachweis, dass es sinnvoll ist, sich auf Sinn auszurichten. Thomas bezeichnet die regulativen Ideen, Luhmanns „Verabschiedung aller ontologischen Metaphysik und Aprioristik" aufgreifend,[144] als „operative Fiktionen", die „gerade als *Einheits*fiktionen Differenzhandhabungen" ermöglichen, „durch deren Routinisierung sich dann lebensweltliche Vertrautheit [...] aufbauen kann".[145]

Ist die Komplementarität der in der Kontingenzformel ,Gott' integrierten operativen Einheitsfiktionen bezüglich der paradoxen Anfangsunterscheidungen von Welt und Nicht-Welt sowie von Ich und Nicht-Ich der blinde Fleck der Systemtheorie? Denn diese kann ja nicht sehen, was sie nicht sehen kann: die in der paradoxen Einheit von Beobachtung und Nicht-Beobachtung als Beobachtung dritter Ordnung allein religiös – in der paradoxen Einheit von Immanenz und Transzendenz – zugängliche Wirklichkeit Gottes, die aus der Perspektive einer Beobachtung erster Ordnung auch als nichtreligiös erscheinen kann. Aber das ist jetzt aus der Perspektive des religiös beobachtenden Menschen gedacht. Dass Luhmann diese Perspektive kennt und sie von seiner soziologischen Perspektive unterscheidet, zeigt er in seiner ersten Religions-Monographie durch die Widmung: „In Erinnerung an meine Frau, der Religion mehr bedeutete, als Theorie zu sagen vermag."[146]

„Voraussetzung einer obersten Intelligenz, als der alleinigen Ursache des Weltganzen" (B 715). Zu diesem „Weltganzen" gehöre auch die Gesamtheit aller Subjekte, so dass in der Gottesidee die Komplementarität von ,Welt' und ,Ich' in eine „zweckmäßige Einheit" gefasst erscheine (B 714).

[143]   Luhmann 1984, 651.

[144]   Thomas 1992, 352, mit Bezug auf: Luhmann 1984, 656. Thomas bezweifelt, „ob die ,Differenz zwischen transzendentaler und empirisch-systemtheoretischer Interpretation' von Welt wirklich so groß ist. Indem Luhmann mehr als die Summe, nämlich die Einheit aller sinnhaften Verweisungen denken will, strebt er mehr als nur den Hinweis auf die Faktizität der sich vollziehenden Weltkonstruktionen an" (Thomas 1992, 353). Luhmann könnte antworten, dass auch die Einheit aller sinnhaften Verweisungen sich als Operation eines Systems im Unterschied zu seiner Umwelt prozessiert. Die Unterscheidung transzendental/empirisch wird ersetzt durch die Differenz System/Umwelt (vgl. Luhmann 1990a, 35, s. o. 1.4.3).

[145]   Thomas 1992, 353f.

[146]   Luhmann 1977. Peter Fuchs sieht darin „das Feld der ,zwischenmenschlichen Interpenetration'" betreten, das „für die Nahwelt des Alltags die religiöse Erfahrung zu bestimmen [scheint], da hier der Blick auf den Umgang mit Sterblichkeit, Ewigkeit, Nächstenliebe,

In seiner zweiten Religions-Monographie gut zwanzig Jahre später markiert Luhmann die blinden Flecken menschlicher Beobachtungen indirekt, indem er den Sonderstatus Gottes als Beobachter*in beschreibt: „Gott braucht keinen ‚blinden Fleck'. Er kann jedes Unterscheidungsschema als Differenz und als Einheit des Unterschiedenen zugleich realisieren. Das schließt die Unterscheidung von Unterschiedenheit und Nichtunterschiedenheit ein. Und da dies für jede seiner Beobachtungen gilt und für alle zugleich, ist seine Beobachtungsweise, wollte man versuchen, sie ihrerseits zu beobachten, nur als paradox zu erfassen."[147] Die Paradoxie beruht darauf, dass der Mensch, der notwendig einen blinden Fleck hat, Gott als etwas beobachtet, das in seiner Beobachtung nicht auf einen blinden Fleck angewiesen ist. Die Kontingenzformel ‚Gott' beinhaltet somit seinen Status, keinen blinden Fleck zu haben. Die Bedingung der Möglichkeit, göttliches Beobachten zu erfassen (dass Gott keinen blinden Fleck braucht), ist damit zugleich die Bedingung der Unmöglichkeit der Beobachtung Gottes durch den Menschen, der ohne blinden Fleck gar nicht beobachten kann. Da Gott keinen blinden Fleck hat, oszilliert sein Beobachten nicht zwischen dem in der Unterscheidung Unterschiedenen und dem Nichtunterschiedenen. Gottes Beobachtungsweise ist damit frei von Paradoxien und unabhängig von Zeit, die sich im Oszillieren ergibt. Die paradoxiefreie Beobachtung ist aus menschlicher Perspektive aber paradox und deshalb „nur als paradox zu erfassen".

Zwischen den beiden Monographien erläutert Luhmann 1990 in seinem theologisch wichtigen Aufsatz „Die Weisung Gottes als Form der Freiheit" diese paradoxe „Beobachtungsweise" Gottes. Der Bezug auf Gott im Blick auf die Form der Unterscheidung beruhe darauf, „daß alles Unterscheiden ein Unterscheiden der Unterscheidung impliziert, ohne die Möglichkeit zu haben, sich dieser vorausgesetzten Unterscheidung zu vergewissern." Luhmann bezieht sich hier auf das Hauptwerk eines Gelehrten aus karolingischer Zeit, den als Dialog zwischen Schüler und Lehrer formulierten *Periphyseon*, der als erstes Denksystem der Scholastik gilt: „Gott selbst ist danach, sofern er Form [Unterscheidung] gibt, seinerseits Form und Nichtform; und er ist auch das, was sich jeder Form entzieht [Nicht-Unterschiedenheit], und ist es auch wieder nicht. ‚forma est, forma non est; informitas est, informitas non est', um es mit Johannes Scottus Eriugena zu formulieren."[148] Im Zusammenhang des Zitats aus *Periphyseon I 56* geht es um die Frage, wie durch Schöpfungstätigkeit des unbegrenzten und daher unkör-

---

Barmherzigkeit etc. gerichtet ist" (Fuchs 2012, 251). Vgl. dazu die überzeugende Auslegung des Praktischen Theologen: Gräb, Wilhelm (2006): Sinnfragen. Transformationen des Religiösen in der modernen Kultur, Gütersloh, 21–29.

[147] Luhmann 2000, 158f.

[148] Luhmann 1990a, 81. S. u. 3.3.3.1.

perlichen (immateriellen) Gottes (als ungeformter Form von allem) aus der unsichtbaren ungeformten Materie die geformten Körper entstehen können.[149] Die von Luhmann zitierte Sentenz ist Teil einer die Ausführungen des Lehrers über den Zusammenhang von ungeformter Materie und Formlosigkeit Gottes resümierenden Aussage des Schülers. Dieser zeige damit laut Lehrer, dass er „nicht weit von der Wahrheit entfernt" ist.[150] Luhmann legt die Sentenz im Zusammenhang seiner Argumentation, die Überlegungen von Spencer Brown und Varela aufgreift, so aus, dass Gott in der Selbst-Bezeichnung der Unterscheidungsform „unvermeidbar anwesend" sei; allerdings derart, dass in der theologischen Reflexion darauf „weder eine positive noch eine negative Theologie befriedigt, denn woher käme diese Unterscheidung? Nur die Notwendigkeit des Unterscheidens selbst ist faßbar und deshalb Gott nur in der Weisung: treffe eine Unterscheidung!"[151] Spencer Browns Imperativ ist damit religiös identifiziert als Weisung Gottes, die sich auch biblisch im Auftrag des Schöpfers zeigt, den Dingen und anderen Lebewesen Namen zu geben und sie damit voneinander zu unterscheiden (s. o. 2.2.3.1).

---

[149] Vgl. Eri[u]gena, Johannes Scotus (1870): Über die Einteilung der Natur. Erste Abteilung Bücher I–III, übers. v. Ludwig Noack (Philosophische Bibliothek 36), Berlin, 69–90 (I 47–61). In dieser Übersetzung wird der Name ‚Eriugena' mit ‚Erigena' wiedergegeben. Um Verwirrungen zu vermeiden, ergänze ich das [u].

[150] Ebd., 85. Der Schüler sagt: „Auf der einen Seite ist nämlich die höchste All-Ursache um der Herrlichkeit aller Formen und Endzwecke willen gestaltlos und unbestimmt. Denn sie ist nicht allein die uranfängliche Form von Allem, sondern mehr als Form, weil alle Form übersteigend und alles Formbare wie Unförmliche formend. Sie ist nicht bloß die Form des Formbaren, sofern dasselbe die Form erstrebt und sich zu ihr hinneigt; sondern sie ist zugleich auch die Formlosigkeit dessen, was wegen der Vortrefflichkeit seiner Natur und der nächsten Ähnlichkeit mit der All-Ursache nicht geformt werden kann. Wird ja doch die Formlosigkeit des nicht Formbaren nicht etwa darum Formlosigkeit genannt, weil dasselbe jeder Form entbehrte, sondern weil es jede sinnenfällige und denkbare Form übersteigt. Und deshalb pflegt man gerade von der All-Ursache bejahend und verneinend zu sagen, dass sie *Form und nicht Form, Formlosigkeit und nicht Formlosigkeit* sei, zumal das von ihr Auszusagende weder behauptet noch verneint werden kann, weil sie über Allem hinausliegt, was gesagt und gedacht und nicht gedacht werden kann. Auf der anderen Seite heißt der Stoff formlos, weil er aller Formen beraubt ist, da ja von ihm Nichts geformt wird, sondern er nur unzählige Formen annimmt" (ebd., dem heutigen Sprachgebrauch angepasst, Herv. N. B.: Luhmannzitat). Die vom Schüler beschriebene Analogie der Formlosigkeit im Blick auf Gott als „All-Ursache" „auf der einen Seite" und der ungeformten Materie „auf der anderen Seite" resümiert Ansorge so: „Als schöpferischer Ursprung jedweder Form ist Gott formlos ‚per excellentiam'; die Materie ist formlos ‚per privationem'." Ansorge, Dirk (1996): Johannes Scottus Eriugena: Wahrheit als Prozeß. Eine theologische Interpretation von ‚Periphyseon' (Innsbrucker theologische Studien 44), Innsbruck/Wien, 158.

[151] Luhmann 1990a, 81f.

Dass weder eine positive noch eine negative Theologie dem unbegrenzt schöpferischen Gott gerecht werden kann, resultiert aus der Unendlichkeit Gottes, die jedem menschlichen Erkennen entzogen ist. Der Schüler bei Eriugena zeigt an dieser Stelle, dass er negative und positive Theologie anwenden kann, wie zuvor mit dem Lehrer diskutiert.[152] Der Lehrer geht allerdings noch einen Schritt weiter, indem er die paradoxe Einheit von positiver und negativer Theologie reflektiert.[153] Luhmann deutet diese Einheit an, wenn er die Unendlichkeit Gottes vom menschlichen Erkennen abgrenzt, wie Dirk Ansorge bestätigt: „Denn dieses [menschliche Erkennen] hat die Differenz zu seinem Prinzip; Gott aber ist gerade so von allem unterschieden, daß er von nichts unterschieden ist; so ist er ‚alles' und gerade darin unterschieden von allem."[154] Nach Eriugena betrifft diese Unendlichkeit und damit Unbegreiflichkeit Gottes nicht bloß den endlichen Geist des Menschen, sondern ebenso den unendlichen Geist Gottes selbst. Daraus schließt Luhmann im Rückgriff auf Eriugena: „Gott kann sich selbst nicht erkennen, weil er sich selbst von nichts unterscheiden kann. Er ist, auch für sich selbst, nicht definierbar, nicht dekomponierbar, nicht bestimmbar."[155] In einer Fußnote führt Luhmann als Beleg eine Frage und Antwort des Lehrers in *Periphyseon II 28* an: „Quomodo igitur divina natura se ipsam potest intelligere quid sit cum nihil sit? [...] Deus itaque nescit quid est quia non est quid, incomprehensibilis quippe in aliquo et sibi ipsi et omni intellectui".[156] Ansorge übersetzt: „Wie also kann die göttliche Natur sich selbst als das erkennen, was sie ist, da sie doch nichts ist? [...] Gott weiß daher in bezug auf sich nicht, was er ist, weil er kein Etwas ist; unbegreiflich ist er daher in einem Etwas sowohl für sich selbst als auch für jeden Intellekt."[157]

---

[152] Vgl. Eri[u]gena 1870, 27–33 (I 14). Dort greift Eriugena auf die griechischen Termini von Dionysius Areopagita zurück, der positiv-bejahende (kataphatische) und negativ-verneinende (apophatische) Theologie aufeinander bezieht. Vgl. als Beleg: Beierwaltes, Werner (1994): Eriugena. Grundzüge seines Denkens, Frankfurt a. M., 188, Anm. 36.

[153] Zur „Hypertheologie" Eriugenas vgl. Limberger, Veronika (2015): Eriugenas Hypertheologie (Quellen und Studien zur Philosophie 125), Berlin/Boston.

[154] Ansorge 1996, 201.

[155] Luhmann 1990a, 82.

[156] Ebd., Fußn. 12. Freilich kann hier das umfangreiche Werk Eriugenas (fünf Bücher auf knapp 1000 Druckseiten in der Übersetzung von Noack) nicht einmal annäherungsweise erfasst werden; mir geht es lediglich darum, die von Luhmann zitierten Passagen einzuordnen. Für tiefere Einsichten in das aus konstruktivistischer Perspektive faszinierende Werk vgl. Beierwaltes 1994; Ansorge 1996; Limberger 2015.

[157] Ansorge 1996, 202. Im Zusammenhang erläutert der Lehrer seine Fragen, hier nach der Übersetzung Noacks, wie folgt: *„Wie kann also die göttliche Natur selber verstehen, was sie ist, da sie ja Nichts ist? Denn sie übertrifft Alles, was ist, zumal sie auch nicht selber das Sein ist, sondern alles Sein von ihr herkommt, zumal sie kraft ihrer Herrlichkeit alle Wesenheit und Bestandheit überragt. Oder wie kann das Unbegrenzte in irgendeinem Bestimmten von sich selber begrenzt oder in irgend Etwas gedacht werden, da es sich selber allem Begrenzten und Unbegrenzten und über der Begrenztheit und Unbegrenztheit selber*

Damit ist allerdings nicht ausgesagt, dass Gott nichts von sich weiß: „Denn daß Gott seiner selbst nicht bewußt sein sollte, ist aufgrund seiner Vollkommenheit schlechterdings unvorstellbar: Es wäre ein Zeichen von Unwissen (ignorantia) und Unvermögen (impotentia), wüßte Gott nicht um sich selbst."[158] Um zu zeigen, dass Gott sich selbst in seinem Erkennen nicht verendlicht,[159] muss sein Selbstbewusstsein „ein wirkliches Wissen von sich selbst sein, und es darf kein endliches Wissen sein", sondern ein Wissen, das „jedes kategoriale Wissen" transzendiert.[160] Eriugena fasst die Konsequenzen dieser Einsicht in den Worten des Schülers zusammen, der nach dem Durchgang durch positive und negative Theologie in einer diese beiden Wege transzendierenden Weise zu folgendem Ergebnis kommt:

> „Denn es ist sonnenklar, dass unter dem göttlichen Nichtwissen nichts Anderes zu verstehen ist als das unbegreifliche und unendliche Wissen Gottes selbst.[161] Denn was unter den heiligen Vätern Augustinus mit den Worten: ‚der besser nichtwissend gewusst wird', und Dionysius mit den Worten: ‚dessen Nichtwissen wahre Weisheit ist' sehr richtig von Gott ausgesagt haben, dies ist nicht allein vom Denken derjenigen zu verstehen, die ihn gewissenhaft und eifrig suchen, sondern auch von ihm selber. Auf der einen Seite nämlich können richtige Vernunftforscher ihn selber in keinem von dem Allen erfassen, was in der Natur der Dinge enthalten ist; [...] indem sie ihn im Nichtseienden wissen, wissen sie ihn vielmehr richtig über allem Seienden und Nichtseienden erhaben. Andererseits heißt es auch nicht ohne Grund von ihm selbst, dass er, sofern er sich im Bestande seiner Hervorbringungen nicht einbegreift, sich über Allem erhaben weiß, und

---

weiß? *Gott weiß also nicht, was er ist, weil er kein Etwas ist; er ist in jedem Etwas unbegreiflich, sowohl für sich selbst, als für jeden Verstand.* Und da in jedem reinen Denken die Wahrheit mit verständlicher Stimme verkündigt, dass dies in Wahrheit von Gott ausgesagt werden muss; so kann kein gewissenhafter Forscher, der in die göttlichen Geheimnisse eingeweiht ist, wenn er hört, dass Gott nicht selber verstehen könne, was er sei, dabei etwas anders denken, als dass Gott selber, der kein Etwas ist, in sich selber auch durchaus nicht weiß, was er selbst nicht ist, und eben so wenig sich selber als ein Seiendes erkennt. Er weiß also nicht, was er selber ist, d. h. er weiß nicht, dass er Etwas sei, weil er erkennt, dass er durchaus nicht in den Bereich desjenigen gehöre, was irgend erkannt wird und wovon man sagen oder denken kann, was es ist. Denn würde er irgend sich selbst erkennen, so würde er damit zeigen, dass er nicht durchaus unbegrenzt und unbegreiflich und unaussprechlich sei" (Eri[u]gena 1870, 203, dem heutigen Sprachgebrauch angepasst, Herv. N. B.: Luhmannzitat).

158   Ansorge 1996, 202.
159   Vgl. Beierwaltes 1994, 180–203. „Die Einsicht aber, daß Gott *Nichts* ist, ist tiefer begründet als das Postulat, Gott sei das zuhöchst Seiende in der endlichen Dimension, d. h. als das höchste kategorial-erkennbare *Etwas* zu denken. Nur das Nichts begründet Gottes absolute, über allem Endlichen seiende, un-endliche Transzendenz, seine ausgrenzende Andersheit gegenüber allem Anderen oder Etwas-Anderem" (ebd., 195).
160   Ansorge 1996, 202.
161   „... divinam ignorantiam nil aliud intelligendum esse nisi incomprehensibilem infinitamque diviniam scientiam" (Periphyseon II, 29, ebd., 203, Fußn. 132).

somit ist sein eigenes Nichtwissen wahrhafte Einsicht. Soweit er sich aber im Seienden nicht einbegriffen weiß, weiß er sich zugleich darüber erhaben und wird darum von sich selber in seinem Nichtwissen besser gewusst, da es ja für ihn besser ist, dass er sich von Allem entfernt weiß, als wenn er wüsste, er habe im Bereiche Aller seinen Bestand."[162]

Ansorge kommentiert: „Wie aus dem Nicht-Sein Gottes keineswegs seine Nicht-Existenz folgt, sich vielmehr ergibt, daß er der Inbegriff aller Realität ist, so ist auch das Nichtwissen Gottes die überbietende Negation jedes kategorialen Wissens."[163] Man könnte mit Veronika Limberger diese Argumentationsweise Eriugenas als ‚hypertheologisch‘ bezeichnen, insofern sie die Gegensätze von Sein und Nichts oder von Wissen und Nichtwissen aus einer die theologischen Dispute überblickenden Perspektive auf einer höheren Ebene miteinander vereinbart.[164] Den Sprachgebrauch Spencer Browns aufgreifend könnte man sagen, das theologische Denken werde reflektiert, indem ein Reentry der Differenz von Affirmation und Negation auf die bejahende Seite eine neue Qualität theologischer Aussagen ermöglicht. Einen solchen hypertheologischen Erkenntnisweg beschreibt Ansorge als *via supereminentiae*:

> „Ist das Geschaffene durch Andersheit und Differenz gekennzeichnet und ist es jeweils bestimmt in seinem Sein und darin unterschieden von allem anderen, dann muß das endliche Erkennen auf dem Weg zu Gott das, was es im Geschaffenen als das Gegensätzliche erfaßt, auf den hin übersteigen, in dem die Gegensätze gründen. Denn Gott übersteigt alles Gegensätzliche. Der Weg solchen das Gegensätzliche transzendierenden Erkennens ist die ‚via supereminentiae‘: Gott ist nicht nur das Andere gegenüber jeder Affirmation; er transzendiert vielmehr selbst jenen Gegensatz noch, den die Affirmation als das Andere der Negation beinhaltet. Er ist die transkategoriale Einheit des Gegensätzlichen. Nur als jener vordenkliche Grund, in dem das Gegensätzliche in eines fällt, wird Gott ‚eigentlich‘ (proprie) ausgesagt."[165]

Der hypertheologische Weg kann als Resultat einer Beobachtung dritter Ordnung beschrieben werden, die für die soziologische Beobachtung Luhmanns einen blinden Fleck darstellt (s. u. 3.3). Denn seine Rezeption Eriugenas reicht nur zur Wiedergabe der Resultate bejahender und verneinender Theologie aus; den Steigerungsvorgang zur „transkategorialen Einheit des Gegensätzlichen" vollzieht er nicht mit. Trotzdem bleibt auch theologische Redeweise darauf angewiesen, sich dieser Einheit des Gegensätzlichen „auf dem Wege paradoxer Aussagen an[zu]nähern. So kann Eriugena Gott ‚motus stabilis et status mobilis‘ nennen; er kann sagen, daß von Gott ‚creare‘ und ‚creari‘ zugleich gelten oder daß Gott ‚simplex‘ und ‚multiplex‘ in einem ist": Gott ist einfach und vielfältig

---

[162] Eri[u]gena 1870, 215 (II, 29), dem heutigen Sprachgebrauch angepasst. Vgl. Ansorge 1996, 199–205.

[163] Ansorge 1996, 203.

[164] Vgl. Limberger 2015, 161–169.

[165] Ansorge 1996, 337.

zugleich, er erschafft alles, indem er in allem erschaffen wird, und in ihm sind gleich zwei paradoxe Zustände verbunden: ruhende Bewegung und bewegte Ruhe.[166]

Diese paradoxen Aussagen über Gott bestätigen für Luhmann allerdings nur, dass Gott nicht durch ein Treffen von Unterscheidungen erkannt werden kann, denn das Unterschiedene fällt transkategorial ineinander. Wenn Gott zudem sich nicht einmal selbst erkennen kann (nach Maßgabe menschlichen Erkennens von Etwas), bleibt für Luhmann auch Gottes Selbstverhältnis unklar. Dies sei aber die Bedingung dafür, sein Weltverhältnis zu klären. Denn entsprechend der Todesparadoxie kann aufgrund der Komplementarität von Selbst und Welt nicht beides zugleich beobachtet werden: „Gott gibt, müßten Theologen sagen, die Weisung: treffe eine Unterscheidung! und ermöglicht damit Welt mit der Folge, daß er selbst im Ununterscheidbaren verbleiben muß und in der Welt nur als blinder Fleck aller Unterscheidungspraxis, als Ununterscheidbarkeit der Einheit der jeweils verwendeten Unterscheidung präsent sein kann.“[167]

Günter Schulte deutet das so, dass Gott als blinder Fleck der Systemtheorie den Vollzug des Unterscheidens allererst ermöglicht: Als „unsichtbar anwesende Bedingung der Möglichkeit der Selektion, als Horizont aller Individuation und allen Unterscheidens oder Bezeichnens" gewähre Gott die „Gnade der Blindheit": „Von der Anwesenheit Gottes zehrt jedes Unterscheiden, das – Gott sei dank – blind für sich selbst ist. Denn das bedeutet: Die Welt vollzieht sich, sie geschieht. Das meint nichts anderes als: Ich vollziehe mich, ich lebe, bin nicht tot. Im *blinden Fleck* meines autopoietischen Selbstvollzugs ist Gott unvermeidbar anwesend.“[168] Diesen Schlussfolgerungen würde Luhmann sicher nicht zustimmen, denn sie kämen einem transzendentalen Gottesbeweis gleich: Gott wäre eine anonyme „Bedingung der Möglichkeit" des Unterscheidens und damit des Lebens selbst. Allenfalls könnte Luhmann konzedieren, dass die Verortung Gottes im „Ununterscheidbaren", das aufgrund der fehlenden Unterscheidungs-

---

[166] Ebd., 116, mit Bezug auf Periphyseon I, 12: Das griechische Wort für ‚Gott' „‚theos' wird entweder vom Worte ‚theôrô' (sehen) oder vom Worte ‚theô' (laufen) oder noch wahrscheinlicher von beiden abgeleitet, da ein und derselbe Gedanke darin liegt. Kommt nämlich ‚theos' von ‚theôrô', so bedeutet der Name den Sehenden; denn Gott sieht Alles, was ist, in sich selber, während er Nichts außer ihm erblickt, weil außer ihm selber Nichts ist. Kommt aber ‚theos' von ‚theô', so bedeutet der Name den Laufenden; denn er läuft in Alles und steht in keiner Weise stille, sondern erfüllt Alles im Laufe, wie geschrieben steht: ‚Sein Wort läuft schnell!' Gleichwohl wird er auf keine Weise bewegt, zumal von Gott am Richtigsten ständige Bewegung und bewegliche Ruhe ausgesagt wird" (Eri[u]gena 1870, 18). „Die Bewegung des göttlichen Willens geht also darauf aus, dass dasjenige sei, was ist; sie schafft sonach Alles, was sie aus dem Nichts und Nichtsein ins Sein überführt. Sie wird dabei selbst geschaffen, weil außer ihr selber Nichts wesenhaft ist, da sie ja selber das Wesen von Allem ist" (ebd., 20).

[167] Luhmann 1990a, 82. S. u. 3.3.3.1.

[168] Schulte 2013, 135f.

möglichkeiten *per definitionem* „blind" ist, eine für die Gegenwart viable Semantisierung Gottes darstellt (s. u. 3.3.3).

Diese Klärung des Weltverhältnisses Gottes (und nach Schulte damit auch implizit der Beziehung Gottes zu allen Lebewesen mit Fähigkeit zum Unterscheiden) ist nach Luhmann eine „Modernisierung", insofern Gott keine bestimmten Unterscheidungen mehr vorschreibe. Alteuropäische Vorgaben etwa seitens einer Ontologie oder Ethik würden in einer modern-polykontexturalen Welt obsolet: „Niemand in der Gesellschaft hat eine Position, von der aus er seine Unterscheidung als richtig und verbindlich oktroyieren kann". Übrig bleibe allein die Aufforderung Gottes, Unterscheidungen zu treffen: „Ohne Unterscheidungen und Bezeichnungen läuft nichts, ja nicht einmal nichts."[169] Ist die ‚Kontingenzformel Gott', wenn schon nicht der blinde Fleck der Systemtheorie, dann doch das zwölfte Kamel der Religion?

3.2.3 Die Theologie als Ahnfrau von Sthenographie und Euryalistik

Lässt sich mit der soeben beschriebenen ‚Kontingenzformel Gott' die von Luhmann in einer Frage vermutete „Letztzuständigkeit für die Paradoxie der Form" seitens des Religiösen deuten? Sie klingt am Ende seines Beitrags „Die Paradoxie der Form" an – freilich paradox-ironisch gebrochen:

> „Läuft das Interesse an Paradoxien, das in intellektuellen und vor allem philosophischen Bewegungen dieses Jahrhunderts so auffallend zunimmt, parallel zu einer überraschenden Lebensfähigkeit von Religionen in einer Gesellschaft, die sich als ‚säkularisiert' begriffen hatte? Es mag so sein, aber dann bringt dies Fragen an das traditionelle corpus religiöser Dogmatiken mit sich. Oder, um mit einer Stimme aus dem 17. Jahrhundert zu schließen: ‚Methinks there be not impossibilities enough for an active faith'."[170]

Bei Thomas Browne steht nach den „impossibilities enough" noch ein „in religion", das Luhmann weggelassen hat, weil der „active faith" es impliziert. Im Grunde ist es gleich, woher die Unmöglichkeiten kommen, sie sind allemal religionsproduktiv – es müssten eben nur „enough" sein.[171] Die „Lebensfähigkeit von Religion" zeigt sich in der im Browne-Zitat angedeuteten paradoxen Einheit von Glaube und Vernunft als der fundamentaltheologisch zu bearbeitenden Paradoxie des Glaubens (s. o. 3.1.3). Welche „Fragen an das traditionelle corpus religiöser Dogmatiken" stellen sich, wenn es „nicht genügend Unmöglichkeiten" für einen „starken Glauben" gibt? Im Essay von Thomas Browne zeigt sich im

---

[169] Luhmann 1990a, 92. S. u. 3.3.3.1.
[170] Luhmann 1993, 212.
[171] Browne, Thomas (1972): Religio Medici, Hydrioaphia and The Garden of Cyrus, hg. v. R. H. A. Robbins, Oxford, 9.

Oszillieren zwischen Glauben und Vernunft eine Quelle seines theologischen Nachdenkens (1). Wie hängt die Theologie mit den beiden von Luhmann im Rückgriff auf die Gorgonentöchter Stheno und Euryale erfundenen ‚Wissenschaften' zusammen, die s. E. Paradoxien auf unterschiedliche Weisen bearbeiten? ‚Euryalistik' ermögliche in der Tradition des rhetorischen Gebrauchs von Paradoxien deren kreative Entparadoxierung durch Blickvermeidung; ‚Sthenographie' versuche trotz der Versteinerungsgefahr den Paradoxien ins Auge zu sehen (2). Inwiefern ist Luhmann berechtigt, in der Sthenographie eine säkularisierte Dämonologie zu identifizieren, insofern sie von der theologisch (und soziologisch) reflektierten Beobachtungsweise des Teufels lerne? Anselms von Canterbury (1033–1109) Traktat *De casu diaboli* (entstanden zwischen 1085 und 1090) dient Luhmann hierzu als Referenz. Eine Analyse seiner Anselm-Rezeption soll zeigen, wie in der Einheit euryalistisch-sthenographischen Forschens Paradoxien bearbeitet werden können (3). Mit der Reflexion dieser Analyse beginnt dann der nächste Abschnitt (3.3), der ‚Gott' als Wurzel der Paradoxie noch genauer unter die Lupe nimmt.

3.2.3.1 Das Oszillieren zwischen Glauben und Vernunft als Entfaltung des Glaubensparadoxes

Luhmann zitiert gerne markante Formulierungen, wenn sie ihm passend erscheinen; was der zitierte Autor damit gemeint haben mag, ist zweitrangig.[172] Es lohnt sich freilich, den Duktus des brillanten Essays von Thomas Browne (1605–1682) zu erfassen. Denn die *Religio Medici*, die Browne als junger Arzt 1635 verfasste, nur im privaten Bereich verteilte und erst 1643 als Reaktion auf eine unautorisierte Veröffentlichung publizierte, wurde „dank ihrer toleranten und weltoffenen Grundhaltung ein Lieblingsbuch der europäischen Aufklärung".[173] Der erste Teil über den Glauben enthält sechzig, der zweite Teil über die Liebe fünfzehn Abschnitte: „Grundeinheit der Komposition ist der Einzelabschnitt, der jeweils einen ausgewählten Aspekt des Themas bis an die paradoxe Grenze des Denk- und Vorstellbaren verfolgt, bis zu jenem *o altitudo*, wo der analytische Geist sich dem Glaubensverlangen ergibt."[174]

---

[172] Das konnte soeben sein Umgang mit Eriugena bereits zeigen (s. u. 3.3.1.1). Auch Schulte 2013 nennt einige Beispiele; aber er ist sich dessen bewusst, dass das Luhmann nicht anficht; z. B. den Bezug auf Jacques Miermont zur Schizophrenie des teuflischen Paradoxes (vgl. ebd., 225f.). S. o. 1.4.3.

[173] So schreibt Werner von Koppenfels im Nachwort zu seiner hervorragenden Übersetzung: Browne, Thomas (1998): Religio Medici. Ein Essay über Vernunft und Glaube. Übertragen, herausgegeben und mit einem Nachwort versehen von Werner von Koppenfels, Mainz, 165–182, 167.

[174] Ebd., 175f.

Das Zitat Luhmanns ist aus dem neunten Abschnitt gegriffen, in dem Browne auch den Beginn von Römer 11,33 zitiert: „O Tiefe [*o altitudo*] des Reichtums, der Weisheit und der Erkenntnis Gottes! Wie unergründlich sind seine Entscheidungen, wie unerforschlich seine Wege!" In den ersten Abschnitten (1–5) bekennt sich Browne zu seiner anglikanischen Konfession (5), indem er zugleich seine Wertschätzung der anderen christlichen Konfessionen zum Ausdruck bringt (2–4). Der Glaube gebiete ihm, seine Liebe zur Menschheit auch Ungläubigen, Muslimen und Juden zu zollen, und sei es in der Form des Mitleids darüber, dass sie seinen christlichen Glauben nicht teilen (1).

Der sechste Abschnitt behandelt den Umgang mit unterschiedlichen Glaubensvorstellungen: Religiöse Meinungsverschiedenheiten sollten nicht dazu führen, sich von Menschen abzuwenden; das eigene Urteil in Bezug auf Glaubensfragen solle sich dem gelebten Glauben der Glaubensgemeinschaft anvertrauen; da Häresien nicht auszurotten seien, empfehle es sich, gelassen mit ihnen umzugehen.

Im siebten Abschnitt bekennt Browne, drei ,Irrlehren' angehangen zu haben, die interessanterweise heute noch theologisch kontrovers diskutiert und eher befürwortet werden (was für die theologische Sensibilität Brownes spricht): Erstens eine Todesvorstellung, die sowohl den Leib als auch die Seele betrifft (ein Ernstnehmen des Todes im Kontext der jüdischen Anthropologie[175]), zweitens die Allversöhnungslehre des Origenes (die Betonung der Barmherzigkeit Gottes etwa in der Hoffnung, die Hölle sei leer[176]), drittens die Fürbitte für die Toten, die für den Katholizismus freilich nicht anstößig ist (im Hintergrund steht das protestantisch kritisierte Ablasswesen, durch Gebetsleistungen die zeitlichen Sündenstrafen der Toten im Fegefeuer zu minimieren[177]).

Im achten Abschnitt setzt Browne die Überlegung aus dem siebten Abschnitt fort, dass ungewöhnliche theologische Ansichten aller Ehren wert seien, solange man daraus keine Häresie mache und eine Sekte gründe. Er ist der Überzeugung, dass trotz der Vielfalt dogmatischer Entscheidungen auf den Konzilien (mitzudenken wäre ,ihretwegen' – aufgrund der paradoxen Einheit von Komplexitätsreduktion und -erweiterung) viele theologische Fragen übrig blieben und zu bedenken seien, „mit denen freie und redliche Vernunft ungestraft spielen und

---

[175]   Vgl. z. B. Jüngel, Eberhard (1993): Tod (1971), Gütersloh, 5. Aufl.
[176]   Vgl. z. B. Balthasar, Hans Urs von (2007): Kleiner Diskurs über die Hölle – Apokatastasis (Neue Kriterien 1), Einsiedeln, 4. Aufl.
[177]   Die ökumenische Perspektive ist also für Browne zentral. Seit dem II. Vatikanum gilt sie von katholischer Seite als „Formprinzip" der Theologie und „Querschnittsaufgabe" systematisch-theologischer Reflexion: Seewald, Michael (2018): Einführung in die Systematische Theologie, Darmstadt, 65–67. Konkret zur Fürbitte für die Toten aus ökumenischer Perspektive vgl. Kehl, Medard/Sauter, Gerhard (2003): Himmel, Hölle, Fegefeuer, in: Meyer-Blanck, Michael/Fürst, Walter (Hg.): Typisch katholisch – typisch evangelisch. Ein Leitfaden für die Ökumene im Alltag, Rheinbach, 285–301, 290f. (Kehl), 296f. (Sauter).

sich einlassen darf, ohne in den Bannkreis von Ketzerei zu geraten".[178] Direkt im Anschluss beginnt der neunte Abschnitt, der hier fast vollständig zitiert sei:

> „9. JENE luftigen Mysterien der Theologie aber und hauchdünne Feinheiten der Religion, die schon das Hirn besserer Köpfe verrückt haben, konnten mir meine *pia mater*[179] nie überspannen. Mir scheint, es gibt in der Religion nicht Unmöglichkeiten genug für einen kräftigen Glauben: die tiefsten Geheimnisse, die unsere umfaßt, sind mit Hilfe logischer Schlüsse und Vernunftregeln nicht nur erhellt, sondern sogar verteidigt worden. Ich aber liebe es, mich in einem Mysterium zu verlieren und meiner Vernunft nachzustellen bis zum *o altitudo*. Es ist die Lust meiner einsamen Stunden, das eigene Begriffsvermögen mit den kniffligen Problemen und Rätseln der Dreieinigkeit, der Menschwerdung und Auferstehung in die Enge zu treiben. Dabei vermag ich auf alle Einwände Satans und meiner aufrührerischen Vernunft zu antworten, und zwar mit jener merkwürdigen Schlußfolgerung, die ich von Tertullian gelernt habe: *certum est quia impossibile est*. Es verlangt mich danach, meinen Glauben an den schwierigsten Punkten zu erproben, denn gewöhnliche und sichtbare Dinge zu erkennen heißt nicht glauben, sondern überzeugt werden. [...] Eine mühelose und zwangsläufige Art von Glauben ist es, dasjenige für wahr zu halten, was Auge und Verstand zuvor geprüft haben: ich glaube, daß er gestorben und begraben war und auferstanden ist, und will ihn lieber in Seiner Herrlichkeit schauen, als in Seinem Kenotaph oder Grabmal Seiner zu gedenken. Doch nicht einmal dies verlangt großen Glauben von uns, denn als vernunftbegabte Wesen sind wir dieses Bekenntnis der Geschichte schuldig. Denen allein bot sich das Verdienst eines kühnen und edlen Glaubens, die vor Seiner Ankunft lebten und es verstanden, auf dem Grund dunkler Weissagungen und mystischer Figuration ihren Glauben aufzurichten und zu erwarten, daß das offenbar Unmögliche eintrat."[180]

Indem Browne das vernünftig Einzusehende als Nicht-Glauben vom Glauben unterscheidet, führt er zugleich die paradoxe Einheit von Glauben und Vernunft vor Augen. Das Glaubensparadox wird in diesem Text so deutlich, weil Browne oszilliert zwischen dem „kräftigen Glauben", der „Unmöglichkeiten" brauche, um sich an ihnen als Glaube im Unterschied zum Wissen zu erweisen, und den „Vernunftregeln", mit denen die scheinbar „luftigen Mysterien der Theologie und hauchdünnen Feinheiten der Religion durch logische Schlüsse erhellt und verteidigt" – und damit zugleich aber auch entzaubert würden. Für die Verzauberung brauche es Glaubensgeheimnisse, in die hinein sich Browne „verlieren" kann, die seiner „Vernunft nachstellen" bis in die Tiefen des unerforschlichen Ratschlusses Gottes hinein. Die Mysterien „der Dreieinigkeit, der Menschwer-

---

[178] Browne 1998, 26.

[179] Medizinischer Fachausdruck aus Brownes Zeit für die innerste Schicht der Hirnhaut; Beispiel für sein leibbezogenes Denken.

[180] Browne 1998, 26–28. Im ausgelassenen Text begründet Browne, warum er sich glücklich preist, nicht Augenzeuge von biblisch berichteten Wundern (Teilung des Roten Meeres, Heilungswunder Jesu) gewesen zu sein: insofern er eben nur deshalb wirklich glauben könne, weil er nicht gesehen habe. Vgl. Browne 1972, 9f.

dung und Auferstehung" seien es, die „das eigene Begriffsvermögen" derart „in die Enge treiben", dass der Glaubende „auf alle Einwände Satans" und der eigenen „aufrührerischen Vernunft" mit Tertullian (ca. 155–230) antworten könne: ‚Ich glaube, weil das, was ich glaube, unmöglich ist'. Denn wäre es möglich, müsste ich es nicht glauben, sondern könnte es aus meiner Vernunft ableiten. Aber um es als ‚unmöglich' zu erweisen, bräuchte ich wiederum die Vernunft – und die zeige paradoxerweise zugleich, dass dafür gar kein „großer Glaube" nötig sei: „denn als vernunftbegabte Wesen sind wir dieses Bekenntnis der Geschichte schuldig".

„Dieses Bekenntnis" bezieht sich auf die Glaubensinhalte, die bei Tertullian der zitierten Sentenz vorhergehen: „Gekreuzigt worden ist Gottes Sohn – ich schäme mich dessen nicht, gerade weil es etwas Beschämendes ist. Gestorben ist Gottes Sohn – das ist erst recht glaubwürdig, weil es eine Torheit ist; er ist begraben und wieder auferstanden – *das ist ganz sicher, weil es unmöglich ist.*"[181] Tertullian argumentiert mit rhetorischen Paradoxien: Die beschämende Nacktheit am Kreuz beschämt ihn nicht, weil sie beschämend ist; dass Gott selbst am Kreuz stirbt, ist so unglaubwürdig, dass es gerade deshalb seinen Glauben stärkt; dass Jesus trotz Begräbnis – er war wirklich tot – wieder auferstand, gilt ihm als Sicherheit, gerade weil es unmöglich ist. Niemand könne von sich aus auf diese Idee kommen, weil es noch nie zuvor passiert sei – und deshalb müsse das Unmögliche wahr sein. Aber weil Kreuzigung, Tod und Auferstehung Jesu in der Geschichte von so vielen Menschen bezeugt wurden, sind es für Browne keine Ereignisse, die einen „starken Glauben" provozieren – im Gegensatz zu dem „kühnen und edlen Glauben" derjenigen, „die vor Seiner Ankunft lebten" und ohne Bestätigung durch die „Geschichte" darauf hofften, „daß das offenbar Unmögliche eintrat". Damit erweist Browne der jüdischen Erwartung eines Messias alle Ehre und stellt sich in diese Tradition, indem er seine Erwartung betont, „Ihn lieber in Seiner Herrlichkeit zu schauen als in Seinem Kenotaph oder Grabmal Seiner zu gedenken". Nicht die Erinnerung an das leere Grab fordert seinen Glauben heraus (den er der Geschichte schuldet), sondern die Hoffnung auf die beseligende Gottesschau.

Browne gelingt es, der paradoxen Einheit von Glauben und Vernunft ins Auge zu schauen, indem er beide Perspektiven ausbalanciert und sie im Dialog mit der Tradition (Tertullian) neu sortiert. Aber er lässt Fragen zurück: Gibt es heute noch *impossibilities in religion enough* für einen *active faith* oder nicht? Behalten nicht doch die Vernunft und ihr Organ, die *pia mater*, die Oberhand? Worin besteht die Frömmigkeit des Gehirns? Etwa darin, sich absurden Glaubensvorstellungen zu unterwerfen, gerade weil sie absurd sind? Oder vielleicht eher

---

[181] *crucifixus est dei filius: non pudet, quia pudendum est. et mortuus est dei filius: prorsus credibile est, quia ineptum est. et sepultus resurrexit: certum est, quia impossibile.* Tertullian (1956), *De carne christi*, hg. v. Ernest Evans, 2002 transkribiert von Roger Pearse, http://www.thela tinlibrary.com/tertullian/tertullian.carne.shtml Aufruf 15.12.2021, V, 4.

darin, die Vernunft eines Glaubens zu ergründen, den wir „der Geschichte schuldig" sind – im vernünftigen Nachweis, dass der Glaube der Vernunft doch nicht widerspricht? Oder ihr doch widerspricht, damit er Glaube sein kann? Oder nicht? Oder doch?[182]

3.2.3.2 Die Töchter Gorgos als Agentinnen zur Entfaltung von Paradoxien

Die Gefahr, im Oszillieren zu erstarren, bringt Luhmann in einem Aufsatz von 1990 mit dem Titel „Sthenographie" zum Ausdruck. Stheno ist eine Gorgonentochter (unsterbliche Schwester der bekannteren, sterblichen Medusa), bei deren Anblick der Betrachter versteinert. Sie dient Luhmann als Symbol eines Verharrens in der Oszillation angesichts von Paradoxien. Sthenographie wäre somit jene Form von Paradoxologie, die den Aspekt der Gefahr betont. Mit Euryale, der anderen unsterblichen Schwester Sthenos, symbolisiert Luhmann die Möglichkeiten zur Entspannung, die bei ihm ‚Entparadoxierung' heißt:

> „Jede Beobachtung braucht ihre Unterscheidung und also ihr Paradox der Identität des Differenten als ihren blinden Fleck, mit dessen Hilfe sie beobachten kann. Ein anderer Beobachter kann auch dies nur beobachten – aber nur bei anderen, nicht bei sich selber. Vielleicht liegt hier eine Möglichkeit, Latenzen und Einsichten zirkulieren zu lassen. Sthenographie braucht dann nicht unbedingt den Blick ins Paradox zu wagen und dann im postmodernen Erstarrungstanz sich selbst zu opfern. Es genügt, durchdachte Verfahren für das Beobachten von Beobachtungen zu entwickeln mit speziellem Interesse für das, was für den jeweils anderen paradox, also unbeobachtbar ist. [...] Vielleicht ist es Euryale, die solch einem Beobachter, der es geschickt vermeidet, sie zu beobachten, ihren Segen verleiht. Dann könnte man ein Interesse für kreative Entparadoxierung auch Euryalistik nennen."[183] „Eine Euryalistik könnte sich darum kümmern, welche Unterscheidungen welche Paradoxien erzeugen und mit welchen Theorieleistungen das Problem dann an der Unterscheidung kuriert werden kann."[184]

---

[182] Spannend wäre ein Vergleich des Brownschen Essays mit einem ebenso brillanten Essay über religiöse Rede – aus der Feder des katholischen Soziologen Bruno Latour. Dort geht es um ein Oszillieren zwischen dem Glücken und dem Missglücken religiöser Rede durch Wiederholung religiöser Formeln und ihrer authentischen Aktualisierung in gegenwärtigem Sprechen – in der leitmotivischen Analogie zum Glücken oder Missglücken einer Liebesbeziehung: „Denn wie in der Krise einer Liebe stecken kein Haarbreit hinter den Bedingungen des Mißglückens die intakt gebliebenen Bedingungen des Glückens; nein! für immer verloren; doch! zum Greifen nah; nein! unzugänglich gemacht, unendlich fern, unübersetzbar, untergegangen; doch! frisch wie am ersten Tag; aber nein! keine Hoffnung, etwas aufgreifen zu können, denn ich bin allein, unbefugt, habe kein Recht, kein Imprimatur, kein Mandat – bin nichts, bin nicht einmal gläubig (aber es geht nicht darum zu glauben ...)." Latour, Bruno (2011): Jubilieren. Über religiöse Rede (2002). Aus dem Französischen von Achim Russer, Frankfurt, 84f.

[183] Luhmann 2003, 123f. Textgleich ein Jahr später: Luhmann 1991, 63.

[184] Luhmann 2003, 129. Textgleich Luhmann 1991, 72.

Die Chance, „Latenzen und Einsichten zirkulieren zu lassen", liegt somit im Wechsel der Beobachterperspektiven. Um nicht „im postmodernen Erstarrungstanz sich selbst zu opfern", wenn der „Blick ins Paradox" zum Verharren im Oszillieren zwingt, weist Luhmann der Sthenographie eine besondere Aufgabe zu: im Interesse am Unbeobachtbaren „durchdachte Verfahren für das Beobachten von Beobachtungen zu entwickeln". Sthenographie blickt somit auf jene Beobachter*innen, die es wagen, Stheno direkt anzublicken, um aus den ‚Versteinerungen' dieser Beobachter*innen etwas über das Unbeobachtbare zu lernen. Sthenographie übt „den Blick von der Seite": „Dabei kann man, wenn man das Latenzbeobachten einbezieht, auch beobachten, wie andere Beobachter die für sie hinderlichen Paradoxien invisibilisieren, zum Beispiel die Paradoxie je ihres binären Codes. Es ist demnach nicht nur eine psychoanalytische Infektion und nicht nur eine soziologisch-ideologiekritische Spielerei, wenn das Beobachten des blinden Flecks in die Erkenntnistheorie einbezogen wird."[185] Beim bloßen „Beobachten des blinden Flecks" solle es aber nicht stehen bleiben: die Versteinerten seien zu „kurieren". Die Therapie werde besorgt durch Euryalistik, die erforsche, „welche Unterscheidungen welche Paradoxien erzeugen". Darin überschneide sich ihr Aufgabenfeld mit demjenigen der Sthenographie. Zusätzlich ermittle sie jene „Theorieleistungen", mit denen „das Problem dann an der Unterscheidung", dem offenen Herzen der Beobachtung, operativ gelöst werden könne. Denn die Formen, mit denen man versuche, Paradoxien aufzulösen, bereiteten größere Probleme als die Paradoxien selbst.[186] Die Funktionsbeschreibung der Gorgonentöchter ergänzt Luhmann ein Jahr später und präzisiert damit die therapeutische Zusammenarbeit von Sthenographie und Euryalistik zur Auflösung der Paradoxien:

> „Sieht man das Fundierungsparadox als Problem, das mit jeglicher Unterscheidung mitgegeben ist, kann man darin zugleich ein Bezugsproblem für funktionale Analysen ausmachen und fragen, welche funktional äquivalenten Möglichkeiten der Auflösung des Paradoxes erkennbar sind. Deshalb brauchen wir mehr als nur eine Gorgo. Medusa repräsentiert die logische Tradition. Sie ist tot, getötet durch den Spiegel der Selbstreferenz, den Perseus ihr vorgehalten hat. Das Sezieren der Leiche können wir den Logikern überlassen. Euryale nehmen wir als Repräsentantin der rhetorischen Tradition. Ihr Blickvermeidungsrezept heißt – man kann es mit der nötigen Ambivalenz nur auf Englisch sagen – ‚saving dinstinctions'. Man rettet sich durch Unterscheidungen und ist in der Folge dann genötigt, die Unterscheidungen zu retten. Deren ‚Form' (im Sinne von Spencer Brown) verstellt die Rückkehr in den ‚unmarked space'. Stheno schließlich steht in der Ahnenreihe der theologischen Behandlung von Paradoxien. Die Theologie war ja immer schon paradox inspiriert bei ihren Versuchen, das Unbeobachtbare zu be-

---

185   Luhmann 1990a, 49.
186   Vgl. Luhmann 1991, 72.

obachten – und sei es mit Hilfe der genialen Erfindung eines Zwischenbeobachters, des Teufels."[187]

Die logische Paradoxiebearbeitung sei tot wie *Medusa*; „Logiker" könnten allerdings noch ihre „Leiche sezieren" – was immerhin Erkenntnisse der Pathologie zutage fördern mag: Wie hat der „Spiegel der Selbstreferenz" Medusas Tod verursacht? Als Kind war ich fasziniert vom Spiegelschrank meiner Mutter im elterlichen Schlafzimmer. Durch die klappbaren Spiegel rechts und links neben dem Hauptspiegel konnte sich das im Hauptspiegel Gespiegelte in den Seitenspiegeln spiegeln. So gewann ich einen Blick auf unzählige Spiegelungen des eigenen Blicks: Die Beobachtung der Beobachtung der Beobachtung der Beobachtung ... Aber die scheinbar unendliche Iteration des Spiegelbildes kreist in sich selbst und wird spätestens ab der vierten Schleife zur nichtssagenden Tautologie (s. o. 2.2.2).

Die rhetorische Paradoxiebearbeitung, für die *Euryale* das Patenamt übernimmt, favorisiere hingegen das „Blickvermeidungskonzept" durch Aufheben von Unterscheidungen. Das unscheinbare Verbum ‚aufheben', bekannt aus Hegels Dialektik, beinhaltet die Ambivalenz von ‚bewahren' und ‚auflösen', parallel zum englischen Wort ‚*saving*', das ‚retten' und ‚einsparen' bedeuten kann. In der Synthese ist der Gegensatz von These und Antithese aufgelöst/eingespart, zugleich bewahrt/rettet sie deren Intentionen. Wenn eine Synthese den Gegensatz ohne Einbußen ihres in These und Antithese ausgedrückten Gehalts überwindet, hebt sie ihn im dialektischen Prozess auf eine höhere Stufe – entsprechend dem dritten Sinn von ‚aufheben'. Luhmann meint jedoch eine andere „Ambivalenz", die sich „nur auf Englisch sagen" lässt: Die Unterscheidungen retten (sie sind *saving distinctions*), indem man sie rettet (im Tun des *saving distinctions*). Im Gegensatz zu Hegel gibt es keine Synthese, die die Differenz aufhebt – allenfalls eine paradoxe Einheit des Unterschiedenen. Und auch die letzte Einheit bei Hegel, der absolute Geist, ist für Luhmann „nichts als eine Paradoxie", insofern er „eine Einheit darstellt, die nur Ausschluß ausschließt."[188] Aber ist nicht gleichwohl in diesen paradoxen Einheiten die Unterscheidung in irgendeiner Weise ‚aufgehoben', auch ohne eine illusionäre „Rückkehr in den *unmarked space*" proklamieren zu müssen?

---

[187] Ebd., 71.

[188] Luhmann 1995, 19. Zu Luhmanns Bezügen auf Hegel vgl. Schönwälder-Kuntze, Tatjana (2012a): Georg Wilhelm Friedrich Hegel (1770–1831), in: Jahraus/Nassehi u. a. (Hg.), a. a. O., 261–265. Als zentrale Differenz benenne Luhmann immer wieder, „dass Hegel Identität und Differenz auf *Identität*, d. h. in Bezug auf eine letzte Einheit hin thematisiere, während es ihm um die *Differenz* von Identität und Differenz gehe. Dadurch, dass die Form die Unterscheidung selbst sei, und dadurch, dass die Beobachtung nur die Bezeichnung *einer* Seite erzwinge, könne sie die eigene Einheit gerade nicht realisieren – wie bei Hegel –, sondern erscheine als das ausgeschlossene Dritte, das nicht beobachtet werden könne" (ebd., 264).

Warum empfiehlt sich nach Luhmann heute „diese konstruktivistische Weltkonstruktion", die „die Existenz und die Realität der Welt nicht bestreitet", sondern sie im Prozessieren diverser Unterscheidungen (Operation und Beobachtung, System und Umwelt, Mitteilung und Information etc.) unterschiedlicher Systeme (Körper, Bewusstsein, Gesellschaft) und ihrer Subsysteme (z. B. Religion) als paradoxe Einheit von Weltverletzung und Weltkonstruktion erfasst? „Würden Philosophen diese Frage stellen, stünden sie vor dem schwierigen Problem einer überbietenden Analyse der Logik Hegels, dem bisher unübertroffenen Konzept für das Prozessieren von Unterscheidungen im Hinblick auf das, was in ihnen als identisch und gegensätzlich impliziert ist."[189] Jean Clam meint, das Paradoxe „hat mit dem Hegel'schen Begriff die Bewegtheit gemein, überschreitet jedoch seine Fassung des zugrundeliegenden, bewegenden Widerspruchs als strenger bipolarer Kontradiktion. Das Bezeichnete und sein unmarkiertes Anderes sind nicht in einer apriorischen Korrelation gegeben. Sie sind nicht ‚logisch' voneinander ableitbar, sondern entspringen kontingenten Unterscheidungen, welche die Grenzen der Bezeichnung und Nicht-Bezeichnung jeweils anders ziehen können."[190]

Diese größere Freiheit nutzt Eriugena, den sein Übersetzer Ludwig Noack als „Hegel des neunten Jahrhunderts" bezeichnet,[191] indem er hypertheologisch operiert, um positive und negative Aussagen zu Gott über *viae eminentiae* auf eine höhere Ebene zu heben.[192] Tertullian erläutert durch seine paradoxen Aussagen die Geheimnisse des Glaubens und schützt damit zugleich ihren Geheimnischarakter. Somit erweisen sich die Stile theologischen Nachdenkens bei Eriugena und Tertullian als Möglichkeiten euryalistischer Paradoxieentfaltung.[193]

---

[189] Luhmann 1990a, 57. „Für Soziologen ist die Sache einfacher: sie können von einer Theorie gesellschaftlicher Evolution des Wissens ausgehen, die ihrerseits selbstverständlich unterscheidungsrelativ angesetzt ist, etwa im Darwin-Schema von Variation und Selektion konstruiert ist. Man kann dann den Konstruktivismus als eine Erkenntnistheorie für eine Gesellschaft mit ausdifferenziertem Wissenschaftssystem begreifen" (ebd.).

[190] Clam 2004, 141.

[191] Eri[u]gena 1870, VI.

[192] S. o. 3.2.2.3. Vgl. dazu die philologisch präzisen Analysen bei Limberger 2015, 127–180.

[193] Luhmann verweist des Öfteren auf Nikolaus von Kues (1401–1464), der in seinen Überlegungen zum ‚wissenden Nichtwissen' (*docta ignorantia*) und zum ‚Ineinsfall der Gegensätze' (*coincidentia oppositorum*) den theologischen Denkstil Eriugenas aufgreift und ihn vor dem Hintergrund des wissenschaftlichen Fortschritts (vor allem in der Mathematik und den Naturwissenschaften) weiterführt. Vgl. Luhmann 1990a, 86–89 (s. u. 3.3.3.2); Luhmann 1989, 296; Luhmann 1990, 94, Fußn. 40; Luhmann 2000, 126f., 344. Zur Rezeption Eriugenas durch Cusanus vgl. Beierwaltes 1994, 266–312. Sein Urteil: „In *Cusanus* hat das Denken *Eriugenas* – seit dem XII. Jahrhundert und bis zum Deutschen Idealismus hin – *die intensivste und angemessenste Rezeption erfahren*" (ebd., 306).

Um die paradoxe Einheit jedoch unter Verzicht auf eine idealistische Dialektik ‚konstruktivistisch' zu beobachten, bedarf es nun der dritten Gorgonentochter: *Stheno*. Auf Dauer reicht die Blickvermeidungsstrategie der Euryalistik nicht aus. Sthenographie stellt sich deshalb der Gefahr der Versteinerung. Sie lernt von der Theologie ein „durchdachtes Verfahren", „das Unbeobachtbare zu beobachten". Dieses Verfahren besteht „in der genialen Erfindung eines Zwischenbeobachters". Sthenographie leite dazu an, so fährt Luhmann fort, „indem sie das Beobachten des Beobachtens lehrt, zugleich: zu beobachten, wie die Operation des Beobachtens Differenzen, also schließlich Systeme erzeugt."[194] Die Zwischenbeobachterin schaut nicht direkt in die Paradoxien hinein, in die die gesellschaftlichen Systeme sich verwickeln. Indem sie beobachtet, wie sich die Systeme an den Paradoxien abarbeiten, gelingt ihr der Blick von der Seite, der die Erstarrung vermeidet.

Das Problem des Zwischenbeobachters, der als Beobachter Teil der Gesellschaft bleibt, „betrifft den Versuch, die Einheit, an der man selbst teilhat, wie von außen zu beobachten."[195] Das ist das Paradox des Teufels in seiner allgemeinsten Fassung. Indem die moderne Gesellschaft den „Teufel auf eine symbolische Existenz reduziert", wird damit die „Position des Beobachters der Welt in der Welt, die Position des Kritikers der Schöpfung [...] freigegeben".[196] Selbst wenn Luhmann einräumt, dass diese Position „vorerst nicht neu besetzt" werde,[197] wird doch in ihrer Funktionsbeschreibung, die Entstehung gesellschaftlicher Systeme zu beobachten, deutlich genug, dass die Soziologie, wie Luhmann selbst sie durchführt, das Erbe des Teufels angetreten hat, wie Schulte am Ende seines Buches vermerkt:

> „Das Licht, das dieser Teufel, der nun für immer Luzifer oder *Old Nick* heißt, in die Welt brachte, leuchtet also noch – und zwar jetzt, nach der Pensionierung Gottes und seines einstigen Beobachters, jenseits von gut und böse. Es ist das kybernetische Licht der Beobachtung zweiter Ordnung. Der Teufel war schließlich angesichts Gottes der Erfinder des dualen Codes, der Ja-Nein-Codierung. Er hat damit, wenn nicht gleich die ‚kritische Theorie', so doch die Negation als Reflexionswert erfunden, die garantiert, dass Kommunikation auch über Ablehnung hinweg funktioniert. Er ist der Begründer der stets möglichen Fortsetzbarkeit der sog. Kommunikation, der symbolisch-diabolischen Kommunikation. Und diese Kommunikation ist es, die heute ihre rigiden Strukturen in die Menschheit einschreibt: ein ‚technisches Substitut für Gott'."[198]

---

[194]   Luhmann 1991, 72.
[195]   Luhmann 1990, 118.
[196]   Ebd., 121.
[197]   Ebd.
[198]   Schulte 2013, 232f. Schulte analysiert zahlreiche Passagen, in denen Luhmann vom Teufel spricht (vgl. ebd., 173–233), und kommt dabei zu dem zitierten Schluss. Seine Überlegungen sind anregend, doch m. E. einseitig fokussiert auf eine psychoanalytische Deutung (Ödipuskomplex, Angst vor Schizophrenie).

Old Nick ist ein Spitzname (*nickname*) für Luhmanns Namensvetter Niccolo Ma-
chiavelli und für den Satan[199] – allerdings auch für den heiligen Nikolaus: ein
Hinweis auf die paradoxe Einheit von Gut und Böse, die nicht „jenseits von gut
und böse" leuchten muss. Auch der duale Code kann durch jeden Reentry zumindest aufgebrochen werden und weist im Theoriedesign von Spencer Brown
auf der ‚Grenze' von *marked/unmarked space* sowie im ‚Kontext' der Unterscheidung weitere Werte auf, die eine Fixierung auf bloße Zweiwertigkeit aufspren-
gen können (s. o. 2.2). Für Luhmann wird die Zweiwertigkeit in der Konfrontation mit Paradoxien fraglich. Kommunikation ist im Sinne der Euryalistik
symbolisch, wenn sie die Einheit des Verschiedenen betont und dabei der Entparadoxierung dient. Sie wird im Sinne der Sthenographie diabolisch, indem sie
sich der kritischen Beobachtung aussetzt – „so wie nach einer alten Geschichte
der Versuch, Gott zu beobachten als das, was sich größer, besser, mächtiger usw.
nicht denken läßt, am Differenzproblem auflief und im Bösewerden des Beobachters endete: ihm blieb keine andere Möglichkeit als: sich selbst zu unterscheiden".[200]

Die Bezeichnung dieser symbolisch-diabolischen Kommunikation als „ein
technisches Substitut für Gott" geht auf ein Zitat Luhmanns zurück, in dem Kenneth Burke das Kommunikationsmedium des Wirtschaftssystems, das Geld, als
„*technical substitute for God*" interpretiert. Burke korrigiere allerdings „das geläufige Vorurteil über Geld" als ‚Wurzel allen Übels' oder als ‚Versuchung zu unlau-
teren Geschäften'. Dabei stehe ‚Gott' für die ‚Einheit, die die heterogenen Motive
der Menschen verbindet'. Geld gefährde die Religion ‚nicht in der dramatischen
Weise eines Widersachers [des teuflischen Verführers], sondern auf dem stillen,

---

[199]   Vgl. ebd., 229. Auch ein ‚Männermagazin' mit diesem Namen kokettiert mit der Teufels-
        symbolik. Zu Luhmanns Auseinandersetzung mit dem Teufel vgl. Luhmann, Niklas (1989):
        Gesellschaftsstruktur und Semantik. Studien zur Wissenssoziologie der modernen Gesell-
        schaft, Frankfurt a. M., 283–291 (zur Rolle des Teufels in Bezug auf die moralische Zweit-
        codierung der Religion); Luhmann 1990, 118–121 (zur Wissenschaft als Erbe der ‚teufli-
        schen' Beobachtung); Luhmann 1991, 63–71 (die ausführlichste Erläuterung des Teufels-
        mythos, s. u.). M. W. befasst sich Luhmann erstmals 1987 mit der Thematik (vgl. Luhmann
        1987, 239–246). In diesem Aufsatz mit dem Titel „Die Unterscheidung Gottes" findet sich
        der auch später stets im italienischen Original zitierte Auszug aus dem *Ritratto del Privato
        politico* von Virgilio Malvezzi aus dem Jahre 1635 (ebd., 243, Fußn. 20). Darin geht es um
        die Grenzziehung des beobachtenden Teufels, der sich, indem er sich von Gott abhebt,
        über ihn als den schlechthin Guten erhebt und notwendig böse wird. Das Textbeispiel
        dient Luhmann als Beleg für seine Theorie der Beobachterparadoxie „aus dem Hause Teu-
        fel" (Luhmann 1990, 218). Schulte übersetzt den nichttheologischen Text und kommen-
        tiert den zitierten Kommentar Luhmanns entsprechend seiner Auslegungsintention im
        Sinne einer Situationsbeschreibung „am Ursprung des (schizophrenen) Individuums"
        (Schulte 2013, 229f.). Im Aufsatz „Sthenographie und Euryalistik" folgt das Malvezzi-Zitat
        der unten interpretierten Anselm-Rezeption (vgl. Luhmann 1991, 65).
[200]   Luhmann 1990, 193f., vgl. ebd., 118, 189–194. Vgl. Luhmann, Niklas (1994): Die Wirtschaft
        der Gesellschaft (1988), Frankfurt a. M., 267f.

vernünftigen Weg eines Substituts, das seine vermittelnde Rolle effizienter, schlichter und mit weniger Gefühlsaufwand betreibt, als es religiöse oder rituelle Werke erfordern'.[201] Die Diabolik des Geldes liegt nach Luhmann dementsprechend weder in seiner verallgemeinernden Tauschfunktion und der mit ihr verbundenen „rechenhaften Formalisierung" – in einer ausdifferenzierten Gesellschaft lässt sich nicht alles mit Geld bezahlen –, noch „darin, daß Geld zur Sünde verführt, Habgier weckt, Luxusbedürfnissen dient, von der Sorge ums Seelenheil ablenkt oder, wie Marxisten sagen würden, zur Ausbeutung der Arbeiter und zum Warenfetischismus führt".[202] Weder die Kritik an einer universellen Umrechnung in Geldwerte noch die moralische Verurteilung erfassen den Kern der Geld-Diabolik. Nach Luhmann liegt sie vielmehr „darin, daß das Geld andere Symbole, etwa die der nachbarschaftlichen Reziprozität oder die der heilsdienlichen Frömmigkeit ersetzt und eintrocknen läßt. Sie liegt also in der für *Universalisierung* notwendigen *Spezifikation.*"[203]

Universale Ausweitung und spezifische Einschränkung widersprechen sich dabei nur auf den ersten Blick: Auch indem das Kommunikationsmedium ‚Geld' Systemdifferenzen überwindet, also die Kommunikation über Systemgrenzen hinweg organisiert, gewinnt es seine universale Bedeutung durch Spezifikation.[204] Das Medium wird als symbolisch charakterisiert, wenn seine Verwendung verbindend wirkt, und als diabolisch, wenn die Trennung des Unterschiedenen im Zentrum steht. Da die Einheit des Unterschiedenen und das Unterschieden-Sein zwei Seiten einer Medaille sind, bilden symbolisch generalisierte Kommunikationsmedien eine paradoxe Einheit mit diabolisch generalisierten Kommunikationsmedien: „Das, was verbindet, und das, was trennt, wird aneinander bewußt".[205] Euryalistik und Sthenographie gehören zusammen und werden als Wissenschaften ihrem Auftrag zur Pardoxieentfaltung nur gerecht, indem ihre paradoxe Einheit berücksichtigt wird – selbst wenn die eher entspannende Euryalistik auf Entparadoxierung zielt (z. B. durch harmonisierende Symbolisierung), während Sthenographie auf Schärfung des Paradoxiebewusstseins aus ist (z. B. durch irritierende Diabolisierung).

Aufgrund der paradoxen Einheit von Symbolisierung und Diabolisierung erscheint eine Zuordnung der diabolischen Beobachterposition zur Soziologie, wie Schulte sie vornimmt, etwas voreilig. Luhmann ist hier offener, indem er Satans

---

[201]   Luhmann 1994, 242. Dort im Englischen zitiert aus: Burke, Kenneth (1962): *A Grammar of Motives* (1945) *and A Rhetoric of Motives* (1950), Ohio, 111f., Übers. N. B.

[202]   Luhmann 1994, 242.

[203]   Ebd.

[204]   Vgl. ebd., 238–240. Die Differenz universal/spezifisch ist auch vor dem Hintergrund folgender systemtheoretischer Unterscheidung zu verstehen: „In der System/Umwelt-Beziehung operiert das System *universalistisch,* das heißt in der Form eines Schnitts durch die Welt. In System-zu-System-Beziehungen operiert es *spezifisch,* das heißt in bestimmten kontingenten Beobachtungsweisen" (Luhmann 1997, 609f.).

[205]   Luhmann 1994, 258f.

Beobachtungstechnik, sich selbst für besser zu halten und darin Gott zu verfehlen, beispielsweise den Protestbewegungen zuordnet – wenn auch mit anderen Vorzeichen, insofern sie nicht wie Satan fielen, sondern aufstiegen: „Sie verfehlen nicht das Wesen Gottes (Theologen schließen sich sogar an), so daß auch das Merkmal der Sünde, die Gottesferne, nicht zutrifft. [...] Aber die Beobachtungstechnik des Teufels, das Ziehen einer Grenze *in* einer Einheit *gegen* diese Einheit, wird copiert; und auch die Folgewirkung tritt ein: das unreflektierte Sich-für-besser-halten. Entsprechend wird mit Schuldzuweisungen gearbeitet."[206] Dass Luhmann sich als Soziologe für besser hält als Vertreter*innen anderer Wissenschaften, würde ich aufgrund seiner Bescheidenheit im Wissen um die Begrenztheit einer jeden Beobachtungsperspektive für wenig wahrscheinlich halten. Auch ‚Schuldzuweisungen' sind seinem Denkstil fremd. Allerdings könnte die Theologie, die wie Luhmann die Beobachtungstechnik des Teufels beobachtet und deren Beobachtungen Luhmann beobachtet, ihre der Schöpfungslehre zugeordneten Gebiete der Angelologie und deren Unterdisziplin, der Dämonologie, zu einer Einheit euryalistisch-sthenographischen Forschens verbinden.

3.2.3.3 Die Reflexion der Narrative zum Engelsturz als Beispiel euryalistisch-sthenographischen Forschens

In der Theologie des Mittelalters waren die Traktate zur Angelologie stets die umfangreichsten, insofern sich am Beispiel der Engel Grundfragen der Schöpfungslehre und der theologischen Anthropologie erörtern ließen.[207] Am Spiegel der Zwischenwesen als ‚niederen Transzendenzen' verdichten sich religiöse Fragen zum Verhältnis von Immanenz und Transzendenz auf eine Weise, die zugleich die ‚hohe Transzendenz' Gottes zu schützen vermag.[208] Da die Engel als

---

[206] Luhmann 1997, 848. Vgl. ebd., 847–865.

[207] Vgl. Hafner, Johann Ev. (2010): Angelologie (Gegenwärtig Glauben Denken 9), Paderborn, 111–156. Die mittelalterliche Angelologie zeige, was der Mensch ist, indem sie ihn vom Engel unterscheide und ihn mit den Engeln verbinde. Zugleich mühe sie sich, die Differenz zwischen Engeln und Gott aufrecht zu halten – in Einzelfällen wohl nicht immer erfolgreich. So kritisierte Martin Luther in seinen Engelpredigten, wenn Engel an Gottes Stelle treten: „‚Also beten wir die Engel nicht an, trauen auch nicht in sie, wie wir auch in der Schrift finden, dass sie sich nirgends haben anbeten lassen, sondern danken und loben Gott, dass er sie uns geschaffen hat. Wie wir nun Gott danken und loben, dass er uns die liebe Sonne, Mond, Wein und Korn geschaffen hat, so sollen wir ihm auch für die lieben Engel danken.' Luther selbst betete in diesem Sinne täglich um die Hilfe des Engels, ‚damit der böse Feind keine Macht an mir finde'" (ebd., 105).

[208] In diese Richtung erläutert Johann Ev. Hafner (vgl. ebd., 13–26) die Funktion der Engel (und Teufel), die religionswissenschaftlich als Gottesboten, Begleitwesen, Personalisierungen des Heiligen, Grenzgänger, Genien oder Nebengottheiten dargestellt werden, systemtheoretisch so: „Sie stehen dafür, dass die Hochtranszendenz nicht mit ihnen, den Niedrigtranszendenten, verwechselt wird. Um diese Differenz anzuzeigen, sind sie ständig mit Lobpreis beschäftigt" (ebd., 26) – oder wie der Teufel mit dem Fallen.

reine Geistwesen unbelastet von körperlichen Einschränkungen und Begierden entscheiden und handeln, radikalisiert die angelologische Spiegelung beispielsweise das Theodizeeproblem.[209]

In diesem Zusammenhang kreist die Angelologie um die Frage nach dem Motiv für den Engelsturz: Wie konnte es dazu kommen, dass gute Engel böse wurden? Wenn Gott die Engel doch als Wesen niederer Transzendenz zu ihrem Glück und seinem Lob erschafft, wieso und auf welche Weise werden dann einige von ihnen zum Teufel?[210] Als Antworten auf diese Fragen können zwei Aspekte der Teufelsparadoxie dienen, die Luhmann aus unterschiedlichen theologischen Traditionen zum Mythos vom gefallenen Engel destilliert: die Paradoxie der Liebe – verdeckt „durch die soziale Semantik des Stolzes, der Selbstliebe, also der (abzulehnenden) Selbstreferenz" – und die Paradoxie der Freiheit – verdeckt „durch die politische Semantik von Herrschaft und Rebellion".[211]

In der islamischen Tradition erschafft Gott den Teufel namens Iblis durch die „paradoxe Weisung", Adam zu verehren. Aus Liebe zu Gott, den Iblis entsprechend des wichtigsten Gebots (nicht nur) der islamischen Gotteslehre als allein verehrungswürdig betrachtet, verweigert er den Gehorsam. Was er für einen Test seiner Liebe hält, gerät ihm zum Sündenfall: Wegen seiner Liebe wird der Teufel aus dem Paradies gestoßen. Immerhin kann er, „im Unterschied zu den nichtgefallenen Engeln, aus dem Bösen heraus mit Hilfe des Unterschiedes von gut und böse die Menschen beobachten, indem er sie verführt".[212] Der Mensch beobachtet den Teufel zurück, „indem er ihn als Böses vom Guten, von Gott unterscheidet. Daß der Teufel aus Liebe zu Gott handelt und daß gerade die Trennung, die im Ungehorsam vollzogen wird, diese Liebe nur noch vergrößert, wird als Paradox eliminiert und durch eine Unterscheidung ersetzt."[213] Die tragisch verfehlte Liebe des Teufels ist ein Paradox, denn die Bedingung der Möglichkeit, Gott zu lieben, indem Iblis allein ihn anbetet, ist zugleich die Bedingung der Unmöglichkeit, Gott zu lieben, weil Gott Iblis gebietet, sich vor dem Menschen zu verbeugen (womit ihm zugleich verboten wäre, den Menschen zu beobachten, den er dann auch nicht verführen könnte):[214] „Die Zweifel der Engel, ob es schöpfungsmäßig sinnvoll ist, einen Menschen zu schaffen, beziehen sich zunächst

---

[209] Vgl. ebd., 132f.
[210] Vgl. ebd., 112. Die dualistische Lösung, der Teufel sei Gott gleichberechtigt, würde der Einzigkeit Gottes und seiner Allmacht widersprechen. Sie wurde daher dogmatisch als Irrlehre verurteilt, etwa gegen Manichäus oder Priscillian, vgl. ebd., 134.
[211] Luhmann 1991, 63.
[212] Ebd., 66.
[213] Ebd., 67.
[214] Darin steckt als weitere Paradoxie, dass die Verbeugung des Engels, die ein Beobachten des Menschen aufgrund der Senkung des Blicks unmöglich macht, eine Körperlichkeit des Engels voraussetzt, die seiner Existenz als reinem Geistwesen zu widersprechen scheint. Allerdings wird in den biblischen Engelerzählungen immer wieder von Verkörperungen der Engel berichtet (vgl. z. B. die drei Engel bei Abraham Gen 18 oder die Begleitung Tobits

zwar auf die dadurch entstehenden Rangprobleme, letztlich aber auf das problematische Verhältnis der Liebe zur Beobachtung Gottes."[215] Die Paradoxie der Liebe des Teufels wird invisibilisiert durch Moralisierung der Rivalität zwischen Menschen und Teufel um die liebende Beobachtung Gottes:

> „Teufel und Theologen rivalisieren in der Beobachtung Gottes, wobei Beobachtung in der Tradition *assimilatio* bedeutet, also als Gleichwerden begehrt wird. Die Theologen müssen mithin den Teufel, weil sie ihn imitieren, verteufeln, um die Identität des Begehrens wieder in Differenz umsetzen zu können. Sie rivalisieren mit dem, den sie imitieren, und sind deshalb gehalten, die Imitation als Konflikt darzustellen; und was liegt dann näher als: sich der Moral zu bedienen, um den Konflikt als Kampf der guten und der bösen Mächte zu dramatisieren."[216]

Luhmann zeigt in dieser Interpretation des Iblis-Mythos die Gefahr einer moralischen Zweitcodierung des Religiösen: Indem er sich vom Verhalten des Teufels abgrenzt, balanciert der Mensch auf einem schmalen Grat, der schnell zum Absturz führen kann. Statt Überheblichkeit gegenüber dem bösen Teufel zu empfinden, wäre als Reaktion Mitleid mit dem tragisch Liebenden angemessen.

---

durch Raphael Tob 12). In der scholastischen Theologie sind diese Inkorporationen Instrumente, die den reinen Geistwesen zur Verfügung stehen; vgl. Hafner 2010, 148f. Für einen instruktiven Vergleich der Teufelscharaktere in Koran und Bibel aus literaturwissenschaftlicher Perspektive vgl. Miles, Jack (2019): Gott im Koran, München, 36–66.

[215] Luhmann 1991, 67. Die koranische Quelle dafür ist Sure 38,72. Auch in christlicher Tradition findet sich, ausgehend von apokryphen Schriften wie dem ‚Leben Adams und Evas‘ oder dem ‚Bartholomäusevangelium‘, dieses Motiv in ähnlicher Weise. So sehen die Kirchenväter den Engelfall im Neid des Teufels auf Gottes Menschenliebe begründet; vgl. Hafner 2010, 145f. Der Neid ist eines von zahlreichen theologisch diskutierten Motiven des Engelfalls: Der Teufel beneide Gott um seine Gemeinschaft mit den Menschen und darum, dass Gott Mensch wird und nicht etwa Engel. Der Teufel beobachte Gott von außen und kritisiere sein Handeln, indem er bemerkt, dass Gott auch anders handeln könnte. Der Teufel wolle nicht, dass Gott den Menschen aufwertet, indem er Mensch wird, und erhebe sich in seinem Ungehorsam über Gott. Danach stelle er die Menschen auf dieselbe Probe, die er zuvor nicht bestand. Zudem schätze sich der neidische Teufel als wertvoller ein als den Menschen (womit das Motiv des Stolzes anklingt). Auch das von Origenes diskutierte Motiv der Nachlässigkeit hängt mit dem Liebesmotiv insofern zusammen, als es dessen unmerkliches Verschwinden thematisiert: Nicht aus direktem Entschluss gegen Gott, sondern aus bequemer Heilssicherheit und einer selbst verschuldeten, nicht gewollten Trägheit komme es zu einer Routinisierung der Liebe. Damit verbunden sei ein Freiheitsverzicht, durch den die handelnden Engel in prozesshafte Natur zurückfielen: was geschieht, passiert gedankenlos. Diese Engel degenerierten unmerklich, weil sie das Unselbstverständliche für selbstverständlich halten. Die Motivation zu Dank und Anbetung sinke, die Wesen versänken in ihrem selbstbezüglichen Selbsterhalt. Im Motiv der Nachlässigkeit sieht Hafner die stärksten Bezüge zu einer Aktualisierung der Angelologie (vgl. ebd., 136–138). Zu einem anregenden Versuch vgl. Ruster, Thomas (2005): Von Menschen, Mächten und Gewalten. Eine Himmelslehre, Mainz.

[216] Luhmann 1991, 67.

Im Rückgriff auf Anselm von Canterburys Traktat über den Fall des Teufels, *De casu diaboli*, erörtert Luhmann das Paradox der Freiheit. Der Teufel realisiert Freiheit, indem er die Möglichkeit wählt, die Liebe Gottes nicht anzunehmen (Bedingung der Möglichkeit von Freiheit). Dadurch wird der Teufel zugleich unfrei, weil ihm eine Rückkehr in die Nähe Gottes versagt ist (Bedingung der Unmöglichkeit von Freiheit).

Im Folgenden zitiere ich zunächst die gesamte Passage, aufgeteilt in fünf Abschnitte *(mit den drei Endnoten zum Text, die jeweils Belege aus* De casu diaboli *enthalten)*.[217] Sodann analysiere ich Abschnitt für Abschnitt die Interpretation Luhmanns, indem ich seine Aussagen mit dem Text Anselms vergleiche, wobei ich in erster Linie auf die von Luhmann gewählten Zitate und deren Zusammenhang in Anselms Text eingehe. Aus den 28 Kapiteln des Traktats wählt Luhmann als Belege für seine Interpretation aus den Kapiteln 4 und 27 jeweils einen Satz und eine Dialogsequenz (zum zweiten bis vierten Abschnitt). Im ersten Abschnitt führt Luhmann in das Thema ein und im fünften Abschnitt zieht er ein Fazit, jeweils ohne auf den Traktat zu verweisen.[218]

Luhmann sieht in Anselms Analyse das Schema der Kausalität walten und beobachtet die Folgen des Schemas kritisch.[219] Anselm geht es in seinem Traktat nämlich um die Klärung des theologischen Problems, wie trotz der guten Schöp-

---

[217] Die Endnoten 5–7 (ebd., 78) sind vollständig bis auf die Quellenangaben (Luhmann zitiert aus den von Franciscus Salesius Schmitt 1938 herausgegebenen *Opera Omnia*) in runden Klammern und in Kursivschrift in den Text eingefügt; Korrekturen der Abschreibfehler Luhmanns in eckige Klammern, nicht kursiviert. Der lateinische Text und die deutsche Übersetzung sind entnommen aus: Anselm von Canterbury (1994a): *De casu diaboli*. Vom Fall des Teufels, in: Ders. (1994): Freiheitsschriften, lateinisch/deutsch, übers. u. eingel. von Hansjürgen Verweyen (Fontes Christiani 13), Freiburg/Basel/Wien, 121–247.

[218] Zur Analyse des ersten Abschnitts fasse ich die Inhalte der Kapitel 1–3 zusammen. Zur Analyse des zweiten und dritten Abschnitts gehe ich auf die Aussagen Anselms in Kapitel 4 intensiv ein und weise auf weitere Belege hin, die die Bedeutung des Motivs, wie Gott sein zu wollen, herunterspielen (besonders in den Kapiteln 19 und 20). Die Analyse des vierten Abschnitts erläutert die von Luhmann zwischen seinen Belegen weggelassene Dialogsequenz des Kapitels 27 im Rückgriff auf Überlegungen zur Freiheit auch der guten Engel (Kapitel 5 und 6) und zum Nichtwissen der Engel über die Folgen ihrer Handlungen (Kapitel 23). Außerdem gehe ich hier wie zur Analyse des fünften Abschnitts auf das letzte Kapitel ein, in dem die zentrale These sprachlich differenziert zum Ausdruck kommt, der von Gott gegebene gute Wille sei das einzige Handlungsmotiv (wenn auch im Fall des bösen Engel auf unrechte Weise zur Geltung gekommen). Zur Widerlegung der Kernaussage Luhmanns, erst durch den Engelsturz sei die Schöpfung komplett, verweise ich auf ein wichtiges Argument Anselms aus Kapitel 25. Eine Reflexion dieser Rezeptionsanalyse soll dann im nächsten Abschnitt weiteren Aufschluss darüber geben, wie Luhmann (theologische) Traditionen rezipiert (s. u. 3.3.1.1) und wie sich im Dialog zwischen Luhmann und Anselm das Freiheitsparadox schärfer herauskristallisiert (s. u. 3.3.1.2).

[219] Luhmann 1991, 63.

fung Gottes das Böse in die Welt komme: Welche Kausalitäten stecken hinter dem Engelsturz?[220]

„[1.] Anselm präzisiert das Problem als eines der Beziehung von Geben und Annehmen (der Perseveranz im Guten). Die guten Engel nehmen an, die teuflischen Engel nicht.

[2.] Die Schuldfrage wird durch Analyse der Geben-Annehmen-Beziehung geklärt. Zunächst gerät man, zumal mit Gott, in einen Zirkel. Erst mit dem Annehmen kommt ja das Geben wirklich zustande. Außerdem gibt Gott von außerhalb der Zeit, also nicht vor der Entscheidung über Annahme und Ablehnung, sondern immer (und immer wieder neu) gleichzeitig mit ihr. Bei der Unterbrechung des Zirkels steht man vor der Frage, ob der Böse nicht annimmt, weil Gott nicht gibt; oder ob Gott nicht gibt, weil der Böse eigenmotiviert nicht annimmt. Selbstverständlich fällt die Entscheidung im Sinne der zweiten Version (‚Quamvis igitur bonus angelus ideo accepit perseverantiam quia deus dedit, malus tamen non ideo non accepit, quia deus non dedit; sed deus [ideo] non dedit quia [ille] non accepit, et ideo non accepit quia accipere noluit.‘)[221], mit der man vermeiden kann zu sagen, daß Gott zur Sünde verführt. Immerhin bleibt dann noch zu klären, woher das Eigenmotiv kommt, und hier setzen dann die sozialstrukturell naheliegenden Semantiken des Stolzes, der Eigensucht, der Rebellion ein.

[3.] Die Weiche wird dadurch gestellt, daß Anselm sagt: der Teufel wolle etwas, was er gar nicht denken könne, nämlich gleich oder sogar größer (maior) zu sein als Gott. (‚Voluit inordinate similis esse deo‘ mit der Folgefrage ‚Si deus non potest cogitari nisi ita solus, ut nihil illi simile cogitari possit: quomodo potuit diabolus velle quod non potuit cogitari [sic, cogitare]?‘[222] Aber das kann es eigentlich nicht sein! Denn als similes ei erimus steht doch nach Schriftzeugnissen die visio Dei in Aussicht - in einem Kontext, in dem Erkennen immer als assimilatio zu denken ist. Versucht der Teufel es nur zu früh - bevor die Weltgeschichte, an der er mitzuwirken hat, gelaufen ist? Wie immer, da auch die electi beobachten werden und die Theologen es in aller Bescheidenheit schon jetzt tun, muß mit dem Teufel irgendetwas Besonderes schiefgelaufen sein.) Hintergrundthema also: Rivalität. Die Sünde beruht zwar auf einem Denkfehler (den Theologen als Beobachter des Beobachters Teufel erkennen können, weil sie denken können, daß der Teufel nicht denken kann, daß er nicht denken kann, was er nicht denken kann); aber der Denkfehler ist möglich, weil der Teufel, statt durch den Irrtum

---

[220] Zur Einordnung des Traktats in das Gesamtwerk Anselms vgl. Verweyen, Hansjürgen (1994), Einleitung, in: Anselm von Canterbury 1994, a. a. O., 7–60, 29–54. Als Freiheitsschriften zählen auf der Grundlage des *Monologion* (1076) die drei Dialoge über die endliche Freiheit *De veritate, De libertate arbitrii* (1080–1085) und schließlich *De casu diaboli* (1085–1090), in dem „es vor allem um die Klärung der Möglichkeit zum Bösen" gehe (ebd., 48), sowie Anselms letztes vollendetes Werk *De concordia praescientiae et praedestinationis et gratiae dei cum libero arbitrio* (1107/1108). S. u. 3.3.1.2.

[221] Anselm 1994a, 152: „[L.:] Der gute Engel also empfing die Beharrlichkeit [Perseveranz], weil Gott sie ihm gab. Der böse aber empfing sie nicht darum nicht, weil Gott sie nicht gab. Sondern Gott gab nicht, weil er nicht annahm; und er nahm nicht an, weil er nicht annehmen wollte" (ebd., 153).

[222] Ebd., 150. „[L.: Der Teufel ...:] Er wollte in ungeordneter Weise Gott gleich sein. [Sch.:] Gott kann nur als ein einziger gedacht werden, so daß nichts ihm Gleiches gedacht werden kann. Wie konnte dann der Teufel wollen, was er nicht denken konnte?" (ebd., 151).

blockiert zu sein, ein anderes Ziel verfolgt, nämlich auf eigenem Willen (Selbstzu-rechnung) zu bestehen und Unterordnung zu verweigern.

[4.] Aber auch dies ließe sich schließlich noch Gott anlasten, der es zuläßt und damit ermöglicht. Im letzten Schritt muß Anselm deshalb aus dem Schema flüch-ten, das der Analyse zugrunde liegt. Das Aufbegehren ist nur auf den freien Willen selbst zurückzuführen und hat keinerlei Ursache außer sich selbst. (‚Nulla causa praecessit hanc voluntatem, nisi quia velle potuit‘. Und auf die Frage: ‚Cur ergo voluit? Non nisi quia voluit‘.)[223] Der dann sich aufdrängende Schluß wird freilich nicht mehr gezogen, daß Freiheit nur als Freiheit zum Bösen möglich ist, weil alles, was gut ist, dem Willen Gottes entspricht.

[5.] Man könnte stattdessen aber auch sagen: ein Beobachten der Gabe ist nur möglich, wenn man die Möglichkeit des Ablehnens mitsieht. Das Geben kann in eine Welt, in der Beobachtungsmöglichkeiten mitgeschaffen sind, nicht hinein-gegeben werden, ohne daß die Möglichkeit des Ablehnens mitgesehen und gleichsam zum Anprobieren mitangeboten wird. Erst der Teufel realisiert die Schöpfung komplett. Die Unterbrechung des Geben/Annehmen-Zirkels wird durch den Sinn induziert, den dieser Zirkel für einen Beobachter haben muß. Faßt man den Teufel als Beobachter, als Komplettierung der Schöpfung durch Reali-sierung der anderen Möglichkeit, hat man eine Erklärung, die ohne Motivzu-schreibung funktioniert. Das kann die Tradition kaum wagen, weil ihr damit der Bezugspunkt der Verdammung des Bösen entgleiten würde."[224]

Zu [1.]: Der erste Abschnitt fasst die Ausgangslage zusammen, die Anselm in den ersten drei Kapiteln entwickelt: Das Böse entsteht, weil die „teuflischen Engel" die gute Gabe Gottes nicht annehmen. Die gute Gabe besteht in der „Perse-veranz": gut zu sein und es zu bleiben. Zwar spricht Anselm in Kapitel 2 von der Beharrlichkeit in der Wahrheit,[225] das schließt aber die „Perseveranz im Guten" durchaus ein. In Kapitel 1 betont Anselm, dass alles, was Menschen oder Engel empfangen, von Gott komme und gut sei.[226] Wenn in der Schrift davon die Rede ist, dass Gott das Böse schafft (vgl. Jes 45,7), dann sei das indirekt zu verstehen: Gott mache nicht das Böse, sondern er höre damit auf, das Gute zu schaffen, so dass das Nichts des Bösen von sich aus entstehe.[227] Auf der Basis dieser Argumen-tation klärt Anselm ein mögliches Missverständnis der Vaterunser-Bitte: „In die-

---

[223] Ebd., 244. „[L.:] Diesem Willen ging keine Ursache voraus, außer daß er wollen *konnte.* [...] [*Sch.:*] Warum wollte er denn? [L.:] Nur weil er wollte. [...]" (ebd., 245).

[224] Luhmann 1991, 64f. Im Original nur vier Abschnitte; der vierte Umbruch ist zur Analyse hinzugefügt.

[225] Der Schüler resümiert als Ergebnis von Kapitel 1: „Constat ergo quia ille angelus qui stetit in veritate, sicut ideo perseveravit quia perseverantiam habuit: ita ideo habuit perseve-rantiam quia accepit, et ideo accepit quia deus dedit. / Es steht also fest: Der Engel, der in der Wahrheit festen Stand hatte, blieb beständig, weil er die Beharrlichkeit besaß. Er be-saß sie, weil er sie empfing, und er empfing sie, weil Gott sie gab" (Anselm 1994a, 134f.).

[226] Vgl. ebd., 128–135.

[227] Vgl. ebd., 132f. Die Frage der Differenz von Sein und Nichts wird in den Kapitel 10 und 11 breit diskutiert (vgl. ebd., 166–179) mit dem Ergebnis, dass das Reden über das Nichts oder

sem Sinne sagen wir vielfach von Gott, er tue etwas, was er nicht tut, etwa: er führe uns in Versuchung (vgl. Mt 6,13; Lk 11,4), weil er uns nicht vor ihr bewahrt, obwohl er es könnte."[228] Gott als der schlechthin Gute kann uns somit nicht in Versuchung führen, sondern er lässt es lediglich zu, dass wir versucht werden.[229] Bereits mit dieser Argumentation vermeidet es Anselm „zu sagen, daß Gott zur Sünde verführt", wie Luhmann es später in seiner Interpretation einer Aussage aus Kapitel 4 zurecht betont. In Kapitel 2 erläutert Anselm das Dilemma des Schülers, der dem Teufel keine Schuld für sein Verhalten zurechnen kann: „Wenn der gute Engel empfing, weil Gott gab, so empfing der Böse nicht, weil Gott nicht gab."[230] Wenn Gott dem bösen Engel die Gabe der Perseveranz vorenthält, dann kann der arme Teufel doch nichts dafür, dass er böse wird. Der Lehrer klärt den Schüler dann in Kapitel 3 didaktisch geschickt darüber auf, dass das Nicht-Empfangen der Perseveranz auch eine andere Ursache haben kann als das Nicht-Geben Gottes: Obwohl der Engel das Vermögen von Gott empfing, dessen Gabe annehmen zu wollen und es zu können, habe er sich trotzdem dagegen entschieden, die Perseveranz anzunehmen.[231] Gegen den von Gott gegebenen guten Willen ließ „jener diesen Willen [los] im Wollen dessen, was er nicht sollte", und hielt „bei diesem Loslassen" den guten Willen nicht fest.[232] Indem der Engel die Annahme verweigert, unterbricht er den Zirkel von Geben und Annehmen und wird zum Teufel. Das Böse scheint kausal klar im Nicht-Annehmen des guten Willens begründet zu sein.

Zu [2.]: Luhmann beschreibt diesen Zirkel sachgerecht: Erst im Vollzug des Annehmens wird die Gabe zur Gabe, vorher ist sie lediglich ein Angebot. Allerdings gibt Luhmann eine zusätzliche Information, die sich so bei Anselm nicht findet: Gott gebe seine Gabe „von außerhalb der Zeit, also nicht vor der Entscheidung über Annahme und Ablehnung, sondern immer (und immer wieder neu) gleichzeitig mit ihr." Wenn Gott folglich ununterbrochen gibt, dann dürfte sich eigentlich die Frage nicht stellen, die der Schüler in Kapitel 2 stellt und die Luhmann hier wiederholt: „ob der Böse nicht annimmt, weil Gott nicht gibt; oder ob Gott nicht gibt, weil der Böse eigenmotiviert nicht annimmt". Wenn Gott „im-

---

über das Böse ja durchaus etwas sei, aber nur im Sinne eines „Als-ob" (*quasi aliquid*), ebd., 176f.

[228] Ebd., 130f. Der ganze Satz lautet im Original: „Hoc modo deus dicitur facere multa quae non facit, ut cum dicitur inducere in tentationem, quoniam non defendit a tentatione cum possit; et facere non esse quod non est, quoniam cum possit non facit esse".

[229] Auch in der Debatte um die Übersetzung dieser Vaterunser-Bitte ist es das Anliegen des Papstes, dieses Missverständnis zu vermeiden. Vgl. z.B. Deutsche Bischofskonferenz (Hg.): Zur aktuellen Diskussion um die Vaterunser-Bitte „Und führe uns nicht in Versuchung". Stellungnahme der Glaubenskommission der DBK, Pressemitteilung vom 25.1.2018.

[230] Anselm 1994a, 137, vgl. ebd., 134–137.

[231] Vgl. ebd., 137–147.

[232] Ebd., 147.

mer wieder neu" gibt, dann ist die Frage bereits „im Sinne der zweiten Version"
beantwortet: Da Gott fortwährend gibt, liegt es nicht an ihm, wenn seine Gabe
nicht angenommen und der Zirkel unterbrochen wird. Indem Luhmann die Differenz des zeittranszendenten göttlichen Gebens zur zeitimmanenten Entscheidung für oder gegen das Annehmen betont, vermeidet er es im Ansatz, Gott als
denjenigen darzustellen, der in Versuchung führt. Diese Begründung über die
Differenz von Transzendenz und Immanenz ist schärfer als diejenige Anselms,
die Luhmann in seinem ersten Zitat aus Kapitel 4 zur Bestätigung der „zweiten
Version" bringt. Denn das Zitat fasst mit der Aussage, der böse Engel nahm die
Gabe Gottes „nicht an, weil er nicht annehmen wollte", lediglich die Aussage aus
Kapitel 3 zusammen. Allerdings wird in Kapitel 4 bereits die Frage behandelt,
„woher das Eigenmotiv" des bösen Engels komme. Es ist allerdings zu fragen, ob
für Anselm „die sozialstrukturell naheliegenden Semantiken des Stolzes, der
Eigensucht, der Rebellion" greifen, um damit die Eigenmotivation des Teufels zu
klären. Es geht um die Frage, „*auf welche Weise* er sündigte".[233]

Zu *[3.]:* Luhmann fasst nun den neuen Gedanken in Kapitel 4 sachgerecht zusammen, wenn er Anselms Antwort in drei Hinsichten erörtert, einer inhaltlichen, einer formalen und – in der Anmerkung – einer zeitlichen. Zur *inhaltlichen*
Perspektive, der Teufel wolle „gleich oder sogar größer [...] sein als Gott": „Der
Teufel wollte etwas, was er nach Gottes Willen nicht wollen sollte: Er wollte in
ungeordneter Weise Gott gleich sein."[234] Im Hintergrund vermutet Luhmann die
„Rivalität" zu Gott: der Teufel bestehe „auf eigenem Willen (Selbstzurechnung)"
und verweigere „Unterordnung". Dem scheint die Aussage des Lehrers zu entsprechen, wenn er die Hybris des Teufels noch verstärkt: „Der Teufel wollte aber
nicht nur Gott gleich sein, indem er sich einen völlig autarken Eigenwillen an-
maßte. Indem er wollte, was zu wollen gegen Gottes Willen war, wollte er sogar
noch größer sein als Gott, hat er doch seinen Willen über den Willen Gottes gesetzt."[235] Allerdings resultiert diese Art des „Größer-Seins" aus einer Dialektik
der Lehrerargumentation, die aus dem formalen Einspruch des Schülers gegen
das Wie-Gott-sein-Wollen des Teufels erwächst. Am Ende der Auslegung dieses
Abschnitts komme ich darauf zurück.

Zur *formalen* Perspektive, der Teufel wollte etwas, „was er gar nicht denken"
konnte: Der Schüler betont in dem Zitat, das Luhmann bringt, die Einzigkeit Gottes. Wenn Gott der eine ist, ‚über den hinaus Größeres nicht gedacht werden
kann',[236] dann wird es niemanden geben, der Gott gleichkommt oder gar größer

---

[233]   Ebd., 149.
[234]   Ebd., 151, der zweite Satz des Zitats entspricht dem ersten Teil von Luhmanns Zitat.
[235]   Ebd., 153.
[236]   So die berühmte Wendung aus dem *Proslogion* von 1077/78, die zur Grundlage des soge-
        nannten ontologischen Gottesbeweises wurde: *aliquid quo nihil maius cogitari possit* (Kapitel
        2). Vgl. Verweyen, Hansjürgen (1978): Nach Gott fragen: Anselms Gottesbegriff als Anlei-
        tung, Essen, 90. https://www.ub.uni-freiburg.de/fileadmin/ub/referate/04/verweyen/
        anselm1.htm Aufruf 15.12.2021.

ist als er. Der Schüler wundert sich: Der Teufel „hatte doch keinen so stumpfen Geist, daß er nicht gewußt hätte, daß nichts anderes gedacht werden kann, das Gott gleich wäre (*ut nihil aliud deo simile cogitari posse nesciret*).“[237] Was der Teufel will, ist daher undenkbar. Luhmann kapriziert sich auf diesen Einwand des Schülers, der auf einen „Denkfehler“ des Teufels verweist. Die Theologen „als Beobachter des Beobachters Teufel“ könnten zwar denken, „daß der Teufel nicht denken kann, daß er nicht denken kann, was er nicht denken kann“, d. h. dass er das Undenkbare für denkbar hält (der Teufel denkt nicht daran, dass für ihn undenkbar ist, was er nicht denken kann). Aber diese Besserwisserei der Theologen erklärt noch nicht, was dem Teufel die Einsicht in seinen Irrtum versperrt. Luhmann spürt in seiner Anmerkung, dass hier etwas nicht stimmt: „Aber das kann es eigentlich nicht sein!“ Denn das Erkennen Gottes (*visio Dei*), das den ausgewählten Menschen (*electi*) versprochen ist, die an die Stelle der gefallenen Engel vor Gottes Angesicht treten, zielt auf einen Prozess der Angleichung (*assimilatio*), an dessen Ende die Gottebenbildlichkeit offenbar sein wird (*similes ei erimus*).[238] Auch die Ausgewählten werden wie der Teufel Gott beobachten, und die Theologen „tun es in aller Bescheidenheit schon jetzt“. Mit dem Teufel, so vermutet Luhmann, muß „irgendetwas Besonderes schiefgelaufen sein“.

Zur *zeitlichen* Perspektive, ausgehend von Luhmanns Intuition, der Teufel habe vielleicht „*zu früh*“ mit seinem Beobachten Gottes begonnen – „bevor die Weltgeschichte, an der er mitzuwirken hat, gelaufen ist“: Der Lehrer erinnert bereits zu Beginn von Kapitel 4 daran, dass der Teufel gesündigt haben müsse, da er „vom gerechten Gott [...] nicht ungerecht verdammt werden“ konnte.[239] Die Perseveranz wird nun vom Wahren/Guten umgestellt auf die Gerechtigkeit (*iustitia*), indem der Lehrer betont: Hätte der Teufel „die Gerechtigkeit beharrlich bewahrt, so wäre er nicht der Sünde noch dem Elend verfallen. [...] Nun bewahrt aber nur der die Gerechtigkeit, der will, was er soll, und es verläßt sie nur der, der will, was er nicht soll. [...] Der Teufel verließ also die Gerechtigkeit und fiel in Sünde, indem er etwas wollte, was er damals nicht wollen sollte.“[240] Hier bringt Anselm erstmals mit dem Wörtchen ‚damals‘ (*tunc*) eine zeitliche Perspektive ins Spiel. Das wiederholt sich in der Parallelisierung mit der Sündenfallgeschichte im Paradies: „Er wollte also etwas, das er nicht besaß und *damals* nicht wollen sollte, wie Eva göttergleich sein wollte, *ehe* Gott dies wollte“.[241] Die Sünde besteht demnach für Eva wie auch für den Teufel nicht darin, Gott gleich sein zu

---

[237] Anselm 1994a, 150f.
[238] Luhmann bezieht sich hier auf den Mythos, dass Gott ausgewählte Menschen an die Stelle der gefallenen Engel beruft, damit die Anzahl der ihn anbetenden Geschöpfe die gleiche bleibe. Anselm greift darauf in den Kapiteln 5 und 23 zurück (vgl. ebd., 155, 229.231).
[239] Ebd., 149.
[240] Ebd.
[241] Ebd., Herv. N. B.

wollen, sondern dieses Ziel zur Unzeit anzustreben.[242] In Kapitel 19 betont Anselm deshalb aus christologischer Perspektive, dass nicht der Wille, Gott gleich zu sein, an sich böse sei, denn „dann würde der Sohn Gottes dem Vater nicht gleich sein wollen. [...] Aber der Wille des Gottessohnes ist nicht böse, sondern gerecht".[243] Auch kann der Wille, wie Gott sein zu wollen, nur von Gott selbst stammen, wie Anselm in Kapitel 20 vermerkt.[244] Die fehlende Gerechtigkeit scheint somit das zentrale Kriterium zur Differenzierung des bösen Willens vom guten zu sein. Das Wollen des Teufels richtete sich, nach den Worten des Lehrers, auf „die Gerechtigkeit oder das Angenehme (*commodum*) – in letzterem besteht ja die Seligkeit (*beatitudo*), nach der jedes Vernunftwesen verlangt". Weil der Teufel im Wollen der Gerechtigkeit nicht sündigen könne, so der Lehrer, müsse seine Sünde „darin liegen, daß er etwas Angenehmes wollte, das er weder besaß noch *damals* wollen durfte, das ihm jedoch zur Mehrung seiner Seligkeit gereichen konnte". Seine Sünde bestehe deshalb darin, dass „er *in ungeordneter Weise* mehr wollte, als er erhalten hatte (*inordinate volendo*)", er musste „seinen Willen *außerhalb der Gerechtigkeit* erstreckt haben (*extra iustitiam extendit*)."[245]

Damit gelange ich am Ende der Interpretation des Abschnitts wieder zur *inhaltlichen* Perspektive zurück: Was soll es bedeutet, dass der Wille des Teufels nicht gerecht war? Weshalb konnte der Teufel seinen Irrtum nicht erkennen? Für Luhmann ist es die Freiheit, den eigenen Willen sich selbst zuzurechnen und ihn nicht als von Gott empfangen zu deklarieren. Auch wenn man, wie der Schüler, dem Teufel die Intelligenz zugesteht zu wissen, dass er niemals Gott gleich sein könne, wollte er doch „in ungeordneter Weise" (*inordinate*) sein wie Gott. Der Lehrer geht in einer dialektischen Wendung auf die Kritik des Schülers ein: „Selbst wenn er nicht durchaus Gott gleich sein wollte, sondern gegen den Willen Gottes etwas, das geringer als Gott ist: Schon in diesem bloßen Wollen setzte er sich in ungeordneter Weise Gott gleich, weil er aus eigenem, niemandem untergeordneten Willen etwas wollte. Denn Gott allein steht es zu, so etwas aus eigenem Willen zu wollen, daß er dabei keinem höheren Willen folgt."[246] Der Lehrer konzediert hier, dass der Teufel eventuell gar nicht Gott gleich sein wollte. Das überrascht nicht mehr, wenn man die zeitliche Perspektive einbezieht, nach der dieses Ziel gar nicht zu verteufeln ist. Aber indem der Teufel seinen eigenen Willen, der geringer ist als Gottes Wille, dem Willen Gottes vorzieht – paradoxerweise sogar im Wissen um diesen geringeren Status –, erstreckt er seinen Willen „außerhalb der Gerechtigkeit".

Zu [4.]: Auch wenn Luhmann die verwickelte Argumentation Anselms nicht nachvollzieht und den für Anselm zentralen Begriff der Gerechtigkeit außer

---

242 Vgl. Verweyen 1994, 50, Anm. 101.
243 Anselm 1994a, 213.
244 Vgl. ebd., 215.
245 Ebd., 150f., Herv. N. B.
246 Ebd., 151.153.

Acht lässt, nimmt er doch präzise wahr, dass sich die Sünde des Teufels „schließ-lich noch Gott anlasten" ließe, „der es zuläßt und damit ermöglicht", wenn der Teufel seinen Willen jenseits der Gerechtigkeit zur Geltung bringt. Luhmann springt nun in das vorletzte Kapitel des Traktats und meint zu erkennen, dass Anselm wegen dieser Letztverantwortung Gottes „aus dem Schema flüchten" müsse, das seiner „Analyse zugrunde liegt". Das sündige Aufbegehren des Teu-fels sei am Ende „nur auf den freien Willen selbst zurückzuführen". In Kapitel 27 stellt der Schüler die Frage, warum die Gerechtigkeit von dem schlechten Engel gewichen sei. Der Lehrer präzisiert die Frage: Nicht die Gerechtigkeit sei gewi-chen, sondern der schlechte Engel „verließ sie, indem er wollte, was er nicht sollte. [...] Das Warum liegt darin, daß er wollte, was er nicht wollen sollte; das Wie darin, daß er im Wollen dessen, was er nicht sollte, die Gerechtigkeit ver-ließ".[247] Daraufhin stellt der Schüler die entscheidende Frage, die er später noch-mals aufgreift und die Luhmann zitiert: „Warum wollte er, was er nicht sollte?"[248] Auf diese Frage erfolgt die Antwort des Lehrers, die Luhmann zitiert: Die einzige Ursache ist der Wille selbst als das Vermögen zu wollen (*nisi quia velle potuit*).

Die anschließende Frage des Schülers und die Antwort des Lehrers lässt Luh-mann aus: „Sch.: Wollte er dann, weil er konnte? L.: Nein; denn auch der gute Engel konnte so wie er wollen, und dennoch wollte er nicht. Keiner will, was er wollen kann, darum weil er kann, ohne weitere Ursache; obzwar niemand will, wenn er nicht kann."[249] Hier greift Anselm auf Argumentationen der vorherigen Kapitel zurück: In Kapitel 5 erläutert der Lehrer, dass die guten Engel vor dem Fall der bösen die Fähigkeit hatten zu sündigen, sonst „hätten sie die Gerechtig-keit nicht aus (eigenem) Vermögen, sondern aus Notwendigkeit bewahrt".[250] Diese Fähigkeit ist nötig, sonst wäre Luhmanns Schluss plausibel, „daß Freiheit nur als Freiheit zum Bösen möglich ist". Allerdings zeigt Luhmanns Begründung, „weil alles, was gut ist, dem Willen Gottes entspricht", eine einseitige Festlegung der Freiheit auf das Böse. Demgegenüber betont Anselm, dass auch die guten Engel Freiheit realisieren, wenn sie den Willen Gottes tun, weil Ihnen das Ver-mögen zugeschrieben wird, dass sie ebenso hätten handeln können wie die schlechten Engel. Erst *nachdem* die schlechten Engel gefallen waren, konnten die guten Engel nur noch im Willen Gottes bleiben, weil ihnen die Folgen des ver-dienstvollen Handelns nun ebenso klar waren (das Angenehme fiel ihnen zu als etwas, das ihnen Wachstum erlaubte), wie den schlechten Engeln erst im Fallen deutlich wurde, was sie verloren, weil sie etwas wollten, „das Gott ihnen noch

---

[247] Ebd., 243.
[248] Ebd.
[249] Ebd., 245.
[250] Ebd., 155.

nicht (*nondum*) geben wollte".[251] Diesen Erläuterungen in Kapitel 6 entspricht die Überlegung in Kapitel 23, dass weder die guten noch die bösen Engel die Strafe für ein Verlassen der Gerechtigkeit hätten einschätzen können. Denn wenn der gute Engel lediglich aus Furcht vor der Strafe in der Gerechtigkeit verharrte, „so wäre er nicht gerecht gewesen"; und der schlechte Engel hätte „nicht aus freien Stücken wollen [können], was ihn ins Elend stürzen mußte": er wäre „in seinem Nicht-Wollen dessen, was er nicht sollte, nicht gerecht gewesen, da er es zu wollen nicht vermochte",[252] d. h. er hätte sein Aufbegehren im Wissen um die Folgen nicht durchführen können.

Dass er das, was er nicht wollen sollte, trotzdem wollen konnte, ist zwar notwendige Bedingung der Möglichkeit des Engelsturzes. Aber es reicht zur Erklärung „ohne weitere Ursache" nicht aus: „Keiner will, was er wollen kann, darum, weil er kann". Die Suche nach Motiven für das Verlassen der Gerechtigkeit muss eine Antwort geben, die über ein bloßes: ‚Er konnte es eben tun' hinausgeht. Diese Ursachenforschung ist das „Schema", das Anselms Analyse in den Augen Luhmanns zugrunde liegt. Dass Anselm nun am Ende von Kapitel 27 allein auf den Willen verweist – im Anschluss an das Zitat Luhmanns sagt der Lehrer: „Denn dieser Wille hatte keine andere Ursache, die ihn irgendwie angetrieben oder angezogen hätte. Er war sich vielmehr selbst, wenn man so sagen kann, Wirkursache und Wirkung"[253] – deutet Luhmann als Flucht aus dem Schema der Motivationssuche: Die herkömmlichen Semantiken von Stolz, Eifersucht, Neid und Rebellion greifen nicht mehr. Es bleibt nur der Wille allein, der in sich Wirkursache und Wirkung verbindet, als einziges Motiv übrig. Und dieser Willen ist „etwas Gutes und ein freies Geschenk Gottes". Das bestätigt der Lehrer im abschließenden Kapitel 28, indem er allerdings die Modalität, in der dieses gute Vermögen sich durchsetzt, als Ursache des Bösen charakterisiert: „Das Wollen [...] war seinem Sein nach gut, böse aber, weil es ungerecht ausgeführt wurde (*sed quoniam iniuste factum est malum*). Dennoch war es von Gott, von dem alles ist, was etwas ist. Denn nicht nur das hat man von Gott, was Gott freiwillig schenkt, sondern auch das, was man unter seiner Zulassung ungerechterweise

---

251 Ebd., 156f. Mit dem *nondum* wird die zeitliche Perspektive wieder eingespielt (s. o. zu Abschnitt 3). Vgl. ebd., 156–159. Auf die Frage des Schülers, was das *commodum* sei, das die guten Engel erhielten, antwortet der Lehrer, dass er es nicht sehen könne, dass es aber etwas sein müsse, *ad quod crescere potuerunt* (ebd., 156). „Dies ist nun also die Kluft zwischen den Engeln: Die der Gerechtigkeit anhangen, vermöchten überhaupt kein Gut zu wollen, dessen sie nicht schon froh wären. Die die Gerechtigkeit verlassen haben, könnten nichts wollen, an dem sie nicht bereits Mangel litten". Paradoxerweise erhalten die gerechten Engel aufgrund ihres Bleibens in der Gerechtigkeit das Gut, das sie zunächst im Verzicht auf jenes „‚Darüber-hinaus', das sie nicht besaßen", verloren zu haben schienen (ebd., 157).

252 Ebd., 231. Vgl. dazu insgesamt die Argumentation der Kapitel 21–24, vgl. ebd., 218–235.

253 Ebd., 245.

an sich reißt (*sed etiam quod iniuste rapit deo permittente*). Wie man sagt, Gott bewirke, was unter seiner Zulassung geschieht, so auch: Gott gibt, was er sich rauben läßt."[254] Das bestätigt die Aussage Luhmanns, das Aufbegehren des Teufels „ließe sich schließlich noch Gott anlasten, der es zuläßt und damit ermöglicht". Aber drängt sich deshalb wirklich der Schluss auf, „dass Freiheit nur als Freiheit zum Bösen möglich ist", dass also allein der Gebrauch des Willens auf ungerechte Weise (*iniuste*) Freiheit realisiert?

Zu [5.]: Im letzten Abschnitt versucht Luhmann, diesen Schluss durch den Gedanken zu bewähren, dass erst der Teufel die Schöpfung vervollständige, indem er die Gabe Gottes ablehnt. Selbst wenn die Gabe erst durch das Annehmen zur Gabe wird (2. Abschnitt), kann der Sinn der Gabe erst dann beobachtet werden, wenn es möglich ist, die Gabe auch abzulehnen: „Die Unterbrechung des Geben/Annehmen-Zirkels wird durch den Sinn induziert, den dieser Zirkel für einen Beobachter haben muß." Dass der Teufel die Schöpfung komplettiert „durch Realisierung der anderen Möglichkeit", erklärt für Luhmann allererst den Sinn des Engelsturzes „ohne Motivzuschreibung". Er meint, dieses Verständnis könne „die Tradition kaum wagen, weil ihr damit die Verdammung des Bösen entgleiten würde". M. E. liegt jedoch die Bedeutung des Anselmschen Traktats gerade darin, dass er die Moralisierung des freien Willens vermeidet, indem er die Suche nach psychologischen oder politischen Motiven ins Leere laufen lässt – sogar das Motiv der Hybris, so sein zu wollen wie Gott (s. o. zum 3. Abschnitt).[255] Was Luhmann als Flucht aus dem Schema deutet (4. Abschnitt), muss wohl eher – gerade vom Ende des Traktats her – als gewollte Konsequenz einer beeindruckenden theologischen Reflexion interpretiert werden. Es geht Anselm nicht in erster Linie um die Verdammung des Bösen auf der Basis einer moralischen Entparadoxierung des Freiheitsparadoxes (im Sinne einer euryalistischen Analyse des Umgangs mit dem Paradox), sondern darum, das Freiheitsparadox durch Hervorhebung des freien Willens, der Wirkursache und Wirkung

---

[254] Ebd., 244f.

[255] Das gilt sogar für die beiden Motive der Glückseligkeit und Gerechtigkeit, die Gott so zusammenführt, dass sie den Willen ausbalancieren. So sagt der Lehrer in Kapitel 14: „Die hinzugefügte Gerechtigkeit sollte daher so den Willen zur Glückseligkeit im rechten Maß halten, daß sie den Exzeß des Willens vermied, doch ohne Beschneidung seines Vermögens zu überschreiten. Darum ging es, daß er im Wollen, glücklich zu sein, zwar das Maß überschreiten *konnte,* im gerechten Wollen es aber nicht überschreiten *wollte* und so schließlich im Besitz eines gerechten Willens zur Glückseligkeit wirklich selig sein konnte und sollte. Durch Nicht-Wollen dessen, was er nicht wollen soll, obschon er es könnte, sollte er verdienen, das, was er nicht wollen soll, niemals wollen zu können, und im beständigen Festhalten der Gerechtigkeit durch einen im Maß gehaltenen Willen sollte er auf keine Weise Mangel leiden. Wenn er jedoch die Gerechtigkeit durch einen ungemäßigten Willen verließe, so sollte er auf jede Weise Mangel leiden" (ebd., 197). Am Ende bleibt der freie Wille als Gottes Gabe übrig, die der Engel (ergänze: der Mensch) eben auf gerechte oder ungerechte Weise verwendet.

in sich verbindet, ernst zu nehmen (im Sinne einer sthenographischen Rekonstruktion). Gleichwohl gehören beide Denkbewegungen zusammen und wirken, betrachtet man den Traktat als Ganzen, durch ihre wechselseitige Ergänzung.

Vom Ende her gesehen unterbricht der Teufel den Geben/Annehmen-Zirkel gar nicht, wie Anselm es noch zu Beginn in den Kapiteln 3 und 4 betonte. Dort ging es allerdings um das Annehmen der Perseveranz, nicht um das Annehmen des Willens (s. o. zum 2. Abschnitt). Nun macht der Teufel Gebrauch von seinem freien Willen, der ihm von Gott gegeben wurde. Er nimmt also die Gabe an, wenn auch auf unrechte Weise (*iniuste*). In diesem Sinne sagt der Lehrer abschließend: „Insofern der böse Engel also unter Zulassung Gottes auf dem Wege des Raubes Gebrauch von dem Vermögen machte, das Gott ihm freiwillig geschenkt, hatte er von Gott auch diesen Gebrauch, der mit seinem Wollen zusammenfällt. Denn das Wollen besteht in nichts anderem als dem Gebrauch des Vermögens zu wollen, wie das Sprechen und der Gebrauch des Sprachvermögens ein und dasselbe sind."[256]

So wäre nun präziser zu fragen, nicht ob die *Ablehnung*, sondern ob die *unrechte Annahme* der göttlichen Gabe erst die Schöpfung komplettiere. Und hier gibt Anselm in Kapitel 25 eine klare Antwort, indem er den Lehrer auf die Frage des Schülers antworten lässt, ob nicht die guten Engel erst durch das Beispiel der schlechten Engel gelernt hätten, recht zu handeln und die Sünde zu vermeiden: „Hätte nämlich keiner gesündigt, so würde Gott beiden dieses Wissen aufgrund des Verdienstes der Beharrlichkeit auf eine andere Weise, ohne das Beispiel eines, der fiel, vermittelt haben."[257] Dahinter steht die Überzeugung, dass Gott auch andere Wege der Vermittlung rechten Handelns hätte finden können, als die schlechten Engel ins offene Messer laufen zu lassen. Nun ist der Engelsturz aber passiert. Und da hat Gott eben dieses Beispiel genutzt „aus seiner größeren Macht, in der er selbst aus dem Bösen Gutes machen konnte, damit nicht einmal das Böse im Reich der allmächtigen Weisheit ohne Ordnung verbleibe."[258] Daraus folgt, dass nicht der Teufel durch sein Ergreifen der „anderen Möglichkeit" die Schöpfung erst komplettiert, denn die Schöpfung wäre auch ohne das Böse komplett. Da nun aber Böses passiert, wird ihm nun im weisen Schöpfungshandeln Gottes sein Ort zugewiesen – und sei es als abschreckendes Beispiel in pädagogischer Absicht.

Im Gebrauch der göttlichen Gabe des guten freien Willens empfangen zudem die Engel Lohn oder Strafe weniger von Gott, als vielmehr durch sich selbst aufgrund der Konsequenzen ihres Tuns, wie Anselm ebenfalls in Kapitel 25 erläutert: dem bösen Engel „ist die Unmöglichkeit wiederzuerlangen, was er verlassen, Strafe für die Sünde. Dem anderen ist die Unmöglichkeit zu verlassen,

---

[256] Ebd., 245.247.
[257] Ebd., 237.
[258] Ebd., 237.239.

was er festhielt, Lohn der Gerechtigkeit."[259] Auch hier ist die zeitliche Perspektive wichtig: Freiheit realisieren die Engel allein in der einen Entscheidungssituation. Ist die Entscheidung einmal getroffen, ist die jeweilige Konsequenz auf Dauer zu tragen.

Ist der Teufel das ‚zwölfte Kamel' der unabsehbaren Folgen von Freiheit, die im Sinne Euryales im Erzählen seiner Mythen derart vergegenwärtigt werden, dass das Freiheitsparadox unter den zahlreichen Motivzuschreibungen verdeckt wird? Könnte die ‚Rückgabe' des Teufels im Sinne Sthenos darin bestehen, das Freiheitsparadox ernst zu nehmen und ihm ins Auge zu blicken? Inwiefern oszilliert Anselm in seinem Traktat zwischen einer euryalistischen und einer sthenographischen Strategie im Umgang mit den Paradoxien des Teufels? Wie steht Luhmanns Anselm-Rezeption im Besonderen und seine eigene ‚Dämonologie' im Allgemeinen zu diesen Fragen?

3.3 „Die Weisung Gottes als Form der Freiheit": Die religiöse Wurzel der Paradoxie

Anselm entfaltet in *De casu diaboli* die Paradoxie der Schöpfung am konkreten Beispiel des Engelsturzes. Das Schöpfungsparadox besteht darin, dass in der guten Schöpfung Gottes – Böses entsteht. Wie kann Gottes gutes Handeln Bedingung der Möglichkeit für böse Wirkungen sein, während es zugleich Bedingung der Unmöglichkeit für Böses sein müsste? Wie kann aus dem Engel, erschaffen zum Lobe Gottes, ein Teufel werden, der Gott widerstreitet? Zur Entparadoxierung probiert Anselm einige ‚zwölfte Kamele' aus, die sich in den Narrativen über das Geschick des Teufels finden: Der Engel wollte so wie Gott sein oder sogar größer (Hybris), er weigerte sich, die gute Gabe Gottes (der Perseveranz im Wahren bzw. Guten) anzunehmen (Stolz), er verkannte die Größe Gottes (Dummheit). Die Liste lässt sich ergänzen: Er missgönnte dem Menschen seine besondere Nähe zu Gott (Neid), er sorgte sich um seine Stellung bei Gott (Angst), er wollte Gott in seiner Größe schützen (Liebe), etc. Alle diese ‚Kamele' benennen Gründe, warum der Engel zum Teufel wird – und laufen damit paradoxerweise an der Schöpfungsparadoxie vorbei (bis auf das Liebesmotiv bei Iblis). Indem sie das zweiwertige Schema gut/böse bestätigen und Gott sowie die guten Engel auf die gute Seite, die schlechten Engel mit ihren lasterhaften Motiven auf die böse Seite bringen, verschleppen sie die paradoxe Einheit von Gut und Böse (das Unbehagen an Anselms Lösung, das Böse als Nichts zu definieren und auf diese Weise begriffslogisch zu entsorgen, bestätigt das Ungenügen eines Tricks, über den Eriugena mit seiner Hypertheologie bereits hinausging). Nur das Liebes-

---

259   Ebd., 235.237.

motiv führt zur Oszillation: Der Teufel ist böse, aber seine Liebe ist gut, aber sein Ungehorsam ist böse, aber dieser geschieht doch aus Liebe, ...

Anselm gibt das zwölfte Kamel der kausalen Motivzuschreibung zurück. Luhmann erkennt das deutlich, wenn er betont, der Engelsturz sei für Anselm „nur auf den freien Willen zurückzuführen und hat keinerlei Ursache außer sich selbst".[260] Der freie Wille ist uneingeschränkt gut, weshalb die moralische Entparadoxierung nicht auf ihn anwendbar ist. Anselm besteigt nun ein anderes zwölftes Kamel, indem er von der kausalen Motivzuschreibung zur modalen Kategorie des Maßes wechselt, um so der Form der Freiheit gerecht zu werden. Der Wille ist nicht gut oder böse, aber er kann auf rechte oder unrechte Weise gebraucht werden. Der Engelfall wird zum Rechtsfall. Auch diese Strategie des Wechsels von einer moralischen zu einer rechtlichen Perspektive ist eine Möglichkeit, mit der Freiheitsparadoxie umzugehen. Sie kann auch zur Entfaltung der Rechtsparadoxie angewendet werden (s. u. 3.4).

Wie auch immer differenziert wird – es geht darum, überhaupt Unterscheidungen zu treffen. In seinem theologisch wichtigen Essay „Die Weisung Gottes als Form der Freiheit" bezeichnet Luhmann die Weisung, Unterscheidungen zu treffen – Spencer Browns ‚Draw a distinction!' – als Weisung Gottes (s. o. 3.2.2.3). Welche Unterscheidungen konkret getroffen werden, ist nicht beliebig, weil mit jeder Unterscheidung Konsequenzen verbunden sind. Diese Folgen schlagen sich in den Erfahrungen von Menschen innerhalb der Gesellschaft und ihrer Subsysteme nieder. Konsistenz und Konsequenz einer Unterscheidung binden sie an ein offenes Konzept von Wahrheit, das gegen Unterstellungen von Willkür und Relativismus steht. Jede Unterscheidung ist immer auch eine Beobachtung erster Ordnung. Ist sie zugleich eine Beobachtung zweiter Ordnung und wird als solche beobachtet, dann wird deutlich, dass es einen Unterschied macht, welche Unterscheidungen getroffen werden. Welche Bedeutung der Theologie und ihrer Beobachtungstechnik nach Luhmann zukommen kann, wenn sie die Weisung Gottes als Form der Freiheit beobachtet, wird am Ende dieses Abschnitts erläutert (3). Um Luhmanns Zugriff auf die Theologie zu verstehen, sollen zuvor drei Rezeptionsweisen, mit denen er Theologisches bei Browne, Eriugena und Anselm gelesen hat, analysiert werden (1). Dabei hat die Differenz seiner Auseinandersetzung mit dem Freiheitsparadox im Vergleich zu derjenigen Anselms eine besondere inhaltliche Brisanz. Sie ist deshalb detaillierter im Rückgriff auf die beiden anderen Freiheitsschriften Anselms zu erörtern (2).[261]

---

[260] Luhmann 1991, 64. S. o. 3.2.3.3, zu Abschnitt 4.

[261] Vgl. Anselm von Canterbury (1994b): *De libertate arbitrii* / Über die Freiheit des Willens, in: Ders. 1994, a. a. O., 61–119; Anselm von Canterbury (1994c): *De concordia praescientiae et praedestinationis et gratiae dei cum libero arbitrio* / Über die Vereinbarkeit des Vorherwissens, der Vorbestimmung und der Gnade Gottes mit dem freien Willen, in: Ders. 1994, a. a. O., 249–361, abgekürzt *De concordia*.

3.3.1 Luhmanns Rezeptionsweisen theologischer Reflexionen

Luhmanns Umgang mit prägnanten Zitaten erinnert durchaus an die radikal-konstruktivistische Hermeneutik, die Ernst von Glasersfeld im Gespräch mit Heinz von Foerster so beschreibt: „Ich mache mir da gar keine Gewissensbisse, was ich lese, so [konstruktivistisch, N. B.] zu interpretieren, denn ich sage mir, wer immer diese Sachen liest, muß sie interpretieren." Im Sinne einer solchen rezeptionsorientierten Hermeneutik war von Glasersfeld „immer interessiert [...], Zitate aufzuklauben, die man konstruktivistisch interpretieren kann".[262] Ähnlich kann man sich vorstellen, wie Luhmann prägnante Zitate in seinem Zettelkasten notierte. Losgelöst von der Lektüre eines Werkes konnte er sie später in seine Gedankengänge einflechten, ohne sich um die ursprünglichen Zusammenhänge zu scheren. In einem Interview erzählt Luhmann, wie der Kasten mit seinem komplexen, nicht-linearen Verweissystem für ihn zum wichtigen Kommunikationspartner wurde, ein „spinnenförmiges System, das überall ansetzen kann".[263] Jean Clam erweist diesem ‚Ding' seine Hommage, indem er es als Realsymbol eines (post-)modernen Denkstils deutet:

> „Es ist dies ein reales Konstrukt, an dem die Kreuzung, Flechtung und Produktion der Intellektion aus Inkongruenz am sinnfälligsten wird. Es ist der *Signifikant post-ontologischer* theoretischer *Intellektion schlechthin.* Insofern wäre er als Ding eine höchst aufbewahrenswerte, anschauungswürdige Entität: das Sinnbild einer Wissensfabrik, eines Prozessors, das alle Identität in Differenz auflöst, aber die Herausforderung der differenzialistischen Auflösung mit der faktischen Lebendigkeit der theoretischen Operation und ihrer laufend erfahrenen jouissance begegnet. Ähnlich wie Pascals Rechenmaschine ist er als verdinglichter Signifikant eine in sich epochale Strukturen sammelnde Realgestalt."[264]

---

[262] Foerster, Heinz von/Glasersfeld, Ernst von (2014): Wie wir uns erfinden. Eine Autobiographie des radikalen Konstruktivismus, Heidelberg 5. Aufl., 12f.

[263] Vgl. Luhmann, Niklas (1987a): Archimedes und wir. Interviews, hg. v. Dirk Baecker und Georg Stanitzek, Berlin, 143, vgl. ebd., 142–145. Das Interview mit dem Titel „Biographie, Attitüden, Zettelkasten" führten 1985 Rainer Erd und Andrea Maihofer (vgl. ebd., 125–155). Zur komplexen Organisation dieses spinnenförmigen Systems vgl. Schmidt, Johannes F. K. (2012): Luhmanns Zettelkasten und seine Publikationen, in: Jahraus/Nassehi u. a. (Hg.), a. a. O., 7–11. Schmidt beschreibt eindrücklich, wie Luhmann in seinen Veröffentlichungen die in der Verweisungsstruktur der Zettel vorhandene Komplexität stark reduziert, „was u. a. an der Begrenztheit des Platzes und der notwendigen Linearität der Darstellung liegt. Positiv [und paradox] formuliert, könnte man auch sagen, dass erst die Publikationsform die im Zettelkasten vorhandene Komplexität verfügbar macht, indem sie sie vermindert" (ebd., 11).

[264] Clam 2004, 331. Der Zettelkasten konnte 2015 in einer Ausstellung der Kunsthalle Bielefeld besichtigt werden. Bis 2030 soll die die Digitalisierung der 90.000 Zettel abgeschlossen sein; einen Eindruck über den Umfang des Projekts sowie einen Einblick in das System gibt seit 2019 das Niklas-Luhmann-Archiv. https://niklas-luhmann-archiv.de/bestand/zettelkasten/tutorial Aufruf 12.12.2021.

Der Kasten sammelt „in sich epochale Strukturen" des Denkens und bringt sie in „Kreuzung, Flechtung und Produktion der Intellektion aus Inkongruenz" wieder hervor. So wird er selbst zu einem Akteur im Netzwerk der operativen Theoriefabrikation Luhmanns.[265] In Bezug auf seinen Zitatgebrauch lassen sich aus den vorgelegten Beobachtungen drei unterschiedliche Rezeptionsformen bestimmen, die in ihrer jeweiligen Funktion zu beschreiben sind: Eine eher aphoristische in Bezug auf Browne (1), eine okkasionelle in Bezug auf Eriugena (2) und eine prinzipielle in Bezug auf Anselm (3).

3.3.1.1 Religio Medici von Thomas Browne (17. Jh): Aphoristisch gelesen

Das Zitat des theologischen Laien *Thomas Browne* diente als Schlusspunkt in einem Aufsatz, der die Paradoxie der Form der Unterscheidung untersucht und am Ende die „Letztzuständigkeit" der Religion als traditionelle Agentin der Paradoxieentfaltung im Blick auf deren zu transformierende Dogmatik hinterfragt. Hier hat die paradoxe Formulierung Brownes eine das Nachdenken anregende Funktion, die das Ende des Aufsatzes als Nicht-Ende markiert. Die durch den Browneschen Aphorismus ‚*Methinks there be not impossibilities enough for an active faith*' angeregte Lektüre seines Essays konnte zeigen, wie Browne im Rückgriff auf seine Rezeption Tertullians die paradoxe Einheit von Glauben und Vernunft bearbeitet. Browne thematisiert das Oszillieren von Glauben und Vernunft und balanciert sie im Vergleich zu Tertullian anders aus: Was für Tertullian noch *impossibilities* waren, die seinen *active faith* provozierten, ist für Browne aufgrund der Glaubwürdigkeit des historischen Zeugnisses vernünftig.

Michael Seewald stellt in seiner Einführung in die Systematische Theologie die vernunftkritische Position Tertullians, der die Offenbarung gegen die Philosophie in Stellung brachte, der moderaten Position Augustins gegenüber, der eine prinzipielle Einheit von Vernunft und Glauben betonte (etwa in der Bestimmung des Logos als ewiges Seinsprinzip), wobei der Glaube jedoch im Bekenntnis zur Heilsgeschichte über das allein durch Vernunft Erkennbare hinausweise (etwa dass im Menschen Jesus dieser Logos inkarniert).[266] Interessant ist nun,

---

[265] Zu Bruno Latours Akteur-Netzwerk-Theorie, die den Rahmen dafür liefert, Artefakte wie den Zettelkasten als soziale Aktanten zu deuten, vgl. Schäfer, Hilmar (2013): Die Instabilität der Praxis. Reproduktion und Transformation des Sozialen in der Praxistheorie, Weilerswist, 251–309. Stefan Altmeyer wies 2014 auf eine Leerstelle der konstruktivistischen Religionsdidaktik in Bezug auf das „Eigenleben der Dinge" hin, vgl. Altmeyer, Stefan (2014): Vom Eigenleben der Dinge. Der religionsdidaktische Konstruktivismus quergelesen mit Bruno Latour, in: Zeitschrift für Pädagogik und Theologie 66, 349–357. Zur Bearbeitung dieser Leerstelle vgl. den Jubiläumsband des Jahrbuchs für konstruktivistische Religionsdidaktik zum Thema ‚Praxistheorie': Büttner/Mendl/Reis/Roose (2019/Hg.), a. a. O., darin auch besonders den Beitrag von Altmeyer, Stefan (2019): Tange me. Proben zu einer Religionsdidaktik der Dinge in fünf Stücken (S. 42–52).

[266] Vgl. Seewald 2018, 83–88.

dass Browne die ‚zufälligen Geschichtswahrheiten' als ‚allgemeine Vernunft-
wahrheiten' (Lessing) wahrnimmt und damit die Grenze von Glaube und Vernunft verschiebt. Solche Verschiebungen bringen dann, wie Luhmann schreibt,
„Fragen an das traditionelle corpus religiöser Dogmatiken mit sich". Ob allerdings Brownes Verschiebungen einer aktuellen religiösen Paradoxieentfaltung
dienen kann, wäre eigens zu überprüfen.

Als Hinweis diene ein Zitat aus dem 27. Abschnitt seines Essays, wo er die
naive Wundergläubigkeit in der aufklärerischen Absicht des Naturwissenschaftlers (seine Profession war die Medizin) kritisch hinterfragt und zugleich ausgehend vom Wunder der Schöpfung seinen Glauben an die wunderwirkende Allmacht Gottes bestätigt: „Auch dies ist ja Wunder: nicht allein eine Wirkung
gegen und über die Natur hervorzubringen, sondern noch vor der Natur; und die
Natur selbst zu schaffen, ist ebenso wunderbar, wie ihr zuwider oder über sie
hinaus zu wirken. Wir definieren die Allmacht Gottes zu eng, wenn wir sie auf
unser Begriffsvermögen festlegen."[267] Aber auch hier ist im Gesamtzusammen-
hang bis zum 33. Abschnitt ein Oszillieren zu verzeichnen zwischen aufgeklär-
tem ‚Nein' (etwa zur Kraft von Reliquien) und gläubigem ‚Ja' (etwa zu den Wirkungen von Engeln und Teufeln).[268] ‚Engel' beschreibt Browne am Ende des 33.
Abschnitts, den Gedankengang zum Themenbereich ‚Wunder, Magie, Geister'
abschließend, mit dem paradoxen Ausdruck *light invisible*.[269] Seine Strategie der
Entparadoxierung ist die einer durchdachten Unentschiedenheit, die es ihm in
Streitfragen ermöglicht, die Dinge in der Schwebe zu halten: „Ich will nicht sagen, Gott kann nicht, er will vielmehr manches nicht tun, wovon wir dreist erklären, er könne es nicht. Damit nehme ich gewiß den schicklichsten Standpunkt
in der Streitfrage ein, und behaupte doch kein Paradox; denn genaugenommen
ist Sein Vermögen gleich seinem Willen, und beide zusammen machen mit allen
anderen Attributen doch nur einen Gott aus."[270]

3.3.1.2 *Periphyseon von Johannes Scotus Eriugena (8. Jh): Okkasionell gelesen*

Diente Brownes Aphorismus immerhin noch als Knalleffekt am Ende eines Aufsatzes (s. o. 3.2.3.1), wird *Johannes Scotus Eriugena* von Luhmann in seinem Beitrag

---

[267] Browne 1998, 64f.
[268] Vgl. ebd., 1998, 64–75.
[269] Browne 1972, 36. Im Zusammenhang schreibt Browne: „Ich kann nicht mit der Autorität
       des großen Kirchenvaters das Werk des ersten Tages, *Fiat lux*, zweifelsfrei auf die Erschaf-
       fung der Engel beziehen, muß aber einräumen, daß schwerlich ein Geschaffenes mehr
       Abglanz ihrer Natur zeigt als das Licht der Sonne und der Gestirne. Wir bezeichnen es als
       bloßes Akzidenz, doch wo es für sich Bestand hat, wird es zur geistigen Substanz, und mag
       wohl ein Engel sein. Kurzum: stellt euch ein unsichtbares Licht vor, so habt ihr einen
       Geist" (Browne 1998, 75). Auch hier wieder: Er will sich nicht versteigen soviel zu sagen
       wie der Kirchenvater (Augustinus), aber irgendwie hat er doch recht, wenn auch paradox
       gebrochen: das Licht ist unsichtbar.
[270] Browne 1998, 65.

„Die Weisung Gottes als Form der Freiheit" als Stichwortgeber instrumentalisiert. Sätze des Theologen bieten Luhmann die Gelegenheit, seine These, Gott als ununterscheidbaren Urheber der Unterweisung ‚Triff eine Unterscheidung!' zu deuten, theologiegeschichtlich zu unterfüttern. Luhmann unterscheidet nicht, dass der im Fließtext zitierte Halbsatz nicht vom Lehrer, sondern vom Schüler stammt, der damit die zuvor erörterten Techniken kataphatischen und apophatischen Redens über Gott in ihrer paradoxen Differenzierung realisiert: *forma est, forma non est; informitas est, informitas non est*'. Komplexer sind die in der Fußnote zitierten Sätze des Lehrers, die Luhmann als Beleg dafür dienen, Eriugenas Theologie entspreche seiner eigenen Intuition: Gott ist in sich selbst ununterscheidbar – und deshalb kann er sich selbst auch nicht erkennen, wie der Lehrer feststellt. Korrekt streicht Luhmann heraus, dass dann „weder eine positive noch eine negative Theologie befriedigt, denn woher käme diese Unterscheidung?"

Vielleicht hat Luhmann übersehen, dass im Zusammenhang mit der von ihm zitierten Aussage des Lehrers, Gott sei unbegreiflich sowohl für sich selbst als auch für jeden Intellekt, die Differenz von positiver und negativer Theologie hypertheologisch überwunden werden soll. Dieses Übersehen ist insofern konsequent, als sich in jeder Beobachtung – so auch in Luhmanns soziologischer Beobachtung theologischen Beobachtens – ein Unterscheiden vollzieht, das theologisch zu überwinden wäre. Das ist natürlich ein paradoxes Unterfangen, weil auch der Überstieg über *via positiva* und *via negativa* durch *via eminentiae* das Unterscheiden voraussetzt, das überwunden werden soll (s. o. 3.2.2.3). Es sei denn, es ließe sich eine Beobachtung dritter Ordnung denken, die als paradoxe Differenzeinheit von Beobachten und Nicht-Beobachten verstanden werden könnte. Theologie als Hypertheologie könnte dann dazu dienen, Wege in eine Beobachtung dritter Ordnung zu weisen. Veronika Limberger hat m. E. in der von ihr rekonstruierten Übersetzungstätigkeit Eriugenas ein Charakteristikum eines solchen Weges entdeckt:

> „Die lateinische Sprache bedient sich des Komparativs, um ‚absolute' Größen, wie Sein, Weisheit, Güte, nochmals zu steigern. Doch gerade dies, eine bloße Steigerung, entspricht nicht zur Gänze dem Grundgedanken der Hypertheologie. Es müsste vielmehr eine Steigerung ins Unendliche sein, die nie zu einem Abschluss kommt und sich selbst immer wieder negierend weiter steigert, gewissermaßen *plus quam plus quam plus quam ... esse/sapientia/aeternitas* usw. Die griechische Sprache hingegen ‚überspringt' diesen unendlichen Weg, indem sie ihn mit einem schlichten und unbestimmten *hypér-* zusammenfasst."[271]

Eriugenas Weg vom Lateinischen zum Griechischen und zurück ist sozusagen eine Analogie des Wegs vom Oszillieren angesichts der Paradoxien zum Springen in ein unterschiedsloses Beobachten Gottes – im Bewusstsein, dass diese paradoxe Form der Beobachtung nicht festzuhalten, sondern lediglich einzuüben ist

---

[271] Limberger 2015, 168.

und allenfalls momenthaft erfahren werden kann. Der Vorgang selbst lässt sich nur metaphorisch paradoxal beschreiben, von Limberger in der Analogie des Übersetzens als ein ‚Überspringen des unendlichen Wegs' – insofern das Über-Setzen die sprachliche Besonderheit der einen Sprache in der Differenz zur anderen Sprache zugleich wahrnimmt und in der Wahl einer konkreten Übersetzung verdeckt, ‚überspringt'. Luhmann hat zwar aussagekräftige Zitate aus *Periphyseon* gewählt, doch bleibt ihm die Kernaussage des Werks verborgen.

Das gilt im Übrigen auch für das dritte Eriugena-Zitat im Aufsatz, wenn Luhmann an späterer Stelle der Verweis auf *Periphyseon I 43-48* als Beleg dient für die in der Moderne nicht mehr viable „mittelalterliche[...] Ordnung des Beobachtens (Definierens = Placierens), in der die Unterscheidung höherer und niedriger Wesen vorausgesetzt war und nur die höheren die niederen definieren konnten".[272] Nach Luhmann unterscheidet Eriugena die niederen Wesen „Engel und Menschen" von Gott in Bezug auf ihre Unterscheidungsfähigkeit, insofern sie „zwar unterscheiden können, *daß* sie existieren, nicht aber, *als was* sie existieren (nulla natura sive rationalis sive intellectualis est quae ignoret se esse quamvis nesciat quid sit)".[273]

Mit diesem Zitat aus *Peripyhseon I 48* läutet der Lehrer sein vom Schüler erbetenes Beispiel für eine Argumentation des Areopagiten ein. Dionysius hatte behauptet, dass die bösen Dämonen „keine Wesenheit verderben" könnten,[274] da „Wesenheit, Kraft und Wirksamkeit" – hier nennt Eriugena die griechischen Begriffe *ousía, dúnamis, enérgeia* und übersetzt sie mit *essentia, virtus, operatio* – in „jeder vernünftigen und denkenden Natur drei unabtrennliche und stets unver-

---

[272] Luhmann 1990a, 89. In Fußn. 33 verweist er ohne Zitat auf *Periphyseon I 43*, folgenden Dialog zwischen Lehrer und Schüler: „Sch. Also kommt die Kenntnis der Begriffsbestimmung allein der denkenden Natur zu, die im Menschen und Engel besteht. Ob aber ein Engel oder Mensch sich selber oder der Mensch den Engel oder der Engel den Menschen definieren kann, ist keine geringfügige Frage, und ich möchte erfahren, was du davon hältst. – L. Ich glaube, dass Keiner von Beiden sich selber, noch auch Einer den Andern definieren kann. Denn wenn der Mensch sich selber oder einen Engel definiert, so ist er größer als er selber oder als der Engel; denn das Definierende ist ein Größeres als das Definierte. Dasselbe findet beim Engel statt. Ich glaube deshalb, dass diese Beiden allein von Dem, der sie nach seinem Bilde geschaffen hat, definiert werden können. – Sch. So scheint sich der Schluss zu ergeben, dass der vernünftige Geist nur solche Naturen definieren könne, welche unter ihm stehen, seien sie nun sichtbar oder unsichtbar. – L. Wer dies sagt, irrt von der Wahrheit nicht ab; wo sich also Definitionen von solchem finden, was definiert werden kann, da befinden sich auch die Räume dessen, was darin umschrieben wird" (Eri[u]gena 1870, 63, dem heutigen Sprachgebrauch angepasst). Am Ende wird deutlich, dass es um die Kategorie des Raumes bzw. Ortes geht; vgl. Ansorge 1996, 150–159.

[273] Luhmann 1990a, 89, Fußn. 33.

[274] Eri[u]gena 1870, 70 (*Periphyseon I 48*).

lierbare Gesichtspunkte" darstellten.[275] „Wesenheit, Kraft und natürliche Wirksamkeit" seien „in jedem körperlichen und unkörperlichen Geschöpf" – Menschen und Engeln also – „unvergänglich und unzertrennlich".[276] Auf die Bitte des Schülers antwortet der Lehrer nun mit dem Originalbeleg Luhmanns: „Es gibt keine vernünftige oder denkende Natur, die nicht wüsste, dass sie ist, wenn sie auch nicht weiß, was sie ist."[277] Nachdem der Schüler dieser Aussage zugestimmt hat, erläutert sie der Lehrer als Beispiel für die Gültigkeit der ‚dionysischen' Argumentation:

> „Wenn ich also sage: ‚ich verstehe, dass ich bin', deute ich mit diesen Worten drei voneinander unzertrennliche Bezüge an. Ich sage nämlich damit sowohl, dass ich bin, als dass ich mich selber verstehen kann, und dass ich mich als seiend denke. Du siehst also, dass mit jener Aussage meine Wesenheit, meine Kraft und mein Tun bezeichnet wird. Denn verstehen könnte ich nicht, wenn ich nicht wäre, und wenn ich die Kraft des Verstandes entbehrte, und eben diese Kraft hält sich in mir nicht still, sondern tritt beim Verstehen in Wirksamkeit."[278]

Wenn die menschliche Natur entsprechend ihrer unverlierbaren Kraft „sich selber verstehen kann", dann ist damit eingeschlossen, was Luhmann unter den inhaltlichen Selbstbeobachtungen des Menschen versteht. Wenn der Lehrer im Luhmannzitat sagt, der Mensch wisse nicht, was seine Natur ist, dann ist damit etwas Anderes gemeint. Das wird deutlich aus dem Zusammenhang, in dem das Zitat steht. In *Periphyseon I 45* unterscheidet der Lehrer zwischen der „Wesenheit als solcher" (*ousían per seipsam*) und dem zeitlich-räumlichen Charakter der Wesenheit (*localis temporalisque est*):

> „Niemand kann die Wesenheit als solche definieren und sagen, was sie sei; sie kann vielmehr nur aus demjenigen definiert werden, was ihr so untrennbar anhängt, dass sie ohne dies nicht sein kann, nämlich aus Raum und Zeit. Denn jede aus Nichts geschaffene Wesenheit ist räumlich und zeitlich; räumlich nämlich, weil sie nicht unbestimmt, sondern irgendwie bestimmt ist; zeitlich dagegen, weil dasjenige, was nicht war, zu sein anfängt. Damit wird aber keineswegs bestimmt, was die Wesenheit ist, sondern dass sie ist; denn aus Raum und Zeit und anderem Zufälligen, dessen Sein entweder inner- oder außerhalb ihr selber gedacht wird, ergibt sich nur, dass sie ist, nicht was sie ist. [...] Denn auch die All-Ursache, Gott, wird nach ihrem Sein lediglich aus dem von ihr Geschaffenen erkannt; was sie aber ist, können wir von Seiten der Kreatur aus in keiner Weise denken. Es wird

---

275 Ebd., 65 (*Periphyseon I 44*); was Noack adjektivisch als „unabtrennliche und stets unverlierbare Gesichtspunkte" bezeichnet, ist im Lateinischen nominal ausgedrückt: *tria inseparabilia semperque incorruptibilia.*

276 Ebd., 70 (*Periphyseon I 48*). Eriugena benutzt dieselben Wörter, die Noack unterschiedlich übersetzt, indem er sie, jetzt adjektivisch genutzt, im Vergleich zu *I 44* umdreht: *incorruptibilia sunt et inseparabilia.*

277 Ebd.

278 Ebd., 70f. (heutigem Sprachgebrauch angepasst). Vgl. Ansorge 1996, 280. Dort in der Fußn. 82 der Text im lateinischen Wortlaut.

darum von Gott nur die einzige Definition gegeben, dass er ist, der mehr als Sein ist" (*qui plus quam esse est*).[279]

Wenn Eriugena also vom Nichtwissen über die Wesenheit spricht, meint er es, wie das Beispiel am Schluss betont, in dem hypertheologischen Sinn der *via eminentiae*, der Luhmann verschlossen bleibt. Ganz abgesehen davon diskutiert Eriugena die anthropologischen Grundlagen menschlichen Erkennens, natürlich vor dem Hintergrund der Schöpfungstheologie, erst im vierten Buch von *Periphyseon* ausführlich.[280]

3.3.1.3 De casu diaboli von Anselm von Canterbury (11. Jh): Prinzipiell gelesen

Ist Luhmanns Gebrauch der Sätze Eriugenas okkasionell, indem er über sie die Gelegenheit nutzt, eigene Thesen zu unterfüttern, hat seine Rezeption des Traktats *De casu diaboli* von *Anselm von Canterbury* einen prinzipiellen Charakter. Zwar geht es Luhmann natürlich in erster Linie darum, seine eigene Dämonologie zu bestätigen, aber die zitierten Texte sind in gewisser Weise widerständiger und in sich pluraler als die Zitate Eriugenas. Auch wenn alle Zitate nur in den Endnoten des Aufsatzes „Sthenographie und Euryalistik" niedergelegt sind, stammen sie immerhin vom Anfang (Kapitel 4) und vom Ende des Traktats (Kapitel 27) und zeigen in sich eine Denkentwicklung, die Luhmann wahrnimmt, auch wenn er sie so deutet, als müsse Anselm am Ende ein Analyseschema flüchten, das er sich zu Anfang auferlegt hätte.

Richtig ist: Dieses Analyseschema der Suche nach Ursachen für das Böse außerhalb der Freiheitstat, die vom in sich guten, weil von Gott gegebenen Willen bewirkt wird, prägt den Diskurs von Lehrer und Schüler. Verschiedene Ursachen werden erprobt. Die erste Vermutung des Schülers ist, Gott habe die gute Gabe nicht gegeben: zunächst ist es die Beharrlichkeit, in der Wahrheit stehen zu bleiben, dann wird die Wahrheit (oder das Gute) aufgespalten in Glückseligkeit und Gerechtigkeit, und am Ende bleibt der gute Wille übrig. Schon zu Beginn wird geklärt, dass Gott gibt; wenn beim Teufel nichts ankommt, dann deshalb, weil er nicht annimmt. Diese Unterbrechung des Geben/Annehmen-Zirkels, die Luhmann als eigentliche Freiheitstat des Teufels, als Bedingung der Möglichkeit von Freiheit überhaupt und als Komplettierung der Schöpfung (über)bewertet, spielt aber am Ende keine Rolle mehr: Der Teufel nimmt die Gabe des guten Wil-

---

[279] Eri[u]gena 1870, 66 (heutigem Sprachgebrauch angepasst).

[280] Vgl. Ansorge 1996, 257–284 (der Abschnitt: „Die Einheit der Welt im Erkennen des Menschen"). Im Rückgriff auf *Periphyseon IV 10* streicht Ansorge die schöpfungsgemäße Einheit von Menschen und Engeln heraus: „Im wechselseitigen Erkennen verwirklicht sich eine Einheit, in jeder im Anderen der Andere selbst ist: Mensch und Engel sind ‚im wechselseitigen Erkennen einander so eingefügt, daß der Engel im Menschen wie ein Mensch und der Mensch im Engel wie ein Engel hervorgebracht werden – durch wechselseitiges Verstehen vereint und durch die einfache Betrachtung der Wahrheit geformt' (*simplicique veritatis contemplatione formati procreantur*)" (ebd., 283, ebd., Fußn. 91).

lens paradoxerweise an, indem er seine Freiheit realisiert, dabei aber die Beharrlichkeit im Gerecht-Sein loslässt. Aber dieses Loslassen ist nun kein kausales Motiv mehr, nichts, was der Teufel wirklich wollen kann. Die Lösung, die sich am Ende zeigt, beruht auf einer Umstellung des kausalen Schemas in ein modales: Der Teufel realisiert seine Freiheit auf ungerechte Weise. Anselm begegnet dem Freiheitsparadox nicht mehr moralisch, sondern rechtlich.

Was Luhmann nicht wahrnimmt, ist zum einen der Lernprozess im Dialog zwischen Lehrer und Schüler. Die Zuschreibungen von sozialen Motiven wie der Hybris, so sein zu wollen wie Gott, verlieren sich im Verlauf des Diskurses. Denn das Motiv ist nicht an sich böse – Jesus hat es auf gerechte Weise realisiert und die *assimilatio* ist denen versprochen, die Gott auf richtige Weise beobachten (auch den Theolog*innen „in aller professionellen Bescheidenheit"). Und auch die politische Semantik der Rebellion verblasst: vom Aufbegehren gegen Gottes Wille ist am Ende keine Rede mehr. Die Konsequenz markiert Luhmann sehr deutlich: Wenn es keine klare Ursache für den Fall der Engel gibt, kein Motiv außerhalb der Tat des freien Willens selbst, dann entfällt „der Bezugspunkt der Verdammung des Bösen". Die Versuche zur Entparadoxierung des Freiheitsparadoxes über moralische Verurteilung scheitern.

Zum anderen übersieht Luhmann, dass diese Konsequenz Anselm nicht zu einer Flucht aus dem kausalen Schema zwingt (s. o. 3.2.3.3). Auch wenn Anselm selbst die Konsequenz nicht zum Ausdruck bringt, hat er doch mit seinem stringenten theologischen Gedankengang die Grundlage dafür gelegt, einen nichtmoralischen Umgang mit den bösen Folgen der guten Freiheit in Angriff zu nehmen (unabhängig davon, ob ihm das in späteren Schriften gelingt). Freilich stellt sich die Frage nun anders: Was genau macht den Unterschied aus zwischen gerechter und ungerechter Verwirklichung der Freiheit? Was bringt es, die Entparadoxierung vom Moralischen ins Rechtliche zu verschieben? Das sind prinzipielle Fragen, zu denen Anselm einen wichtigeren Beitrag leistet, als Luhmann es wahrnimmt.

3.3.2 Zum Umgang mit dem Freiheitsparadox bei Anselm und Luhmann

Zunächst skizziere ich die unterschiedlichen Hintergründe Anselms und Luhmanns und spekuliere über deren mögliche Auswirkung auf ihre Interessen am Engelsturz (1), bevor ich zwei Fragen zur Rezeptionsanalyse diskutiere und damit die gerade begonnenen Überlegungen weiterführe: Auf welche unterschiedlichen Weisen entfalten Luhmann und Anselm das Freiheitsparadox (2)? Welche Bedeutung haben die Hinweise Luhmanns zum Verständnis des Engelsturzes, die das Thema ‚Zeit' betreffen und über den Text Anselms hinausgehen (3)?

3.3.2.1 Unterschiedliche Hintergründe des Interesses am Engelsturz

Anselm verfasst seine Überlegungen zum Ursprung des Bösen vor dem Hintergrund des mittelalterlichen Ordo-Gedankens, der in einer stratifikatorisch gegliederten, hierarchischen Gesellschaft sein soziales Korrelat hat. Die göttliche Ordnung der Welt sollte sich in der Erfahrung des Menschen widerspiegeln. Der Glaube daran, dass Gott Gerechtigkeit schafft, indem er, spätestens am Ende, alles in ein rechtes Maß setzt, prägte sein theologisches Denken. Das könnte ein Motiv dafür sein, dass für ihn die Maßlosigkeit der schlechten Engel in ihrem Gebrauch der guten göttlichen Willensgabe wenn schon nicht das Motiv, so doch das Kriterium ihres Böse-Werdens darstellte.[281]

Die denkerische Grundlage zeigt der Dialog, den Anselm vor *De casu diaboli* zeitgleich in den Jahren 1080–1085 mit dem Dialog *De veritate* (Über die Wahrheit) verfasste: *De libertate arbitrii* (Über die Freiheit des Willens). Im vorletzten Kapitel dieses Dialogs (13) erläutert Anselm, warum er seine Definition der Willensfreiheit für vollständig hält; sie lautet: „Das Vermögen, die Rechtheit des Willens um ihrer selbst willen zu bewahren" (*potestas servandi rectitudinem voluntatis propter ipsam rectitudinem*).[282] Damit grenzt er sich von Augustinus ab, der Willensfreiheit definierte als „Vermögen zu sündigen und nicht zu sündigen".[283] Deshalb ist es Anselm direkt in Kapitel 1 wichtig zu begründen, dass das Sündigen-Können nicht zur Definition der Willensfreiheit gehört. Denn wenn das so wäre, hätten weder Gott noch die guten Engel (die nach dem Engelsturz nicht mehr sündigen können) einen freien Willen.[284] Aber Anselm begründet den Ausschluss der Sündenfähigkeit aus seiner Definition darüber hinaus begriffslogisch: Die Freiheit hängt nicht an der Fähigkeit zu sündigen, denn wer „auf keine Weise von der Rechtheit, nicht zu sündigen, abgebracht zu werden vermag" (z. B. Gott), ist freier als jene es sind, die „auf irgendeine Weise zum Sündigen bewogen werden" können.[285] Je stärker die Fähigkeit zur Sünde, desto schwächer die Freiheit; und je schwächer die Sündenfähigkeit, desto stärker die Freiheit: „Das Vermögen zu sündigen, das dem Willen hinzugefügt, seine Freiheit mindert und dessen Wegnahme sie mehrt, ist also weder die Freiheit noch ein Teil von ihr."[286]

---

[281]   Vgl. Hafner 2011, 138–140.

[282]   Anselm 1994b, 114f. Bereits in *De veritate* hatte Anselm den Begriff der Rechtheit (*rectitudo*) als Oberbegriff für Wahrheit und Gerechtigkeit (*iustitia*) aus dem Begriff des Sollens abgeleitet. Damit überstieg er einen korrespondenztheoretischen Wahrheitsbegriff (*adaequatio rei et intellectus*) in die Richtung eines erstphilosophischen, der die Bedingungen der Möglichkeit reflektiert, von Wahrheit zu sprechen (vgl. Verweyen 1994, 33–38).

[283]   Verweyen 1994, 39.

[284]   Vgl. Anselm 1994b, 68f.

[285]   Ebd., 69.

[286]   Ebd.

Zur Begriffsdefinition eignet sich demnach nicht, was zwar den konkreten Gebrauch der Freiheit prägt, die Freiheit selbst aber nicht zu bestimmen vermag. Das kann eine Analogie mit dem Vermögen der Nahrungsaufnahme zeigen: Ob viele oder wenige Lebensmittel vorhanden sind, prägt sicherlich die Esskultur eines Menschen, einer Familie, eines Volkes. Um aber den Begriff ‚Nahrungsaufnahme' zu klären, wäre es beispielsweise aufschlussreicher, über die Physiologie der Esswerkzeuge oder die Notwendigkeit des Stoffwechsels zu sprechen. Die Masse der verfügbaren Lebensmittel bestimmt nicht, ob jemand Nahrung physiologisch verarbeiten kann oder nicht. Analog bedeutet die Sündenfähigkeit als solche „weder eine Hilfe zur Freiheit des Nicht-Sündigens noch einen Zwang zur Knechtschaft des Sündigens", wie Anselm in Kapitel 2 formuliert.[287]

Im letzten Kapitel (14) teilt der Lehrer auf Wunsch des Schülers verschiedene Arten von Freiheit auf alle Vernunftwesen auf: Die erste Unterscheidung betrifft die ungeschaffene Freiheit, die niemand empfangen kann, weil Gott allein sie von Ewigkeit hat, gegenüber der geschaffenen Freiheit, die von Engeln und Menschen (als den geschaffenen Vernunftwesen) empfangen wird. Die geschaffene Freiheit wird wiederum unterschieden in jene, die Rechtheit hat, um sie zu bewahren, gegenüber der anderen, der es an Rechtheit mangelt. Diese beiden Sorten werden wiederum zweifach unterschieden: Wer die Rechtheit hat, kann sie entweder verlieren (die Engel vor dem Engelsturz und die Menschen vor dem Tod) oder nicht (die guten Engel nach dem Sturz der schlechten und die ausgewählten Menschen nach dem Tod). Der Mangel an Rechtheit kann entweder behoben werden (bei Menschen, die sie im irdischen Leben verloren haben) oder nicht (bei den schlechten Engeln nach ihrem Sturz und bei Menschen nach ihrem Leben).[288] Anselms Definition von Willensfreiheit, die Rechtheit des Willens um ihrer selbst willen zu bewahren, entspricht der Definition der guten Gabe des Willens, die Wirkursache und Wirkung in sich vereint, am Ende von *De casu diaboli*. Das Wollen ist essentiell gut (*velle autem secundum essentiam bonum*), insofern es ihm immer um die Rechtheit des Willens um ihrer selbst willen geht. Das Wollen kann aber dann böse werden, wenn es diese Rechtheit verlässt und ungerecht gebraucht wird (*sed quoniam iniuste factum est malum*).[289]

Luhmann rezipierte *De casu diaboli* vor dem Hintergrund einer funktionalen Gesellschaft, in der das Recht, wie auch die Religion, Wissenschaft, Wirtschaft, Kunst u. a. operational geschlossene Systeme sind, die sich autopoietisch in ihren funktionalen Vollzügen erhalten, sich über strukturelle Kopplungen miteinander im Medium der Kommunikation verbinden und dadurch gemeinsam das System der Gesellschaft ständig hervorbringen. Luhmann interessierte an

---

[287] Ebd., 73.
[288] Vgl. ebd., 118f. Das wären dann wohl die Menschen, die im ewigen Feuer landen. Über deren Anzahl sowie über das weitere Geschick der schlechten Engel sagt Anselm in den Freiheitsschriften nichts.
[289] Anselm 1994a, 244.

Anselms Traktat nicht, den Gedankengang präzise zu rekonstruieren. Ihn faszinierte wohl eher, dass Anselm am Ende die von Gott gegebene Willensfreiheit ohne die üblichen Semantiken der Motivzuschreibung charakterisieren konnte, und zwar als Einheit von Wirkursache und Wirkung (*efficens causa et effectum*):[290] Das gute Werkzeug des von Gott gegebenen Willens bewirkt in seinem unrechten Gebrauch den Engelsturz.

Die zitierten Stellen aus den Kapiteln 4 und 27 sind zentral für ein Verständnis des Freiheitsparadoxes, wie es für Luhmann im Mythos vom Engelsturz zum Ausdruck kommt: Die Bedingung der Möglichkeit von Freiheit ist das Vermögen, in der Annahme des guten Willens als Gabe Gottes sich zugleich dem göttlichen Willen zu widersetzen. Das setzt voraus, sich von Gott durch Beobachtung distanzieren zu können: zu wissen, was er von seinem Engel erwartet, und den ‚Mut‘ zu haben, diesen Erwartungen nicht zu entsprechen. Zugleich liegt im Vollzug des Widerstands die Bedingung der Unmöglichkeit von Freiheit. Denn im Fallen als Folge des freien Handelns sind die Würfel ‚gefallen‘: Der Teufel gelangt nicht mehr in die Nähe der göttlichen Herrlichkeit zurück. Im Mythos wird sogar ausgewählten Menschen sein Platz an Gottes Seite versprochen. Diese Paradoxie zeigt sich auch im Liebesparadox bei Iblis, denn dieser widersetzt sich aus Liebe zu Gott dem göttlichen Gebot, den Menschen zu verehren.

Diese Situation des Teufels als Beobachter Gottes mit ihren im Beobachten implizierten Paradoxien (zentral jene von Liebe und Freiheit) ist für Luhmann ein Symbol für die Situation der Menschen in der polykontexturalen Welt. Sie sind Beobachter*innen, die im Beobachten entscheiden, was sie beobachten und welche Seite der Unterscheidung sie bezeichnen. Dadurch wird die andere Seite der Unterscheidung erst einmal nicht beachtet, und mögliche andere Beobachtungen der Welt können nicht realisiert werden. Das engt die Freiheit ein, weil zu kurz kommt, was im Beobachten notwendigerweise nicht wahrgenommen wird (obwohl paradoxerweise erst durch die Wahl Freiheit realisiert wird). Wenn Menschen dann versuchen, sich aus diesem Weltparadox durch den Trick zu lösen, dass sie nun eben das Beobachten beobachten, nehmen sie zwar viele Möglichkeiten des Beobachtens wahr, verlieren aber die Nähe zur konkreten Weltbeobachtung und handeln sich andere blinde Flecken ein, weil sie nicht zugleich beobachten können, wie sie andere Beobachtungen beobachten. Und das verunsichert sie in ihrem Handeln, weil es ständig andere und möglicherweise bessere Handlungsalternativen gibt – ähnlich wie Iblis an den Folgen seines Festhaltens an der Liebe zu Gott verzweifelt.

3.3.2.2 Freiheit und Verantwortung

Wie kein Beobachten ohne blinde Flecken auskommt, ist jede Freiheit durch Momente von Unfreiheit versehrt. Der Teufel als Zwischenbeobachter ist das 12.

---

290   Ebd.

Kamel, mit dem sich das Freiheitsparadox entparadoxieren lässt. Den Mythos vom Teufel zu erzählen kann eine euryalistische Technik sein, etwa das Böse in personifizierte Dämonen abzuschieben, um Phänomene von ‚Besessenheit' zu erzeugen, die in Gesellschaften mit ausgeprägtem Dämonenglauben auftreten.[291] Dann tut nicht der Mensch selbst, was er nicht wollen kann, sondern etwas Böses in ihm handelt statt seiner. Davon erzählen die biblischen Geschichten von Dämonenaustreibungen, indem sie Jesu Vollmacht über die Kräfte Satans bezeugen (s. u. 3.4.2.3). Aber diese Entparadoxierung reicht nicht aus. Der sthenographische Blick auf den Zwischenbeobachter Teufel entdeckt in ihm die eigenen Züge. Der Blick auf den blinden Fleck ist unbequem und kann gefährlich sein: Wie umgehen mit der Erkenntnis, dass das Böse in der eigenen Verantwortung liegt? Die Erkenntnis kann lähmend wirken und so Handlungsoptionen einfrieren. Aus dem versteinernden Oszillieren ist ein Absprung zu schaffen. Die Bedingung der Möglichkeit des Abspringens ist das Bewusstsein um die eigene Verantwortung, das zugleich diese lähmende Wirkung hat und damit Bedingung der Unmöglichkeit ist abzuspringen: eine paradoxe Situation.

Sowohl Anselm als auch Luhmann nehmen diese Verantwortung des Teufels wahr. Sein Fallen, das auch als ein Gelähmt-Sein im Stürzen interpretiert werden kann, ist keine Strafe Gottes, sondern die in Kauf genommene Folge des eigenen Handelns in Freiheit (Kapitel 6). Unterschiedlich ist die Bewertung dieser Freiheitstat: Für Luhmann ist sie Bedingung der Möglichkeit von Freiheit, für Anselm ist sie lediglich eine Möglichkeit, Freiheit zu realisieren – die guten Engel realisieren eine andere Möglichkeit. Die „Komplettierung der Schöpfung durch Realisierung der anderen Möglichkeit", die Luhmann den schlechten Engeln zuschreibt, ist für Anselm keine schöpfungstheologische Option: Gott braucht zur Vollendung seiner Schöpfung keine Geschöpfe, die ihren guten Willen auf ungerechte Weise verfolgen. Wenn das schlechte Beispiel des Engels einen pädagogisch-abschreckenden Effekt haben sollte, dann nimmt Anselm dahinter die Weisheit Gottes wahr. Aber zum Verständnis der Freiheit der guten Engel ist diese Vorstellung eher hinderlich: Deshalb haben sich die guten Engel schon *vor* dem Engelsturz für ihre gerechte Weise im Annehmen der guten Gabe Gottes entschieden, und die schlechten Engel wussten *vorher* nicht, was ihnen bevorsteht (Kapitel 23).[292]

Damit ist die zeitliche Perspektive benannt, die Luhmann in seine Interpretation einbringt und mit der Anselm auf ganz andere Weise umgeht. Luhmann

---

[291]   Vgl. Poplutz, Uta (2013): Dämonen – Besessenheit – Austreibungsrituale, in: Zimmermann, Ruben (Hg.): Kompendium der frühchristlichen Wundererzählungen, Bd. 1: Die Wunder Jesu, Gütersloh, 94–107: „Nur in einem dämonologischen Milieu wird das Phänomen der Besessenheit (und die Möglichkeit ihrer Bekämpfung) als soziale Ausdrucksform psychopathischer Konflikte angeboten und akzeptiert" (100).

[292]   Deshalb distanzierte sich Anselm auch von einem Freiheitsbegriff, der Sündenfähigkeit als Bedingung der Möglichkeit von Freiheit voraussetzt (Kapitel 1–3 von *De libertate arbitrii*), vgl. Anselm 1994b, 66–83.

betont Gottes Geben „von außerhalb der Zeit", das ständig stattfindet und damit „nicht vor der Entscheidung über Annahme und Ablehnung", sondern in deren Vollzug. Der Geben/Annehmen-Zirkel wird somit jeweils im zeitlichen Vollzug des Annehmens oder Ablehnens realisiert oder unterbrochen – aufgrund der jeweiligen Entscheidung der einzelnen Engel. Damit ist klar, dass Gott immer gibt, denn sonst läge die sündige Nicht-Annahme seines Gebens in seiner Verantwortung (das war das Problem des Schülers zu Beginn des Traktats, das dann spätestens in Kapitel 4 gelöst ist). Anselm spricht hingegen an keiner Stelle davon, dass Gott „von außerhalb der Zeit" gibt.

Trotzdem spielt die zeitliche Perspektive eine große Rolle: zum einen, wenn Anselm betont, dass das Motiv des Engels wie dasjenige Evas, wie Gott sein zu wollen – abgesehen davon, dass es nicht böse sein konnte, weil es vom Schöpfergott in den Menschen eingepflanzt war (Kapitel 20) – „damals" nicht passte (Kapitel 4), bzw. Gott ihnen die Gottgleichheit „noch nicht" geben wollte (Kapitel 5). Das entspricht der Intuition Luhmanns, wenn er in der Anmerkung vermutet, dass der Engel nur „zu früh" versucht habe, wie Gott zu sein. Und zum anderen zeigt sich die Bedeutung der Zeit, wenn Anselm herausstreicht, dass die Engel sich mit der Entscheidung zur gerechten und ungerechten Annahme des guten Willens Strafe und Lohn, die ihnen vor der Entscheidung nicht bekannt waren, auf ewig einhandeln, insofern weder den schlechten Engeln eine Rückkehr in den Zustand vor dem Fall, noch den guten Engeln ein Fallen möglich ist (Kapitel 25). Würde das nicht bedeuten, dass mit der freien Entscheidung jede Freiheit aufhört? Die Bedingung der Möglichkeit von Freiheit (eine Entscheidung zu treffen) wäre zugleich die Bedingung der Unmöglichkeit von Freiheit, weil aufgrund der getroffenen Entscheidung keine andere Entscheidung mehr möglich wäre: Eine paradoxe Situation.

3.3.2.3   Zeit und Ewigkeit

Welche Rolle spielt nun die Zeit in dieser Situation? Für Luhmann ist es klar, dass Gott „außerhalb der Zeit" agiert – sein Geben geschieht „ständig (und immer wieder neu)" –, während die Engel in ihrem freien Annehmen oder Ablehnen der Gabe Freiheit realisieren und darin zugleich innerhalb der Zeit handeln (für Luhmann realisieren sogar nur die schlechten Engel Freiheit, weil die guten Engel ‚nur' dem Willen Gottes entsprechen). Anselm unterscheidet im Traktat nicht zwischen außerhalb und innerhalb der Zeit. Insofern er von einem Damals (*tunc*) und einem Noch-Nicht (*nondum*) spricht sowie den Zustand vor dem Fall (Beharren in der Rechtheit möglich) vom Zustand nach dem Fall (Rechtheit unwiederbringlich verloren) unterscheidet, liegt seiner Argumentation eine Vorstellung vom zeitlichen Verlauf der Dinge zugrunde. Trotzdem hält er daran fest, dass die Gabe der Freiheit allen vernünftigen Geschöpfen gegeben ist und sie diese Gabe auch nicht verlieren, selbst wenn sie die Rechtheit im Gebrauch der Freiheit nicht wiedererlangen können. Wie ist das im Blick auf die Zeit zu denken? Anselm unterscheidet, wie in der mittelalterlichen Philosophie üblich, zwischen Zeit und Ewigkeit.[293] Allerdings steht Gott als Exponent der Ewigkeit nicht außerhalb der Zeit.

Man kann sich die Differenz von Zeit und Ewigkeit gut an einem Beispiel verdeutlichen, das Anselm in Kapitel 6 von *De libertate arbitrii* gibt: Es sei verständlich, wenn jemand lügt, um sein Leben zu retten – das ist ein extremes Beispiel für die Versuchung, die Rechtheit des Willens um seiner selbst willen fallen zu lassen. „Diese Erschwernis hebt aber die Freiheit des Willens nicht auf. Sie kann den Willen zwar wider ihn selbst bestürmen (*impugnare*), wieder ihn selbst erstürmen (*expugnare*) kann sie ihn aber nicht."[294] Selbst wenn der Angriff auf die Willensfreiheit Erfolg hat, insofern jemand lügt, um sein Leben zu erhalten, ist die Festung der Willensfreiheit damit nicht eingenommen. Denn es ist möglich, dass jemand nicht lügt, um der Wahrheit zu genügen, auch wenn er damit seinen Tod in Kauf nimmt. Der Mensch ist sich nämlich innerlich darüber im Klaren, dass er eigentlich nicht lügen soll.[295] „Wenn nämlich ein Mensch lügen will, um dem Tod zu entgehen und sein Leben auf Zeit zu retten: Wer würde es für unmöglich halten, daß er nicht-lügen wolle, um dem ewigen Tod zu entgehen und ohne Ende zu leben?"[296]

Anselm arbeitet hier mit einer Paradoxie, die an ein berühmtes Wort Jesu erinnert: „Denn wer sein Leben retten will, wird es verlieren; wer aber sein Leben um meinetwillen verliert, wird es finden" (Mt 16,25). Nachdem Jesus den besorgten Petrus, der ihn von seinem angekündigten Leiden ablenken möchte, harsch zurückgewiesen hat: „Tritt hinter mich, du Satan! Ein Ärgernis bist du mir, denn du hast nicht das im Sinn, was Gott will, sondern was die Menschen wollen" (Mt 16,23), fordert Jesus seine Jünger*innen auf, sich selbst zu verleugnen, ihr Kreuz auf sich zu nehmen und ihm nachzufolgen (Mt 16,24). Jesus verheißt denen Leben, die bereit sind, es um seinetwillen zu verlieren. Analog argumentiert Anselm, wenn er zwei Alternativen nebeneinander stellt: Den Tod

---

[293] Vgl. Kapriev, Georgi (1997): Räumlichkeit (Ort und Zeit) gemäß Anselm von Canterbury, in: Aertsen, Jan A./Speer, Andreas (Hg.): Raum und Raumvorstellungen im Mittelalter, Miscellanea mediaevalia 25, 229–248. Kapriev fasst die Überlegungen Anselms zum Zeitbegriff, ausgehend vom Monologion, systematisch zusammen. Er differenziert drei Perspektiven: Die Zeit des einzelnen Dings, die Zeit aller Dinge zu einem Zeitpunkt (*saeculum*) und die „Wahrheit aller Zeiten und der einen ganzen Zeit". Erst aus dieser dritten Perspektive (der göttlichen Wahrheit) werde „die Art und Weise der Korrespondenz von Zeit und Ewigkeit zugänglich" (ebd., 242).

[294] Anselm 1994b, 94f.

[295] Das erinnert an Kants Argumentation in einer kleinen Schrift: Vgl. Kant, Immanuel (1797): Über ein vermeintes Recht, aus Menschenliebe zu lügen, in: Akademie-Ausgabe VIII. Schriften nach 1781, 423–430. Entsprechend dem kategorischen Imperativ ist ein Aufgeben der Wahrhaftigkeit – aus welchen guten Gründen auch immer – eine moralische Kapitulation und ein Selbstwiderspruch. Wenn die Lüge zum Grundsatz des Handelns würde, wäre kein Zusammenleben von Menschen mehr möglich.

[296] Anselm 1994b, 95.

nicht zu ertragen und das *zeitliche Leben* mit einer Lüge zu retten (*ut non sustineat mortem et servet vitam ad tempus*), oder durch Nicht-Lügen den *ewigen Tod* zu meiden und dadurch ein Leben *ohne Ende* zu gewinnen (*ut vitet aeternam mortem et sine fine vivat*).[297] Vorausgesetzt ist hier aus einer Perspektive der Ewigkeit, dass die Wahrheit ein höheres Gut ist als das irdische Leben. Der Verlust des Lebens um der Wahrheit willen verheißt sogar ewiges Leben. Die Ewigkeit umfängt die Zeit und hat ihr gegenüber deutlich einen Mehrwert.

Noch klarer wird das Verhältnis von Zeit und Ewigkeit in einer Passage des letzten Werks von Anselm, *De concordia*. In dieser Schrift versucht Anselm nachzuweisen, dass die Vorsehung Gottes nicht mit der Willensfreiheit im Widerspruch steht: „Ein Vorherwissen Gottes und ein freier Wille scheinen einander zu widersprechen. Denn was Gott vorausweiß, muß notwendig eintreten. Was aber durch freie Willensentscheidung geschieht, geht aus keiner Notwendigkeit hervor.“[298] Die Lösung des Widerspruchs erscheint zunächst wie ein billiger Trick: „Denn zum einen ist notwendig, was Gott als zukünftig vorausweiß; und zum anderen weiß Gott etwas als zukünftig voraus, das ohne jede Notwendigkeit eintritt.“[299] Das heißt, im Vorauswissen Gottes ist die Willensfreiheit vorgesehen: „Du solltest nicht sagen: ‚Gott weiß voraus, dass ich sündigen oder nicht sündigen werde‘, sondern ‚Gott weiß voraus, daß ich ohne Notwendigkeit eine Sünde begehen oder sie unterlassen werde.‘ Daraus folgt dann, daß du, ob du nun sündigst oder nicht, in beiden Fällen unter keiner Notwendigkeit stehst, weil Gott vorausweiß, daß das zukünftige Ereignis ohne Notwendigkeit geschehen wird.“[300] Der Trick besteht darin, die Perspektive Gottes zu differenzieren: Er weiß nicht allein voraus, was geschehen wird – und das muss notwendig wie vorausgesehen geschehen, sonst wäre es nicht vorausgesehen –, sondern er weiß auch, dass manches von dem, was notwendig passieren wird, nicht mit Notwendigkeit geschehen darf, damit sich darin Freiheit realisiert.

Das scheint paradox: Die Bedingung der Möglichkeit des Vorauswissens ist, dass das im Voraus Gewusste so eintritt wie vorgesehen. Die Bedingung der Unmöglichkeit des Vorauswissens ist, dass die Dinge aufgrund der Freiheit der handelnden Personen nicht im Voraus berechnet werden können. Einfach zu behaupten, Gott wisse mit Notwendigkeit, dass die freiheitlichen Handlungen nicht mit Notwendigkeit geschehen, ist nicht befriedigend. Diese Paradoxie löst sich nur auf, wenn die göttliche Zeit-Perspektive der Ewigkeit in ihrer Differenz zur menschlichen Zeit-Perspektive des Nacheinanders von Vergangenheit, Gegenwart und Zukunft beachtet wird: „Wie nämlich die zeitliche Gegenwart jeden

---

[297] Ebd., 94.
[298] Anselm 1994c, 251. Was für das Vorauswissen gilt, wird später auch für die Beziehungen der Freiheit zur Prädestination (vgl. ebd., 288–295) und zur göttlichen Gnade ausgeführt und ergänzt (vgl. ebd., 294–361).
[299] Ebd., 253.
[300] Ebd.

Ort umschließt und was sich an allen Orten befindet, so schließt die ewige Gegenwart zugleich alle Zeit in sich und was immer sich zu allen Zeiten zuträgt."[301] Die Analogie mit der zeitlichen Gegenwart (*praesens tempus*) leuchtet ein: So wie der messbare Zeitpunkt in der Gegenwart alle Orte verbindet, entsteht der Gedanke der ewigen Gegenwart (*aeterno praesenti*) durch Ausweitung der örtlichen Zusammenhänge auf ein ewiges Jetzt, das außer den Orten noch Vergangenheit und Zukunft umfasst: "Denn die Ewigkeit hat ihr eigenes ‚Zugleich', in dem alles ist, was dem Ort und der Zeit nach zugleich, wie auch das, was an verschiedenen Orten und zu verschiedenen Zeiten ist."[302]

Während Luhmanns Wendung vom ‚Außerhalb der Zeit' einen Gegensatz zum ‚Innerhalb der Zeit' nahelegt, bedeutet ‚Ewigkeit' bei Anselm die paradoxe Einheit von Außerhalb- und Innerhalb-der-Zeit-Sein. Insofern ‚Ewigkeit' (als Zeitform Gottes) Zeit und Nicht-Zeit umgreift, entparadoxiert sie die Paradoxie zwischen dem Vorauswissen Gottes und der Willensfreiheit seiner Vernunftgeschöpfe. Anselms Differenzierungen in den Beziehungen zur Freiheit als dem Vermögen, die Rechtheit des Willens um ihrer selbst willen zu bewahren, werden aus der Perspektive der Ewigkeit neu beleuchtet: Für Gott vollzieht sich das Fallen der schlechten Engel wie das Bleiben der guten Engel sozusagen ‚ständig' – analog zum Geben der guten Gabe der Willensfreiheit, das sich auch nach Luhmann "immer (und immer wieder neu) gleichzeitig" mit dem Annehmen der Gabe vollzieht. Die Differenzierungen in ein Vor oder Nach dem Sturz bzw. beim Menschen in ein Vor oder Nach dem Tod sind ‚nur' innerhalb der chronologischen Zeit-Perspektive der Menschen relevant.

Diese Differenz in der Gegenwartserfahrung der Menschen und der ewigen Gegenwart Gottes beschreibt Luhmann in seinem Aufsatz „Gleichzeitigkeit und Synchronisation" präziser als in seinem Kommentar zu *De casu diaboli*: "Die Zeit ‚kontrahiert' (um einen Begriff des Nikolaus von Kues zu verwenden) auf die Gegenwart, um diese dann von Zukunft und Vergangenheit zu unterscheiden, während Gott nach alter Auffassung in der Unterschiedslosigkeit seines Wesens diese Operation zwar veranlaßt, aber nicht mitvollzieht, und so mit allen Zeiten

---

[301] Ebd., 271. „*Si quidem quemadmodum praesens tempus continet omnem locum et quae in quolibet loco sunt: ita aeterni praesenti simul clauditur omne tempus, et quae sunt in quolibet tempore*" (ebd., 270).

[302] Ebd., 271. Anselms ausführliche Reflexionen zum Thema ‚Zeit und Ewigkeit' können hier nicht diskutiert werden, vgl. ebd., 267–275; vgl. Kapriev 1997. Kapriev geht auch auf die hier ausgewählten Belege aus *De concordia* und Anselms Argumentation in seinem letzten Werk ein, vgl. ebd., 241–245. „Die Wahrheit der Zeit ist die Ewigkeit. Die Ewigkeit Gottes (die einfachhin außer aller Zeit und außer allem Ewigen, das aber nicht Gott ist, steht) erweist sich als die bestimmende Grenze, die die Wahrheit und das Sein der Zeit generiert und garantiert, obschon sie der Grenze jeglichen Anfangs und Endes entbehrt" (ebd., 244). Interessant ist, dass Kapriev die Ewigkeit Gottes als ein Außerhalb aller Zeit (ähnlich Luhmann) und ein Außerhalb allen Ewiges beschreibt, um so die paradoxe Einheit von Zeit und Nicht-Zeit (dem anderen Ewigen) im ewigen Gott zu verankern.

gleichzeitig bleibt."[303] Hier steht Gott nicht „außerhalb der Zeit", sondern ist entsprechend der mittelalterlichen Ewigkeitsvorstellung „allen Zeiten gleichzeitig". Zwar „veranlaßt" er die chronologische Zeitlichkeit der menschlichen Zeit-Perspektive, insofern seine Weltschöpfung die Schöpfung der Zeit beinhaltet. Aber ebenso wie Gott nicht mit der Summe der geschaffenen ‚Welt' identifiziert werden sollte, vollzieht er die von ihm geschaffene Zeitlichkeit selbst mit und bleibt nur so „mit allen Zeiten gleichzeitig". Die Gleichzeitigkeit des Ungleichzeitigen ist aus menschlicher Perspektive eine Paradoxie, „da Vergangenheit und Zukunft immer nur gleichzeitig bestehen, nämlich als Horizonte eines gegenwärtigen Ereignisses. Die Paradoxie der Zeit besteht also in der Gleichzeitigkeit unterschiedlicher Zeiten, die in der Zeit entparadoxiert wird."[304] Das zwölfte Kamel der Zeit wird in der Beobachtung Gottes aus der Perspektive der Ewigkeit zurückgegeben, sie entspricht der paradoxen Einheit von Beobachtung und Nicht-Beobachtung, die ich als Beobachtung dritter Ordnung postuliere. Der Beobachtungsweise Gottes in Bezug auf die Freiheit des Menschen ist weiter nachzuspüren – im letzten Kapitel (s. u. 4.1).

3.3.3   Soziologie und Theologie im Wechsel der Perspektiven

Wenn Luhmann seinen Begriff der Paradoxie nicht bloß anwendet, sondern über dessen Ursprünge reflektiert, kommt er in der Regel auf Theologisches zu sprechen: Seien es Antworten auf die Paradoxie des Todes, etwa durch die ‚Kontingenzformel Gott' (s. o. 3.2.2) oder seien es Reflexionen darauf, wie mit der (theologischen?) Erfindung des ‚Zwischenbeobachters' Gottes umzugehen sei, etwa in Bezug auf das Freiheitsparadox, das in den Narrativen zum Engelfall eindringlich auftritt (s. o. 3.2.3). In einem Gespräch mit Georg Stanitzek, publiziert unter dem schönen Titel „Schwierigkeiten mit dem Aufhören", sagte Luhmann, dass es ihm als Gesellschaftstheoretiker darauf ankomme, alle Bereiche der Gesellschaft „zu thematisieren. Und mein Ehrgeiz ist, damit so nah wie möglich an das Selbstverständnis dieser Bereiche heranzukommen, also zum Beispiel über eine Religionstheorie verfügen zu können, die die Diskussionen in der Theologie aufnimmt, obwohl sie sie nicht in der Form eines missionarischen Glaubenseifers behandelt".[305]

In der Tat nimmt Luhmann „Diskussionen in der Theologie" auf, wie die Beispiele von Eriugena und Anselm zeigten. Aber bedeutet seine Abgrenzung, die von ihm genutzte Religionstheorie (bzw. die Diskussionen in der Theologie)

---

[303]   Luhmann 1990a, 117. Vgl. ausführlich zur Bedeutung der Zeit innerhalb seiner Beobachtungstheorie: Luhmann 1990, 103–111.

[304]   Nassehi, Armin (2012): Zeit, in: Jahraus/Nassehi u. a. (Hg.), a. a. O., 127f., 128.

[305]   Luhmann 1987a, 77. In diesem Interview geht es hauptsächlich um das System ‚Kunst', vgl. ebd., 74–98.

„nicht in der Form eines missionarischen Glaubenseifers" zu behandeln, im Umkehrschluss, dass Theolog*innen einen solchen Eifer an den Tag legen bzw. ihn zeigen sollten? Mag das noch für Anselm gelten, wenn er etwa sein *Proslogion* mit einem Gebet beginnt,[306] so gehört es doch heute zum Selbstverständnis der Theologie, sich an die Gepflogenheiten des wissenschaftlichen Diskurses zu halten und auf einen „missionarischen Glaubenseifer" zu verzichten (und die gegenwärtigen Diskussionen in der Theologie sind vielleicht weniger durch missionarischen Glaubenseifer zu charakterisieren als die soziologischen Diskussionen über die Bedeutung der Systemtheorie). Mir scheint, Luhmann meint etwas anderes, das Anselm im *Proslogion* in den berühmt gewordenen letzten Sätzen von Kapitel 1 wie folgt zum Ausdruck brachte: „Ich suche ja auch nicht einzusehen, um zu glauben, sondern ich glaube, um einzusehen. Denn auch das glaube ich: wenn ich nicht glaube, werde ich nicht einsehen."[307]

Nicht die Einsicht führt zum Glauben, der sonst seinen Charakter als Geschenk verlöre und mit der Vernunft in eins fiele – dagegen wendet sich Thomas Browne, wenn er zwischen Glauben und Vernunft oszilliert (s. o. 3.2.3.1). Sondern indem Anselm vom Glauben ausgeht, von dem sein Gebet zeugt, kann er auch im Glauben etwas einsehen. Hier braucht es keinen missionarischen Glaubenseifer, sondern ‚nur' die nüchterne Feststellung im Reentry der Differenz von Glauben und Vernunft auf die Seite des Glaubens, dass auch die paradoxe Einheit von Glauben und Vernunft letztlich vom Glauben getragen ist: Auch das glaubt Anselm nämlich, dass er ohne Glauben nichts verstehen wird. Im biblischen Bezug auf Jes 7,9 (Vulgata: *Si non credideritis, non permanebitis*) tauscht Anselm das Verb *permanere* (ausharren, fortdauern, verbleiben) zugunsten des Verbs *intellegere* (verstehen, begreifen).[308] Damit zeigt er, dass ihm die theologische Reflexion dazu dient, im Glauben auszuharren. Er glaubt zwar, um einzusehen, aber durch seine Einsicht stärkt er die Kraft, im Glauben zu bleiben. Die Theologie steht im Dienst eines Glaubens, dessen Selbstverständlichkeit nicht selbstverständlich ist – sonst bräuchte der Glaube nicht die Unterstützung durch den Verstand. Im Gegensatz zu Anselm jedoch, dessen theologisches Beobachten vom Glaubensaxiom ausgeht, beansprucht Luhmann, das System ‚Religion' zu beobach-

---

[306] Vgl. Anselm von Canterbury (2006): *Proslogion*. Lateinischer Text nach der Edition von F.S. Schmitt, S. Anselmi Opera omnia (Seckau 1938), übersetzt und in Teilsatzgliederung ins Netz gestellt von Hans Zimmermann, Görlitz, http://12koerbe.de/pan/proslog.htm Aufruf 15.12.2021, Kapitel 1.

[307] Ebd.: „*neque enim quaero intelligere ut credam sed credo ut intelligam. nam et hoc credo quia ‚nisi credidero non intelligam'* [Is 7,9]."

[308] Zur Bedeutung des Satzes im Hebräischen als Wortspiel mit der Wurzel *aman* (fest, sicher, zuverlässig sein) und zur exegetischen Einordnung vgl. Hieke, Thomas (2009): ‚Glaubt ihr nicht, so bleibt ihr nicht' (Jes 7,9). Zur Bedeutung des Glaubens im Alten Testament, in: Theologie und Glaube (99) 27–41. Im Rückgriff auf die existentiellen Glaubenserzählungen in den biblischen Schriften (z. B. Gen 22) deutet Hieke Jes 7,9 als Ermutigung zur Standfestigkeit im Vertrauen auf Gott trotz ernstzunehmender Zweifel und Anfechtungen.

ten, ohne den Glauben vorauszusetzen – wenn auch im Rückgriff auf theologische Reflexionen bzw. im kritischen Diskurs mit ihnen.

In einem ersten Schritt rekonstruiere ich eine Passage am Ende des Aufsatzes „Die Weisung Gottes als Form der Freiheit" (wo Luhmann Eriugena rezipiert hat, s. o. 3.2.2.3, 3.3.1.2), indem ich meine Paraphrase mit kritischen Anfragen verbinde (1). Im zweiten Schritt erörtere ich die sich daraus ergebenden Fragen im Rückgriff auf Luhmanns Kapitel zur „Selbstbeschreibung" des religiösen Systems, dem letzten Kapitel des posthum erschienenen Werkes „Die Religion der Gesellschaft" (2). Auf diese Analysen greife ich zurück, wenn ich im vierten Kapitel Chancen und Grenzen des interdisziplinären Arbeitens wissenschaftstheoretisch im Blick auf die Form der Beobachtung diskutiere.

3.3.3.1 Rekonstruktion theologischer Beobachtungstechnik nach Luhmann

Luhmann geht auf die Schwierigkeit der Theologie ein, in einer polykontexturalen Welt das Glaubensaxiom vorauszusetzen. Denn das Axiom dieser Welt ist es, „den Verzicht auf die autoritative Vorgabe bestimmter Unterscheidungen und Bezeichnungen zu akzeptieren".[309] Was sich in der stratifikatorisch differenzierten Gesellschaft Anselms von selbst verstand – ‚Gott' spiegelte die ‚Spitze' der Oberschicht wider und die ‚Kirche' deren ‚Mitte' in ihren städtischen Zentren – wird sinnlos in einer funktional differenzierten Gesellschaft „ohne Spitze und ohne Mitte".[310] Welche Rolle kann ‚Gott' in einer solchen Gesellschaft noch spielen? Zu Beginn weist Luhmann darauf hin, dass Spencer Browns Logik „eine ununterscheidbare Unterscheidung als Anfang" erfordere, „irgendeine Unterscheidung, die nicht durch ihren Unterschied zu anderen Unterscheidungen bestimmt" sei. Nur so könne das Operieren „wirklich anfangen".[311] In seinem Beitrag erprobt Luhmann die These, den ununterscheidbaren ‚Gott' als Urheber dieser Anfangsunterscheidung zu verstehen. Paradox gefragt: Wie kann Gott dazu zwingen zu unterscheiden – in Freiheit? Abschließend konzentriert Luhmann seine wissenschaftstheoretischen Aussagen zur Theologie und ihrer künftigen Entwicklung im Horizont von Interdisziplinarität aus seiner soziologischen Perspektive – in den folgenden sechs Abschnitten:

> „[1.] Uns die Angst vor ‚Relativismus' einzugeben, ist die vielleicht letzte List des Teufels gewesen – eine letzte Anstrengung in dem Versuch, monokontexturales Beobachten immer noch einmal zu überbieten. In einer Gesellschaft ohne Spitze und ohne Mitte ist dies sinnlos geworden.
> [2.] Damit ist noch keineswegs ausgemacht, wie die Theologie in der Welt dieser Gesellschaft zurechtkommt. Die Frage hat mehrere Seiten. Die soziologisch vordringlichste ist vielleicht, daß die Theologie sich beobachtet wissen muß; daß sie

---

[309]   Luhmann 1990a, 92.
[310]   Ebd., 93, s. u. [1.]; vgl. ebd., 78.
[311]   Ebd., 79.

diejenigen, die sie beobachten, zwar mit dem Schema gläubig/ungläubig zurückbeobachten kann; aber daß sie damit nicht mehr adäquat erfassen kann, mit welchen Unterscheidungen andere (zum Beispiel Soziologen) sie beobachten. Unter
Führung durch eine Theologie, die sich selbst entscheidet, wie sie Beobachter beobachten will, wird das Religionssystem ein geschlossenes System, das sich über
eigene Unterscheidungen selbst reproduziert – solange es geht.

[3.] Wenn man dies akzeptiert, bleibt immer noch die Frage, welche Unterscheidungstechnik es der Theologie erlaubt, unter den gegebenen Bedingungen Religion zu reflektieren. Das alte Problem, wie man Gott beobachten könne, ist offensichtlich falsch gestellt (und war es schon immer), denn es läuft auf die Paradoxie
der Unterscheidung des Ununterschiedenen hinaus. Aber man kann die Weisung
reflektieren, die besagt, daß man eine Unterscheidung zu treffen habe und daß es
Konsequenzen hat, welche Unterscheidung man benutzt. Jede Unterscheidung
macht, in Operation gesetzt, eine Differenz. Sie ist diese und keine andere Unterscheidung, und wenn man sie von anderen Unterscheidungen unterscheidet
(etwa Moral von Profit), gilt für dieses Unterscheiden Dasselbe. Die klassische Fassung des Problems: die Notwendigkeit der Freiheit, hatten wir schon genannt.
Man könnte auch sagen, daß Verantwortung schon in der Wahl des Unterscheidens liegt, zum Beispiel im Moralisieren oder im Suchen nach Rationalität. Kein
Unterscheidungsformfanatismus kann sich zur eigenen Entlastung auf die Natur
berufen, aber auch nicht auf Gott.

[4.] Es sollte möglich sein, daß dies so ist, als Weisung Gottes zu begreifen und die
Unausweichlichkeit der Eigenverantwortung zu akzeptieren. Im christlichen
Kontext wäre dann der Schritt nicht weit, darin eine mit Liebe gegebene Freiheit
zu sehen.

[5.] Ein so begriffener Gott kalkuliert nicht. Er benutzt keine Formen.

[6.] Wer immer kalkuliert, folgt schon den Weisungen, die der Kalkül Spencer
Browns nachzeichnet und ausführt. Wenn er dies tut, kann er kalkulieren. Wenn
nicht, dann nicht. Er braucht keinen Autor, keinen weiteren Grund, keinen Gott.
Ihm kann die Notwendigkeit einer Sequenz von Operationen genügen, wenn er
etwas erreichen will, und die Logik versichert ihm, daß jeder, der so vorgeht, zu
analogen Resultaten kommt. Nur kann damit die Frage nach dem Unterschied,
den es macht, wenn man so vorgeht, und weiter die Frage nach den ‚Motiven‘ (wie
es bei Spencer Brown verräterisch heißt) für jeden [sic] Wertung der einen Unterscheidung im Unterschied zu anderen nicht ausgeschlossen werden. Und für
die Antwort auf diese Frage, nur für die Antwort auf diese Frage steht in unserer
Tradition der Hinweis auf Gott.“[312]

Zu [1.]: Der Verzicht auf autoritative Vorgaben bedeutet nicht Willkür: „Da es
empirisch keine Beliebigkeit gibt, heißt Willkür immer nur: beobachte den Beobachter und du wirst erkennen, daß die Willkür keine ist.“[313] Mit dieser Formulierung, die die paradoxe Einheit von Willkür und Nicht-Willkür durch Beobachtung zweiter Ordnung entparadoxiert, leitet Luhmann den ersten Abschnitt ein.
Wenn Theolog*innen versuchen, mit dem Schreckgespenst des ‚Relativismus‘
gegen den Pluralismus der Welterfahrungen den Glauben an den einen Gott als

---

[312] Luhmann 1990a, 92–94.
[313] Ebd., 92.

‚Spitze' der Welt *mono*kontextural zu stärken, dann markiert Luhmann diese Strategie als „die vielleicht letzte List des Teufels [...], monokontexturales Beobachten immer noch einmal zu überbieten". Was sich auf diese Weise gegen die bösen Dämonen der Beliebigkeit richtet, offenbart sich selbst als Ungeist, der „sinnlos" gegen nicht vorhandene Mühlen kämpft – und sich am Ende vielleicht sogar gegen das richtet, was sinnvoll heute noch mit ‚Gott' verbunden werden kann (s. u. zum 6. Abschnitt).

Zu [2.]: Das Axiom, auf autoritative Vorgaben zu verzichten, sagt noch nichts darüber aus, „wie die Theologie in der Welt dieser Gesellschaft zurechtkommt". Luhmann ordnet dieser Frage „mehrere Seiten" zu. Im 2. Abschnitt geht es um die soziologische Seite, im 3.–5. Abschnitt um die theologische und im 6. Abschnitt um die Konsequenzen der Verbindung beider Seiten. Aus soziologischer Perspektive ist für Luhmann am wichtigsten, „daß die Theologie sich beobachtet wissen muß". Sie ist keine Königsdisziplin, der alle anderen wissenschaftlichen Disziplinen zuarbeiten, sondern diese nehmen sie kritisch ins Visier. Die Theologie kann zwar andere Wissenschaften „mit dem Schema gläubig/ungläubig zurückbeobachten", aber nur um den Preis, deren für sie möglicherweise wertvollen Erkenntnisse „nicht [...] adäquat" aufzunehmen. Luhmann zieht aus soziologischer Perspektive daraus die Konsequenz, dass eine solche Theologie mit festgelegten Beobachtungsweisen „das Religionssystem [als] geschlossenes System [...] reproduziert". Er deutet an, dass diese Reproduktionstechnik nicht auf Dauer funktioniert.

Zu [3]: Akzeptiert man diese Vorgehensweise der Theologie, bleibt trotzdem die Frage offen, mit welcher „Unterscheidungstechnik" sie in der funktional differenzierten, modernen Welt ihren Gegenstand, die Religion, beobachtet. Diese Frage mag auf den ersten Blick merkwürdig erscheinen, da bereits im 2. Abschnitt die Unterscheidung „gläubig/ungläubig" als Strategie der Theologie definiert wurde (die als Wissenschaft im Gegensatz zu anderen Wissenschaften ihren Gegenstand ‚gläubig' erforscht, also unter der Perspektive der Vorentscheidung Gottes[314]). Aber dort ging es um die theologische Beobachtung der Beobachtungsweisen anderer Wissenschaften (eben als ‚ungläubig'), während es nun um die theologische Beobachtungsweise ihres zentralen Gegenstandes geht – und der ist, wie der Name *Theologie* bereits sagt – nun einmal Gott. Nicht gerecht werde die Theologie ihrem Gegenstand, sei es nun ‚Gott' (als zentralem Symbol für Transzendenz) oder der ‚Religion' (als dem gesellschaftlichen System, das die Differenz von Immanenz und Transzendenz kommuniziert), wenn sie immer wieder ein „offensichtlich falsch gestellt[es]" Problem ventiliert. Denn die Frage, „wie man Gott beobachten könne", laufe lediglich „auf die Paradoxie der Unterscheidung des Ununterschiedenen hinaus". Dass Gott durch

---

[314] Das ist durchaus in dem doppelten Sinn von objektivem und subjektivem Genitiv gemeint: Der theologischen Vorentscheidung für Gott entspricht die Vorentscheidung Gottes für seine Schöpfung.

keine begrifflichen Unterscheidungen adäquat dargestellt werden kann, haben Theolog*innen durch alle Zeiten hindurch bestätigt – etwa in der Tradition negativer Theologie durch den Hinweis auf die je größere Unähnlichkeit jeder unterscheidenden Bezeichnung gegenüber Gott. Aber woher wollten sie das wissen? Deshalb betonten sie zugleich, dass er sich den Menschen offenbart.

Insofern Gott sich offenbarend eine Beobachtung durch den Menschen zulässt, wird – zumindest in den Offenbarungsreligionen – mehr über und mit Gott kommuniziert, als sich mit der Aussage zu begnügen, er sei inkommunikabel. Darauf kann nun nach Luhmann theologisch reagiert werden, gerade wenn man die Weisung, eine Unterscheidung zu treffen, als Weisung Gottes, des Ununterscheidbaren, versteht.[315] Die Theologie kann darüber reflektieren, welche Differenzen durch das konkrete Unterscheiden gesetzt werden: Welche Konsequenzen hat es beispielsweise, Gott als allmächtig oder ohnmächtig zu verstehen? Luhmann benennt allerdings keine konkreten theologischen Reflexionen über differente Gottesbilder, sondern differenziert Arten von Unterscheidungen. Als Beispiel nennt er die Unterscheidung der „Moral von Profit", die eine Differenz von Unterscheidungsarten generiert: Der Code gut/böse wird vom Code profitabel/nicht-profitabel unterschieden. Die „Notwendigkeit der Freiheit" bezieht sich darauf, dass irgendwie unterschieden werden muss, die Unterscheidungsart aber frei zu wählen ist. „Verantwortung [liegt dann] schon in der Wahl des Unterscheidens, zum Beispiel im Moralisieren oder im Suchen nach Rationalität". Bereits beim Beobachten einer Handlung als gut oder böse bzw. profitabel oder nicht-profitabel ist die Wahl des Codes eine Frage der Verantwortung, also eine moralische Frage: Ist es gut oder böse, die Handlung nach diesem oder jenem Code zu unterscheiden? Statt der wirtschaftlichen Rationalität zu entsprechen, könnte etwa eine wissenschaftliche Rationalität das Beobachtete nach dem Code wahr/falsch beurteilen.

Aber ist ein solcher „Unterscheidungsformfanatismus" – es geht kein Weg daran vorbei, die Form der Unterscheidung zu nutzen – wirklich nötig? Kritisiert Luhmann hier vielleicht auf ironische Weise sein eigenes Beharren auf der Form der Unterscheidung, indem er die negative Semantik des Fanatischen einspielt? Aber dieser Fanatismus kann die Verantwortung für die gewählte Unterscheidungsform nicht abschieben: nicht „auf die Natur [...], aber auch nicht auf Gott." Das Wort fanatisch wurzelt im Lateinischen *fanaticus* und bedeutet, von einer Gottheit ergriffen zu sein. Das Unterscheiden wäre also dann nicht fanatisch, wenn es sich nicht auf Gott oder auf eine andere Macht (wie „die Natur") beruft, sondern sich der eigenen Verantwortung stellt. Es wäre gut, wenn es sein Unterscheiden verantwortet, und böse, wenn nicht. Aber vermeidet diese Verschiebung auf den moralischen Code wirklich den „Unterscheidungsformfanatismus"? Wie kann ein solches ‚Moralisieren' davor bewahrt werden, fanatisch zu sein?

---

[315] Vgl. Luhmann 1990a, 82. S. o. 3.2.2.3.

Zu [4.]: Nicht das Ergriffensein von etwas Göttlichem soll demnach die Wahl der Unterscheidungsform bestimmen, sondern „die Unausweichlichkeit der Eigenverantwortung". Dieses Berufen-Sein zur Verantwortung wäre dann „als Weisung Gottes zu begreifen"; paradox formuliert: die Weisung Gottes bestünde darin, dass er sich konkreter Weisungen enthält, indem er die Weisung erteilt, im Bewusstsein von Verantwortung frei zu unterscheiden. Aber gelten nicht die zehn Gebote auch für Christ*innen? Wird nicht gerade auch „im christlichen Kontext" mehr gefordert als „eine mit Liebe gegebene Freiheit"? Oder beinhaltet diese „mit Liebe gegebene Freiheit" quasi-automatisch eine Orientierung an die Gebote, die dem Leben dienen – getreu dem Augustinischen Motto: Wenn du nur liebst, kannst du machen, was du willst (*dilige et quod vis fac*)?[316]

Zu [5.]: Luhmann besteht darauf, dass „ein so begriffener Gott [nicht] kalkuliert" und demnach selbst „keine Formen [benutzt]". Steckt darin nicht das Paradox, dass der Begriff des nicht unterscheidenden (kalkulierenden, Formen nutzenden) Gottes selbst von der Unterscheidung unterscheidend/nicht-unterscheidend abhängig ist? Wäre nicht die Bedingung der Möglichkeit, Gott als nicht-unterscheidend zu begreifen, zugleich die Bedingung der Unmöglichkeit dafür, weil der begreifende Verstand notwendig unterscheidet? Aus theologischer Perspektive könnte entscheidend sein, die Perspektive Gottes von derjenigen der Menschen zu unterscheiden – im Bewusstsein davon, dass auch diese Unterscheidung von menschlicher Beobachtung (und damit dem Gebrauch der Unterscheidungsform) abhängt. Gerade wenn diese Differenz gesetzt wird, stellt sich m. E. die Frage, ob der Mensch die Perspektive Gottes als nicht-unterscheidend konstruieren kann, ohne damit Gott festzulegen. Müsste nicht im Sinne der *via eminentiae* beides zugleich in einem gesteigerten Sinne von Gott ausgesagt werden können? Er sei dann nicht-unterscheidend, insofern er den Menschen die Freiheit lässt, ihre Unterscheidungen und Weisen des Unterscheidens zu wählen. Er sei nicht-unterscheidend, insofern seine Liebe allen seinen Geschöpfen gleichermaßen gilt – wie sehr sie immer auch Böses tun oder getan haben. Zugleich sei zu hoffen, dass Gott heilsam unterscheidet, indem er etwa als gerechter Richter ungerechtes Handeln von gerechtem Handeln trennt, Böses als solches wahrnimmt und nicht auch noch verschleiert, womit die Opfer ein zweites Mal bestraft würden.[317] Die Konsequenzen des menschlichen Unterscheidens treffen dann nicht nur die Menschen, sondern auch Gott selbst – was theologisch

---

[316] Augustinus, Kommentar zu 1 Joh 4, zitiert nach: Benedikt XVI (2011): Generalaudienz vom 13.4.2011, 3f. https://www.vatican.va/content/benedict-xvi/de/audiences/2011/docu ments/hf_ben-xvi_aud_20110413.html Aufruf 15.12.2021.

[317] Mit Blick auf das Christentum meint Fuchs 2012, 251: „Ausgeschlossen ist damit göttliches *Desinteresse* an der Welt der Immanenz. Die Idee der *Indifferenz* Gottes [...] höbe die ‚Kernfestigkeit' religiös stimmig praktizierbaren Verhaltens auf. Mit ihr würde das Medium ‚Glaube' kollabieren und weder durch Erlösung noch durch die Referenz auf die Relation Gott/Seelen abgestützt werden können".

bzw. christlich-dogmatisch im Geheimnis seiner Menschwerdung zum Ausdruck kommt und was dann Gott im Verbrechertod seines Sohnes selbst (er-)trägt.

Zu [6.]: Das Operieren mit Unterscheidungen geht seine Wege, ohne dafür einen „Autor", einen „weiteren Grund", einen „Gott" zu benötigen. Die „Notwendigkeit einer Sequenz von Operationen" genügt, um etwas zu erreichen; die „Logik" der einzelnen Operationen in ihrer Folge kann sicherstellen, „daß jeder, der so vorgeht, zu analogen Resultaten kommt". Diese Operationen mögen aus soziologischer oder kybernetischer Perspektive beobachtet werden: Die Kühle, sich wissenschaftlich jeder Bewertung zu enthalten, stärkt die Effizienz der operativen Vollzüge. Und trotzdem bleibt für Luhmann „die Frage nach dem Unterschied, den es macht, wenn man so vorgeht". Welche Motive stecken hinter „jede[r unterschiedlichen] Wertung" des unterschiedlichen Unterscheidens? Luhmann endet, indem er „für die Antwort auf diese Frage" den „Hinweis auf Gott" gibt. Ja mehr noch: In „unserer Tradition" stehe Gott „nur für die Antwort auf diese Frage". Ist damit gemeint, die Funktion Gottes „nur" auf die Frage nach dem Sinn des unterschiedlichen Unterscheidens zu reduzieren, oder kann diese Frage auch aus soziologischer Perspektive „nur" in einem Gott, der als ununterscheidbar und nicht-unterscheidend gedacht wird, beantwortet werden? Oder ist diese Unterscheidung im Blick auf den Geltungsbereich Gottes „nur" soziologisch, nicht aber theologisch relevant? Inwiefern motiviert, christlich bzw. religiös beobachtet, die „mit Liebe gegebene Freiheit" (4. Abschnitt) zu einem verantwortungsvollen Unterscheiden?

Die Ausführungen sollten gezeigt haben, warum es schwer ist, Luhmanns Überlegungen in Thesen zusammenzufassen. Die Faszination der mit der Lektüre seiner Texte ermöglichten „Intellektion" (Jean Clam) beruht darauf, dass seine Sätze die Operationen seiner Reflexionen im Vollzug anzeigen und sich darin vereinfachenden Schließungen enthalten, obwohl sie solche paradoxerweise produzieren – und gerade dadurch zum eigenen Nachdenken anregen. Deshalb erscheint die präzise Textanalyse die geeignete Methode, der Komplexität der Luhmannschen Texte gerecht zu werden, obschon sie dadurch die Komplexität erst einmal steigert. Im Folgenden möchte ich gleichwohl einen anderen Zugang erproben, indem ich auf die Inhalte der sechs Abschnitte des neunten Kapitels im Buch „Die Religion der Gesellschaft" hinweise. Dieses Kapitel mit dem Titel „Selbstbeschreibung" schließt das Buch ab und reflektiert in einem weiteren soziologischen Rahmen als der Aufsatz „Die Weisung Gottes als Form der Freiheit" die Möglichkeiten innerhalb des Religionssystems, sich selbst zu beschreiben.[318]

---

[318] Vgl. Luhmann 2000, 320–356. Auf das schon in der Themenanzeige deutliche Problem der Inkongruenz von religiös-theologischer Innenperspektive und soziologischer Außenperspektive geht Pollack in seiner Kritik an Luhmanns Religionstheorie näher ein: Vgl. Pollack, Detlef (2001): Probleme der funktionalen Religionstheorie Niklas Luhmanns, in: Soziale Systeme 7, 5–22. Insgesamt bestätigt Pollack in seiner Kritik jedoch den theoreti-

Als hermeneutischer Schlüssel zur Auswahl der im Folgenden im Detail zu analysierenden Überlegungen Luhmanns dienen mir dabei die Fragen, die sich soeben im Dialog mit Luhmann ergaben:

(1) Wie kann ,Gott' als Ursprung der Paradoxie der Form der Unterscheidung begriffen werden, insofern er theologisch als ununterscheidbar, nicht-kalkulierend und damit unbeobachtbar zu denken ist?

(2) Welche Rolle spielt diesbezüglich die Offenbarung, durch die sich Gott einer Beobachtung durch den Menschen stellt?

(3) Was bedeutet es, die Weisung Gottes, Unterscheidungen zu treffen, als Form der Freiheit zu verstehen, die Menschen in die Verantwortung zwingt, die Wahl ihrer Unterscheidungsweisen zu begründen und für deren Folgen einzustehen?

(4) Mit welchen unterschiedlichen Unterscheidungen reagieren Soziologie und Theologie auf die Weisung Gottes als Form der Freiheit bzw. auf den Offenbarungsanspruch Gottes?

(5) Was könnte ein Dialog zwischen soziologischer und theologischer Unterscheidungstechnik zu einem besseren Verständnis des Religiösen beitragen?

3.3.3.2   Die Theologie als Selbstbeschreibungsform des Religiösen

Die theologische Selbstbeschreibungsform des Religiösen, die auf der Systemgrenze zwischen Religion und Wissenschaft operiert, hat zwar in einer ,Wissensgesellschaft' eine besondere Bedeutung,[319] ist jedoch nicht die einzige Form, in der sich das Religionssystem selbst beschreibt. Fundamentaltheologisch wird etwa differenziert zwischen dem Lehramt, das sich um die Einheit im Glauben sorgt, dem Glaubenssinn der Gläubigen, der den Glauben in einer oft irritierenden Vielfalt lebt, und der theologischen Reflexion, die neben dem lehramtsmäßig verkündeten und dem praktizierten Glauben unterschiedlicher Gruppen alle verfügbaren Quellen aufgreift, um Glaubensinhalte zu verstehen: vor allem natürlich die heiligen Schriften, die theologischen Traditionen der Glaubensauslegung und die religiöse Kommunikation in den Medien, aber auch Transformationen des Religiösen in allen künstlerischen Bereichen, seien es diejenigen der Literatur, der Architektur, der Musik oder der bildenden Kunst. Klassischerweise ist diesbezüglich die Rede von den theologischen Orten, den *loci theologici*.[320]

---

schen Ansatz Luhmanns; diesbezüglich stimme ich mit dem Ergebnis der Analyse von Gronover überein, weshalb an dieser Stelle eine ausführliche Auseinandersetzung unterbleiben kann, vgl. Gronover 2006, 212f.

[319] Vgl. z. B. Knorr Cetina, Karin (2002): Die Fabrikation der Erkenntnis. Zur Anthropologie der Wissenschaft, Frankfurt a. M.

[320] Vgl. Knapp, Markus (2012): Das Wort Gottes, seine Überlieferung und Erkenntnis. Die Lehre von den loci theologici, in: Mette/Sellmann (Hg.), a. a. O., 33–51. Die Lehre geht auf Melchior Cano (1509–1560) zurück, der in seiner Aufzählung von zehn *loci theologici* bereits

Auch Religionsunterricht als Vermittlungsform des Religiösen kann als eine ihrer Selbstbeschreibungsformen beobachtet werden, sei es innerhalb der in Deutschland grundgesetzlich verankerten konfessionellen Spielart, welche die Bedeutung der inhaltlichen Konkretisierung des Religiösen stärkt und deshalb Religionslehrkräfte Theologie studieren lässt, sei es innerhalb einer religions-kundlichen Spielart, die das Bewusstsein um die Pluralität religiöser Weltverge-genwärtigung ins Zentrum rückt und deshalb, wie beispielsweise in England, Lehrkräften ein religionswissenschaftliches Studium auferlegt. Um den Reli-gionsunterricht geht es Luhmann zwar nicht, jedoch lassen sich aus seinen Überlegungen Schlussfolgerungen für die Gestaltung dieses Faches ziehen (s. u. 3.4.1).[321]

Mit der Bearbeitung eines größeren Textumfangs geht natürlich eine Re-duktion einher, die von den Leser*innen nur durch eigene Lektüre aufgefangen werden kann. Das eigene Interesse der vorgelegten Zusammenfassung bezieht sich, analog zur vorangegangenen Detailanalyse, auf die Leistung der Theologie

---

differenziert zwischen theologieeigenen (grundlegend Schrift und Tradition, diese aus-legend die Kirchenväter, die Kirche, die Heiligen etc.) und „beigeordneten" (z. B. Vernunft und Geschichte), die er selbst nicht als theologiefremd, sondern als „theologieaffin" ver-steht (ebd., 36f.). Diese Differenz zwischen den *loci proprii* und den *loci adscriptitii* wird heute als „*Differenz zwischen der Innen- und Außenperspektive des Glaubens*" rekonstruiert (ebd., 42). Eine praktisch-theologisch relevante Differenzierung unterscheidet alle diese theologischen Orte von „Orten der Theologie" als jene „Kontexte, innerhalb derer theo-logische Erkenntnisse erschlossen, verständlich gemacht und aktualisierend ausgelegt werden" (ebd., 48).

[321] Vgl. Büttner/Dieterich 2004; Tomberg, Markus (2012): Der Religionsunterricht – ein *locus theologicus*? Zugleich Überlegungen zum Profil der Religionspädagogik, in: Mette/Sell-mann (Hg.), a. a. O., 52–64. Während Tomberg die Religionspädagogik als eine Stimme sieht, die dem Religionsunterricht als *locus theologicus* Gehör verschafft (vgl. ebd., 62; aus-führlich: Tomberg 2010, 119–198), bezeichnet Englert den Religionsunterricht als *locus theologicus alienus*: Vgl. Englert, Rudolf (2012a): Wenn die Theologie in die Schule geht ... Inkulturationserfahrungen, die zu denken und zu lernen geben, in: Mette/Sellmann (Hg.), a. a. O., 92–105, 104. Schambeck wiederum begründet, warum sie den Religionsunterricht weder als *locus theologicus* noch als *locus theologicus alienus* bezeichnen möchte, insofern er weder eine originäre, noch eine „prinzipale Erkenntnismöglichkeit von Offenbarung Got-tes" darstelle. Sie plädiert dafür, ihn als „Ort des Theologisierens mit Schüler/innen zu entwerfen": Schambeck, Mirjam (2012): Was das Theologisieren mit Kindern über das Ge-schäft der (Praktischen) Theologie und das Verständnis des Religionsunterrichts verrät. Bausteine einer Wissenschaftstheorie, in: Mette/Sellmann (Hg.), a. a. O., 265–283, 281. Wie dem auch sei: Dem Schluss von Ruster, dass das Theologiestudium für künftige Religions-lehrkräfte unverzichtbar ist „vor allem für das Erlernen der Beobachtung erster und zwei-ter Ordnung in Bezug auf die Religion", dürften sich auch Tomberg, Englert und Scham-beck anschließen können: Ruster, Thomas (2012): Beobachten lernen, wie Religion die Welt beobachtet. Warum Religionslehrer/innen eine theologische Ausbildung brauchen, in: Mette/Sellmann (Hg.), a. a. O., 243–261, 261. Eine wichtige Rolle spielt diesbezüglich die Differenzierung theologischer Denkformen, s. u. 4.2.3.3.

aus soziologischer Perspektive und ihren Beitrag zur Paradoxieentfaltung. Zu Beginn gebe ich einen kurzen Überblick, danach gehe ich exemplarisch auf jene Details innerhalb der sechs Abschnitte ein, die zum Verständnis der religiösen Wurzel der Paradoxie entsprechend der oben gestellten Fragen beitragen (1–5).

Im *ersten Abschnitt* des letzten Kapitels seiner Monographie „Die Religion der Gesellschaft" erörtert Luhmann seine Strategie, statt Wesensdefinitionen von Religion zu kritisieren (die aufgrund der mit jeder Definition verbundenen unterschiedlichen Interessen zum Scheitern verurteilt sind), soziologisch zu analysieren, wie Religionen sich selbst beschreiben, um dadurch die von ihnen selbst beobachtete Differenz von System und Umwelt zu bearbeiten.[322]

Im *zweiten Abschnitt* erläutert Luhmann das (paradoxe) Problem jeder Selbstbeschreibung, als Einheit von Beschreiben und Beschriebenem diese Differenz zu unterlaufen. Dieses Problem wird konkretisiert erstens an Schleiermachers Schrift ‚Über die Religion: Rede an die Gebildeten unter ihren Verächtern',[323] zweitens am Beispiel der Erfahrung des Heiligen Geistes, in der religiöses Ergriffensein eine Einheit bildet mit dem Bekenntnis, dass sich darin der Geist Gottes offenbart, und drittens einer soziologischen Beobachtung von Michael Welkers pneumatologischer Reflexion als theologischer Selbstbeschreibung dieser Einheitserfahrung.[324]

Der *dritte Abschnitt* diskutiert dieses paradoxe Verhältnis der Beschreibung zum Beschriebenen, indem gefragt wird, wie zu vermeiden sei, die beiden Funktionen des Konstativen (des Beschriebenen) und des Performativen (des Beschreibens) zu identifizieren. Luhmann problematisiert erstens eine Entparadoxierung über den Begriff der Offenbarung und rekonstruiert seine Geschichte von mittelalterlicher Allgegenwart im gesellschaftlichen Kollektiv zu neuzeitlicher Individualisierung in der Authentizität des je eigenen Glaubens. Zweitens verfolgt Luhmann die aus dieser Entwicklung folgende Externalisierung des Religiösen in die Anthropologie, indem das religiöse System und mit ihm die

---

[322] Vgl. Luhmann 2000, 320–328.

[323] Zu Schleiermachers „berühmte[r] Schrift" und ihrer „Dekonstruktion": „Der Text benutzt Unterscheidungen, um zu insinuieren, wie man zur unmittelbaren (also unterscheidungsfreien) Einheit der Einzelheit (des religiösen Gefühls) und der Allgemeinheit gelangen könne. [...] Der Text zieht seine Überzeugungskraft, seine kommunikative Wirkung, nicht aus seinen Argumenten, sondern aus einer Art konspirativem Verhältnis seiner performativen und seiner konstativen Funktionen, seiner Argumentationen und seinem Beweisziel, seiner für die Argumentation notwendigen Unterscheidungen und seiner (nicht zuletzt künstlerischen) Selbstdarstellung als Bildung. ‚Dekonstruktion' ist nichts anderes als ein Aufweis dieses Doppelspiels, also weder ein Eingriff in die Argumentation des Textes noch eine Widerlegung, weder ein Vorschlag zu einer sachgemäßeren Interpretation noch eine Äußerung zum Thema des Textes, zur Religion" (ebd., 329).

[324] Vgl. ebd., 328–335. Zur Kritik an Luhmanns ‚Pneumatologie' und seiner Welker-Rezeption vgl. Stoellger 2006, 79–84; Gronover 2006, 194.

Theologie ein religiöses Bedürfnis nach Sinn in jedem Menschen unterstellen – und dabei die faktische Pluralität verdrängen.[325]

Im *vierten Abschnitt* geht Luhmann von der Beobachtung der Vielfalt der Religionen aus und versucht zu erklären, warum es kein welteinheitliches religiöses System geben kann. Er verortet den Grund dafür im religiösen System selber, insofern es sich nicht von seiner Umwelt widerlegen lässt. Er beschreibt die Entwicklung religiöser Dogmatiken von einer Funktion der Selbstanpassung zur Funktion der Orientierungshilfe, auch im Rückgriff auf die Semiologie de Saussures mit ihrer triadischen Zeichenrelation (*signe, signifiant, signifié*).[326]

Im *fünften Abschnitt* wird das Thema weitergeführt, indem Luhmann fragt, durch welche Prozesse sich religiöse Praktiken vervielfältigen. Als Gründe nennt Luhmann erstens, dass Inklusionsleistungen der etablierten Religionen nachlassen, weshalb neue religiöse Formen in die Bresche springen,[327] und zweitens, dass sich über die Erfindung des Buchdrucks die Kommunikation über den Sinn der Heiligen Schriften pluralisiert, woraus dann die Konfessionen entstehen, die, um ihre Identität aufrechtzuerhalten, wiederum in ihre Selbstbeschreibung investieren und dadurch weitere Abspaltungen provozieren. Für das Fortbestehen einzelner Religionen ist für Luhmann deren Fähigkeit, Personen zu inkludieren, die aus dem Gesellschaftssystem exkludiert werden, entscheidender, als dogmatische Überlegungen ihrer Theologien es sein können.[328]

Im *sechsten Abschnitt* weist Luhmann auf den simplifizierenden Charakter jeder Selbstbeschreibung hin, die aufgrund der Paradoxie der Form der Unterscheidung die vorhandene Komplexität niemals vollständig bezeichnen kann. Gleichwohl kommt in unserer durch die Schriftkultur charakterisierten Gesellschaft keine Religion ohne Selbstbeschreibungen aus, mit denen etwa in den Theologien der Hochreligionen religiöse Frömmigkeit vernünftig begründet wird. Die Kommunikation zwischen Soziologie und religiösem System (und darin eingeschlossen der Theologie) führt, so Luhmanns Hoffnung, zu einer Verdeutlichung der Positionen.[329]

---

[325] Vgl. Luhmann 2000, 335–341.

[326] Vgl. ebd., 341–347. Man könnte diesen Prozess als Übergang von einer hybriden bzw. lehramtlichen zu einer wissenschaftlichen bzw. sapientialen Theologie deuten, s. u. 4.2.3.3.

[327] Die Sorge um die gesellschaftlich Ausgegrenzten erklärt zu einem großen Teil den Erfolg des Christentums in der Spätantike. Vgl. etwa die Abgrenzung der grundsätzlichen Versorgung von Armen und Bedürftigen, die erst durch das frühe Christentum auftrat, vom Stiftungswesen zu Gemeinwohlzwecken im römischen Kaiserreich: Klinck, Nathalie (2019): Euergetismus, online unter: https://emanualaltegeschichte.blogs.uni-hamburg.de/inschrift-fuer-plinius-d-j-in-como/ Aufruf vom 15.12.2021.

[328] Vgl. Luhmann 2000, 348–353.

[329] Vgl. ebd., 353–356.

3.3.3.2.1 Gott als Ursprung der Paradoxie der Form der Unterscheidung?

Die erste Frage, wie ‚Gott' als Ursprung der Paradoxie der Form der Unterscheidung zu begreifen ist, soll zunächst im Rückgriff auf den vierten Abschnitt semiotisch erörtert werden, bevor im Rückgriff auf den fünften Abschnitt die theologischen Restriktionen, die Luhmann wahrnimmt, dekonstruiert werden.

Haben Aussagen über Transzendenz – innerhalb der religiösen Kommunikation auf der Grenze von Immanenz und Transzendenz – den Effekt einer Weltverdopplung (s. o. 3.1.3), kann gefragt werden, inwiefern sich dieser Effekt innerhalb einer „selbstkritische[n] Semiologie" im Gefolge von Ferdinand de Saussure widerspiegelt. Eine solche Semiologie reformuliert nach Luhmann den herkömmlichen Unterschied von Zeichen (z. B. das Wort ‚Allmächtiger') und Bezeichnetem (‚Gott'), indem sie das Zeichen (*signe*) selbst als Einheit des Unterschieds von Zeichenkörper (*signifiant*) und bezeichneter Bedeutung (*signifié*) definiert.[330] Im Beispiel würde somit das Zeichen ‚Allmächtiger' (*signe*) jeweils im Vollzug seiner Wahrnehmung – etwa beim Sprechen oder Lesen – konstituiert, und zwar durch die Differenz der Zeichengestalt des Wortes ‚Allmächtiger' (*signifiant*) zu der mit ihm bezeichneten Bedeutung, hier der jeweiligen Vorstellung von ‚Gott' als Allmächtigem (*signifié*). Mit dieser semiotischen Präzisierung des Zeichenbegriffs, der nicht wie zuvor auf seine Materialität als Zeichenkörper reduziert wird (*signe* identifiziert mit *signifiant*), geht eine Dynamisierung im Verständnis der Zeichenbildungsprozesse einher: Jedes Zeichen ist nicht allein Produkt seines Unterschieden-Seins vom Bezeichneten, sondern setzt selbst die Form der Unterscheidung voraus, insofern es sie als Einheit der Differenz von Bezeichnetem und Zeichengestalt bereits beinhaltet.

Erst dadurch wird es möglich, so Luhmann, den Zeichenbegriff zu dekonstruieren, indem man „(bewußt widersinnig) von referenzlosem Zeichengebrauch" spricht.[331] Würde das Zeichen wie zuvor lediglich als Zeichen für das

---

[330] Ebd., 347. Vgl. Luhmann 1993a, 52: „Wenn das Zeichen selbst die Unterscheidung von Bezeichnendem und Bezeichnetem ist, so ist es weder das Bezeichnende noch das Bezeichnete, sondern etwas Drittes. Die Interpretation dieser Drittstellung ist denn auch eines der schwierigsten Probleme der Semiotik. Klarer als in der Saussure-Tradition findet man das Problem in der Peirce-Tradition gestellt, denn Peirce hatte mit Bezug auf das Dritte von ‚Interpretant' gesprochen – ein Begriff, der den Fall einschließt, daß der Interpretant selber ein Zeichen ist." Das kann hier nicht weiter ausgeführt werden, vgl. ebd., 52–69; Esposito, Elena (1993): Zwei-Seiten-Form in der Sprache, in: Baecker (Hg.) Kalkül, a. a. O., 88–119.

[331] Luhmann 2000, 347. An anderer Stelle meint Luhmann allerdings: „Es kann nicht nur Bezeichnendes ohne Bezeichnetes geben. Die Unterscheidung, und damit das Zeichen, würde kollabieren, hätte sie nur eine Seite. Form ist immer Zwei-Seiten-Form" (Luhmann 1993a, 51). Luhmann richtet sich dort gegen „das postmoderne ‚Zeichen sind Zeichen sind Zeichen'" (ebd., 59, Fußn. 31). Hier allerdings geht es Luhmann gerade um ein Zeichenverständnis an der Grenze seines Kollabierens am Ununterscheidbaren.

Bezeichnete verstanden, dann bliebe es, quasi ontologisch, an dieses Bezeichnete gebunden (das könnte natürlich auch etwas Fiktives sein, etwa ein Einhorn). Erst indem man das Zeichen aus seiner dualen Bezogenheit auf das Bezeichnete löst und eine dreigliedrige Beziehung konstruiert, wird denkbar, dass dem Zeichen nichts Bezeichnetes entspricht. Bezogen auf das Beispiel hieße das, dass dem Zeichen ‚Allmächtiger‘, wird es referenzlos gebraucht, nur seine bloße Zeichengestalt zukommt. Die Differenz zu dem Bezeichneten (‚Gott in seiner Allmacht‘) kann entfallen, weil nach wie vor die Differenz zwischen dem Zeichen und seiner Zeichengestalt besteht, die allerdings nun paradox tautologisch ist (s. o. 3.2.1).

Damit soll nicht Referenz überhaupt geleugnet sein; zugestanden wird der Zeichenform (*signe*) lediglich die Möglichkeit, einen Zeichenkörper (*signifiant*) zu bilden ohne bezeichnete Bedeutung (*signifié*).[332] Dann müsste es im Umkehrschluss, so Luhmann, „auch auf der anderen Seite der Zeichenform [*signe*] etwas Bezeichnetes [*signifié*] geben, dem keine Zeichengestalt [*signifiant*] entspricht, ein signifiant [sic] ohne signifié [sic] und deshalb ohne signe.“[333] Diese Vorstellung von etwas Bezeichnetem ohne Bezeichnung und damit ohne Zeichen ist eine Paradoxie, denn die Bedingung der Möglichkeit, bezeichnet zu sein, ist dessen Bezeichnung, die zugleich die Bedingung der Unmöglichkeit eines bezeichnungslosen Bezeichnet-Seins wäre. Die Form der Unterscheidung als Einheit von Bezeichnung und Unterscheidung wäre damit auch semiotisch in ihrer Paradoxie aufgewiesen; an anderer Stelle weist Luhmann darauf hin, dass im Begriff des Zeichens als „Einheit einer Differenz, das heißt [einer] Nichtunterschiedenheit des Unterschiedenen [...], eine Paradoxie verdeckt“ ist.[334] Im semiotischen Zeichenbegriff zeigt sich somit die Wurzel der Unterscheidung von Zeichengestalt und Bezeichnetem im Ununterscheidbaren.

Dementsprechend fragt Luhmann weiter: „Ist es das, was mit Transzendenz gemeint ist?“[335] Die Transzendenz wäre demnach eine bezeichnete Bedeutung (*signifié*), ohne dass ihr irgendeine Zeichengestalt (*signifiant*) entspräche, die diese Bedeutung von anderen Zeichengestalten (*signifiants*) unterscheidbar

---

[332] Das erläutert Luhmann im Rückgriff auf Spencer Brown wie folgt: „Die Operationen, die die Form des Zeichens verwenden, halten sich immer auf der Seite des Bezeichnenden auf. Sie benötigen aber, um diese Seite markieren zu können, eine andere Seite. Diese andere Seite ist als unmarked state stets präsent. Sie garantiert so die Gleichzeitigkeit (Simultanpräsenz) der Welt. Sie bleibt unerreichbar (inattingibilis). Sie ist zugleich (zugleich!) aber auch das ‚Woraus‘ der Selektion der nächsten, anschließenden Operation, die etwas aus dem Bereich des Möglichen bestimmen muß, um es wieder in der Form von Zeichen als Bezeichnendes verwenden zu können. Nur so läßt Sinn, ohne sich zu erschöpfen, sich laufend aktualisieren“ (Luhmann 1993a, 63f.).

[333] Luhmann 2000, 347. M. E. müsste es heißen „ein signifié ohne signifiant und deshalb ohne signe“.

[334] Luhmann 1993a, 67.

[335] Luhmann 2000, 347.

machte – so dass ihr schließlich keine Zeichenform (*signe*) gerecht zu werden vermag. Insofern die ‚Kontingenzformel Gott' als abendländisches Transzendenzsignal dafür einsteht, „daß jede Unterscheidung in ein Jenseits aller Unterscheidungen aufgehoben werden kann",[336] führt sie alles Unterscheiden auf eine transzendente Ununterscheidbarkeit zurück. Aus ihr wiederum ergibt sich die nötige Vielfalt von Zeichengestalten (*signifiants*) für Transzendenz, weshalb ein welteinheitliches Religionssystem unmöglich bleibt: „Der Grund für die Insulierung von Religionen [... als] Grund für eine nicht nur operative, sondern auch semantische Schließung könnte in der Verweisungsoffenheit allen Sinnes und in der spezifischen Funktion der Religion liegen, Unbestimmbarkeit in Bestimmbarkeit zu verwandeln und die Paradoxien des sprachlich (positiv/negativ) codierten Sinns zu entfalten."[337] Aus der „Verweisungsoffenheit allen Sinns" ergibt sich die Unabschließbarkeit der Zeichenbildung, die der Entfaltung von Paradoxien dient: „Die Zeichenform ist eine unter mehreren Möglichkeiten, die Paradoxie von Sinn, die Unbestimmbarkeit des Bestimmten, in einer Unterscheidung zu übersetzen und damit zu entfalten."[338]

Geht es im Religionssystem darum, Unbestimmbares in Bestimmtes zu überführen, dann reflektiert Theologie zum einen die religiösen Formen und Zeichen, in denen Unbestimmbares bestimmt wird. Zum anderen reflektiert sie aber auch die Prozesse, in denen solche Transformationen geschehen. Die fol-

---

[336] Ebd., 150. S. o. 3.2.2.3.

[337] Ebd., 343f. Darüber hinaus gilt: „Auf eine Weltsprache kann man verzichten, weil Übersetzungen möglich sind. Das Gleiche wird man für das Religionssystem der Welt gelten lassen müssen" (ebd., 347). Und: „Die Einheit des Systems konnte im Kontext einer sich selbst als Kultur reflektierenden Kultur nur noch historisch beschrieben werden. Selbst das ist aber heute nicht mehr möglich bzw. allzuleicht als ‚Eurozentrismus' zu entlarven" (ebd., 352).

[338] Luhmann 1993a, 64. Zu einer weiterführenden Interpretation der Zwei-Seiten-Form der Sprache vgl. Esposito 1993. Sie unterscheidet beobachtungstheoretisch zwischen der Operation, die durch die Unterscheidung *indication/distinction* angezeigt wird (Spencer Brown), von dem, was bezeichnet/unterschieden wird: „Die Unterscheidung zwischen dem jeweils bezeichneten Objekt und dem, wovon es unterschieden wird, stimmt mit der Unterscheidung zwischen der Operation des Systems und dem, was ihr extern ist, nicht überein. Wir werden von dieser letzten Unterscheidung als Unterscheidung *Selbstreferenz/Fremdreferenz* (S/F) sprechen, welche von der die Operationen leitenden Unterscheidung *Bezeichnung/Unterscheidung* (i/d) unterschieden wird. Die Zirkularität der Konstruktion zeigt sich in der Tatsache, daß die Unterscheidung unter die Selbstreferenz fällt (Unterscheidungen sind nur im System zu finden), während die Bezeichnung in die Fremdreferenz fällt (die bezeichneten Objekte fallen mit der laufenden Operation nicht zusammen)" (ebd., 91). Die beiden Unterscheidungen bedingen sich wechselseitig und stehen „orthogonal" zueinander (vgl. ebd., 90–95). Wie sich daraus Isolation und Redundanz der arbiträren *signifiants* erklären lassen sowie die doppelte Artikulation der Sprache, kann hier nicht weiter diskutiert werden (vgl. ebd., 96–119). Espositos Ausführungen belegen die Bedeutung einer präzisen Beobachtungstheorie (s. u. 4.1.1.1).

gende Passage aus dem fünften Abschnitt ist m. E. deshalb brisant, weil sie einerseits aufzeigt, dass die zentrale Überlebensfrage von Religionen ihre Inklusionsfähigkeit betrifft, also die konkrete Praxis der Inklusion exkludierter Personen. Das entspricht zwar dem Beispiel Jesu, scheint aber jenseits der genannten theologischen Reflexionen zur Relationierung von Immanenz und Transzendenz zu liegen. Jedenfalls meint Luhmann, dass die Theolog*innen als „Reflexionselite der Hochreligionen vor dieser Frage versagen" – zumindest wenn man die von ihnen entwickelten „traditionellen Leitlinien der Selbstbeschreibung" heranzieht:

> „Geht man [...] von der Inklusions/Exklusions-Problematik aus und dies in doppelter Systemreferenz: mit Bezug auf das Gesellschaftssystem und mit Bezug auf das Religionssystem, dann gelangt man zu der Frage, ob und wie das Religionssystem eigene Möglichkeiten der Inklusion so einsetzen kann, daß sie auch Personen erfassen, die aus anderen Funktionssystemen ausgeschlossen sind. Vor dieser Frage versagen die traditionellen Leitlinien der Selbstbeschreibung, wie sie von den Reflexionseliten der Hochreligionen entwickelt und gegen Randerscheinungen (Volksglauben usw.) ihres Systems durchgesetzt worden sind. Und dann empfiehlt sich für den soziologischen Beobachter der Rückgang auf einen Begriff der Funktion von Religion, der für die Selbstbeschreibung des Religionssystems unzugänglich bleibt.
> Welche Begrifflichkeit immer man hier einsetzen will: Chiffrierung der Unbestimmbarkeit von Sinn, Kontingenzformel, Entfaltung der Formparadoxie, immer geht es um die Auflösung von Einheit in Vielheit und um die Einsicht, daß dies nur ‚contingenter‘, nur mit Seitenblick auf andere Möglichkeiten erfolgen kann. Im klassischen Duktus der Theologie ist dies eine Beschreibung der Perfektion der Welt, die in ihrer Vielfalt von dem einen und einzigen Gott gewollt ist und beobachtet wird. Ein Soziologe wird dem noch hinzufügen können, daß das Religionssystem (ohne sich damit der Gesellschaft ‚anzupassen‘) aus diesem Formenreservoir auswählt, was unter gegebenen gesellschaftlichen Bedingungen (zu denen auch die Tradition des Religionssystems selbst gehört) Plausibilität erreichen kann."[339]

Es ist nun spannend nachzuvollziehen, wie Luhmann als Soziologe mit diesem Versagen der traditionellen Theologie umgeht: Er möchte auf „einen Begriff der Funktion von Religion" zurückgreifen, der angeblich „für die Selbstbeschreibung des Religionssystems unzugänglich bleibt". Meint Luhmann damit, dass Theolog*innen, sofern sie sich für die Selbstbeschreibung ihres religiösen Systems zuständig fühlen, keinen Zugang hätten zur Unterscheidungstechnik der Systemtheorie? Kann die Theologie wirklich nichts anfangen mit den soziologischen Konzepten „Chiffrierung der Unbestimmbarkeit von Sinn, Kontingenzformel, Entfaltung der Formparadoxie"? Widerspricht das nicht den im sechsten Abschnitt beschriebenen Chancen des Dialogs, mit denen das Buch endet?

---

[339] Luhmann 2000, 352f.

Insofern Luhmann dort eher nahelegt, dass sich die Theologie im interdisziplinären Dialog der Beobachtungsweisen und Unterscheidungstechniken anderer Disziplinen bedienen solle, hat er wohl anderes im Sinn: Es geht ihm m. E. darum, die Differenz der Beobachtungsperspektiven beizubehalten. Wenn er aus soziologischer Perspektive „Einheit in Vielheit" auflöst, indem er zugleich die Kontingenz dieser Auflösung betont – getreu dem konstruktivistischen Motto, dass alles auch anders ein könnte –, dann stellt er neben diese dekonstruierende Perspektive den „klassischen Duktus der Theologie", die diese Vielfalt als „von dem einen und einzigen Gott gewollt" charakterisiert. Dabei beobachtet die Theologie den unbeobachtbaren Gott – ein paradoxer Vollzug – als jemanden, der diese „Perfektion der Welt [...] in ihrer Vielfalt" wohlwollend „beobachtet". Daraus ergibt sich theologisch das Glaubensaxiom der „Gewissheit der Vollkommenheit in dieser Welt und im Jetzt"; eine Gewissheit, die allerdings im Medium des Glaubens mit dem Zweifel oszilliert und von der Hoffnung auf die „Wirksamkeit der Gnade" zehrt.[340]

Soziologie kann nun zwar nicht Gott beobachten, aber sie kann beobachten, wie das Religionssystem aus dem vielfältigen „Formenreservoir" ihrer Transzendenzbeobachtung auswählt, was gegenwärtig „Plausibilität erreichen kann".

3.3.3.2.2 *Gottes Offenbarung als Bedingung seines Beobachtet-Werdens?*

Damit ist die Rolle der Offenbarung angesprochen als zentraler Bestandteil jenes Formenreservoirs, durch das sich Gott einer Beobachtung durch den Menschen stellt. Aus dem religiösen Code selbst ergibt sich die Notwendigkeit von Offenbarung: als Erscheinung der Transzendenz in der Immanenz.[341] Darauf geht Luhmann im dritten Abschnitt ein, indem er den Wandel des Offenbarungskonzepts auf der Grundlage der ihm zugeordneten Symbol-Semantik von der stratifikatorisch differenzierten Gesellschaft des Mittelalters zur gegenwärtigen funktional differenzierten Gesellschaft skizziert:

---

[340] Gronover 2006, 200. Gronover differenziert auf der Basis dieser theologischen Perspektive die Religionspädagogik von der Pädagogik, „wenn sie die Vervollkommnung des Menschen anstrebt und dazu Konzepte, Didaktiken, Theorien ausarbeitet"; das „entscheidend Unterscheidende in der Religionspädagogik" sei demgegenüber die göttliche Gewissheit der Perfektion (ebd.). Religionspädagogik ereigne sich daher „als *Differenz* zwischen Vollkommenheit und Imperfektion" unter Maßgabe einer Dynamisierung dieser Konzepte durch „Metaphorisierung und Temporalisierung" (ebd., 206).

[341] Vgl. Luhmann 2000, 336. S. o. 3.1.3

	stratifikatorisch differenzierte Gesellschaft	*funktional differenzierte Gesellschaft*
Symbole in der Praxis	sind, was sie erscheinen lassen: in Bildern, Gebäuden, Ritualen, Inszenierungen religiöser Spiele etc.	zeigen etwas an, das sie nicht selber sind; Rituale werden als Inszenierungen durchschaut; sie gewährleisten nicht, dass Religion sich ereignet
Symbol	Fusion dessen, was es als unterschieden voraussetzen muss: *Gestalt gewordene Paradoxie*	Anzeichen für etwas, das es nicht selber ist (Fusion von Beschreibung und Beschriebenem ist zerbrochen)
Offenbarung	Symbolische Repräsentation: Offenbarung ist Teil der wirklichen Welt	Plurales Angebot verankert Offenbarungsglauben im Individuum: Maßstab ist Authentizität
gesellschaftliche Konsequenz	Normativer Anspruch: Was als ‚Sein' erscheint, soll auch so sein, wie es ist	*Betonung familialer und schulischer Erziehung trotz/wegen inkommunikabler Authentizität*

Tabelle 2: Gesellschaftliche Entwicklung der Konzepte ‚Symbol' und ‚Offenbarung' nach Luhmann[342]

Offenbart sich das Transzendente in der stratifikatorischen Gesellschaft als Teil der gesellschaftlichen Wirklichkeit, wird die Selbstbezüglichkeit der Offenbarung (dass „man nur der Offenbarung entnehmen kann, daß es sich um eine Offenbarung handelt"[343]), nicht zum Problem: Religiöse Symbole vergegenwärtigen als „Gestalt gewordene Paradoxie" die Anwesenheit des Transzendenten mit dem normativen Anspruch, sich immanent durchzusetzen. Erst wenn der Verweischarakter der Symbole thematisiert wird, wenn die Vielfalt des Offenbarungsangebots verunsichert und zu religiösen Entscheidungen provoziert, wird die Entfaltung der Paradoxie zum Problem.

Diese Entfaltung beruht in allen gesellschaftlichen Formationen auf dem Paradox, „daß die Beschreibung nicht das Beschriebene sein will, weil sie sonst keine Beschreibung wäre, aber zugleich das Beschriebene ohne Beschreibung [*signifié* ohne *signifiant*] nichts anderes wäre als der unmarked space".[344] Die Selbstbeschreibungen des Religionssystems müssen Argumente, Narrationen, Beispiele etc. produzieren, die für die Glaubwürdigkeit der Offenbarung einstehen. Es handelt sich um „jene Nebenbeis, die als Zutaten zum Wesentlichen wesentlicher sind als das Wesen selbst, das sich ohne sie nicht behaupten könnte."

---

[342] Ebd., 337–339. Die von Luhmann übernommenen Phrasen sind nicht eigens als Zitate markiert.
[343] Ebd., 336.
[344] Ebd.

Sie profitieren als „Parasiten von der Binarität des Codes und der Unentscheidbarkeit des Wesens oder von der Anwesenheit des Abwesenden" und produzieren „Verschiebungen", die „heimlich die Herrschaft übernehmen [können], was sie dann selbst der Parasitierung aussetzt"[345] (wenn z. B. die ‚Gottesmutter Maria' von einer Offenbarungszeugin zum Offenbarungsinhalt wird, was dann die Produktion weiterer „Nebenbeis" anheizt, beispielsweise die Organisation von Wallfahrten etc.).

Erst in der funktional differenzierten Gesellschaft wird die Paradoxieentfaltung insofern zum Problem, als sich nun die Offenbarung allein im Glauben des einzelnen bewahrheiten kann. Wenn sich ‚Religion' allein im aufrechten Herzen der Menschen ereignet, vervielfältigt sich die Kommunikation über authentische Glaubenserfahrungen einerseits, während andererseits Zweifel an der Authentizität nicht aufzulösen sind, weil die Wahrhaftigkeit selbst nicht kommuniziert werden kann: „Das Problem des immer wieder aufbrechenden Widerspruchs von konstativen und performativen Aspekten der Kommunikation kehrt in neuer Form als Zweifel an individueller Aufrichtigkeit zurück."[346] Aufgrund dieser Entwicklung werden religiöse Erziehung und Bildung wichtig, um Menschen in ihrer Fähigkeit zum religiösen Erleben und Entscheiden sowie der Reflexion und Kommunikation darüber zu stärken. Eine späte Folge ist die Entstehung der Religionspädagogik als wissenschaftlicher Disziplin, die als Parasit dieser notwendigen Erziehungs- und Bildungsprozesse deren Formen in kritischer Distanz analysiert und Impulse zu ihrer Weiterentwicklung liefert.[347]

Wird im Sinne dieser Entwicklung innerhalb funktional differenzierter Gesellschaften die Unverfügbarkeit des Transzendenten in der Personalität des je eigenen Glaubenslebens absorbiert, dann ist darin nicht in erster Linie ein „systemtheoretisches Argument" zu sehen, sondern sogar die „theologische Plausibilität" dieser Unverfügbarkeit, wie Matthias Gronover betont: „Das ist die personale Dimension der Theologie als Wissenschaft, somit auch der Religionspädagogik als wissenschaftlicher Disziplin."[348] Was kann Religion als Organisation angesichts dieser Ausgangslage in einer säkularisierten Gesellschaft tun? Luhmann schlägt vor, Kirche könne sich erholen und „sich abwartend verhalten, um zu sehen, ob die Individuen ihr ‚Angebot' annehmen oder nicht":

> „Entsprechend wird ihr Gott ein Gott, der seine Liebe anbietet und es dem Menschen überläßt, über Annahme oder Ablehnung zu entscheiden. Und Offenbarung besagt dann, daß man wenigstens dies noch glaubt und nicht auch noch diese Un-

---

[345] Ebd.

[346] Ebd., 339.

[347] S. u. 4.3.5; zur parasitären Operationsform der Religionspädagogik vgl. Gronover 2006, 8 (sie operiert „als ‚Parasit' der Probleme, die sie löst, indem sie sie schafft"), 170–184 (zur historischen Entwicklung), 190–221 (zur wissenschaftstheoretischen Entfaltung).

[348] Ebd., 111.

terscheidung für eine bloße Selbstsuggestion der Kirche und damit für unbeacht-
lich hält. Was bleibt, ist das Angebot einer Möglichkeit, der Welt und dem eigenen
Leben Sinn zu geben; und das Wissen, daß die Gesellschaft arm dran wäre, wenn
es auch diese Möglichkeit gar nicht mehr gäbe."[349]

3.3.3.2.3 Gottes Weisung als Zwang zur Freiheit?

Damit ist die dritte Frage nach der konkreten Bedeutung der Weisung Gottes als
Form der Freiheit bereits im Ansatz beantwortet, insofern die göttliche Offenbarung den Glauben daran provoziert, dass Gott dem Menschen die Entscheidung
darüber überlässt, sein Liebesangebot anzunehmen oder es abzulehnen (analog
der Gabe der Perseveranz in *De casu diaboli*, s. o. 3.2.3.3).

Theologisch lasse sich dieses Angebot allerdings nicht in freier Imagination
entfalten, wie Luhmann im ersten Abschnitt betont, sondern es müsse „dem
Rahmenthema Erlösung von der Gesellschaft, das die Ausdifferenzierung des
Systems in das System hineinspiegelt, in der einen oder anderen Form gerecht
werden."[350] So spielt Luhmann die Herausforderung des religiösen Systems ein,
Alternativen vorzustellen, die den gesellschaftlichen status quo – die ,Hinein-
spiegelung' dieses Immanenten ist dessen Repräsentation im System – transzendieren. Wie kann für solche Alternativen, die theologisch etwa unter dem Titel
„Reich Gottes" firmieren, eine „soziale Resonanz" erzeugt werden? Eine Möglichkeit sei, „die Unterscheidung von Kontinuität und Diskontinuität" hervorzuheben, indem man entweder auf Unverzichtbares verweist (z. B. die biblischen
Grundbescheide[351] oder Kurzformeln des Glaubens wie das Apostolicum[352]) oder
die Diskontinuität des alternativen Blicks an Traditionen bindet, die Kontinuität
gewährleisten (wie beispielsweise die befreiungstheologisch eingespielte kom-
munistische Gesellschaftsanalyse sich am ,Urkommunismus' der ersten Chris-
tengemeinden orientierte[353]). Auch diese Strategie nach dem Motto: „Es sind immer noch die alten Themen und Sorgen, aber wir sehen sie jetzt anders", führe
allerdings „kaum zu einer durchgreifenden, prinzipiellen Option". Die Differenz

---

[349] Luhmann 2000, 339.

[350] Ebd., 326.

[351] Ebd., 326f. Vgl. etwa die Bibeldidaktik von Horst Klaus Berg, die folgende „Grundbescheide
als Verdichtungen biblischer Erfahrungen" zur Orientierung heranzieht: „Gott schafft
Leben (Schöpfung); Gott stiftet Gemeinschaft (Gemeinschaft, Partnerschaft, Ökumene);
Gott leidet mit und an seinem Volk (Leiden und Leidenschaft); Gott befreit die Unterdrückten (Befreiung); Gott gibt seinen Geist (Heiliger Geist und Begeisterung); Gott
herrscht in Ewigkeit (Gottesherrschaft; Schalom)." Berg, Horst Klaus (2003): Grundriss der
Bibeldidaktik. Konzepte – Modelle – Methoden, München, 3. Aufl., 76–95.

[352] Vgl. als Beispiel für eine aktuelle hochschuldidaktische Realisation: Ballhorn/Horstmann
2019 (Hg.), a. a. O.,

[353] Vgl. etwa die Protokolle der Bibelgespräche mit den Bauern von Solentiname: Cardenal,
Ernesto (1991): Das Evangelium der Bauern von Solentiname. Gesamtausgabe, Wuppertal,
3. Aufl.

von Kontinuität und Diskontinuität lade eher „zum Oszillieren ein"[354] (mit der dadurch gegebenen Gefahr, im Hin- und Herschwingen zwischen ‚idealer' Realität und ‚realem' Ideal zu ‚versteinern').

Eine andere Möglichkeit sozialer Resonanzen mag sich jenen bieten, die das Liebesangebot Gottes einer kritischen Prüfung durch die Vernunft unterziehen möchten und sich zu diesem Zweck in theologische Diskurse einschalten. Diesbezüglich spricht Luhmann im vierten Abschnitt von einem Wandel in der Funktion theologischer Kommunikation. Gelte etwa die Dogmatik traditionell als Symbol für „die Authentizität der Glaubensgrundlagen", also als normative Vergegenwärtigung des Offenbarungsinhalts, fungiere sie heute eher „als Differential [... und] als Gabelungspunkt, an denen man sich Entscheidungszusammenhänge verdeutlichen und Inkonsistenzen ausmerzen kann":[355]

> „[Dogmatiken] bieten eine Orientierungshilfe, sofern man es nicht bevorzugt, sich intuitiv oder aus ‚Sympathie' für eine bestimmte Religion zu entscheiden. Wird Dogmatik als Differential begriffen, verliert auch die Überwachung der Grenze zwischen Orthodoxie und Häresie durch die Fundamentaltheologie an Bedeutung. Das soll nicht heißen, daß Dogmen ihre Bedeutung verlieren. Jedenfalls markieren die Dogmen bestimmte Glaubensinhalte und weisen damit zugleich ab, was man auf ihrer anderen Seite, mit anderen Religionen oder ganz ohne Glauben an Möglichkeiten hätte".[356]

Was sich in der Entwicklung religiöser Systeme als belastbare Eigenwerte ihrer zentralen Glaubensinhalte herausbildet, ist somit immer auch das Ergebnis theologischer Unterscheidungsprozesse, die in ihrer „historischen Dynamik" ernst zu nehmen sind, wie Seewald betont: „Kontinuitäten und Diskontinuitäten [waren stets] so miteinander in Verbindung zu bringen [...], dass die notwendige Treue zum Ursprung kontinuitätsstiftend gegenwärtig blieb, ohne dass um der zeitgenössischen Verkündigung des Evangeliums willen nicht auch Diskontinuitäten in Kauf genommen werden konnten."[357]

---

[354] Luhmann 2000, 328.

[355] Ebd., 345. Dogmatik wird hier verstanden als theologische Reflexion des (christlichen) Dogmas, das im Kollektivsingular die „Gesamtheit des sich lehrhaft manifestierenden, christlichen Glaubens" meint (Seewald, Michael (2018a): Dogma im Wandel. Wie Glaubenslehren sich entwickeln, Freiburg/Basel/Wien, 271). Abgrenzend dazu sind spezifischere Lesarten von ‚Dogma' als katholisch (konfessionelle Eingrenzung), christologisch (thematische Eingrenzung), kirchlich bzw. päpstlich (dogmatische Eingrenzungen) im Gebrauch (vgl. ebd., 272f.). Letztere sind als Reentry der dogmatischen Differenz ‚zum Glauben gehörend/nicht zum Glauben gehörend' auf die erstgenannte Seite zu verstehen, insofern sie dogmatisch festlegen, was zum Glauben gehört: Einheit von *fide divina* und *fide catholica* bezüglich der kirchlichen Lesart bzw. Formfestlegung auf die *ex cathedra*-Entscheidung bezüglich der päpstlichen Lesart. Das wären Differenzierungen innerhalb eines lehramtlichen Theologie-Verständnisses, s. u. 4.2.3.3.

[356] Luhmann 2000, 345f.

[357] Seewald 2018a, 274.

3.3.3.2.4 Differenzen des Unterscheidens in Theologie und Soziologie?

Damit ist die vierte Frage angesprochen, mit welchen unterschiedlichen Unterscheidungen Soziologie und Theologie auf Offenbarungsansprüche reagieren.

Theologisch-dogmatisch wird aus der Innenperspektive auf Unterscheidungen im Verständnis von Glaubensaussagen geschaut – indem beispielsweise „Differentiale" zu Themen der Glaubensüberlieferungen erstellt werden, um die „Gabelungspunkte" diverser Möglichkeiten nachzuzeichnen,[358] oder „Differentiale" des Umgangs mit der Dogmenentwicklung selbst die Vielfalt der theologischen Unterscheidungsmöglichkeiten anzeigen.[359] Fundamentaltheologisch geht es dann, wie Luhmann richtig bemerkt, weniger um eine „Überwachung der Grenze zwischen Orthodoxie und Häresie", als vielmehr darum zu unterscheiden, „was man [...] mit anderen Religionen [...] an Möglichkeiten hätte", etwa im Forschungsprojekt der Komparativen Theologie.[360] In der Auseinandersetzung mit der Religionskritik reflektiert die Fundamentaltheologie beispielsweise immer auch die Möglichkeiten eines Lebens „ganz ohne Glauben". Denn die Umsetzung des Auftrags 1 Petr 3,15 „Seid stets bereit, jedem Rede und Antwort zu stehen, der von euch Rechenschaft fordert über die Hoffnung, die euch erfüllt", stellt innerhalb einer säkularen Gesellschaft vor besondere Herausforderungen. Dietrich Bonhoeffer hat sie in seinem berühmten Brief vom 16.7.1944 an Eberhard Bethge pointiert-paradox formulierte: „Und wir können nicht redlich sein, ohne zu erkennen, daß wir in der Welt leben müssen – ‚etsi deus non daretur'. Und eben dies erkennen wir – vor Gott! [...] Der Gott, der uns in der Welt leben läßt ohne die Arbeitshypothese Gott, ist der Gott, vor dem wir dauernd stehen. Vor und mit Gott leben wir ohne Gott."[361]

Was unterscheidet nun solche theologischen Unterscheidungen im Blick auf Offenbarungsansprüche von den soziologischen Differenzierungen Luhmanns?

[358] Vgl. z. B. Reis 2012 (s. o. 1.3.6); Gennerich, Carsten (2010): Empirische Dogmatik des Jugendalters. Werte und Einstellungen Heranwachsender als Bezugsgrößen für religionsdidaktische Reflexionen, Stuttgart. Gennerich korreliert die dogmatischen Differentiale überzeugend mit Ergebnissen empirischer Forschungen zu den differenten Wertfeldern Jugendlicher.

[359] Vgl. Seewald 2018a, 276–280.

[360] Vgl. z. B. Stosch, Klaus von (2012): Komparative Theologie als Wegweiser in die Welt der Religionen (Beiträge zur Komparativen Theologie 6), Paderborn; zur religionspädagogischen Relevanz vgl. Burrichter, Rita/Langenhorst, Georg/Stosch, Klaus von (2016/Hg.): Komparative Theologie: Herausforderung für die Religionspädagogik, Perspektiven zukunftsfähigen interreligiösen Lernens (Beiträge zur Komparativen Theologie 20), Paderborn. S. u. 4.3.3.

[361] Bonhoeffer, Dietrich (2006): Auswahl, hg. v. Christian Gremmels und Wolfgang Huber, Bd. 5: Briefe aus der Haft 1943–1955, Gütersloh, 167. Bonhoeffer bezieht sich mit der Wendung „als ob es Gott nicht gäbe" auf Hugo Grotius, der 1625 auf die universale Geltung völkerrechtlicher Standards in Kriegs- und Friedenszeiten hinwies, die auch dann gelten müssten, wenn es Gott nicht gäbe.

Ist es die Beobachtung zweiter Ordnung, die diesem zu beobachten erlaubt, welche Nebeneffekte mit dogmatischen Unterscheidungen über die inhaltlichen Markierungen eines Glaubensinhalts hinaus verbunden sind? Das kann auch fundamentaltheologisch wahrgenommen werden. Aber ist eine solche beobachtende Reflexion noch theologische Rede?

Im zweiten Abschnitt gibt Luhmann einen Hinweis, nachdem er Welkers Pneumatologie in ihrer Binnenperspektivität dekonstruiert hat: „Der *Rahmen* des Textes, die Unterscheidung Glauben/Unglauben, wird also nicht *Thema* des Textes – so wenig wie der Rahmen eines Bildes im Bild zu sehen ist. Auf dieser Ausgrenzung der Ausgrenzung beruht der Reichtum an Aussagemöglichkeiten, die der Text erschließt."[362] Damit ist zweierlei gesagt: Zum einen ist der Text deshalb dekonstruierbar, weil der Rahmen der Thematisierung nicht thematisiert wird, zum anderen ergibt sich gerade daraus sein inhaltlicher Reichtum, seine „Selbstkonfirmierung [...] ohne Verbot des Gegenteils."[363] Mit dieser soziologischen bzw. beobachtungstheoretischen Unterscheidung zwischen Thema und Rahmen der Thematisierung stellt Luhmann fest, dass die Begrenztheit des theologischen Sprechens – sein Thema ist im Beispiel das (gläubige) Ergriffensein vom Geist in der Einheit damit, dieses Ergriffensein zu beobachten – Bedingung der Möglichkeit ist, im Medium des Glaubens zu kommunizieren.

Worin unterscheidet sich diese theologische Unterscheidung – dass sich der Geist als „ein Ergriffensein *und* als Beobachtung dieses Ergriffenseins" manifestiert, dadurch performative und konstative Funktionen miteinander verbindet[364] – von der soziologischen Differenzierung zwischen Thema und Rahmen der Thematisierung? Was kann die soziologische Unterscheidung sehen, wofür die theologische blind bleibt, ja sogar bleiben muss, um sehen zu können, was sie sieht? Luhmanns Antwort auf diese Frage ist, dass die soziologische Perspektive die Grenzen des religiösen Systems beobachten kann, während die theologische Perspektive diese Grenzen „wie Horizonte behandelt": „Als im System thematisierte Grenzen würden sie zum Überschreiten einladen, als Horizonte sind sie unerreichbar. Der Standort, von dem jede weitere Thematisierung auszugehen hat, wird klargestellt, wird in Existenzaussagen einzementiert. Die Beschreibungen beruhen auf der Möglichkeit, sich auf diesen Standort zurückzubeziehen."[365] Das pneumatologische Paradox der Einheit von Performanz und Bestätigung des Geistes wird theologisch beschreibbar, weil es einen „Standort" der theologischen Perspektive gibt, der seine Grenzen eben nicht überschreitet.

Philipp Stoellger kritisiert diese „‚mafiöse' Interpretation", die er in der Rede von ‚Einzementierung' als „pejorativ" empfindet: „Die kommunikative Pointe des Paradoxes ist, daß der Horizont so unerreichbar wie *präsent* ist, so

---

[362] Luhmann 2000, 333.
[363] Ebd., 335.
[364] Ebd., 329.
[365] Ebd., 334.

unüberschreitbar wie *verschiebbar* in Leben und Geschichte. Aber das ist er nur von einer bestimmten Perspektive aus, ohne deren semantische und strukturelle Bestimmtheit der Horizont nicht gegeben und schon gar nicht reizvoll wäre."[366]

3.3.3.2.5   *Hermeneutische Chancen des interdisziplinären Dialogs?*

Damit ist die letzte Frage angesprochen, wie durch den Dialog zwischen soziologischer und theologischer Unterscheidungstechnik ein besseres Verständnis des Religiösen zu erreichen wäre. Stoellgers theologische Rezeption von Luhmanns soziologischer Welker-Rezeption (als Rezeption eines theologischen Textes) zeigt, wie im wechselseitigen Beobachten vertiefte Einsichten entstehen. M. E. widerspricht Stoellgers Interpretation Luhmanns Beobachtungen nicht, sondern vertieft das Verständnis des pneumatologischen Paradoxes theologisch, indem sie die Präsenz des unerreichbaren Horizonts und seine Verschiebbarkeit bei Unüberschreitbarkeit betont – bei gleichzeitiger Angewiesenheit auf eine geschichtliche (semantische) und religiöse Bestimmtheit, in ihrem strukturellen Bezug auf die paradoxe Einheit der Differenz von Immanenz und Transzendenz. Luhmann selbst beschreibt Welkers Text als eine Verschiebung der „Identität von Rahmen und Thema", insofern sein Text auf die biblischen Texte verweist, die sich als Offenbarung verstehen, aber zugleich nicht selbst ein solcher „symbolischer Text" ist, der die Einheit, die er meint, zugleich vollzieht. Gleichwohl thematisiert er die Differenz von Rahmen und Thema nicht, deshalb ist er eine Verschiebung innerhalb des Offenbarungshorizonts und keine Grenzüberschreitung: „Man könnte diese Verweisung als ‚framing up' bezeichnen, als Inanspruchnahme eines Rahmens, der seinerseits nicht zwischen Rahmen und Thema unterscheiden muß."[367]

Verschiebungen der religiösen Semantik diagnostiziert Luhmann im dritten Kapitel, wenn er „die alte Sorge um Heil und Erlösung" durch die „neu konzipierte Sorge um Sinn" entdogmatisiert sieht – als Beispiel einer anthropologisch fundierten Theologie, die eine religiöse Sinnsuche als übernatürliches Existential allen Menschen unterstelle und dabei „die ungeheure Vielfalt individueller Erlebniswelten" unterdrücke: „Der ‚dem Menschen' unterstellte Sinnbedarf ist schon die Deutung, auf die die Religion eine Antwort zu geben hofft. Die Problemlösung liegt im Formenschatz der Religion und in der Rede von ‚Heil' und ‚Erlösung' bereits vor, nur das Problem wird hinzuerfunden." Luhmann ist als soziologischer Beobachter davon beeindruckt, wie das religiöse System sich selbst beschreibt, indem es sich auf eine Kommunikationsweise einstellt, „die auch nichtreligiös gebraucht und verstanden werden kann". Die Selbstbeschreibung werde zwar der Umwelt des Systems übertragen (z. B. auf wissenschaftlicher Ebene der Anthropologie anstatt der Theologie), aber als „Eigenleistung des

---

[366]   Stoellger 2006, 82.
[367]   Luhmann 2000, 334.

Systems", als „Eigenwert seiner autopoietischen Operationsweisen", als „kognitives Konstrukt, mit dem die Differenz von System und Umwelt ins System wieder eingeführt wird."[368] Luhmann beschreibt hier „Externalisierung" in der Paradoxie ihrer Einheit mit dem internen Standort:

> „Zugleich wird damit deutlich, daß die Selbstbeschreibung des Systems als Reflexion des Systems im System eine Sonderleistung ist, die unter bestimmten gesellschaftlichen Bedingungen vorkommt, aber für die religiöse Praxis gar nicht benötigt wird und auch nicht in der Lage ist, Glaubenszweifel zu beheben. Denn niemand wird sich von der Aufrichtigkeit seines religiösen Glaubens dadurch überzeugen lassen, daß man ihm sagt, dies sei nötig, um seinem Leben Sinn zu geben. Auch insofern ist die Kommunikation dieses Angebots paradox und anfällig für Dekonstruktion. Der performative Vollzug einer solchen Kommunikation widerspricht dem, was sie konstativ behauptet."[369]

Mit diesen systemtheoretischen Überlegungen erklärt Luhmann das Phänomen, dass theologische Reflexionen in religiöser Praxis oft gar nicht gewünscht werden, dass sie nicht *per se* dazu dienen, „Glaubenszweifel zu beheben", sondern im Gegenteil den Glauben sogar irritieren können. Wie das möglich ist, fasst Luhmann im sechsten Abschnitt zusammen: „Eine Selbstbeschreibung ‚steuert' [...] nicht nur das, was sie bestätigt, sondern auch das, was ihr Schwierigkeiten bereitet. Sie festigt nicht nur den rechten Glauben, sondern bestimmt zugleich das, was abgewiesen werden muß, auch wenn es sich aufdrängt."[370] Führt Theologie damit zur Schwächung des Glaubens, statt ihn durch reflexive Selbstbeschreibung zu stärken, wie zu Beginn dieses Abschnitts im Verweis auf den Anfang von Anselms *Proslogion* vermutet?

Was nützt der Theologie darüber hinaus eine solche soziologische Selbstbesinnung, die ungewollte Nebeneffekte klärt? „Selbstverständlich kann es nicht darum gehen, die Reflexionen des Religionssystems als ‚angewandte Soziologie' aufzufassen oder sie zu kritisieren, wenn sie den Anforderungen soziologischer Kritik nicht genügen."[371] Luhmann stellt als Gewinn für „religiöse Kosmologien,

---

[368] Ebd., 340. „Es kommt nicht zu einem Zentralismus der Selbstbeschreibung, wie man ihn in der erkenntnistheoretischen, der rechtstheoretischen, der wirtschaftstheoretischen Diskussion findet, wo dann nur noch unterschiedliche Theorien konkurrieren und ihre Konkurrenz nicht zuletzt auf wissenschaftlichem oder ‚philosophischem' Terrain austragen. Stattdessen findet man eine bemerkenswerte Fähigkeit der Anpassung an unterschiedliche lokale und sozialstrukturelle Vorgaben, an unterschiedliche Varianten von Publikum, an unterschiedliche Bedingungen für Inklusion und Exklusion. Der Eindruck der Vielfalt und Lebendigkeit religiöser Kommunikation, der gegen alle Prognosen des Austrocknens dieses Sumpfes von Mystizismus und Irrationalität [...] sich am Ende des Jahrhunderts auch in der Religionssoziologie durchgesetzt hat, ist empirisch wie theoretisch gerechtfertigt. Und auch die Selbstbeschreibungen des Religionssystems müssen sich dieser Sachlage fügen" (ebd., 347).

[369] Ebd., 340f.

[370] Ebd., 354.

[371] Ebd., 355.

Theologien oder Hintergrundannahmen für Meditationspraktiken" in Aussicht, „von der allgemeinen Formenlehre" seines soziologischen Ansatzes zu profitieren: „Zumindest ist es heute möglich, genauer zu beschreiben, auf was man sich einläßt, wenn man Selbstbeschreibungen eines Systems produziert. Man kann dann immer noch nostalgisch oder fanatisch verfahren – aber nicht mehr naiv."[372]

Die scheinbare Glaubensschwächung stärkt den Glauben, indem sie einen Absprung aus der Oszillation des jeder Selbstbeschreibung innewohnenden Paradoxes provoziert, wenn nicht durch eine neue Logik, um die sich beispielsweise Gotthard Günther bemüht hat (s. o. 1.3.6; s. u. 4.4.2), so doch durch die Imaginationen einer ‚zweiten Naivität' (Paul Ricœur), die als Alternative zu Nostalgie oder Fanatismus ebenfalls einen naiven Standpunkt überwindet.[373] Allerdings gibt es eine nostalgische oder fanatische Naivität (die nicht so gefährlich zu sein scheint wie deren nicht-naiven Varianten, sofern sie potentiell aufgeklärt werden könnten), während erst die zweite Naivität Nicht-Naivität und Naivität paradox vereinigt. Wie auch immer – die Disziplin des Interdisziplinären, in der Luhmann sich als Wissenschaftler ausdauernd geübt hat, fordert von allen Beteiligten die Mühe, sich auf die jeweils andere Disziplin derart einzulassen, dass sie ihr mit deren Mitteln erläutern kann, warum sie sie gegebenenfalls ablehnt. Das führt unweigerlich zu einer präziseren Selbstbeschreibung der eigenen Disziplin, und zwar – systemisch gesprochen – „ohne Rücksicht darauf, ob dieser Grad an Verdeutlichung der Selbstbeschreibung des ablehnenden Systems bekommt – oder nicht."[374]

3.4   „Die Rückgabe des zwölften Kamels": Symbol für die Form der Paradoxie

In seinem bereits 1985 geschriebenen, aber erstmalig in einem Sonderheft der Zeitschrift für Rechtssoziologie 2000 veröffentlichen Essay „Die Rückgabe des zwölften Kamels: Zum Sinn einer soziologischen Analyse des Rechts" reflektiert Luhmann die Selbstbeschreibung des Rechtssystems über die Grundparadoxie des Rechts: „Es gibt kein unbestreitbares Recht, mit der Unterscheidung von Recht und Unrecht zu operieren. [...] Es gibt keine Entscheidung, die die Entscheidbarkeit aller Rechtsprobleme garantieren könnte."[375] Das zwölfte Kamel, durch dessen Einsatz erst, wie in der Einleitung zu diesem Kapitel nacherzählt, das Rechtsproblem einer gerechten Erbauteilung gelöst werden konnte, fun-

---

[372]   Ebd., 355f.
[373]   Vgl. ebd., 355.
[374]   Ebd., 356. Mit diesen Worten endet das Buch.
[375]   Luhmann 2000a, 57.

giert in Luhmanns Essay als Symbol für Möglichkeiten zur (euryalistischen) Entparadoxierung des Rechtsparadoxes. Die Rückgabe des zwölften Kamels, „so Allah will",[376] symbolisiert dann den Prozess, die Paradoxie (sthenographisch) wieder sichtbar zu machen.

Dirk Baecker interpretiert diesen Verweis auf den Willen Allahs als Rechtfertigung der Kamel-Mogelei. Die Mogelei ist die Einführung der Beobachterin nicht *im* System oder *außerhalb* seiner, sondern *„auf der Grenze* des Systems"; die ‚Rückgabe' des Kamels ist die theoretische Aufdeckung der Mogelei und damit die Infragestellung der „Differenzierung der Gesellschaft (nach innen und außen)".[377] Die doppelte Fragestellung markiert Luhmann zu Beginn eines „seiner brillantesten Essays"[378] in folgender Auffächerung:

> „(1): War das zwölfte Kamel nötig, und wozu war es nötig? Und, damit streng zusammenhängend, (2): Wurde es zurückgegeben? Wie steht es mit dem Willen Allahs? Wenn es zur Teilung nötig war, war es dann nach der Teilung nicht mehr nötig? Wie wäre es, wenn die Teilung nachträglich angefochten wird? Müßte man es für diesen Fall zurückfordern können, als Prozeßkamel, als jeweils diensttuendes Kamel? Und kann man über die Rückgabe entscheiden, ohne den Grund zu kennen, aus dem das Kamel nötig war? Müssen Richter Leihkamele haben? Ist [...] das ihre [...] Legitimation? Mußte das Kamel überhaupt real geliefert werden, oder hätte die Fiktion genügt?"[379]

Zur vorläufigen Antwort auf die erste Frage notiert Luhmann seine paradoxe „These, daß das zwölfte Kamel *nötig und nicht nötig war.*" Die Entparadoxierung ist nötig, kann aber im Nachhinein als nicht notwendig ,zurückgegeben' werden, indem zugleich ihre operative Notwendigkeit konzediert wird. Das ,zwölfte Kamel' betritt für Luhmann symbolisch den Ort der „Selbstreferenz des Systems, bei der man Operation und Resultat der Operation nicht mehr unterscheiden kann".[380] Die Beschreibung beider Vorgänge gehört zur euryalistisch-sthenographischen Paradoxieentfaltung. Sie setzt voraus, dass „der Beobachter auf die Konsistenz, auf die Durchhaltefähigkeit seiner eigenen kognitiven Strukturen Wert legt in einem Feld immer weiterer Betrachtungen". Erst indem der Beobachter somit am Begriff der Wahrheit als innerer Folgerichtigkeit und äußerer Viabilität festhält (s. u. 4.2), „drängt sich ihm das Paradox auf. Nur dann zwingt es sich (und es ihn), das System unter dem Gesichtspunkt von Funktionen der Entparadoxierung zu sehen. Nur dieser Gesichtspunkt garantiert dann auch die durchgängige Vergleichbarkeit aller sozialen Systeme."[381]

---

[376]   Ebd., 4.
[377]   Baecker 2000, 146f. S. o. 3.1.2 am Beispiel der Notengebung als der ‚Mogelei' im Erziehungssystem.
[378]   Teubner, Gunther (2000): Editorial, in: Ders. (Hg.), a. a. O., 1–2, 1.
[379]   Luhmann 2000a, 4.
[380]   Ebd.
[381]   Ebd., 60.

Den positiven Sinn einer solchen Paradoxieentfaltung identifiziert Gunther Teubner im Blick auf das Rechtssystem mit jenen „in der historischen Rechtspraxis ausprobierten Unterscheidungen, die das Paradox nicht leugnen, aber es so plazieren, daß anspruchsvolle Sinnproduktion im Recht möglich wird". Danach verortet er die religiöse Dimension der Fragestellung im Grundparadox des Rechts: „Die eigentliche Konfrontation des Rechts mit dem eigenen Paradox aber, was nichts anderes als der Umgang mit der eigenen Transzendenz ist, würde das Recht paralysieren. Hier können nur Beobachtungen zweiter Ordnung, philosophischer und theologischer Art, einsetzen, die den in der Differenz von System und Umwelt ausgeschlossenen Dritten symbolisieren."[382]

Wenn die Konfrontation „mit dem eigenen Paradox" als „Umgang mit der eigenen Transzendenz" zu qualifizieren ist, dann haben Vollzüge, die Paradoxien nachvollziehen und reflektieren, immer auch einen religiösen Charakter – zumindest sofern man den weiten Religionsbegriff der Systemtheorie akzeptiert, dass eine Kommunikation immer dann religiös ist, wenn sie Immanentes unter dem Aspekt der Transzendenz beobachtet (s. o. 3.1.3). Symbolisiert das zwölfte Kamel das „ausgeschlossene Dritte" des Rechtssystems, das nur durch „Beobachtungen zweiter Ordnung, philosophischer und theologischer Art" vor den Blick gerät? Steckt als Entparadoxierungsstrategie dahinter ein Perspektivenwechsel, der den Rechtscode recht/unrecht nun aus religiöser Perspektive mit ihrem Code immanent/transzendent beobachtet?[383]

Es kann hier nicht darum gehen, die differenzierten Überlegungen Luhmanns zur Paradoxie des Rechts und der Geschichte seiner Entparadoxierung zu diskutieren.[384] Es geht vielmehr um Möglichkeiten der religiösen, theologischen und religionspädagogischen Paradoxieentfaltung. Um ihre Darstellung im vierten Kapitel vorzubereiten, stelle ich in einem ersten Schritt Grundzüge der Paradoxologie von Jean Clam dar, die er durch seine Interpretation von Luhmanns Kamel-Essay gewinnt (1).[385] Sie wird zur Grundlage der späteren religions-/pädagogischen Applikation (s. u. 4.3). Die Schreibweise mit der Lücke (-/) soll wieder anzeigen, dass auf der Grenze von Religion und Pädagogik ein Freiraum entsteht, der auch Theologie und Bildung/Erziehung einschließt (s. o. 1.4.3; 3.1). Danach werden Ergebnisse der bisherigen Überlegungen zugespitzt, indem ich diesen Paradoxie-Begriff in seinen sechs Merkmalen resümiere, ihn an einer Wundererzählung expliziere und den Standort der ‚Paradoxologie' in Luhmanns Systemtheorie mit Clam kritisch rekonstruiere (2). Schließlich wird die aus der Form

---

[382]   Teubner 2000, 1.

[383]   Vgl zu dieser Strategie Esposito 1991, 53–56. Esposito denkt, das Lügenparadox dadurch zu entparadoxieren, dass sie in der Beobachtung zweiter Ordnung von der wahr/falsch-Codierung auf die modale Codierung möglich/unmöglich wechselt. Zu ihren beobachtungstheoretischen Überlegungen s. u. 4.1.1.1.

[384]   Vgl. Luhmann 2000a, 5–58.

[385]   Vgl. Clam 2004, 104–148.

der Paradoxie gewonnene Hermeneutik auf die beiden Ansätze von Boschki und Grümme bezogen (3).

3.4.1 Paradoxologie nach Jean Clam als Grundlage einer religions-/pädagogischen Applikation

Jean Clam kritisiert eine „Theologisierung des Paradoxes" als Versuch, sich des Paradoxen zu bemächtigen durch „Abkürzungen, die es möglich machen, das Nicht-Abkürzbare in finiter Deixis anzuzeigen".[386] Während eine so verstandene Theologisierung versuche, sich der Verlegenheiten und Lähmungen zu entziehen, in die Paradoxien hineinführten, verdiene umgekehrt das Rechtsparadox besondere Beachtung, insofern es als „das allen anderen Paradoxen zugrunde liegende Paradox" bezeichnet werden könne: Denn es impliziere „die Nicht-Rechtfertigbarkeit der Gewalt aller anderen sinnstiftenden Unterscheidungen": „Die Frage nach dem Recht ist die Frage nach der Rechtfertigung und Berechtigung, Entscheidungen zu treffen, die Folgen für Andere haben."[387] Von diesem Argument her ist nicht verwunderlich, dass Anselm das Paradox der Freiheit entparadoxiert, indem er von einer kausal-ontologischen Beobachtungstechnik – die bösen Motive des Teufels – zu einer modal-operativen wechselt – der Freiheitsgebrauch auf unrechte Weise (s. o. 3.3.1.3).

Nun muss das Handeln des Teufels nicht mehr mit moralischer Empörung verdammt werden. Aber hilft es wirklich weiter, wenn es stattdessen nun in juristischer Distanz beurteilt wird (s. u. 4.1.1.1)? Welcher Mehrwert steckt darin, die Entparadoxierung des Freiheitsparadoxes nicht moralisch vorzunehmen, sondern rechtlich? Was ist überhaupt mit einer ‚Entparadoxierung des Rechts' gemeint? Luhmann versteht darunter zunächst einmal „die normale Operation des Rechts selbst. Es ist ganz einfach das Recht, wie es aus seinem Paradox fließt. Dieses gilt dann als Quelle des Rechts in dem Sinne, dass es eine Bewegung am Grunde des Rechts darstellt, die das Recht dazu nötigt, sich in einer Weise zu entfalten, dass es zum Recht wird."[388]

Clams Idee ist, die Grundparadoxie des Rechts paradoxologisch zu entfalten. Ohne Anspruch auf Vollständigkeit analysiert er sechs Teilparadoxien, die ich im vierten Kapitel tabellarisch im Blick auf ihre jeweilige Entfaltung durch Ausleihe und Rückgabe des zwölften Kamels darstelle und kreativ mit theologischen und religionspädagogischen Paradoxieentfaltungen verbinde.

---

[386] Clam 2004, 206f. Zur weiteren Differenzierung der Theologisierung, die immer auch eine Ent-Theologisierung beinhaltet vgl. ebd., 216 (s. u. 3.4.1.2).

[387] Ebd., 212. Eine weitere Besonderheit des Rechtssystems erkennt Clam in seiner innigen Beziehung zur „drastischsten Verkörperung von Kontingenz, nämlich der Gewalt" (ebd., 191).

[388] Ebd., 208.

An dieser Stelle ist der Rahmen zu erörtern, in den Clam seine Paradoxologie gestellt hat: Zunächst in Bezug auf seine Weiterführung von Luhmanns Kamel-Aufsatz im Besonderen (1) und sodann auf sein Bewusstsein der paradoxen Struktur der eigenen Bemühungen im Allgemeinen (2).

3.4.1.1 Paradoxologie des Rechts: Die paradoxe Einheit von Recht und Gewalt angesichts der Ausleihe und Rückgabe des zwölften Kamels

Clam fragt aus zwei Perspektiven kritisch nach, ob das Reden über die Paradoxie des Rechts sachangemessen ist. Erstens aus der Perspektive des konkreten Fall-beispiels: „Warum ließe sich der Fall der Teilung der Kamele nicht auf eine sau-bere, gerechte und in allen ihren Momenten eindeutigen und anschaulichen Weise zurückführen, wie z. B. auf eine Teilung von 12 Kamelen unter drei Brü-dern, von denen der erste die Hälfte und die beiden anderen je ein Viertel be-kommen würde – oder auch jeder der drei ein Drittel zugeteilt" bekäme? Und zweitens aus der Perspektive der grundsätzlichen Übertragung, die aus dem einen Fall ein Symbol für Rechtsentscheidungen im Allgemeinen macht: „Wa-rum soll man rätselhaften Paradoxien um das Recht huldigen, die an sich ein-deutiger Lösungen fähig wären? Vielleicht ist das ganze Gerede vom Paradox nichts anderes als eine hyperbolische Rhetorik von Legitimation suchenden Theorien?" Clam verspricht, „die Skepsis gegenüber unklarer Hantierung mit Paradoxierungen und Entparadoxierungen akut zu halten".[389]

Das Problem des Rechts ist sein Auftrag: Es muss ein Urteil gefällt werden, obwohl immer weiter unterschieden und abgewogen werden könnte; nie sind die Perspektiven aller am Rechtsstreit Beteiligten ausreichend bedacht; nie sind die widerstreitenden Interessen bis ins letzte Detail gewürdigt. Was sind bei-spielsweise die differenten Lebensverhältnisse, unter denen die Brüder leben, deren Erbe aufgeteilt werden soll? Ist es gerecht, dass der Älteste den ‚Löwen-anteil' erhält allein deshalb, weil es üblich ist? Unterschiedliche Kriterien ließen sich anlegen, wie die Verteilungs-, Bedarfs-, Leistungs-, Chancen-, Beteiligungs- oder Generationengerechtigkeit:[390] Aber nach welchen Kriterien und zu welchen Zeitpunkten sind sie anzuwenden? Wie kann es zu einer begründeten Entschei-dung kommen, ohne dass der „Sprung" aus „dem lähmenden Widerstreit an-schaulicher, unteilbarer Ansprüche" zum bloßen Dezisionismus des Richters entartet? Die Einführung des zwölften Kamels ermöglicht eine nicht-dezisionis-tische Entscheidung, indem „es den Fall anders ‚auslegt': es befreit ihn von der Massivität der Enge seiner ursprünglichen Anschaulichkeit; es führt eine vir-tuelle Komponente ein, welche die Entscheidung ermöglicht durch *Erweiterung*

---

389 Ebd., 110.
390 Vgl. Wiemeyer, Joachim (2015): Keine Freiheit ohne Gerechtigkeit. Christliche Sozialethik angesichts globaler Herausforderungen, Freiburg u. a., 120–131.

der ursprünglichen Fallanlage".[391] Die Imagination des ausgeliehenen zwölften Kamels ermöglicht es, den Rechtsfall von einer anderen Warte aus zu beleuchten und neu zu strukturieren.

Zur Metaphorik der Ausleihe gehört die Perspektive der Rückgabe: „Das Unterstellte wird nochmals negiert; der Umweg macht die Abkürzung des Umwegs selbst möglich. Das imaginäre Element wird neutralisiert, indem es an zwei Stellen der Operation erscheint mit jeweils umgekehrtem Zeichen. [...] Unterstellt man die Existenz des Unmöglichen, macht man sozusagen die mögliche Lösung existent."[392] Clam geht es darum, dass Ausleihe und Rückgabe des zwölften Kamels keine triviale Automatik symbolisieren, und fragt: „Wie funktional und technisch kann der Einsatz von entparadoxierenden Handhaben sein?" Als wichtige Prämisse zur Entfaltung von Paradoxien ist zuzugestehen, „dass es Paradoxe nicht einfach gibt, sondern dass Paradoxe Prozesse sind, die im Rücken einer Erschließung operativer Möglichkeiten laufen".[393] Einen solchen Prozess „der Einführung und des nachgängigen Entzugs eines nur leihweise Disponiblen nennt Luhmann die Paradoxie des Systems".[394] Clam zitiert als schärfste Formulierung der Grundparadoxie des Rechts Luhmanns Hinweis darauf, dass die „Voraussetzungen [...], auf die man sich immer und auch bei ihrer Bezweiflung einlassen muss, [...] sich im System logisch nicht fixieren [lassen]. Sie fluktuieren mit den Operationen."[395] Luhmann nennt als Beispiele Konzepte wie ‚Wesen', ‚höchste Norm', ‚essential variables', die aber mehr suggerierten, „als bei genauer Analyse" vorzufinden sei. Gleichwohl sei das Festhalten an diesen Voraussetzungen kein Fehler: „Das System benutzt das Kamel, ohne es zu besitzen. Die Operationen des Ausleihens und Zurückgebens symbolisieren diese Ambivalenz".[396]

Luhmann wende, so Clam, die Form der Unterscheidung auf das Rechtsparadox an: In „jeder weltritzenden Entscheidung waltet eine Gewalt, die Inhalte bezeichnet und Horizonte unmarkiert lässt; die etwas als systemgemäß einschließt und anderes als ungemäß ausschließt. Gewalt stiftet ‚Recht' und ‚Recht' kann Gewalt nicht nachträglich berechtigen".[397] Wieder fragt Clam, ob diese Ge-

---

[391]   Clam 2004, 111f. Die Einführung des zwölften Kamels „erinnert an das Hantieren mit irrationalen Zahlen in der griechischen Mathematik; an die Konstruktion komplexer Zahlen durch Einführung einer imaginativen Komponente [...]; an die Konstruktion nicht euklidischer Geometrien durch die Annahme möglicher Räume, in denen axiomwidrige Sätze der niederstufigen Theorie (i. e. Beobachtungsweise) komplexeren Sachverhalten in den neuen, intuitiv unerfüllbaren Verhältnissen entsprechen" (ebd., 112).

[392]   Ebd., 113.

[393]   Ebd.

[394]   Ebd., 116f.

[395]   Ebd., 116, Luhmann 2000a, 4.

[396]   Ebd., 4f.

[397]   Clam 2004, 118. „Recht im engeren Sinn dagegen meint ein partikulares System und eine partikulare Leitunterscheidung (zwischen Recht und Unrecht). Es kann nicht entstehen

waltsamkeit jedes Unterscheidens so zutrifft: Ist es nicht übertrieben, den „Welteingang eines (irgendwie gestalthaften) Seienden aus dem Unbenennbaren und Formlosen als ein immer schon drastisches Ausgeschlossenhaben all der nicht realisierten Möglichkeiten andersgearteter [...] Formgebung" zu verstehen? „Wie kann Gewalt die Qualität jeglicher welteröffnenden Urgestik bezeichnen, ohne in der Nacht eines alteritätslosen Absoluten jede Grenze und jeden Umriss zu verlieren?"[398] Die Antwort lautet: Gewalt darf nicht willkürlich sein, aber ohne Gewalt können „die Segnungen des Rechts nicht gespendet werden":[399] „Das Recht erscheint als paradox, d. h. mit seinem Anderen, der Gewalt, verschwistert, nicht erst seit dem Aufkommen von unterscheidungsbezogenen Beobachtungstheorien" – Clam nennt Platon und die Vorsokratiker, aber vor allem Pascal, auf den sich Benjamin, Derrida, Bourdieu und Luhmann beziehen.[400]

Der Umgang mit Paradoxien in der Moderne ist allerdings von demjenigen in früheren Zeiten nach Clam dadurch unterschieden, „dass die Latenz der Ausleihe des Kamels nicht mehr gewährleistet ist". Die Beobachtung zweiter Ordnung lässt Entparadoxierungsstrategien sichtbar werden, die in früheren Zeiten invisibilisiert bleiben konnten:

> „Das Kamel muss wissentlich hinein- und wieder herausgeführt werden. Dies verändert grundlegend den Status des Kamels: es wird entparadoxiert durch das Bringen zur Reflektiertheit des Bedürfnisses nach Entparadoxierungen und des Einsatzes von (reflexiven) Entparadoxierungen. Das Kamel ist dann die Durchsichtigmachung seiner selbst und seiner Leistung. Das System erreicht seine Entparadoxierung nicht mehr über mythische Ausleihen, sondern über das Bewusstwerden seiner paradoxischen Lage und seines Bedarfs nach Entparadoxierungen, die offen als solche eingesetzt werden. [...] Diese Bewegung des Durchschauens der Selbstdistanz als Grundlegung der (operativen) Identitätsbildung (als stets vollzogener Grenzziehung zwischen Eigenem und Fremdem) ist der heute geforderte Typ von Entparadoxierungen."[401]

---

ohne den gewaltsamen Urakt der Benennung, der Indikation dessen, was nunmehr als Recht gelten und als Unrecht verworfen werden soll. Gewalt aber scheint immer die Frage nach deren Berechtigung mitzuführen, so dass überall, wo unterschieden wird, die Frage nach dem ‚Recht' einer solchen Unterscheidung unmittelbar gestellt wird. Das Paradox des Rechts scheint am Anfang aller Sinnentwürfe und Sinnordnungen zu stehen" (ebd.). Vgl. ebd., 209f.

[398] Ebd., 119.

[399] Ebd., 120f. „Die Tatsache, dass Gewalt schon von allem Anfang her einem Recht gewichen ist, macht die stiftende Vorgängigkeit der Gewalt nicht zunichte. [...] Wäre eine Ordnung des Rechts bloß willkürlich und nicht gewaltsam, so wäre sie äquipollent mit anderen Ordnungen und diesen bloß superimponiert. An dieser Stelle kehrt sich die Problematik um: Die Positivität von Gewalt und Gewaltsamkeit offenbart sich aus der Alterität von Recht und Gewalt innerhalb einer Form" (ebd., 120).

[400] Ebd., 122. Vgl. ebd., 190f.

[401] Clam 2004, 144f.

In der Moderne gehen somit Ausleihe und Rückgabe des Kamels ineinander über. Indem das Kamel mit dem Prozess identifiziert wird, sich selbst und seine Leistung zu verstehen, bereitet es seine eigene Rückgabe vor. Die Aufklärung über Entparadoxierungsprozesse kann somit als Synonym für die Kamel-Rückgabe gelten, ohne dass das, wofür das symbolische Kamel steht, in irgendeiner Weise geleugnet oder abgewertet werden müsste. Insofern dazu Prozesse der Selbsterkenntnis („Bewegung des Durchschauens der Selbstdistanz") gefordert und für die „Identitätsbildung" grundlegend sind, erklärt sich noch einmal aus anderer Perspektive – auf dem Boden der grundlegenden Paradoxie – warum Erziehung und Bildung und mit ihnen auch die Religionspädagogik als Wissenschaft für den operativen Selbsterhalt des Religionssystems eine zunehmende Bedeutung erlangen (s. o. 3.3.3.2.2, Tabelle 2).

3.4.1.2 Das Paradox der Paradoxologie: Die paradoxe Einheit von Theologisierung und Enttheologisierung bei der Paradoxieentfaltung

Clam ist sich der Paradoxität seines Projekts bewusst: „Das Paradox des Paradoxes ist das seiner Anzeige im Rahmen einer es thematisierenden Paradoxologie. Es ist das Paradox der Abkürzung des Unabkürzbaren, der Kondensierung und Deixisierung einer Bewegung der Deixis, welche die Deixis unmöglich macht."[402] Hat sich Luhmann deshalb nicht für die „Polymorphie des Paradoxen als solche" interessiert,[403] weil er sich der ,Theologisierungsgefahr' im Paradox der Paradoxologie bewusst war: die Paradoxität zu verschleiern, indem man sie sich theoretisch verfügbar macht? Aber wird nicht mit dem Verzicht auf Paradoxologie gerade die Strategie unterstützt, die Differenz zwischen Entparadoxierung und Paradox zu invisibilisieren?[404] Auch das ist nach Clam Theologisierung, die den Bezug aufs Paradox meidet oder verkürzt.[405]

Um während der paradoxologischen Entfaltung nicht dieser Versuchung einer einseitigen Theologisierung zu erliegen, ist es Clam „wichtig, immer wieder von neuem zum prätheologisierten Zustand des Paradoxes zurückzukehren. Es geht dabei um den Zustand des Paradoxes vor seiner Anzeige als anzeigbare Verlegenheit."[406] Im Grunde ist das der Versuch, die Beobachtung zweiter Ordnung (die Paradoxologie als Beobachtung paradoxen Beobachtens) ständig auf die zugrunde liegende Beobachtung erster Ordnung zurückzuführen (die Operationen des paradoxen Beobachtens selbst). Theologisierung und Enttheologisierung bilden dann die Einheit der „theologische[n] Referenz auf Paradox": während sie „theologisierend [...] die Referenz vom Paradoxen abkürzt und dessen

---

[402] Ebd., 206. Unter Deixisierung versteht Clam die „Anzeigbar- oder Bezeichenbarmachung" (ebd., Fußn. 7).

[403] Ebd., 214.

[404] Vgl. ebd., 208.

[405] Vgl. ebd., 216.

[406] Ebd., 208.

Offenbarung vermeidet", ist sie „ent-theologisierend, indem sie die Referenz erneut ausfaltet und sie in ihrer unverdunkelten, unabgekürzten Bewegung (der Erfahrung auswegloser Verlegenheit) geschehen lässt".[407] Wenn die Paradoxologie die paradoxe Einheit von Theologisierung und Enttheologisierung in ihren Operationen darstellt, entspricht ihr dann auf wissenschaftstheoretischer Ebene die Idee einer Paradoxieentfaltung, die die paradoxe Einheit von Euryalistik und Sthenographie ernst nimmt? Eines scheint klar: Nur wer beide paradoxe Einheiten beachtet, kann das Anregungspotential der Paradoxien für neue Ideen adäquat nutzen.

Dementsprechend sollte sich im Durchgang durch die sechs ausgewählten Teilparadoxien des Rechtsparadoxes und ihre kreative Übertragung auf Paradoxien des Religiösen zeigen, dass Paradoxien keine „Hemmung der Denkbewegung, das denkerische Zeugnis der Realunmöglichkeit von etwas" sind.[408] Im Gegenteil eröffnen sie Neuanfänge im Denken, „Bewegung[en] der Systemkonstitution", die zwar durch „Risiken und Bifurkationen" geprägt sind, aber doch „eine produktive Genese" und Verdichtungen des Systems ermöglichen. „Die Paradoxie generiert das System als operatives System", und das bedeutet im Blick auf die strukturellen Kopplungen der Bewusstseinssysteme mit dem Gesellschaftssystem und dessen Subsystemen: „Gerade weil zwei Bewusstseine einander nicht erreichen können – in der Einheit und Identität eines Erlebnisses –, entsteht aus diesem Paradox der Nicht-Vereinbarkeit von Bewusstseinen das ungeheuer reichhaltige System der (gesellschaftlichen) Kommunikation."[409]

Die operative Geschlossenheit der Systeme ist damit die Bedingung der Möglichkeit ihrer Kommunikation und zugleich die Bedingung ihrer Unmöglichkeit. Damit die Kommunikation anfängt, braucht sie etwas Unverfügbares. Einige religiöse Systeme identifizieren dieses Unverfügbare mit der Kontingenzformel Gott bzw. mit seiner nicht-disponiblen Weisung, eine Unterscheidung zu treffen. „Das Paradox meint somit die Kreativität der Einführungen (Ausleihen und Rückgaben) von nicht-disponiblen Komponenten, die etwas in Gang setzen. [...] Im Rechtssystem symbolisiert das ‚symbolische' Kamel alle in ihm ablaufenden Entparadoxierungsweisen."[410] Auch im religiösen System geschieht Entparado-

---

[407] Ebd., 216.

[408] Zur Vertiefung der Diskussion um das Rechtsparadox, die an dieser Stelle nicht verfolgt werden kann, vgl.: Teubner, Gunther (2008/Hg.): Nach Jacques Derrida und Niklas Luhmann: Zur (Un-)Möglichkeit einer Gesellschaftstheorie der Gerechtigkeit, Zeitschrift für Rechtssoziologie 29, Heft 1, Stuttgart; darin besonders die Aufsätze: Teubner, Gunther (2008): Selbstsubversive Gerechtigkeit: Kontingenz- oder Tanszendenzformel des Rechts?, in: Teubner (Hg.), a. a. O., 9–36; Clam, Jean (2008): Wie dicht sind Opfer? Zur Entscheidung der Frage nach dem Ort der Transzendenz in heutiger Gesellschaft, in: Teubner (Hg.), a. a. O., 37–51; Menke, Christoph (2008): Subjektive Rechte: Zur Paradoxie der Form, in: Teubner (Hg.), a. a. O., 81–108.

[409] Clam 2004, 136, vgl. ebd., 137–141.

[410] Ebd., 141f.

xierung in vielfältigen Formen: mystische Beobachtung Gottes, Kanonisierung der Schrift, Dogmatisierung von Glaubenslehren, Moralisierung oder Ästhetisierung des Religiösen, Perspektivierung der Standpunkte, Symbole und Rituale als ‚Sprache' der Religion etc. Sind solche Paradoxe „nicht das Korrelat einer relativen Beobachtungweise, sondern die allen Beobachtungsweisen innewohnenden Unverfügbarkeitsgrundlagen",[411] wird deutlicher, warum sich Religionen in besonderer Weise mit Paradoxien befassen (müssen): Schließlich kommunizieren sie explizit das Unverfügbare, das sich der immanenten Verfügung entzieht und sich gerade dadurch als transzendent erweist, „entsprungen aus dem Schoß des Unvoraussagbaren".[412]

Dass es Paradoxe gibt, bedeutet somit auch, dass kein System „ableitbar, voraussagbar, in seiner Existenz begründbar" ist: „Dass und wie Leben oder Bewusstsein oder Kommunikation – und innerhalb letzterer Recht, oder Wissenschaft – zustande kommen, ist nicht ex ante determinierbar. [...] Das Grundkontingente hat keinen Ursprung [...]. Als reines Emergentes ist es einfach da [...]. Es gibt keinen Logos von dem, das erst mit seinem Entstehen seinen eigenen Logos, d. h. die Möglichkeit und die Wirklichkeit seiner eigenen Beobachtung, mitbringt."[413] Auf Gott übertragen hieße das: Sein Sich-Offenbaren ist der Prozess, durch den er „seinen eigenen Logos [...] mitbringt". Offenbarung ist notwendig, damit seine Beobachtung möglich und wirklich werden kann – im subjektiven und objektiven Genitiv: damit er beobachten kann und damit Menschen ihn beobachten können. Damit stehen wir vor dem Grundparadox der Theologie, Nichtobjektivierbares zu objektivieren. Wie dieses Paradox auch Religion und Religionspädagogik in all ihren Teilparadoxien prägt, darum geht es im dritten Abschnitt des vierten Kapitels (s. u. 4.3).

3.4.2   Fazit: Luhmanns ‚Paradoxologie' als ‚zwölftes Kamel' der Systemtheorie?

Welchen Status hat die ‚Paradoxologie' in Luhmanns Systemtheorie? Die Frage ist kaum zu beantworten, weil Luhmann in weiser Voraussicht keine Paradoxologie entwickelt hat. Allerdings hat die Form der Paradoxie eine wichtige Funktion in der Systemtheorie: Jede Unterscheidung und damit auch jede Beobachtung ist paradox. Schon innerhalb der Beobachtung erster Ordnung werden mit *indication* und *distinction* zwei Beobachtungswerte gesetzt, deren symmetrische Beachtung zum Erstarren führen würde: die Beobachtung würde oszillieren zwischen den beiden Seiten des Unterschiedenen, ohne sich klar für eine der beiden Seiten entscheiden zu können.

---

[411]   Ebd., 142f.
[412]   Ebd., 143.
[413]   Ebd.

Luhmann geht es darum zu verstehen, wie Gesellschaft trotzdem funktioniert, statt im Oszillieren zu verharren. Dafür braucht er eine Theorie, die erklärt, wie Systeme mit den unvermeidlichen Paradoxien umgehen: Wie kommt es zu Entparadoxierungen, die nötig sind, damit Systeme weiter operieren und durch Rekursionen, unbehindert von den ihnen zugrunde liegenden Paradoxien, feste Strukturen, auch Eigenwerte genannt, ausbilden können?[414] Durch welche ‚zwölften Kamele‘ wird verhindert, dass die Gesellschaft an der Unlösbarkeit der Paradoxien zerbricht – wie sich im Erbstreit die Erben ohne das zwölfte Kamel des Richters, wenn nicht erschlagen, so doch zerstritten hätten?

Drei Merkmale der Paradoxie sind zu resümieren, während drei weitere Merkmale die Paradoxieentfaltung charakterisieren (1). Am letzten Merkmal schließen sich wissenschaftstheoretische Überlegungen zur Paradoxologie an, durch die sich die Frage nach dem Status der ‚Paradoxologie‘ innerhalb der Systemtheorie möglicherweise aufklärt (2). Dass Luhmanns Paradoxiebegriff auch für die Auslegung einer Dämonenaustreibung sinnvoll verwendet werden kann, sollen Überlegungen zeigen, die zur Konfrontation des Paradoxiebegriffs mit den beiden religionsdidaktischen Konzepten von Boschki und Grümme überleuten (3).

3.4.2.1 Sechs Charakteristika der Paradoxie und ihrer Entfaltung

Im Versuch, die Form der Paradoxie zu erfassen, ist als ihr *erstes Charakteristikum* festzuhalten, was bereits in zahlreichen Beispielen gezeigt wurde: Es ist die in ihr *aufgehobene Geltung des logischen Satzes vom Widerspruch*: etwas kann nicht zugleich A und Nicht-A sein. Denn die Form der Paradoxie bezeugt die Einheit von Bezeichnung und Nicht-Bezeichnung (als Form der Unterscheidung), von Bejahung und Verneinung, von Kommunikation und Nicht-Kommunikation, von Glauben und Nicht-Glauben, von Immanenz und Transzendenz, von Verstehen und Nicht-Verstehen, von Lernen und Nicht-Lernen, von Liebe und Nicht-Liebe, von Freiheit und Nicht-Freiheit, von Zeitlichkeit und Zeitlosigkeit, von Recht und Nicht-Recht … und schließlich von Beobachtung und Nicht-Beobachtung (als Form der Beobachtung dritter Ordnung).

Ein *zweites Charakteristikum* ist, dass die Überwindung logischer Gesetze in der Form der Paradoxie das Nachdenken in eine *zirkuläre Bewegung* versetzt: Im Oszillieren zwischen Bejahung und Verneinung *konvergieren Anschlussfähigkeit und Anschlusslosigkeit*. Darin deutet sich eine dritte Möglichkeit an: es gibt nicht nur ja und nein, nicht bloß wahr und unwahr. Damit wird der *Satz vom ausgeschlossenen Dritten außer Gefecht gesetzt* – und das ausgeschlossene Dritte kann sich über die Paradoxie hinterrücks, wie ein Parasit, wieder ins System einschließen und es perturbieren (s. o. 3.3.3.2.2; s. u. 4.3.5).

---

[414]   Vgl. Nassehi 2012.

Das Hin-und-her-Schwingen zwischen einer Behauptung und ihrem Gegenteil erzeugt nicht bloß eine unkreative Starre, sondern eröffnet einen *Raum für Imaginäres*, das sich nach dem Absprung aus dem Schwingungszustand zeigt. Denn das Oszillieren benötigt zwar Zeit, lässt sich aber nicht auf Dauer durchhalten. Es ist ähnlich wie bei einem wilden Schaukeln – irgendwann kann es der Körper nicht mehr aushalten. Der Absprung aus einer hohen Position eröffnet neue Perspektiven auf die Welt. Wer konnte das nicht als Kind erleben und erinnert sich – trotz oder auch wegen der Gefahr, sich dabei einige Knochen zu brechen oder zumindest ein paar Schrammen einzufangen – nicht gern daran zurück? Und dieser Absprung ist das *dritte Charakteristikum* der Form der Paradoxie, dass sie nämlich auf Entparadoxierung drängt.

Das ist kaum verwunderlich, wendet man die Form der Paradoxie über einen Reentry in der Dynamik der Rekursion auf sich selbst an: Dann spiegelt sich die Form der Paradoxie in der Form der Paradoxie wider, sie ist die paradoxe Einheit von Paradoxie und Nicht-Paradoxie. Damit ist der Übergang zu einer anderen Weise des Beobachtens der Paradoxie erreicht. Die Form der Paradoxie gilt für alle Beobachtungen, wird aber erst auf der Ebene einer Beobachtung zweiter Ordnung als Paradoxie erkennbar. Die ersten drei Charakteristika sind das Resultat einer Beobachtung zweiter Ordnung, die sich auf die konkrete Operation der Unterscheidung richtet und in ihr die Form der Paradoxie wahrnimmt. Die nächsten drei Charakteristika sind das Resultat einer Beobachtung, die sich auf die Beobachtung als Beobachtung fokussiert (s. u. 4.1.1.1).

Eine solche Beobachtungsweise beobachtet also die Paradoxie nicht als Operation, sondern sie beobachtet, wie Systeme Paradoxien beobachten, d. h. wie sie mit ihnen umgehen, sie entfalten bzw. entparadoxieren. Zwei Weisen eines solchen Umgangs lassen sich differenzieren: Erstens kann sich ein System der Entparadoxierung und der für sie angewendeten Strategien bewusst sein, zweitens werden die Strategien der Entparadoxierung unsichtbar gemacht. Diese *Differenzierung zwischen invisibilisierter und bewusster Entparadoxierung ist das vierte Charakteristikum der Paradoxie.*

Aus diesen beiden Strategien leiten sich zwei weitere Charakteristika ab. Nach Luhmann ist die Strategie der Invisibilisierung effektiver, weil der blinde Fleck des Nichtwissens das System darin bestärkt, die Entparadoxierung sicher und ohne hemmende Zweifel durchzuführen. Außerdem bewirkt die soziologische Beobachtung der von fremden Beobachter*innen unbewusst durchgeführten Entparadoxierungsstrategien dann einen größeren Erkenntnisgewinn. Für diesen *Fall der invisibilisierten Paradoxie steht das zwölfte Kamel.* Es ist das *fünfte Charakteristikum* der Form der Paradoxie.

Die Rückgabe des Kamels besteht darin, die Entparadoxierung transparent zu machen – und auch dafür wird es mehrere Wege geben. Nach Clam sind Entparadoxierungsstrategien in der modernen Gesellschaft nur angemessen, wenn sie transparent gemacht werden (s. o. 3.4.1.1). Die *transparente Paradoxieentfal-*

tung ist deshalb das sechste Charakteristikum der Form der Paradoxie: *Das zwölfte Kamel zusammen mit seiner Rückgabe.*

3.4.2.2 Wissenschaftstheoretische und paradoxologische Umgangsformen mit der Paradoxie

Luhmann hat keine Paradoxologie ausgearbeitet. Er beschreibt zwar wiederholt, dass Paradoxien und Entparadoxierungen unvermeidlich sind. Aber entsprechend seinem operativen Konstruktivismus bleibt er bei einer systemtheoretischen Beschreibung der durch die Paradoxien veranlassten Operationen, bis auf die gelegentlichen metaphorisch-wissenschaftstheoretischen Hinweise auf Sthenographie und Euryalistik. An einer philosophischen Beobachtung der Paradoxien als solcher hat er nur wenig Interesse, vielleicht auch deshalb, wie er mit ironischem Blick auf *Logik* formuliert, weil „Sthenographen [...] davon ausgehen, daß ein logisch einwandfreier Begriff der Paradoxie nicht gewonnen werden kann, weil die Logik selbst ja ein paradoxiefreies Kalkül zu sein beansprucht".[415]

Das Fehlen einer Paradoxologie erleichtert es nach Clam, durch invisibilisierte Entparadoxierungen über Paradoxien zu verfügen. Dieser Vorgang stelle aus paradoxologischer Sicht eine Theologisierung dar, die die Ursprungsparadoxie meidet (s. o. 3.4.1.2). Den Begriff ,Theologisierung' hat Clam vermutlich gewählt, weil er der Theologie unterstellt, die Gottesbeobachtung zu entparadoxieren und sich dadurch erst in die Lage zu versetzen, über Gott zu sprechen. Mystik wäre dann der Versuch einer Enttheologisierung, die das Paradox der Gottesbeobachtung wieder als Paradox installiert. Daraus könnte sich das schwierige Verhältnis zwischen Mystik und Theologie erklären (s. o. 3.1.3). Analog zur paradoxen Einheit von Theologie und Mystik ergibt sich aus dem beschriebenen Problem paradoxologisch die Einheit von Theologisierung und Enttheologisierung.

Diese Einheit scheint strukturell einer wissenschaftstheoretischen Überlegung zu entsprechen, die sich aufgrund von Luhmanns Analysen zu Sthenographie und Euryalistik ergeben kann (s. o. 3.2.3.2). Bezeichnet Euryalistik die wissenschaftliche Beobachtung jener Paradoxiebeobachtung, die der Paradoxie ausweicht, indem sie sich zwölfte Kamele sucht (beispielsweise durch Symbolisierungen), beobachtet Sthenographie diejenigen Beobachter*innen von Paradoxien, die dem versteinernden Blick auf die Paradoxie standhalten (und erschafft dadurch Diabolisierungen). Mithilfe von ,Zwischenbeobachtern' wie dem Teufel gelingt es der Sthenographie als Erbin der Theologie, die Paradoxiebeobachtung unbeschadet zu überstehen (s. o. 3.2.3.3). Der Soziologe, der wiederum das Erbe der Theologin angetreten hat, „durchschaut den Strukturschutz der Latenzen der Gesellschaft [d. h. ihrer zwölften Kamele, N. B.]. Er sieht mit

---

[415] Luhmann 2003, 121.

den Kybernetikern zweiter Ordnung, daß die Gesellschaft nicht sieht, daß sie nicht sieht, was sie nicht sieht. Er sagt es und wünscht, sich verabschiedend, der Gesellschaft eine neue Zukunft."[416]

Genau diese Distanzierung kritisiert Clam, wenn er darauf beharrt, „immer wieder von neuem zum prätheologisierten Zustand des Paradoxes zurückzukehren":[417] Er möchte den Status wissenschaftlichen Unbeteiligt-Seins „immer wieder von neuem" durch die Paradoxien selbst irritieren. Wenn der Soziologe die zwölften Kamele aufdeckt, indem „er sagt, dass die Gesellschaft nicht sieht, daß sie nicht sieht, was sie nicht sieht", dann ist das für Clam zu wenig. Allein über die Entparadoxierungsstrategien aufzuklären und danach mit dem Abschiedsgruß „der Gesellschaft eine neue Zukunft" zu wünschen, wird den ursprünglichen Paradoxien nicht gerecht. Luhmann deutet mit dem Abschiedshinweis an, dass es nicht in der Verantwortung des wissenschaftlichen Systems steht, welche Konsequenzen die Gesellschaft aus den soziologischen Erkenntnissen zieht. Aber die „neue Zukunft" die er scheinbar von außen der Gesellschaft wünscht, trifft auch die Wissenschaft selbst. Was wäre überhaupt der Gegensatz zu einer neuen Zukunft? Gibt es eine alte Zukunft? Oder ist damit lediglich der Wunsch gemeint, dass die Gesellschaft eine Zukunft habe? Es sieht zwar so aus, als wollte sich Luhmann der Verantwortung für die Zukunft der Gesellschaft entziehen, aber zugleich auf eine selbstironische Weise, die zum Nachdenken anregt.

Entsprechend der im Abschiedsgruß suggerierten Entfernung siedelt die paradoxe Einheit von Euryalistik und Sthenographie, die invisibilisierte Entparadoxierung und transparente Paradoxieentfaltung zusammenbindet, auf der distanzierten wissenschaftstheoretischen Ebene. Quer dazu steht die paradoxe Einheit von Theologisierung und Enttheologisierung. Sie betrifft die paradoxologische Forderung, sich „dem prätheologisierten Zustand des Paradoxes" immer wieder neu auszusetzen, d. h. *die sthenographisch-euryalistisch erworbene wissenschaftstheoretische Distanz durch Annäherung ans Paradox immer aufs Neue aufzuheben.* Um sich dem Paradox in seinem „prätheologisierten Zustand" anzunähern, bedürfe es der Enttheologisierung, durch die sich das Paradox „offenbart" (s. o. 3.4.1.2).

Mit dieser Forderung ist m. E. impliziert, den Begriff der Paradoxie als zwölftes Kamel der Systemtheorie wahrzunehmen, insofern es Luhmann mit ihm gelingt, sein systemtheoretisches Vorgehen zu entparadoxieren. Das ist schwer zu sehen, weil es im soziologischen Aufdecken von Latenzen selbst um die Rückgabe von ‚zwölften Kamelen' geht. Darunter lässt sich die Paradoxie der systemtheoretischen Paradoxiebeobachtung leicht verstecken. Das nimmt Luhmann selbst wahr, wenn er feststellt, „dass die Unterscheidung zwischen einer Paradoxie und ihrer Entfaltung selber eine Paradoxie ist".[418] Aber er sieht nicht so

---

[416]   Ebd., 133f.
[417]   Clam 2004, 208 (s. o. 3.4.1.2).
[418]   S. o. 1.4.3; Luhmann, 1995, 20.

deutlich wie Clam, dass die Paradoxie dazu dient, die Paradoxien der Systemtheorie zu entparadoxieren. Das heißt nicht, dass Luhmanns systemtheoretische Analysen von Paradoxien und Paradoxieentfaltungen nicht zuträfen. Allerdings lassen sie sich durch die Rückgabe des zwölften Kamels relativieren – was durchaus im Sinne Luhmanns sein dürfte:

> „Wir untersuchen Phänomene wie ‚Invisibilisierung‘ der Paradoxie oder Entparadoxierung [...] zunächst einmal in der sozialen Wirklichkeit – so als ob wir es von außen tun könnten! Wenn diese Untersuchung zu Ergebnissen führt, können wir diese Ergebnisse auch auf die Untersuchung anwenden, der sie sich verdanken, und fragen, ob unsere Vorgehensweise nach ihren eigenen Resultaten als wissenschaftlich qualifiziert werden kann. Daß dies keine ‚einwandfreie‘ Methode ist, liegt auf der Hand. Daß sie uns als ‚blinder Fleck‘ dient, der seine eigene Paradoxie dadurch entparadoxiert, daß er sie im Objekt vermutet, sei ebenfalls eingestanden. Wir wissen nur keinen besseren Rat.“[419]

3.4.2.3 Luhmanns Paradoxiebegriff und eine Dämonenaustreibung (Mk 9,14–29)

Im Anschluss an die bereits im ersten Kapitel zitierte Aussage, dass paradoxe Operationen durch die Einheit von Bedingung ihrer Möglichkeit und Bedingung ihrer Unmöglichkeit charakterisiert sind (s. o. 1.4.3), setzt Luhmann im Glossar zu seinem Buch „Ökologische Kommunikation“ die Begriffsdefinition „Paradox“ wie folgt fort:

> „Da alle selbstreferentiellen Systeme, die über Möglichkeiten der Negation verfügen, Paradoxien erzeugen, die ihre eigenen Operationen blockieren (zum Beispiel sich selbst nur bestimmen können im Hinblick auf das, was sie nicht sind, obwohl sie selbst und nichts außerhalb ihrer dieses Nichtsein sind), müssen sie Möglichkeiten der Entparadoxierung vorsehen und zugleich die dazu nötigen Operationen invisibilisieren. Sie müssen zum Beispiel die rekursive Symmetrie ihrer Selbstreferenz zeitlich oder hierarchisch als Asymmetrie behandeln können, ohne sich eingestehen zu können, daß zu dieser Umformung eine Operation des Systems selbst erforderlich ist.“[420]

Auf der Basis des Erarbeiteten ist diese Definition nun nachzuvollziehen und wird exemplarisch erläutert am Glaubensvollzug: Selbstreferentielle Systeme konstituieren sich durch das Treffen von Unterscheidungen, die sie als Reentry in sich selbst wiedereinführen, d. h. sie können sich auf sich selbst zurückbeziehen. Es kann sich bei ihnen um einzelne psychische Systeme (Menschen) handeln, aber auch um abstrakte Systeme wie das Recht, die Religion, die Wirtschaft, die Erziehung etc. als Subsystemen des Gesellschaftssystems. Wenn religiöse Systeme über Glauben kommunizieren, verfügen sie immer auch „über Möglich-

---

[419] Luhmann 1990, 173f.
[420] Luhmann 1988, 268.

keiten der Negation". Denn um sich selbst als Glaubensvollzug zu bestimmen, kommunizieren sie unweigerlich, was Nicht-Glauben ist. Dabei müssen sie die Tatsache ausblenden, „dass sie selbst und nichts außerhalb ihrer dieses Nicht-sein sind". Oben wurde dieser Zusammenhang als paradoxe Einheit von Glauben und Zweifeln bezeichnet (s. o. 3.1.3.2). Diese Paradoxie würde, stellte man sie auf Dauer, „ihre eigenen Operationen blockieren". Damit ist gemeint, dass Glauben nicht kommuniziert werden könnte, wenn er in der Oszillation mit dem Zweifeln stecken bliebe. Wer nur zweifelt, kommt nicht zum Glauben, obwohl nichts außerhalb des Glaubens Nicht-Glauben ist.

Um nun die paradoxe Einheit von Glauben und Nicht-Glauben zu entparadoxieren, wird beispielsweise der Zweifel durch Beten als Glaubensvollzug unterdrückt. Das Beten darf dabei in seiner Funktion, den Zweifel beiseite zu rücken, nicht durchschaut werden, damit es diese Funktion gut erfüllen kann: Das Beten stärkt und vollzieht den Glauben, gerade weil in der durch es ausgedrückten Zuwendung zu Gott ‚invisibilisiert' wird, dass es ‚eigentlich' darum geht, den Zweifel zu unterdrücken. Das könnte man mit Clam im Sinne der Forderung einer transparenten Entparadoxierung (s. o. 3.4.1.1) oder auch einer aufgeklärten Religiosität durchaus bestreiten. Letzterer käme es beispielsweise darauf an, die Latenz des Zweifels im Beten nicht zu unterdrücken, und gerade die Psalmen geben viele Beispiele dafür, wie der Zweifel selbst zum Inhalt des Gebets werden kann. Gleichwohl wird man einräumen müssen, dass nicht alles ins Bewusstsein tritt. Die nicht-transparente Entparadoxierung hat eben auch ihre Berechtigung. Sie erlaubt es, sich beispielsweise im Beten voll und ganz auf die Beziehung zu Gott einzulassen, ohne sie zugleich bezweifeln zu müssen.

Dieses ‚Unsichtbar-Machen' einer solchen Entparadoxierung wird beispielsweise dadurch möglich, so Luhmann, dass Systeme „die rekursive Symmetrie ihrer Selbstreferenz zeitlich oder hierarchisch als Asymmetrie behandeln". Jedes autopoietische System bezieht sich auf sich selbst und ist also selbstreferentiell: Die Beterin weiß, dass sie betet und nicht nicht betet. Diese Selbstreferenz ist rekursiv symmetrisch, das heißt das Beten als Vollzug und das Wissen um das Vollziehen des Vollzugs in der Abgrenzung zu möglichen anderen Vollzügen (etwa joggen, essen etc.) laufen gleichberechtigt nebeneinander her – innerhalb der Beobachtung erster Ordnung, also noch ohne dass die Beterin ihr eigenes Beten innerhalb einer Beobachtung zweiter Ordnung beobachten müsste. Würde die Beterin innerhalb dieser Beobachtung erster Ordnung ihr Augenmerk auf ihr Gebet und das Wissen darum, dass sie betet – mit allen anderen dadurch ausgeschlossenen Möglichkeiten – zugleich richten wollen, erstarrte sie im Oszillieren. Die Entparadoxierung wird ermöglicht durch zeitliche oder hierarchische Asymmetrisierung: Im Moment betet die Beterin, später kann sie joggen gehen oder etwas essen (zeitlich); das Beten ist für sie zentraler Lebensvollzug, andere Möglichkeiten werden ihm untergeordnet (hierarchisch).

Auf diesem Weg wird „unbestimmbare Komplexität (auswegloses Oszillieren zwischen den beiden Beobachtungswerten) in bestimmbare Komplexität (Sicherung der Anschlußfähigkeit) überführt".[421] Statt zwischen den beiden Beobachtungswerten Glauben und Nicht-Glauben bzw. im Beispiel Beten und Nicht-Beten hin und her zu pendeln, entscheidet sich die Beterin fürs Beten. Dadurch können sich weitere Operationen anschließen, etwa die Auswahl des Gebets oder der Gebetstechnik und der körperlichen Haltung beim Gebet etc. Sie könnte sich auch fürs Nicht-Beten entscheiden, was ebenfalls anschlussfähig an weitere Operationen wäre, etwa joggen zu gehen oder etwas zu essen. Das scheint bislang im Grunde selbstverständlich zu sein. Luhmann weist jedoch darauf hin, dass für diese Asymmetrisierung der Beobachtungswerte – als Umformung der ursprünglichen Symmetrie – „eine Operation des Systems selbst erforderlich ist", ohne dass sich das System die Notwendigkeit dieser Operation eingestehen kann.

Die Beterin weiß, dass sie sich entscheidet, ob sie betet oder nicht betet. Ihr wird dabei aber nicht zugleich klar, dass sie sich damit der paradox-symmetrischen Einheit von Beten und Nicht-Beten entzieht bzw. das Beten als zwölftes Kamel benutzt, um die paradoxe Einheit von Glauben und Nicht-Glauben zu entparadoxieren. Um zu sehen, dass sie nicht sieht, was sie nicht sieht, müsste die Beterin in eine Beobachtung zweiter Ordnung wechseln, die die entparadoxierende Beobachtungstechnik erster Ordnung beobachtet.

Biblisch kommt die paradoxe Einheit von Glauben und Nicht-Glauben in einer markinischen Heilungserzählung pointiert zum Ausdruck. Es geht um eine Dämonenaustreibung, die Jesus mit Erfolg vornimmt, nachdem seine Jünger*innen an dieser Aufgabe scheiterten, und um die Reflexion dieses Scheiterns im Gespräch mit Jesus (Mk 9,14–29).[422]

Nach der Verklärung (2–13) kommt Jesus mit Petrus, Jakobus und Johannes zu den Jünger*innen zurück. Um diese hat sich eine Menschenmenge versammelt, darunter auch Schriftgelehrte, die mit ihnen diskutieren (14). Als Jesus fragt, worum es geht (16), antwortet einer aus der Menge, er habe seinen kranken Sohn zu den Jünger*innen gebracht, die ihn aber nicht hätten heilen können (17f.). Das ist verwunderlich, weil die Jünger*innen zuvor auch ohne Jesu Hilfe erfolgreich heilten (6,11–13). Nachdem sich Jesus über die „ungläubige Generation" beschwert hat (unklar ist, auf wen genau sich seine Beschwerde bezieht),[423]

---

[421] Kneer/Nassehi 2000, 107.

[422] Im Folgenden beziehen sich die Zahlen in Klammern auf das Markusevangelium, ohne Kapitelangabe bezüglich Kapitel 9; zur Exegese der Perikope vgl. Leutzsch, Martin (2013): Vermögen und Vertrauen, Dämonie und Exorzismus (Die Erzählung vom besessenen Jungen) Mk 9,14–29, in: Zimmermann (Hg.), a. a. O., 350–358; Nicklas, Tobias (2001): Formkritik und Leserrezeption. Ein Beitrag zur Methodendiskussion am Beispiel Mk 9,14–29, in: Biblica 82, 496–514; zur Dämonenaustreibung im Allgemeinen vgl. Poplutz 2012.

[423] Vgl. Leutzsch 2013, 351. Zur komplexen Kommunikationssituation mit der größten Anzahl von Personen und Gruppen in einer Wundergeschichte vgl. ebd., 351f.

befiehlt er, ihm das Kind zu bringen (19). Der unreine Geist im Kind zerrt „den Jungen hin und her", der fällt und sich mit „Schaum vor dem Mund auf dem Boden" wälzt (20). Jesus fragt den Vater, seit wann der Junge leide, und der Vater ergänzt die ausführlichste Beschreibung eines Leidens in den Wundererzählungen der Evangelien (21f., 17f.).[424] Schließlich bittet er Jesus um Mitleid und Hilfe, wenn er denn helfen könne (22).

Darauf reagiert Jesus metakommunikativ, indem er nicht direkt auf die Bitte eingeht, sondern die Form der Bitte thematisiert, die ja einen Zweifel an seinem Vermögen als Heiler zum Ausdruck bringt. In der Tat war Jesu Macht unter den Nazarethanern stark eingeschränkt, so dass er sich dort „über ihren Unglauben [wunderte]" (6,5f.). Jesus greift nun den Zweifel des Vaters auf und betont die Bedeutung des Glaubens: „Wenn du kannst? Alles kann, wer glaubt" (23). Darauf antwortet der Vater mit dem Aufschrei: „Ich glaube, hilf meinem Unglauben" (24). Tobias Nicklas betont die Singularität dieses Dialogs: „Besonders bedeutsam [...] ist die Tatsache, dass der ‚Hilferuf' des Vaters zunächst von einer Äußerung nur eingeschränkten Vertrauens begleitet ist: Erst dies stößt den ‚untypischen' Dialog an, der die Erzählung zu einer Glaubensgeschichte transzendiert."[425] Diese „Glaubensgeschichte" verdeutlicht die paradoxe Einheit von Glauben und Unglauben, denn paradoxerweise wird der Glaube gestärkt, wenn dem Unglauben geholfen wird.

Die Hilfe Jesu besteht nun darin, dass er den unreinen Geist austreibt und den Jungen aufrichtet, der „wie tot" daliegt, nachdem der Dämon ihn verlassen hat (25–27). Indem Jesus den Jungen heilt, löst er die Paradoxie, das Oszillieren des Vaters zwischen Glauben und Unglauben. Jesu Verhalten kann somit als Entparadoxierung interpretiert werden. Praktisches Handeln aus Nächstenliebe böte dann „Möglichkeiten der Entparadoxierung", womit in der frühen Christenheit tatsächlich viele Menschen vom christlichen Glauben überzeugt wurden (s. o. 3.3.3.2). Die zur Heilung notwendige Operation beinhaltet hier einen paradoxen Befehl: „Ich befehle dir, du stummer und tauber Geist: Verlass ihn und kehr nicht mehr in ihn zurück!" (25) Denn wie kann der taube Geist den Befehl Jesu vernommen haben? Ist seine Taubheit Bedingung der Möglichkeit, auf Jesus zu hören? Die zur Entparadoxierung nötige Operation wird in dieser paradoxen Beschreibung insofern invisibilisiert, als sie einen kausalen Wirkmechanismus transzendiert.

Als die Jünger*innen Jesus später fragen, warum sie „den Dämon nicht austreiben" konnten, antwortet er ihnen: „Diese Art kann nur durch Gebet ausgetrieben werden" (28f.). Diese Antwort ist insofern paradox, als Jesus nicht betete,

---

[424] Vgl. ebd., 353f. In der Rezeption wurde breit diskutiert, ob es sich um Epilepsie handelte. Dagegen spricht, dass der Name der Krankheit nicht genannt wird, obwohl sie bereits in der Antike bekannt und beschrieben war (vgl. ebd., 354f., mit Bezug auf die Rezeption Mt 17,15).

[425] Nicklas 2001, 514.

sondern lediglich dem Geist befahl, das Kind zu verlassen.[426] Zeigt Jesus damit den Jüngern nun die zuvor invisibilisierte Operation des Betens, die das Paradox der Einheit von Glauben und Unglauben entparadoxierte? Ist Jesu Nicht-Gebet paradoxerweise ein Gebet als Bedingung der Möglichkeit, den Geist auszutreiben? Oder ist er selbst das Gestalt gewordene Gebet, in dem sich das glaubende Vertrauen auf Gottes Macht konkretisiert? Was sollen die Jünger*innen mit der Information Jesu anfangen, dieser Geist könne „nur durch Gebet ausgetrieben werden"? Nicklas meint, dieses „Wunder der Überwindung des Bösen" sei „nur in der Haltung eines Glaubens möglich, der sich seiner dauernden Gefährdung durch den Unglauben (9,24) bewusst ist — nicht durch exorzistische Rezepturen. Diese Haltung aber wird nur im Gebet, das auf den in der Überwindung des Bösen eigentlich Handelnden verweist, erreicht und aufrechterhalten."[427]

Dass der Wortlaut des Exorzismus nicht entscheidend ist, es demnach keine „exorzistische[n] Rezepturen" geben kann, wird m. E. formal durch das Paradox zum Ausdruck gebracht, einem tauben Geist etwas durch Worte zu befehlen (es sei denn, er konnte es von den Lippen lesen). Entscheidend sei also „die Haltung eines Glaubens" im Bewusstsein „seiner dauernden Gefährdung durch den Unglauben"; eine Haltung, die „nur im Gebet ... erreicht und aufrechterhalten" werden könne. Aber es bleibt ein Unbehagen: Unterstellt Jesus seinen Jünger*innen damit nicht, dass sie nicht in der Lage waren zu beten bzw. dass es ihnen an der rechten Glaubenshaltung beim Beten mangelte? Worin genau bestand ihr Unglaube, der sie daran hinderte, dem Kind zu helfen? Martin Leutzsch bringt die paradoxe Einheit von Glauben und Unglaube noch genauer auf den Punkt. Es geht nicht in erster Linie um eine „Gefährdung durch den Unglauben", sondern um die Bereitschaft, sich in dem notwendig zum Glauben gehörenden Unglauben helfen zu lassen:

> „Der harte Kontrast von Glauben und Unglauben, Vertrauen und Misstrauen oder Mangel an Vertrauen kann nicht quantifizierend aufgelöst werden – sei es zu Ungunsten des Glaubens, der dann doch nur ein vorläufiger, entwicklungsbedürftiger wäre, sei es zu Ungunsten des Unglaubens, der in seinem Gewicht dann ebenfalls nivelliert würde. Die Brücke zwischen Glaube und Unglaube schlägt der Ruf um Hilfe. Damit wird auch über die konkrete Erzählsituation hinaus etwas Allgemeineres gesagt: Als ob es je einen Glauben gäbe, der der Hilfe nicht bedürfte!"[428]

Das zwölfte Kamel und zugleich seine Rückgabe werden in Gang gesetzt durch den „Ruf um Hilfe", der eine „Brücke zwischen Glaube und Unglaube schlägt". In ihm wird die paradoxe Einheit von Glauben und Unglauben entparadoxiert, indem sie zugleich als eine solche Einheit anerkannt wird. Der Ruf um Hilfe

---

[426] Vgl. Leutzsch 2013, 35; Leutzsch fragt: „Hatte die Bitte des Vaters V. 22.24 eine solche Funktion, wie sie in V. 29 im Blick ist?" (ebd.).

[427] Nicklas 2001, 513.

[428] Leutzsch 2013, 353.

enttheologisiert die in der Entparadoxierung verborgene Gefahr, das ursprüngliche Paradox zu nivellieren. Indem es weder zur Seite des Glaubens noch zur Seite des Unglaubens hin „quantifizierend aufgelöst" wird, kann das zwölfte Kamel zurückgegeben werden: Der Glaube verwirklicht sich, indem er sich loslässt und auf die Hilfe vertraut, die ihm von woanders zufällt.

Der Vater des leidenden Jungen bekennt in seinem Ruf zugleich Glauben und Nicht-Glauben, wodurch der Satz vom Widerspruch aufgehoben ist (erstes Charakteristikum). Dadurch bietet sich die Chance für eine dritte Möglichkeit, die im reinen Glauben oder Unglauben nicht wahrgenommen wird: Der Ruf um Hilfe scheint weder für den seines Glaubens Sicheren noch für die ihres Unglaubens Gewisse nötig oder sinnvoll (zweites Charakteristikum). Im Oszillieren zwischen Glauben und Unglauben öffnet sich der Raum der Imagination: Heilung ist möglich (drittes Charakteristikum)! Das so aus der Perspektive einer Beobachtung zweiter Ordnung Beschriebene bezieht sich auf die Beobachtungen erster Ordnung des Vaters.

Die Entparadoxierung kann als solche transparent werden oder nicht (viertes Charakteristikum): Das zwölfte Kamel der durch Jesus ermöglichten Heilung (fünftes Charakteristikum) wird zurückgegeben im Gespräch mit den Jünger*innen: „Diese Art kann nur durch Gebet ausgetrieben werden." Wer aber betete in dieser Perikope? Nicht die Jünger*innen, sondern der Vater des Jungen. Das im Gebet vollzogene Loslassen der Verantwortung für Glauben oder Unglauben, der im Ruf um Hilfe Gestalt gewinnt, gibt die Heilung an die*den zurück, der*dem alles gehört. Die Beobachtung zweiter Ordnung beschreibt so in theologischer Distanz, was sich vermutlich zuträgt. Sie zehrt dabei von einer Beobachtung dritter Ordnung, in der alle Beobachtungsperspektiven mit der Nicht-Perspektive der Nicht-Beobachtung paradox vereint sind.

3.4.3 Sechs Charakteristika der Paradoxieform und die Ansätze von Boschki und Grümme

Die Form der Paradoxie weist die Logik in ihre Grenzen: Die Sätze vom Widerspruch und vom ausgeschlossenen Dritten gelten nicht überall und jederzeit. Dass A und Nicht-A sich nicht notwendig wechselseitig ausschließen, kommt im Ansatz von Boschki durch die zentrale Stellung des Beziehungsbegriffs auf der Grenze des Unterscheidens von markierter und nichtmarkierter Seite zum Ausdruck: Die Beziehungen zum eigenen Selbst, zu anderen Menschen, zur Welt und zu Gott sind jene Orte, auf denen sich entscheidet, was jeweils als A oder Nicht-A bezeichnet wird. Im Wechsel von der markierten zur nichtmarkierten Seite (Kreuzen der Grenze) geraten klare Identitätszuschreibungen ins Wanken. Analog dazu erfordert ein alteritätstheoretischer Erfahrungsbegriff, für den Grümme plädiert, sich unumkehrbarer Identitätszuschreibungen zu enthalten. Denn wer die eigenen Erfahrungen vom Anderen her versucht zu denken, wird sich selbst und seine Sicherheiten immer neu in Frage stellen müssen. Dazu gehört aufgrund der Asymmetrie des Dialogs, der eben nicht von sich selbst ausgeht, sondern im Anderen seine Quelle wahrnimmt, die Bereitschaft, den Anderen und auch sich selbst nicht auf eine Seite dualistischer Kontraste festzulegen, z. B.: Niemand ist *per se* nur gläubig oder nur ungläubig, sondern es gibt noch ein Drittes, etwa die paradoxe Einheit von Glauben und Unglauben. Die Anerkennung des Anderen in seinem Anderssein erleichtert es, solche logisch ausgeschlossenen Zustände in ihrem Potential, Lernprozesse voranzutreiben, wahr- und ernstzunehmen. Analog dazu stärkt die Wahrnehmung (und das Vertrauen darin), dass entsprechend dem Ansatz von Boschki die Gottesbeziehung des Anderen anders ist als die eigene, das Interesse daran, Aspekte des Gottesverhältnisses zu integrieren, die der eigenen Perspektive entgehen, und somit das Potential des möglicherweise ausgeschlossenen Dritten auszuschöpfen, um die Scheuklappen, die den eigenen Blick verengen, aufzusprengen (etwa der Jünger*innen in ihrer Konfrontation mit dem heilenden Jesus, s. o. 3.4.2.3).

Paradoxes zu betonen heißt immer auch, sich in die Gefahr zu begeben, im Oszillieren zu versteinern (wie beim Anblick der Gorgonentochter Medusa, s. o. 3.2.3.2). Der Einstieg ins Oszillieren sowie der Absprung daraus ist bestimmt durch die Beziehung zu ,Zeit'. Sie prägt nach Boschki Beschleunigungen und Verzögerungen, Zerbrechlichkeiten und Begrenztheiten, Endzeithoffnungen und kreative Neuschöpfungen. Dieser dynamisierende Faktor der Zeit drängt zur Entparadoxierung, weil es nicht befriedigt, im entscheidungslosen Oszillieren zu verharren. Analog dazu könnte ein didaktisches Oszillieren zwischen dem Ziel, Korrelationen von Leben und Glauben anzubahnen, und dem Bewusstsein davon, dass dieses Ziel nicht verfügbar ist, religiöses Lehren lähmen: Warum sich anstrengen, wenn doch klar ist, dass Vieles unkorrelierbar bleibt? Grümmes Ausweg aus diesem Dilemma ist die Betonung der Differenzkompetenz, zwischen Korrelierbarem und Unkorrelierbarem zu unterscheiden und es im Reentry der Unterscheidung aufeinander zu beziehen. Das wäre der Königsweg der didaktischen Entparadoxierung, auch wenn weder Grümme noch Boschki zwischen den beiden Arten der euryalistischen und sthenographischen Entparadoxierung differenzieren. Beide betonen jedoch die Bedeutung paradoxer Aussagen für den Glauben, etwa des christologischen Paradoxes, dass Jesus zugleich wahrer Mensch und wahrer Gott ist, ungetrennt und unvermischt. Die theologischen Reflexionen sind Versuche der Entparadoxierung, die zugleich durch Enttheologisierung in ihrer eigenen Paradoxität zu enttarnen und damit zu entfalten wären (s. o. 3.4.1.2).

Diese paradoxologischen Zusammenhänge sind die blinden Flecken beider religionsdidaktischer Ansätze. Sie nehmen zwar durchaus wissenschaftstheoretische Beobachtungen ihrer eigenen Beobachtungsstandpunkte vor, etwa die Verortungen in der Dialogphilosophie Bubers durch Boschki bzw. in der Offenbarungstheologie Rosenzweigs durch Grümme. Aber es ist ihnen nicht klar, inwiefern sie damit ein zwölftes Kamel einführen bzw. es zurückgeben. Das religionsdidaktische zwölfte Kamel besteht bei beiden in einem religionspädagogischen Vor-Urteil: Bei Boschki, alle Beziehungsdimensionen seien verflochten mit Gott, und bei Grümme, Gott sei jene Alterität, die die Menschen befreie und sie für Erfahrungen jenseits ihres Kontextes (aus dem *empty space* heraus) öffne. Dieses zwölfte Kamel gibt Grümme zurück, indem er die beiden Maximen seiner Alteritätsdidaktik benennt: Die Dezentriertheit des Subjekts, das erst im Außerhalb seines Selbsts des eigenen Zentrums gewahr werden kann (als paradoxe Einheit von Zentriert-Sein und Dezentriert-Sein), sowie die Vulnerabilität, dass sich die Religionsdidaktik ihrer eigenen Inkommensurabilität mit den vorherrschenden Maßstäben der Machbarkeit, Evaluierbarkeit und Zweckrationalität aussetzt. Erst indem sich Religionsdidaktik verwundbar macht, ihre eigenen Zielsetzungen bezweifelt und dem unplanbaren Leben anheimstellt, gewinnt sie sich, indem sie sich verliert. Boschki betont in einem analogen Sinne die Unverfügbarkeit religiöser Bildung, die sich notwendigerweise der Gottesbeziehung verschreibt, obwohl sie als vom Anderen eröffnete Erfahrung (Grümme) in keiner Weise didaktisch hergestellt werden kann (s. u. 4.3.1).

Sechs Charakteristika der Form der Paradoxie	Reinhold Boschki: *Dialogisch-beziehungsorientierte Religionsdidaktik*	Bernhard Grümme: *Alteritätstheoretische Religionsdidaktik*
1. Grenze der Logik I: A und Nicht-A vereinigt in der Form der Unterscheidung	Vereinigung geschieht als *Beziehung*, denn sie ist der Ort der Grenze von A und Nicht-A	*alteritätstheoretischer Erfahrungsbegriff:* Erfahrung vom Anderen her zu denken verbietet unumkehrbare Identitätszuschreibungen
2. Grenze der Logik II: Das ausgeschlossene Dritte inkludieren	*Alterität der Gottesbeziehung des Anderen:* stärkt das Interesse daran, ein möglicherweise ausgeschlossenes Drittes einzubeziehen	*Asymmetrie des Dialogs:* die Anerkennung des Anderen in seinem Anderssein stärkt die Bereitschaft, Neues wahrzunehmen – über dualistische Zuschreibungen hinweg
3. Ende des Oszillierens: Raum für Imaginäres öffnen (= Drang zur Entparadoxierung, „Absprung")	der *dynamisierende Faktor Zeit* bestimmt die Prozesse des Oszillierens: Akzelerationen, Retardationen, Fragilität, Begrenztheit, eschatologische Orientierung, Kreativität, Neuschöpfung veranlassen zum Oszillieren bzw. drängen darauf, es zu beenden	das didaktische Oszillieren vollzieht sich *auf der Grenze zwischen dem Ziel, Korrelationen von Leben und Glauben zu ermöglichen, und dem Bewusstsein darüber, dass Vieles unkorrelierbar bleibt*

Sechs Charakteristika der Form der Paradoxie	Reinhold Boschki: *Dialogisch-beziehungs-orientierte Religionsdidaktik*	Bernhard Grümme: *Alteritätstheoretische Religionsdidaktik*
4. Unterscheidung der Entparadoxierungs-strategien: (euryalistisch) invisibili-sieren oder (stenogra-phisch) bewusst machen	kein Bewusstsein für die Differenz von Entparadoxie-rungs-Strategien, aber *Paradoxien sind für den Glau-ben zentral und werden theolo-gisch reflektiert* (z. B. die christologische Paradoxie von Jesu wahrem Gott- und Menschsein)	kein Bewusstsein für die Differenz von Entparado-xierungs-Strategien, obwohl die *Kompetenz, zwischen Korre-lierbarem und Unkorrelierba-rem zu unterscheiden und es im Reentry der Unterscheidung aufeinander zu beziehen,* als Königsweg der didaktischen Entparadoxierung gilt
5. Invisibilisierte Para-doxie: das zwölfte Kamel einführen Invisibilisierte Paradoxie: das zwölfte Kamel einführen	*Religionspädagogisches Vor-Urteil:* Alle Beziehungs-dimensionen sind ver-flochten mit der Beziehung zu Gott	*Religionspädagogisches Vor-Urteil:* Gott ist jene Alterität, die Menschen befreit und sie für Erfahrungen jenseits ihres Kontexts öffnet
6. Paradoxietrans-parenz: das zwölfte Kamel zurückgeben	Bewusstsein um *Unverfügbar-keit religiöser Bildung* (als didaktische Entparadoxie-rung)	Maximen der Alteritäts-didaktik: Transparenz der *Dezentriertheit des Subjekts* und der *Vulnerabilität*

Tabelle 3: Die Form der Paradoxie und die religionsdidaktischen Ansätze von Boschki und Grümme[429]

---

[429] S. o. 2.3; s. u. 4.1.4.

4. Beobachtungen differenzieren und bewahrheiten

Beobachtungen erster, zweiter und dritter Ordnung: Davon war schon des Öfteren die Rede. Nun soll die Form der Beobachtung genauer unter die Lupe genommen werden. Fasst man das Projekt, eine konstruktivistische Religionspädagogik in der Unterscheidungsform zu fundieren, in das Bild eines Baumes, könnte man es vielleicht in folgender Weise beschreiben: Nachdem im zweiten Kapitel die Form der Unterscheidung als Wurzel einer solchen Grundlegung behandelt und im dritten Kapitel die Form der Paradoxie als deren Stamm erklettert wurde, blicken wir nun in die Krone des Baumes.

Im ersten Schritt wird die Form der Beobachtung systematisch unter die Lupe genommen. Vier Ebenen und drei Ordnungen der Beobachtungsform werden differenziert. Das Postulat einer Beobachtung dritter Ordnung ist zu plausibilisieren: Inwiefern ist es zu deuten als Quelle religiöser Erfahrungen, die den unbeobachtbaren Gott beobachten und selbst kaum adäquat zu kommunizieren sind? Ein Schaubild des Beobachtungsmodells wird am Beispiel einer schulischen Alltagssituation erläutert und auf die Ansätze von Boschki und Grümme bezogen (1).

Die beiden folgenden Schritte erproben diese Theorie der Beobachtung. Zunächst stellt sich die Frage nach der Wahrheit der Beobachtung: Durch welche Kriterien erweist sich eine Beobachtung als wahr? Wie lässt sich die klassische Wahrheitsdefinition, die Wahrheit als Übereinstimmung (einer Beobachtung) mit der Wirklichkeit versteht, konstruktivistisch rekonstruieren – in der Auseinandersetzung mit aktuellen philosophischen und theologischen Realismus-Konzepten? Wie hängt die Wahrheit der Beobachtung mit möglichen unterschiedlichen Beobachtungsweisen zusammen, die eine Beobachtung zweiter

299

Ordnung unterscheiden kann? Gibt es dann unterschiedliche Wahrheiten: z. B. eine religiöse, eine wissenschaftliche, eine politische, eine ästhetische etc. Wahrheit? Führt ein Pluralismus von Wahrheiten zum Relativismus? Welche theologischen Denkformen und religionsdidaktischen Reflexionstypen lassen sich differenzieren? In welchem Verhältnis stehen sie zur Beobachtungstheorie? Welche Haltung ist im Dialog um religiöse Wahrheit angemessen? (2)

Der dritte Schritt beschreibt Beobachtung als Paradoxieentfaltung. Ausgehend von der im dritten Kapitel erarbeiteten Form der Paradoxie werden im Rückgriff auf Jean Clams Differenzierungen von Teilparadoxien der Rechtsparadoxie Analogien entwickelt, die das religiöse Paradox der Einheit von Glauben und Nicht-Glauben entfalten. Die religions-/pädagogische Applikation beinhaltet religiöse und theologische Entparadoxierungen. Dabei spielt die Form der Beobachtung eine wichtige Rolle, insofern sich Religion zunächst einmal als Beobachtung erster Ordnung vollzieht, während Theologie als Wissenschaft die Beobachtung zweiter Ordnung voraussetzt. Religionspädagogisch sind beide Ordnungen auf ihren vier Ebenen zu beachten, um die eigenen Paradoxien zu entfalten, die in der Grundparadoxie des Glaubenlernens verankert sind.

Wie lässt sich die paradoxe Einheit von Lernbarkeit und Nichtlernbarkeit des Glaubens bearbeiten? Wie können Anfänge des Glaubens im Leben der einzelnen in ihrer paradoxen Einheit mit dem Unglauben thematisiert werden? Wie ist mit der dadurch verbundenen Ambivalenz umzugehen, die in der Regel unbewusste Vorurteile und Ängste beinhaltet, auch in Bezug auf die Perspektiven von anderen? Welche Rolle spielt das religionspädagogische Ziel der Perfektion in seiner paradoxen Einheit mit der Unvollständigkeit allen Lernens und Glaubens? Inwiefern wird religiöses Lernen durch Moralisierung parasitiert? Wie können Medien der Kunst eingesetzt werden, ohne sie didaktisch zu instrumentalisieren? Inwieweit kommt bei all dem die paradoxe Einheit von Verstehen und Missverstehen zu ihrem Recht?

Was bleibt in all diesen Beobachtungen Desiderat des Unbeobachteten? Wie kann in religiösen Lernprozessen dem Postulat einer Beobachtung dritter Ordnung in ihrer paradoxen Einheit von Beobachtung und Nicht-Beobachtung Raum gegeben werden? Darf das überhaupt, etwa im Sinne einer ‚absichtslosen Religionspädagogik' (Englert), Ziel eines Religionsunterrichts an öffentlichen Schulen sein? Welche Stimme bringt diese Perspektive, Religionspädagogik als Paradoxieentfaltung zu beobachten, ins Konzert der wissenschaftstheoretischen Perspektiven ein? (3)

Am Ende dieses Endes, das kein Ende ist, werden das wissenschaftstheoretische Interesse der gesamten Arbeit, die Grenzen der Ausführungen, ihre Desiderate und Probleme thematisiert. Denn jede Komplexitätsreduktion, wie es eine Grundlegung konstruktivistischer Religionsdidaktik in nur einem Prinzip – der Unterscheidungsform – sein will, steigert zugleich Komplexität. Jede Festlegung wirft neue Fragen auf – und hofft so auf Anschlüsse im Diskurs über multiperspektivische Beobachtungen von Fragen religiöser Bildung (4).

4.1 Beobachtung als Form: Die paradoxe Einheit von Ordnung und Unordnung

Im ersten Schritt werden mit Elena Esposito vier Ebenen der ersten und zweiten Beobachtungsordnung unterschieden und im Anschluss an die Diskussion um das Freiheitsparadox im dritten Kapitel konkretisiert:

(1) die jeder Beobachtung zugrundeliegende Operation;

(2) die Beobachtung erster Ordnung als Vollzug der Operation, die sich der bezeichneten Seite der Unterscheidung zuwendet;

(3) die Beobachtung zweiter Ordnung, die die Beobachtung als Operation beobachtet, und sich damit der nicht-bezeichneten Seite der Unterscheidung zuwenden kann;

(4) die Beobachtung zweiter Ordnung, die die Beobachtung als Beobachtung beobachtet, und damit unterschiedliche Beobachtungsweisen beobachten kann.

In der Regel richtet sich die Beobachtung zweiter Ordnung auf eine Beobachtung erster Ordnung. Sie kann sich aber auch auf eine Beobachtung zweiter Ordnung beziehen (1).

Ich spreche dann im Gegensatz zu Luhmann aber nicht von einer Beobachtung dritter Ordnung.[1] Denn die Struktur der Beobachtung zweiter Ordnung bleibt in beiden Fällen dieselbe. Im zweiten Schritt versuche ich daher, mein Konzept einer Beobachtung dritter Ordnung als paradoxe Einheit von Beobachtung und Nicht-Beobachtung zu umreißen. Vielleicht könnte man sie auch besser als Unordnungs-Beobachtung bezeichnen, insofern sie die Ordnungscharakteristika der ersten beiden Ordnungen hintergeht. Das zeigt sich schon daran, dass es in ihr keine Unterscheidung von Ebenen mehr gibt. Die Beobachtung dritter Ordnung ist von daher eine zutiefst ‚unordentliche‘ Beobachtung (2).

In einem Fazit versuche ich, die Beobachtung in ihren Ordnungen in ein Bild zu bringen und an einem Beispiel zu konkretisieren. Es ist nicht zufällig das Bild des Kreises, das sich in meinem Überlegen ergeben hat. Denn im Kreis wird die Geschlossenheit der Beobachtung dritter Ordnung angezeigt, die durch die Beobachtungen erster und zweiter Ordnung notwendig unterbrochen wird (3).

Abschließend werden die Ansätze von Boschki und Grümme aus der Perspektive dieser Beobachtungstheorie beobachtet. Zusätzlich wird die Textbasis erweitert, indem wissenschaftstheoretische Überlegungen der beiden Autoren herangezogen werden. Auf diese Weise können nicht nur die beiden religionsdidaktischen Ansätze neu beobachtet werden, sondern die hier vorgelegte Beobachtungstheorie selbst kann aus den beiden anderen Perspektiven in ihrem Profil deutlicher hervortreten (4).

---

[1] Vgl. Luhmann 1991, 499, s. u. 4.1.2.1. So auch im Rückgriff auf Martin Rothgangel: Grümme, Bernhard (2018): Aufbruch in die Öffentlichkeit? Reflexionen zum ‚public turn‘ in der Religionspädagogik, Bielefeld, 90.

4.1.1 Die erste und die zweite Beobachtungsordnung auf vier Ebenen

Analog zur Grundparadoxie des Rechtssystems, das durch die Frage nach dem Recht der eigenen Differenzierung zwischen Recht und Unrecht transzendiert wird (s. o. 3.4.1), besteht das Paradox der Religion in der Einheit von Immanenz und Transzendenz, die in der Differenzierungsleistung des religiösen Vollzugs unsichtbar wird, etwa seinem Unterscheiden zwischen Gott und Mensch (s. o. 3.1.3). Die Differenz tritt durch einen Reentry auf die Seite des Immanenten wieder ein, und so zeigt sich in der Beobachtung zweiter Ordnung, dass die menschlichen Beobachtungen Gottes immer auf der Seite der Immanenz verortet werden müssen: Alles, was der Mensch in Mythen, Symbolen, Ritualen etc. über Gott zum Ausdruck bringt, ist bedingt durch seine konkrete Situation, seine Herkunft, Sprache, Geschichte, soziale Einbettung, (religiöse) Erziehung, körperliche Konstitution etc.

Was über Gott gesagt werden kann, ist ihm Unähnlicher als ähnlich – diese theologische Aussage der *Analogia entis* sucht die Transzendenz Gottes zu schützen, indem sie ihn von allem Immanenten differenziert. Gleichwohl bleibt auch sie eine immanente Aussage und daher verwurzelt in der paradoxen Einheit von Immanenz und Transzendenz. Gott zu beobachten bedeutet, seine Weisung: ‚Treffe eine Unterscheidung' zu verstehen. Gott gibt den Menschen Freiheit, ihre Unterscheidungen zu wählen, und damit die Verantwortung für ihre Wahl – und das gilt auch für die Unterscheidung frei/nichtfrei selbst, wenn sie als Reentry auf der Seite der Freiheit auftritt und damit die paradoxe Einheit von Freiheit und Unfreiheit bestätigt: d. h. der Mensch hat die Freiheit, sich als frei oder unfrei zu wählen. Damit erwirkt Gott Freiheit und bindet die Menschen, die selbst verantwortlich für ihre Unterscheidungen sind (s. o. 3.3).

Zeigt sich die Theologie als Beobachterin jener Wesen, die Gott beobachten, um durch dieses (wissenschaftliche) Beobachten zweiter Ordnung mehr über Gott bzw. genauer: bestimmte (christliche) Glaubensweisen an Gott zu erfahren,[2] beinhaltet dieses Beobachten eine zweifache Selbstreferenz: Erstens setzt es eine

---

[2] „Würde die Theologie beanspruchen, Wissenschaft von Gott zu sein, so wäre sie an der nachaufklärerischen Universität mit der dort vorausgesetzten Wissenschaft, die einer ohne Glauben nachvollziehbaren Argumentationslogik folgt, deplatziert. Eine Wissenschaft von Gott kann es nach der Ausdifferenzierung von Wissenschaftssystem und Religionssystem seit der Aufklärung nicht geben. Die Kant'sche Destruktion der mittelalterlichen Gottesbeweise ist der Kulminationspunkt dieses Axioms [...]. Die Theologie untersucht die ‚Gottesgelehrtheit'. Aber ihr Erkenntnisgegenstand dabei ist eine spezifische Glaubensweise an Gott, nicht Gott selbst" (Meyer-Blanck, Michael (2020): Praktische Theologie und Religionspädagogik als theologische Wisenschaften am Ort der Universität, in: Schlag/Schröder (Hg.), a. a. O., 475–489, 481).

Beobachtung erster Ordnung voraus, die durch jede Beobachtung zweiter Ordnung impliziert ist: Auch Theolog*innen beobachten Gott bzw. haben ihn beobachtet (und damit zwischen ihren Beobachtungen als Ergebnissen des Bezeichnens und den dazu notwendigen Operationen der Unterscheidung unterschieden). Zweitens setzt der Vollzug einer Beobachtung zweiter Ordnung die Einsicht voraus, dass auch diese Beobachtung ihren blinden Fleck der Unterscheidung zwischen Beobachtung und Operation nicht vermeiden kann und deshalb selbst beobachtet werden soll – um im Wechsel der Beobachterperspektiven euryalistisch bzw. sthenographisch Unbeobachtbares zu beobachten (s. o. 3.2.3; 3.4.2.2).

Theolog*innen sind somit immer schon mit der Kommunikation über Inkommunikables befasst (s. o. 3.2.1), und das auf mehreren Ebenen: Auf der Ebene einer Beobachtung erster Ordnung machen sie selbst Erfahrungen mit Gott, indem sie ihn beispielsweise um etwas bitten oder ihm danken. Auf der Ebene einer Beobachtung zweiter Ordnung systematisieren sie ihre eigenen Erfahrungen und diejenigen anderer Menschen, indem sie beispielsweise verschiedene Gebetsformen unterscheiden: Bitte, Dank, Klage, Lob. Beobachten sie diese Beobachtungen wiederum als Beobachtungen, können sie Ambivalenzen des Beobachtens benennen, etwa dass das Bittgebet dazu führen könnte, die eigene Verantwortung auf Gott abzuschieben. Ein Beispiel dafür ist auch die Beobachtung des ‚teuflischen‘ Denkfehlers, indem „die Theologen [...] denken können, daß der Teufel nicht denken kann, daß er nicht denken kann, was er nicht denken kann".[3] Die Ambivalenz einer Beobachtung zweiter Ordnung, die Beobachtungen als Beobachtungen beobachtet, ist eine gewisse Besserwisserei, insofern eine weitere Beobachtung, die das Beobachten des Beobachtens als Beobachtung wiederum als Beobachtung beobachtet, keinen weiteren Erkenntnisgewinn einträge (s. o. 2.2.2), sondern allenfalls zur Versteinerung durch Medusa führte (s. o. 3.2.3.2).

Gegen rechthaberische Versteinerungen behauptete Luhmann in seinen sthenographischen Überlegungen zum Engelsturz, dass der Teufel durch seinen Widerspruch überhaupt erst Freiheit realisiert – im Gegensatz zu Anselm, der auch den guten Engeln Freiheit zuspricht (s. o. 3.3.2). Luhmann verankert die Möglichkeit von Freiheit in der göttlichen Unterscheidungsweisung und erblickt in der Beobachtungsweise des Teufels eine, wenn auch tragische, Verwirklichung von Freiheit, insofern der Teufel dem Willen Gottes folgt und sich im Treffen der Unterscheidung notwendig gegen Gott stellt.

Im Folgenden verbinde ich Luhmanns Anliegen, die Möglichkeit von Freiheit zu wahren, mit weiteren Reflexionen Anselms zur Thematik der Freiheit, und zwar im Rückgriff auf beobachtungstheoretische Differenzierungen (1). Was lässt sich aus dieser Diskussion der Beobachtungsweise Gottes im Blick auf das Postulat einer Beobachtung dritter Ordnung sagen? (2)

---

[3]   Luhmann 1991, 64. S. o. 3.2.3.3 zu Absatz [3.].

4.1.1.1 Die Rechtheit des Willens (Anselm) als Bestimmungsgrund der Freiheit

Anselms Definition von ‚Freiheit' zeigt ihren Gehalt darin, dass nach seiner Auffassung nicht einmal Gott dem Willen die Rechtheit nehmen kann. Um die Begründung dieser These geht es in Kapitel 8 von *De libertate arbitrii*: Die Rechtheit des Willens ist der Bestimmungsgrund, aufgrund dessen „er gerecht heißt" (*qua iusta dicitur voluntas*). Die Gerechtigkeit des Willens resultiert daraus, dass seine Rechtheit „um ihrer selbst willen bewahrt wird" (*id est quae propter se servatur*). Was macht nun den Willen gerecht? „Kein Wille aber ist gerecht, es sei denn er will, was Gott ihn wollen will" (*Nulla autem est iusta voluntas, nisi quae vult quod deus vult illam velle*).[4] Es geht hier um mehr als darum, dem Willen Gottes zu entsprechen, wie Luhmann schreibt, weshalb für ihn „Freiheit nur als Freiheit zum Bösen möglich ist".[5] Hansjürgen Verweyen notiert in seiner Anmerkung zur Übersetzung: „Es geht hier ja nicht darum, daß geschöpflicher und göttlicher Wille bloß im Objekt übereinstimmen, sondern daß die geschaffene Vernunft den göttlichen Willen als den Kern ihrer eigenen Autonomie erkennt". Die Übersetzung „etwa: ‚es sei denn, er will, was Gott will' zerstörte den zentralen Gedanken."[6]

Der Unterschied der beiden Übersetzungsvarianten lässt sich als Differenz innerhalb der göttlichen Beobachtungsweise in Bezug auf die Beobachtungen des Menschen beschreiben: Es ist kaum vorstellbar, dass Gott als der Ganz-Andere einfach aus einer Perspektive der Beobachtung erster Ordnung beobachtet, wie der Mensch sein Leben führt. Wenn Gott will, dass der Mensch das will, was er selbst will, dann ist damit bereits eine Beobachtung zweiter Ordnung gegeben. Gott beobachtet, wie der Mensch beobachtet: nach welchen Kriterien er seine Unterscheidungen trifft und ob er dabei das rechte Maß einhält, indem er beispielsweise die göttlichen Gebote achtet. Was ändert sich, wenn Anselm Gott einen anderen Willen zuschreibt: Gott würde nicht primär wollen, dass der Mensch will, was Gott will, sondern Gott wäre sein Wille wichtiger, dass der Mensch will, was Gott will, dass der Mensch es will? Ist mit dieser zusätzlichen Schleife im Wollen tatsächlich der von Verweyen beschriebene Freiheitsgewinn erreicht? Betrachtet man die beiden einander gegenübergestellten Formulierungen zunächst rein formal, dann wird schon deutlich, dass in der ersten der Wille Gottes zweimal und der Wille des Menschen nur einmal vorkommt, während in der zweiten Variante beide Willen zweimal Erwähnung finden. Gott will den Menschen als Wesen auf Augenhöhe, zumindest was seine Freiheit betrifft.

Wie lässt sich diese erst einmal rein äußerlich festgestellte größere ‚Gleichberechtigung' zwischen Gott und Mensch beobachtungstheoretisch genauer fassen? Hierzu möchte ich auf eine Differenzierung der Beobachtung zweiter Ordnung zurückgreifen, die Elena Esposito vorgeschlagen hat. Dafür ist zunächst

---

[4]   Anselm 1994b, 100f.
[5]   Luhmann 1991, 64. S. o. 3.2.3.3, zu Absatz [4.].
[6]   Anselm 1994b, 100f., Anm. 9.

einmal im Nachvollziehen des Gedankengangs von Esposito zu klären, was genau eine Beobachtung erster Ordnung von einer Beobachtung zweiter Ordnung unterscheidet. Insgesamt differenziert Esposito zu diesem Zweck vier Ebenen:

Ebene eins ist diejenige der monovalenten Operationen, durch die sich die autopoietischen Systeme am Leben erhalten. Was existiert, wird auf der Ebene dieser Operationen hervorgebracht. Aber „was über das Existierende gesagt werden kann", bedarf der Beobachtung, „die stets eine spezifische Unterscheidung benutzt."[7] *Ebene zwei* (Beobachtung erster Ordnung) basiert somit auf der Form der Unterscheidung, um zu beobachten, welchen Inhalt die Operation hat. Dabei wird die zu diesem Zweck durchgeführte Unterscheidung zwischen Bezeichnung (des Inhalts der Operation) und Unterscheidung (z. B. Gedanke/Nicht-Gedanke, wahr/falsch, ...) zum blinden Fleck der Beobachtung. D. h., erst durch das Beobachten wird der Inhalt für das Bewusstsein zugänglich. Aber der Blick auf diesen Inhalt verdeckt die Unterscheidungsoperation des Beobachtens, das selbst als autopoietisches System operiert. Deshalb ist die Beobachtung sowohl blind als auch nicht-blind. Der Widerspruch ist nur ein scheinbarer, denn der beobachtete Inhalt und der Inhalt des blinden Flecks der Unterscheidung sind nicht miteinander identisch. „Der Inhalt, den die Beobachtung *hat,* ist nicht der Inhalt, der die Beobachtung *ist.* Während die Operation unmittelbar mit ihrem eigenen Inhalt zusammenfällt, verfügt die Beobachtung über die Fähigkeit der Unterscheidung und kann so eine gewisse Distanz zu dem beziehen, worauf sie sich jeweils bezieht."[8] Die so beschriebene Beobachtung erster Ordnung ist demnach „eine bivalente Operation, die eine Unterscheidung benutzt, um ein monovalentes Objekt, auf das sie sich bezieht, zu identifizieren: eine Information, einen Gedanken, eine Wahrheit."[9]

Wenn der Inhalt des blinden Flecks, der durch das Beobachten in der Operation der Unterscheidung hervorgebracht wird, beobachtet werden soll, dann geschieht das „von einer anderen (systeminternen oder systemexternen) Beobachtung" aus.[10] Dabei ist wichtig zu bedenken, dass in „jeder Beobachtung [...] ein Wert zur Bezeichnung des Objekts (zum Beispiel als ‚wahr'), und der Gegen-Wert [...] der Unterscheidung des Anderen (‚das Falsche')" dient. „Als Operation bringt die Beobachtung so eine Selbstreferenz hervor, die von einer anderen Beobachtung als Fremdreferenz behandelt werden kann".[11] Der blinde Fleck kann dann auf der Ebene der Beobachtung zweiter Ordnung beobachtet werden. Für diese Beobachtung unterscheidet Esposito zwei Varianten: Auf *Ebene drei* kann die bivalente Beobachtung als monovalente Operation beobachtet werden; ihr Inhalt ist die Differenz von Wert und Gegen-Wert, die sie als Fremdreferenz zur

---

[7]   Esposito 1991, 43.
[8]   Ebd.
[9]   Ebd., 44.
[10]   Ebd., 43.
[11]   Ebd., 46.

Operation der beobachteten Beobachtung ins Auge fasst. Auf *Ebene vier* geht es nun nicht um den operativen Charakter der beobachteten Beobachtung, sondern um ihren bivalenten Beobachtungscharakter selbst. Hier erst gerät die paradoxe Einheit der operativen Differenz der beobachteten Beobachtung vor den Blick – und provoziert die Suche nach einem dritten Wert, der diese Einheit zu bezeichnen vermag:

> „Dabei genügt es nicht, dass es einfach zwei Werte gibt. Wenn einer von diesen Werten dafür reserviert wird, das zu unterscheiden, was der andere Wert bezeichnet, dann bleibt nur ein Wert disponibel – und das genau wäre der Fall der Bezeichnung von monovalenten Objekten. Für ein bivalentes Objekt – zum Beispiel eine Unterscheidung – sind komplexere Formen der Bezeichnung notwendig. Hier müssen mindestens drei Werte zur Verfügung stehen, zwei, um die beiden Seiten der Unterscheidung im Objekt zu bezeichnen, und einer, um diese Unterscheidung von Anderem zu unterscheiden."[12]

Die folgende Tabelle zeigt die Unterscheidungen Espositos im Überblick. Wichtig ist zu beachten, dass jede Beobachtung immer zugleich auch eine Operation darstellt. Die erste Zeile unter den Titeln der Ebenen beschreibt den Charakter der jeweiligen Operation, die zweite Zeile gibt jeweils ein Beispiel für sie und die dritte Zeile akzentuiert ihre je spezifische Leistung. Die höheren Ebenen verweisen in sich auf die Leistungen der unteren Ebenen (deshalb die Pluszeichen in der letzten Zeile); von jeder Beobachtungsebene aus sind Perspektivwechsel zu den anderen möglich bzw. erforderlich. Diese wechselseitige Durchdringung der drei differenzierten Beobachtungen (Ebenen 2–4), die zugleich jeweils eine spezifische monovalente Operation sind (Ebene 1), macht das Phänomen der Beobachtung so komplex.

Ebene 1	Ebene 2	Ebene 3	Ebene 4
Operation	*Beobachtung erster Ordnung*	*Beobachtung zweiter Ordnung, Typ 1*	*Beobachtung zweiter Ordnung, Typ 2*
monovalenter Vollzug im System	bivalente Unterscheidung, gerichtet auf monovalente Operation zur Erzeugung von Inhalten	bivalente Unterscheidung, beobachtet bivalente Beobachtung als monovalente Operation	bivalente Unterscheidung, beobachtet bivalente Beobachtung als bivalente Operation
Gedanke, Kommunikation, …	Objekt des Gedankens (benutzt z. B. Differenz wahr/falsch)	Differenz wahr/falsch als Inhalt	paradoxe Einheit von wahr und falsch
aktualisiert Autopoiesis	+ bringt Selbstreferenz hervor	+ richtet sich auf Fremdreferenz	+ Suche nach drittem Wert

Tabelle 4: Beobachtungstheoretische Differenzierung in vier Ebenen nach Esposito

---

[12]   Ebd.

Paradoxien entstehen nach Esposito dann, „wenn eine Operation sich selbst zum Objekt hat". Und bei dieser Operation muss es sich entsprechend dem ersten Paradoxiekriterium der *Selbstreferenz* um „eine Operation der Beobachtung handeln [...], die sich auf ein spezifisches Objekt bezieht, welches seinerseits eine Beobachtung ist".[13] Entsprechend dem zweiten Paradoxiekriterium der *Unentscheidbarkeit* muss der Gegenstand der Beobachtung eine Beobachtung in ihrem bivalenten Beobachtungscharakter sein (s. o. 1.4.3). Wenn nämlich keiner der beiden Werte (z. B. wahr oder falsch, gut oder böse, gerecht oder ungerecht) auszuschließen ist, wird auch keine Entscheidung dem bivalenten Objekt der Beobachtung gerecht.[14] Beobachtbar werden Paradoxien damit erst auf Ebene 4, obwohl sie schon auf Ebene 2 wirken – was natürlich auch für Ebene 4 gilt, sofern sie alle anderen Ebenen beinhaltet.

Daran anschließend konkretisiere ich nun diese beobachtungstheoretischen Differenzierungen am Unterschied der beiden Übersetzungsvarianten zur Beschreibung der Rechtheit des Willens: ‚Der freie Wille ist gerecht, wenn der Mensch will, was Gott will' und ‚Der freie Wille ist gerecht, wenn der Mensch will, dass er will, was Gott will' (‚was Gott den Menschen wollen will'). In der ersten Variante beobachtet Gott die Beobachtungen (Unterscheidungen, Handlungen etc.) des Menschen in ihrem Charakter als monovalente Operationen (Ebene 3 nach Esposito): Gott ginge es darum, dass der Mensch gehorsam ist und in seinem Unterscheiden dem Willen Gottes folgt. Eine klare Zuschreibung der Werte gerecht oder ungerecht wäre möglich: Der Mensch beobachtet seine Freiheit gerecht, wenn sein Wille dem göttlichen Willen entspricht; er beobachtet seine Freiheit ungerecht, wenn sein Wille dem göttlichen Willen nicht entspricht. Luhmann hätte recht: Echte Freiheit wäre dann „nur als Freiheit zum Bösen möglich, weil alles, was gut ist, dem Willen Gottes entspricht" – da hilft

---

13   Ebd., 44.

14   „Ein bivalentes Objekt wird also nur dann adäquat bezeichnet, wenn man seine Unterscheidung von allem anderen abheben kann. *Zunächst* werden die beiden Seiten der Bivalenz unterschieden, und *dann* wird die Bivalenz von allem anderen unterschieden. Im Hinblick auf jede Seite der Unterscheidung liegt also eine Artikulation des ‚Rests' vor, die es nicht erlaubt, ihn pauschal als ‚negiert' zu behandeln. Nicht alles wird auf die gleiche Weise negiert, und es gibt ein Drittes bezüglich der beobachteten Opposition. Bezüglich der beiden Seiten der Unterscheidung, die das Objekt ist, ist die Negation, die man bei der Bezeichnung der einen Seite erzielt, nicht eindeutig. Die Negation, welche eine solche Bezeichnung mit sich bringt, vollzieht sich tatsächlich auf zwei Ebenen. Es handelt sich also um zwei verschiedene Negationen, und genau dieser Sachverhalt hebt die Symmetrie der Bivalenz auf. Nicht-A ist nicht mehr unbedingt A, sondern kann bezüglich der Opposition ‚A/Nicht-A' im Objekt ein Drittes sein. Das Dritte ist zwar von der Opposition ausgeschlossen, welche die bivalente Unterscheidung, die beobachtet wird, ausmacht; aber es ist in jene Beobachtung eingeschlossen, welche diese Unterscheidung von allem Anderen abhebt. Hier ist also ‚ein *Drittes gegeben*', allerdings nur als ausgeschlossenes Drittes" (ebd., 47).

auch die Umstellung von der moralischen Codierung gut/böse auf die rechtliche Codierung gerecht/ungerecht wenig weiter.[15]

Erst in der zweiten Variante beobachtet Gott die Beobachtungen der Menschen als bivalente Beobachtungen (Ebene 4 nach Esposito): Es lässt sich nicht mehr klar entscheiden, ob der Mensch seine Freiheit gerecht oder ungerecht beobachtet, weil der Mensch selbst entscheidet, was er will – denn Gott will, dass er wollen will. Was immer der Mensch tut, er beobachtet seine Freiheit, die in sich eine gute Gabe Gottes ist. Gott kann dem Menschen die Rechtheit seines Willens nicht absprechen, ja, er würde sich sogar selbst widersprechen, wenn er jemandes Willen seine Rechtheit nähme, wie Anselm betont, denn das würde bedeuten, dass Gott nicht wollte, „daß dieser [jemand] will, was er [Gott] ihn wollen will".[16] Die Rechtheit des Willens um seiner selbst willen ist der dritte Wert, der die Differenzen gut/böse und gerecht/ungerecht in einer paradoxen Einheit zusammenbindet.

Gleichwohl gibt es gute und böse, gerechte und ungerechte Handlungen (Ebene 1). Sie werden auf der Ebene einer Beobachtung erster Ordnung als gute *oder* böse, gerechte *oder* ungerechte und daher *monovalente* Operationen klar unterschieden und als solche benannt (Ebene 2). Die Beobachtung weist auf sich selbst zurück, wenn sie ihre inhaltliche Zuschreibung thematisiert. Indem sie ihre Selbstreferenz realisiert, wechselt sie zur Beobachtung zweiter Ordnung (Ebene 3 oder 4). Insofern sie die *Bivalenz* in der Unterscheidungspraxis beobachtet und feststellt, welche Handlungen nach welchen Kriterien als gut oder böse, gerecht oder ungerecht beurteilt werden, richtet sie sich als Fremdreferenz auf die ursprüngliche Beobachtung. Sie nimmt die Differenzierung und damit die in der Bezeichnung ausgeschlossene nichtmarkierte Seite in den Blick, die zuvor im blinden Fleck der Beobachtung erster Ordnung versteckt war. Aber solange es um die Beobachtung der bivalenten Beobachtung als monovalente Operation geht, reichen die mit der Differenzierung gegebenen beiden Werte noch aus: Es ist gerecht oder ungerecht, gut oder böse, eine Handlung im Schema der Differenz gut/böse bzw. gerecht/ungerecht zu beurteilen (Ebene 3).

In der Differenz von Selbstreferenz und Fremdreferenz geschieht der Übergang zu Ebene 4. Die der Handlung zugrundeliegende Willensfreiheit ist in ihrer Ambivalenz zu beobachten, indem die Beobachtung als bivalente Beobachtung beobachtet wird. Erst dann tritt die Paradoxie in ihrer Unentscheidbarkeit vor Augen und ein Oszillieren legt sich nahe: Die Freiheit des Willens ist gerecht, ist ungerecht, ist gerecht …, oder ist böse, ist gut, ist böse …, oder ist wahr, ist falsch, ist wahr … Es ist nicht mehr möglich, mit nur zwei Werten eine bivalente Beobachtung zu bezeichnen. Ein dritter Wert ist nötig, der die benutzte Differenz in ihrer Einheit bezeichnet. Für Anselm ist dieser Wert die Rechtheit des Willens

---

[15]   Luhmann 1991, 64.
[16]   Anselm 1994b, 103.

um seiner selbst willen. Über ihn ist es möglich, die Paradoxie vorerst zu ent-paradoxieren.[17]

Damit soll am Beispiel der Freiheitsparadoxie, wie Anselm von Canterbury sie durchdacht hat, gezeigt sein, wie beobachtungstheoretische Differenzierungen dazu beitragen können, die komplexen theologischen Argumentationen nachzuvollziehen. Sie sind notwendig komplex, weil sie Paradoxien entfalten – ob euryalistisch oder sthenographisch oder in der paradoxen Einheit beider Weisen.

4.1.1.2 Die Ununterscheidbarkeit Gottes als Weisung zur Beobachtung dritter Ordnung

Aber auch diese Argumentation kommt nicht umhin, sich sozusagen in die Be-obachtungsweise Gottes einzuschleichen. Obwohl sie aus der Immanenz heraus spricht, tut sie so, als könne sie die transzendenten Gedanken Gottes nachvoll-ziehen. Theologie kann nur so sprechen, insofern sie von einer Offenbarung Gottes zehrt, die die Möglichkeiten darstellbarer Beobachtungstechniken über-steigt. Die in der Weisung Gottes enthaltene Freiheitsform gründet in der Un-unterscheidbarkeit Gottes, der einzig eine Beobachtung entspricht, die zugleich eine Nicht-Beobachtung ist. Von ihr her erscheinen Fragen nach Gottesbeweisen oder Begründungen seines schöpferischen Handelns als verzichtbar. In diese Richtung reflektiert Hans-Joachim Höhn die Geschöpflichkeit des Menschen:

„Das voraussetzungs- und bedingungslose Freigelassensein ins eigene Dasein, das wohltuende Unterschiedensein vom Nichts dementiert die Auffassung, dass der Mensch seine Daseinsberechtigung auf der Basis bestimmter Zweckdienlichkei-ten immer neu beweisen und durch sein Leben Gründe dafür liefern muss, die eine Antwort geben auf die Frage eines anderen Menschen: Mit welchem Recht bist du auf der Welt? Sofern die Geschöpflichkeit des Menschen bedingungslos und zweckfrei ist, erweist sich auch die Frage, ‚warum' Gott Welt und Mensch er-

---

[17] S. o. 3.2.2 u. 3.3.2. Die theologische Anthropologie von Thomas Pröpper charakterisiert entsprechend der Freiheitsparadoxie die menschliche Freiheitssituation als unbedingt und bedingt zugleich, als „unbedingt in ihrem Ausgriff nach Erfüllung und Sinn, aber be-grenzt durch ihre Ohnmacht, über ihn zu verfügen". Dem entspricht ein Sündenverständ-nis, das Sünde „nicht nur als Widerspruch gegen Gott, sondern auch als Verfehlung der Bestimmung des Menschen" denkt: „Denn Sünde wäre dann immer (und jedenfalls auch) als der Versuch zu verstehen, diese wesentliche Aporie, die wir sind (bedürftig einer Er-füllung, die doch nur geschenkt werden kann), trotzdem aus eigenem Vermögen und in alleiniger Zuständigkeit lösen zu wollen" (Pröpper, Thomas (2011): Theologische Anthro-pologie Bd. II, Freiburg i Br., 679). Der dritte Wert ist hier nicht wie bei Anselm das Recht mit seinem Code recht/unrecht, sondern die Macht mit ihrem Code verfügbar/unverfüg-bar (bei Luhmann ist ‚Macht' das symbolisch generalisierte Kommunikationsmedium der Politik mit der Codierung Regierung/Opposition; vgl. Hellmann, Kai-Uwe (2012): Die Poli-tik der Gesellschaft, in: Jahraus/Nassehi u. a. (Hg.), a. a. O., 241–146). Zum Geschenk der Freiheit aus Gnade s. o. 2.3.2.3.

schaffen habe, als unsinnig. Eine solche Frage sucht nach Bedingungen, Gründen und Zweckbestimmungen für ein Dasein, dessen ‚Grundlosigkeit' doch gerade die Grundlage seiner Würde und seines Eigenwertes ist."[18]

Die Liebe Gottes ist grundlos, weil sie ununterscheidbar ist und sich deshalb nicht festlegen lässt auf Unterschiede – als gelte sie beispielsweise nur Christ*innen und nicht Muslim*innen, weißhäutigen und nicht farbigen Menschen, Armen und nicht Reichen etc. Der Glaube an einen Gott, der alle Menschen in gleicher Weise liebt und anerkennt, ohne ihre Leistungen oder Versäumnisse anzurechnen, hat ethische Konsequenzen. Er motiviert, in jedem Menschen ein Abbild der göttlichen Liebe zu sehen. Eine Ethik der Anerkennung kann auch nichtreligiös verankert werden, beispielsweise menschenrechtlich als gleiches Recht für alle oder sozialphilosophisch in einer Moralität interpersoneller Beziehungen (Axel Honneth).

Aber solche Begründungen sind letztlich darauf angewiesen, die immanent erfahrene Ungleichheit in der Zuteilung von Anerkennung zu transzendieren. Sie zehren von Hoffnungsbildern, die sich aus einer anderen Art von Beobachtung speisen: Nicht allein aus der Beobachtung erster Ordnung, die beispielsweise Ungerechtigkeiten wahrnimmt, und auch nicht nur zusammen mit Beobachtungen zweiter Ordnung, die beispielsweise Ursachen für Ungleichheit wahrnehmen und Programme entwickeln, sie zu bekämpfen. Sondern sie benötigen darüber hinaus ein Gespür für etwas, das nicht beobachtet werden kann. Die Wurzel für Bilder einer gerechteren Zukunft, die dann wieder beobachtet werden können, ist die paradoxe Einheit von Beobachtung und Nicht-Beobachtung. Und auch der Universalität Gottes, die aus seiner Ununterscheidbarkeit erwächst, entspricht eine solche Beobachtung dritter Ordnung. Wie lässt sich eine solche merkwürdige Beobachtung, die gleichzeitig Nicht-Beobachtung sein soll, überhaupt beobachten bzw. näher beschreiben?

4.1.2 Das Postulat einer dritten Beobachtungsordnung ohne Ebene

Zunächst grenze ich mein Verständnis einer Beobachtung dritter Ordnung ab von Konzeptionen, die m. E. nicht weiterhelfen: Kersten Reichs Beobachtungstheorie scheint mir ‚Beobachtungsordnung' mit ‚Perspektive' zu verwechseln, während Luhmanns Vorstellung einer Beobachtung dritter Ordnung, wie er sie in ‚Die Wissenschaft der Gesellschaft' kurz entwickelt, aber später nicht weiter verfolgt, in die Richtung einer wissenschafts- oder erkenntnistheoretischen Beobachtung zu gehen scheint, die beobachtet, wie Beobachter*innen andere Be-

---

[18]   Höhn, Hans-Joachim (2008): Der fremde Gott. Glaube in postsäkularer Kultur, Würzburg, 193. S. o. 2.1.3. Zum Bezug auf die Theodizeefrage vgl. Höhn 2020, 201–206.

obachter*innen beim Beobachten beobachten. Eine solche Beobachtung ist wohl eher ein Spezialfall der Beobachtung zweiter Ordnung (auf Ebene 4), die es nicht rechtfertigt, ihr den Titel einer eigenen Ordnung zu geben (1). Auf dem Fundament dieser Klärung möchte ich sodann mein Verständnis einer Beobachtung dritter Ordnung als paradoxe Einheit von Beobachtung und Nicht-Beobachtung erläutern – als Spur jener Beobachtungen, die „Beobachtungen des Unbeobachtbaren" anzeigen (2).[19]

4.1.2.1 Abgrenzung von Konzepten einer Beobachtung dritter Ordnung

Kersten Reich versteht unter der Beobachtung erster Ordnung den „Beobachter selbst (Selbstbeobachtung), wobei das Problem auftritt, daß er dies in Form reiner Subjektivität im Blick auf Wissen und Wahrheit nicht sein kann, da Beobachtung immer schon Verständigungsgemeinschaften voraussetzen".[20] Durch die Beobachtungen seiner Beobachtungen von anderen Beobachter*innen erster Ordnung in seiner Verständigungsgemeinschaft werden seine Beobachtungen objektiviert und gegebenenfalls korrigiert. Würde es nur eine Verständigungsgemeinschaft geben, entspräche sie einer Beobachtung zweiter Ordnung. Die Beobachtung zweiter Ordnung „regelt, kontrolliert und discipliniert, was Beobachter erster Ordnung in ihrem Rahmen der Beobachtungen erklären, legitimieren, verwerfen".[21]

Da sich die pluralen Verständigungsgemeinschaften jedoch widersprechen, zeichnet Reich sie als „dritte bis n-te Ordnung" aus, um auf diese Weise seine Anerkennung der Pluralität auszusprechen. Wenn die pluralen Verständigungsgemeinschaften „im Nach- und Nebeneinander dieser Ordnungen keinen Schlußpunkt setzen können, kein formal vereinfachendes Schema gewinnen (wie z. B. Luhmann), sondern fortgesetzt widersprüchlich sich äußern", dann wird eben jeder Verständigungsgemeinschaft mit einem differenzierbaren Profil eine Beobachtungsordnung zugesprochen.[22] Dadurch entspricht der Begriff der Beobachtungsordnung dem einer profilierten Perspektive, die ausgehend von der Perspektive des Subjekts als Beobachter erster Ordnung entwickelt wird: aus der Interaktion der unterschiedlichen Perspektiven erster Ordnung entsteht die Beobachtung zweiter Ordnung in einer Verständigungsgemeinschaft als eine gemeinsame Perspektive; da sich eine solche gemeinsame Perspektive nicht durchhalten lässt, werden die widersprüchlichen Perspektiven pluraler Verständigungsgemeinschaften folgerichtig als dritte bis n-te Ordnung bezeichnet.

Deshalb kritisiert Reich auch Luhmanns Zurechnung der Erkenntnistheorie auf eine Beobachtung zweiter Ordnung als „Vereinfachung": „Denn *die* Erkennt-

---

[19]   Vgl. Jahraus/Ort (Hg./2000), a. a. O.,
[20]   Reich 2009a, 34.
[21]   Ebd., 35.
[22]   Ebd.

nistheorie umgreift eine Vielzahl gegensätzlicher Verständigungsgemeinschaften, die sich alle als Fremdbeobachter gegenüberstehen müßten, um sich als Beobachtung zweiter Ordnung zu sehen. Eigentlich müßten wir hier dann wohl schon von dritter oder n-ter Ordnung sprechen".[23]

An dieser Stelle lässt sich zeigen, was durch Luhmanns Abstraktion von den einzelnen Subjekten als Beobachter*innen gewonnen ist: Gelingt es Luhmann, Beobachtung erster und zweiter Ordnung formal eindeutig zu differenzieren, hängt bei Reich die Zuordnung zu den Ordnungen davon ab, welche Perspektiven von Einzelsubjekten bzw. Verständigungsgemeinschaften jeweils beobachtet werden. Beobachtungsordnungen Systemen statt einzigartigen Individuen zuzuschreiben ist deshalb auch kein formalistischer Reduktionismus, sondern erlaubt allererst trennscharfe Differenzierungen, die erkenntnisproduktiv sind.[24] Beispielsweise sind Selbstbeobachtungen in der Regel nach Luhmann nicht Beobachtungen erster Ordnung (Ebene 2), insofern sie beobachten, *was ich* selbst beobachte (Ebene 3) oder *wie* ich selbst beobachte (Ebene 4). Auf beiden Ebenen (3 und 4) ist allerdings die Beobachtung erster Ordnung impliziert (s. o. 4.1.1.1).

Luhmann kommt zu einem Begriff der Beobachtung dritter Ordnung in seiner Auseinandersetzung mit der Erkenntnistheorie Kants. Zwar überzeuge dessen Unterscheidung zwischen transzendental und empirisch heute nicht mehr als Antwort auf die Frage, welche Aussagen über Realität möglich seien, wenn das ‚Ding an sich' nicht zugänglich ist. Aber die Art der Problemstellung als Wechsel der Beobachtungsordnung könne übernommen werden:

> „Sie liegt in der erkenntnistheoretischen Modalisierung, nämlich in der Technik, die Frage zu stellen: wie ist dies oder jenes möglich?; und zwar im Hinblick auf Sachverhalte, die unbezweifelbar möglich sind und tatsächlich vorkommen, zum Beispiel Erkenntnis. Unterhalb der Sichtschwelle jener Zeit macht sich hier schon der Beobachter dritter Ordnung bemerkbar. Wer stellt diese Frage? Er stellt diese Frage! Da das faktische Vorkommen empirischer Erfahrung und verstandesmäßig-begrifflicher Verarbeitung von Erfahrungsmaterial nicht bezweifelt und einem Beobachter zugeschrieben wird, der seinerseits in der Lage ist, andere Be-

---

[23] Ebd., 34. Zum Begriff der Perspektive s. u. 4.4.1.

[24] Zu Reichs Luhmann-Kritik vgl. Reich 2009, 328–376. Reich kritisiert ähnlich wie Maturana die Abtrennung der Subjekte als autopoietische Bewusstseinssysteme von der operational geschlossenen, autopoietischen Kommunikation des Gesellschaftssystems als reduktionistisch (vgl. 331–334), bezeichnet „den Kunstgriff der strukturellen Kopplung" zur Lösung dieses Problems als Immunisierungsstrategie (354) und charakterisiert „Luhmanns Konstruktion" schließlich „als das Selbstkonstrukt eines Bewußtseins, das sich als Geist über Andere erheben und zu antigeisthaften Konstruktionen einer funktionalen Neutralisierung von Kommunikation gelangen will" (373). Es wäre eine eigene Studie wert, Reichs Luhmann-Rezeption zu dekonstruieren. Eine solche Arbeit könnte ihren Ausgang nehmen an Reichs Missverständnissen bezüglich des Paradoxie-Begriffs (vgl. 347–350) und sich insgesamt von Günter Schultes Luhmann-Kritik inspirieren lassen (s. o. 3.2.2.2).

obachter zu beobachten, um sich mit ihnen zu akkordieren, muß es einen weiteren Beobachter geben, der sich fragt, wie dies möglich ist. Der Übergang von der ‚daß‘-Ebene zur ‚wie‘-Ebene und die damit verbundene Modalisierung setzt die Distanz des Beobachtens von Beobachtungen voraus. Erst im Beobachten dritter Ordnung läßt sich denn auch jene Einheit gewinnen, die eigenes und fremdes Erkennen zusammenschließt. Der Beobachter zweiter Ordnung beobachtet sich selbst und andere. Der Beobachter dritter Ordnung fragt, wie dies möglich ist. Oder präziser: wie sich auf Grund der Beobachtung von Beobachtungen Systeme bilden.“[25]

Möglicherweise möchte Luhmann die Reflexionsleistung Kants gebührend würdigen, indem er der transzendentalen Frage nach den Bedingungen der Möglichkeit den Status einer dritten Beobachtungsordnung zuweist (und damit Erkenntnistheorie auch nicht so ‚vereinfacht‘ wahrnimmt, wie Reich es ihm vorwirft). Es geht nun also bei dieser Ordnung um „die Einheit [...], die eigenes und fremdes Erkennen zusammenschließt“ und die erkennen lässt, wie sich „Systeme bilden“ aufgrund von Beobachtungen zweiter Ordnung.

Das kann auch durch die Differenzierung der beiden Ebenen der zweiten Beobachtungsordnung erklärt werden: Durch Beobachtung von Beobachtungen als monovalente Operationen bilden sich Systeme, z. B. das Religionssystem aufgrund dessen, dass zu beobachten ist, wie Immanentes als transzendent beobachtet wird (Ebene 3). Ist der Gegenstand der Beobachtung nun aber eine Beobachtung in ihrem bivalenten Beobachtungscharakter, können unterschiedliche Differenzierungen beobachtet werden, z. B. immanent/transzendent, recht/unrecht, gut/böse, schön/hässlich, und zwar derart, dass aufgrund der Bivalenz keiner der beiden Werte auszuschließen ist – was den Raum für das ausgeschlossene Dritte öffnet (Ebene 4). So wird deutlich, wie eine religiöse oder andere Beobachtung möglich ist.

Im Blick auf das ausgeschlossene Dritte nähern wir uns der Beobachtung dritter Ordnung. Peter Fuchs weist auf die etymologische Nähe zur Warnung hin: *„Gib Obacht!“* Das Beobachten ist gefährlich, auch wenn wir gelernt haben es zu definieren:

„Wir wissen zumindest, daß jede Operation der Beobachtung ein *Unterscheiden* voraussetzt. Und seit wir beobachten können, wie Unterscheider unterscheiden, wissen wir auch, daß *Beobachten* ein *Loch-Wort* ist. Es strudelt jede Behauptung, die sich stur stellt, indem sie sich mit Unverrückbarkeiten des Wissens und der Wahrheit abgibt, in sich hinein. Es ist ein zersetzendes Wort. Man dürfte es in dieser Fassung für eines der gefährlichsten Worte der Gegenwart halten. Wer sich darauf einläßt, für den klirren die Fahnen im Frost. Denn was er mit ihm sieht, sieht er mit ihm nicht. Er ist auf dem knochenharten, dem ontologischen Entzug. Er hat es, weil er beobachtet, mit dem Unbeobachtbaren zu tun – und weiß das.“[26]

---

[25] Luhmann 1990, 499.
[26] Fuchs 2000, 12.

4.1.2.2 *Beobachtung des Unbeobachtbaren durch Beobachter-Unordnung*

Die Paradoxie im Unterscheiden schlägt auf das Beobachten durch. Deshalb ist es gefährlich wie ein Strudel, ein „Loch-Wort". Die Unterscheidung, die nötig war, um Ordnung zu schaffen, schon im Schöpfungshandeln Gottes (s. o. 2.2.3.1), war zugleich die Bedingung der Möglichkeit für Unordnung:

> „In dem Moment, in dem die Ordnung in die Welt kam, kam zugleich ihr Gegenteil, die Unordnung, in die Welt. Um der Unordnung zu begegnen, können wir Ordnungen höherer Ordnung bilden, aber das Spiel wiederholt sich auch hier. Die letzte Ordnung muß ein Phantasma bleiben. Denn mit jeder neuen Ordnung vermehrt sich nur die Unordnung, und auch einer totalen Ordnung muß die totale Unordnung gegenüberstehen. Je mehr Ordnung wir bilden, um so größer wird der Ozean der Unordnung, dessen Horizont wir nicht mehr erkennen können. Und keine Ordnung sieht die Unordnung, die als ihre andere Seite ihr mitgegeben ist. Dies sieht nur eine höherstufige Ordnung, für die wieder dasselbe gilt."[27]

Um dem Strudel des Unterscheidens und seiner Paradoxien zu entrinnen, reicht es also nicht, „eine höherstufige Ordnung" zu installieren. Deshalb kann auch die Beobachtung dritter Ordnung keine höherstufige Ordnung sein, schon gar nicht eine „totale Ordnung". Als „letzte Ordnung" bleibt sie ein „Phantasma" – oder ein Postulat, das durch Beobachtung nicht einzuholen ist. Als paradoxe Einheit von Beobachtung und Nicht-Beobachtung ist sie eine unordentliche Beobachtung, die nicht wie die anderen Ordnungen Unordnung vermehrt. Sie zeigt an, dass es um die Beobachtung des Unbeobachtbaren geht: Sie entrinnt dem Strudel, indem sie sich ihm anvertraut. Sie ist Beobachtung ohne Ebenen und Grenzen.

Der Architekt Ranulph Glanville (1946–2014) hat einen unveröffentlichten Vortrag von 1981 knapp 20 Jahre später publiziert – mit dem pseudonymen Vornamen „Rainfall". In der reflektierenden Nachschau erscheint ihm dieser Text als „Quelle" späterer Werke.[28] Er selbst war der fruchtbare ‚Regen', der sich in der Quelle sammelte. Oder aber, seine Überlegungen entpuppen sich als ‚Reinfall' ... Ich zitiere ein längeres Stück vom Ende dieses Textes, weil er andeutet, was ich unter der Beobachtung dritter Ordnung verstehe:

> „Ebenen und Grenzen sind unsere Konstrukte, die wir dazu gebrauchen, die Welten, die wir hervorbringen, zu identifizieren und zu relationieren. Seit langer Zeit wurden Ebenen und Grenzen von vielen Menschen so studiert, wie sie mit der so kreierten Weltsicht interagieren würden. Sie sind kein Problem – auch wenn sie unterschiedlichen Meinungen gegenüber offen sind.

---

[27] Jahraus, Oliver/Ort, Nina/Schmidt, Benjamin Marius (2000): Einleitung, in: Jahraus/Ort (Hg.), a. a. O., 14–18, 15.

[28] Glanville, Rainfall (2000): (Die Relativität des Wissens) – Ebenen und Grenzen von Problemen, in: Jahraus/Ort (Hg.), a. a. O., 237–253, 239. Zum Begriff der Grenze bei Spencer Brown s. o. 2.2.1.

Das ist genau das, was ich von Ebenen und Grenzen behaupte – daß sie individuelle Konstruktionen sind und daß sie als solche Meinungsverschiedenheiten unterliegen, wenn sie verschieden behandelt werden. Wenn wir das vergessen, könnten wir ein Problem bekommen. Jedoch: Probleme, die aus Ebenen und Grenzen entstehen – sofern sich da irgendwelche Probleme mit Ebenen und Grenzen zeigen sollten –, entstehen aus den Ebenen und Grenzen solcher Ebenen und Grenzen. Dennoch gibt es keine Ebenen und Grenzen außer denen, die wir machen. Also ist es unser Problem. Es kann zunächst keine Ebenen und Grenzen von Ebenen und Grenzen geben, da solche implizieren, daß es zunächst (selbstreferentielle) Ebenen (von Ebenen) und (selbstreferentielle) Grenzen (von Grenzen) gibt. Die logische und lineare Folgerung aus diesem Argument führt zu diesem Paradox. Das ist das sogenannte Problem – es ist von anderer Art: es ist das Problem unserer Tätigkeit, nicht aber eins von Ebenen und Grenzen! Es ist ein Problem der Vermischung: Liegen die Ebenen und Grenzen in uns oder in den (vermeintlichen) Dingen? […]
Anders ausgedrückt: In dieser Hinsicht sind die Probleme, die wir diskutiert haben, Probleme, die mit Ebenen assoziiert werden, welche von Grenzen abhängen. Die Anwesenheit von Ebenen erzeugt die Probleme: Die Probleme liegen in den Ebenen (die wir konstruieren). Also resultieren die Probleme der Ebenen (und ihrer sie definierenden Grenzen) aus den Ebenen von Ebenen. Es gibt allerdings keine Ebenen außer denen, die wir konstruieren; also gibt es keine Ebenen von Ebenen und daher gibt es keine Probleme von Ebenen – tatsächlich, es gibt keine Probleme! Es gibt keine Probleme von Ebenen (und Grenzen), da es keine Ebenen und Grenzen gibt, die Probleme darstellen könnten."[29]

Glanville bringt mit diesem experimentellen Text das Problem der Selbstreferenz auf den Punkt. Das Problem hängt davon ab, dass wir Selbstreferenz problematisieren. Der tautologische Satz spiegelt die Selbstreferenz. Theorien sind immer selbstreferentiell. So können sie Probleme lösen, die zugleich neue Probleme schaffen. Sie arbeiten mit Unterscheidungen – setzen Grenzen – um Ebenen zu differenzieren. Die werden im Diskurs zum Problem: Soll man z. B. die Ebenen der Beobachtung wie Reich vom Subjekt aus unterscheiden, oder doch lieber wie Luhmann formal-abstrakt? Das sind „Meinungsverschiedenheiten", die daraus resultieren, dass Ebenen und Grenzen „verschieden behandelt" werden.

Mit Esposito wurde die einfache Differenz der beiden Ebenen erster und zweiter Ordnung noch weiter differenziert in Ebenen der Ebenen, so dass aus einer Differenz (zwischen erster und zweiter Ordnung) plötzlich drei wurden: zwischen erster und zweiter Ebene, der zweiten und dritten Ebene (entspricht der ersten und zweiten Ordnung bei Luhmann) und der dritten und vierten Ebene (entspricht der zweiten und dritten Ordnung bei Luhmann). Alle diese Grenzen (Differenzen) und Ebenen sind „unsere Konstrukte", um unsere Welten bezeichnen („identifizieren") und in Beziehung setzen zu können („relationieren"). In der Beobachtung dritter Ordnung gibt es keine Grenzen und Ebenen

---

29   Ebd., 251–253.

mehr. Die Probleme sind gelöst. Der Begriff einer Beobachtung dritter Ordnung ist ein Grenzbegriff, der die Grenze meidet.

Aber es bleibt das Problem, das in unserer „Tätigkeit" liegt, als „Problem der Vermischung": Wo liegen die Ebenen und Grenzen? In uns oder in den Dingen?

Benjamin Marius Schmidt unterscheidet bezüglich der Frage nach der Realität (beispielsweise von Ebenen und Grenzen) einen metaphysischen von einem konstruktivistischen Verdacht: Der metaphysische Verdacht legt Ebenen und Grenzen in die Dinge hinein und befürchtet, nur den Schein der Dinge erkannt zu haben, nicht aber, was sie wirklich sind (z. B. Platos Höhlengleichnis). Die Unbeobachtbarkeit des Realen wird befürchtet, aber es gibt die Hoffnung, es durch eine korrekte Beobachtungstechnik doch beobachten zu können (z. B. Platos Ideenlehre).

Den konstruktivistischen Verdacht differenziert Schmidt in einen subjektivistischen, der die Ebenen und Grenzen als Projektionen des Subjekts deutet, und einen kybernetischen, der die subjektivistische Annahme radikal infrage stellt, ohne in einen metaphysischen Objektivismus abzugleiten: „Bildlich gesprochen denkt die subjektivistische Variante sich die Welt beispielsweise als Filmprojektion und das Subjekt als real greifbaren Projektor. Für die kybernetische Variante wäre hingegen eine geeignete Metapher eher das Bild von Indras Netz: das Universum als Netz von facettenreich polierten Juwelen, von denen jedes als vielfältiger Spiegel fungiert."[30] Die subjektivistische Variante finde die Realität allein in sich selbst – als dem Ursprung aller Konstruktion und Projektion. Unbeobachtbares gebe es nicht, sondern nur mangelnde Selbstaufklärung darüber, dass das Subjekt selbst die Realität erzeugt.

Demgegenüber verorte die kybernetische Variante die Realitätserfassung in einem Netz von Rekursionen, in denen die Selbstreferenz Gestalt gewinne. Die Reflexion darüber erlaube zwar keine Beobachtungen des Unbeobachtbaren, aber immerhin könne sie die Frage nach den „Bedingungen und Umständen der Beobachtung von Unbeobachtbarkeit" stellen.[31] Schmidt nennt als Beispiele solcher Reflexionen, die zwischen der „differentiellen Beobachtungswelt und einem notwendigen Moment der Unbeobachtbarkeit" unterscheiden, Kants Transzendentalphilosophie, Lacans Psychosemiotik, Derridas Dekonstruktion und das Formenkalkül bei Spencer Brown und Luhmann.[32] Von diesen Traditionen ausgehend deutet Schmidt normabweichendes Erleben etwa in der Mystik oder durch Drogenkonsum, aber auch durch psychiatrische ‚Störungen', „als ontologisches Problem":

---

[30]   Schmidt, Benjamin Marius (2000): Beobachtungswelt, Unbeobachtbarkeit und radikal deviantes Erleben. Vom Unterschied zwischen metaphysischem und konstruktivistischem Verdacht, in: Jahraus/Ort (Hg.), a. a. O., 75–89, 77; zur Differenzierung vgl. 75–77.
[31]   Ebd.
[32]   Vgl. ebd., 78–86.

„Radikal deviantes Erleben könnte einen Wahrheitskern enthalten, ohne daß damit der Zugang zu einer Hinterwelt gemeint wäre. Berichte von den Grenzen der Konsensrealität würden relevant nicht als Sonderbeobachtung von normalerweise Unbeobachtetem, sondern weil sie Aufschlüsse darüber geben könnten, was geschieht, wenn Beobachtung auf die andere Seite ihrer selbst stößt: auf Unbeobachtbarkeit. Die Phänomenologie devianten Erlebens, jene Spektren und Phantasmen, Geister und Dämonen, Ekstasen und Entrückungen, wären möglicherweise weder Botschaften und Wesenheiten einer anderen Welt noch auch pathologische Ausgeburten einer kranken Seele, sondern vielmehr Konstruktionen, wie sie entstehen dürften, um in den Turbulenzen und Interferenzen im Grenzgebiet zwischen Beobachtungswelt und Unbeobachtbarkeit überleben zu können.“[33]

Was bedeutet die Umstellung der Differenz von Beobachtung und Nicht-Beobachtung auf Beobachtung und Unbeobachtbarkeit? Dahinter steckt m. E. eine veränderte Perspektive: In einer Beobachtung erster Ordnung wird etwas beobachtet und damit zugleich abgegrenzt von dem Nicht-Beobachteten. Erst in einer Beobachtung zweiter Ordnung auf Ebene 3 wird die Seite des Nicht-Beobachteten beobachtet, und auf Ebene 4 wird geklärt, was durch die Beobachtungsweise erster Ordnung beobachtbar geworden ist und was ggf. unbeobachtbar bleibt. Dort wird die Differenz nicht zwischen beobachtet/unbeobachtet gezogen, sondern es geht um die Unterscheidung beobachtbar/unbeobachtbar. Indem Schmidt in seiner Differenzierung die ‚Ebenen‘ zweiter Ordnung und darin implizit auch die Ebene erster Ordnung miteinander verbindet, deutet er an, dass in einer Beobachtung dritter Ordnung, so wie ich sie verstehe, die beiden Beobachtungsordnungen integriert sind.

Auf der Ebene 2 beobachten alle ‚ontologischen‘ Positionen die Welt, wie sie nun einmal ist. Wer beispielsweise beim Einkauf einen Apfel beobachtet, fragt sich nicht, ob es sich dabei wirklich um einen Apfel handelt oder eine Konstruktion oder das, was übrigbleibt, wenn man das restliche Universum von ihm abzieht. Solche Fragen, die den Wahrheitsgehalt einer Beobachtung hinterfragen und in diesem Sinne ontologisch das in der ersten Beobachtungsordnung unhinterfragte Sein der Dinge verdächtigen, werden erst auf Ebene 3 virulent. Dort stellt sich in der Beobachtung der Beobachtung als Operation die Frage, ob und wie der Apfel am wirklichen Sein teilhat, welche Projektionen und Konstruktionen in die Beobachtung des Apfels eingehen oder was durch die Konzentration der Beobachtung auf den Apfel alles ausgeschlossen wird. Auf Ebene 4 wird dann die Beobachtungsweise zum Thema, und metaphysisch kann die Beobachtungstechnik begründet werden, die am ehesten einen Zugang zum wahren Sein verspricht. Subjektivistisch geht es dann um eine Selbstaufklärung, die rekonstruiert, aufgrund welcher individuellen Projektionen bzw. aufgedeckter Latenzen die Beobachtung so konstruiert wird, wie sie konstruiert wird. Erst kybernetisch kommt die Frage der Unbeobachtbarkeit ins Spiel – und Kant begründet bei-

---

[33]   Ebd., 89, vgl. ebd., 87–89.

spielsweise transzentalphilosophisch, warum das ‚Ding an sich' nicht beobachtet werden kann (s. u. 4.2.3.1).

Je nach Position werden dann im Ausgang von Ebene 4 unterschiedliche Urteile über deviantes Erleben möglich: Nur aus einer metaphysischen Perspektive eröffnet es Zugänge zu einer anderen Welt; aber es kann auch von dort her als Krankheit oder Überlebensstrategie gedeutet werden. Die subjektivistische Perspektive wird die Bedingungen dieses Erlebens im Subjekt suchen, wie z. B. psychoanalytische Erklärungen mystischer Erfahrungen (s. o. 2.1.3). Und die kybernetische Perspektive versteht es als Ausdruck vielfältiger Rekursionen, die Aufschluss darüber erlauben, wie Menschen Probleme der Unbeobachtbarkeit bearbeiten.

Beobachtung	metaphysisch	subjektivistisch	kybernetisch
Ebene 2	alle beobachten die Welt, wie sie ‚ist' (z. B. im Alltag beim Einkaufen)		
Ebene 3	Verdacht: was für ‚Sein' gehalten wird, ist Schein (z. B. Schattenbilder)	Verdacht: Sein ist Resultat von Projektion und Konstruktion	Verdacht: nicht-beobachtete Seite des Seins wird ausgeschlossen (beobachtet/unbeobachtet)
Ebene 4	Wahl korrekter Beobachtungstechnik	Selbstaufklärung (Latenzen)	Unbeobachtbarkeit begründen (beobachtbar/unbeobachtbar)
Beurteilung devianten Erlebens	*möglicher Zugang zu Botschaften und Wesenheiten einer anderen Welt*	*pathologische Ausgeburten einer kranken Seele*	*Konstruktionen, um Turbulenzen und Interferenzen im Grenzgebiet beobachtbar/ unbeobachtbar zu überleben*
3. Ordnung	Differenzen der Ebenen werden integriert und nivelliert (z. B. inkommunikable mystische Erfahrung)		

Tabelle 5: Metaphysische, subjektivistische und kybernetische Realitätsbeobachtung nach Schmidt

Im Postulat einer Beobachtung dritter Ordnung sind die Ebenendifferenzen ‚aufgehoben' in dem doppelten Sinne, dass die Einblicke, die auf den verschiedenen Ebenen gewonnen wurden, bewahrt sind, während die Differenzen zugleich ihre Bedeutung verlieren durch die integrative Leistung der paradoxen Einheit von Beobachten und Nicht-Beobachten.

Im religiösen System wird das Problem der Unbeobachtbarkeit des Transzendenten auf verschiedene Weisen bearbeitet. Die Offenbarungsreligionen entparadoxieren das Paradox der Einheit von Immanenz und Transzendenz durch den Glauben an die göttliche Offenbarung. Dass sich in ihr der unbeobachtbare Gott der Beobachtung durch die Menschen öffnet, muss sich dann gleichwohl noch im Leben des Individuums bewahrheiten, z. B. durch Gebet, eine gemeinsame religiöse Praxis der Glaubensgemeinschaft, Meditation oder mystische Erfahrung. Nicht umsonst greift Peter Fuchs, wenn er „Vom Unbeobachtbaren" spricht, auf mystische Traditionen zurück.[34] Gott ist ununterscheidbar und „Unterscheidungsgebrauch schließt das Absolute aus".[35] Absolutes ist nur in der paradoxen Einheit von Beobachtung und Nicht-Beobachtung adäquat zu erfassen – auch dieser Satz bleibt ein Postulat, das auf eine Erfahrung verweist, die nicht adäquat beschrieben werden kann.

Man könnte sich nun fragen, warum ein solches Konstrukt wie die Beobachtung dritter Ordnung religionspädagogisch relevant sein soll, wenn es noch nicht einmal angemessen beschrieben werden kann. Lernbar scheint diese seltsame Beobachtung wohl auch nicht zu sein, wenn sie lediglich ein Postulat bleibt. Gleichwohl halte ich den Begriff der paradoxen Einheit von Beobachtung und Nicht-Beobachtung als grenzlosen Grenzbegriff religiösen Lernens für unverzichtbar. Um das an einem religionspädagogisch relevanten Beispiel zu konkretisieren, präsentiere ich eine Visualisierung der Form der Beobachtung und erläutere sie am Beispiel der Teilnahme an einem Schulgottesdienst.

4.1.3   Fazit: Beobachtungen im Kreis des Beobachtens

Ebene 1 ist die Operation, die in Abbildung 4 den Kreis erstmals zäsiert. Sie wird durch das Unterscheiden und Bezeichnen der Beobachtung erster Ordnung allererst sichtbar. Ebene 2 integriert so Operation und Beobachtung: keine Beobachtung von Bezeichnetem ohne die Operation des Unterscheidens (deshalb der kleine Pfeil, der von dem Pfeil Ebene 2 ausgeht, der wiederum von links auf Ebene 1 stößt). Ein Kind nimmt am Schulgottesdienst teil, freiwillig oder gezwungen, mit innerer Anteilnahme oder als stiller ‚Beobachter'. Hier droht das Missverständnis, die Differenz von Teilnahme- und Beobachtungsperspektive mit den Perspektiven der Beobachtungsordnungen zu konfundieren. Beobachtung im weiten Sinne bedeutet nicht Distanz. Ob beteiligt oder distanziert – das Kind unterscheidet den beobachteten Gottesdienst von dem, was es sonst beobachten könnte. Es kann nicht mit dem Handy spielen, wenn es den Gottesdienst beobachtet; in der Visualisierung wäre der Gottesdienst das durch Unterscheiden (Operation der Beobachtung) und Bezeichnen (Beobachtung des durch die Operation gesetzten Inhalts) grau markierte Feld (marked space). Es kann freilich die Aufmerksamkeit auf sein Handy richten und heimlich mit ihm spielen. Dann kann es allerdings nicht dem Gottesdienst folgen; dieser wechselt in das unmarkierte Feld des Kreises (unmarked space). Es bleibt immer ein blinder Fleck.

---

[34]   S. o. 3.1.3. Vgl. Fuchs, Peter (2000a): Vom Unbeobachtbaren, in: Jahraus/Ort (Hg.), a. a. O., 39–71, 51–61.

[35]   Ebd., 71.

Das Kind könnte auch auf Ebene 3 beobachten, was die anderen Kinder im Gottesdienst tun (in der Abbildung der Doppelpfeil, der von rechts auf Ebene 1 stößt). Vielleicht ist es neu in der Klasse und schaut sich bei den anderen Kindern ab, wie man sich benimmt. Es beobachtet dann beispielsweise, dass die meisten Kinder andächtig nach vorne schauen, während wenige andere Kinder heimlich mit ihrem Handy spielen und wieder andere miteinander quatschen etc. So beobachtet es die Beobachtungen der anderen Kinder in deren operativen Charakter: Sie folgen dem Gottesdienst, spielen mit ihrem Handy oder machen anderes. Auf Ebene 3 kann somit die Differenz *marked/unmarked space* in unterschiedlichen Varianten beobachtet werden, dem Gottesdienst zu folgen oder etwas anderes zu tun (Gottesdienst/Nicht-Gottesdienst bzw. Nicht-Gottesdienst/Gottesdienst). Auch diese Beobachtung zweiter Ordnung ist eine Operation, die unterscheidet und bezeichnet (deshalb die beiden kleinen Pfeile, die vom Doppelpfeil Ebene 3 ausgehen): Das Kind beobachtet, was die anderen Kinder tun. Aber es kann dann nicht zugleich selbst mit dem Handy spielen, andächtig sein oder quatschen (ein *multi-tasking* wäre wohl eher die schnelle Abfolge im Wechsel der Operationen unterschiedlicher Beobachtungen auf einer oder unterschiedlichen Ebenen). Jede Beobachtung hat ihren blinden Fleck. Das Kind kann dann aber von Ebene 3 auf Ebene 2 wechseln und sich beispielsweise dazu entscheiden, wie die Mehrheit zu beobachten und sich dem Gottesdienst zuzuwenden.

Abbildung 4: Beobachtungstheoretische Ebenen im Kreis der Beobachtung dritter Ordnung

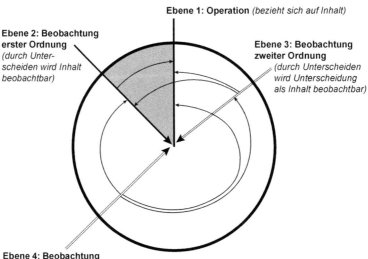

Ebene 1: Operation *(bezieht sich auf Inhalt)*

Ebene 2: Beobachtung erster Ordnung *(durch Unterscheiden wird Inhalt beobachtbar)*

Ebene 3: Beobachtung zweiter Ordnung *(durch Unterscheiden wird Unterscheidung als Inhalt beobachtbar)*

Ebene 4: Beobachtung zweiter Ordnung *(durch Unterscheiden wird Unterscheidung als Unterscheidung beobachtbar – das ist zugleich der Inhalt dieses Unterscheidens)*

Auf Ebene 4 müsste es nun darum gehen, die Beobachtungen der Beobachteten in ihrem Charakter als bivalente Beobachtungsoperation zu beobachten (im Bild der Doppelpfeil von unten links, der auf Ebene 2 stößt). Das wäre für ein Kind eher unwahrscheinlich. Es müsste sich dann beispielsweise fragen, was die Differenz von Gottesdienst/Nicht-Gottesdienst bedeutet (im Vergleich zu anderen Differenzen wie Spielen/Nicht-Spielen), welches ausgeschlossene Dritte darin eingeschlossen ist (Gott? Freude? Langeweile?) oder wie die paradoxe Einheit von Gottesdienst und Nicht-Gottesdienst entparadoxiert wird (der strenge Blick der Lehrerin? die laute Orgelmusik? aktive Beteiligung?). Auch solche Beobachtungen haben ihre blinden Flecken. Denn sie sind zugleich Operationen und Beobachtungen auf den Ebenen 1–3 (das deuten die drei kleinen Pfeile an, die vom Doppelpfeil Ebene 4 ausgehen).

Mit der Beobachtung dritter Ordnung soll nun alles ganz anders sein – bzw. sie ist das Postulat, dass es eine andere Form der Beobachtung geben muss, die durch keine Ebenen zu differenzieren ist und keine Grenzen setzt. Als paradoxe Einheit von Beobachtung und Nicht-Beobachtung soll sie alle Ebenen integrieren und damit auch alle Grenzen aufheben können. Deshalb steht für sie in der Abbildung das Kreissymbol, das alle Ebenen umfasst und transzendiert. Die Beobachtung hat keinen Anfang und kein Ende, sie bleibt ein Phantasma. Sie wird auf Ebene 4 postuliert, ohne dass sie verfügbar wäre. Aber es gibt Erfahrungen, die es erlauben, die Berechtigung des Postulats im Nachhinein dieser Erfahrungen zu plausibilisieren – auf allen Ebenen der Beobachtung und in vielen Weisen der Annäherung: narrativ, symbolisch, musikalisch, künstlerisch, abstrakt etc.

Was könnte das für unser Kind bedeuten? Vielleicht macht es im Gottesdienst eine Beobachtung dritter Ordnung. Das Problem ist, dass diese paradoxe Einheit von Beobachtung und Nicht-Beobachtung nicht wirklich beschrieben werden kann, so wie auch Transzendenzerfahrungen nicht adäquat darzustellen sind. Aber es sind Beobachtungen, in denen Ebenen und Grenzen keine Rolle mehr spielen. In denen alles, was auf den verschiedenen Ebenen beobachtet wurde, in eine Einheit integriert wird. Mystische Erfahrungen deute ich wie Erfahrungen von Wundern als Spuren einer Beobachtung dritter Ordnung (s. o. 2.1.3; 3.4.2.3); aus ihr resultieren religiöse Texte wie (biblische) Wunder- und Schöpfungserzählungen oder das Tao-Te-King (s. o. 2.2.3.1).

Die religiösen Handlungen im Gottesdienst sind in der Regel Beobachtungen erster Ordnung. Wenn sie vorher im Unterricht erklärt werden, findet beispielsweise eine Annäherung an Rituale über Beobachtungen zweiter Ordnung statt. Das ist häufig der Fall, weil viele Schüler*innen nicht religiös sozialisiert sind und deshalb vielleicht erstmalig anlässlich eines Schulgottesdienstes ein solches religiöses Ritual erleben (s. u. 4.3.1). Die innere Anteilnahme am Gottesdienst wird motiviert, wenn Schüler*innen den Gottesdienst gemeinsam vorbereiten und auch aktiv beteiligt sind. Dann können sie ihn aus der Perspektive der Beobachtung erster Ordnung genießen, ohne an verpasste andere Möglichkeiten zu denken, Zeit zu verbringen (etwa das Handyspiel). Im Religionsunterricht könnte danach aus der Perspektive einer Beobachtung zweiter Ordnung über die Erfahrungen im Gottesdienst gesprochen werden (Ebene 3), so dass sie einer Reflexion zugänglich werden (Ebene 4).

Theologien und Religionswissenschaften stellen dafür Materialien und Kriterien bereit (etwa Beschreibungen von Ritualen, Kategorisierungen von Gebeten etc.). Theologien argumentieren wissenschaftlich auf der Basis des Glaubens. Gegenüber dieser Innenperspektive nehmen Religionswissenschaften eine Außenperspektive ein, die jedoch auch von Theolog*innen nachvollzogen werden kann (und muss); ebenso wie die Außenperspektive der Soziologie.[36] Der Glaube wird gestärkt, wenn er sich der Kritik an ihn aussetzt. Diese Überzeugung bestätigt Glaube und Unglaube als paradoxe Einheit (s. o. 3.4.2.3). Beispielsweise kann aus der Teilnahme am Gottesdienst als einer Beobachtung erster Ordnung eine Erfahrung erwachsen, in der die kritischen Perspektiven einer Beobachtung zweiter Ordnung aufgehoben sind. Solche Erfahrungen deute ich als Spur einer Beobachtung dritter Ordnung.

4.1.4 Beobachtungstheorie und die Ansätze von Boschki und Grümme

Im Folgenden nutze ich die soeben entfaltete Beobachtungstheorie als hermeneutischen Schlüssel zum beschreibenden Vergleich der bereits dargestellten religionsdidaktischen Ansätze von Reinhold Boschki und Bernhard Grümme (s. o. 2.3; 3.4.3). Als wissenschaftlich-theologische Modelle operieren die beiden Ansätze zwar auf den Ebenen der Beobachtung zweiter Ordnung (also den Ebenen 3 und 4). Weil jede Beobachtungsoperation einer ‚höheren' Ebene zugleich als Operation(en) der ‚unteren' Ebene(n) beobachtet werden kann, ist es gerechtfertigt, die Inhalte der Theorien von Boschki und Grümme auch mit den ersten beiden Beobachtungsebenen in Beziehung zu setzen. Aber auch das Postulat einer Beobachtung dritter Ordnung kann mit den beiden Ansätzen relationiert werden, insofern es als Aufhebung der Ebenendifferenzierung dazu einlädt, das Zusammenspiel aller Ebenen zu bedenken. Umgekehrt stellt sich die Frage, inwiefern in den beiden Ansätzen insgesamt das Postulat einer Beobach-

---

[36]   S. o. 3.3.3. Deshalb weist Michael Meyer-Blanck darauf hin, theologische Sätze seien „immer zugleich aus einer religionshermeneutischen Außenperspektive und aus einer bekenntnisorientierten Innenperspektive zu formulieren" (Meyer-Blanck 2020, 480). Dieser wissenschaftstheoretische Satz ist eine Beobachtung zweiter Ordnung auf Ebene 4, während die doppelt perspektivierten theologischen Sätze zwar einen Perspektivenwechsel beinhalten, aber trotzdem in der Regel aus Beobachtungen zweiter Ordnung auf Ebene 3 beruhen. Dementsprechend definiert Meyer-Blanck christliche Theologie insgesamt als „die Wissenschaft vom in der christlichen Kirche gelebten Glauben und seiner gesellschaftlichen und kulturellen Kontexte" (ebd., 483).

tung dritter Ordnung der Sache nach zum Tragen kommt. Darüber hinaus werden das Postulat und die Ebenen der Beobachtung zweiter Ordnung mit wissenschaftstheoretischen Überlegungen der beiden Autoren konfrontiert, so dass der Dialog mit den beiden Ansätzen um neue Aspekte ergänzt wird. Insgesamt schärft diese ‚Anwendung' damit zugleich das Profil der Beobachtungstheorie, insofern sich zeigen kann, zu welchen Reflexionen sie inspiriert bzw. welchen Beitrag sie leistet, um Chancen und Grenzen der beiden ausgewählten Ansätze herauszuarbeiten.

Ebene 1 markiert jeden monovalenten Vollzug im System und aktualisiert dadurch dessen Autopoiesis. Dem entspricht die Unterscheidung zwischen Ich und Anderem, das sich nach Boschki in das eigene Selbst, andere Menschen, den GLOBE, Gott und die Zeit differenzieren lässt. Grümme veranschlagt dafür seinen Ausgangspunkt bei der Erste-Person-Perspektive, die eine Differenzierung zwischen Ich und Anderem voraussetzt.

Ebene 2 richtet sich als bivalente Unterscheidung auf die monovalente Operation (Ebene 1), um Inhalte zu erzeugen, und bringt so Selbstreferenz hervor. Entsprechend dem Ansatz von Boschki könnte man sagen: Indem das Ich eine Beziehung zu Anderem aufnimmt, entsteht bereits Selbstreferenz. Insofern dann die religiöse Beobachtung erster Ordnung alles in den Horizont der Gottesbeziehung stellt, sind ausgehend von dieser Beziehung alle anderen Beziehungen als wahr oder falsch zu beurteilen; entsprechend dem Kriterium, ob sie Gott und der Beziehung zu ihm dienen, oder ob sie das Ich von Gott trennen (das wäre dann ein Merkmal von ‚Sünde'). In diesem Sinne bringt jede Erfahrung Selbstreferenz hervor – und ineins damit das Ungenügen an ihr, insofern sie ausgreift auf etwas anderes, das sie zu begründen geeignet ist (dafür kann ‚Gott' stehen). Deshalb soll nach Grümme die religiöse Beobachtung begleitet sein von Religionskritik. Diese dient dazu, die wahr/falsch-Unterscheidung im Sinne einer Differenzhermeneutik zu stabilisieren – und damit religiösen Wahrheitsansprüchen Relevanz zu verleihen.

Ebene 3 richtet sich als bivalente Unterscheidung auf die bivalente Beobachtung als einer monovalenten Operation und bringt auf diese Weise Fremdreferenzen ins Spiel. In diesem Sinne begreift Boschki theologische Beobachtung als Chance, eigene religiöse Beobachtungen (erster Ordnung) mit der Tradition zu vergleichen bzw. sie eschatologisch zu orientieren. So kommen über die Erinnerung an Vergangenes oder den Ausgriff auf Zukünftiges Fremdreferenzen zum Tragen, die Kritik ermöglichen und die eigenen wahr/falsch-Zuschreibungen in Frage zu stellen erlauben. Ähnlich können bei Grümme die eigenen wahr/falsch-Zuschreibungen zum Gegenstand der Kritik werden, indem theologische Beobachtungen auf Ebene 3 religiöse Beobachtungen in der Alterität Gottes verorten. So kann es gelingen, jene Fremdreferenz(en) zu benennen, die eine Erfahrung des radikal Fremden ermöglichte(n).

Ebene 4 richtet sich als bivalente Unterscheidung auf die bivalente Beobachtung als einer bivalenten Operation und inspiriert auf diese Weise die Suche nach einem dritten Wert. Boschki markiert auf dieser Ebene die Bedeutung von Paradoxien, etwa der Glaubensparadoxie vom wahren Mensch- und Gottsein Jesu oder der religionspädagogischen Unverfügbarkeit des Ziels religiöser Bildung. Denn solche Paradoxien schärfen das Bewusstsein für die paradoxe Einheit von wahr und falsch und motivieren dazu, einen dritten Wert zu finden, wie etwa die Alterität der Gottesbeziehung der Anderen. Ähnlich ermöglichen Beobachtungen auf Ebene 4 nach Grümme, die Asymmetrie des Dialogs zwischen Ich und Anderem zu durchschauen, Gott im schlechthin Anderen zu erkennen. Das fördert dann die religionspädagogische Kompetenz, Korrelierbares von Unkorrelierbarem zu unterscheiden und beides im Reentry wieder aufeinander zu beziehen – die Anerkenntnis des Anderen als Anderen motiviert hier zur Suche nach einem dritten Wert.

Um diesen dritten Wert geht es beim Postulat der Beobachtung dritter Ordnung, die als paradoxe Einheit von Beobachtung und Nicht-Beobachtung, Beobachtbarkeit und Nicht-Beobachtbarkeit auch postreflexiv die wahrzunehmende Einheit aller Beobachtungsebenen unterstellt (die präreflexiv als noch nicht wahrgenommene Einheit vorausgesetzt ist). Für Grümme wurde als dieser dritte Wert (im Sinne eines invisibilisierten Paradoxes) das religionspädagogische Postulat abgeleitet: Gott ist jene Alterität, die Menschen befreit und sie für Erfahrungen jenseits ihres Kontextes öffnet; für Boschki analog das religionspädagogische Postulat: Alle Beziehungen sind verflochten mit der Beziehung zu Gott (s. o. 3.4.3).

Versucht man, die Funktion der beiden religionspädagogischen Postulate für die wissenschaftstheoretischen Positionierungen der beiden Autoren festzustellen, so gilt für Boschki, dass Gott selbst als Quelle für das Postulat zu denken ist, ohne dass dies von Boschki wissenschaftstheoretisch reflektiert würde. Allerdings erweitert Boschki in einem wissenschaftstheoretischen Beitrag den handlungstheoretisch bewährten methodischen Dreischritt von Sehen – Urteilen – Handeln, indem er die theologische Beobachtung als bivalente Operation in den Blick nimmt und eine Reflexion der Beobachtungsweisen forschender Subjekte fordert:

> „Wo kommt das forschende Subjekt im Prozess des Forschens vor? Wo wird der Tatsache Rechnung getragen, dass die Forschenden ein bestimmtes Interesse, eine Option, eine je eigene Blickrichtung haben? Und an welcher Stelle wird deutlich, dass die Beziehung der Forschenden zu den Erforschten nicht eine Subjekt-Objekt, sondern eine Subjekt-Subjekt-Beziehung, also eine dialogische Beziehung darstellt – geht es doch in (religions-)pädagogischer Forschung stets um konkrete Menschen?"[37]

---

[37]   Boschki, Reinhold (2007): Der phänomenologische Blick: „Vierschritt" statt „Dreischritt" in der Religionspädagogik, in: Ders./Gronover, Matthias (Hg.): Junge Wissenschaftstheorie der Religionspädagogik (Tübinger Perspektiven zur Pastoraltheologie und Religionspädagogik 31), Berlin, 25–47, 34.

Ausgehend von Edmund Husserls phänomenologischer Methodik geht es Boschki darum, die theologischen Wahrnehmungen zu kontextualisieren. Weil es kein neutrales *Sehen* gibt, muss, wer theologisch forscht, Rechenschaft ablegen über seine Intentionen: „Welches erkenntnisleitende Interesse steht hinter der Forschungsabsicht? Zu welchem Zweck erfolgt die Forschungsarbeit? Was wird aus welchen Gründen intendiert?"[38] Die eigene Orientierung hinsichtlich Methodenwahl, Erkenntnisinteresse und Zielbestimmung offenzulegen und so weit wie möglich zu begründen, ist für Boschki ein notwendiger Schritt der theologischen Selbstvergewisserung – das *Orientieren* (Ebene 4) –, bevor theologische Beobachtungen als monovalente Operationen in der Schrittfolge *Sehen – Urteilen – Handeln* erfolgen (Ebene 3); eine Schrittfolge, die Boschki wiederum phänomenologisch qualifiziert und auf diese Weise wissenschaftstheoretisch präzisiert (Ebene 4):

Beim *Sehen* geht es ihm darum, „die Sehschärfe des religionspädagogischen Blicks auf Welt und Wirklichkeit" zu vertiefen: „Sie eröffnet neue Weisen, um gelebte Religion wahrzunehmen, rückt aber auch die Verstehensvoraussetzungen, die Zugänge und Blockaden der Subjekte im Kontext religiöser Bildung in den Mittelpunkt des Interesses."[39] Das *Urteilen* ist für Boschki der zentrale Ort der religionspädagogischen Theoriebildung; es dient „in erster Linie der Etablierung einer theologisch wie sozialwissenschaftlich begründeten *Kriteriologie*, die es erlaubt, die im Forschungsprozess gewonnenen Daten bzw. Erkenntnisse zu interpretieren und theoretisch auszuwerten."[40] Mit *Handeln* ist gemeint, dass auf der Basis des Sehens und Urteilens begründete Handlungsoptionen vor den Blick geraten, die sich im Theorie-Praxis-Zirkel bewähren oder auch nicht.[41] Auch wenn unterschiedliche Forschungsvorhaben ihre Akzente bei einem der drei Schritte setzen können, so durchdringen sich diese Schritte gegenseitig und wirken auf das *Orientieren* des Anfangs zurück. In diesem Sinne resümiert Boschki:

> „Die Religionspädagogik als Gesamtdisziplin kann mithilfe des zyklischen Vier-Schritte-Modells als multimethodischer und interdisziplinärer Prozess verstanden werden, der sich an jeder Stelle selbst reflektiert, der vernetzt vorgeht und der v. a. diejenigen in den Mittelpunkt stellt und ihnen ihre Aufmerksamkeit schenkt, um die es in aller religionspädagogischen Forschung, Theorie und Praxis geht: die lernenden Subjekte."[42]

Auch Grümme geht es in erster Linie um die lernenden Subjekte, die es in ihrer Heterogenität wahrzunehmen und anzuerkennen gilt.[43] Wenn er als Quelle sei-

---

[38] Ebd., 39; vgl. Brieden 2021a.

[39] Boschki 2007, 42.

[40] Ebd., 43.

[41] Vgl. Brieden/Heger 2018.

[42] Boschki 2007, 45.

[43] Vgl. Grümme, Bernhard (2017): Heterogenität in der Religionspädagogik. Grundlagen und konkrete Bausteine, Freiburg i. Br.

nes religionspädagogischen Postulats – Gottes befreiende Wirklichkeit – die Alterität Gottes benennt, versucht er zugleich, die Alterität als wissenschaftstheoretisches Kriterium herauszuarbeiten, etwa indem er *Aufgeklärte Heterogenität* als religionspädagogische Denkform plausibilisiert (und abgrenzt von den Denkformen Pluralitätsfähigkeit, Inklusion und Vielfalt).[44] Dafür mahnt Grümme eine wissenschaftstheoretische Selbstreflexion der Religionspädagogik an, die sich nicht mit der Option einer kritisch-reflektierten Multiperspektivität begnügt:

> „Denn was passiert, wenn die religionspädagogische Wissenschaftstheorie nicht auf ihre Implikationen, ihre Voraussetzungen, ihre stillschweigenden und unausgewiesenen Unterstellungen reflektiert, wenn sie nicht kritisch bedenkt, inwieweit ihre Vollzüge, ob sie dies will oder nicht, in einer – freilich noch genauer – zu bestimmenden Weise mit Macht zu tun haben? Sie könnte nicht jene performativ vollzogenen Inklusionen oder Exklusionen analysieren, die die Intention einer auf Bildung, Freiheit und Mündigkeit aller Subjekte abzielenden Religionspädagogik konterkarieren."[45]

Das alteritätstheoretische Denken im Anschluss an Franz Rosenzweig bleibt für Grümme die entscheidende Begründungslinie, um „Vielheit und Einheit, Subjekt und Subjekt, Subjekt und Objekt jeweils als diese selbst zu würdigen, und doch deren Kommunikabilität zu denken".[46] Die selbstreflexive Potenz der favorisierten Denkform bringt Grümme wie folgt zum Ausdruck:

> „Die von dieser Denkform der Aufgeklärten Heterogenität vollzogene reflexive, auf Bildung und Autonomie der Subjekte bezogene Durchdringung von hegemonialen, machtförmigen Bedingungen einerseits und insbesondere vom Wahrheitsanspruch der christlichen Überlieferung her normativ bestimmten Formatierung andererseits ist es, die eine aufgeklärte Heterogenität als Basis einer heterogenitätsfähigen Religionspädagogik hoch bedeutsam macht. Heterogenitätsfähig ist eine Religionspädagogik dann, wenn sie die religiöse Wahrnehmungs-, religiöse Sprach-, Urteils- und Handlungsfähigkeit der Subjekte im Lichte einer kontextuellen Rationalität normativ anvisiert und dabei die eigenen Konstruktionsmechanismen in ihrer Dialektik selbstreflexiv kritisch in den Blick nimmt. Sie selber kann diese Dialektik nicht umgehen. Sie ist ihr unterworfen. Aber sie vermag sie kritisch-reflexiv zu thematisieren und ideologiekritisch zu bearbeiten."[47]

Das ist ein hoher Anspruch, der einen ständigen Wechsel der Beobachtungsebenen erfordert, um sowohl der Formatierung durch den „Wahrheitsanspruch der christlichen Überlieferung" (Ebene 2) gerecht zu werden, als auch die diversen kontextuellen Bedingungen für „die Bildung und Autonomie der Subjekte"

---

[44]   Vgl. Grümme 2019, 58–169.

[45]   Ebd., 23f. Grümme benennt hier ein Desiderat, das er in der Dissertationsschrift von Johannes Heger ausmacht (vgl. Heger 2017). S. u. 4.3.7.

[46]   Grümme 2019, 140; vgl. ebd., 140–144. S. o. 2.3.2.1.

[47]   Grümme 2019, 154f.

zu durchdringen (Ebene 3), als auch „die eigenen Konstruktionsmechanismen in ihrer Dialektik selbstreflexiv kritisch in den Blick" zu nehmen (Ebene 4: analog zum *Orientieren* bei Boschki). Um diesen Anspruch zu erfüllen, muss sich die Religionspädagogik in der Öffentlichkeit des Diskurses bewähren. Denn Öffentlichkeit erzeugt Perspektivenvielfalt, was Grümme in seiner Analyse von Öffentlichkeitskonzepten eindrucksvoll herausarbeitet: Deliberative (Habermas), liberale (Gerhardt), systemtheoretische (Luhmann), pragmatische (Taylor) und poststrukturalistisch-performative (Butler) Öffentlichkeitskonzepte werden in ihren Leistungen und Grenzen erörtert, bevor am Ende ein alteritätstheoretisch strukturierter Öffentlichkeitsbegriff als religionspädagogisches Nonplusultra erscheint, das Vorteile der dargestellten Konzepte bündelt und zugleich deren Begrenzung überwindet: „Das bedeutet eine integrale Verpflichtung zur selbstreflexiven Aufklärung seiner eigenen Konstruktionsmechanismen, wie dies allerdings die anderen hier erörterten Theorien der Öffentlichkeit weitestgehend vermissen lassen."[48]

Um diesen Anspruch auf Selbstanwendung, durch den Grümme ein Jahr später auch die Denkform der Aufgeklärten Heterogenität charakterisiert, zu gewährleisten, ist es formal geboten, sich als Religionspädagogik der Öffentlichkeit auszusetzen. Und damit diese Öffentlichkeit zur Selbstreflexion führt, benennt Grümme die Kriterien, die eine Öffentlichkeitstheorie zu erfüllen hat: „Der Öffentlichkeitsbegriff muss selbstreflexiv die Struktur seiner eigenen Begrifflichkeit kritisch in den Blick nehmen. Insofern sind Alteritätstheorie, Diskursanalyse und Kritische Theorie im Horizont von Normativität und Macht öffentlichkeitstheoretisch streng zusammenzudenken."[49] Hier lässt sich kritisch fragen, ob Grümme seinem alteritätstheoretisch strukturierten Öffentlichkeitsbegriff nicht zu viel Begründungslast aufbürdet und damit den Bogen kriteriologischer Leistungsfähigkeit überspannt.

Das zeigt sich m. E. an der Art und Weise, in der Grümme den „Horizont von Normativität und Macht" aufreißt, nun auf einer wissenschaftstheoretischen Reflexionsebene: Grümme führt das alteritätstheoretische Denken als zwölftes Kamel ein, um die paradoxe Einheit von religionspädagogisch beanspruchter aufgeklärter Heterogenität und ihrer praktischen Unerfüllbarkeit bzw. Imperfektion (Gronover) zu entparadoxieren und damit kontraintentional die beobachteten Paradoxien zu invisibilisieren (s. o. 3.4.3). Die Alterität Gottes wird so zu einem Einheitspunkt, von dem aus sich alles, was zu *sehen* ist, *beurteilen* lässt, ohne dass dieser Einheitspunkt in seiner paradoxen Struktur und Fragilität noch wahrgenommen würde (trotz Vulnerabilität und transparenter Subjekt-Dezentriertheit, die der Rückgabe des zwölften Kamels dienen). Wenn Grümme beispielsweise in seiner Rekonstruktion der machtkritischen Öffentlichkeitstheorie von Judith Butler dieser den „zweifache[n] Problemüberhang einer Sub-

---

[48]   Grümme 2018, 184.

[49]   Ebd.

jekt- und Normativitätsschwäche" attestiert,[50] ließe sich dann nicht kritisch fragen: Entspricht nicht die praktische Dezentriertheit des Subjekts der theoretisch kritisierten ‚Subjektschwäche'? Weist nicht die Aufmerksamkeit für Vulnerabilität darauf hin, dass eine theoretische ‚Normativitätsschwäche' durchaus nötig sein könnte, um überhaupt erst einmal möglichst ‚vorurteilsfrei' (im Sinne der Husserlschen Haltung der Epoché, der auch Boschkis *Orientieren* dient) zu *sehen*, was läuft?[51] Dann stimmte durchaus, dass das „Problem von ‚Normativität und Macht' [...] zum zentralen Problem einer religionspädagogischen Öffentlichkeitstheorie" wird, die eben sensibel sein soll „für die Orte und die körperlich-leibhaft vollzogenen Prozesse religiösen Lernens und religiöser Bildung". Aber kann daraus dann direkt die *Handlungsoption* begründet werden, dass Religionspädagogik verantwortlich ist für „Andersorte, von denen die Öffentlichkeit selbst dann noch zehren kann, wenn sie sie in ihrer sinnstiftenden wie irritierenden Bedeutung negiert"?[52]

Jedenfalls verstehe ich Grümmes Würdigung der Butlerschen Forschungsperspektive zwei Jahre später durchaus als selbstkritischen Beitrag (sollte Grümme auch die eigene Butler-Rezeption in sein Urteil einbeziehen), die religionspädagogische Potenz der poststrukturalistisch-machtkritischen Überlegungen Butlers sei „in der Religionspädagogik bislang nicht einmal ansatzweise" ausgeschöpft worden:

> „Wenn die Religionspädagogik sich von Butler herausfordern wie inspirieren ließe, wenn sie sich erstens zum Mut zur Unterbrechung ihrer eigenen Kategorien, Praxen und Denkformen durch Alterität provozieren ließe, wenn sie sich zweitens von der Einsicht in die Interdependenz von Identitätsfragen und Gleichheitsfragen, von Fragen der Anerkennung und der Gerechtigkeit zu denken geben ließe und wenn sie sich schließlich drittens auf die Dialektik ihrer praxeologischen wie didaktisch-theoretischen Mechanismen aufmerksam machen ließe, die sie zu einer kritischen Selbstreflexivität ihrer performativ-diskursiven Praxis zwingt, dann wäre dies ein wichtiger Schritt in eine heterogenitätsfähige Religionspädagogik. Zu einer in diesen Bahnen strukturierten religionspädagogischen Denkform aufgeklärter Heterogenität könnte Butler, unbeschadet aller subjekt- und geltungstheoretischen Schwächen, einen in der Religionspädagogik bislang nicht einmal ansatzweise erhobenen Beitrag leisten."[53]

---

50   Ebd., 164. Grümme greift mit seiner Kritik einen Beitrag von Gunda Werner auf, in dem diese das Differenzdenken Butlers von freiheitstheoretischen Überlegungen Pröppers her grundiert: vgl. Werner, Gunda (2016): Differenz als theologischer Begriff – subjekttheoretische Überlegungen und theologische Materialproben, in: Alkier, Stefan/Schneider, Michael/Wiese, Christian (Hg.): Diversität – Differenz – Dialogizität. Religion in pluralen Kontexten, Berlin, 41–73.

51   Vgl. Brieden 2021a.

52   Grümme 2018, 164.

53   Grümme, Bernhard (2020): Halbierte Rezeption. Judith Butler und die Religionspädagogik, in: Ders./Werner, Gunda (Hg.): Judith Butler und die Theologie. Herausforderung und Re-

Vier Beobachtungs-ebenen und die Beobachtung dritter Ordnung	Reinhold Boschki: *Dialogisch-beziehungs-orientierte Religionsdidaktik*	Bernhard Grümme: *Alteritätstheoretische Religionsdidaktik*
Ebene 1: monovalenter Vollzug im System (aktualisiert Autopoiesis)	Unterscheidung zwischen Ich und Anderem (Selbst, andere Menschen, GLOBE, Gott, Zeit)	Erste-Person-Perspektive (setzt Unterscheidung zwischen Ich und Anderem voraus)
Ebene 2: bivalente Unterscheidung, gerichtet auf mono-valente Operation zur Erzeugung von Inhal-ten (aktualisiert Autopoiesis + bringt Selbstreferenz hervor)	Aufnahme von Beziehung bringt Selbstreferenz hervor; als religiöse Beobachtung steht alles im Horizont der Gottesbeziehung, von der her alle anderen Beziehun-gen als wahr oder falsch beurteilt werden können	Erfahrung bringt Selbstreferenz hervor – und ineins damit das Ungenügen an bloßer Selbst-referenz, die ausgreift auf etwas anderes, das sie begründet (religiöse Beobachtung soll begleitet sein von Religionskri-tik, was die wahr/falsch-Unter-scheidung im Sinne einer Diffe-renzhermeneutik stabilisiert)
Ebene 3: bivalente Unterscheidung, beobachtet bivalente Beobachtung als monovalente Opera-tion (aktualisiert Autopoiesis, bringt Selbstreferenz hervor + richtet sich auf Fremdreferenz)	Theologie als Chance, die religiöse Beobachtung mit der Tradition zu vergleichen bzw. sie eschatologisch zu orientieren; dadurch Fremdreferenz, die Kritik erlaubt (die eigenen wahr/falsch-Zuschreibungen werden fraglich)	Theologie als Chance, die reli-giöse Beobachtung in der Alte-rität Gottes zu verorten, da-durch Benennung der Fremd-referenz, die allererst die Erfah-rung des radikal Fremden er-möglicht (von daher können die eigenen wahr/ falsch- Zuschrei-bungen zum Gegenstand der Kritik werden)
	sehen – urteilen – handeln	*Form: Öffentlichkeit*

zeption, Bielefeld, 25–42. Zu einer auch paradoxietheoretisch relevanten Analyse von Pro-zessen religiöser Tradierung mithilfe Butlerscher Perspektiven vgl. Werner, Gunda (2020): Die normative Kraft der Lücke. Mit Judith Butler Traditionsbildung neu gedacht, in: Grümme/Dies. a. a. O., 201–215. An dieser Stelle nur ein kurzes Zitat, das die religions-pädagogische Relevanz zeigt: „[...] die Spannung zwischen der lehramtlichen Position und einer dogmatischen Theologie wird dann besonders deutlich, wenn sich Dogmatik als wis-senschaftliche Theologie an der Wissenschaftlichkeit ihres Faches orientiert. Diese Span-nung besteht aus dem möglichen Auseinanderdriften von Lehramt und Dogmatik, ebenso wie aus dem faktischen Auseinanderleben von Lehramt und gelebter Katholizität. Diesem ‚Gap‘ möchte ich nachgehen, indem ich den riskanten Moment der Traditionsübergabe mit Judith Butler analysiere. Dabei zeigt sich, so meine These, dass diese Lücke zwischen dem Traditionsbestand und seiner Rezeption die Bedingung der Möglichkeit von Tradi-tionsweitergabe und damit der Traditionsbildung und zugleich der dogmatischen Refle-xion ist" (ebd., 203).

Ebene 4: bivalente Unterscheidung, beobachtet bivalente Beobachtung als bivalente Operation (aktualisiert Autopoiesis, bringt Selbstreferenz hervor, richtet sich auf Fremdreferenz + sucht nach drittem Wert)	Bedeutung von Paradoxien (im Glauben: wahres Gott- und Menschsein Jesu; religionspädagogisch: Unverfügbarkeit des Ziels religiöser Bildung) schärft Bewusstsein für die paradoxe Einheit von wahr und falsch und motiviert zur Suche nach einem dritten Wert (z. B. die Anerkenntnis der Alterität der Gottesbeziehung des Anderen)	Einblick in die Asymmetrie des Dialogs zwischen Ich und Anderem (der schlechthin Andere ist Gott) zur Entwicklung der religionspädagogischen Kompetenz, Korrelierbares von Unkorrelierbarem zu unterscheiden und beides im Reentry wieder aufeinander zu beziehen; die Suche nach einem dritten Wert ist motiviert in der Anerkenntnis des Anderen als Anderen
	orientieren	*Denkform: aufgeklärte Heterogenität*
Postulat der Be- obachtung dritter Ordnung: Paradoxe Einheit von Beobach- tung und Nicht-Be- obachtung, Be- obachtbarkeit und Nicht-Beobachtbar- keit (Einheit aller Ebenen)	Religionspädagogisches Postulat: Alle Beziehungs- dimensionen sind verfloch- ten mit der Beziehung zu Gott	Religionspädagogisches Postulat: Gott ist jene Alterität, die Menschen befreit und sie für Erfahrungen jenseits ihres Kontexts öffnet
	Quelle für das Postulat bzw. das Vor-Urteil ist Gott selbst (wird nicht wissenschaftstheoretisch reflektiert)	*Quelle für das Postulat bzw. das Vor-Urteil ist die Alterität Gottes (wird als wissenschaftstheore- tisches Kriterium genutzt)*

Tabelle 6: Beobachtungstheorie und die religionsdidaktischen Ansätze von Boschki und Grümme[54]

Tabelle 6 fasst die beobachtungstheoretische Applikation auf die Ansätze von Boschki und Grümme zusammen. Deutlich wird in der letzten Zeile die Funktion des Postulats einer Beobachtung dritter Ordnung. Die religionspädagogische Reflexion der Beobachtung dritter Ordnung, die als zwölftes Kamel Entparadoxierungen vornimmt, soll dazu dienen, den Umgang mit Paradoxien zu reflektieren. Vorgänge der Einführung und Rückgabe des zwölften Kamels zu bedenken verstehe ich nicht analog zum Alteritätsdenken als einen Einheitspunkt, von dem aus sich das Problem von Normativität und Macht lösen ließe, sondern eher umgekehrt als die Herausforderung, auch wissenschaftlich immer neu eine produktive Unruhe zu erzeugen, die Wahrheitsansprüche gerade nicht negiert oder beliebig macht, sondern sie im konstruktivistischen Sinne viabilisiert, d. h. sie in

---

[54]   S. o. 2.3; 3.4.3.

der Lebenspraxis verortet und als lebendigen Prozess wahrnimmt. Was heißt das bezogen auf den Begriff religiöser Wahrheit?[55]

Erfahrungen eines Heiligen (*tremendum et fascinosum*) vermitteln ein Gefühl für einen absoluten Wahrheitsanspruch, der jedoch im Scheitern an seiner begrifflichen Fassung zugleich relativiert wird. Der Inhalt der Erfahrung transzendiert die sprachlichen Möglichkeiten der Beobachterin und aktiviert auf diese Weise das Bewusstsein um den Abstand von Gott und Mensch als eine Beziehung, die in der Erfahrung selbst als absolute Nähe offenbar ist. Solche Erfahrungen können Menschen wie ein Blitz aus heiterem Himmel treffen. Es handelt sich um Erfahrungen, die als Spur einer Beobachtung dritter Ordnung nur nachträglich – von allen Ebenen der Beobachtung aus – rekonstruiert werden können und deshalb nie angemessen darstellbar sind. Das Postulat einer Beobachtung dritter Ordnung nimmt das Zentrum in den Blick, um das sich der religiös-weltanschauliche Dialog als ein Dialog auf allen Beobachtungsebenen dreht. Denn der Streit um die religiöse Wahrheit kann erst am Ende der Zeiten enden, wenn die Transzendenz selbst ihre Wahrheit offenbart – eine Wahrheit, von der gleichwohl Erfahrungen der Transzendenz bereits heute ihr vielfach bedingtes Zeugnis ablegen. Aus diesem ‚eschatologischen Vorbehalt' resultiert die Ambiguität religiöser Verständigung (s. u. 4.3.3). Das Modell der drei Beobachtungsordnungen kann rationalistische Positionen als Verharren auf den Ebenen der zweiten Beobachtungsordnung mit einer Preisgabe der Glaubens*geheimnisse*, und fideistische Positionen als Missachtung dieser Ebenendifferenzierung mit einer Preisgabe des Glaubens*verstehens* interpretieren.[56]

Es besteht immer die (fideistische) Gefahr, dass der in religiösen Erfahrungen sich bewährende Wahrheitsanspruch (als Spur einer Beobachtung dritter Ordnung) ungebrochen auf eine oder mehrere Ebenen der Beobachtung durchschlägt, wodurch beispielsweise wissenschaftliche oder alltagspragmatische Wahrheitsansprüche überhöht (als Glaubenswahrheiten proklamiert) oder diffamiert (gegenüber Glaubenswahrheiten abgelehnt) werden können. Gleichwohl bleiben etwa Wahrheitsansprüche der Authentizität und Wahrhaftigkeit innerhalb der ersten Beobachtungsordnung sowie die Wahrheitsansprüche der Konsistenz und Kohärenz innerhalb der zweiten Beobachtungsordnung für die Tragfähigkeit religiöser Wahrheitsansprüche konstitutiv: „Die Leidenschaft für

---

[55] Vgl. zum Folgenden Brieden/Göllner 2012, 312f.

[56] S. o. 1.3.6. „Es mußte also gegenüber jeder Art von Rationalismus der Unterschied der Glaubensgeheimnisse von den philosophischen Entdeckungen und die Transzendenz und Priorität jener gegenüber diesen bekräftigt werden; andererseits war es notwendig, den fideistischen Versuchungen gegenüber die Einheit der Wahrheit und somit auch den positiven Beitrag zu betonen, den die Vernunfterkenntnis für die Glaubenserkenntnis leisten kann und soll." Sekretariat der Deutschen Bischofskonferenz (1998/Hg.): Fides et Ratio. Enzyklika über das Verhältnis von Glaube und Vernunft (Verlautbarungen des Apostolischen Stuhls 135), Bonn, Nr. 53.

die letzte Wahrheit und der Wunsch, sie zu suchen, verbunden mit dem Mut zur Entdeckung neuer Wege, dürfen nicht verloren gehen!"[57]

Im Blick auf das Postulat einer Beobachtung dritter Ordnung kommt religionsdidaktisch der spirituellen Bildung eine große Bedeutung zu (s. u. 4.3.4). Religionspädagogik greift Impulse aus Religion und Theologie auf, um religiöse Erziehung und Bildung pädagogisch verantwortet mit der „Leidenschaft für die letzte Wahrheit" zu verbinden – immer im Bewusstsein, dass niemand diese „letzte Wahrheit" besitzt. Was religiöse Wahrheit im Zusammenhang mit der aktuellen Realismus-Debatte bedeutet, und inwiefern Gebhard Rusch mit seiner These recht haben könnte, „*konsequente* Realisten [...] müssten [...] Konstruktivisten werden",[58] darum geht es im nächsten Abschnitt.

4.2 Beobachtung als Wahrheit: Konstruktivistische Differenzierungen zum Realismus

Eine Grundfrage der Praktischen Theologie lautet: Wie und wodurch bewährt sich religiöse Wahrheit?[59] Um diese Frage zu beantworten, stellen sich mindestens vier weitere Fragen, die zugleich die Notwendigkeit interdisziplinärer Reflexion markieren. Zu berücksichtigen sind mindestens philosophische sowie systematisch- und praktisch-theologische Perspektiven:

- Was ist ‚religiöse Wahrheit' bzw. wie lässt sich ihr besonderer Anspruch charakterisieren?
- Wodurch unterscheidet sich religiöse Wahrheit von ‚anderen Wahrheiten' bzw. ist eine solche Differenzierung überhaupt sinnvoll?
- Welche Bedeutung hat die alltägliche Beobachtung erster Ordnung, dass wahr ist, was wir als solches erfahren, für die Bewährung religiöser Wahrheit? Spricht diese Wahrheitsbeobachtung (etwa: „Es ist wahr, dass es regnet, weil ich gerade aus dem Fenster schaue und sehe, dass es regnet") nicht eher für ein realistisches als ein konstruktivistisches Verständnis von ‚Wirklichkeit'?
- Wie hängen die vier Ebenen von Beobachtung angesichts der Frage nach religiöser Wahrheit mit theologischen Denkformen und religionsdidaktischen

---

[57] Ebd., Nr. 56. Zur weiteren Ausdifferenzierung von Wahrheitsansprüchen s. u. 4.2.4.

[58] Rusch, Gebhard (1987): Erkenntnis, Wissenschaft, Geschichte. Von einem konstruktivistischen Standpunkt, Frankfurt a. M., 212; zur Philosophie und Wissenschaftsphilosophie des Konstruktivismus vgl. ebd., 194–289.

[59] Abschnitte 4.2.1, 4.2.2 und 4.2.3.1 gehen zurück auf: Brieden, Norbert (2017): Der Anspruch der (religiösen) Wahrheit – zwischen konstruktivistischer ‚Viabilisierung' und realistischer Emphase, in: Büttner, Gerhard/Mendl, Hans/Reis, Oliver/Roose, Hanna (Hg.): Religiöse Pluralität (Jahrbuch für konstruktivistische Religionsdidaktik 8), Babenhausen, 9–23; Abschnitt 4.2.3.4 greift zurück auf: Brieden 2013, 58–60.

Reflexionstypen zusammen – betrachtet aus der wissenschaftstheoretischen Beobachtungsperspektive (Ebene 4)?

Nach einer Einleitung in die Frage nach den Kriterien zur Bewährung religiöser Wahrheit angesichts des Plurals der Religionen (1) geht es darum, diese Wahrheitskriterien anhand einschlägiger philosophischer Konzepte von Realismus zu akzentuieren. Stehen realismuskritische konstruktivistische Positionen wirklich im Gegensatz zu allen realistischen Standpunkten? Um diese Frage zu klären und dadurch den Gegensatz von Konstruktivismus einerseits und Realismus andererseits zu dekonstruieren, soll die Logik der Differenz zwischen (objektiv vorgegebener?) Realität und (subjektiv konstruierter?) Wirklichkeit ermittelt werden. Dafür greife ich auf Niklas Luhmanns Wahrheitskonzept, Pirmin Stekeler-Weithofers phänomenologische Überlegungen, Ernst von Glasersfelds Unterscheidung zwischen Realität und Wirklichkeit sowie Humberto Maturanas wissenschaftsethische Postulate zurück (2).

Man könnte zwar sagen, dass diese Differenz von Realität und Wirklichkeit ein philosophisches Spezialproblem darstelle, das, egal ob nun ontologisch oder epistemologisch argumentiert werde, im Grund keinen interessiere. Doch es hat auch für die Theologie Konsequenzen, wie sich in einer Anwendung der hier vorgelegten Beobachtungstheorie auf entsprechende systematisch- und praktisch-theologische Fragen zeigen soll: Wenn konstruktivistische Positionen mit einem philosophischen Realismus kompatibel sind, gilt das dann auch für einen theologischen Realismus? Welche theologischen Denkformen lassen sich unterscheiden und wie wirken sie sich auf religionsdidaktische Fragen zum Religionsunterricht wie Planung, Durchführung, Reflexion und fachdidaktische Modellierung aus? Diese beobachtungstheoretischen Reflexionen (3) werden resümiert und konkretisiert an einem Beispiel der interreligiösen Begegnung aus der Missionsgeschichte. Darin soll sich die Methodik der Applikation der Beobachtungstheorie bewähren (4), wie exemplarisch im Vergleich der Ansätze von Boschki und Grümme bereits erprobt (s. o. 4.1.4).

4.2.1 Mögliche Kriterien: Die Glaubwürdigkeit des Glaubens im Ringen um ‚Wahrheit‘

Wenn ‚Gott‘ das zentrale Symbol-Wort für ‚religiöse Wahrheit‘ ist, dann geht es in allen Religionen primär darum, Wege zu dieser Wahrheit zu ebnen: als einer Wahrheit, die uns „unbedingt angeht" (*Paul Tillich*). In der Theologie des Johannesevangeliums erhebt Jesus den Anspruch, selbst „der Weg und die Wahrheit und das Leben" zu sein (Joh 14,6a). Der Weg zu Gott provoziert aus christlicher Perspektive, der Aufforderung Jesu zu folgen: „Glaubt mir doch, dass ich im Vater bin und dass der Vater in mir ist" (Joh 14,11a)! Unterscheiden sich Nichtchristen von Christinnen genau darin, dass sie dieser Aufforderung Jesu nicht folgen? Immerhin schränkt der johanneische Jesus selbst ein: Wenn seine Jünger*innen das nicht einfach so glauben können, dann sollten sie „wenigstens aufgrund der Werke" glauben (Joh 14,11b).[60]

Wann hat sich eine religiöse Wahrheit bewährt? Sobald Jesus in seinen vollbrachten Werken die Ankunft des Reiches Gottes dargestellt hat? Oder dann, wenn der angekündigte „Geist der Wahrheit" gekommen ist (Joh 16,13)?[61] Oder, im Bild des Matthäusevangeliums vom Weltgericht, erst dann, „wenn der Menschensohn in seiner Herrlichkeit kommt und alle Engel mit ihm" (Mt 25,31)? Sind Menschen jüdischen und christlichen Glaubens vereint in der gläubigen Erwartung des Messias – die Jüdinnen, dass er erstmalig erscheine, die Christen, dass er wiederkomme?[62] Sind die zeitlichen Kategorien von Vergangenheit, Gegenwart und Zukunft geeignet, den Prozess der Bewährung zu beschreiben?

---

[60] Für eine bündige Zusammenfassung der exegetischen Diskussionen zum johanneischen Wahrheitsbegriff vgl. Becker, Patrick (2017): Jenseits von Fundamentalismus und Beliebigkeit. Zu einem christlichen Wahrheitsverständnis in der (post-)modernen Gesellschaft, Freiburg/Br., 25–31. Ausgehend von einer Analyse der Pilatusfrage: „Was ist Wahrheit?" (Joh 18,38) wird das ganzheitlich-existentielle Wahrheitsverständnis der biblischen Texte von einem philosophisch-intellektuellen Wahrheitsbegriff etwa der hellenistischen Welt differenziert: „Die in Jesus begegnende Wahrheit sei als ,die Wirklichkeit der Liebe Gottes zu verstehen'" (ebd., 26, mit Bezug auf eine Studie von Roland Gebauer). In der theologiegeschichtlichen Rekonstruktion Beckers stehen sich relativistische und abolutistische Verständnisse religiöser Wahrheit einander gegenüber: Beide lassen sich nicht harmonisieren, verfolgen aber berechtigte Interessen. Die fundamentaltheologische Aufklärung soll dazu dienen, die theologische Basis von Konflikten in der Glaubenpraxis zu durchleuchten und im Respekt vor den unterschiedlichen Ansätzen diese fruchtbar zu machen im gemeinsamen Einsatz gegen Fundamentalismus und Beliebigkeit (vgl. ebd., 330–336).

[61] Zur pneumatologischen Christologie im Johannesevangelium vgl. Böhnke, Michael (2021): Geistbewegte Gottesrede. Pneumatologische Zugänge zur Trinität, Freiburg i. Br., 128–143. „Dem Forgehen Christi wird erlösende Bedeutung beigemessen, weil in ihm, verstanden als Jesu Gang zum Vater, Gott sich mit dem Gekreuzigten identifiziert. Christologisch bedeutsam ist zudem, dass, wenn Jesus nicht forgegangen wäre, wir nicht auf die ebenfalls in den Abschiedsreden annoncierte Wiederkunft hoffen könnten (Joh 16,16–18). Pneumatologisch bedeutsam ist darüber hinaus, dass Jesus nach Johannes den Geist als jemanden ankündigt, der ,von dem Meinen' nehmen wird. Die Sendung des Geistes durch den Erhöhten folgt dieser Logik. Der Geist ist auch in der sendenden Zeichenhandlung des Erhöhten [...] der aktiv das ewige Leben in den Jüngern Schaffende. Seine Sendung ist *Freigabe von der temporalen Fremdbestimmung durch den Abwesenden hin zur temporalen Selbstbestimmung als Gegenwart*" (ebd., 133f.).

[62] Zur Vielfalt jüdischer Rezeptionen des Juden Jesus von Nazareth und seiner biblischen Darstellung vgl. Homolka, Walter (2020): Der Jude Jesus – Eine Heimholung, Freiburg i. Br. Im Folgenden nur zwei Zitate, die sich auf den Messiasanspruch Jesu beziehen: Während Hans-Joachim Schoeps (1909–1980) das Gemeinsame der beiden Religionen betont: „Beide eint eine gemeinsame Erwartung, dass das Eigentliche, das wir nicht kennen, das wir nur erahnen können, erst noch *kommen wird*, in jener Stunde, da sich der Anfang verschlingt in das Ende" (ebd., 135), nimmt Martin Buber (1878–1965) das Trennende in den Blick, wenn er davon überzeugt ist, „dass wir Jesus nie als gekommenen Messias anerkennen

Vielleicht bewährt sich eine Glaubenswahrheit im Leben immer nur vorläufig, so dass der Weg zur Wahrheit niemals endet; und ob sie sich im Tod endgültig bewährt, wissen wir nicht. Woran liegt es, wenn für einzelne Menschen das christliche oder jüdische oder muslimische oder jegliches andere Glaubensangebot glaubwürdig ist oder nicht? Es hängt zweifellos mit den Beobachtungen zusammen, die Menschen mit diesen verschiedenen Angeboten verbinden, in der Regel vermittelt über diejenigen, die der übernommenen bzw. bewusst gewählten Religion angehören. Trotzdem kommen Menschen mit vergleichbaren Erfahrungen zu unterschiedlichen Schlüssen, denn Menschen sind keine ‚trivialen Maschinen‘ (Heinz von Foerster): Die Bewertung eines Glaubens als glaubwürdig kann zwar im Nachhinein begründet werden, aber sie ist niemals vorherzusehen.

Die Glaubwürdigkeit des Glaubens ist sein Problem, weil der Glaube abhängig ist von Menschen, die sich im Blick auf die entscheidenden Lebensfragen – die niemals endgültig zu beantworten und daher im Gegensatz etwa zu Ergebnissen mathematischer Rechnungen ‚unentscheidbar‘ sind (Heinz von Foerster) – für diesen Glauben entscheiden, ihn als glaubwürdig bewerten. Aber das ist zugleich auch die Bedingung der Möglichkeit von Glauben: Nur wenn und weil Menschen sich für bestimmte Glaubenswahrheiten begeistern, indem sie sich emphatisch für den Glauben entscheiden, bleibt der Glaube lebendig und wird weitergegeben an die jeweils nächste Generation. Die Paradoxie, sich im Blick auf eine von außen betrachtet nicht-entscheidbare Frage wie die der Wahrheit eines religiösen Sinnangebots zu entscheiden und auch immer wieder neu entscheiden zu müssen, ermöglicht erst die Freiheit des Glaubens – und erweist darin die Glaubensfragen als entscheidbar, weil zu entscheiden (während mathematische Wahrheiten nicht entschieden, sondern bewiesen werden). Wäre die Glaubenswahrheit berechenbar, würde die Berechnung die Entscheidung erzwingen. Erst die ‚Unentscheidbarkeit‘ der Glaubensfragen ermöglicht also die freie Glaubensentscheidung und begründet die paradoxe Einheit von Glauben und Nicht-Glauben (s. o. 1.4.3).

Aber welches sind die Kriterien, die darüber entscheiden, ob eine Person oder eine Gruppe einen bestimmten Glauben als wahr oder unwahr beurteilt? Aus unserer unmittelbaren Welterfahrung neigen wir zu dem Urteil, der Glaube sei dann wahr, wenn er mit der Realität übereinstimmt. So wie es wahr ist, dass ich gerade vor dem Bildschirm sitze und diesen Text schreibe (was allerdings schon nicht mehr wahr ist, wenn Sie diesen Text lesen – aber zumindest dürfen Sie davon ausgehen, dass es zu einer bestimmten Zeit an einem bestimmten Ort

werden, weil dies dem innersten Sinn unserer messianischen Leidenschaft [...] widersprechen würde. In das mächtige Seil unseres Messiasglaubens, das, an einem Fels am Sinai geknüpft, sich bis zu einem noch unsichtbaren, aber in den Grund der Welt gerammten Pflocke spannt, ist kein Knoten geschlagen [...]. Für uns gibt es keine Sache Jesu, nur eine Sache Gottes gibt es für uns" (ebd., 125).

wahr gewesen ist), ist der christliche Glaube dann wahr, wenn Jesus wirklich Gottes Sohn – gewesen ist, ist und sein wird. Dass es bei diesem religiösen Urteil nicht ausreicht, einen bestimmten Zeitpunkt anzugeben, deutet bereits auf seine Andersartigkeit hin. Der Wahrheitsanspruch aus dem Alltag bewährt sich von selbst: Wenn Sie den Text lesen, wissen Sie, sein Autor muss ihn irgendwann geschrieben haben – und dass er dafür an einem Bildschirm gesessen hat, ist unter den aktuellen kulturellen Umständen einfach wahrscheinlich.[63]

Und wie bewährt sich der religiöse Wahrheitsanspruch, z. B. dass Jesus *ewig* Gottes Sohn ist oder *Muhammad* Gottes Prophet? Inwiefern reicht das konstruktivistische Kriterium der Viabilität für seine Bewährung aus oder nicht? Steht der Konstruktivismus mit seiner ‚Viabilisierung‘ von Wahrheit im Gegensatz zu einem Realismus, der emphatisch die Wahrheit der erfahrenen Wirklichkeit betont? Was sind Kriterien, die darüber entscheiden, ob eine Person oder eine Gruppe einen bestimmten Glauben als wahr oder unwahr beurteilen?

Solche Kriterien können erst im Nachhinein, über eine (wissenschaftliche) Beobachtung zweiter Ordnung, ermittelt werden. Konstruktivist*innen sprechen sich gegen Wahrheitstheorien aus, die sich an einer Übereinstimmung des ‚realen Gegenstands an sich‘ mit der ‚Erkenntnis dieses Gegenstandes‘ orientieren (Korrespondenz). Konstruktivistische Positionen sind sich darin einig, dass alle unsere Auffassungen von unseren eigenen Konstruktionsleistungen abhängen.[64] Deshalb ist ein Abmessen intersubjektiver Wirklichkeitserkenntnis an einer objektiven Realität (die nicht geleugnet wird) niemals möglich.[65]

Gleichwohl heißt das im Umkehrschluss nicht, dass es egal ist, wie wir unsere Wirklichkeiten konstruieren, und dass die Differenzierungen von wahr und unwahr, falsch und richtig hinfällig würden.[66] Die Kriterien der Konsistenz, der

---

[63]   Selbst wenn ich einen Ghostwriter beschäftigt hätte, ändert das nichts daran, dass der Text wirklich vor Ihnen liegt. Allerdings zeigt das Beispiel, dass selbst einfache alltägliche Wahrheitsansprüche im Nachhinein nicht so leicht unwiderlegbar bewährt werden können.

[64]   Das stärkt die Verantwortung des Menschen für die Wirklichkeit; vgl. Glasersfeld, Ernst von (2013): Einführung in den radikalen Konstruktivismus (1985), in: Watzlawick (Hg.), a. a. O., 16–38, 17.

[65]   Vgl. Brieden 2010, 174–179; vgl. Scheible 2015, 223–248; s. o. 1.3.1.

[66]   Luhmann 1990, 197, bezieht die Unterscheidung „wahr/unwahr auf den Code des Systems, die Unterscheidung richtig/falsch dagegen auf die Regel der Verfügung über die Codewerte positiv/negativ". Der Code wahr/unwahr ist der Code des Wissenschaftssystems, mit der Differenz richtig/falsch können die angewendeten (Forschungs-)Programme (Theorien, Methoden etc.) beurteilt werden; z. B. ob es richtig oder falsch ist, sich mit einer hermeneutischen Methodik den Realismus-Konzeptionen zu widmen, steht quer zur Frage, ob die Ergebnisse der Auseinandersetzung wahr oder unwahr sind. Gleichwohl hängt beides zusammen, z. B. könnte es das Ergebnis einer Kritik an mich sein, dass die Methodik dem Gegenstand nicht gerecht würde und deshalb falsch gewählt wäre, oder dass die Methode zwar richtig gewählt, aber so schlampig angewendet würde, dass nur unwahre Behauptungen herauskämen. Beide Urteile beanspruchen für sich Wahrheit –

Kohärenz und des intersubjektiven Konsenses lassen sich zusammenfassen durch das übergeordnete Kriterium der Viabilität:[67] Wahr ist, was sich bewährt, auf dem operativen Weg seiner Überprüfung als ‚gangbar‘ erweist.[68] Dieses Kriterium dynamisiert den Wahrheitsbegriff, weil sich Wahrheit im Prozess des Lebens ereignet, indem sie sich bewährt – wobei der Weg der Bewährung, jedenfalls in Bezug auf die für das Lebensglück entscheidenden Fragen zu Glaube, Liebe und Hoffnung, niemals vollständig abgeschlossen ist. Die – wie ich es mit einem Kunstwort bezeichnen möchte – ‚Viabilisierung‘ des Wahrheitsdenkens, die Betonung des Wegcharakters eines jeden Erkenntnisfortschritts, streicht die Vorläufigkeit aller unserer Erkenntnisse heraus; sie ist darum forschungsproduktiv und fordert zur Offenheit gegenüber neuen Lernprozessen heraus (s. u. 4.2.4).

4.2.2 Nötige Dekonstruktionen: Differenzen von Konstruktivismus und Realismus

Nach einer Rekonstruktion von drei philosophischen Realismus-Konzepten (1) diskutiere ich die Logik der Differenz von Realität und Wirklichkeit. Inwiefern erweitern die diskutierten Realismus-Konzepte das Verständnis konstruktivistischer Positionen? Zur Prüfung dieser Frage spielt die Einschätzung der Erkennbarkeit von Dingen an sich eine wichtige Rolle, die durch die Logik der Unterscheidung von Realität und Wirklichkeit bestimmt ist: „In der Tat begreifen nur wenige auch nur die zentrale Differenz zwischen Realität und Wirklichkeit",[69] meint Pirmin Stekeler-Weithofer anlässlich seines Bemühens um eine metalogische Klärung der Bedingungen, unter denen der Realismus zu diskutieren sei, d. h. „streng darauf zu schauen, was wir denn in den Wissenschaften wirklich tun und welche Rolle allgemeines Wissen spielt – statt ideale Modellbilder von einer angeblichen Korrespondenzbeziehung zwischen Aussage und Welt bzw. Subjekt und Objekt zu entwerfen."[70] Zunächst geht es um einen Vergleich der

---

und ich könnte bezüglich des ersten Urteils zurückfragen, aufgrund welcher Theorie die Kritik erfolgte, und dann meinerseits die Angemessenheit dieser Theorie infrage stellen. Bezüglich des zweiten Urteils würde ich dann genauer wissen wollen, wo ich mich geirrt habe – und gern aus dieser ‚Unwahrheit‘ lernen. „Die Wahrheit selbst kann nicht ‚richtig‘ sein. Die Code-Werte öffnen nur einen Kontingenzraum und stellen sicher, daß alle Operationen des Systems auch der entgegengesetzten Wertung unterliegen könnten; aber sie geben nicht an, wie zu entscheiden ist" (ebd., 198).

[67] Vgl. Glasersfeld, Ernst von (1997): Radikaler Konstruktivismus. Ideen, Ergebnisse, Probleme, Frankfurt a. M. 1997, 312.

[68] Vgl. Brieden 2010, 165–169.

[69] Stekeler-Weithofer, Pirmin: Empirische Realität und generische Wirklichkeit. Zu metaphysischen Fehldeutungen materialbegrifflicher Sinnbestimmung. In: Gabriel (Hg.), a. a. O., 308–342, 318.

[70] Ebd., 308.

phänomenologischen Logik der Differenz von Sein und Schein mit den konstruktivistischen Wahrheits-Logiken der Differenz von ontischer Realität und Wirklichkeit sowie der Wahrheit als paradoxer Einheit von Wahrheit und Unwahrheit (2).

Danach stellt sich die Frage, inwiefern die differenzierten Logiken sich wechselseitig befruchten können, und welche Rolle dabei die Theorie der vier Ebenen von Beobachtung spielt. Dafür greife ich zurück auf Humberto Maturanas Konzept von ‚Wissenschaft', das aus konstruktivistischer Perspektive auch ethische Überlegungen einbezieht. Auf der Basis dieser Erörterungen stelle ich die Frage: Welche Bedeutung hat Kants Aussage, das Ding an sich sei unerkennbar, gerade auch angesichts des Plurals der Religionen? Epistemologische Demut kann sich als Haltung erweisen, die sowohl für das Gelingen eines interkulturellen und interreligiösen Dialogs, als auch für religiöse Bildung im Ringen um religiöse Wahrheit vorauszusetzen ist (3).

4.2.2.1 Zur wahrheitstheoretischen Rekonstruktion einschlägiger Realismus-Konzepte

Gegen die erkenntniskritische Einstellung der Konstruktivist*innen gab es in den letzten Jahren von verschiedenen Seiten grundsätzliche Bedenken: Paul Boghossian schrieb ein „Plädoyer gegen Relativismus und Konstruktivismus", das im Deutschen den Titel „Angst vor der Wahrheit" trägt.[71] Boghossians Realismus-Konzept geht davon aus, dass bestimmte Tatsachen objektiv gelten. Dieses Konzept ist deshalb zu verstehen als Kontrast zu Relativismus und Konstruktivismus, die den Konstruktcharakter jeder Erkenntnis und ihre sie relativierende Einbindung in kulturelle, geschichtliche, politische etc. Gegebenheiten herausstellen (1). Auf Boghossians Überlegungen baut Markus Gabriel auf, insofern er am Argument aus der Faktizität festhält. Allerdings gebe es diese Fakten nicht nur innerhalb wissenschaftlicher Gegenstandsbereiche, auf die Boghossian sich beruft, sondern in Bezug auf alle Gegenstandsbereiche, etwa auch in Religion und Kunst.[72] Die Dinge erschienen eben in unterschiedlichen Sinnfeldern. Und da es die Welt als Sinnfeld aller Sinnfelder nicht geben könne – ihr Erscheinen als ein Sinnfeld unter anderen widerspreche der Möglichkeit einer umfassenden Funktionszuschreibung – schaffe der ‚Neue Realismus' Raum für ein plurales Verstehen der Dinge.[73]

---

[71] Boghossian 2015. Der Originaltitel: „Fear of Knowledge. Against Relativsm and Constructivism" (2006) setzt mit dem Begriff ‚Knowledge' einen anderen Akzent, weil der Wissensbegriff weniger aufgeladen ist als der Wahrheitsbegriff.

[72] Vgl. Gabriel, Markus (2015a): Nachwort. Abgesang und Auftakt, in: Boghossian, a. a. O., 135–156.

[73] Vgl. Gabriel 2013. Ich gehe auf einige Aussage aus diesem mehrfach aufgelegten, in viele Sprachen übersetzten, populärphilosophischen Buch ein. Außerdem konsultiert: Gabriel,

Gabriels Abgrenzung vom Konstruktivismus entspricht seiner Kontrastierung von Realismus und Nominalismus, den er als zentralen „Vorläufer des modernen Konstruktivismus" versteht. Der *Nominalismus* bestreite, dass unsere Begriffe und Kategorien die Realität abbilden, und behaupte, „dass alle Begriffe, die wir Menschen uns von unserer Umgebung und uns selbst bilden, nur Verallgemeinerungen sind, die wir vornehmen, um unsere Überlebenschancen zu erhöhen".[74] Die Begriffe seien aber mehr als bloß leere Namen, insofern sie „Strukturen ... begrifflich nachzeichnen"; sie zeigten dadurch zugleich ontologisch an, in welchem Sinnfeld die bezeichneten Dinge erscheinen (2).[75] Wie Gabriel – wenn auch auf andere Weise und mit anderer Zielsetzung – stellen Hubert Dreyfus und Charles Taylor den Dualismus von Außen- und Innenwelt aus phänomenologischer Perspektive infrage und fordern eine „Wiedergewinnung des Realismus" (3).[76] Schließlich werden die drei Konzepte im Blick auf ihre Kompatibilität mit konstruktivistischen Positionen resümiert (4).

4.2.2.1.1 *Paul Boghossian: Reduktionistischer Realismus als Tatsachen-Objektivismus*

Boghossian verwendet einigen analytischen Scharfsinn darauf zu zeigen, warum konstruktivistische Auffassungen über den vorläufigen Status von Wissen und Wahrheit nicht kohärent seien. Seine Argumentation leidet jedoch an fehlenden Differenzierungen in Bezug auf die Beobachtungsperspektiven und die Gegenstandsbereiche von Wissenschaft.

Ein zentrales Beispiel betrifft den Übergang von der ptolemäischen zur kopernikanischen Astronomie. Nach Kuhns (konstruktivistischer) Meinung könne ein Paradigmenwechsel in den Wissenschaften nicht allein auf der Basis empirischer Belege erklärt werden (im Beispiel die Beobachtungen der Sterne durchs Teleskop), da die Paradigmen in dreierlei Hinsicht inkommensurabel seien: erstens in Bezug auf die zu lösenden Probleme durch Wissenschaft (die Erklärung der zentralen Stellung des Menschen in der Welt vs. der physikalischen Bewegung der Planeten im Raum), zweitens hinsichtlich des veränderten Sprachgebrauchs (die erfahrene Standfestigkeit der Erde vs. ein neues Verständnis von „Erde" und „Bewegung" vom Standpunkt der Sonne aus) und drittens die sich daraus ergebende Schlussfolgerung, Wissenschaftler*innen der beiden Paradigmen lebten aufgrund der Unvergleichbarkeit ihrer Weltbilder auch in verschiedenen Welten.[77]

Markus (2015/Hg.): Der Neue Realismus (2014), Frankfurt a. M., 3. Aufl.; Gabriel, Markus (2016): Sinn und Existenz. Eine realistische Ontologie, Frankfurt a. M., 224–270.

[74] Gabriel 2013, 147.

[75] Ebd., 148f.

[76] Vgl. ebd., 118–126; Dreyfus/Taylor 2016; im Original „Retrieving Realism" (2015).

[77] Vgl. Boghossian 2015, 122–126, in Bezug auf Kuhn, Thomas (1988): Die Struktur wissenschaftlicher Revolutionen, Frankfurt a. M.

Die Taktik Boghossians besteht nun darin, den metaphorischen Gebrauch des Weltbegriffs wörtlich zu nehmen, indem der Diskurs zwischen dem Ptolemäer Bellarmin und dem Kopernikaner Galilei aufgerufen wird:

> „Wenn sie miteinander im selben Zimmer gesprochen haben, dann lebten sie auch in derselben Welt, in jedem relevanten Sinn des Ausdrucks ‚Welt'. Natürlich hielten sie verschiedene Propositionen über diese Welt für wahr; so viel ist geschenkt. Aber davon zu sprechen, sie hätten in verschiedenen Welten gelebt, heißt der – in der konstruktivistischen Literatur zugegebenermaßen allgegenwärtigen – Versuchung zu erliegen, einen Unterschied in der Vorstellungsweise mit einem Unterschied im vorgestellten Gegenstand zu vermengen."[78]

Der postulierten Differenz von Vorstellungsweise (das ptolemäische vs. das kopernikanische Weltbild) und vorgestelltem Gegenstand (die Welt in Bezug auf eine viable Beschreibung der astronomischen Verhältnisse) liegt phänomenologisch betrachtet die dialektische Logik von Sein und Schein zugrunde. Entsprechend dieser Logik bewirken die Beobachtungen des Himmels eine Wirklichkeitsrevision bei einigen Beobachter*innen: In der Realität scheint es so, als bewege sich die Sonne um die Erde, in Wirklichkeit aber ...

Konstruktivistisch betrachtet ist der vorgestellte Gegenstand nur über die unterschiedlichen Vorstellungsweisen über ihn zu erfassen; was die Welt an sich und im Allgemeinen ist – als „derselben Welt, in jedem relevanten Sinn des Ausdrucks ‚Welt'" – kann niemand mit Sicherheit bestimmen. Boghossian meint mit dem „vorgestellten Gegenstand" allerdings nicht den phänomenologischen Prozess von Wirklichkeitsrevisionen, sondern die ontische Realität, an der er die Vorstellungsweisen meint messen zu können. (Bellarmin und Galilei leben in derselben Welt, die schließlich Galilei recht gegeben hat, was als Beweis für einen Tatsachenobjektivismus herhalten muss.[79])

Dagegen stehen konstruktivistische Positionen, die einen naiven Realismus dadurch abwehren, dass sie die bleibende Abhängigkeit unserer Wirklichkeitsvorstellungen von unseren Konstruktionen betonen. Sie vermengen nicht Unterschiede von Vorstellungsweisen mit Unterschieden vorgestellter Gegenstände, sondern beurteilen unterschiedliche Vorstellungsweisen aufgrund ihrer Viabilität. Diese Viabilität zeigt sich im Prozess der Bewährung von Wahrheitsansprüchen, etwa in Bezug auf vorgestellte Gegenstände.

Aus der Beobachtung wissenschaftlicher Beobachtung (auf Ebene 4, s. o. 4.1.1.1) ergeben sich nach Bloor zwei wissenschaftstheoretische bzw. wissenssoziologische Postulate, die nach Boghossian für den Konstruktivismus sprächen, wenn sie denn stimmten. Das erste Postulat der „Wahrheitssymmetrie" verlangt, sowohl für wahre als auch für falsche Meinungen nach derselben Art

---

[78] Boghossian 2015, 127.
[79] Vgl. dagegen zum Fall Galilei aus der konstruktivistisch spannenden Perspektive der (moderaten) Inquisitionsinteressen: Zander, Hans Conrad (2007): Kurzgefasste Verteidigung der Heiligen Inquisition, Gütersloh.

von Ursachen zu forschen. (Es gibt Belege für die Meinung, die Erde sei eine Scheibe, und Belege für die Ansicht, die Erde sei eine Kugel.)

Das zweite Postulat der „Rationalitätssymmetrie" erfordert es, sowohl für rationale als auch für irrationale Meinungen nach derselben Art von Ursachen zu forschen. Hier geht es nun nicht mehr um Belege, sondern um sachfremde Motive und soziale Abhängigkeiten (Macht, Anerkennung, Rache, Gewohnheit, ...).[80] Nach Boghossian beruht „das Prinzip der Wahrheitssymmetrie auf der *Falschheit* des Prinzips der Rationalitätssymmetrie, da es [das Prinzip der Wahrheitssymmetrie, N. B.] sich auf unsere Fähigkeiten stützt, wahre und falsche Meinungen durch den Hinweis auf Belege zu erklären".[81]

Dieser Schluss setzt jedoch voraus, dass wissenschaftlich gewonnene Meinungen *allein* aus Vorurteilen, sachfremden Interessen und sozialen Abhängigkeiten resultierten. Um das wissenschaftstheoretische Interesse an solchen Erklärungen zu verstehen, ist diese spezielle Beobachtungsperspektive präzise zu bestimmen: Nur indem sie den Blick von den für die wissenschaftliche Beobachtung relevanten Differenzen wahr/unwahr und rational/irrational abwendet, vermag sie die blinden Flecken dieser Beobachtung aufzudecken. Insofern sich die wissenssoziologische Beobachtung nach Bloor im Hinblick auf Wahrheit und Unwahrheit, Rationalität und Irrationalität der wissenschaftlichen Meinungen jeglicher Parteilichkeit enthält, dient sie paradoxerweise indirekt der Wahrheitserkenntnis. Indem sie die Bedingungen aufdeckt, unter denen Wissen entsteht, diskutiert sie ‚Wahrheiten' auf einer anderen Ebene, was es ermöglicht, das erworbene Wissen neu einzuordnen. Als Beleg für diese These analysiere ich den letzten Absatz im Buch Boghossians:

> „Der intuitiv einleuchtenden Auffassung zufolge existieren die Dinge unabhängig von menschlichen Ansichten, und wir können über sie zu Meinungen gelangen, die objektiv vernünftig und ohne Rücksicht auf soziale und kulturelle Perspektiven für jeden verbindlich sind, der verstehen kann, welche Belege für sie sprechen. Auch wenn diese Vorstellungen schwer zu begreifen sein mögen, so ist es doch ein Fehler, zu denken, die jüngere Philosophie hätte starke Gründe dafür entdeckt, sie zurückzuweisen."[82]

Mit der „jüngeren Philosophie" sind u. a. konstruktivistische Positionen gemeint, die angesichts des postmodernen Pluralismus von Wahrheitsansprüchen „soziale und kulturelle Perspektiven" zur Erklärung dieses Pluralismus heranziehen. Zunächst einmal gilt es festzuhalten, dass „diese Vorstellungen" – es gebe „objektiv vernünftige" und deshalb für „jeden verbindliche" Meinungen – gar nicht „schwer zu begreifen" sind: Das entspricht der ursprünglichen Welterfahrung aus einer Beobachtung erster Ordnung, die einen naiven Realismus

---

80 Vgl. Boghossian 2015, 116–122; in Bezug auf Bloor, David (1976): Knowledge and Social Imagery, London 1976. S. o. 1.1.3.
81 Boghossian 2015, 121.
82 Ebd., 134.

nahelegt. In der wissenschaftlichen Beobachtung zweiter Ordnung erweist sich diese Naivität als blinder Fleck, insofern die genaue Beschreibung der Methoden, über die ich zu einer Meinung gelangte, und der Ergebnisse, zu denen mich diese Methoden führten, diese Meinung nachvollziehbar und an Belegen (z. B. Messungen) überprüfbar machen.

So wird deutlich, dass die Meinung durch den begründeten Forschungsweg mitbestimmt ist. Welchen Anteil an diesen Ergebnissen nun genau das beobachtete Ding ‚an sich‘ hatte, lässt sich nicht ermitteln, da wir keine Beobachtungsperspektive einnehmen können, die von der Tatsache abstrahiert, dass wir beobachten (das ist auch eine wichtige Einsicht der physikalischen Relativitätstheorie). Wir können nur unsere Beobachtung auf die Beobachtung selbst richten – als Voraussetzung für Wissenschaft – und in einer weiteren Wendung die Art und Weise dieser Beobachtung zweiter Ordnung selbst beobachten (wissenschaftstheoretisch bzw. wissenssoziologisch).[83] Eine solche Beobachtung wirft etwa Fragen dahingehend auf, was es heißt und voraussetzt, dass jemand „verstehen kann, welche Belege“ für bestimmte Meinungen sprechen. Setzt ein solches Verstehenkönnen etwa nicht eine bestimmte Bildung voraus, die abhängig ist von sozialen, kulturellen und auch politischen Bedingungen?

Das sieht auch Boghossian, wenn er den engen Zusammenhang konstruktivistischer Auffassungen „mit so progressiven Bewegungen wie dem Postkolonialismus und dem Multikulturalismus“ betont. Sie stellten „philosophische Ressourcen bereit […], um unterdrückte Kulturen vor dem Vorwurf falscher oder unberechtigter Auffassungen zu schützen.“ Aber weil Boghossians einziges Kriterium zur Beurteilung von Auffassungen ein Tatsachenobjektivismus in Bezug auf Sachfragen ist, sieht er die „Angst vor der Wahrheit“ darin begründet, die sonst fällige „offene Doppelmoral“ zu vermeiden: „Die Kritik an einer fragwürdigen Idee ist erlaubt, wenn diese von den Mächtigen vertreten wird – wie etwa den christlichen Kreationisten –, aber nicht, wenn sie von jenen vertreten wird, die von den Mächtigen unterdrückt werden – wie den Zuñi-Kreationisten“.[84]

Zu Beginn seiner Ausführungen räumt Boghossian die Legitimität von Relativierungen in moralischen und ästhetischen Fragen ein. „Wenn es jedoch um Sachfragen geht, wie die der Herkunft der ersten Amerikaner, dann denken wir sicherlich, dass es eine objektive Tatsache gibt.“[85] Und dann haben nur die wissenschaftlich arbeitenden Archäolog*innen Recht, die durch Knochenfunde die Herkunft aus Asien nachgewiesen haben, während die Indianer davon ausgehen, ihre Vorfahren seien „aus einer unterirdischen Geisterwelt an die Erdoberfläche

---

[83]   Das ist ein Beispiel für den Wechsel von Ebene 3 zu Ebene 4 (s. o. 4.1.1.1).

[84]   Boghossian 2015, 134. Die Zuñi sind ein indianischer Volksstamm. Sie lehnen die wissenschaftliche Evolutionstheorie ab und halten an ihrem Mythos der Weltentstehung fest; vgl. ebd., 9–16.

[85]   Ebd., 11.

gestiegen".[86] Dass die Wahrheit der Indianer ebenso wie die religiösen Schöpfungsmythen in einer anderen, eben religiösen Weise des Konstruierens und Differenzierens wurzeln als die wissenschaftliche Evolutionstheorie, nehmen weder Boghossian noch die christlichen Kreationist*innen wahr.[87] Und auch für die Indianer*innen ist diese Differenz von wissenschaftlicher und religiöser Einstellung zur Welt wie für die meisten Menschen lebensweltlich unerheblich.

Markus Gabriel konstatiert in seinem wertschätzenden Nachwort eine „inhaltliche [...] Überreaktion" Boghossians.[88] Dem Kreationismus sei mit dem Verweis auf den Tatsachenobjektivismus nicht beizukommen. Ohne eine funktionale Erklärung des Sinns von Mythologien, die eben keine Kausalerklärungen zur Weltentstehung lieferten, sei das religiöse Anliegen nicht zu erfassen. Darüber hinaus legitimiere Boghossians Argumentation lediglich *ein* epistemisches System, das absolute Tatsachen festzustellen erlaube.[89] So sei etwa im Blick auf die theoretische Physik und die Neurowissenschaften zu konstatieren, dass alternative epistemische Systeme erfolgreich andere Tatsachen postulierten „als diejenigen, zu denen Boghossian eine fehlerfreie blinde Berechtigung zu haben meint".[90]

4.2.2.1.2 Markus Gabriel: Neuer Realismus als Sinnfeldontologie

Obwohl Gabriel konstruktivistische Positionen scharf kritisiert, hält er seinen „Neuen Realismus [für] mit einem Schuss Konstruktivismus vereinbar".[91] Das zeigt sich etwa in Formulierungen, die Wahrheit als Viabilität verständlich machen:

> „Der demokratische Grundgedanke der Gleichheit aller Menschen besagt unter anderem, dass wir auch darin gleich sind, dass wir die Dinge eben auf verschiedene Weisen sehen. Wir haben deswegen ein Recht auf Meinungsfreiheit. Das heißt freilich nicht, dass alle Perspektiven gleich gut oder gleich wahr sind. Deswegen diskutieren wir miteinander, betreiben Wissenschaft oder Kunst, um herauszufinden, welche Wege gangbar sind und welche ausgeschlossen sind."[92]

Besser hätte auch eine Konstruktivistin die Notwendigkeit und Prozesshaftigkeit demokratischer Wahrheitssuche kaum ausdrücken können. Gleichwohl unterscheidet Gabriel drei Stadien im Prozess des Verständnisses dessen, was Erfassung von Wahrheit bedeutet.

---

[86]   Ebd., 9.
[87]   Vgl. Brieden 2010, 165–167.
[88]   Gabriel 2015a, 144.
[89]   Vgl. ebd., 151f.
[90]   Ebd., 153.
[91]   Gabriel 2013, 157.
[92]   Ebd., 236f.

Der „alte metaphysische Realismus" (1) privilegiere Tatsachen bestimmter Gegenstandsbereiche, die wahr seien unabhängig davon, dass wir sie beobachten. Der Physikalismus – eine Spielart des modernen Materialismus und ein aktuelles Beispiel für einen metaphysischen Realismus – behaupte etwa, „dass nur dasjenige existiert, von dem uns die Physik gelehrt hat, dass es existiert." Demgegenüber überstiegen konstruktivistische Positionen als Varianten eines ontologischen Antirealismus (2) „den alten metaphysischen Realismus um eine Reflexionsstufe", insofern dieser Antirealismus verdeutliche, dass die ontologische Privilegierung bestimmter Tatsachenklassen nicht zu begründen sei. Allerdings übergeneralisiere er die erkannte Abhängigkeit der Wirklichkeitskonstruktionen von Bedingungen der Beobachtung aus „einigen plausiblen Fällen" mit der Behauptung, es gebe „überhaupt keine Begriffe diesseits ihrer historisch-kontingenten Artikulation".[93] Demgegenüber entwickelt Gabriel als weiteren Reflexionsschritt den *Neuen Ontologischen Realismus* (3). Dieser entspreche der These, dass „der menschliche Geist nicht weniger real ist als alles dasjenige, von dem wir inzwischen wissen, dass es ohne unser Zutun und auch gegen unsere Wünsche genauso ist, wie es nun einmal ist".[94]

Die „Grundidee" dieses Realismus sei, „dass es nicht nur eine objektive logische Form gibt, die überall dort zutrifft, wo überhaupt etwas ist", sondern „verschiedene Formen des Erscheinens, die untrennbar mit demjenigen verbunden sind, was erscheint, woraus allein die Möglichkeit informativer Urteile über dasjenige, was es gibt, verständlich gemacht werden kann."[95] Jeden Gegenstandsbereich, der dadurch von anderen Gegenstandsbereichen differenziert werden kann, „dass seine Gegenstände auf eine bestimmte Weise erscheinen", bezeichnet Gabriel nun als ‚Sinnfeld':

> „Der Umstand, dass es eine Pluralität von Gegenstandsbereichen gibt, das heißt Physik, Chemie, Gebirge, Wälder, Bundestagswahlen und Ontologie, um nur einige zu nennen, wird dadurch erklärbar, dass wir Sinn unterstellen, der verstanden oder eben auch nicht verstanden werden kann. [...] Der Sinn besteht dabei nicht etwa deshalb, damit wir ihn entdecken können, er ist nicht konstitutiv auf epistemische Systeme bezogen. Mancher Sinn ist ohnehin da, so dass wir die Beziehung zwischen Sinn und Existenz nicht primär antirealistisch auffassen können."[96]

Nach Gabriels Auffassung kann es ‚Welt' als alle Sinnfelder vereinigendes Sinnfeld nicht geben, denn sie erschiene zugleich als Sinnfeld neben anderen Sinnfeldern und könnte dann nicht mehr das umfassende Sinnfeld sein; in diese Rich-

---

93 Gabriel, Markus (2015): Existenz, realistisch gedacht. In: Ders. (Hg.), a. a. O., 171–199, 189–191. Vgl. Gabriel 2013, 9–26.
94 Gabriel 2015, 194.
95 Ebd., 195f.
96 Ebd., 196

tung deutet Gabriel auch Heideggers Rede von der Transzendenz der Welt.[97] Weil der Neue Realismus keinen allumfassenden Bereich – ‚Welt', die etwa über eine Weltformel zu erfassen wäre – voraussetzt (auch ‚Universum' ist lediglich jenes Sinnfeld, das im Gegenstandsbereich der Physik erscheint), sei er mit dem Pluralismus vereinbar:

> „Insbesondere lässt der neue ontologische Realismus Raum für lokale antirealistische [und damit konstruktivistische, N. B.] Manöver, verbietet aber deren Ausweitung auf den Existenzbegriff als solchen. Zu existieren kann nicht im Allgemeinen bedeuten, durch diskursive Praktiken hervorgebracht worden zu sein oder in epistemischen Systemen zur Erscheinung zu kommen und nicht einmal, in epistemischen Systemen zur Erscheinung kommen zu *können*."[98]

Dahinter steht der Dualismus von Außen- und Innenwelt: Das Zur-Erscheinung-Kommen der Außenwelt geht der epistemischen Erfassung in der Innenwelt voraus. Hier stellt sich aus konstruktivistischer Perspektive die Frage: Was sind die spezifischen Leistungen ‚epistemischer Systeme' – der Menschen also, die etwas erkennen? Die Antwort Gabriels ist verblüffend und ergibt sich aus seiner Abwehr sowohl eines *objektiven Perspektivismus* – im Sinne des alten metaphysischen Realismus beziehen sich alle Perspektiven ohne Verzerrungen auf eine Wirklichkeit – als auch eines *subjektiven Perspektivismus* – im Sinne des ontologischen Antirealismus sind alle Perspektiven Konstrukte, die wir uns für das Überleben erschaffen:

> „Beide Optionen scheiden aus vielen Gründen aus. Der objektive Perspektivismus *überschätzt* die Wahrheitsfähigkeit der Perspektiven, indem er die Perspektiven darüber definiert, dass sie sich auf eine letztlich aperspektivische Wirklichkeit beziehen. Der subjektive Perspektivismus hingegen *unterschätzt* die Wahrheitsfähigkeit der Perspektiven, indem er sie alle für Schleier hält, die uns die Wirklichkeit versperren. Beide Positionen verstehen Perspektiven zu einseitig aus dem Standpunkt des Menschen, während die Sinnfeldontologie umgekehrt alle menschlichen Perspektiven als ontologische Tatsachen versteht. Weil die Welt nicht existiert, existieren unendlich viele Sinnfelder, in die wir hineingeworfen sind und zwischen denen wir Übergänge stiften. Wir produzieren neue Sinnfelder im Ausgang von gegebenen, wobei diese Produktion letztlich wiederum keineswegs eine Schöpfung aus dem Nichts, sondern nur ein weiterer Sinnfeldwechsel ist. Menschen sind Individuen. Doch auch die Sinnfelder, die sie teilen, sind individuell. Deswegen sind wir auch nicht auf uns selbst oder sogar nur auf unser Bewusstsein beschränkt. Wir leben gemeinsam in unendlich vielen Sinnfeldern, die wir uns auf immer neue Weise verständlich machen. Was wollen wir mehr?"[99]

Die perspektivische Leistung des menschlichen Erkennens ist folglich selbst eine ontologische Tatsache, die in dem philosophischen Sinnfeld erscheint, das Gabriel durch seine Sätze präsentiert. Für Gabriel ist somit die Unterscheidung

---

[97] Vgl. ebd., 197f. Vgl. Spencer Browns Konzept des empty space, s. o. 2.2.3.1.
[98] Ebd., 198f.
[99] Gabriel 2013, 239f.

zwischen dem Ding an sich (der unmöglichen objektiven Perspektive) und dem Ding, wie es mir erscheint (der Wirklichkeit verzerrenden subjektiven Perspektive) hinfällig: „Die Pointe ist, dass die Dinge an sich eben auf verschiedene Weisen erscheinen. Diese Erscheinungen sind selbst Dinge an sich. Es kommt darauf an, in welchem Sinnfeld etwas erscheint.“[100] Wenn nun aber alles, was mir in einem Sinnfeld erscheint, relativ zu diesem Sinnfeld bereits Erkenntnis eines Dings an sich ist: Wie soll dann eine Differenzierung von wahrer und unwahrer Erkenntnis möglich sein? Die Behauptung des Neuen Realismus, „dass jede wahre Erkenntnis Erkenntnis eines Dinges an sich (oder einer Tatsache an sich ist) [, …] keine Halluzination oder Illusion, sondern eine Erscheinung der Sache selbst“[101], ist eine Tautologie und keine Begründung, die Kriterien zur Überprüfung des Wahrheitsgehalts einer Aussage lieferte.

Nicht die konstruktivistischen Einblicke in die Konstruiertheit unserer Erkenntnisse und ihre vielfältigen (kulturellen, politischen, biologischen, sozialen, …) Abhängigkeiten verwischen „den Unterschied von wahr und falsch“, wie Gabriel behauptet.[102] Gerade die aus diesen Einblicken resultierende konstruktivistische Abwehr des Anspruchs, ‚Dinge an sich‘ erkannt zu haben, macht es nötig, ‚Wahrheit‘ immer neu zu suchen und sich ihrer Konstruktionsbedingungen zu vergewissern. Dass mit dem Sinnfeld-Relativismus, der den pluralistischen Realismus begründet, kein erheblicher Erkenntnisfortschritt verbunden ist, zeigt Gabriels Beispiel der gleichzeitigen Existenz und Nicht-Existenz von Hexen:

> „Die Frage ist immer, um welches Sinnfeld es geht, und darin täuschen wir uns häufig. Hexenverfolgende Institutionen haben ihre Einbildungen mit Frauen verwechselt, die sich in Europa aufhalten. Doch keine Frau, die sich je in Europa oder sonst wo aufgehalten hat, war eine (magiebegabte) Hexe. Hexen existierten demnach immer nur in der Einbildung ihrer Verfolger. Doch sie existierten niemals auf der Erde. Im Sinnfeld ‚Erde‘ erscheinen keine Hexen, im Sinnfeld ‚Vorstellungen frühneuzeitlicher Hexenjäger‘ schon.“[103]

Was ist durch diese Differenzierung der Sinnfelder verstanden? Doch nur, dass es aus aufgeklärter Perspektive keine Hexen auf der Erde gibt, während aufgrund des Studiums historischer Quellen zugestanden werden muss, dass viele Menschen zu bestimmten Zeiten – nicht nur die frühneuzeitlichen Hexenjäger – die Existenz von Hexen auf der Erde für wahr hielten (und halten). Zur Erklärung der historischen Wahrheit des Phänomens ‚Hexenwahn‘ trägt diese Differenzierung überhaupt nichts bei. Dazu bedarf es der geschichtlichen Rekonstruktion der kulturellen, sozialen, politischen, religiösen etc. Bedingungen, die dazu führten, dass bestimmte Frauen als Hexen verfolgt wurden. Und aus pädagogischer Perspektive wäre zu überlegen, durch welche Perturbationen Menschen, die am

---

[100]   Ebd., 154f.
[101]   Ebd., 155.
[102]   Vgl. ebd., 156f.
[103]   Gabriel 2013, 118.

Hexenglauben festhalten, dazu geführt werden könnten, ihren Irrglauben aufzugeben. Denn angesichts der historischen Exempel zu den Folgen des Hexenwahns wäre er abzuschaffen.

Bezüglich religiöser Sinnfelder unterscheidet Gabriel zwischen zwei Formen, in denen Religion erscheint: Erstens dem „Fetischismus, der Vorstellungen von einem allumfassenden, alles beherrschenden und ordnenden Weltprinzip hervorbringt" – dem sich die Weltreligionen entgegensetzen, beispielsweise in den biblischen Traditionen des Bilderverbots –, und zweitens dem „Ausdruck unseres Sinns und Geschmacks fürs Unendliche" (Schleiermacher).[104] Aus der Unverfügbarkeit des Unendlichen folge zwingend, dass die religiösen Ansichten und Ausdrucksformen plural sind.[105] „Religion im nichtfetischistischen Sinne ist der Eindruck, dass wir an einem Sinn teilhaben, obwohl er weit über alles hinausgeht, was wir erfassen."[106] Im Rückgriff auf Kierkegaard bestimmt Gabriel Religion als die Version des Umgangs mit der Endlichkeit, die dem Menschen die größte Distanz zu sich selbst ermöglicht, indem sie ihm zeige, dass er auch ganz anders sein könnte. Religion beziehe sich auf den menschlichen Geist, insofern er „sich auf etwas Unverfügbares hin öffnet". Religionen begleiteten Menschen auf ihren Wegen der Selbstsuche.

> „Jeder Versuch, diese Suche durch eine einfache Antwort abzubrechen, ist eine Form des Aberglaubens und des Selbstbetrugs. Religion ist das Gegenteil einer Welterklärung. Sie steht der These, dass es die Welt nicht gibt, kaum zufällig nahe – von der hinduistischen Überzeugung, dass das Leben ein Traum ist, über die berühmte Äußerung Jesu, sein Reich sei nicht von dieser Welt, bis zur buddhistischen Weltüberwindung. Man könnte leicht provokativ sogar sagen, dass der Sinn der Religion die Einsicht ist, dass es Gott nicht gibt, dass Gott kein Objekt oder Supergegenstand ist, der den Sinn unseres Lebens garantiert."[107]

Damit akzentuiert Gabriel das Programm einer negativen Theologie, die die Paradoxie jeder Gottesrede betont: als Rede über das, worüber man nicht reden kann. Auch dafür braucht es jedoch keine Sinnfeldontologie – und es wäre zu fragen, ob das zwölfte Kamel der negativen Theologie nicht vielleicht hypertheologisch zurückzugeben wäre (s. o. 3.3.1.2; s. u. 4.3.6).

4.2.2.1.3 *Hubert Dreyfus und Charles Taylor: Pluralistisch-robuster Realismus*

Im ersten Kapitel ihres Buches „Ein Bild hielt uns gefangen" beschreiben Dreyfus und Taylor, wie sich seit Descartes die dualistische Vorstellung durchgesetzt habe, die Erkenntnis der Wirklichkeit (*res extensa*) sei nur durch Vermittlung unserer Bilder und Begriffe von ihr möglich (*res cogitans*): „Während eine Vermittlungstheorie nach Erkenntnis strebt, die sich durch ein vermittelndes Element

---

[104] Ebd., 185.
[105] Vgl. ebd., 186f.
[106] Ebd., 195.
[107] Ebd., 211.

ergibt, so daß wir nur vermittels einer Zwischeninstanz – Abbildung oder Kategorie – erkennend mit dem Realen in Verbindung kommen, liefern Kontakttheorien eine Erklärung, wonach Erkenntnis darin besteht, daß wir mit der erkannten Wirklichkeit unmittelbar in Kontakt treten."[108] Ähnlich schrieb auch *Maturana* in Bezug auf das Lernen: „In der Tat gibt es für das Operieren eines lebenden Systems kein Innen und kein Außen, und es gibt keinen operationalen Raum, in dem die Erzeugung von Repräsentationen von etwas möglich wäre, was der Beobachter als außerhalb des lebenden Systems liegend wahrnimmt."[109]

Zwar wenden sich Dreyfus und Taylor gegen einen mentalen Repräsentationalismus: Das ist die Behauptung, wir erfassten die Dinge vermittels unserer konstruierten Repräsentationen von ihnen. Gleichwohl gestehen sie mit Heidegger ein, dass die Art und Weise des Kontakts kulturell geprägt ist und den erfassten Inhalt mitbestimmt: „Selbst ein Blick von nirgendwo auf die Dinge, wie sie an sich selbst sind, ist nichts weiter als eine begrenzte Form ihrer Erschließung. [...] ‚Dieses physikalisch Vorgestellte ist zwar die Natur selbst, jedoch unweigerlich nur die Natur als das Gegenstandsgebiet, dessen Gegenständigkeit sich erst durch die physikalische Bearbeitung bestimmt und in ihr eigens erstellt wird'."[110] Das ist eine paradoxe Aussage: Wir dürfen zwar behaupten, Erkenntnisse über die Dinge an sich zu haben, aber diese Erkenntnisse sind selbst im Gegenstandsgebiet der Physik zugleich durch eine spezifische, physikalische „Gegenständigkeit" gebunden: auch der scheinbar objektive wissenschaftliche Blick, der durch präzise Beschreibung theoretisch von jedem Menschen ausgeführt werden könnte, kann die Dinge nur begrenzt erschließen.

Ein „*pluralistischer, robuster Realismus*" steht als *Kontakttheorie* im Kontrast zu allen *vermittlungsgebundenen Erkenntnistheorien* (z. B. repräsentationalistischen), die die Möglichkeit einer unmittelbaren Realitätserkenntnis leugnen. Dreyfus und Taylor fassen zusammen, was das heißt:

> „(1) Es kann mehrere Verfahren der Realitätsbefragung geben (das ist das ‚pluralistische' Ingrediens).
> (2) Dennoch werden diese Verfahren Wahrheiten offenbaren, die von uns unabhängig sind, also Wahrheiten, deren Verständnis voraussetzt, daß wir unser Denken berichtigen und anpassen (das ist der Anteil des robusten Realismus).
> (3) Alle Versuche, die verschiedenen Formen der Realitätserkundung auf eine einzige Art der Fragestellung zurückzuführen, aus der sich ein einheitliches Bild oder eine einheitliche Theorie ergibt, schlagen fehl (also bleibt es bei der Pluralität)."[111]

---

[108]   Dreyfus/Taylor 2016, 38; vgl. ebd., 11–55.
[109]   Maturana, Humberto (2000): Biologie der Realität, Frankfurt a. M., 279. Vgl. von Glasersfeld 2013, 19f. (Abgrenzung der Abbildtheorie (*match*) von der funktionalen Passung (*fit*), die Viabilität zeigt).
[110]   Dreyfus/Taylor 2016, 282; im Zitat: Heidegger, Martin (1978): Wissenschaft und Besinnung. In: Ders.: Vorträge und Aufsätze, Pfullingen, 4. Aufl., 45–70, 58.
[111]   Dreyfus/Taylor 2016, 285.

Weiterhin grenzen Dreyfus und Taylor ihr Realismus-Konzept ab von dem modernen *Szientismus* als *reduktionistischem* (die Wissenschaft erkläre alle Daseinsweisen) oder *wissenschaftlichem Realismus* (nur *eine* Aufteilung des Universums in Arten sei korrekt) als auch von den Spielarten des *Subjektivismus* und *Relativismus*, die in der Abwehr des Szientismus die Wahrheitskategorie selbst ablehnten und damit das Kind mit dem Bade ausschütteten. Das treffe auch zu auf den „Anspruch des *deflationären Realismus*, wir seien außerstande, den Gedanken, dass wahre Aussagen der Wissenschaft mit dem Sosein der Dinge an sich selbst übereinstimmen, sinnvoll zu deuten."[112]

4.2.2.1.4   Fazit: Kompatibilität mit konstruktivistischen Positionen

Dreyfus/Taylor und teilweise auch Gabriel wenden sich vom reduktionistischen Realismus Boghossians ab. Boghossian meint, konstruktivistische Positionen widerlegt zu haben, worin ihm Gabriel folgt. Trotzdem ist Gabriels Position insofern mit konstruktivistischen Perspektiven kompatibel, als sie eine Pluralität der Sinnfelder zugesteht, die unterschiedliche und sogar sich widersprechende Wahrheitsansprüche ermöglichen. Allerdings scheiden sich die Geister an der inflationären Rede über die Erkenntnis der Dinge an sich. Die Sinnfeld-Ontologie mündet paradoxerweise in jenen Relativismus, den Gabriel vermeiden möchte.

Dreyfus und Taylor argumentieren hier vorsichtiger. Der Standpunkt eines deflationären Realismus wäre ohne Abstriche mit konstruktivistischen Positionen zu vereinbaren, aber von solchen grenzen sie sich ab, insofern sie der Auffassung sind, dass sich Aussagen zur Wahrheit der Dinge an sich sinnvoll deuten ließen. Indem sie den Repräsentationalismus durch die Kontakttheorie ersetzen, meinen sie zur Überprüfung „von Erklärungen unserer wesentlichen Natur sowie der Natur des Universums [...] den nötigen Freiraum" zu erhalten: „für eine empirische Untersuchung, um festzustellen, welche dieser Erklärungen gegebenenfalls mit Aspekten der Realität übereinstimmen und wie diese diversen Aspekte gegebenenfalls zusammenpassen."[113] Das zuletzt genannte Kriterium der Kohärenz („zusammenpassen") lässt sich anwenden, indem die empirischen Ergebnisse miteinander verglichen werden. Wie aber das Kriterium der Korrespondenz („übereinstimmen") geprüft werden kann bzw. was eine solche Prüfung mehr bedeutet, als lediglich die Viabilität des im unmittelbaren Realitätskontakt Erkannten festzustellen, bleibt offen.

---

[112]   Ebd., 296. Vgl. ebd., 285–297.
[113]   Ebd., 296f.

	Boghossian	Gabriel	Dreyfus/Taylor
Realismus-Konzept	Tatsachen-Objekti-vismus [wissen-schaftlicher / reduktionistischer Realismus]	Neuer Ontologischer Realismus	Pluralistisch-robuster Realismus
Orientierung	an wissenschaft-lichen Fakten	an pluraler Sinnfeld-Ontologie	an kontakttheoretischer Erklärung von Erkennt-nis: Heidegger, Merleau-Ponty
Kontrast-Konzept(e)	Konstruktivismus	Nominalismus (Konstruktivismus)	Repräsentationalismus; Szientismus, Subjektivis-mus, Relativismus
Weitere Kontrast-Konzepte	Relativismus	metaphysischer Realismus, ontologi-scher Anti-Realismus	wissenschaftlicher, reduktionistischer, deflationärer Realismus
Konstr. kompatibel	nein	teilweise	ja

Tabelle 7: Übersicht über Realismus-Konzepte: Boghossian, Gabriel, Dreyfus/Taylor

Tabelle 7 bringt die drei vorgestellten Konzepte in eine Übersicht. Getreu dem Luhmannschen Motto, man informiere sich „über Theorieentwicklungen [...] am besten durch die Frage, welche Unterscheidungen einen Begriff bestimmen",[114] listet die Tabelle zur Klärung des Realismus-Begriffs neben den Orientierungen der Autoren vor allem die verschiedenen Theorien auf, von denen sie sich je-weils abgrenzen. In der letzten Zeile steht mein Urteil, welche der drei Konzep-tionen ich mit konstruktivistischen Positionen für vereinbar halte.

4.2.2.2 Zur Logik der Unterscheidung von Realität und Wirklichkeit

Ernst von Glasersfeld unterschied die ‚ontische Realität' von unseren Wirklich-keitskonstruktionen: Die erstere löse Perturbationen aus, an denen unsere Kon-struktionen scheiterten. Das bringe uns dazu, Wirklichkeit neu zu konstruieren, damit unsere Konstrukte viabel blieben. Gleichwohl könnten wir die ontische Realität nicht erfassen, da sie nicht mit unseren Wirklichkeitskonstruktionen abzugleichen sei; was wir aufgrund der Perturbationen neu erzeugten, bleibe immer unsere Konstruktion von Wirklichkeit.[115] Resultiert das Bewusstsein für die Vorläufigkeit unserer Wirklichkeitskonstruktionen aus der Einsicht in die

---

[114] Luhmann 1990, 236.
[115] Vgl. Scheible 2015, 15.

bleibende Verborgenheit der Realität, die uns zu immer neuen Konstruktionen treibt? Stekeler-Weithofer ermittelt hinter diesen Revisionen von Wirklichkeit eine „Logik von Sein und Schein", die im „partiell negierende[n]" Charakter des Wirklichkeitsbegriffs zum Ausdruck komme:

> „‚Anscheinend oder scheinbar, jedenfalls *prima facie* würde man sagen, dass p, *aber* in Wirklichkeit gilt p*.' Es wird hier offenbar eine ‚Logik des Aber' als Logik der Aufdeckung von Verdeckungen relevant, die es näher zu betrachten gilt. Es ist dann auch nicht trivial, dass auf jede derartige Wirklichkeitsaussage eine ‚Verbesserung' folgen kann, etwa der Art: ‚Auch wenn es *auf den zweiten Blick* so aussieht, als gelte p* wirklich, gilt auf den *dritten* Blick, oder, wie man wieder sagt, ‚in Wirklichkeit' etwas anderes, nämlich p**.' Wir erhalten also ganz offenbar einen unendlichen Progress möglicher ‚Wirklichkeitsrevisionen'".[116]

Auf diesen „unendlichen" Prozess setzt die konstruktivistische Viabilisierung von Wahrheit; ob und inwiefern damit auch ein „Progress" verbunden ist, kann sich erst im Prozess der Bewährung zeigen. Auf diesen Prozess setzt auch Luhmann, wenn er betont, dass „der Verzicht auf jede Art Adäquations- oder Korrespondenztheorie der Wahrheit keineswegs zum Relativismus oder gar zum ‚anything goes'" führe:

> „Das Gegenteil trifft zu. Wahrheit funktioniert als ein in empirisch beobachtbaren Prozessen verwendetes Symbol. Es geht nur das, was geht. Ein Beobachter kann sich dann zwar fragen, warum es so geht, wie es geht. Er kann unter von ihm gewählten Gesichtspunkten sich vorstellen, es könnte anders gehen. Er kann die Wahrheit als kontingent sehen. *Aber auch dies muß er tun, sonst geschieht es nicht.*"[117]

Luhmann ersetzt die phänomenologische Logik von Sein und Schein durch seine Codierung der Wahrheit als „symbolisch generalisiertes Kommunikationsmedium".[118] Statt um „*Aufhebung einer Differenz*" – er erwähnt aus der Tradition „die Differenz von vermutetem Wissen und Irrtum, [...] die Differenz von Sein und Schein, [...] die Differenz von Gegenstand und Erkenntnis" – geht es ihm um die „*Vorordnung einer anderen Differenz*", nämlich um die „Vorordnung der zugleich universalistischen und spezifischen Unterscheidung von Wahrheit und Unwahrheit." Mit dem Ziel, die Differenz von Sein und Schein aufzuheben, kann man sogar „den Verzicht auf die Endgültigkeit dieser Aufhebung, selbst die formale Hypothetik aller Wahrheitsfeststellungen noch akzeptieren".[119]

Hier scheint mir die zentrale Differenz zwischen konstruktivistischer und phänomenologischer Wahrheitsauffassung zu liegen. Weil Luhmann den Gedanken einer Annäherung an die Wirklichkeit ersetzt durch die Beobachtung der Operationen, die Welt einteilen (s. o. 3.2.1), ergibt sich für ihn Erkenntnisfort-

---

[116]   Stekeler-Weithofer 2015, 319.
[117]   Luhmann 1990, 177.
[118]   Vgl. ebd., 181–189. Zu Luhmanns Wahrheitsbegriff vgl. ebd., 167–270.
[119]   Ebd., 174. Zum Verhältnis von Universalisierung und Spezifikation am Beispiel des symbolisch generalisierten Kommunikationsmediums des Wirtschaftssystems s. o. 3.2.3.2.

schritt aus der zunehmenden Differenzierung, die dann auch weitere Komplexität durch neue Unterscheidungen erzeugt:

> „Wenn man Einheit beobachten will, erscheint Differenz. Wer Ziele verfolgt, erzeugt Nebenfolgen. Ein symbolisch generalisiertes Kommunikationsmedium, das die Emergenz von Wahrheit erreichen will, fungiert daher immer auch als diabolisch generalisiertes Kommunikationsmedium und hinterläßt immer wachsende Bestände an Unwahrheiten. Mit dem, was man weiß, vermehrt sich überproportional das, was man nicht weiß oder noch nicht weiß."[120]

Die Einheit der Wirklichkeit ist kein Ziel konstruktivistischer Wahrheitssuche. Welt oder Realität werden nicht geleugnet – sie sind das Substrat, an dem operativ unterschieden wird:

> „Nie stellt sich der Wissenschaft die Frage, ob es die Welt gibt oder nicht. Nötig ist allenfalls eine Reflexion auf das Beobachten der Welt und damit auf die Bedingungen des eigenen Operierens, wobei der Vollzug der gerade aktuellen Operation unbestreitbar bleibt (oder unterbleibt). Der Code erlaubt eine Rekonstruktion der Selbstreferenz des Systems in einer Weise, die fortan allen Operationen des Systems anhaftet. Operationen, die nicht zwischen wahr und unwahr wählen, bleiben durchaus möglich, aber gehören nicht zum System Wissenschaft."[121]

Es zeigt sich klar die Differenz zu Gabriel, der behauptet, „dass die Welt prinzipiell nicht existieren kann", weil „es kein Sinnfeld aller Sinnfelder geben kann".[122] Für Luhmann hingegen ist die „Welt der blinde Fleck des eigenen Beobachtens – das, was man nicht beobachten kann, wenn man sich entschieden hat, mit Hilfe einer bestimmten Unterscheidung zu beobachten".[123] Die Welt als *unmarked space* ist freilich nichts, was in den Sinnfeldern Gabriels so einfach erschiene. Und da Gabriel ‚existieren' mit ‚in einem Sinnfeld erscheinen' definiert, existiert die Welt eben nicht – und führt zur „Keine-Welt-Anschauung".[124] Sein „epistemologischer Pluralismus" dient ihm dazu, die Vielfalt der Wissensformen vor jeder reduktionistischen Einheitsvision zu verteidigen; von daher ist er sich mit Luhmann im Blick auf die Wertschätzung der Differenz einig.[125] Aber im Gegensatz zu Luhmann, der über den binären Code wahr/unwahr konkrete Unterscheidungen provoziert, verschwimmt bei Gabriel alles in der Fülle der Sinnfelder – in der sich letztlich kontraintentional alle Differenzen aufheben.

Phänomenologisch geht es dagegen nicht einfach um die „Aufhebung einer Differenz" (von der Luhmann sich abgrenzt), aber mit diesem Ziel lässt sich nach

---

[120]   Ebd., 194. „Die Welt ist für die Wissenschaft dann nichts anderes als das, was sie voraussetzen muß, um zwischen wahr und unwahr unterscheiden zu können" (ebd., 212). Zur paradoxen Einheit von Symbolisierung und Diabolisierung s. o. 3.2.3.2.
[121]   Ebd., 209 (s. o. 3.2.2.1).
[122]   Gabriel 2016, 229.
[123]   Luhmann 1990, 213.
[124]   Gabriel 2016, 224.
[125]   Vgl. ebd., 439–464.

Luhmann paradoxerweise auch der Verzicht darauf noch akzeptieren: Denn die Pointe der Logiken von Sein und Schein bzw. der Aufdeckung von Verdeckungen liegt in der bleibenden Dialektik der Zuschreibungen von Wirklichkeit und Realität. Im Sprachgebrauch von Stekeler-Weithofer ist ‚Realität‘ dasjenige, was bloß als wirklich erscheint. Durch Entlarvung des Scheins bzw. Aufdeckung des Seins werden Revisionen von Wirklichkeit nötig, die wiederum erst ‚wirklich‘ erklären, was es mit der Realität auf sich hat – allerdings ist damit die Differenz nie aufgehoben, insofern sich das aufgedeckte Sein bald wieder als Schein erweist. Der an Heideggers Überlegungen zur Ontologie geschulte Blick verfolgt demnach ein ganz anderes Realitätskonzept, als es sich aus der konstruktivistischen Brille darstellt. Heidegger betonte die „ontologische Differenz" zwischen der formalen „Gegenständlichkeit unserer Gegenstandsbezüge" (wir sagen etwas über etwas) und „dem Seyn im *Vollzug* des Handelns oder im *Ereignis* innerweltlichen *Geschehens*" (in unserem „je *gegenwärtigen Dasein*" bewähren sich „alle formalen Richtigkeiten oder Wahrheiten ihrem Sinn nach").[126] Diese ‚ontologische Differenz‘ ist in gewisser Weise der Motor für Wissensfortschritt und Wahrheitserkenntnis.

Konstruktivistische Ansätze heben die Konstruiertheit von Wirklichkeit hervor. Dazu leugnen sie nicht eine unabhängig von Konstruktionsprozessen existierende, ontische Realität. Diese bringt als Umwelt des Erkenntnissubjekts Perturbationen hervor, die das Subjekt zu Assimilations- bzw. Akkommodationsprozessen herausfordert, zum Lernen also. Trotzdem ist diese Realität nie als solche erkennbar, ein Sprung heraus aus dem Konstruieren von Wirklichkeit ist nicht möglich. Ein naiver Realismus, der solches behauptet, wird zurückgewiesen. Alle Wahrheitsansprüche bleiben somit vorläufig. Sie sind wahr, solange sie sich als viabel erweisen.

Phänomenologische Ansätze nehmen ihren Ausgang von der lebensweltlichen Erfahrung. Es geht ihnen darum, den Prozess der Wirklichkeitserkenntnis möglichst genau zu beschreiben. Das Subjekt erfährt in seinen Lebensvollzügen Wirklichkeit als Realität, die auch unabhängig von ihm existiert. Das Wissen um diese Realität wird durch die Dialektik von Schein und Sein ständig erweitert, wobei das Sein nicht unabhängig von Wirklichkeitserfahrungen erscheint, sondern sich gerade in solchen Vollzügen ereignet, im direkten Kontakt mit der Realität. So werden Revisionen von Wirklichkeit nötig, die den Wissenserwerb markieren. Wahr ist, was sich in den Vollzügen des Daseins bewährt. Eine nicht erkennbare Realität außerhalb dieser Vollzüge spielt für die wissenschaftliche Analyse zwar keine Rolle; dass diese Realität in unseren Urteilen gleichwohl getroffen werden kann, wird aber auch nicht ausgeschlossen. Ob feststellbar ist, in welchem Maße sie getroffen wird, ist umstritten. Wenn es keinen Standpunkt außerhalb der Vollzüge gibt, ist eine solche Feststellung unmöglich. Wie dem

---

[126] Ebd., 315.

auch sei: Das Vertrauen in die Wahrheit der sich im Leben bewährenden Wirklichkeit charakterisiert phänomenologische Positionen als aufgeklärt realistische.

Konstruktivismus (im Gegensatz zum naiven Realismus)	*(Ontische) Realität (reality)*; unerkennbares Ding an sich	(Perturbationen führen immer wieder zu neuen Konstruktionen von) *Wirklichkeit (reality)*		
Operativer Konstruktivismus (Luhmann)	Wirklichkeit/Realität der Welt als Substrat, über das sich die paradoxe Einheit von Wahrheit und Unwahrheit jeweils ereignet			
Phänomenologie (als aufgeklärter Realismus)		*Wirklichkeit* (bewährt im je gegenwärtigen Dasein) (Dialektik in der Logik von Sein und Schein)	*Realität* (was als wirklich erscheint)	
Konstruktivistische Beobachtungstheorie (als wissenschaftstheoretische Hermeneutik)		*Beobachtung erster Ordnung (Ebene 2)* ⊏ ⟹ (marked space)	*Vollzug, Ereignis, (Ebene 1)*	
		Beobachtung zweiter Ordnung (Ebene 3) (Wahrnehmung der ontologischen Differenz, Beobachtung der Beobachtung als Operation, Beobachtung der Differenz, unmarked space) ⟸		
	Wissenschaftstheoretische Beobachtung zweiter Ordnung (Ebene 4) (Beobachtung der Beobachtung als Beobachtung)			

Tabelle 8: Konstruktivistische und phänomenologische Logiken im Vergleich

Stellt man den Unterschied zwischen konstruktivistischer und phänomenologischer Differenzierung tabellarisch dar, treten die gegensätzlichen Blickwinkel hervor und es lässt sich leichter diskutieren, inwieweit beide Logiken miteinander kompatibel sind bzw. sich gegenseitig befruchten können.

4.2.2.3 Zur Kompatibilität der Logiken durch beobachtungstheoretische Differenzierung

Aus der Perspektive einer konstruktivistischen Beobachtungstheorie kann die unmittelbare Wirklichkeitserfahrung beschrieben werden als Beobachtung erster Ordnung, die sich in Vorstellungen über die Wirklichkeit manifestiert (Ebenen 1 und 2). Aus der Beobachtung zweiter Ordnung, die beispielsweise den Zusammenhang von Wirklichkeitserfahrung und ihrer Ausdeutung in Bildern und

Aussagen zur Realität beobachtet, gerät die Dialektik von Sein und Schein in den Blick. Die ontologische Differenz zwischen dem formalen gegenständlichen Weltbezug und ihrer inhaltlichen Füllung in der gegenwärtigen Daseinserfahrung wird erfasst (Ebene 3).[127] Sie provoziert eine wissenschaftstheoretische Beobachtung: Die Anliegen konstruktivistischer und phänomenologischer Ansätze lassen sich miteinander verbinden, insofern die Einsicht in die Konstruiertheit von Wirklichkeit als Ergebnis einer Beobachtung zweiter Ordnung der phänomenologisch postulierten unmittelbaren Wirklichkeitserfahrung als einer Beobachtung erster Ordnung nicht widerspricht (Ebene 4). Die phänomenologische Beschreibung der Wirklichkeitskonstruktion auf der Grundlage der ontologischen Differenz bereichert die konstruktivistische Erklärung, wenn sie den Dualismus von Wirklichkeit und ontischer Realität als Dualismus von Innen- und Außenwelt entlarvt. Dieser Dualismus tritt ein, sobald das unerkennbare Ding an sich nicht mehr als Grenzbegriff wahrgenommen, sondern mit der Außenwelt identifiziert wird. Die Korrespondenz der Außenwelt mit ihren sprachlichen oder bildhaften Repräsentationen im Geist des Menschen dient sodann als zentrales Wahrheitskriterium.

Dass Konstruktivisten wie Ernst von Glasersfeld einen solchen Dualismus nicht im Blick hatten, möchte ich kurz zeigen über eine Rekonstruktion der Kritik von Nüse u. a., die ihm Widersprüchlichkeit, also Inkonsistenz vorwerfen.[128] Ich gehe an dieser Stelle ausführlich auf die Kritik ein, weil sie m. E. exemplarisch ist für viele kritische Bemerkungen zum Konstruktivismus; häufig werden Aussagen (hier aus Gesprächsprotokollen) aus dem Zusammenhang gerissen oder Äpfel mit Birnen verglichen. Auf die Frage, ob von Glasersfeld Begriffe wie ‚Wirklichkeit' oder ‚Realität' ausschließe, zitieren Nüse u. a. seine Antwort: „Wirklichkeit im ontologischen Sinn ja." In einem Gespräch zwei Jahre später betonte von Glasersfeld, „daß der Konstruktivismus nie die Wirklichkeit – die ontische Wirklichkeit – verneint oder verleugnet ...". Nüse u. a. schließen: „In solchen Fällen gibt es u. E. keine Möglichkeit mehr, die Aussagen als miteinander kompatibel zu rekonstruieren."[129]

Schauen wir uns die Zusammenhänge näher an: Im ersten Siegener Gespräch (1982) grenzt von Glasersfeld Epistemologie von Ontologie ab, der er im Grunde einen naiven Realismus unterstellt. Daraufhin erfolgt die etwas merkwürdige Frage, ob er damit die beiden Begriffe ausschließe, die im Englischen mit ‚reality' übersetzt werden. Die Frage ist seltsam, weil man Begriffe, die gebraucht werden, nicht einfach ‚ausschließen' kann. Darauf verweist von Glasers-

---

[127] So auch von Heidegger, wenn er die besondere „Gegenständigkeit" der Physik betont, s. o. 4.2.2.1.3.

[128] Vgl. Nüse, Ralf/Groeben, Norbert/Freitag, Burkhard/Schreier, Margit (1991): Über die Erfindung/en des Radikalen Konstruktivismus. Kritische Gegenargumente aus psychologischer Sicht, Weinheim, 86–109.

[129] Ebd., 97.

feld indirekt, wenn er bemerkt, dass in der zwischenmenschlichen Kommunikation notwendig differenziert wird „zwischen dem, was wir wirklich nennen und dem, was wir fiktiv oder illusorisch oder halluzinativ nennen [das ist aus ontologischer Perspektive ein Beispiel für die Logik von Sein und Schein, N. B.]. Aber was wir dann Wirklichkeit nennen, ist nicht eine ontische, eine ontologische Wirklichkeit, sondern es beruht auf den Vereinbarungen, die wir getroffen haben. Es beruht auf den Übereinstimmungen unseres Erlebens, unserer Erlebnisse."[130] Ist damit gesagt, dass eine „ontische, ontologische Wirklichkeit" zu leugnen wäre? M. E. wird hier lediglich auf der Ebene der Beobachtung zweiter Ordnung konstatiert, dass Wirklichkeitsaussagen auf das gemeinsame Erleben und Deuten von Wirklichkeit zurückzuführen sind.

Im Zitat aus dem zweiten Siegener Gespräch (1984) ergänzt von Glasersfeld seine Bemerkung durch die Notiz, der Konstruktivismus sei lediglich davon überzeugt, „daß alle meine Aussagen über diese Wirklichkeit zu hundert Prozent *mein* Erleben sind. Daß dieses Erleben dann zusammenstimmt, das kommt natürlich aus der Wirklichkeit".[131] Wenn eine Gruppe von Menschen gemeinsam erlebt, dass es regnet, dann resultiert dieses Erleben als Beobachtung erster Ordnung „natürlich aus der Wirklichkeit": es regnet. Dass „dieses Erleben dann zusammenstimmt", heißt aber nicht, dass damit die Wirklichkeit an sich erkannt wäre: Innerhalb einer Beobachtung zweiter Ordnung bleibt festzuhalten, dass „alle meine Aussagen über diese Wirklichkeit zu hundert Prozent mein Erleben sind." Die scheinbare Inkonsistenz kann somit durch Differenzierung der Beobachtungsordnungen aufgehoben werden: Erstens sind die beiden Aussagen aus den Gesprächen mit von Glasersfeld durchaus kompatibel. Und zweitens kann der Dualismus von Realität und Wirklichkeit überwunden werden, weil sich der vorausgesetzte Dualismus von Innen- und Außenwelt angesichts der Einheit des Erlebens nicht durchhalten lässt.

Dreyfus und Taylor kritisieren das diesem Dualismus zugrunde liegende repräsentationalistische Bild von Erkenntnis mit phänomenologischen Mitteln, indem sie zwei Aspekte herausarbeiten: Mit Maurice Merleau-Ponty den unmittelbaren Kontakt des Körpers mit der Wirklichkeit[132] und mit Hans-Georg Gadamer die sozialen Kontakte durch Einbindung in eine Gesprächsgemeinschaft, die auch Horizontverschmelzungen mit den kulturell Fremden ermöglichten.[133]

---

[130] Glasersfeld, Ernst von: Siegener Gespräche über Radikalen Konstruktivismus, in: Schmidt, Siegfried J. (Hg.): Der Diskurs des Radikalen Konstruktivismus, Frankfurt a. M. 1987, 401–440, 404f.

[131] Ebd., 422.

[132] Vgl. Dreyfus/Taylor 2016, 113–135.

[133] Vgl. ebd., 191–243. Zur Kritik an Gadamers Hermeneutik vgl. Riegger, Manfred (2017): Vielfalt und Verschiedenheiten. Hermeneutische Blicke auf Pluralität, in: Büttner/Mendl/Reis/Roose (Hg.), a. a. O., 24–41; Riegger verweist auf die Phänomenologie der Fremdheit nach Bernhard Waldenfels.

Diese phänomenologischen Beschreibungen lassen sich konstruktivistisch reformulieren, ohne die Erkennbarkeit der Dinge an sich voraussetzen zu müssen; phänomenologisch und konstruktivistisch ist dann die Differenz der Dinge an sich zur verstandenen Wirklichkeit wenig relevant.

Luhmann sieht in der ontologischen Differenz eine Ausprägung der Grundparadoxie, dass im Bezeichnen von etwas (Sein: *marked space*) nicht zugleich der *unmarked space* mitbeobachtet werden kann. In der Beobachtung zweiter Ordnung, die sich auf die Beobachtung als monovalente Operation richtet (Ebene 3), wird die Beobachtung als operative Unterscheidungshandlung angeschaut und die Differenz zwischen Bezeichnetem und Unterschiedenem gerät in den Blick (z. B. beim Beten Glaube und Unglaube). In der Beobachtung, die sich auf die Beobachtung als bivalente Beobachtungsoperation richtet – z. B. eine wissenschaftstheoretische oder eine erkenntnistheoretische (Ebene 4) –, geht es um die Beobachtungsweise, die nun von anderen Weisen unterschieden werden kann (z. B. eine religiöse Beobachtung, in der es um die Differenz immanent/transzendent geht, von einer wissenschaftlichen Beobachtung, die den Code wahr/unwahr nutzt, oder von einer ästhetischen Beobachtung, die nach schön/hässlich ordnet).[134] Für Luhmann geht es darum, die Differenz wahr/unwahr im Wissenschaftssystem immer wieder neu zu kommunizieren, weil dadurch ‚Wahrheit' emergiert. Dabei spielt eine Differenz zwischen ontischer Realität (als Welt der Dinge an sich) und der Wirklichkeit keine Rolle, „weil sich das Ding an sich verflüchtigt zu etwas schlechthin Unkonstruierbarem, das überhaupt nicht unterschieden und nicht bezeichnet werden kann".[135] Die Welt ist als Hintergrund aller Thematisierungen wirklich und real (s. o. 3.2.1).

Humberto Maturana beobachtet den Diskurs über Realität, indem er zwei Erklärungswege unterscheidet: die Objektivität ohne Klammern und die Objektivität in Klammern. Wahrheitsansprüche, die Existenz unabhängig vom Beobachter proklamierten und in der Weise argumentierten, dass die Realität an sich nun einmal so sei wie behauptet, strichen die Klammer des Beobachtens. Sie neigten dazu, eine bestimmte Realität zu verabsolutieren. Im Gegensatz dazu ständen die Wahrheitsansprüche einer Objektivität in Klammern bleibend unter dem Vorbehalt ihrer Bewährung. Die Einsicht in die Abhängigkeit des für wahr Gehaltenen von den Unterscheidungen der Beobachterin führe dazu, eine Vielfalt von Realitäten und Wahrheiten zu akzeptieren. Während die Objektivität ohne Klammern die Verantwortung für den erhobenen Wahrheitsanspruch in die Realität an sich verlagere und dadurch zur Unterwerfung zwinge, sei der Er-

---

[134] Zur Kritik an Luhmanns Codierung ‚schön/hässlich' vgl. Jahraus 2012, 239. Es wurden stattdessen die Codierungen „mit/ohne Geschmack" und „interessant/langweilig" vorgeschlagen (ebd.).

[135] Luhmann 1990, 300. Schmidt 2000, 80, meint: „Das ominöse, ungreifbare ‚Ding an sich' ist Symptom der Unbeobachtbarkeit, die in der Struktur von Subjektivität begründet liegt".

klärungsweg der Objektivität in Klammern grundsätzlich offen für ihre Revision im Dialog.[136]

Es stellt sich die Frage, ob jede Erklärung im Sinne der Objektivität ohne Klammern per se zu einer „verantwortungslosen Negierung des Mitmenschen" führt.[137] Dreyfus und Taylor würden das bestreiten, weil sie durch das pluralistische Element ihres Realismus verschiedene Verfahren zur Realitätsbefragung anerkennen. Die Einheit eines Gegenstandes wird im Sinne der Realitätsemphase postuliert und zugleich eingeräumt, dass die Dinge „aus verschiedenen Perspektiven zugänglich sind, die ihrerseits womöglich unvereinbare, aber zumindest nicht aufeinander zurückführbare Wesensmerkmale der ansichseienden Dinge offenbaren".[138] Damit erkennen sie m. E. indirekt über den Perspektivismus eine Objektivität in Klammern an. Warum geben sich Dreyfus und Taylor dann aber nicht mit einem deflationären Realismus zufrieden?

Dahinter könnte der Wunsch stehen, die unmittelbare Realitätsgewissheit aus der Beobachtung erster Ordnung auch für die wissenschaftliche Beobachtung zweiter Ordnung abzusichern: als einen ontologischen Objektivitätsanspruch. In ihrer Gegenüberstellung von Kontakttheorien und vermittlungsgebundenen Theorien der Erkenntnis arbeiten sie heraus, dass erstere für eine Erklärung der Beobachtung erster Ordnung viabler sind als letztere. Maturana versteht Wissenschaft als von der Emotion der „Neugier" getragene „Leidenschaft für das Erklären", die sich dem „Kriterium der Validierung" unterwirft.[139] Die Validierung erfordert es, die zu erklärenden Phänomene derart neu zu formulieren, dass ein anderer Beobachter diese Neuformulierungen nachvollziehen kann als „generativen Mechanismus", der die beschriebenen Phänomene erklärt.[140] Dazu gehört auch, die verschiedenen Erfahrungsbereiche sorgsam zu unterscheiden und die darauf bezogenen generativen Mechanismen nicht zu verwechseln.

Auf den Ebenen 3 und 4 (Beobachtung zweiter Ordnung) erscheinen diese Mechanismen (Kontakttheorien oder vermittlungsgebundene Theorien) als Bilder zur Erklärung alltäglicher Erfahrungen, die auf den Ebenen 1 und 2 gemacht werden. Die wissenschaftliche Beobachtung zweiter Ordnung kann keineswegs die beobachtete Erfahrung erster Ordnung ersetzen oder eins zu eins abbilden. Im Gegenteil gilt, so Luhmann, „daß es ein Beobachten zweiter Ordnung nur geben kann, wenn es ein Beobachten erster Ordnung gibt; und die Wissenschafts-

---

[136] Vgl. Maturana 2000, 231–239.
[137] Ebd., 236.
[138] Dreyfus/Taylor 2016, 289.
[139] Maturana 2000, 329.
[140] Vgl. ebd., 331f. Maturana unterscheidet dabei vier Operationen; an dieser Stelle erfolgt eine Komplexitätsreduzierung, um den Grundgedanken zu erfassen.

bewegung bringt dies nicht zuletzt dadurch zum Ausdruck, daß sie auf ‚empirische' Forschung Wert legt."[141]

Gleichwohl unterliegt die Beobachtung erster Ordnung der Dialektik von
Sein und Schein: Aus der Perspektive der vermittlungsgebundenen Theorien
scheint es so zu sein, als ob wir beim Beobachten erster Ordnung die Realität
(Ebene 1) mit unseren Bildern von ihr abgleichen (Ebene 2), allerdings treffen
Kontakttheorien die Erfahrung des unmittelbaren Realitätsbewusstseins besser
(Ebene 3). Auf den Ebenen der Beobachtung zweiter Ordnung lässt sich also ein
gewisser Repräsentationalismus nicht vermeiden: Welche Theorien repräsentie-
ren die zu erklärenden Erfahrungen präziser? Hierbei geht es nun aber nicht
mehr um die Realität an sich, sondern um die Validierung einer wissenschaftlichen Theorie, die den naiven Realismus der Alltagserfahrung erklärt (Ebene 4).
Maturana beschreibt dementsprechend Objektivität und Universalität nicht als
ontologische, sondern als moralische Ansprüche an Wissenschaftlichkeit: Ver-
banne störende Einflüsse auf deine wissenschaftliche Tätigkeit so gut es geht!
Gestehe grundsätzlich jedem anderen Menschen zu, wissenschaftlich beobachtend tätig zu werden![142] Inwiefern kann der Wunsch, die Dinge so zu erfassen,
wie sie an sich sind, den wissenschaftlichen Blick trüben? Welche Bedeutung hat
in diesem Zusammenhang der Glaube an einen Gott, der sich als Wirklichkeit
offenbart?

4.2.3 Theologische Applikationen: Reflexion der Diskurse auf den Beobachtungsebenen

Zeigte sich über die beobachtungstheoretische Differenzierung, dass phänomenologischer Realismus und Konstruktivismus nicht inkompatibel sind,
scheint auch die Kluft zwischen theologischem Realismus und Konstruktivismus
überbrückbar zu sein. Auf der Basis epistemologischer Demut, die aus dem Eingeständnis resultiert, das Ding an sich sei unerkennbar (1), soll in Auseinandersetzung mit einem Beitrag von Raphaela Meyer zu Hörste-Bührer die Kompatibilität zwischen Radikalem Konstruktivismus und Theologischem Realismus
plausibilisiert werden (2). Unterscheidungen im Theologieverständnis im Anschluss an Überlegungen von Rudolf Englert können in Verbindung mit der hier
vorgelegten Beobachtungstheorie diese Kompatibilität erhärten (3), bevor im
Rückgriff auf Differenzierungen von Oliver Reis religionsdidaktische Konsequenzen gezogen werden (4). Die Theorie zeigt ihre praktische Relevanz beispielsweise im Umgang mit interreligiösen Differenzen, was abschließend an

---

[141] Luhmann 1990, 171.
[142] Vgl. Maturana 2000, 346.

Exempeln der Missionsgeschichte konkretisiert werden soll und damit den Bogen zum Beginn der wahrheitstheoretischen Ausführungen schließt (s. u. 4.2.4).

4.2.3.1 Epistemologische Demut als Basis: ‚Das Ding an sich ist unerkennbar‘

Aus der konstruktivistischen Einsicht in die Einklammerung von Objektivität durch die zahlreichen Bedingungsfaktoren, denen das Beobachten unterliegt (biologische, kulturelle, politische etc.), resultiert die Abwehr des Anspruchs, ‚Dinge an sich‘ erkannt zu haben. Diese Abwehr fordert zur steten Suche nach Wahrheit und zur Vergewisserung ihrer Konstruktionsbedingungen heraus bzw. dazu, die Differenz wahr/unwahr stets aufs Neue zu prozessieren. Selbst wenn auf Ebene 2 (Beobachtung erster Ordnung) die „Gegenstände der Erfahrung“ (operativ gegeben auf Ebene 1) als ‚Dinge an sich‘ erscheinen und auch so für das alltägliche Überleben bewertet werden dürfen und müssen (darauf machen Dreyfus und Taylor mit Recht aufmerksam), so gilt doch auf den Ebenen 3 und 4 (Beobachtung zweiter Ordnung): Der Prozess des Ringens um Wahrheit wird zwar aus pragmatischen Gründen immer wieder beendet (im Alltag notwendigerweise), kommt aber grundsätzlich (und vor allem in der Wissenschaft) niemals an ein Ende. Jede neue Erkenntnis wirft weitere Fragen auf: an die Feststellung von Wahrheit, die zunächst Komplexität zu verringern scheint, schließen sich direkt Infragestellungen, Amplifikationen oder Bewährungsversuche an, die Komplexität vermehren.

Komplexitätsreduktion und Komplexitätserweiterung bilden eine paradoxe Einheit. Ihre Virulenz erweist sich an der Unerkennbarkeit der „Dinge an sich“ (Kant). Denn der Begriff ‚Ding an sich‘ markiert erkenntnistheoretisch eine Grenze, von der aus zum einen überzogene Wahrheitsansprüche abgewiesen werden können. Zum anderen motiviert er zum weiteren Forschen, aber nicht, um sich der Erkenntnis der Dinge an sich immer weiter anzunähern, sondern weil der Begriff das Bewusstsein für die Vorläufigkeit von Wahrheitsansprüchen schärft. Ob diese Grenze nur für mögliche Gegenstände der Erfahrung gilt (phänomenale Welt), oder auch für abstrakte Einsichten wie etwa transzendentale Ableitungen (noumenale Welt), wäre zu diskutieren. Wenn man die erkenntnistheoretische Einsicht Kants in die Unerkennbarkeit des Dings an sich auf diese Einsicht selbst bezieht, lautet die Frage: Kann diese Einsicht für sich beanspruchen, selbst ‚Ding an sich‘ zu sein? Konstruktivistisch gesehen muss sie sich als Einsicht immer neu bewähren.[143]

Freilich gibt es auch Einsichten, besonders bezüglich der moralischen Lebenspraxis, deren absoluter Wahrheitsanspruch nicht in Frage zu stellen ist; allerdings geht es dabei nicht um das Korrespondenzkriterium, sondern um den ethischen Imperativ, die Würde des je anderen zu achten. Englert zitiert einen Abschnitt aus dem Roman „Gott braucht dich nicht“ von Esther Maria Magnis,

---

[143]   Vgl. Scheible 2015, 236f.

um die Absurdität der Relativierung aller Wahrheitsansprüche zu zeigen: „Und du wirst nicht viele finden, die darauf bestehen, dass Wahrheit relativ ist, wenn es darum geht, ob man ihre Kinder foltern, ficken und fressen darf."[144] In der Regel wissen auch jene, die solche monströsen Handlungen vollziehen, dass ihr Tun nicht richtig ist. Oft ist ihr Handeln Resultat eines Missbrauchs, den sie selbst erlebt haben. Das relativiert nicht die Schwere ihrer Taten, zeigt aber auch, dass durch einen Perspektivwechsel Mitgefühl selbst für die Täter möglich wird. Trotzdem bleibt festzuhalten: Es gibt Wahrheiten, die zu relativieren ebenso monströs wäre wie die Taten, auf deren Beurteilung sich diese Wahrheiten beziehen.

Im Blick auf philosophische Realismus-Konzepte und wissenschaftliche Erkenntnisgewinnung soll gleichwohl gefragt sein: Ist es nicht viabler und forschungsproduktiver, unsere Wirklichkeitserkenntnisse von einer unerkennbaren Realität an sich abzugrenzen, als an einem robusten Realismus festzuhalten, sei er auch pluralistisch abgefedert? Erweist nicht erst die Bescheidenheit, die aus der Erkenntniskritik erwächst, dass der Dialog über das, was als wahr gelten können soll und darf, unverzichtbar ist für den Prozess der Bewährung: des Findens, Verwerfens und Schärfens von Wahrheitsansprüchen? Die paradoxe Einheit einer solchen Bescheidenheit mit ihrer Unbescheidenheit zeigt sich beispielsweise in der sokratischen Überzeugung ‚Ich weiß, dass ich nichts weiß', die in der Bescheidung zugleich die Einheit mit dem unbescheidenen Anspruch notiert, immerhin das zu wissen: das Ding an sich ist unerkennbar.

Luhmann beschreibt diesen Prozess angemessen, wenn er die Vorläufigkeit des Wissens im Hypothesencharakter wissenschaftlicher Wahrheit betont: „Hypothetik aller Wahrheits- bzw. Unwahrheitsfeststellungen heißt nicht zuletzt: daß die Aussicht, daß künftig einmal das Gegenteil gelten werde, der Feststellung keinen Abbruch tut." Was tröstet uns über diese Vorläufigkeit hinweg? Luhmann meint, die Gewissheit, „daß eine entgegengesetzte Verfügung über die Werte des Mediums nur unter geregelten Bedingungen stattfinden kann, oder anders gesagt: daß sie nur im System stattfinden kann. Eben deshalb werden Unwahrheiten als erkannte Irrtümer ‚potentialisiert'."[145] Damit ist gemeint, dass dem negativen Wert des Irrtums etwas Positives abgewonnen wird: Er hilft, die aktuell als wahr deklarierte Erkenntnis besser zu verstehen, und erzeugt Anschlüsse für die weitere Wahrheitssuche, die aufgrund des Irrtumsausschlusses mit einer größeren Erfolgswahrscheinlichkeit rechnen kann. „Er bringt an der Unwahrheit die Einheit der Differenz von wahr und unwahr also die Paradoxie des Codes zur Reflexion und leitet die Operationen ins Anschlußfähige zurück."[146]

---

144 Englert 2020, 148. Zitat: Magnis, E. M. (2012): Gott braucht dich nicht. Eine Bekehrung, Reinbek, 145.
145 Luhmann 1990, 255.
146 Ebd., 203.

Genau dafür ist das Wissenschaftssystem nötig, das als Codewächter dafür sorgt, dass eine „Verfügung über die Werte des Mediums" ‚Wahrheit' nach bestimmten Regeln abläuft. „Schlimm wäre" für Luhmann „die Aussicht, daß einstmals wieder die Religion oder sogar die Politik über Wahrheit und Unwahrheit befinden werde".[147] Die funktionale Differenzierung der modernen Gesellschaft schützt somit auch die Theologie davor, vom System der Religion vereinnahmt zu werden. Zugleich sind der Wissenschaft damit selbst Grenzen gesetzt, die den wissenschaftlichen Status von Theologie infrage stellen kann:

> Die Wissenschaft „kann nicht der Immanenz eine Transzendenz gegenüberstellen, also auch nicht von Gott sprechen. Sie kann natürlich beschreiben mit dem Anspruch, dies mit wahren Aussagen zu tun, daß es solche Codierungen gibt und daß sie in der Gesellschaft von anderen Funktionssystemen benutzt werden. Aber sie kann, eben weil sie gehalten ist, diese Codes anderen Funktionssystemen zuzurechnen, die entsprechenden Symbolisierungen nicht selbst in Anspruch nehmen, die entsprechenden Operationen nicht selbst vollziehen. Sie kann nicht in die Autopoiesis eines anderen Systems eintreten. Sie kann keine Regierung absetzen."[148]

Heißt das, es dürfe nur noch Religionswissenschaften geben, nicht aber Theologie, die „von Gott sprechen" muss, um beispielsweise den Wahrheitsanspruch ihrer Religion mit der Vernunft zu rechtfertigen? Das ist wohl nicht gemeint, sondern es geht darum, dass beispielsweise in einer wissenschaftlichen Vorlesung nicht gebetet wird, auch wenn das Gebet Thema des Vortrags ist. Bzw.

---

[147] Ebd., 255. Grümme würdigt zwar die von Luhmann selbst eingezogenen Grenzen soziologisch-systemtheoretischen Erkennens (in ihrer Bezogenheit auf das Teilsystem Wissenschaft), kritisiert aber das s. E. daraus resultierende „Normativitäts- und Wahrheitsproblem": Der Verzicht auf einen universalen Wahrheitsanspruch führe zu „begründungsentlasteter und normativitätsresistenter Viabilität" und sei angesichts „zunehmender Entpolitisierung und des geringer werdenden Vertrauens in die Veränderbarkeit gesellschaftlicher und politischer Prozesse legitimationsbedürftig" (Grümme 2018, 98f.). Hinter dieser kritisierten „Wahrheitsschwäche" stehe die systemtheoretische „Subjektschwäche" (ebd., 100f.), die schon Kersten Reich im Anschluss an Maturana kritisierte (s. o. 4.1.2.1); neu ist die Kritik: „Damit aber bekommt die Systemtheorie eine affirmative Tendenz" (ebd., 99): Indem die Systemtheorie die „Intentionen von Subjekten [...] in ihrer Relevanz negiert" und „sich in dem Maße radikalisiert, dass sie die Komplexität und Autonomie der jeweiligen Teilsysteme erhöht, dabei aber die lebensweltlichen Ressourcen der Subjekte unterspült, [...] gefährdet sie die Gesellschaft insgesamt" (ebd., 96f.). Aus Luhmanns Perspektive hat Grümme wohl falsche Erwartungen an eine soziologische ‚Supertheorie', die „verschiedene Teilöffentlichkeiten durch die Logik der Relation von System und Umwelt voneinander abheben" kann und damit auch „Religion und Bildung" in ihren Funktionen als „solche Teilöffentlichkeiten" erläutert: „Kann so nicht die Religionspädagogik besser verstehen, wie sie an welchen Orten agieren muss?" (ebd., 88). Hier wäre zurückzufragen: Ist es Aufgabe und Möglichkeit der Religionspädagogik, normative Schlüsse aus systemtheoretischen Einsichten zu ziehen?

[148] Luhmann 1990, 301.

wenn gebetet wird, muss allen klar sein, dass dann gerade keine Wissenschaft betrieben wird, die offen im Medium ‚Wahrheit‘ kommuniziert. Das ist auch für die Diskussion um den performativen Religionsunterricht relevant (s. u. 4.3.1). Die Theologie dient dem Glauben nicht dadurch, dass sie fromm wird, sondern dass sie Wissenschaft bleibt – was nicht ausschließt, dass es ihr gelingt, religiöse Operationen anzustoßen, oder dass sie sich selbst religiös motiviert, wie Anselm von Canterbury, der seine Überlegungen mit einem Gebet beginnt (s. o. 3.3.3). Gleichwohl würde es heute peinlich berühren, wenn ein öffentlicher theologischer Vortrag mit einem Gebet begänne, während es die Privatsache der Vortragenden bleibt, vor dem Beginn (privat!) ein Stoßgebet gen Himmel zu richten. Was in diesem Gefühl der Peinlichkeit zum Ausdruck kommt, ist vielleicht die Befürchtung, dass wissenschaftliche Wahrheitssuche sich von etwas vereinnahmen ließe, was eben nichtwissenschaftlich ist – und aus der Geschichte sind Einflussnahmen aus Politik und Religion durchaus noch in schlechter Erinnerung. Daraus mögen dann auch die Vorbehalte rühren, aufgrund derer einige Wissenschaftler*innen die Theologie ablehnen oder mindestens nicht ernst nehmen.

Aber stimmt das? Ist Wahrheit nicht Wahrheit, egal ob wissenschaftlich, ästhetisch, politisch, ethisch oder religiös? Kann es nicht nur eine wahre Wahrheit geben? Ist das nicht gerade der Anspruch Christi? Der Wunsch nach Vereinfachung ist verständlich, wird aber unseren pluralen Lebenswelten und differenten Rollen nicht gerecht. Luhmann vereinfacht sogar selbst in gewisser Weise den Wahrheitsbegriff, wenn er ihn auf das Wissenschaftssystem beschränkt, das allein im Medium ‚Wahrheit‘ kommuniziere. Das Medium der Religion sei ‚Glaube‘ (analog zu ‚Macht‘ in der Politik oder ‚Geld‘ in der Wirtschaft). Aber auch Glaube sucht nach Einsicht und will sich als Wahrheit bewähren. Es gibt also strukturelle Kopplungen zwischen den Systemen, auf die Luhmann hinweist, allerdings häufig im negativen Sinn, um die Systemgrenzen zu schärfen.

4.2.3.2 Radikaler Konstruktivismus und Theologischer Realismus: ein Gegensatz?

Wie bewähren sich nun religiöse Wahrheitsansprüche wie der Anspruch des johanneischen Jesus, selbst Weg, Wahrheit und Leben zu sein? Dieser Anspruch wird wohl kaum wie in der experimentellen Physik durch Wiederholung von Experimenten unter denselben Bedingungen validiert. Auch geht es nicht um die Konsistenz einer darauf aufbauenden physikalischen Theorie, oder darum, wie in den Geisteswissenschaften hermeneutische Ausführungen durch eine kohärente Argumentation den Konsens der Gelehrten suchen. Selbst wenn jemand das Lebensbeispiel Jesu, wie es uns in den neutestamentlichen Quellen entgegentritt, für seine konsequenten Taten und weisen Worte schätzt, heißt das noch nicht, dass für ihn oder sie dieser Jesus zum Fundament des eigenen Glaubens wird: zum Christus, dem absoluten Heilsbringer.

Hier ist zunächst nur festzuhalten, dass es Menschen gibt, die eine solche Glaubensgewissheit formulieren; sie bekennen sich nach jenem Mann als Christ oder Christin. Diesem Bekenntnis liegt nun nach Raphaela Meyer zu Hörste-Bührer notwendig ein Theologischer Realismus zugrunde, den sie, im Rückgriff auf eine erkenntnistheoretische Skizze von Ernst von Glasersfeld,[149] von konstruktivistischen Positionen abgrenzt.[150] Dazu bezieht sie sich auf einen Aufsatz von Ingolf U. Dalferth, der den Theologischen Realismus bei Karl Barth rekonstruiert als realistische Theologie, die immer wieder neu das Bekenntnis zum auferstandenen Christus als eschatologische Wirklichkeit aus der Binnenperspektive des Glaubens in den Dialog mit der Außenperspektive der Welt zu bringen sucht.[151] Für Dalferth stellt die dialektische Theologie Barths einen theologischen Realismus bereit, der in seiner „weltintegrierenden Konzentration auf die eschatologische Auferstehungswirklichkeit Jesu Christi" einerseits eine Zumutung darstellt und andererseits einen Prüfstein, der auch künftig theologisch nicht unterboten werden sollte.[152] Meyer zu Hörste-Bührer resümiert die Position Dalferths, nach der als Realist betrachtet werden könne, „wer eine (oder mehrere) der drei folgenden Thesen vertritt":[153]

> „1) Es gibt Wirkliches, das seine Existenz nicht unserer gedanklichen oder sprachlichen Darstellung verdankt (*ontologische These*).
> 2) ,Wahrheit [kann] nicht mit Verifizierbarkeit gleichgesetzt werden', was bedeutet, dass sprachliche Zeichen einen wahren Bezug zum Wirklichen herstellen können, auch wenn dies nicht bewiesen werden kann (*semantische These*).
> 3) Es ist zumindest zum Teil möglich, dass wir die Wirklichkeit (die unabhängig von unserer Wahrnehmung existiert) so erkennen, wie sie ist. Die Wirklichkeit ist dem Menschen in gewissen Bereichen erschlossen (*epistemologische These*)."[154]

Die ontologische These ist insofern mit konstruktivistischen Positionen kompatibel, als sie die von menschlicher Wahrnehmung unabhängige Wirklichkeit ausdrücklich voraussetzen, etwa in der evolutionstheoretischen Notiz, dass es „die Wirklichkeit [ist], die durch ihre *Beschränkung des Möglichen* schlechthin ausmerzt, was nicht lebensfähig ist".[155]

Die semantische These versteht Dalferth komplexer als Meyer zu Hörste-Bührer, indem er die Beobachtungsebene wechselt: Er konzediert, dass die Dif-

---

[149] Vgl. von Glasersfeld 2013.

[150] Vgl. Meyer zu Hörste-Bührer 2017. Für den Hinweis auf diese Quelle danke ich Jonas M. Hoff.

[151] Vgl. Dalferth, Ingolf U. (1986): Theologischer Realismus und realistische Theologie bei Karl Barth, in: Evangelische Theologie 46, 402–422.

[152] Ebd., 422.

[153] Meyer zu Hörste-Bührer 2017, 73. Bei Dalferth scheint hingegen für die Position des Realismus eine Zustimmung zu allen drei Thesen nötig zu sein: „Wer diese drei Thesen (oder Versionen davon) vertritt, kann als Realist gelten" (Dalferth 1986, 405).

[154] Meyer zu Hörste-Bührer 2017, 73.

[155] Von Glasersfeld 2013, 21.

ferenz wahr/falsch abhängig ist von Prozessen der Semiose, „da nur dort die Differenz zwischen Darstellung und Dargestelltem im Zeichengebrauch gesetzt und damit die Möglichkeit von Wahrheit und Falschheit eröffnet ist" (Ebene 3: Beobachtung des Beobachtens durch die Operation Zeichengebrauch). Aber daraus ergibt sich auf Ebene 4 (Beobachtung des Beobachtens als Beobachtung des besonderen Charakters von Semiose) nicht, dass ‚Wahrheit' sich als „semantische Kategorie [...] auf Geltung in einer Sprachgemeinschaft reduzieren" ließe: Der Akt der Bezugnahme auf Gegenstände ist auch dann ein wahrer Akt, „wenn wir in unserem vermeintlichen Wissen über sie im Irrtum sind". Im Gegensatz zum „naive[n] Realismus" behauptet Dalferth nicht, „daß Sprache als solche Wirklichkeit abbildet", sondern versteht sich als kritischer Realist, wenn er darauf beharrt, dass er Wirklichkeit „wahrheitsgemäß" „zur Sprache [zu] bringen" vermag, obwohl er das „nicht wissen oder aufweisen" kann.[156] Insofern Dalferth wie Luhmann an einem Verständnis von Zeichen (*signe*) als Einheit des Unterschieds von Darstellung (*signifiant*) und Dargestelltem (*signifié*) festhält (s. o. 3.3.3.2.1), vermeidet er den naiven Kurzschluss von der Abbildung auf das Abgebildete. Auch die semantische These ist, so verstanden, mit konstruktivistischen Positionen vereinbar, die „auf die aktive Konstruktion alles Erkennens und Wissens" gerade im Zeichengebrauch verweisen.[157] Indem Dalferth die formale Wahrheitsfähigkeit des Irrtums einräumt, weist er indirekt auf die Bedeutung von Häresien hin, die im Wahrheitsstreit theologischer Modelle unverzichtbar sind: „Häresien sind [...] ein notwendiger Teil der Modellbildung, um selbstreferenziell im System die Operationsgrenzen auszuloten."[158]

Schwierig wird es nun mit der epistemologischen These, von der aus sich nach Meyer zu Hörste-Bührer „ein *strikter, nicht zu vermittelnder Gegensatz*" ergibt: „Der eine [Dalferth] setzt voraus, dass der menschlichen Wahrnehmung *grundsätzlich* Erkenntnisse über die Wirklichkeit *möglich* sind, der andere [von Glasersfeld] hält dies für *grundsätzlich nicht möglich*."[159] Da sich aufgrund der Unerkennbarkeit des Dings an sich weder der Realismus Dalferths noch der Kon

[156] Dalferth 1986, 405.

[157] Von Glasersfeld 2013, 27. Von Glasersfeld bezieht sich auf „Vicos Schlagwort, *Verum ipsum factum* – das Wahre ist dasselbe wie das Gemachte (*factum* kommt von *facere*, ‚Tatsache' von ‚tun'!)", ebd., 26.

[158] Büttner/Reis 2020, 27.

[159] Meyer zu Hörste-Bührer 2017, 73f. Ob hier wirklich ein „nicht zu vermittelnder Gegensatz" vorliegt, ist eine Frage der Interpretation. Analog zur semantischen These differenziert Dalferth auch bei der epistemologischen These, indem er die den erkenntnistheoretischen Regularitäten „zugrundeliegenden Strukturen" bedenkt (Wechsel zu Ebene 4): Erkenntnis gebe es nur, „weil uns die Wirklichkeit so erschlossen ist, dass wir sie überhaupt symbolisch erfassen können: das Erschlossensein der Wirklichkeit ist Bedingung der Möglichkeit ihres Erfassens durch uns" (Dalferth 1986, 405f.). Die transzendentalphiloso

struktivismus von Glasersfelds verifizieren oder falsifizieren lassen, spricht Meyer von Hörste-Bührer hier von einer philosophischen „Grundannahme", auf die sich nach Ulrich H. J. Körtner die theologischen Disziplinen in unterschiedlicher Weise bezögen. Sei für Exegese und Religionspädagogik die konstruktivistische Grundannahme sinnvoll, sei demgegenüber in der Systematik „Zurückhaltung geboten":[160] Ob und wie kann „unter konstruktivistischen Vorzeichen die Existenz, die Wirklichkeit und Wirksamkeit Gottes gedacht werden"? – „Wenn die Wirklichkeit ein Interpretationskonstrukt ist, gilt das dann in gleicher Weise auch für Gott?" – Wie artikuliert sich dann noch das theologisch begründete, „unbedingte Interesse daran, über die Gotteskonstruktionen hinauszugehen und der Wirklichkeit Gottes selbst in der Welt Raum zu geben"?[161]

Ausgehend von einer systematisch-theologischen Analyse von Bekenntnisschriften begründet Meyer zu Hörste-Bührer die „Wahrheitsfähigkeit der Bekenntnisse" mit „dem Vertrauen in die Offenbarung": „Die Offenbarung ermöglicht, dass durch das Wirken des Heiligen Geistes die – an sich fehlerhafte und unvollkommene – Erkenntnis des Menschen Erkenntnis von der Wirklichkeit Gottes werden kann. Damit besteht grundsätzlich ein Vertrauen darauf, dass das, was bekannt wird, durch Gottes Wirken Wahrheit ist."[162] Zum praktischen Umgang mit dem Wahrheitsanspruch von Glaubenssätzen, die adäquat auf die zuvor ergangene Offenbarung Gottes reagieren, kann die Beobachtungstheorie beitragen: Als Beobachtung erster Ordnung ist der Glaube unmittelbar gewiss, als Beobachtung zweiter Ordnung versucht er sich im Gegenüber zu anderen Wahrheitsansprüchen (z. B. anderer Religionen) zu rechtfertigen. Die Selbstdistanzierung in der Beobachtung zweiter Ordnung ist ein notwendiges Moment des Glaubens – sie heißt Theologie (s. o. 3.3.3.2) – und zugleich der Kern religiöser Bildung (daher die Bedeutung der Kinder- und Jugendtheologie). Ohne sie droht der Glaube in Fanatismus oder Fetischismus abzugleiten.[163] Religion als Sinn und Geschmack für das Unendliche (Friedrich Schleiermacher) manifestiert sich hingegen aufgrund ihrer Verwurzelung in verschiedenen Kulturen notwendig in pluraler Gestalt.[164] Vom Standpunkt des individuellen Glaubens, in dem sich Religion jeweils konkretisiert, ist erst im Durchgang durch die Kritik über die Beobachtung zweiter Ordnung die „zweite Naivität" (Paul Ricœur) zu erreichen,

---

phisch inspirierten Thesen Dalferths zum Realismus stimmen mit dem phänomenologischen Realismus bei Dreyfus und Taylor überein, der sich als konstruktivistisch kompatibel erwiesen hat (s. o. 4.2.2.1.4).

[160]   Meyer zu Hörste-Bührer 2017, 74.

[161]   Körtner, Ulrich H. J. (2011): Einleitung. Zur Gesprächslage zwischen Theologie und Konstruktivismus, in: Klein, Andreas/Ders. (Hg.), a. a. O., 1–11, 1f. Zu dieser Frage vgl. Wallich 1999 (s. o. 1.3.1).

[162]   Meyer zu Hörste-Bührer 2017, 88f. Zur Frage der Offenbarung vgl. Kristinová 2018 (s. o. 1.3).

[163]   Vgl. Gabriel 2013, 185–213.

[164]   Vgl. ebd., 186f.; s. u. 4.3.1.

die das Postulat einer Beobachtung dritter Ordnung begründet. Darin sind Glaubensgewissheit und kritische Haltung im Bewusstsein der Unerkennbarkeit Gottes (als des Dings an sich schlechthin) verbunden – als paradoxe Einheit von Glauben und Unglauben (s. o. 3.4.2.3).

4.2.3.3 Theologische Denkformen: hybrid, lehramtlich, wissenschaftlich, sapiential

Theologie habe die Funktion der Selbstdistanzierung vom eigenen Glauben und diene damit zugleich diesem Glauben; sie helfe über diese Distanzierung hinweg, indem sie paradoxerweise eine neue Nähe zum Glauben ermögliche, etwa im Oszillieren mit dem Unglauben: Gilt das wirklich für jedes theologische Denken? Um diese Frage zu klären, referiere ich im Folgenden vier Denkformen von Theologie, die Rudolf Englert differenziert: hybride, lehramtliche, wissenschaftliche und sapientiale Theologie.[165]

1. Mit *hybrider Theologie* reflektiert ein Individuum seinen Lebensglauben, ohne sich dabei auf eine bestimmte Tradition zu verlassen. Was als Kinder- und Jugendtheologie bezeichnet wird, hat häufig den Charakter des Hybriden: Der „Relevanzrahmen" ist „das in religiöser Hinsicht ‚einsame Ich'" und der „Geltungsanspruch" ist dementsprechend „eingeschränkt auf die eigene Person". Das „Deutungsinstrumentarium" sind „intuitiv empfundene Plausibilitäten" und das „Klärungsinteresse" dreht sich um „persönliche (religiöse) Fragen".[166] Dass eine solche Theologie von anderen rezipiert wird, ist unwahrscheinlich, denn sie gilt erst einmal nur für einen selbst. Diese „Idiosynkrasie" verweist darauf, dass die geforderte Selbstdistanzierung mit hybrider Theologie selten einhergeht; in religiösen Bildungsprozessen können jedoch hybride Theologien der Individuen in einen Dialog untereinander und mit verschiedenen religiösen Traditionen gebracht werden. Das Angebot theologischer Alternativen könnte auf diese Weise eine Distanz zur eigenen Theologie erwecken – zumindest dann, wenn den Lernenden die Grenzen ihrer Theologien aufscheinen.

2. *Lehramtliche Theologie* begegnet zumeist in kirchlichen Verlautbarungen oder katechetischer Literatur. Innerhalb des Christentums ist ihr Relevanzrahmen die „als konsistentes Überzeugungssystem verstandene Tradition christlichen Glaubens", die „normative Geltung" und „hohe Verbindlichkeit" beansprucht. Ein „autoritativer Duktus", eine „appellative Redeform" und „assertorische Sprache" charakterisiert das Deutungsinstrumentarium lehramtlicher Theologie, die „unterschiedliche Aspekte des Glaubensvollzugs in Christentum

---

[165] Vgl. Englert 2020, 15–39, dort in anderer Reihenfolge dargestellt: wissenschaftlich, lehramtlich, sapiential, hybrid. Im Folgenden orientiere ich mich an der Tabelle, mit der Englert seine Überlegungen resümiert (ebd., 38). Die in Anführungszeichen gesetzten Worte entstammen dieser Tabelle.

[166] Zur Auslegung eines Beispiels, der Aussage eines 17-jährigen Mädchens im Rahmen eines Interviews zu ihrer Gottesvorstellung, vgl. ebd., 30–34.

und Kirche" zu klären bestrebt ist.[167] Der hohe „Verbindlichkeitsanspruch" lehramtlicher Theologie im Dienst der Glaubenswahrheit dient somit ebenfalls nicht der Distanzierung vom eigenen Glauben, sondern möchte einladen, sich mit dem Glauben einer religiösen Gemeinschaft zu identifizieren. Allerdings stößt diese Verbindlichkeit viele Menschen ab, so dass sie sich von einem solchen Geltungsanspruch distanzieren, anstatt die Einladung anzunehmen. Für religiöse Bildungsprozesse ist die lehramtliche Theologie jedoch unverzichtbar, weil sie mit ihren verbindlichen Deutungsperspektiven Anlässe für Lernende schafft, sich von diesen Perspektiven zu distanzieren, an der Auseinandersetzung mit ihnen zu wachsen und sie gegebenenfalls auch für sich zu übernehmen. Diese Bedeutungsstruktur wird mit der Organisationsform des konfessionellen Religionsunterrichts konkretisiert, ohne dass sie auf diese Form zu reduzieren wäre – auch ein interreligiös-kooperativer oder ein religionskundlicher Religionsunterricht sollten bestrebt sein, die Denkform lehramtlicher Theologie einzuspielen (s. u. 4.2.4, 4.3.3).

3. *Wissenschaftliche Theologie* ist jene Denkform, mit der sich Studierende in einem Theologiestudium primär befassen. Der Relevanzrahmen ist abgesteckt durch „Regeln des wiss. Diskurses", der Geltungsanspruch bezieht sich auf die „überprüfbare Richtigkeit deskriptiv erfasster Befunde". Das Instrumentarium dieser Denkform sind „mittels anerkannter Methoden generierte Erklärungen und Interpretationen", die ein „fachspezifisch[es], überwiegend speziell[es], vom Stand der Forschung abhängig[es]" Klärungsinteresse bedienen.[168] Diese Denkform ist am ehesten dazu geeignet, sich vom eigenen Glauben zu distanzieren – nicht zuletzt beklagen gerade fromme Studierende zuweilen, dass das Studium sie eher von ihrem Glauben entfremde als ihm zu dienen.[169] Englert meint, diese Denkform habe heute „einen derartigen Spezialisierungsgrad erreicht, dass ihre Befunde und Erkenntnisse für einen um persönliche religiöse Orientierung bemühten Menschen kaum mehr Relevanz besitzen".[170] Gegen eine solche Irrelevanz der Wissenschaften betonen Universitäten heute die Bedeutung der „Third Mission": Neben Forschung und Lehre ist es Aufgabe von Wissenschaftler*innen, ihre Fragestellungen und Ergebnisse in verschiedenen gesellschaftli-

---

[167] Dargestellt an einem Auszug aus dem apostolischen Schreiben *Evangelii Gaudium* von Papst Franziskus, vgl. ebd., 22–26.

[168] Konkretisiert an einem exegetischen Text über die Differenzen zwischen dem Johannesevangelium und den Synoptikern von Ulrich Busse, vgl. ebd., 19–22.

[169] S. o. 3.3.3.2.5. Zur Situation am Studienanfang vgl. Brieden, Norbert/Reis, Oliver (2018/Hg.): Glaubensreflexion – Berufsorientierung – theologische Habitusbildung. Der Einstieg ins Theologiestudium als hochschuldidaktische Herausforderung (Theologie und Hochschuldidaktik 8), Berlin-Münster; zu den Problemen im Übergang von der Schule zur Hochschule vgl. Becker, Patrick (2018): Vor der Konzeption von Grundkursen steht der Blick auf die angehenden Studierenden, in: Brieden/Reis (Hg.), a. a. O., 59–70, 65–67.

[170] Englert 2020, 35.

chen Foren zu kommunizieren (z. B. in Kirchengemeinden, in der Lehrer*innen-
fortbildung und in öffentlichen Vorträgen). Zahlreiche wissenschaftliche Theolog*innen nehmen diese Aufgabe ernst – und versuchen dabei, besonders die
Denkformen der sapientialen und der wissenschaftlichen (und lehramtlichen:
vorzugsweise bei Dogmatiker*innen; und hybriden: vorzugsweise bei Religionspädagog*innen) Theologie zu verbinden. Wissenschaftliche Theologie ist für die
Reflexion aller Lehrkräfte unverzichtbar, insofern sie dazu verhilft, sich vom
eigenen Glauben zu distanzieren. Erst diese Selbstdistanzierung gibt den nötigen
Freiraum, die hybride Theologie von Kindern und Jugendlichen wahrzunehmen
und zu strukturieren, ohne sie vorschnell an lehramtlicher Richtigkeit oder sapientialer Effektivität zu bemessen. Zum Gegenstand des Unterrichts wird sie
allerdings erst ab dem Zeitpunkt, zu dem die Jugendlichen entsprechende formal-abstrakte Denkoperationen vornehmen; meistens gegen Ende der Sekun-
darstufe I und vor allem im Oberstufenunterricht mit wissenschaftspropädeuti-
schem Charakter.

4. *Sapientialer Theologie* ist ein Großteil der Literatur zuzuordnen, die wir in
Buchhandlungen unter „Religion" finden: Der Relevanzrahmen ist hier ein „se-
lektiver und non-normativer Bezug auf eine religiöse Tradition". Der Geltungsanspruch ist „gebunden an persönliche und fachliche Kompetenz", die sich am
Instrumentarium eines „breite[n] Spektrum[s] von Deutungen aus religiösen,
aber auch anderen (z. B. tiefenpsychologischen) Quellen" zeigt. Diese Vielfalt
von Deutungsperspektiven hinsichtlich einer religiösen Tradition ist gerichtet
„auf Gelingen des Lebens, auf ganzheitliches Heil-Werden".[171] Das theologische
Interesse, einen Beitrag zur Lebenshilfe zu leisten, findet zwar die größte Resonanz beim Publikum, ist aber durch andere Anbieter auf diesem Markt der – eher
unverbindlichen – Sinnangebote „substituierbar", beispielsweise durch das Mit-
fiebern bei Sportereignissen. Von daher geht es sapientialer Theologie weniger
um eine Selbstdistanzierung vom eigenen Glauben, sondern erst einmal darum,
das Interesse an einem religiösen Glauben zu wecken, der zum Gelingen des Lebens einen Beitrag zu leisten beansprucht. Diese Dimension des Glaubens ist für
religiöse Bildungsprozesse insofern höchst relevant, als sie Menschen dazu motivieren kann, sich überhaupt mit religiösen Traditionen zu befassen.

Bezieht man diese vier Denkformen auf die vier Ebenen der Beobachtung,
dann lassen sich – natürlich unter der Voraussetzung, dass Theologie als Refle-
xionsgestalt des Glaubens primär eine Beobachtung zweiter Ordnung ist – folgende Akzentuierungen vornehmen:[172]

Für *hybride Theologie* steht die *Ebene 1* der konkreten Operation im Vordergrund, insofern sie der je eigenen, idiosynkratischen Glaubensreflexion Aus-

---

[171] Englert konkretisiert diese theologische Denkform an einem Text des Benediktiners und
        Erfolgsautors Anselm Grün, vgl. ebd., 26–30.
[172] Methodisch analog zur beobachtungstheoretischen Beschreibung der Ansätze von
        Boschki und Grümme (s. o. 4.1.4).

druck verschafft und auf diese Weise die Autopoiese des religiösen Ichs stützt. *Lehramtlicher Theologie* ist *Ebene 2* besonders wichtig, auf der die Differenz wahr/falsch benutzt wird, um Selbstreferenz hervorzubringen; hier steht selbst in der Auseinandersetzung mit Fremdreferenz die Stabilisierung der eigenen Identität im Vordergrund. Demgegenüber fokussiert *wissenschaftliche Theologie Ebene 3*, wenn sie die Differenz wahr/falsch entsprechend des Codes im Wissenschaftssystem zum Inhalt macht und sich auf die Fremdreferenz ihrer Inhalte stützt, um möglichst kohärente und konsistente Urteile zu fällen (was ein hohes Spezialwissen erfordert und deshalb vielen Menschen irrelevant zu sein scheint). Für *sapientiale Theologie* ist *Ebene 4* zentral, auf der die paradoxe Einheit von wahr und falsch ins Blickfeld rückt, was die Suche nach einem dritten Wert motiviert: Es könnte auch anders sein – die eigene religiöse Wahrheit ließe sich durch religiöse Wahrheiten anderer substituieren.

Um nicht missverstanden zu werden: Die Zuordnung zu den Ebenen impliziert keine Bewertung, sondern soll vielmehr aufzeigen, dass alle Akzentuierungen der differenten theologischen Denkformen zu unterschiedlichen Zeiten von Bedeutung sind. Das Postulat einer Beobachtung dritter Ordnung, die alle Aspekte umgreift und damit auch die Differenzen im Kreis des Beobachtens einebnet (s. o. Abb. 4), weist genau darauf hin: Jede einzelne Beobachtung steht in einem Beobachtungs-Kontext, der niemals vollständig zu erfassen ist. Trotz der Relativierung von Wahrheitsansprüchen durch diese Kontextualisierung kommt der religiösen Glaubensgewissheit als einem existentiellen Überzeugtsein (Immanenz) von der Wirklichkeit irgendeines Unbedingten (Transzendenz) eine besondere Geltung zu, die sich in der Lebenspraxis je neu bewährt. In diesem Sinne verstehe ich Englerts Plädoyer dafür, der Wahrheitsfrage in religiösen Bildungsprozessen genügend Raum zu geben:

> „Antworten auf religiöse Fragen können nicht zwingend als wahr oder falsch erwiesen werden. Insofern müssen sie als unentscheidbar gelten. Von daher erscheint es problematisch, im religiösen Diskurs von Wahrheiten ‚an sich' zu sprechen. Gleichwohl ist es keineswegs unsinnig, sondern hochgradig wünschenswert, auch im Religionsunterricht die Wahrheitsfrage zu stellen. Dabei geht es dann aber eben nicht vor allem um Aussagewahrheiten, die sich in einer wie auch immer zu bestimmenden Art und Weise überprüfen lassen, sondern um Seinswahrheiten, die sich allenfalls im Lebensvollzug bewähren können. Und solche Seinswahrheiten können sich uns nicht nur aus faktualen Erfahrungen erschließen, sondern sehr wohl auch aus fiktionalen Erzählungen. So gesehen, ist die Wahrheit des Glaubens weniger etwas Theoretisches als etwas Praktisches."[173]

---

[173] Englert 2020, 147. Der Terminus „Aussagewahrheiten" lässt sich mit dem Tatsachenobjektivismus Boghossians fassen, s. o. 4.2.2.1.1.

4.2.3.4   Religionsdidaktische Reflexionstypen: praxisnah, theorienah, vermittelnd

Wie wird nun die Frage nach religiöser Wahrheit in religionsunterrichtliche Prozesse eingespeist? Um diese religionsdidaktische Frage zum Umgang mit der zentralen theologischen Frage vor dem Hintergrund der Beobachtungstheorie zu beantworten, ist ein Perspektivenwechsel erforderlich. Ging es soeben um eine Differenzierung theologischer Denkformen, die verschiedene Akzentuierungen bei der Reflexion des Glaubens (als Beobachtungen zweiter Ordnung) herausarbeitete, geht es nun um das Zusammenspiel religionsdidaktischer Reflexionen (als Beobachtungen zweiter Ordnung), bei denen sich drei Typen differenzieren lassen:[174]

Unterrichtliche Vorgänge erleben alle Beteiligten als Beobachtungen auf den Ebenen 1 und 2. Lehrer*innen bereiten sich auf ihre Aufgabe als Beobachter*innen zweiter Ordnung (Ebene 3 und 4) bereits vor, indem sie ihren Unterricht planen und ihre Entscheidungen begründen. So können sie, meistens schon während des Unterrichts, spätestens aber in der Reflexion des Erlebten, Differenzen zwischen Planung und Durchführung wahrnehmen und gegebenenfalls Entscheidungen revidieren bzw. ihren folgenden Unterricht aufgrund ihrer Beobachtungen, wie die Lernenden den Unterricht ‚beobachten' (d. h. den Unterrichtsgegenstand auf ihre Weise konstruieren), auf die Bedürfnisse der Lernenden, ihre Probleme oder unerwarteten Fortschritte hin anpassen.[175]

Ich möchte ähnlich wie Oliver Reis drei Reflexionstypen dieser Beobachtungen zweiter Ordnung unterscheiden. Reis spricht analog zu Luhmanns Modell der Beobachtungsordnungen (s. o. 4.1.2.1) von Reflexionen erster, zweiter und dritter Ordnung.[176] Um diese Reflexionstypen nicht mit den drei Ordnungen von Beobachtung zu verwechseln, verstehe ich die Differenzierungen von Reis als Präzisierungen der Beobachtung zweiter Ordnung, indem auf Ebene 3 zwei Reflexionstypen zu differenzieren sind, die durch einen Reflexionstyp auf Ebene 4 miteinander vermittelt werden. Dafür benutze ich die Termini praxisnahe, theorienahe (Ebene 3) und vermittelnde Reflexion (Ebene 4).[177]

---

[174] Im Folgenden ergänze ich Überlegungen aus einem früheren Beitrag zur Dekonstruktion der Differenz von Instruktion und Konstruktion (vgl. Brieden 2013, 58–60).

[175] Vgl. Beck, Erwin u. a. (2008): Adaptive Lehrkompetenz. Analyse und Struktur, Veränderbarkeit und Wirkung handlungssteuernden Lehrerwissens, Münster u. a.

[176] Vgl. Reis 2012a.

[177] Wenn Reis die vermittelnde Reflexion als „Reflexion 3. Ordnung" bezeichnet (ebd., 293), dann besteht zwar eine Analogie zur integrierende Kraft der ‚Beobachtung' dritter Ordnung in meinem Beobachtungsmodell; diese integrierende Kraft der vermittelnden Reflexion entsteht aber nicht durch das Erleben der paradoxen Einheit von Beobachtung und Nicht-Beobachtung (religiös etwa innerhalb der Mystik, s. o. 2.1.3; 3.1.3), sondern durch eine Differenzierung der unterschiedlichen Reflexionsperspektiven innerhalb der Beobachtungen zweiter Ordnung.

Durch diese drei Reflexionstypen werden die Theorie-Praxis-Bezüge konstruiert: Auf einer *praxisnahen Reflexionsebene* begründen Lehrer*innen im Blick auf ihren Unterricht im Vorfeld oder im Nachhinein die eigene Praxis (Ebene 3: die eigene Praxis wird als Fremdreferenz beobachtet, die unter der Perspektive ihres Gelungenseins oder ihrer Optimierbarkeit beurteilt wird; Beobachtung der Beobachtung von Operationen religionsunterrichtlicher Praxis). Diese Begründungsleistungen sind immer schon orientiert durch Vorstellungen davon, was guter Unterricht ist (als Selbstreferenz zunächst auf Ebene 2 einer Beobachtung erster Ordnung: Beobachtung des Unterrichts als gut oder schlecht).

Sobald Lehrer*innen ihre Vorstellungen von gutem Unterricht reflektieren, liegt eine *theorienahe Reflexion* vor (Ebene 3: die eigene Theorie wird als Fremdreferenz beobachtet, die unter der Perspektive ihrer Passung oder Nicht-Passung mit den eigenen Praxiserfahrungen beurteilt wird; Beobachtung der Beobachtung von Operationen der Theoriedeskription und -adaption): motiviert durch die Auseinandersetzung mit den Ergebnissen pädagogischer/didaktischer, fachdidaktischer bzw. fachwissenschaftlicher Theoriebildung und inspiriert von ihren durch praxisnahe Reflexion als positiv oder verbesserungswürdig beurteilten Lehrerfahrungen. Die Dialektik von praxis- und theorienaher Reflexion ist somit der Motor, eine je eigene Lehrprofessionalität zu entwickeln.

Diese Dialektik ist zu ergänzen durch eine *vermittelnde Reflexion*, die praxis- und theorienahe Reflexion in ihrem Zueinander bedenkt (Ebene 4: Beobachtung der Beobachtung als Beobachtung). Nur über sie kann es gelingen, Anspruch und Reichweite der eigenen Vorstellungen guten Unterrichts wahrzunehmen und veränderte Rahmenbedingungen begründet zu adaptieren. Die vermittelnde Reflexion weitet somit den Blick, um Innovationspotentiale in Theorie und Praxis aufzuspüren (die Suche nach einem dritten Wert).

Der in sich komplexe Reflexionsvorgang ist geprägt durch den Sachbezug, der allen Lernprozessen notwendig innewohnt und im Blick auf religiöse Themen theologisch unterschiedlich akzentuiert sein kann (hybrid, lehramtlich, wissenschaftlich, sapiential oder in einem durch vermittelnde Reflexion zu bestimmenden, spezifischen Zusammenspiel der vier Denkformen).

Dabei kommt erschwerend hinzu, dass fachdidaktische und fachwissenschaftliche Diskurse weitgehend selbstreferentiell verlaufen, auch wenn der religionsdidaktische Diskurs „auf seine Weise Erkenntnisprozesse der Fachwissenschaften rezipiert" und auch „fachwissenschaftliche Diskurse ausrichten kann".[178] So wird fachdidaktisch die Auswahl der Inhalte für eine bestimmte Lerngruppe praxisnah begründet und die Durchführung des Unterrichts an theorienahen religionsdidaktischen Konzeptionen orientiert.[179] Die praxisnahe Referenztheologie „ist das sich verselbständigende Ergebnis der didaktischen Analysen des Unterrichtsgegenstandes", das sich in einem regelrechten „Reli-

---

[178] Reis 2012a, 289.
[179] Vgl. Beyer/Brieden 2011, 53–73.

Wissen" verfestigt[180] – theologisch meistens sapiential ausgerichtet, um so den vermeintlichen Bedürfnissen der Schüler*innen besser zu entsprechen.[181]

Beobachtung erster Ordnung, Ebene 2	Beobachtung zweiter Ordnung, ,reflexive' Ebenen 3 und 4		,Beobachtung' dritter Ordnung
,präreflexive', unmittelbare Erfahrung des Beobachtens (schließt im weiten Sinne Erkennen und Handeln ein, s. o. 1.4.4)	**praxisnahe Reflexion Ebene 3** *didaktisch:* die eigene Unterrichtspraxis in ihrem Ziel-Inhalt-Methoden-Zusammenhang *fachdidaktisch:* Begründung der inhaltlichen Auswahl (Domäne: Religion) im Blick auf die Lernprozesse der Schüler*innen	**theorienahe Reflexion Ebene 3** didaktisch: das Konstrukt ,guter Unterricht' in seinem Bezug auf das unterrichtliche Handeln *fachdidaktisch:* Begründung der konzeptionellen Auswahl und ihrer Verschränkung (z. B. Traditions-, Problem-, Symbolorientierung)	,postreflexive' Integration der vier Beobachtungsebenen als paradoxe Einheit von Beobachtung und Nicht-Beobachtung (s. o. 4.1)
Merkmal alltäglichen Handelns	*theologisch:* das Ergebnis der didaktischen Analyse des Unterrichtsgegenstandes, verfestigt im ,Reli-Wissen' *Inspirationsfunktion* ➡	*theologisch:* Orientierung an theologischer Theoriebildung, sofern sie fachdidaktisch viabel erscheint ⬅ *Orientierungsfunktion*	Merkmal u. a. religiöser Vollzüge
	⬆ *Beurteilungsfunktion* ⬆ (Anspruch und Reichweite der Konzepte in der Praxis) **vermittelnde Reflexion, Ebene 4** perspektiviert Wahrheit im Blick auf Modellvielfalt[182] differenzierende Integration der didaktischen, fachdidaktischen und theologischen ,nahen' und ,weiten' Reflexion mit der ⬇ *fachwissenschaftlichen Theoriebildung* ⬇		
	theologische Problemlösung ohne Aufmerksamkeit für die Modellbildung selbst	Reflexion der theol. Modellbildung (z. B. akzentuiert als hybrid, lehramtlich, wissenschaftlich, sapiential)	

---

[180] Reis 2012a, 287.
[181] Vgl. ebd., 288. S. o. 4.2.3.3.
[182] Zu konkreten Beispielen vgl. Büttner/Reis 2020.

wissenschaftstheoretische Reflexion (als Hilfe zur Ortsbestimmung)
wissenschaftstheoretische Meta-Reflexion (als notwendige Relativierung auch dieses Modells)

Tabelle 9: Drei Reflexionstypen religionsdidaktischer Beobachtung zweiter Ordnung (nach Reis)

Die vermittelnde Reflexion macht „die Partikularität, die Ortsgebundenheit der theologischen Reflexion deutlich. Und damit wird auch die Wahrheit perspektiviert, ohne den Wahrheitsanspruch und die Wahrheitsfähigkeit der einzelnen Aussage aufzuheben".[183] Das entspricht einer „geordneten Relativierung", eingefordert von einem konstruktivistisch begründeten, nicht beliebigen Relativismus.[184] Die vermittelnde Reflexion relationiert fachwissenschaftliche und fachdidaktische Modellbildung, ohne damit „automatisch die Selbstreferentialität", die Eigenständigkeit der beiden Diskurse aufzuheben.[185] Zugleich ermöglicht eine vermittelnde Reflexion, die den Wechselbezug von Theorie und Praxis abbildenden praxisnahen und theorienahen Reflexionen in ihrer Bezogenheit aufeinander zu bedenken: Damit wird deutlich, wie ‚Praxis' die ‚Theorie' inspiriert und ‚Theorie' die ‚Praxis' orientiert.[186] Die vermittelnde Reflexion kann so Anspruch und Reichweite didaktischer, fachdidaktischer und fachwissenschaftlicher Modelle beurteilen.

Im Anschluss an die Ebenen religionspädagogischer Theoriebildung nach Rudolf Englert könnte man die theorienahe Reflexion in gewisser Weise kriteriologisch nennen (in ihrer orientierenden Funktion), die praxisnahe kairologisch (in ihrer inspirierenden Funktion) und die vermittelnde praxeologisch (in ihrer beurteilenden Funktion, die die theoretischen Kriterien mit dem aktuellen Kairos verbindet).[187] Die wissenschaftstheoretische Reflexion der zu differenzierenden Ebenen wissenschaftlicher Reflexion (praxisnaher und theorienaher einerseits, didaktisch-pädagogischer, fachdidaktischer und fachwissenschaftlicher andererseits) erlaubt es, den Ort der unterschiedlichen Disziplinen für die Religionslehrer*innenbildung genauer zu bestimmen, so dass „die fachwissenschaftliche Ausbildung in der Orientierung an der religionsdidaktischen Reflexionsfähigkeit einen übergeordneten Zielfaktor erhalten [würde], der die Zielfaktoren der eigenständigen disziplinären Reflexionen nicht aufhebt, sondern hebt".[188]

---

183 Reis 2012a, 293.
184 Brieden 2010, 177f.
185 Reis 2012a, 293.
186 Vgl. Brieden/Heger 2018.
187 Vgl. Englert, Rudolf (2008): Religionspädagogische Grundfragen. Anstöße zur Urteilsbildung, Stuttgart, 30f. Für Englert muss sich eine religionspädagogische Theorie auf alle drei Ebenen der Theoriebildung beziehen.
188 Reis 2012a, 294; vgl. Büttner/Reis 2020.

Im Blick auf die praxisnahe Reflexion „könnte eine solche fachwissenschaftliche Theologie die Religionsdidaktik ... unterstützen, das ‚Reli-Wissen' besser zu strukturieren und zu pflegen, und die theologischen Modelle könnten als Konfigurationen des theologischen Denkens" subjektive Lernprozesse orientieren.[189] Im Blick auf die theorienahe Reflexion „würden die Geltungsbedingungen der Konzepte über die Verbindung zu den theologischen Modellen leichter einsichtig und damit für die Studierenden und Lehrkräfte besser einschätzbar".[190] In einer wissenschaftstheoretischen Meta-Reflexion wäre das hier vorgestellte Modell alternativen Modellen gegenüberzustellen, um seine Viabilität zu überprüfen. Das geschieht in diesem Buch ansatzweise im Vergleich mit den Modellen von Boschki und Grümme (s. o. 4.1.4), wäre aber durch weitere Modelle zu ergänzen (s. u. 4.4.4).

4.2.4 Fazit: Wahrheitskriterien, Denkformen und Reflexionstypen am Beispiel eines ‚critical incident'

Der Ertrag der wahrheitstheoretischen Überlegungen ist die Einsicht, dass Aussagen über Realität/Wirklichkeit bzw. Wahrheit in dreifacher Hinsicht zu analysieren sind: Erstens bezüglich der gewählten Wahrheitskriterien und der in ihnen fokussierten Beobachtungsperspektiven, zweitens bezüglich der theologischen Denkformen mit ihren unterschiedlichen Interessen und drittens bezüglich der religionsdidaktischen Reflexionsperspektiven in ihrem Zusammenspiel.

1. Sobald rekonstruiert wird, welche Auffassungen von ‚reality' bzw. der Differenz von Wirklichkeit und Realität (sofern vorhanden) den Aussagen zu Grunde liegen, zeigt sich, dass das Kriterium der Korrespondenz von vorgetragenen Geltungsansprüchen mit Wirklichkeit/Realität bzw. der Relation von Wirklichkeit und Realität allein nicht ausreicht, um ihre Wahrheit zu bewähren (s. o. 4.2.2). Deshalb sind weitere Kriterien zu veranschlagen. Sie konkretisieren aus beobachtungstheoretischer Perspektive Beobachtungen zweiter Ordnung. Denn sie versuchen, durch Beobachtung von Beobachtungen deren Wahrheitsgehalt zu notieren. Dabei legen sie sich entweder auf die Differenz von wahr oder falsch als ihr zentrales Interesse fest (Ebene 3) oder sie behalten die paradoxe Einheit von wahr und falsch im Blick (Ebene 4). Insgesamt beziehen sie sich dabei idealtypisch auf unterschiedliche Beobachtungsebenen bzw. auf diverse Möglichkeiten ihres Zusammenspiels:

- Das (naiv-realistische) Kriterium der *Korrespondenz* akzentuiert den Zusammenhang von Beobachtung erster Ordnung mit der ihr zugrunde liegenden Operation: Ist die aktualisierte Autopoiesis (Ebene 1) wahr oder falsch

---

[189] Reis 2012a, 294.
[190] Ebd., 295.

(Ebene 2)? Die Grenze des Kriteriums liegt darin begründet, dass weitere Kriterien erforderlich sind, um Wahrheit oder Falschheit einer Operation nachzuweisen. Denn kein Mensch kann den standpunktlosen Standpunkt Gottes einnehmen (s. o. 1.1.2; s. u. 4.3.3).

- Das (logische) Kriterium der *Konsistenz* ist ein solches weiteres Kriterium und bezieht sich auf die Stimmigkeit und Folgerichtigkeit der Aussagen zu dem Beobachteten (Ebene 2). Seine Grenze liegt in der Isolation der Aussagen, die einerseits nötig erscheint, um einen Gegenstand einzugrenzen, aber andererseits die Komplexität des Gegenstandes derart reduziert, dass der Geltungsbereich des Wahrheitsanspruchs stark eingeschränkt ist. Das (verfahrenstechnische) Kriterium der *Falsifizierbarkeit* erklärt die Eingrenzung des Gegenstands zur Voraussetzung, um einen Wahrheitsanspruchs zu bewähren, und macht auf diese Weise aus der Not eine Tugend. Insofern unentscheidbare (und nur deshalb zu entscheidende) religiöse Geltungsansprüche in der Regel nicht falsifizierbar sind, fielen sie damit aus dem Spektrum wahrheitsbezogenen (konsistenten) Redens heraus (Wittgenstein). Innerhalb empirischer Forschungspraktiken haben sich (methodische) Kriterien bewährt, um die Konsistenz der zu interpretierenden Daten zu gewährleisten: Die *Validität* bezeichnet die Passung von Messung und Messziel, die *Reliabilität* die Messgenauigkeit im Sinne ihrer Wiederholbarkeit unter den gleichen Konditionen, die *Repräsentativität* das Maß für die Qualität der Stichprobe in ihrer Stellvertretungsfunktion für eine je größere Grundgesamtheit (bei quantitativen Studien) und die *Signifikanz* das Maß für die Zuverlässigkeit der gemessenen Korrelation zweier Variablen (hier geht es um den Ausschluss von Zufallskorrelationen durch statistische Berechnungen).

- Das (relationale) Kriterium der *Kohärenz* bettet die Geltungsansprüche des als konsistent Beobachteten bzw. als falsifizierbar Zugerichteten bzw. als valide, reliabel, repräsentativ und signifkant Erhobenen in weitere Zusammenhänge ein (z. B. der gesellschaftlichen Rahmenbedingungen oder interdisziplinärer Bezüge): Wie spielen Selbstreferenz (Ebene 2) und Fremdreferenz ineinander (Ebene 3)? Durch die Einbettung in andere Zusammenhänge können die Eingrenzungen des Konsistenzkriteriums zwar überwunden werden. Die Grenze des Kohärenzkriteriums zeigt sich aber in der Kontingenz der gewählten Bezüge: Es lassen sich immer weitere zu beobachtende, bislang nicht berücksichtigte Relationen finden. Um Einigkeit über die Auswahl dieser Relationen zu gewinnen, ist das nächste Kriterium relevant.

- Das (soziale) Kriterium des *Konsenses* setzt die Diskutierbarkeit unterschiedlicher Geltungsansprüche voraus, insofern im Vorgriff auf eine im Konsens zu erzielende Wahrheit darauf zu hoffen ist, dass sich jener Anspruch (bzw. jene Kombination von Ansprüchen) durchsetzt, der (bzw. die) auf der Basis des ‚zwanglosen Zwangs des besseren Arguments' (Habermas) nicht unterdrückt werden kann: Wie realisiert sich die Autopoiesis (Ebene 1) im Austausch von Selbstreferenz (Ebene 2) und Fremdreferenz (Ebene 3)? Die Grenze zeigt sich formal in der Beschränkung auf Kommunizierbares sowie der Unterstellung einer „idealen Kommunikationsgemeinschaft" (Apel) und inhaltlich in der Begrenzung auf bestimmte Subjekte (z. B. können Geltungsansprüche von Subjekten der Zukunft zwar im Sinne einer advokatorischen Ethik antizipiert, aber nicht vollständig konstruiert und konkretisiert werden). Maturanas Kriterium der (intersubjektiven) *Validierung* verbindet die Kohärenz- und Konsenskriterien, insofern es darum geht, wissenschaftliche Wahrheitsansprüche vor wechselndem Publikum jeweils so zu reformulieren, dass sie verstanden werden und sich auf diese Weise im dialogischen Austausch bewähren (s. o. 4.2.2.3).

- Das (ethische) Kriterium der *Konsequenz* beurteilt Geltungsansprüche von ihren Wirkungen her: Diese können utilitaristisch im Sinne des größten Glücks der größten Zahl bewertet werden, deontologisch im Blick auf die Beachtung moralischer Pflichten oder auch moralpädagogisch hinsichtlich des Potentials, das moralische Empfinden der Handelnden zu bilden, etc. In der Regel spielen verschiedene Motive und deren Zusammenspiel in das Urteil über die Konsquenzen von Geltungsansprüchen hinein, so dass insgesamt die Ebene 3 zentral ist: Es geht um die Differenz von wahr und falsch im Blick auf die Wirkung als Fremdreferenz eines zu beurteilenden Geltungsanspruchs. Dabei ist der kausale Zusammenhang von Wahrheitsanspruch und Wirkung empirisch kaum nachzuweisen, da die Handlungen, deren Wirkungen zu beurteilen sind, in der Regel ausgelöst werden durch ein Faktorenbündel, das sich nicht auf einen bestimmten Geltungsanspruch reduzieren lässt. Oft werden auch als positiv angesehene Geltungsansprüche (etwa das Gebot der Nächstenliebe) dafür ausgenutzt, um von den eigentlichen Zwecksetzungen abzulenken (wenn z. B. Abgeordnete Masken zum Schutz vor Viren beschaffen und dabei das eigene Portemonnai füllen).

- Das (pragmatische) Kriterium der *Viabilität* fasst im Grunde alle anderen Kriterien zusammen: Als wahr erweist sich, was sich in den Prozessen der Bewährung von Geltungsansprüchen im Zusammenspiel aller Ebenen durchsetzt – und das kann durchaus ein ‚dritter Wert' sein, in dem sich die paradoxe Einheit von Wahrheit und Falschheit des ersten und zweiten Wertes zeigt (Ebene 4). Insofern das Kriterium der Viabilität den Wahrheitsbegriff dynamisiert, weil sich Wahrheit im Prozess des Lebens ereignet (Ebene 1), verweist sie auf das Eingebundensein von Geltungsansprüchen in Praktiken. Alle Kriterien erweisen sich somit selbst als viabel oder nicht-viabel. Der Vorteil des Kriteriums, die sich abspielende Bewährung wertfrei zu beobachten, ist jedoch zugleich seine Grenze: Die Geltungsansprüche, die auf den Ebenen 2 und 3 (Korrespondenz, Konsistenz, Kohärenz, Konsens, Konsequenz) die Differenz von wahr und falsch mit inhaltlichen Motiven verbinden, werden auf den formalen Pragmatismus reduziert: Was geht, ist wahr, weil es geht. Daran zeigt sich, dass eine Reduktion auf das Kriterium der Viabilität selbst nicht viabel ist. Nicht umsonst verweist Maturana auf Prozesse wissenschaftlicher Validierung, denen ethische Maximen vorausliegen: Störungen wie z. B. Vorurteile oder religiöse Einmischungen zu vermeiden und alle interessierten Subjekte an diesen Prozessen zu beteiligen (s. o. 4.2.2.3).

Die blinden Flecken der Kriterien verweisen auf die paradoxe Einheit ihrer Viabilität und ihrer Nicht-Viabilität, was auch für das Viabilitätskriterium selbst gilt. Darin spiegelt sich die Beobachtung dritter Ordnung wider: Das Postulat der paradoxen Einheit von Beobachtung und Nicht-Beobachtung verweist auf die Einheit aller Ebenen, die ihrer Differenzierung vorausliegt (s. o. 4.1.2.2).

2. Auf diese Einheit wird in den unterschiedlichen theologischen Denkformen reflektiert, insofern die religiöse Erfahrung in der Regel eine Transzendenzerfahrung ist, die sich der präzisen Eingrenzung auf eine Beobachtungsebene entzieht. Das generiert weitere Kriterien; drei möchte ich nennen:

- Das (religiöse) Kriterium des *Offenbarungscharakters* deutet darauf hin, dass religiöse Wahrheit eine *empfangene Wahrheit* ist. Deshalb hält Körtner eine konstruktivistische Erkenntnistheorie aus systematisch-theologischer Perspektive für bedenklich (s. o. 4.2.3.2). Demgegenüber bleibt konstruktivistisch festzuhalten, dass auch die religiöse Wahrheit vom einzelnen Subjekt mitkonstruiert wird, indem es im Glauben auf sie antwortet (was Körtner aus biblisch- und praktisch-theologischer Perspektive für unbedenklich erachtet). Gleichwohl kann das Subjekt die religiöse Wahrheit nicht aus sich selbst schöpfen, weshalb lehramtliche Theologie die göttliche Autorität dieser Wahrheit als verbindlich setzt. Aber auch lehramtliche Aussagen können missverständlich sein und sind kontextgebunden. Sie sind daher auf die heilsame Relativierung durch die wissenschaftliche Denkform angewiesen: Es gibt keine Offenbarung an sich, sondern jede Offenbarung konkretisiert sich in den kontextuell eingebetteten Glaubenszeugnissen von Menschen.

- Das (existentielle) Kriterium der *Glaubensüberzeugung* verweist darauf, dass die geglaubte Wahrheit eine *Seinswahrheit* ist. Der Glaube muss nicht religiös sein in dem Sinne, dass er sich auf die Lehren einer bestimmten Religion bezieht. Er ist existentiell, weil er das Tatsachenwissen transzendiert: Was zu wissen ist, muss nicht geglaubt werden. Die Reflexion des Lebensglaubens durch hybride Theologie kann sich an den lehramtlich vorgegebenen Glaubenssätzen reiben, um nicht in der Idiosynkrasie stecken zu bleiben. Wissenschaftliche und sapientiale Theologie leisten Beiträge dazu, den Lebensglauben als in sich konsistent darzustellen und seine Kohärenz innerhalb der pluralen Gesellschaft zu kommunizieren. Bezogen auf die Wahrhaftigkeit des Glaubenszeugnisses des einzelnen entspricht ihr das (personale) Kriterium der *Authentizität* (s. o. 3.3.3.2.2).

- Das (ästhetische) Kriterium der *Stimmigkeit von Glauben und Leben* zeigt auf, dass Glauben und Leben eine korrelative Einheit bilden. Die weisheitliche Reflexion sapientialer Theologie bestätigt diese Korrelation, die sich zwar vom hybriden Kreisen um „das in religiöser Hinsicht ‚einsame Ich‘" nährt,[191] aber durch das sapientiale Bedenken von Alternativen an Weite gewinnt. Dem entsprechend referieren etwa eschatologische Hoffnungsbilder in aktuellen Kinder- und Jugendbüchern zum Thema Tod nicht auf lehramtliche oder wissenschaftliche, sondern auf hybride und sapientiale Denkformen.[192] Im Austausch mit Menschen, die ihren Glauben ähnlich oder auch ganz anders leben, kann sich das eigene Glauben und Nicht-Glauben neu erschließen. Dabei geht es je nach Lernort um unterschiedliche Ziele: Dient die Katechese in der Gemeinde meistens dazu, einen inhaltlichen Konsens bezüglich der Glaubenswahrheiten, die lehramtlich verbindlich gefasst sind, und der aus ihr abzuleitenden Konsequenzen zu finden (Viabilität auf Ebene 3), bedenkt der Religionsunterricht in der Schule primär die Konsequenzen unterschiedlicher religiöser Wahrheitsansprüche, ohne einen inhaltlichen Konsens in Bezug auf die Wahrheitsansprüche selbst zu verfolgen. Die Suche nach einem Konsens dreht sich hier eher um die präzise Darstellung feststellbarer Konsequenzen und ihre geschichtliche und ethische Beurteilung (Viabilität auf Ebene 4). Dazu leistet die wissenschaftliche Denkform einen unverzichtbaren Beitrag.

Wie lässt sich die Relevanz dieser Überlegungen konkretisieren? Ein Beispiel aus der Missionsgeschichte, in dem unterschiedliche religiöse Wahrheitsansprüche aufeinandertreffen, soll zeigen, wie wichtig das *Zusammenwirken* der unterschiedlichen Denkformen ist.

Dreyfus und Taylor interpretieren die Begegnung der spanischen Conquistadoren mit den Azteken: Als die skrupellosen Abenteurer von den aztekischen Opferritualen erfuhren, bei denen lebenden Menschen das Herz aus der Brust gerissen wurde, bestätigte das die Eroberer in ihrem blutigen Kampf gegen die Ureinwohner. Sie konnten die Gegner als ‚Teufelsanbeter‘ diffamieren und sie nun ihrerseits abschlachten.[193] Der Blick der Eroberer richtete sich allein auf die *Konsequenzen*: das Leiden der Opfer, die als Resultat einer religiösen Ritualpraxis dem Gott der Azteken zum Opfer gebracht werden. Aus dem Leiden der Opfer leiteten die Eroberer die Rechtfertigung ab, nun ihrerseits die Azteken zu töten. Sie rechtfertigten ihr brutales Vorgehen theologisch, insofern sie es im Sinne

---

[191]   Englert 2020, 38.

[192]   Vgl. Tomberg, Markus (2021): An diesem Ort war alles anders. Religionspädagogisch interessierte Lektüren von Kinder- und Jugendbüchern zu Sterben, Tod und Trauer aus den Jahren 2017–2020 (Fuldaer Hochschulschriften 62), Würzburg. Tomberg sieht die religionspädagogische Herausforderung darin, „die christliche Tradition an der Sprache, den Motiven und dem Wissen, das aus dem Erzählen von Sterben, Tod und Trauer resultiert, zu schulen. Sie muss vor allem lernen, die Überwindung des Todes im Modus subjektiver, das heißt auch: beglaubigter Welterfahrung zu erzählen, nicht als objektiven Wissensbestand etwa der Katechismen. Die verschwebende Semantik religiöser Tradition braucht andere Referenzen" (176f.).

[193]   Vgl. Dreyfus/Taylor 2016, 211.

ihrer *hybriden Theologie* für plausibel hielten, dass die Azteken den Teufel anbeten (wahrscheinlich von einigen die Eroberung begleitenden Priestern *lehramtlich* unterstützt[194]).

Statt sie als Teufel wahrzunehmen, hätten die hartgesottenen Spanier auch darauf kommen können, „daß das Herausreißen der Herzen, auf die spanische Gesellschaft übertragen, irgendwie der Kirche, der Messe und dergleichen entsprach".[195] Nun wird man Dreyfus und Taylor nicht unterstellen wollen, sie wüssten nicht, dass in der katholischen Messfeier kein Blut fließt, sondern dass diese allenfalls das blutige Leiden Jesu am Kreuz vergegenwärtigt. Gleichwohl ist es ein Ritual, bei dem es um Opfer geht und auch darum, das eigene Herz dem im Ritual anwesend geglaubten Gott zu öffnen. Ein Rückbezug auf die *lehramtliche Theologie* hätte also den Azteken helfen können – und auch den Eroberern, nicht am Völkermord schuldig zu werden. Dreyfus und Taylor wollen mit diesem Beispiel aber verdeutlichen, „daß im Menschsein eine Gemeinsamkeit liegt, die es uns letzten Endes ermöglichen wird, uns in das aztekische Opferritual hineinzudenken, weil es sich um eine Art und Weise handelt, mit der gemeinsamen Conditio humana zu Rande zu kommen".[196]

Die lehramtliche Theologie reicht also alleine nicht aus, es wird eine *sapientiale Theologie* nötig, die den religiösen Sinn hinter den grausamen Menschenopfern der Azteken begreift und als Voraussetzung dafür überhaupt erst einmal die Bereitschaft zeigt, sich der unverständlichen religiösen Wahrheit eines fremden Volkes anzunähern. Was Dreyfus und Taylor den Konquistadoren ‚vorschlagen', wirkt zwar naiv angesichts der Tatsache, dass diese kaum ein Interesse daran hatten, die Eroberten zu verstehen bzw. einen *konsensuellen Diskurs* mit ihnen zu führen. Aber darauf kommt es den Phänomenologen auch nicht an: Wenn die Spanier Interesse gehabt hätten, dann wäre die Analogie zur Messfeier möglicherweise ein Weg gewesen, die Opferrituale der Azteken nicht zu verteufeln. Aber ist damit das Vor-Urteil der Eroberer und ihre Empathie mit den armen Opfern (sollte sie tatsächlich vorhanden gewesen sein) wirklich als falsch zu beurteilen?

---

[194] Johannes Meier erzählt z. B. von der Ignoranz des Dominikanerpaters Vicente de Valverde, der seinen Onkel Francisco Pizarro bei dessen grausamer Eroberung des Inka-Reiches begleitete: Valverde überreichte 1532 dem König Atahualpa eine Bibel, die dieser, aus einer oralen Kultur stammend, als Geschenk unter sein Volk warf. Valverde animierte seinen Onkel daraufhin, Atahualpa ob solcher ‚Blasphemie' gefangen zu nehmen und das anwesende Volk niederzumetzeln (vgl. Meier, Johannes (2018): Bis an die Ränder der Welt. Wege des Katholizismus im Zeitalter der Reformation und des Barock, Münster, 208–212). Lehramtliche Theologie, die Ehrfurcht vor dem heiligen Buch gebietet, müsste nicht im Widerspruch stehen zum Verhalten Atahualpas. Es ist eher die hybride Theologie Valverdes, die ihn aufgrund der kulturellen Differenzen das Verhalten des Königs intuitiv als blasphemisch beurteilen lässt.

[195] Dreyfus/Taylor 2016, 214.

[196] Ebd., 215.

Trifft es denn nicht zu, dass solche Menschenopfer brutal sind und verhindert werden müssen?

Hier hilft die *wissenschaftliche Denkform* weiter: Zwar ging es bei den blutigen Opfern der Azteken in dem von Dreyfus und Taylor beschriebenen religiösen Sinne der Kontingenzbewältigung auch darum, den Göttern Nahrung zu geben, um sie gnädig zu stimmen. Zugleich zeigte der Herrscher seine politische Macht, indem er die umliegenden Völker bekriegte, um deren Kämpfer seinen Göttern zu opfern. Insgesamt wirkten sich interkulturelle Missverständnisse fatal aus für die Azteken: „Sie verstanden nicht, warum die Fremden nicht die kostbaren Federarbeiten, sondern das weniger wertvolle Gold begehrten, warum sie im Kampf töteten, statt Gefangene für Opferzwecke zu sammeln, warum sie sich ihres Gottes so gewiss waren".[197] Sie empfingen den Eroberer Hernán Cortés wie einen König, weil sie in ihm die prophezeite Wiederkehr Quetzalcoatls vermuteten. Indem Cortés 1520 die Stadt ihres Königs Moctezuma, Tenochtitlán – damals mit 250.000 Einwohnern größer als jede europäische Stadt –, 93 Tage lang belagerte, starben die meisten Azteken mangels Nahrung.[198]

Die kirchenhistorische Analyse weist auf den Komplex politischer, kultureller, ökonomischer und religiöser Kontexte hin, um sowohl die Opferrituale der Azteken als auch das Eroberungshandeln der Konquistadoren nachvollziehen zu können. Die *kohärente* Darstellung des Geschehens in seinen vielfältigen systemischen Wechselbezügen erlaubt es erst, aus den Fehlern der Geschichte zu lernen. Am Beispiel kann so deutlich werden, dass ein interreligiöser Dialog ohne interkulturelle Einbettung und epistemologische Demut der Beteiligten kaum das Fundament der von Dreyfus und Taylor beanspruchten „gemeinsamen Conditio humana" erreicht. Macht- und Profitinteressen stehen dem entgegen, genauso wie eine Glaubensgewissheit, die keine Zweifel kennt, die paradoxe Einheit von Glauben und Unglauben also auf Dauer entparadoxiert. Das Zusammenspiel der unterschiedlichen theologischen Denkformen und die Reflexion der verschiedenen Wahrheitskriterien kann dazu beitragen, interreligiöse Konflikte zu lösen – auch wenn ihre interkulturelle, politische und ökonomische Einbettung im Beispiel zeigt, dass allein eine theologische Perspektivenvielfalt kaum dazu ausreicht.

3. Die Beobachtung dritter Ordnung gesteht als postulierte Quelle religiöser Weisheit beispielsweise den zunächst unverständlichen, möglicherweise religiösen Handlungen anderer ihr Recht ein, indem sie sie mit den für Außenstehende unerklärlichen Eigenarten des eigenen Glaubens verbindet und so die *critical incidents* in den interreligiösen Begegnungen zu bewältigen erlaubt.[199] Geht

---

[197]   Meier 2018, 172.

[198]   Vgl. ebd., 170–177.

[199]   Vgl. Willems, Joachim (2011): Interreligiöse Kompetenz. Theoretische Grundlagen – Konzeptualisierungen – Unterrichtsmethoden, Wiesbaden. S. u. 4.3.3.

es nun bei der Organisation interreligiösen Lernens darum, unterschiedliche Wahrheitsansprüche von Religionen in einen Dialog zu bringen, kommen die drei Reflexionsperspektiven ins Spiel:

Durch praxisnahe Reflexion wäre *fachdidaktisch* zu begründen, warum für eine konkrete Lerngruppe das Beispiel des Konflikts der christlichen Eroberer mit den Azteken geeignet erscheint – auf der Basis der bisherigen *didaktisch* orientierten Unterrichtsbeobachtungen (Eingeübtsein des Kurses in bestimmte Methoden, zuvor erarbeiteten Inhalte, zu erreichende Ziele etc.) und der *theologischen* Analyse des zu bearbeitenden interreligiösen Konflikts (im Sinne der didaktischen Sachanalyse als elementare Struktur des gewählten Mediums, z. B. der kirchenhistorischen Analyse von Meier).

Diese Überlegungen inspirieren die theorienahe Reflexion, insofern nun *fachdidaktisch* zu zeigen wäre, inwiefern etwa das Modell der interreligiösen Kompetenz nach Joachim Willems dem erwarteten Lernfortschritt der Schüler*innen besser entspricht als andere Modelle – wiederum auf der Basis der eigenen *didaktischen* Vorstellungen, wodurch sich guter Unterricht auszeichnet (z. B. die Lernenden in eine Dilemmasituation zu führen) und der *theologischen* Modelle, die unterschiedliche religiöse Wahrheitsansprüche aufeinander beziehen (z. B. die religionstheologischen Denkformen des Exklusivismus, Inklusivismus oder Pluralismus, oder die Gemeinsamkeiten und Unterschiede von komparativer Theologie und Theologie der Religionen). Die theorienahe Reflexion bringt zum Ausdruck, was die praxisnahe Reflexion schon zuvor orientiert hat bzw. legt offen, dass es bislang an einer solchen Orientierung mangelte.

Erst die vermittelnde Reflexion erlaubt es, die Orientierungsfunktion der theorienahen Reflexion für die praxisnahe Reflexion und deren Inspirationsfunktion für die theorienahe Reflexion angemessen zu beobachten. Darin erweist sich die Beurteilungsfunktion der vermittelnden Reflexion für die religionsdidaktische Beobachtung religiöser Lehr-Lern-Prozesse insgesamt: Indem sie die Wahrheitsansprüche unterschiedlicher Religionen im Blick auf die Vielfalt der didaktischen, fachdidaktischen und theologischen Überlegungen perspektiviert, kann sie die verschiedenen Beobachtungsperspektiven mit der fachwissenschaftlichen Modellbildung integrieren. Dabei könnte sich beispielsweise ergeben, dass der interreligiöse Konflikt eher auf wirtschaftlichen oder politischen Interessen beruht oder interkulturelle Missverständnisse ihn eher befeuern als die im Hintergrund stehenden religiösen Wahrheitsansprüche.

Oder es ließe sich durch vermittelnde Reflexion im Blick auf die religionsdidaktischen Modelle von Boschki und Grümme zeigen, dass zum einen der beziehungstheoretische Ansatz Boschkis den Erfordernissen eines dialogischen interreligiösen Lernens entspricht, insofern er zu Begegnungen auf Augenhöhe auffordert, und dass zum anderen der alteritätstheoretische Ansatz die Wahrheitsansprüche der fremden Religionen schützt, indem er die Alterität Gottes betont (s. o. 2.3), bzw. zeigten sich durch Reflexion der paradoxologischen Zusammenhänge die blinden Flecken dieser beiden Ansätze (s. o. 3.4.3, 4.1.4).

Oder es kann über die vermittelnde Reflexion das Zusammenspiel der unterschiedlichen theologischen Denkformen zur Erhellung des Konflikts beobachtet werden, wie oben am Beispiel versucht: Der hybriden Theologie der Eroberer (und ihrer vereinzelten, lehramtlichen Bestätigung) ist sowohl lehramtlich als auch wissenschaftlich zu entgegnen, z. B. im Handeln des Dominikaners Bartolomé de Las Casas (1484–1566). Er setzte sich mit seinen Mitbrüdern gegen die Brutalität der Eroberer zunächst in der Karibik für die Menschenrechte der indianischen Ureinwohner ein,[200] später in Guatemala, Nicaragua und Chiapas.[201] Inwiefern liegt solchem Handeln ein sapientiales theologisches Denken zugrunde? Auch könnte gefragt werden, inwiefern die Differenzierung religionstheologischer Modelle ausreicht, den Konflikt zu erhellen: natürlich dachten die Eroberer exklusivistisch, obwohl die christliche Heilsbotschaft allen Menschen gilt, was eine inklusivistische Position erfordert. Ihr entspricht das Anliegen der Jesuiten, die Mission zu entpolitisieren, Sprachen und Gebräuche der missionierten Völker zu erlernen und das Christentum so zu inkulturieren, dass es sich sozusagen bei jedem Volk neu erfand.[202] Aber was passiert, wenn sich ein Christ von der Wahrheit der fremden Religion innerlich so berühren lässt, dass er zwei Religionen zugleich für sich verinnerlicht, wie es etwa dem Benediktinermönch Henri Le Saux (1910–1973) im Dialog mit hinduistischen Traditionen erging?[203] Wenn weder Pluralismus noch Inklusivismus die gelebte religiöse Identität eines Menschen angemessen treffen? Wie trägt das Zusammenspiel wissenschaftlicher und sapientialer Denkform dazu bei, solche Lebensbeispiele theologisch zu begreifen?

Biographien wie jene von Henri Le Saux lehren epistemologische Demut nicht nur im Blick auf religiöse Wahrheitsansprüche. Dieser Haltung entspricht eine verantwortungsvolle (religiöse) Bildung, die in der Neugier auf den religiösen Erfahrungsbereich des Menschen verwurzelt ist. So lassen sich die beiden spirituellen Gefahren eines epistemologischen Hochmuts vermeiden, die nach Maturana das Leben aller Menschen gefährdet:

Erstens „[...] zu glauben, daß er oder sie der Besitzer einer Wahrheit oder der legitime Verteidiger eines Prinzips [...] sei [,] weil er oder sie sofort blind für

---

[200] Vgl. Meier 2018, 145–164.

[201] Vgl. ebd., 193–200.

[202] Vgl. am Beispiel der Chinamission ebd., 95–119. In China war beispielsweise die eigene wissenschaftliche Exzellenz ein Mittel, um sich bei der hoch gebildeten Führungsschicht interessant zu machen. Dieses Vorgehen trug den Jesuiten in der Konkurrenz mit anderen Orden den Vorwurf ein, durch intellektuelle Überlegenheit Misstrauen hervorzurufen und die Verkündigung Christi zu vernachlässigen (vgl. ebd., 113).

[203] Vgl. Hackbarth-Johnson, Christian (2008): Henri Le Saux/Swami Abhishiktananda, in: Bernhardt, Reinhold/Schmidt-Leukel, Perry (Hg.): Multiple religiöse Identität. Aus verschiedenen Religionen schöpfen (Beiträge zu einer Theologie der Religionen 5), Zürich, 35–58.

seine/ihre Umstände wird und in die Sackgasse des Fanatismus gerät", und zweitens „zu glauben, daß er/sie nicht immer völlig verantwortlich für seine/ihre Handlungen beziehungsweise für sein/ihr Wünschen oder Nichtwünschen der Konsequenzen seiner/ihrer Handlungen ist. Schließlich betrachte ich als das größte Geschenk, das uns die Wissenschaft bietet, die Möglichkeit, frei von Fanatismus – und wenn wir es wollen – zu lernen, wie wir durch rekursive Reflexionen über Umstände immer verantwortlich für unsere Handlungen bleiben."[204]

Im Folgenden geht es darum, die religionspädagogische Verantwortung für religiöse Lernprozesse auf der Basis einer Paradoxieentfaltung zu begründen, die im Ernstnehmen der Paradoxien ein wirksames Mittel gegen Fanatismus erblickt. Paradoxieentfaltung sollte sich damit als eine wissenschaftstheoretische Perspektive der Religionspädagogik erweisen, die Merkmale der ideologiekritischen, handlungs- und wahrnehmungswissenschaftlichen Perspektive integriert (s. u. 4.3.7).

4.3 Beobachtung als Paradoxieentfaltung: religions-/ pädagogische Applikation der Paradoxologie Jean Clams

Wenn nun die im dritten Kapitel vorbereitete Analogie zwischen den Paradoxien des Rechts nach Jean Clam (s. o. 3.4.1) mit religiösen, theologischen und religionspädagogischen Paradoxien präsentiert wird, geht es mir darum, den inneren Bezug religionspädagogischer Grundfragen zur konstruktivistisch verstandenen Form der Unterscheidung zu plausibilisieren. Es geht weder um eine allseitige Passung der verschiedenen Perspektiven noch darum, mit der Paradoxologie einen neuen Einheitspunkt zu inaugurieren, von dem aus sich alle Diskurse fein säuberlich ordnen ließen. Das bedeutete nach Clam eine Theologisierung der Paradoxologie, die schleunigst zu enttheologisieren wäre, um die Prozesse der Entparadoxierung transparent zu halten. Dementsprechend geht es mir im Folgenden darum, durch Hiweise auf Verbindungslinien zwischen religiösen, theologischen und religionspädagogischen Entparadoxierungsstrategien Fragestellungen zu generieren, die für die religionspädagogische Forschung fruchtbar sein könnten.

An den Anfang stelle ich die Teilparadoxie, die im Zentrum der Grundparadoxie liegt: Der Frage nach der *Identität* des Rechts entspricht theologisch die Frage nach der religiösen Wahrheit und religionspädagogisch die Frage nach der Lernbarkeit des Glaubens, insofern sie mit Konzepten der Kinder- und Jugendtheologie und einer performativen Didaktik gekoppelt ist (1). Darauf folgt die Frage nach dem *Anfang* des Rechts, die ich theologisch mit der Kanonisierung der Schrift und der Dogmatisierung von Glaubensinhalten zusammenführe,

---

[204] Maturana 2000, 359f.

denen religionspädagogisch Fragen der Bibel- und Dogmendidaktik zugeordnet werden (2). Die Frage nach der *Ambiguität* des Rechtscodes verbinde ich fundamentaltheologisch mit der Frage nach der Perspektivität religiöser Gestaltungen des Verhältnisses von Immanenz und Transzendenz (von der atheistischen Infragestellung bis zum Pluralismus der Religionen) und religionspädagogisch mit Didaktiken interreligiösen Lernens (3). Die Frage nach der *Mutualität* des Rechts – dem zirkulären Zusammenhang von Gesetz und Urteil – wird korreliert mit glaubensbiographischen bzw. entwicklungspsychologischen Fragestellungen in Theologie und Religionspädagogik (4). Die Frage nach der *Parasitierung* des Rechts durch die Politik wird bezogen auf theologische und religionspädagogische Verhältnisbestimmungen zu Moral und Kunst (5). Schließlich führt die Frage nach der *Unabschließbarkeit* der Rechtsordnung auf die Grundparadoxie der Identität zurück. Theologisch geht es um die Unabgeschlossenheit religiöser Sprache und kommunikativ-theologischer Prozesse, religionspädagogisch um Symbol- und Zeichendidaktik sowie um die Korrelationsdidaktik in ihren diversen Spielarten (6).[205]

Clam nennt „weitere Aspekte der Rechtsparadoxie", die Luhmann aufführt, „so z. B. die Paradoxie der Jurisprudenz als Zirkularität von Interesse und Wertung oder diejenige der Rückkopplung von an Entscheidungsfolgen orientierten Entscheidungen an die Folgen solcher Orientierung selbst".[206] Sozialethische bzw. machttheoretische Fragestellungen und die Diskussionen um Kompetenzorientierung (s. o. 3.1.2) ließen sich zwanglos mit den genannten Aspekten verbinden; diese Hinweise mögen die Unabschließbarkeit der Darstellung andeuten und entsprechen somit formal der zuletzt darzustellenden Teilparadoxie. Natürlich hängen alle Teilparadoxien als Entfaltungen der Grundparadoxie eng miteinander zusammen; die Grenzen sind fließend – und wie sie hier gezogen werden, wird von vielen Faktoren abhängen, die nicht alle ins Bewusstsein treten. Es dürfte klar sein, dass zu jeder Teilparadoxie eine eigene Monographie zu verfassen wäre (7). Um den Rahmen nicht zu sprengen, kann daher nicht auf alle Aspekte detailliert eingegangen werden, die je Teilparadoxie ausführlich zu erörtern wären.

Im Folgenden gehe ich jeweils nur auf die Tabellenzeilen zu Religion, Theologie und Religionspädagogik ein; die ausführlicheren Zeilen zur Paradoxie des Rechts stehen für sich selber. Die tabellarischen Darstellungen haben lediglich einen heuristisch-didaktischen Wert; sie dürfen nicht überinterpretiert und in ihren Grenzziehungen verabsolutiert werden. Mit der Frage nach der Identität des Rechts auf dem Boden der paradoxen Einheit von Recht und Gewalt beginne ich die Darstellung mit dem grundlegenden Paradox, an dem alle Teilparadoxien einen gewissen Anteil haben.

---

[205] Vgl. Clam 2004, 124–135.
[206] Ebd., 135.

4.3.1 Identität: Wahrheit und Glaubenslernbarkeit

Die Grundparadoxie betrifft die Identität des jeweiligen gesellschaftlichen Systems. Um sie zu erfassen, ist ein Reentry der das System konstituierenden Differenz auf die markierte Seite der Unterscheidung erforderlich, also eine Beobachtung zweiter Ordnung. Die Paradoxie besteht jedoch bereits durch jede Operation, die sich in der Form der Unterscheidung als Einheit von *indication* und *distinction* vollzieht, also implizit bereits innerhalb einer Beobachtung erster Ordnung, auch wenn sie von dort aus nicht beobachtet werden kann (s. o. 1.4.3, 2.2; 4.1).

Innerhalb einer Beobachtung erster Ordnung im religiösen System zeigt sich die Paradoxie beispielsweise, indem Gott verehrt wird, obwohl er nicht beobachtet werden kann. Dass er gleichwohl beobachtet wird, ist nur möglich, wenn die Differenz von Transzendenz und Immanenz auf die Seite der Immanenz wiedereingeführt wird. Dieser Reentry wird theologisch beobachtet, indem die religiösen Beobachtungen reflektiert werden. Dann erscheint Gott jenseits der Grenze der Unterscheidung von Immanenz und Transzendenz als der absolut Transzendente. Positiv ausgedrückt ist er die Wahrheit schlechthin und wird als solche trotz seiner Nichtobjektivierbarkeit objektiviert.[207] Auf der Ebene der religiösen Beobachtung erster Ordnung spiegelt sich diese Entparadoxierung in der Kontingenzformel Gott wider (s. o. 3.2.2.3). Sie verbürgt als ununterscheidbare Quelle der Unterscheidungsweisung die paradoxe Einheit von Freiheit und Zwang: Der Unterscheidungszwang eröffnet die Freiheit, sich für eine bestimmte Weise des Unterscheidens zu entscheiden und ordnet damit die Verantwortung für deren Folgen den beobachtenden Systemen zu (s. o. 3.3.2.2). Die Unausweichlichkeit der Verantwortung kann dann religiös als „eine mit Liebe gegebene Freiheit" angenommen werden (s. o. 3.3.3.1).

	Thema/Paradox	‚Zwölftes Kamel'	‚Kamel-Rückgabe'
Recht (Clam)[208]	Reentry der system-stiftenden Differenz des Rechts in sich selbst: Unterscheidung von Recht/Unrecht (*marked space*) von Nicht-Recht (*unmarked space*): Alterität von Recht und Gewalt bei gleichzei-	Unterscheidung zwischen Rechtssetzung und Rechtserhaltung als Bedingung der Rechtsgeltung Rechtssystem besteht nur, wenn und solange diese Differenz besteht	Recht durchschaut seine Distanz zu sich selbst, führt diese Einsicht in seine Nicht-Identität identitätsbildend in sich selbst wieder ein – und rettet damit seine Identität (elaborierteste Entparadoxierung, entspricht

---

[207] S. o. 4.2.3; s. u. 4.3.6. Vgl. Wallich 1996, 494. S. o. 1.3.1.
[208] Vgl. ebd., 126–128. Die Texte in den Zeilen zum „Recht" sind jeweils aus den Sätzen Clams kombiniert, ohne jede einzelne Phrase als Zitat zu kennzeichnen.

	Thema/Paradox	,Zwölftes Kamel'	,Kamel-Rückgabe'
	tiger Nicht-Scheidbarkeit des Rechts von der Gewalt		der Moderne am besten)
Religion	Verehrung Gottes trotz seiner Unsichtbarkeit, paradoxe Einheit von Glauben und Zweifeln	Gott als ununterscheidbare Quelle der Unterscheidungsweisung – und damit Ursprung von Freiheit und Verantwortung	(Oszillieren zwischen Glauben und Zweifeln)
Theologie	(Reentry:) Unterscheidung von Immanenz/Transzendenz (*marked/unmarked space*) von der Transzendenz (*empty space*)	Gott als absolute Wahrheit: Objektivieren des Nichtobjektivierbaren positive Theologie	Verzicht auf ,Gott' als Kontingenzformel negative Theologie
Religionspädagogik	(Reentry:) Unterscheidung von Nicht-Lernbarkeit/Lernbarkeit des Glaubens (*marked/unmarked space*) von der göttlichen Gnade (*empty space*)	Unterstellung der Lernbarkeit des Glaubens performative Religionsdidaktik	Religionspädagogische Absichtslosigkeit Kinder- und Jugendtheologie

Tabelle 10: Identität – paradoxe Einheit von Recht und Gewalt, Glaube und Zweifel, Immanenz und Transzendenz, Nicht-Lernbarkeit und Lernbarkeit des Glaubens

Die Paradoxieentfaltung kann sich fortsetzen, indem auf der theologischen Ebene die Nichtobjektivierbarkeit Gottes im Rahmen einer negativen Theologie betont wird.[209] Das kann bis zu einer atheistischen Theologie führen, die im Gefolge Bonhoeffers auf die „Arbeitshypothese Gott" verzichtet.[210] Wenn Gott beispielsweise darauf festgelegt wird, den Menschen dabei zu helfen, ihre Kontingenz zu bewältigen, erscheint eine atheistische Frömmigkeit gerechtfertigt, die auf paradoxe Weise die Gottheit Gottes bewahrt. Wie gehen Menschen mit der Erfahrung um, dass Gott nicht eingreift? Auf religiöser Ebene gehört es zur Dynamik des Glaubens, immer wieder durch Zweifel angefochten zu werden (s. o. 3.1.3.2). Ein Oszillieren zwischen Glauben und Zweifeln ist deshalb der Nichtobjektivierbarkeit Gottes durchaus angemessen, wenn auch kein Dauerzustand. Theologisch kann wiederum darauf reagiert werden, indem man die Fremdheit

---

[209] Vgl. Scheible 2015, 279–285. S. o. 1.3.4
[210] S. o. 3.3.3.2.4. Vgl. z. B. Sölle, Dorothee (1968): Atheistisch an Gott glauben, Olten. Diese Sammlung von Essays aus den Jahren 1962–68 wurde mehrfach aufgelegt und kontrovers diskutiert. Die paradoxe Formulierung des Titels regte jedenfalls zur Reflexion an.

Gottes akzentuiert, der eben nicht in den Projektionen der Menschen aufgeht, auch wenn er nicht ohne solche Projektionen gedacht werden kann.

Theologisch und religionspädagogisch wird hier ein umfassender Weltbegriff angesetzt, der in der Form der Unterscheidung nicht allein die Differenz von *marked* und *unmarked space* berücksichtigt (wie der Reentry innerhalb des Rechtssystems), sondern ebenso den dritten Wert eines Kontexts (*empty space*), durch den ‚Welt‘ als paradoxe Einheit von Welt und Nicht-Welt verstehbar wird. Im religiösen System wird die Weltparadoxie entparadoxiert, indem der Welt transzendierende *empty space* im Reentry an die Stelle des *unmarked space* rückt, weil dessen Stelle frei wird, insofern sich auf der Seite der Immanenz die Differenz von *marked/unmarked space* in der Differenz Immanenz/Transzendenz widerspiegelt (s. o. 3.2.2.1). Dadurch besteht zum einen die Möglichkeit, als Kontingenzformel für das Transzendente statt ‚Gott‘ das ‚Nichts‘ (*empty space*) einzusetzen, wie es etwa buddhistische Traditionen anbieten.

Zum anderen könnte der Weltbegriff im Sinne seiner Paradoxie (als paradoxe Einheit von Welt und Nicht-Welt) so weit ausgedehnt werden, dass er alles umgreift: *marked/unmarked/empty space,* oder in ontologischer Sprache: *Sein und Nichts.* Dadurch könnte Gott monistisch mit der Welt identifiziert werden, wie es etwa pantheistische Positionen nahelegen. Christliche Theologien beharren in der Regel auf der Differenz Gottes zur Welt, weil nur so Gott mit ihr und den Menschen als Teil der Welt eine auf Freiheit gegründete Beziehung eingehen kann: Gott hat die Welt aus seiner Liebe heraus geschaffen, deshalb ist sie in ihrem Dasein restlos auf ihn bezogen – und wir können nur von Gott reden, wenn wir auch über die Welt sprechen. Zugleich hat er sie liebend in Freiheit gesetzt, so dass die Welt auch ohne ihn verstanden werden kann – *etsi deus non daretur.*[211]

Für die Perspektive einer religionspädagogischen Beobachtung als einer wissenschaftlichen Beobachtung zweiter Ordnung ist es zentral, religiöse Beobachtungen nicht allein in ihrem operativen Aspekt zu beobachten, also was sie bezeichnen, sondern sie als Beobachtung in der Paradoxie der Zwei-Seiten-Form zu beobachten: Welche Unterscheidungen treffen Menschen, wenn sie auf der Ebene einer Beobachtung erster Ordnung etwas Immanentes in seinem Bezug zur Transzendenz beobachten? Das methodisch präzise nachzuvollziehen –

---

[211] S. o. 2.1.3. Hans-Joachim Höhn betont die Geltung dieses Satzes sowohl in erkenntnistheoretischer als auch in lebenspraktischer Hinsicht, mit Verweis auf Ingolf U. Dalferth: „Was sich zu eigen ist, frei und mit sich identisch existiert, ist hinsichtlich seiner Identität, Freiheit und Autonomie von keiner anderen Größe abhängig. Hinsichtlich seines Verschiedenseins vom Nichts seiner selbst kann es jedoch von sich aus den Unterschied zwischen Dasein und Nichtsein keineswegs wahren. Im Gegenzug trifft daher ebenso zu: Wenn es einen Grund für den Unterschied von Sein und Nichts gibt, muss er zwar von allem was ist, verschieden sein, aber zugleich muss alles, was ist, hinsichtlich des Umstands, dass es ist, auf diesen Grund bezogen sein" (Höhn 2020, 176; in Bezug auf den Gottesbegriff vgl. Höhn 2008, 189f.).

darum geht es u. a. im weiten Feld religionspädagogisch-empirischer Forschung, besonders im Teilbereich der qualitativen Empirie.[212]

Empirische Untersuchungen zeigen, dass eine religiöse Primärsozialisation in den Familien nachlässt.[213] Insofern sich das Phänomen des Religiösen aber nur in und durch religiöse Vollzüge erschließt sowie ein ganzheitliches, ästhetisches Lernen Nachhaltigkeit verspricht, sind zahlreiche Religionsdidaktiker*innen der Überzeugung, dass an einem performativen Lernen kein Weg vorbeigeht. Damit ist gemeint, religiöse Vollzüge im Religionsunterricht zu inszenieren. So wird die Paradoxie, dass der zentrale Gegenstand des Religionsunterrichts – der Glaube der jeweiligen Konfession oder Religion – nicht lernbar sei, durch die Unterstellung seiner Lernbarkeit entparadoxiert. Natürlich gehen die Vertreter*innen dieses Konzepts nicht davon aus, dass der Glaube verfügbar sei: „Ob [...] aus einzelnen Erlebnissen subjektiv bedeutsame Erfahrungen werden, die die Lernenden beibehalten, entzieht sich der Steuerung durch die Lehrenden: Die tatsächliche Wirkung einer performativen Handlung ist didaktisch nicht verfügbar."[214] Gegen den Verdacht, durch performativen Religionsunterricht eine mangelhafte religiöse Erziehung innerhalb der Familie kompensieren zu wollen, wehren sich die Vertreter*innen des Konzepts, indem sie betonen, dass es nicht um ein Erlernen des Glaubens, sondern um das Verstehen des Religiösen gehe.[215] Deshalb wird der Reflexion des performativ Erlebten eine große Bedeutung zugemessen.[216]

Dem entspricht es, dass zum Glauben eine Beobachtung zweiter Ordnung gehört, sobald Menschen ihre religiösen Beobachtungen reflektieren. Aus dieser

---

[212] Als ersten Überblick vgl. z. B. Heil, Stefan (2015): Artikel „Empirie", in: Das Wissenschaftlich-Religionspädagogische Lexikon WiReLex. https://www.bibelwissenschaft.de/stichwort/100002/ Aufruf 15.12.2021; Klein, Stephanie (2016): Artikel „Qualitative Sozialforschung in der Religionspädagogik", in: Das Wissenschaftlich-Religionspädagogische Lexikon WiReLex. https://www.bibelwissenschaft.de/stichwort/100118/ Aufruf 15.12.2021.

[213] Vgl. Blasberg-Kuhnke, Martina (2015): Artikel „Familie", in: Das Wissenschaftlich-Religionspädagogisches Lexikon WiReLex. https://www.bibelwissenschaft.de/stichwort/100100/ Aufruf 15.12.2021; Riegel, Ulrich (2018): Artikel „Sozialisation, religiöse", in: Das Wissenschaftliche-Religionspädagogisches Lexikon WiReLex. https://www.bibelwissenschaft.de/stichwort/200373/ Aufruf 15.12.2021.

[214] Mendl 2018, 209. Vgl. Mendl, Hans (2016/Hg.): Religion zeigen – Religion erleben – Religion verstehen. Ein Studienbuch zum Performativen Religionsunterricht (Religion innovativ 16), Stuttgart; einen Überblick geben: Leonhard, Silke/Klie, Thomas (2012): Performatives Lernen und Lehren von Religion, in: Grümme/Lenhard/Pirner (Hg.), a. a. O., 90–104; Dressler, Bernhard (2015): Artikel „performativer Religionsunterricht, evangelisch", in: Das Wissenschaftlich-Religionspädagogische Lexikon WiReLex. https://www.bibelwissenschaft.de/stichwort/100017/ Aufruf 15.12.2021.

[215] Vgl. z. B. Mendl 2019.

[216] Vgl. z. B. Dressler, Bernhard/Klie, Thomas/Kumlehn, Martina (2012): Unterrichtsdramaturgien. Fallstudien zur Performanz religiöser Bildung, Stuttgart.

Beobachtung entsteht Theologie. Es ist erstaunlich, welche theologischen Einsichten bereits Kinder im Kindergartenalter formulieren, wenn man sie dazu anregt, über biblische Texte oder religiöse Fragen nachzudenken.[217] Ein Beispiel sei aus einer von mir betreuten Abschlussarbeit gegeben. Kindergartenkinder wurden in Einzelinterviews zum Thema ‚Engel‘ befragt und zeigten dabei durchaus angelologische Kompetenzen (s. o. 3.2.3.3).

Die fünfjährige Melina beispielsweise meint: „*Man kann Engel nicht sehen, aber die können uns sehen. Und Gott kann die Engel sehen. (...) Wenn die uns sehen, dann beschützen die uns. Aber manchmal schickt Gott sie nach oben und dann haben die Menschen Pech und sterben und verletzen sich. Wenn Gott nicht auf sie aufpasst.*" Melina bringt Gott ins Spiel. Die Engel unterscheiden sich nicht nur von uns Menschen, sondern auch von Gott. Die Engel beobachten die Menschen und Gott beobachtet die Engel. Gott steht über den Engeln, denn er erteilt ihnen Befehle – „nach oben" zu kommen. Und er kann den Menschen helfen, wenn die Engel die Menschen nicht sehen. Wenn etwas Schlimmes passiert, war entweder gerade kein Engel zur Stelle oder Gott hat nicht aufgepasst. Melina denkt auch differenziert über den Ort der Engel nach: „*Aber die wohnen in zwei, eh in drei Orten. Einmal hier, wo die Menschen wohnen, einmal im Himmel und einmal hier in uns drin*" (Melina zeigt auf sich selbst mit der Hand). Damit bringt Melina die theologische Auffassung zum Ausdruck, dass sich Engel als reine Geistwesen in einer anderen Raumdimension aufhalten als Menschen. Melina ist überzeugt: Auch wenn man Engel nicht sehen kann, so kann man sie doch spüren: „*Wenn du zum Beispiel richtig an sie glaubst, kannst du sie vielleicht in deinen Träumen sehen.*"

Um solche theologischen Kompetenzen von Kindern zu fördern und Anstöße zur Entwicklung ihrer diversen Denkformen und deren Zusammenspiels zu geben (s. o. 4.2.3.3; 4.2.4), widmen sich im Anschluss an die Kinderphilosophie viele Religionspädag*innen dem Forschungsbereich der Kinder- und Jugendtheologie.[218] Umstritten ist, welche Relevanz dieser Ansatz für den konkreten Religionsunterricht hat, weil intensive theologische Gespräche eher in kleinen Gruppen möglich sind. Das letzte Jahrbuch für Kindertheologie (vor Zusammenlegung der Reihe mit dem Jahrbuch für Jugendtheologie) bearbeitet daher diese Frage der Praktizierbarkeit.[219]

---

[217] Vgl. z. B. Bucher, Anton/Büttner, Gerhard (2010/Hg.): „In der Mitte ist ein Kreuz". Kindertheologische Zugänge im Elementarbereich, Jahrbuch für Kindertheologie 9, Stuttgart.

[218] Vgl. Büttner, Gerhard/Freudenberger-Lötz, Petra/Kalloch, Christina/Schreiner, Martin (2014/Hg.): Handbuch Theologisieren mit Kindern. Einführung – Schlüsselthemen – Methoden, Stuttgart; die Jahrbücher für Kindertheologie (15 Bände und sechs Sonderbände zwischen 2002 und 2016) und die Jahrbücher für Jugendtheologie (fünf Bände zwischen 2013 und 2017) wurden 2018 zusammengeführt zum Jahrbuch für Kinder- und Jugendtheologie (bislang sind vier Bände erschienen, s. u. 4.3.2).

[219] Roose, Hanna/Schwarz, Elisabeth (2016/Hg.): „Da muss ich dann auch alles machen, was er sagt" – Kindertheologie im Unterricht (Jahrbuch für Kindertheologie 15), Stuttgart

Auch wenn im Religionsunterricht Theologie von Kindern, mit Kindern und für Kinder und Jugendliche Räume erhält, Religion im Unterricht performativ in Szene gesetzt und reflektiert wird, bleibt die Frage offen, ob der Glaube im Religionsunterricht gelernt werden kann (bzw. es überhaupt soll) oder nicht. Wenn die Unterscheidung der Lernorte Katechese und schulischer Religionsunterricht dazu führt, den Kontext des Glaubenlernens aus dem Religionsunterricht auszuschließen: Zeigt sich darin dann nicht eine euryalistische Invisibilisierung der grundlegenden Paradoxie? Bezüglich des Verhältnisses von Glauben und Lernen favorisiert demgegenüber Rainer Lachmann mit seiner Typologie den „Vermittlungstyp", der die gnadentheologische Einsicht in das Gott vorbehaltene Geben des Glaubens („Unverfügbarkeitstyp") mit der Erfahrung verbindet, dass auch der Glaube von Lernprozessen angeregt und begleitet wird („Lehr- und Lernbarkeitstyp").[220] Nach Alexander Schimmel besteht ein religionsdidaktischer Konsens darüber, dass zwar Glaubensinhalte (*fides quae*) gelernt werden können, der Glaubensvollzug (*fides qua*) jedoch, der eine lebendige Gottesbeziehung voraussetzt, didaktisch nicht planbar ist und daher unverfügbar bleibt.[221]

Für Markus Tomberg und Paul Platzbecker wird jedoch die Problematik des Glaubenlernens nur unzureichend erfasst, wenn Lernbarkeit und Nicht-Lernbarkeit lediglich den beiden voneinander abhängigen Bestandteilen des ganzheitlichen Glaubensvollzugs zugeordnet werden.[222] Beide fundieren auf der Grundlage der Freiheitstheologie von Thomas Pröpper die Einheit von Lernen und Glauben im Freiheitsbegriff: „Lernen und Glauben gründen in der Freiheit und zielen auf Gott. Bildung und Lernen sind prinzipiell für Glauben geöffnet."[223]

2016. Vgl. Reiß, Annike/Freudenberger-Lötz, Petra (2012): Didaktik des Theologisierens mit Kindern und Jugendlichen, in: Grümme/Lenhard/Pirner (Hg.), a. a. O., 133–145.

[220] Vgl. Lachmann, Rainer (2006): Artikel „Lehr- und Lernbarkeit des Glaubens", in: Bitter, Gottfried/Englert, Rudolf/Miller, Gabriele/Nipkow, Karl Ernst (Hg.): Neues Handbuch Religionspädagogischer Grundbegriffe, München, 11. Aufl., 435–439.

[221] Schimmel, Alexander (2015): Artikel „Glaube", in: Das Wissenschaftlich-Religionspädagogische Lexikon WiReLex. https://www.bibelwissenschaft.de/stichwort/100062/ Aufruf 15.12.2021.

[222] Rudolf Englert bewertet die beiden Habilitationsschriften als „hochrespektable Versuche", das Autonomiebewusstsein heutiger Menschen mit der christlichen Heilsdramaturgie zu vereinbaren; sie seien jedoch „in der Breite schon einer christlich-kirchlichen Öffentlichkeit hinein kaum zu vermitteln" (Englert 2018, 70, Fußn. 110). Gleichwohl hängt die praktische Bedeutung solch theoretischer Überlegungen (z. B. im Blick auf die Bestimmung der Ziele des Religionsunterrichts) nicht davon ab, wie stark sie in der gesamten Bevölkerung bzw. der „christlich-kirchlichen Öffentlichkeit" verbreitet sind oder inwieweit sie innerhalb dieser Gruppen verstanden werden. Wegen ihres hohen Abstraktionsgrades setzen sie die Bereitschaft zu einer intensiven Auseinandersetzung voraus und werden von daher erstmal ‚nur' von Expert*innen wahrgenommen – die sind aber verantwortlich für die Lern- und Bildungspläne.

[223] Tomberg 2010, 42.

– „Bildung, Glaube und Religion sind über die Freiheit des Subjekts untrennbar miteinander verknüpft und wechselseitig aufeinander verwiesen.“[224]

Im Rückgriff auf Pröpper bezeichnet Tomberg Glaube als „das Geschehen, … in dem eine Freiheit – vermittelt durch mitmenschliche Freiheit – sich selbst dadurch bestimmt, daß sie in Gottes zuvorkommende Liebe einstimmt und von ihr sich bestimmen lässt.“[225] Auf dieser Basis entfaltet Tomberg das Glaubenlernen in vier Grundvollzügen: „Glaube lernt …

- … an der Freiheit des konkret begegnenden anderen“ (kommunial);
- …, weil Menschen gemeinsam und füreinander die Bedeutung der Tradition erschließen“ (advokatorisch);
- … die Bedeutung Gottes in Begegnungen zu verstehen“ (theologal).
- „Glaube vollzieht sich als lernende Umkehr zu sich selbst“ (ekklesial).[226]

Insgesamt geht es Tomberg darum, „die theologale Dignität von Beziehungen *im Lernprozess selbst* zu entdecken und auf diese Weise authentische Realisierung von christlicher Religion zu ermöglichen.“[227] Nur über eine solche „Verschränkung von Glauben und Lernen“, wie sie sich in den Beziehungen der am Lernprozess beteiligten Personen und Medien vollzieht, sei „dem latenten Extrinsezismus christlicher Gottesrede wirksam [zu] begegnen. *Folgerichtig wäre Religionsdidaktik weiterzuentwickeln als explizit reflektierte Theorie gläubigen Handelns.*“[228] Bernhard Dressler betont aus anderer Perspektive den dialektischen Zusammenhang von Glauben und Bildung: „Wird dem Glauben (als *fides qua* und als *fides quae creditur*) in Bildungsprozessen nicht begegnet, kann er als *gebildeter* Glaube

---

224 Platzbecker 2013, 412. Zur Lernbarkeit des Glaubens vgl. ebd., 140–195.

225 Tomberg 2010, 87f. Zitat: Pröpper, Thomas (1988): Erlösungsglaube und Freiheitsgeschichte. Eine Skizze zur Soteriologie, München, 2. erw. Aufl., 17. Zur Lernbarkeit des Glaubens vgl. das gesamte erste Kapitel, ebd., 13–118. Ich gehe im Folgenden nur kurz auf die Argumentation bei Tomberg ein, auf die auch Platzbecker aufbaut, wenn er etwa schreibt: Solange „der Geist der Freiheit und der Anerkennung das Vermittlungs- und Erziehungsgeschehen prägt, sind Glauben-Lern-Prozesse möglich, die nicht an der Freiheit der Heranwachsenden vorbei, sondern in und aus ihr gestaltet sind“ (Platzbecker 2013, 413; zum zustimmenden Bezug auf Tomberg vgl. ebd., 194f., 329–344). Im Unterschied zu Tomberg differenziert Platzbecker stärker zwischen Glauben und Religion, Glaubensdidaktik und Religionsdidaktik (vgl. ebd., 169, Fußn. 109).

226 Vgl. Tomberg 2010, 328–359; Zitate aus den Überschriften 330, 342, 350, 355. Ob die tabellarischen Zuordnungen dieser kriterialen Grundvollzüge zu den kirchlichen Grundfunktionen („koinonia, martyria, diakonia und liturgia“), den Dimensionen gläubiger Vernunft („Gott, Selbstoffenbarung, Handeln Gottes und Erlösung“) sowie den Bildungsgehalten und allgemeinen Kompetenzen allseitig überzeugen, wird umstritten bleiben; die Tabelle bringt aber die komplex verästelten Überlegungen Tombergs in eine gute Übersicht (vgl. 366f.).

227 Ebd., 303. Zuvor rezipiert Tomberg (u. a.) die beziehungsorientierten Religionsdidaktiken von Egon Spiegel (Gott als Macht in Beziehung, vgl. ebd., 107–109) und Reinhold Boschki (s. o. 2.3.1), vgl. ebd., 292–302. Zur Bedeutung der Authentizität s. o. 3.3.3.2.2; 4.2.4.

228 Ebd., 308.

nicht gedeihen.“[229] Bildung ermöglicht somit ein Wachstum im Glauben. Die Diskussion des Glauben-Lernen-Problems bleibt an der Oberfläche, wenn *fides qua* und *fides quae* auseinandergerissen werden und die paradoxe Einheit von Glauben und Bildung nicht wahrgenommen wird: „Im Bildungsprozess tritt der Glaube – scheinbar paradox – als eine unmittelbare Gewissheit zu sich selbst in eine reflexive Distanz.“[230]

Was bedeutet und bewirkt die Einsicht in die paradoxe Einheit von Lernbarkeit und Nichtlernbarkeit des Glaubens? Die Anerkennung der Unverfügbarkeit des Lebens (und damit auch des Lernens, insofern sich im Lernen die Lebendigkeit zeigt) ist der Anfang des Glaubens und Thema aller Religion. Sie ist selbst unverfügbares Ziel jedes Religionsunterrichts. Die Unverfügbarkeit des Lebens wird dann in der jeweiligen Sprache der konkreten Religion zum Thema und unverfügbaren Lernziel. Wie kann aber das nicht Erzielbare trotzdem Ziel des Lernens im Religionsunterricht sein? Rudolf Englert spricht von einer „absichtslosen Religionspädagogik“, die allein „Gott Raum schaffen“ möge.[231] Der Freiheit Gottes entspricht es, wenn Menschen sein Wirken nicht unter ihre Absichten stellen. Wirkt Gott im Religionsunterricht also eher dann, wenn die Lehrkräfte sich selbst und ihre Absichten zurücknehmen? Aber wäre das nicht auch bereits eine Absicht, die der Unverfügbarkeit Gottes widerspricht (ein Paradox)?

Ein Religionsunterricht, der religiöse Lernprozesse bei Kindern und Jugendlichen anregen will, kann deshalb nicht vollständig ‚absichtslos‘ gestaltet sein: Denn es wäre seine ‚absichtslose Absicht‘, Gottes Wirken Räume zu eröffnen. Man kann die Paradoxie durch Temporalisierung entparadoxieren: Die Absicht ist absichtlich, sofern sie die *unverfügbare Zukünftigkeit* göttlichen Wirkens als von sich her *unmögliche Möglichkeit* absieht. Die Absicht ist absichtslos, insofern sie davon absieht, sich das *im Vergangenen möglich gewordene* Lernen im Glauben als Verdienst anzurechnen, über den sie als etwas, was sie *ermöglicht zu haben* glaubte, *verfügen* könnte. „Religion als der exemplarische Bereich des Unverfügbaren erfordert eine Didaktik, die Unverfügbarkeit bewusst macht, offen hält und zugleich kultiviert.“[232]

---

[229]   Dressler, Bernhard (2006): Unterscheidungen. Religion und Bildung, Leipzig, 126; vgl. ebd., 124–132. Dressler schreibt weiter: „Wenn Bildung der Prozess ist, in dem der Mensch sich selbst überschreitet, so setzt Bildung Glauben im Sinne von Vertrauen voraus und setzt solches Vertrauen im Falle des Gelingens frei. Allerdings: Vertrauen wird auf diese Weise keineswegs zum Gegenstand einer Willensentscheidung oder eines Kalküls. Man kann sich zum Glauben so wenig entschließen wie zur Liebe“ (ebd.).

[230]   Ebd., 130.

[231]   Vgl. Englert, Rudolf (1994): Gott Raum schaffen. Umrisse einer absichtslosen Religionspädagogik, in: Katechetische Blätter 119, 481–489.

[232]   Kunstmann, Joachim (2002): Religion und Bildung. Zur ästhetischen Signatur religiöser Bildungsprozesse, Gütersloh, 367. Zu praktischen Anregungen vgl. z. B. Jonker, Evert (2014): Planung des Unverfügbaren – lernen Gott zu begegnen, in: Büttner/Mendl/Reis/

Die damit gegebene paradoxale Grundstruktur des Religionsunterrichts – als die nicht verfügbare Verfügung über das Unverfügbare – entspricht der Paradoxie jeder Gottesrede (Theo-logie), die ihre Wahrheit darin erweist, dass sie das Geheimnis Gottes wahrt: Gott enthüllt sich, indem er sich verhüllt; er ist mächtig in seiner Ohnmacht, groß in seiner Erniedrigung usw.[233] Wenn Kindern im Sinne der Kindertheologie Räume eröffnet werden, sich in einer solch paradoxalen Gottes-Rede zu üben, tritt ihre theologische Kompetenz ans Licht, denn sie haben ein ursprüngliches Wissen um die Geheimnishaftigkeit Gottes.[234] Rainer Oberthür, ein Pionier der Kindertheologie, hat schon früh an eindrucksvollen Beispiele gezeigt, wie Kinder etwa durch Methoden kreativen Schreibens in Lernprozesse verwickelt werden können, die ihren Glauben anregen.[235] „Die Kreativität des Handelns verweist insofern auf das ‚Paradox einer kreativen Antwort, in der wir geben, was wir nicht haben‘.“[236]

Roose (Hg.), a. a. O., 85–100; Prügger, Walter (2014): Die Ungewissheit lieben lernen, in: Büttner/Mendl/Reis/Roose (Hg.), a. a. O., 101–112.

[233] Wenn es stimmt, dass im frühen Christentum diejenigen, die die christliche Lehre ablehnten, zunächst als ‚paradox‘ (etymologisch: neben der Meinung) bezeichnet wurden, insofern sie sich außerhalb der Orthodoxie (etymologisch: der rechten Meinung) verorteten (vgl. Segal 1988, 80), dann muss schon recht früh klargeworden sein, dass die Orthodoxie nicht ohne Paradoxien aufrechterhalten werden konnte, d. h. Rechtgläubigkeit muss mit sich selbst auch ihr Anderes paradox vereinen können – im Sinne eines Reentry der Differenz orthodox/paradox auf die Seite des Orthodoxen.

[234] Vgl. Oelkers, Jürgen (1994), Die Frage nach Gott. Über die natürliche Religion von Kindern, in: Merz, Vreni (Hg.): Alter Gott für neue Kinder? Das traditionelle Gottesbild und die nachwachsende Generation, Fribourg, 13–22, 21f. Vgl. Oelkers, Jürgen (1991): Erziehung als Paradoxie der Moderne. Aufsätze zur Kulturpädagogik, Weinheim. Oelkers zeigt, dass die Paradoxie des Lernens nicht nur das religiöse Glauben-Lernen, sondern das Lernen allgemein betrifft (s. o. 3.1.1).

[235] Vgl. Oberthür, Rainer (2001): Kinder und die großen Fragen. Ein Praxisbuch für den Religionsunterricht (1995), München, 4. Aufl.; Oberthür, Rainer (1998): Kinder fragen nach Leid und Gott. Lernen mit der Bibel im Religionsunterricht, München (unter Mitarbeit von A. Mayer); Oberthür, Rainer (2000): Die Seele ist eine Sonne. Was Kinder über Gott und Welt wissen, München, 2. Aufl.

[236] Feiter, Reinhard (2002): Antwortendes Handeln. Praktische Theologie als kontextuelle Theologie, Münster-Hamburg-London (Theologie und Praxis 14), 297. Im Zitat zitiert: Waldenfels, Bernhard (1997): Fremderfahrung und Fremdanspruch, in: Ders., Topographie des Fremden. Studien zur Phänomenologie des Fremden, Frankfurt, 16–53, 53. Bei diesem „Paradox im strengen Sinn“ handelt es sich „nicht nur um irgendeine Komplexion, auch nicht um einen logischen Widerspruch, sondern um die andere Logik eines Handelns, das gegebene Handlungsordnungen, in denen etwas von mir oder uns ins Werk gesetzt oder getan wird, überschreitet, ohne sie jedoch hinter sich zu lassen, also nur als Para-dox, als Überschuss, Überschreitung und Grenzverletzung zu fassen ist“ (Feiter 2002, 297). Der phänomenologische Paradoxiebegriff Feiters kommt dem Paradoxieverständnis Clams recht nahe (s. o. 3.4.1).

4.3.2 Anfang: Bibel, Dogma und Didaktik

Die grundsätzlichen Überlegungen im vorangegangenen Abschnitt erlauben es, sich nun bei der Beschreibung der weiteren Teilparadoxien etwas kürzer zu fassen. Denn die Teilparadoxien partizipieren alle an der religiösen, theologischen bzw. religionspädagogischen Grundparadoxie.

	Thema/Paradox	‚Zwölftes Kamel‘	‚Kamel-Rückgabe‘
Recht (Clam)[237]	Reale, gesellschaftliche Stiftung von Recht in der Form eines Systems von Satzungen, Regeln, Entscheidungen, Verfahren und Institutionen	Geschichtsteleologische Annahme der Vervollkommnung von Menschen und Gesellschaften (Versöhnung von Recht und Gewalt)	Aufklärung über Aufklärung: Gegen teleologische Utopien, die Möglichkeiten des Lernens aus Misserfolgen verhindern
	Naturrechte als absolute Rechte, die trotz aller Gewalt gelten – benötigen Gewalt, um wirksam zu sein und zu bleiben	Forderung, in den bürgerlichen, vollgültigen Rechtszustand einzutreten, da Naturzustand ohne Rechtswert (Kant)	– als wären Paradoxien überwindbar, auch wenn sich dieses Vertrauen erst in ferner Zukunft bestätigen sollte
Religion	Glauben vergegenwärtigen (als Einheit von *fides qua* und *fides quae*)	Offenbarungskanon: Heilige Schrift und Dogmen (*fides quae*)	Vertrauen auf unbedingte Liebe Gottes
Theologie	festlegen, was nicht festzulegen ist; verstehen, was nicht zu verstehen ist	Dogmatik: Auslegung der Glaubensaxiome auf der Basis des Kanons	Einheit von Glaubensakt und Glaubensinhalt als ‚Geheimnis‘
Religionspädagogik	Anfänge des Glaubens im Leben der einzelnen; paradoxe Einheit von Glauben und Unglauben	Bibel und Dogma als Erzählungen von Gott ins Gespräch bringen	Bibel- und Glaubensdidaktik

Tabelle 11: Anfang – Natur- und Rechtszustand, Glaubensakt und -inhalt, Bibel und Dogma, Didaktik

Wer sich den Glauben vergegenwärtigen möchte, benötigt Anhaltspunkte. In den abrahamischen Religionen sind die Heiligen Schriften die wichtigsten Quellen, um sich der Glaubensinhalte zu vergewissern. Sie erzählen von den Anfängen der Beziehungsgeschichte Gottes mit den Menschen. In diesen Narrationen

---

[237] Vgl. Clam 2004, 128–130.

geht es nicht in erster Linie um abstrakte Inhalte, sondern darum, wie Menschen ihren Glauben fanden, wie der Glaube sich entwickelte, wie sie an ihrem Glauben (ver)zweifelten, wie Neuanfänge im Glauben möglich wurden etc. Es werden also Lerngeschichten mit dem Glauben erzählt, die bereits eine Einheit von Glaubensvollzug und Glaubensinhalt verkörpern. Trotzdem ist mit den Texten nicht garantiert, dass diejenigen, die sie lesen oder hören, sie im religiösen Sinne als Texte wahrnehmen, die ihnen etwas über den Sinn ihres persönlichen Lebens mitteilen. Sie können unter historischen, moralischen, ästhetischen, wissenschaftlichen etc. Perspektiven nichtreligiös beobachtet werden, selbst dann, wenn ihre besondere Qualität als Glaubensgeschichten erkannt wird – aber eben Glaubensgeschichten anderer Menschen, die von der eigenen Situation meilenweit entfernt scheinen.

Noch schwieriger ist es mit den Dogmen, die im Christentum als Kurzformeln des Glaubens den Sinn der biblischen Texte auf den Begriff zu bringen versuchen. Sie setzen zu ihrem Verständnis eigentlich bereits voraus, dass Menschen in Netzwerke der Glaubenskommunikation eingebunden sind. Mit der zeitlichen Distanz zu ihrer Entstehung müssen sie theologisch-dogmatisch reflektiert werden, um ihren Ursprung im biblisch bezeugten Glauben nachvollziehbar zu machen. Theologisch wird der Offenbarungskanon gebraucht, um von dem Paradox abzulenken, dass festgelegt werden soll, was nicht festgelegt werden kann. Dass die Dynamik Gottes über alles hinausgeht, was irgendwie fixierbar ist: das ist die Botschaft gerade auch der biblischen Texte, die darin über sich selbst hinausweisen. Sie markieren ein Verstehen des Nicht-Verstehbaren. Als Antwort auf diese Botschaft kann der Mensch der unbedingten Liebe Gottes vertrauen (auf der Ebene der Beobachtung erster Ordnung). In diesem antwortenden Handeln gibt der Mensch, was er nicht hat, denn auch das Vertrauen-Können ist Gabe der göttlichen Gnade – und wird als solche auf der Ebene der Beobachtung zweiter Ordnung als Geheimnis der vollzogenen Einheit von Glaubensakt und Glaubensinhalt deutbar.

Die beschriebenen Entparadoxierungen führen somit niemals zu einer Auflösung der Grundparadoxie. Paradoxieentfaltung ist demnach als eine Umgangsform mit den Paradoxien zu verstehen, die, angeregt durch die Paradoxien, Grenzen überschreitet und Neues wagt. Ein solches Paradoxieverständnis liegt auch den Ausführungen von Reis und Ruster zu Grunde, wenn sie die Aufgabe der Theologie hervorheben, sie habe „als ‚Code-Wächter[in]‘ der Glaubenskommunikation darauf zu achten, dass in der Kommunikation der Glaubensgemeinschaft" zwei „Paradoxien erhalten bleiben":

> „Erstens die beiden Perspektiven auf die Bibel als Kommunikationssystem, nämlich als entstehendes und sich darin vollziehendes Kommunikationssystem und als ein in der kanonischen Form der Leser-Rezeption uns gegenübertretendes Kommunikationssystem. [...] Zweitens die beiden Perspektiven auf die Bibel im Rezeptionssystem, nämlich ihre vielfältige Rezeption zur Beobachtung von Gesellschaft für die Gesellschaft und ihre einheitliche Rezeption entsprechend den

Leitdifferenzen, die von der Rezeptionsgemeinschaft als dem Kommunikations-system Bibel angemessen tradiert werden".[238]

Beide Paradoxien spielen die Einheit der Differenz von Selbst- und Fremdrefe-renz ein (s. o. 3.1.1): Die Einheit der Vielfalt von Verstehensmöglichkeiten (durch die das biblische Textuniversum entsteht und wodurch Menschen mit biblischen Texten kommunizieren – Selbstreferenz) mit dem in sich geschlosse-nen Kanon (als der Menschen das Buch der Bücher wie eine Einheit gegenüber-steht – Fremdreferenz); sowie die Einheit der Bedeutung biblischer Texte in der vielfältigen Rezeption gegenwärtiger Kultur „zur Beobachtung von Gesellschaft für die Gesellschaft" (je nach Standpunkt selbstreferenziell oder fremdreferen-ziell) mit den einheitlichen Rezeptionsweisen unterschiedlicher Rezeptions-gemeinschaften, gemeint sind Kirchen bzw. Konfessionen. Diese einheitlichen Programme zur Rezeption biblischer Texte entstehen auf der Basis der von den jeweiligen Rezeptionsgemeinschaften ausgewählten Leitdifferenzen (und wer-den je nach Standpunkt als selbst- oder fremdreferenziell wahrgenommen).

Zu beachten ist hier der „fiktive" Charakter der „Unterscheidung zwischen Selbst- und Fremdreferenz", auf der „Paradoxien beruhen".[239] Das bedeutet, dass diese Unterscheidung ein Konstrukt des Systems ist, das eine Beobachtung zwei-ter Ordnung vornimmt. Was als Fremd- und was als Selbstreferenz bewertet wird, hängt vom Standpunkt der Beobachterin ab und wie sie die Frage beant-wortet, welche Sachverhalte sie durch ihr eigenes System (*Selbstreferenz*) und welche sie durch ihre Umwelt (*Fremdreferenz*) verursacht sieht. Ob jemand sich als Katholik, Protestantin, Jude, Muslimin, Atheist oder Agnostikerin verstehe, hat einen Einfluss darauf, wie er oder sie biblische Texte deutet (s. u. 4.3.3).

Die paradoxe Einheit von Verstehen und Nicht-Verstehen biblischer Texte wäre beispielsweise bibeldidaktisch zu entfalten durch eine präzise Unterschei-dung von mindestens drei Perspektiven, die jeweils aufeinander zu beziehen sind:

(1) Einer Beobachtung erster Ordnung, die „unvoreingenommen" an den Text herangeht und ihn aufgrund seiner Brüche und Leerstellen so befragt, dass die eigene Existenz ins Spiel kommt, indem z. B. der biblische Text in einer Lerngruppe so ins Zentrum gestellt wird, dass die Teilnehmer*innen ihren Beobachtungen am Text trauen (Ebene 2 nach Esposito).

---

[238] Reis, Oliver/Ruster, Thomas (2012): Die Bibel als „eigenwilliges und lebendiges" Kommu-nikationssystem, in: Evangelische Theologie 72, 275–290, 282. Vgl. Reis, Oliver/Ruster, Thomas (2014): Die Bibel als Akteur. Kanon, Inspiration und Wahrheit der Heiligen Schrift in systemtheoretischer Perspektive, in: Lehmann, Karl/Rothenbusch, Ralf (Hg.): Gottes Wort in Menschenwort. Die eine Bibel als Fundament der Theologie (Quastiones Dispu-tatae 266), Freiburg/Basel/Wien, 51–78. Hier und im Folgenden habe ich einzelne Passa-gen übernommen aus Brieden 2016a.

[239] Todesco, Rolf (o. J.): Artikel „Paradoxie", in: Lexikon Hyperkommunikation (www.hyper kommunikation.ch), http://www.hyperkommunikation.ch/lexikon/paradoxie.htm, Auf-ruf vom 15.12.2021.

(2) Einer Beobachtung zweiter Ordnung, die das eigene Beobachten als Operation beobachtet und darin den Schritt zu wissenschaftlicher Nachprüfbarkeit vollzieht, wie es die pluriforme exegetische Methodik vorsieht (Ebene 3). Das entspricht zugleich dem Anliegen der ‚interaktionalen Bibelauslegung‘, nach einer ersten Phase der Textannäherung in eine analytische Distanz zu den eigenen (Vor-)Urteilen zu treten.[240]

(3) Einer Beobachtung zweiter Ordnung, die das Verhältnis der unterschiedlichen Textrezeptionen als Beobachtungen von Beobachtungen in ihrem Beobachtungscharakter beleuchtet und aus dieser rezeptionsästhetischen Perspektive heraus ein vertieftes Textverständnis gewinnt (Ebene 4).[241] So kann etwa deutlich werden, warum bestimmte Verständnisse unter bestimmten Voraussetzungen (etwa genau zu bestimmender Standpunkte in Raum und Zeit) erfolgt sein könnten, oder inwiefern Texte in der ‚Folterkammer der Methoden‘ so zugerichtet sind, dass ein bestimmtes Interpretationsergebnis vorherzusehen ist und den Texten Gewalt angetan wird.

Das Auftreten von Paradoxien im Verstehen und Kommunizieren biblischer Texte weist daher nicht notwendig auf einen unlösbaren Widerspruch hin (auf eine Antinomie), sondern auf die unterschiedlichen Standpunkte, die sowohl die Entstehung als auch die Deutung biblischer Texte prägten und bestimmen. Die Paradoxien können nicht in eine allgemeine standpunktlose Wahrheit aufgelöst werden, sondern markieren die Notwendigkeit von Kommunikation. Würde man die Paradoxie des Verstehens zum Verstehen hin auflösen, hätte man alles verstanden und könnte sein Verstehen nicht mehr vertiefen. Löste man die Paradoxie zum Nichtverstehen auf, könnte grundsätzlich nichts verstanden werden. In beiden Fällen wäre Kommunikation sinnlos. Dagegen ermöglicht die Kommunikation über (vermeintlich) Verstandenes Missverständnisse zu klären bzw. Wissen zu stärken und einen Standpunkt zu bewähren. Denn die differenten Standpunkte gehen nicht ineinander über, sondern sind theologisch zu profilieren. Je klarer man Paradoxien herausarbeitet, desto deutlicher werden die Konsequenzen der Standpunkte.

---

[240] Vgl. Berg, Horst Klaus (1991): Ein Wort wie Feuer. Wege lebendiger Bibelauslegung, München; Lehnen, Julia (2006): Interaktionale Bibelauslegung im Religionsunterricht, Stuttgart.

[241] Z. B. in Bezug auf die paradoxe Einheit monistischer und dualistischer Auferstehungshoffnungen: vgl. Brieden, Norbert (2015a): Was bedeutet der Glaube an die Auferstehung der Toten? Topografische Mindmaps zu 1 Kor 15,35–44 im Religionsunterricht der Oberstufe, in: Büttner, Gerhard/Mendl, Hans/Reis, Oliver/Roose, Hanna (2015/Hg.): Glaubenswissen (Jahrbuch für konstruktivistische Religionsdidaktik 6), Babenhausen, 81–97; oder bezüglich unterschiedlicher Perspektiven auf die Interpretation der Heilsbedeutung des Kreuzes: vgl. Roose, Hanna (2015): Die Heilsbedeutung des Kreuzes. Ein schwieriges Thema in systemtheoretischer Perspektive, in: Büttner/Mendl/Roose/Reis (Hg.), a. a. O., 51–65.

Mindestens folgende Fragen sind religionspädagogisch relevant, wenn zur Bearbeitung der paradoxen Einheit von Glauben und Unglauben der Offenbarungskanon narrativ in Lernprozesse eingespielt wird (s. o. 1.3.1; 1.3.2):

- Welche hermeneutischen Probleme sind zu beachten bzw. ergeben sich?[242]
- Was zeigt sich im Dialog zwischen Text/Medium und Schüler*innen?[243]
- Was sind die elementaren Erfahrungen einer Lerngruppe, auf deren Basis sie in das Gespräch mit den biblischen oder dogmatischen Medien eintreten?[244]
- Durch welche elementaren Lernformen kann ein biblisches Medium für eine Lerngruppe seinen Gehalt erschließen?[245]
- Wie kann sich eine Gruppe immer wieder neu einen gemeinsamen Anfang erarbeiten?[246]
- Etc.

---

[242] Vgl. z. B. Büttner/Mendl/Reis/Roose (2010/Hg.), a. a. O.; Büttner/Mendl/Roose/Reis (2015/Hg.), a. a. O.; Büttner/Mendl/Reis/Roose (2016/Hg.), a. a. O.; Brieden/Mendl/Reis/Roose (2020/Hg.), a. a. O.; Schambeck, Mirjam (2009): Bibeltheologische Didaktik. Biblisches Lernen im Religionsunterricht, Göttingen; Porzelt, Burkard (2012): Grundlinien biblischer Didaktik, Bad Heilbrunn; Müller, Peter (2009): Schlüssel zur Bibel, Stuttgart; Theißen, Gerd (2003): Zur Bibel motivieren. Aufgaben, Inhalte und Methoden einer offenen Bibeldidaktik, Gütersloh.

[243] Vgl. als Beispiele für qualitativ-empirische Detailstudien zu Gleichnis- und Wundererzählungen: Theis, Joachim (2005): Biblische Texte verstehen lernen. Eine bibeldidaktische Studie mit einer empirischen Untersuchung zum Gleichnis vom barmherzigen Samariter (Praktische Theologie heute 64), Stuttgart; Reiß, Annike (2015): „Man soll etwas glauben, was man nie gesehen hat". Theologische Gespräche mit Jugendlichen zur Wunderthematik (Beiträge zur Kinder- und Jugendtheologie 33), Kassel.

[244] Vgl. z. B. Pemsel-Maier/Schambeck (2015/Hg.), a. a. O.; Roose, Hanna/Büttner, Gerhard/Schlag, Thomas (2018/Hg.): „Was ist für dich der Sinn?" Kommunikation des Evangeliums mit Kindern und Jugendlichen (Jahrbuch für Kinder- und Jugendtheologie 1), Stuttgart; Roose, Hanna/Büttner, Gerhard/Schlag, Thomas (2018a/Hg.): „Es ist schwer einzuschätzen, wo man steht". Jugend und Bibel (Jahrbuch für Kinder- und Jugendtheologie 2), Stuttgart.

[245] Vgl. z. B. Schambeck, Mirjam (2017): Biblische Facetten. 20 Schlüsseltexte für Bibel und Gemeinde, Mainz; Zimmermann, Mirjam/Zimmermann, Ruben (2013/Hg.): Handbuch Bibeldidaktik, Tübingen.

[246] Vgl. z. B. Juen, Maria (2013): Die ersten Minuten des Unterrichts. Skizzen einer Kairologie des Anfangs aus kommunikativ-theologischer Perspektive (Kommunikative Theologie 7), Wien-Berlin 2013

4.3.3 Ambiguität: Komparative Theologie und interreligiöses Lernen

Religion und Glaube sind ambivalent. Ein fundamentalistischer Glaube schreckt meistens ab, kann aber auch anziehend wirken; die wissenschaftliche Distanzierung kann den Glauben vertiefen oder von ihm entfremden; die Art und Weise, andere vom eigenen Glauben zu überzeugen, kann ansteckend sein oder anstrengend. Und all dies gilt jeweils für die Systeme selbst – Individuen oder Gesellschaften – wie auch für ihre Umwelt. Diese Mehrdeutigkeiten resultieren aus der Paradoxie der Unterscheidungsform, insofern im Beobachten (als Bezeichnen von etwas) nicht zugleich mitbeobachtet werden kann, *wie* beobachtet wird. Dafür braucht es die Beobachtung zweiter Ordnung, die dann aber nicht zugleich dasselbe sieht, *was* die Beobachtung erster Ordnung wahrnimmt, und selbst auch ihren blinden Fleck in Bezug auf die eigene Beobachtungsoperation hat (s. o. 3.2.2; 4.1). Jede Beobachtung ist „naiv" im Sinne des beobachtenden Operierens, da es „in Bezug auf die *eigene Referenz unkritisch* vorgeht": „Insofern gibt es keine Reflexivitätshierarchien, mit denen sich das Beobachten von seinem Gegenstand entfernt und sein Verhältnis zur Realität mediatisiert."[247]

	Thema/Paradox	‚Zwölftes Kamel'	‚Kamel-Rückgabe'
Recht (Clam)[248]	Gleichzeitiges Erzeugen und korrelierendes Wachstum von Recht und Unrecht im Rechtssystem – je mehr Gleichheit, desto mehr Ungleichheit: Konstruktion von Ungleichheit als Motor aller Egalisierungsprozesse	Mechanismen der Regulierung zur Entregulierung, der Grenzziehung zur Grenzaufhebung und Raumfreigabe (Unrecht wird stets mit dem Recht produziert, weil Unrecht das konstitutive Walten der Gewalt im Recht ist)	Transparenz der kontradiktorischen Wertoszillation als Ambiguität des Rechts: aus Freiheit kann freiheitlich Unfreiheit, aus Recht rechtmäßig Unrecht realisiert werden
Religion	Ambiguität/Ambivalenz der paradoxen Einheiten von Glauben/ Unglauben, Inklusion/ Exklusion (und ihre jeweiligen Latenzen), z. B. Fundamentalismus, (wissenschaftliche) Distanz etc.	Wert jeder einzelnen Perspektive auf Transzendenz	Perspektivenwechsel
Theologie		Komparative Theologie; Mustererkennung	Einheit von Sthenographie und Euryalistik
Religionspädagogik		Ökumenisches, interreligiöses Lernen; Inklusion	Didaktik des Perspektivenwechsels

Tabelle 12: Ambiguität – Recht schafft Unrecht, Gleichheit Ungleichheit, Glaube Unglaube

---

[247] Luhmann 1990, 85.
[248] Vgl. Clam 2004, 132–135.

Möglicherweise können durch den Perspektivenwechsel in die Beobachtung zweiter Ordnung die Latenzen aufgedeckt werden, aufgrund derer die Religion ambivalent wird: Wie unterscheidet ein Fundamentalist seinen Glauben vom Unglauben anderer? Welche verdeckten Ängste bringt seine Unterscheidungstechnik ans Licht? Welche Differenzierungen liegen einer Beobachtung zugrunde, die von einem fundamentalistischen Glauben fasziniert ist? Inwiefern ist diese Faszination etwa durch das Versprechen von Sicherheit gegenüber der allgegenwärtigen Verunsicherung geprägt? Welche Unterscheidungen liegen der Beobachtung zugrunde, dass Theologie vom Glauben entfremdet? Wie unterscheidet eine Theologin ihre wissenschaftliche Identität von ihrer religiösen und welche Verbindung sieht sie zwischen ihnen?

Durch Beobachtung zweiter Ordnung wird die Perspektivengebundenheit der jeweils gewählten Unterscheidungsweise deutlich. Die formal-abstrakte Einsicht, dass alle Sichtweisen subjektiv und relativ sind, ist für Luhmann „eher unergiebig".[249] Spannender als dieses banale Faktum sind die inhaltlichen Erkenntnisse, die durch Beobachtungen zweiter Ordnung zutage treten, dass nämlich hervortritt, was zuvor latent war. Der Kunst räumt Luhmann hier eine „Vorreiterfunktion" ein, wenn z. B. mit der Entdeckung der Zentralperspektive seit dem 14. Jahrhundert zugleich erkannt wird, wie diese „unbemerkt, gleichsam durchsichtig" funktioniert, oder wenn im Roman des 18. Jahrhunderts Inszenierungen gewählt werden, von denen die jeweilige Autorin „voraussetzt, daß der Leser deren Irrealität voraussetzt". So findet das Latenzproblem zunächst als „uneheliches Kind von Wissenschaft und Literatur [...] mehr und mehr Aufmerksamkeit", bevor es sich soziologisch bei Karl Marx und psychoanalytisch bei Sigmund Freud etabliert: Durch Aufdeckung der latenten Funktion der ‚politischen Ökonomie' bzw. der Sublimationen des Bewusstseins – jeweils in ihrer Zeit und für deren Selbstverständnis.[250]

Der religiöse Blick aufs Ganze neigt dazu, Latenzen zu verdrängen und seine Ambiguität zu leugnen. Wer fundamentalistisch behauptet, nur sein Glaube sei wahrheitsfähig, verabsolutiert die eigene Perspektive und könnte daran zweifeln, ob ein solcher Glaube genügend Transzendierungspotential enthält. Aber leider zweifeln Fundamentalist*innen nicht bzw. unterdrücken den Zweifel latent und schalten dadurch die transzendierende Glaubensdynamik aus.[251] Im Grunde usurpieren sie den standpunktlosen Standpunkt Gottes, der als ununterscheidbare Quelle der Unterscheidungsweisung in seinem fleckfreien ‚Blick' alle

---

[249]   Ebd., 90, Anm. 33.

[250]   Ebd., 90f. Im Folgenden greife ich in einigen Absätzen zurück auf Brieden 2016a.

[251]   Vgl. zur unterrichtlichen Umsetzung der Glaubensthematik: Schimmel, Alexander (2011): Einstellungen gegenüber Glauben als Thema des Religionsunterrichts. Didaktische Überlegungen und Anregungen für die gymnasiale Oberstufe (Zeitzeichen 28), Ostfildern, 261–339. Bezüglich fundamentalistischen Glaubens gehe es darum, im Religionsunterricht die „Bereitschaft zur Überprüfung von Glaubensüberzeugungen als Schutz vor religiösem Fundamentalismus" zu stärken (ebd., 296).

Perspektiven umgreift. Da aber kein Mensch über einen standpunktlosen Standpunkt verfügt, muss das, was als wahr gelten soll, in den kommunikativen Prozessen einer Gruppe ausgehandelt werden. Und sofern auch Gott seinen ihm von uns unterstellten ‚standpunktlosen Standpunkt' nicht anders offenbaren kann, als ihn den Standpunkten der die göttliche Wahrheit aufnehmenden Menschen zu übergeben, bleiben selbst die in den Konfessionen von einer großen Menschengruppe auch über Generationen hinweg tradierten Wahrheiten in gewisser Weise standpunktbezogen.

Geht es in der religiösen Perspektive auf die Welt um die Differenzeinheit von Immanenz und Transzendenz, dann ist jede Perspektive auf Transzendenz in sich wertvoll, insofern sie bereits von ihrem Thema her über die Immanenz des eigenen Beobachtens hinausweist. Darin liegt die besondere Wertschätzung für Heterogenität begründet. Aber wie bewährt sich in der religionspädagogischen Praxis der Wert von Vielfalt angesichts der paradoxen Einheit von Inklusion und Exklusion? Was bedeutet es, wenn zu gelten scheint: Je mehr wir uns um Inklusion bemühen, desto offenbarer werden Exklusionen, die sogar aus den Inklusionsbemühungen folgen können.[252] Wie kann jede einzelne Perspektive als eine von Gott geachtete, gewollte und unverzichtbare Perspektive geschätzt werden? Verbergen sich nicht in scheinbaren Unfähigkeiten, die zu gesellschaftlichen Exklusionen führen, paradoxerweise Fähigkeiten, die gesellschaftlich nicht gesehen werden? *Dis/ability Studies* befassen sich mit der Dekonstruktion der Differenz behindert/nicht behindert, die zu solchen blinden Flecken führt.[253] Wunder durchbrechen Normalitätserwartungen und können dadurch eine überkommene Unterscheidungspraxis irritieren, auch in Bezug auf die Ambivalenz von Rezeptionen biblischer Wundererzählungen, in denen leidende Menschen zu Opfern reduziert werden.[254] Die Geschichte der Theologie und Religionspädagogik ist durch bestimmte Unterscheidungen geprägt, die unweigerlich blinde Flecken verursachen. Hier kann der interdisziplinäre Dialog mit anderen Wissenschaften wie den *Dis/ability Studies* aufklärend wirken (s. o. 3.3.3.2.5).

Wenn Theologie den Standpunkt der eigenen Religion bzw. Konfession präzise zu erfassen sucht, bezieht sie sich auf ein Konglomerat von Beobachtungen

---

[252] Vgl. Brieden 2016; Grümme 2017; Büttner, Gerhard/Mendl, Hans/Reis, Oliver/Roose, Hanna (2018/Hg.): Heterogenität im Klassenzimmer (Jahrbuch für konstruktivistische Religionsdidaktik 9), Babenhausen.

[253] Vgl. z. B. Grünstäudl, Wolfgang/Schiefer Ferrari, Markus (2012/Hg.): Gestörte Lektüre. Disability als hermeneutische Leitkategorie biblischer Exegese, Stuttgart.

[254] Vgl. Tomberg, Markus (2017): ‚Er allein tut Wunder' (Ps 72,18). Wunderdidaktik und (post-)moderne Normalitätsannahmen, in: Lersch, Markus/Scheule, Rupert M. (Hg.): Tora und Evangelium. Grenzgänge zwischen Altem und Neuem Testament (Fuldaer Hochschulschriften 59), Würzburg, 115–140; Grünstäudl, Wolfgang/Schiefer Ferrari, Markus/Distelrath, Judith (2017/Hg): Verzwecktes Heil? Studien zur Rezeption neutestamentlicher Heilungserzählungen, Leuven; vgl. Roose 2017.

erster Ordnung, durch die sie den eigenen Glauben verbindlich konstituiert sieht. Die Religionswissenschaften vergleichen Gemeinsamkeiten und Unterschiede verschiedener Religionsgemeinschaften, indem sie vom Verbindlichkeitscharakter religiöser Aussagen abstrahieren. Dadurch erreichen sie eine größere Distanz zu den Gegenständen ihrer Analyse, was es erleichtern kann, die Perspektive einer Beobachtung zweiter Ordnung einzunehmen. Auch innerhalb der Theologie ist eine Vielfalt von Perspektiven zu verzeichnen. *Komparative Theologie*[255] widmet sich dem Vergleich der unterschiedlichen Religionen auf eine Weise, die deren jeweilige Besonderheiten innerhalb der Beobachtung erster Ordnung würdigt und von ihnen ausgeht, um sie auf den Ebenen der Beobachtung zweiter Ordnung miteinander zu vergleichen. So können sich Theolog*innen der unterschiedlichen Religionen gegenseitig auf blinde Flecken aufmerksam machen und auf diese Weise voneinander lernen – was auch neue Suchprozesse in der jeweils eigenen Religion und deren Beobachtung erster Ordnung auslöst (s. o. 3.3.3.2.4; 4.2.4). Dass bereits innerhalb der Beobachtung erster Ordnung Perspektivenwechsel möglich sind, zeigt sich beispielsweise in gemeinsamen religiösen Feiern – und wird etwa im schulischen Feld schon durch die Vielfalt der Fächer und der mit ihnen verbundenen unterschiedlichen ‚Modi der Weltbegegnung' (Baumert) angezeigt.[256] Eine Didaktik des Perspektivenwechsels betont den für das religiöse Lernen effektiven Wechsel vom religiösen Reden

---

[255] S. o. 3.3.3.2.4. Vgl. Stosch 2012; Burrichter/Langenhorst/Stosch 2016/Hg. Für eine gute Übersicht vgl. Pemsel-Maier, Sabine (2018): Komparative Theologie als theoretische Fundierung interreligiösen Lernens. Wissenschaftstheoretische und religionstheologische Klärungen, in: Riedl, Hermann-Josef/Ourghi, Abdel-Hakim (Hg.): Interreligiöse Annäherungen, Frankfurt a. M. 2018, 229–250.

[256] Vgl. Kropač, Ulrich (2012): Religion und Rationalität. Eine ungewöhnliche Allianz im religionspädagogischen Legitimationsdiskurs, in: Kropač, Ulrich/Langenhorst, Georg (Hg.): Religionsunterricht und der Bildungsauftrag der öffentlichen Schulen. Begründung und Perspektiven des Schulfaches Religionslehre, Babenhausen, 66–83. Während Baumert Religion und Philosophie der ‚konstitutiven Rationalität' zuordnet (die nach dem Sinn des Ganzen fragt), entfaltet Kropač seinen Begriff ‚religiöser Rationalität' in eine kognitive, ästhetische und praktische Dimension und ordnet ihnen jeweils Bildungschancen zu (vgl. ebd., 72–80). Wird aber der damit erreichte „systematische [...] Gewinn" (ebd., 80) nicht um den Preis erkauft, den spezifischen Beitrag konstitutiver Rationalität aus den Augen zu verlieren? Eine genauere Auseinandersetzung mit Baumerts Modell dürfte sich nicht nur in es als „einen geeigneten Rahmen" einspannen (ebd., 82), sondern müsste präziser die Leistungen von Philosophie und Religion differenzierend relationieren. Vgl. z. B. Vossenkuhl, Wilhelm (2009): Religiöse Bildung und menschliche Selbstbestimmung, in: Bodensteiner, Paula/Weidinger, Norbert (Hg.): Religionsunterricht in offener Gesellschaft, München, 19–24; Dressler 2006, 108–114. Auf der Grundlage dieser Verhältnisbestimmung könnte dann auch die paradoxe Einheit von Nicht-Lernbarkeit und Lernbarkeit des Glaubens, von Vermittelbarem und Nicht-Vermittelbarem konkreter reflektiert werden.

zum Reden über Religion, von der Teilnahme- zur Beobachtungsperspektive.[257] Für Luhmann, dessen weiter Beobachtungsbegriff Erkennen und Handeln umfasst (s. o. 1.4.4), entspricht die Perspektive erster Ordnung der Teilnahmeperspektive, die Perspektive zweiter Ordnung der Beobachtungsperspektive (s. o. 4.1.2).

Zwar ist niemand in der Lage, die religiöse Vielfalt zu überschauen, weder innerhalb der eigenen Konfessionen, geschweige denn im Überblick über die christlichen Konfessionen oder gar der differenten Religionen. Doch die Komplexität eines Sachverhalts wird reduziert, wenn durch Beobachtungen zweiter Ordnung wiederkehrende *Muster* im Beobachten erster Ordnung beschrieben werden können. Beispielsweise sind im Blick auf den immanenten Umgang mit der göttlichen Offenbarung unterschiedliche konfessionelle Programme zur Deutung dieser Verhältnisbestimmung von Immanenz und Transzendenz zu identifizieren:

> „Konfessionen lassen sich als Programme beschreiben, die die biblischen Programme reproduzieren. Die katholische Kirche bietet eine umfassende Lebens- und Gesellschaftsordnung, ähnlich wie die Tora, und nicht selten hat sie in der Geschichte mehr Zustimmung für diese Ordnungsidee als für ihre eigentlich religiöse Botschaft gefunden; so z. B. in der *action française*. Die Reformation, allen voran Martin Luther, trat der etablierten Kirche mit prophetischer Überzeugungskraft entgegen. Prophetische Geister von Thomas Müntzer bis zu Martin Luther King haben sich davon inspirieren lassen; noch die Französische Revolution zehrte vom prophetischen Schwung der Reformation. Ob man die Orthodoxie eher der Weisheit zuordnen soll, wollen wir hier nicht entscheiden, aber manches deutet darauf hin. So wie aus kanonischer Perspektive nicht ein biblisches Programm die Gottesperspektive auf die Welt allein darstellen kann, so kann offensichtlich auch keine Kirche die ganze Breite der biblischen Kanonprogramme repräsentieren."[258]

Aber werden Beobachtungen zweiter Ordnung, die unterschiedliche ‚Programme' bzw. Muster von Interpretationen des biblischen Kanons bzw. religiöser Beobachtungsweisen differenzieren und vergleichen,[259] damit dem religiösen Offenbarungsanspruch bzw., in Bezug auf Religionen ohne das Konzept einer göttlichen Offenbarung (wie etwa dem Buddhismus), dem Aufforderungscharakter des Religiösen gerecht? Will religiöse Wahrheit nicht im ‚Glauben' bzw. an-

---

257 Vgl. Dressler, Bernhard (2012): ‚Religiös reden' und ‚über Religion reden' lernen – Religionsdidaktik als Didaktik des Perspektivenwechsels, in: Grümme/Lenhard/Pirner (Hg.), a. a. O., 68–78; Mette, Norbert (2006): Religionsunterricht am Ort der Schule, in: Praktisch-theologische Erkundungen 2, Münster, 235–255.

258 Reis/Ruster 2012, 285f.

259 Im Unterschied zu Reis und Ruster, die darin eine „Beobachtung dritter Ordnung" erkennen (ebd., 286), sehe ich hier lediglich eine Spielart der Beobachtung zweiter Ordnung: Immer geht es um das Beobachten von Beobachten, auch wenn hier die Resultate einer solchen Beobachtung eigens beobachtet werden (s. o. 2.2.2; 4.1.2).

deren religiösen Erfahrungen (wie etwa der „Leere-Einheits-Erfahrung" der Zen-Meditation[260]) als einer Beobachtung erster Ordnung ergriffen werden – und sei es nichtdual als paradoxe Einheit von Wahrheit und Nicht-Wahrheit'?

Theologie kann, will sie das ‚Kamel' der komparativen Mustererkennung zurückgeben, das Paradox der Ambiguität weiter bearbeiten durch ihren Mut, dieser Paradoxie sthenographisch nicht auszuweichen, und ihre Kreativität, sie euryalistisch zu entfalten (wofür komparative und ökumenische Theologie bereits Beispiele sein können). Wie kann es der Theologie gelingen, Sthenographie und Euryalistik in ihrer paradoxen Einheit zu verfolgen? Wie ist das Anregungspotential der Paradoxie-Probleme zu entfalten (s. o. 3.2.3.3)?

Religionsdidaktisch mag eine Verschränkung der vielfältigen Ansätze ökumenischen und interreligiösen Lernens mit einer Didaktik des Perspektivenwechsels dazu führen, überzogene Zielvorstellungen zu vermeiden und den pädagogischen Takt innerhalb der verletzlichen religiösen Kommunikation zu wahren.[261] Gerade zum Thema des interreligiösen Lernens ist in den letzten Jahren sehr viel publiziert worden; eine kompakte Zusammenfassung dieses Diskurses gibt das Lehrbuch von Clauß Peter Sajak.[262] Hinweisen möchte ich allerdings auf ein dort nicht beachtetes Projekt, das in der gemeinsamen Verantwortung islamischer und christlich-katholischer Perspektive eine ‚möglichkeitssensible Religionspädagogik und Religionsdidaktik' entwirft, verantwortet von Martina Kraml und Zekirija Seijdini in Innsbruck.[263]

---

[260] Vgl. Heidemann, Astrid (2013): Religiöse Erfahrung als theologische Kategorie. Grenzgänge zwischen Zen und christlicher Theologie, Paderborn, 318. Insofern es im Zen-Buddhismus um eine Dimension gehe, „die jede dem Menschen fassliche Form transzendiert", könne die christliche Theologie darin ihre eigene Tradition der negativen Theologie, „dass die letzte Wirklichkeit unaussprechlich und unvorstellbar ist, bestätigt finden" (ebd., 319). S. u. 4.3.4.

[261] S. o. 3.2.1. „Niklas Luhmann sieht eine der wichtigsten kulturellen Errungenschaften der neuzeitlichen Christentumsgeschichte darin, dass man sich ‚über Religion' verständigen kann, ohne sich ‚religiös' verstehen zu müssen – eine anspruchsvolle Dialogregel, die aber manch unrealistischem Desiderat sog. ‚interreligiöser Dialoge' vorzuziehen wäre" (Dressler 2006, 144). Vgl. Sajak, Clauß Peter (2018): Interreligiöses Lernen, Darmstadt, 99f.

[262] Vgl. Sajak 2018. Zu ergänzen wären: Scharer, Matthias (2015): Learning (in/through) Religion in the Presence oft he Other. Accident and/or Text Case in Public Education?, in: Juen, Maria/Prüller-Jagenteufel, Gunter/Rahner, Johanna/Sejdini, Zekirija (Hg.): Anders gemeinsam – gemeinsam anders? In Ambivalenzen lebendig kommunizieren (Kommunikative Theologie 18), Ostfildern, 223–238; Büttner/Mendl/Reis/Roose 2017/Hg. S. o. 2.1.2.

[263] Sejdini, Zekirija/Kraml, Martina/Scharer, Matthias (2017): Mensch werden. Grundlagen einer interreligiösen Religionspädagogik und -didaktik aus muslimisch-christlicher Perspektive (Studien zur Interreligiösen Religionspädagogik 1), Stuttgart. Mit diesem Band startete eine Reihe, in der mittlerweile sechs Bände erschienen sind. Hingewiesen sei noch auf den Band: Sejdini, Zekirija/Kraml, Martina (2020/Hg.): Interreligiöse Bildung zwischen Kontingenzbewusstsein und Wahrheitsansprüchen (Studien zur Interreligiösen Religionspädagogik 4), Stuttgart.

Dieses Projekt verortet das Religiöse nicht in machtförmiger ‚Kontingenzbewältigung', sondern eher in anerkennender „Kontingenzbegegnung". Die Frage „Was ist, wenn es ganz anders wäre?", wird in diesem (konstruktivistischen) Sinne nicht als Bedrohung empfunden, sondern als Lernchance.[264] Leitlinien des Projekts sind Themen- und Prozessorientierung, Vielfalt und Mehrperspektivität, Sprach- und Unterscheidungssensibilität und – ein paradoxer Ausdruck in Anführungszeichen – ‚Kompetenzlosigkeitskompetenz'.[265] Insgesamt geht es um die Betonung der gemeinsamen Lernprozesse, was durchaus mit dem operativen Konstruktivismus im Einklang steht: „Wer Gott bzw. die Wahrheit in einer Weise predigt oder erklärt, die den Suchprozess nach dem Wahren nicht mehr sichtbar oder spürbar macht, vergeht sich an der Wahrheit. Das hängt mit der Demut gegenüber der Wahrheit zusammen, die wir nie haben oder besitzen können. Diese Demut fördert die Haltung des ständig Suchenden und macht die unumgängliche Vorläufigkeit des Wahrheitsanspruchs erträglich."[266]

4.3.4 Mutualität: Glaubensbiographie und Entwicklungspsychologie

In der Religion geht es um die Unverfügbarkeit des Lebens. Trotz aller medizinischer Fortschritte liegt das Leben nicht in der Hand des Menschen. Seine Zeit ist begrenzt – und doch bilden Leben und Tod keinen kontradiktorischen Widerspruch, sondern eine paradoxe Einheit: Was wäre das Leben wert ohne den Tod? Welche Bedeutung hätte die einzelne Entscheidung, wenn sie jederzeit neu getroffen werden könnte? Zwar kann beispielsweise die Entscheidung für den Beruf einige Male revidiert werden – aber doch nicht unbegrenzt: Es ist in einem Menschenleben unmöglich, alle möglichen Berufe auszuüben. Und ob der gewählte Beruf dem Leben Sinn verleiht? Eine positive Antwort darauf mag sich im durchlebten Leben ergeben – aber kann man sie bestellen wie ein Paket Bücher, das man dann hat? Und auch der äußere Besitz der Bücher heißt nicht, dass man sie wirklich besitzt ... Religionen entparadoxieren dieses Paradox der Einheit von Tod und Leben, indem sie Umgangsformen mit dem sterblichen Leib entwickeln (z. B. im Katholischen das Sakrament der Krankensalbung, aber auch in den ‚Kölschen Sakramenten' Aschenkreuz und Blasiussegen) und Lebenswenden rituell gestalten (z. B. die Sakramente der Taufe, der Firmung und der Ehe). In ihren Ritualen, Gebeten und Feiern geben Religionen ihrer Zuversicht Ausdruck, dass das Leben von einer ‚höheren Macht' – um einmal diese neutrale Wendung zu nutzen – getragen ist: Dieses Leben ist ein ‚zwölftes Kamel', das

---

[264]   Sejdini/Kraml/Scharer 2017, 113–116.
[265]   Die Schlagworte sind die Überschriften des Kapitels: „Religionspädagogische und religionsdidaktische Leitlinien" (ebd., 131–139).
[266]   Ebd., 119. Als Beispiel dazu s. o. 2.2.3.1 (zur Kritik der Unterscheidung Deutschland/Islam).

irgendwann zurückgegeben werden muss. Die Religionen entwickeln den Tod transzendierende Bilder zur Frage, was mit diesem ‚Kamel' weiter geschieht, etwa: Wird es ein neues ‚Kamel' geben (Reinkarnation)? Wird es ein wieder erkennbares und doch ganz anderes ‚Kamel' sein (leibliche Auferstehung)? Oder erübrigt sich diese Frage vor dem Angesicht Gottes?

	Thema/Paradox	‚Zwölftes Kamel'	‚Kamel-Rückgabe'
Recht (Clam)[267]	zirkulärer Zusammenhang von Regel und Entscheidung, Gesetz und Urteil	Regelidealismus: Autonomie des Gesetzes gilt unabhängig von der richterlichen Einzelentscheidung	Eingeständnis der Abhängigkeit des Gesetzes von seiner jeweils konkreten Anwendung: nicht unterbrechbare kreishafte Mutualität
Religion	paradoxe Einheit von Leben und Tod	Person in Leiblichkeit; Rituale an den Lebenswenden	Tod
Theologie	paradoxe Einheit von Theologie und Mystik	Sakramententheologie, Glaubensbiographie	Theologie des Todes
Religionspädagogik	paradoxe Einheit von Perfektion und Imperfektion	entwicklungspsychologisches Wissen (elementare Zugänge)	Mystagogie Spiritualitätsbildung

Tabelle 13: Mutualität – Einheit von Gesetz und Urteil, Leben und Tod, Theologie und Mystik, Perfektion und Imperfektion

Theologie beobachtet das praktische Handeln und den Einsatz eschatologischer Bilder und reflektiert sie. Ergebnisse ihres Forschens können in die Praxis zurückwirken.[268] So werden beispielsweise Bücher für den Gottesdienst von Liturgiewissenschaftlern redigiert. Religionspädagoginnen nehmen Einfluss auf Lehrpläne oder entwickeln Schulbücher und katechetisches Material. Kirchenrechtler gestalten die kirchliche Rechtspraxis in weiten Teilen mit. Pastoraltheologinnen entwickeln Vorschläge für neue Gemeindekonzepte. Aber nicht nur die Fächer der Praktischen Theologie wirken auf die Gestaltung der Glaubenspraxis ein. Beschrieben wurde bereits das schwierige Verhältnis von Mystik und Theologie: Die mystische Beobachtungsweise Gottes scheint im Widerspruch zu stehen zur distanzierten wissenschaftlich-theologischen Reflexion (s. o. 3.1.3). Zugleich benötigt der Glaube die Vernunft, um sich selbst zu begreifen (s. o. 3.3.3).

---

[267] Clam 2004, 124f.

[268] Vgl., auch zur Tragweite des handlungswissenschaftlichen Regelkreismodells, Brieden/Heger 2018.

Inwiefern konkretisieren das theologische Reflexionen „der Lebenserfahrung und -gestaltung", indem sie etwa „der Seltsamkeit unserer Biographien Ansehen, Horizont und Tiefe" ablauschen?[269] Die kirchengeschichtliche Auseinandersetzung mit Biographien von Personen, in denen der Glaube Gestalt gewinnt, kann religionsdidaktisch hoch relevant sein. Konstantin Lindner unterscheidet Biographisches erster Ordnung als Selbstbeobachtungen der Personen von Biographischem zweiter Ordnung als Zeugnissen anderer über diese Personen.[270] Diese Differenzierung steht quer zu den hier vorgestellten Beobachtungsordnungen, insofern die Zeugnisse der beobachteten Person selbst sowohl Beobachtungen erster Ordnung (z. B. einen Augenzeugenbericht von einer Kreuzzugspredigt), als auch Beobachtungen zweiter Ordnung sein können (z. B. Selbstbeobachtungen in dem Sinne, dass die Person beschreibt, wie die Predigt auf sie gewirkt hat, oder Beobachtungen darüber, wie der Prediger während seiner Predigt beobachtet hat, dass er beispielsweise bestimmte Zuhörende besonders ins Visier nahm). Auch das Biographische zweiter Ordnung lässt sich dementsprechend je nach beschriebener Situation auf verschiedene Beobachtungsordnungen zurückführen.

Unter Biographischem dritter Ordnung versteht Lindner dann Medien (z. B. Dokumentar- oder Spielfilme), die Biographisches erster Ordnung mit Biographischem zweiter Ordnung verbinden;[271] dazu würden m. E. dann auch alle Biographien zählen, die sich nicht auf die eigene Beobachtung der beschriebenen Person beschränken (sofern vorhanden), sondern biographische Quellen erster und zweiter Ordnung, auch etwa im Rückgriff auf geschichtliches Wissen, zu einer neuen Darstellung verbinden. Biographien hochreligiöser Personen sind theologisch und religionspädagogisch u. a. deshalb interessant, weil sie in der Regel Spuren von Beobachtungen dritter Ordnung enthalten.

Auch systematisch-theologische Überlegungen sind praxisrelevant. So kann beispielsweise die Sakramententheologie dazu beitragen, die theologische Relevanz des praktischen Handelns innerhalb der Firmkatechese zu erfassen: „Die Sakramente machen Ernst damit, dass man den Text des Evangeliums nicht zureichend versteht, wenn er bloß der ‚Lektüre' dient. Sie begreifen das Evange-

---

269 Vgl. Lindner 2007, 278. S. o. 1.3.3.
270 Vgl. ebd., 279.
271 Salmann, Elmar (2010): Geistesgegenwart. Figuren und Formen des Lebens, St. Ottilien. Aufschlussreich sind etwa Salmanns Überlegungen zur „Wahlverwandtschaft von Mystik und Aufklärung" (vgl. ebd., 128–134: Krisenbewusstsein, Kritik an Objektivismus und Subjektivismus, Aushalten von Widersprüchen, Wirklichkeitserkenntnis durchs Negative, Einmaligkeit des Ichs, Antieudämonismus, Pathos und Ethos der Aufmerksamkeit, Ereignis der Erleuchtung) und deren Konkretisierung an Skizzen zu den Glaubensbiographien von Maurice Blondel, Therese von Lisieux, Thomas Merton, Dag Hammarskjöld und Simone Weill (vgl. ebd., 134–144). Vgl. dazu religionsdidaktisch z. B. Mendl, Hans (2015): Modelle – Vorbilder – Leitfiguren. Lernen an außergewöhnlichen Biografien (Religionspädagogik innovativ 8), Stuttgart.

lium als ‚Partitur‘, die gespielt und inszeniert werden will.“[272] Nicht nur im Modus des Feierns, sondern auch im Modus des Lehrens und Lernens kann das Evangelium gespielt und inszeniert werden. Zum Beispiel ging es innerhalb einer Firmkatechese um eine Inszenierung des Buches Jona. Dazu wurden die Firmanden über eine Phantasiereise in die Situation des Propheten im Walfisch versetzt und aufgefordert, sein Gebet zu formulieren. Was bedeutet dieser Auftrag sakramententheologisch, wenn man etwa an die Differenz von Taufe und Firmung denkt?

> „Die *Firmung* ist das sakramentale Zeichen für das Hineingenommensein der Christen und ihrer Beziehungen zueinander in das Gottesverhältnis Jesu. Sie ist sakramentales Zeichen für das Aufgehoben- und Geborgensein *menschlichen Miteinanders* in das Miteinander von Vater und Sohn, das der Geist ist. Im Unterschied dazu verdeutlicht die *Taufe*, dass der Beziehungswille Gottes der Initiative des Menschen vorausgeht und dass jede/r *Einzelne* ein Adressat der nach menschlichen Maßstäben maßlosen Zuwendung Gottes ist. Im *Taufsakrament* geht es um die Unvertretbarkeit, Personalität und Unverwechselbarkeit des einzelnen Menschen, dem die Zuwendung Gottes gilt. Die *Firmung* als Sakrament des Geistes unterstreicht im Unterschied dazu die Aufgeschlossenheit und Beziehungshaftigkeit des Menschen. Wie Gott in sich Beziehung ist und neue Beziehungen schafft, so ist auch seine Gemeinschaft mit dem Menschen derart, dass sie ihn in seiner Beziehungswirklichkeit als Beziehungswesen anspricht.“[273]

Inwiefern bestärkt die Formulierung eines Gebets, in dem doch in erster Linie die Beziehung des einzelnen Menschen zu Gott im Zentrum steht, das Bewusstsein um das Eingebundensein in die Gemeinschaft des menschlichen Miteinanders? Diese Frage kann sich in einer theologischen Beobachtung zweiter Ordnung stellen, die den Beobachtungscharakter des beobachteten Beobachtens zu charakterisieren sucht. Im Gespräch mit den Jugendlichen über ihre Gebetstexte (als Beobachtungen erster Ordnung) wurde in Beobachtungen zweiter Ordnung der operative Charakter ihres Beobachtens zum Thema: Welche unterschiedlichen Schwerpunkte setzten die von den Jugendlichen formulierten Texte? Deutlich wurde, dass das Thema der Gemeinschaft in einigen Texten zentral war, in anderen hingegen nicht.[274] Zudem zeigte sich, dass das gemeinsame Schreiben und Sprechen über die Texte die Gemeinschaft der Firmgruppe stärkte.

‚Mutualität‘ meint hier diesen Zirkel von Glaubensthema und (Glaubens-)Leben – wenn man so will *fides quae* und *fides qua* –, wie er sich in Glaubensbiographien ausgestaltet. Sie alle stehen unter der paradoxen Erfahrungsgewissheit des Todes (s. o. 3.2.2.2), die innerhalb einer Theologie des Todes in seinen ein-

---

[272]   Höhn, Hans-Joachim (2002): spüren. Die ästhetische Kraft der Sakramente, Würzburg, 52.

[273]   Ebd., 66.

[274]   Vgl. Brieden, Norbert (2018a): „Ich lasse mich firmen, weil ich mich an dem Gedanken erfreue, selbstständig zu sagen, ja ich möchte der Gemeinschaft angehören“ – Fallanalysen zur Kommunikation des Evangeliums mit Jugendlichen anlässlich der Firmkatechese, in: Schlag/Roose/Büttner (Hg.) aaO, 191–206.

zelnen Momenten reflektiert werden kann. Wie wird der Tod als alltägliches und naturwissenschaftlich erforschtes Lebensphänomen verbunden mit den verschiedenen Bildern vom Tod innerhalb der theologischen Tradition, etwa ‚Trennung von Leib und Seele‘, ‚Ende des Pilgerstandes‘ oder ‚Folge der Sünde‘?[275] Wie wird die Todesparadoxie durch den Glauben an die lebenserhaltende Kraft Gottes entfaltet? Genau darum geht es, wenn religionspädagogisch die Hoffnung auf Auferstehung zum Thema wird.[276]

Wie kann die Hoffnung auf Vollendung angesichts der Unvollkommenheit gegenwärtigen Existierens, angesichts all des Leidens auf der Welt (Theodizeefrage) glaubhaft aufrecht erhalten bleiben? Was trauen Menschen Gott und sich selbst zu angesichts der vielfältigen Nöte von Menschen, angesichts all der Gewalt, die ihnen täglich in den Medien vor Augen geführt wird?[277] Als ‚zwölftes Kamel‘ bietet sich entwicklungspsychologisches Wissen an:[278] Wer die elementaren Zugänge der Kinder und Jugendlichen zur Thematik kennt, wird beispielsweise von den lakonischen oder makabren Äußerungen von Kindergartenkindern zum Tod nicht überrascht sein. Ein Bewusstsein der Irreversibilität des Todes kann sich sogar bis zum Ende der Grundschulzeit hinein noch entwickeln.[279] Entwicklungspsychologisches Wissen ist wichtig, um manche Bedürfnisse und Aussagen der Heranwachsenden zu verstehen. Es kann aber paradoxerweise auch ein Missverstehen provozieren, wenn es absolut gesetzt wird oder

---

[275] Vgl. z. B. Knapp, Markus (2010): Tod, wo ist dein Sieg? Theologische Überlegungen zur Wirklichkeit des Todes, in: Göllner, Reinhard (Hg.): Mitten im Leben umfangen vom Tod. Tod und Sterben als individuelle und gesellschaftliche Herausforderung (Theologie im Kontakt 16), Münster, 77–97.

[276] Vgl. z. B. Göllner/Brieden/Kalloch 2010; Brieden, Norbert/Heidemann, Astrid/Roose, Hanna (2016): Artikel „Auferstehung", in: Das Wissenschaftlich-Religionspädagogische Lexikon WiReLex. https://www.bibelwissenschaft.de/stichwort/100165/ Aufruf 15.12.2021; Thiede, Werner (1991): Auferstehung der Toten – Hoffnung ohne Attraktivität? Grundstrukturen christlicher Heilserwartung und ihre verkannte religionspädagogische Relevanz, Göttingen.

[277] Vgl. z. B. Böhnke, Michael/Neuhaus, Gerd u. a. (2007): Leid erfahren – Sinn suchen. Das Problem der Theodizee (Theologische Module 1), Freiburg; zu einer qualitativ-empirisch erarbeiteten Typologie von Positionen Jugendlicher zur Theodizeefrage vgl. Stögbauer, Eva (2011): Die Frage nach Gott und dem Leid bei Jugendlichen wahrnehmen. Eine qualitativ-empirische Spurensuche (Religionspädagogische Bildungsforschung 1), Bad Heilbrunn; Stögbauer-Elsner, Eva-Maria (2019): Artikel „Theodizee", in: Das Wissenschaftlich-Religionspädagogische Lexikon WiReLex. https://www.bibelwissenschaft.de/stichwort/200651/ Aufruf 15.12.2021.

[278] Zum Überblick vgl. Büttner/Dieterich 2016.

[279] Vgl. z. B. den Überblick: Göllner, Reinhard (2010): Kindliche Todesvorstellungen und Trauerreaktionen begleiten. Eine Thanatagogik für Kinder, in: Göllner (Hg.), a. a. O., 135–163; Specht-Tomann, Monika/Tropper, Doris (2011): Wir nehmen jetzt Abschied. Kinder und Jugendliche begegnen Sterben und Tod, Düsseldorf.

Kinder und Jugendliche vorschnell in bestimmte Schubladen gesteckt werden (etwa: ‚Typisch jugendlicher Atheismus der Stufe 3 nach Oser/Gmünder!‘).[280]

Zudem reicht entwicklungspsychologisches Wissen nicht aus, um die paradoxe Einheit von Perfektion und Imperfektion wirksam zu bearbeiten. Denn in der Religion geht es zentral darum, die paradoxe Einheit von Immanenz und Transzendenz zu entfalten, worin sich in verschränkter Weise die paradoxe Einheit von Imperfektion und Perfektion spiegelt. Wie kann Religionspädagogik, die sich nach Gronover „*als Differenz* zwischen Vollkommenheit und Imperfektion *ereignet*", den „Möglichkeitsraum der Gnade" (Vollkommenheit) in seiner paradoxen Unverfügbarkeit (Imperfektion) zur Geltung bringen?[281] Damit ist wiederum die religionspädagogische Grundparadoxie eingespielt (s. o. 4.3.1):

> „Die Religionspädagogik kommt nicht umhin zu kommunizieren, dass Glaube gelernt, dass religiöse Sensibilität erhöht, dass (moralisches und transzendentes) Bewusstsein geschult werden kann. All diese Felder aber stecken ein Terrain ab, das entweder Gott positivistisch vereinnahmt (‚man weiß ja, wovon man spricht …‘) oder aber teleologisch erarbeitet (‚wir lernen den Gott, den wir nicht kennen‘). Der Lernprozess kommt ins teleologische Fahrwasser, so oder so."[282]

Der traditionelle Ausdruck für diese paradoxe Zielbestimmung lautet ‚Mystagogie‘ (etymologisch: Geheimnis-Geleit).[283] Mystagog*innen waren in der Antike (beamtete) Priester*innen, die sich um die Mysterienkulte kümmerten. Im frühen Christentum bezeichnete Mystagogie die katechetische Aufgabe, die Menschen um das Erlebnis ihrer Taufe herum, nachdem sie also bereits zur Vorbereitung der Taufe ins Christentum eingeführt worden waren, tiefer in die Geheimnisse des Glaubens zu geleiten: „Aus dem Erwachsenenkatechumenat der frühen Kirche herkommend, bei dem die mystagogischen Katechesen nach der erfolgten Initiation auf das von den Neugetauften Erlebte Bezug nehmen, verweist Mystagogie darauf, dass das Eigentliche des Glaubens nicht erklärt wer-

---

[280] Vgl. Brieden, Norbert (2008): Gott – ein Problem menschlicher Entwicklung?, in: Göllner, Reinhard (Hg.): Das Ringen um Gott. Gottesbilder im Spannungsfeld von subjektivem Glauben und religiöser Tradition (Theologie im Kontakt 15), Münster, 135–174. Zur Kritik vgl. auch Tomberg 2010, 169, Fußn. 146; 179.

[281] Gronover 2006, 206. S. o. 3.3.3.2.1. Zur Fundierung der Paradoxie schon bei Spencer Brown s. o. 2.2.2 (die perfekte ‚Beinhaltung‘ (perfect continence) beinhaltet bereits Imperfektion, insofern durch den Reentry die Grenze nicht mehr gekreuzt werden muss: findet sich das Transzendente bereits in der Immanenz, braucht die Grenze zum Transzendenten nicht mehr überschritten zu werden, um zu ihm zu gelangen).

[282] Ebd., 207.

[283] Zum Wortsinn und der Geschichte des Ausdrucks vgl. Schambeck, Mirjam (2006): Mystagogisches Lernen. Zu einer Perspektive religiöser Bildung (Studien zur Theologie und Praxis der Seelsorge 62), Würzburg, 7–9.

den kann (schon gar nicht vorab), sondern erlebt werden muss, um es dann katechetisch zu ergründen, ohne den Geheimnischarakter aufzuheben."[284]

Hans Urs von Balthasar differenziert zwischen der ‚Mystik' als der ursprünglichen (Gottes-)Erfahrung (Beobachtung erster Ordnung) und der ‚Mystologie' oder ‚Mystographie' als dem reflektierenden Reden oder Schreiben über diese Erfahrung (Beobachtung zweiter Ordnung). Da in christlicher Perspektive aufgrund der Unverfügbarkeit des Glaubens nur Gott selbst der Mystagoge sein kann, ist unter ‚Mystagogie' der gemeinsame Lernprozess zu verstehen, in dem sich die Glaubenserfahrenen und die Glaubensunerfahrenen, geführt von Gott und unter Anleitung der Erfahrenen, der mystischen (Gottes-)Erfahrung öffnen.[285]

Wenn Mirjam Schambeck in ihrer religionspädagogischen Rekonstruktion dieses Begriffs vom ‚mystagogischen Lernen' spricht, scheint der Begriff auf den ersten Blick tautologisch, insofern der Begriff des Mystagogischen bereits den Lernprozess beinhaltet. Alternativ würde er meinen, was er sagt: zu lernen, in die Geheimnisse einzuführen. Allerdings kann damit nicht gemeint sein, dass Mystagog*innen lernten, wie sie ihre Mystagogie zu betreiben hätten – denn nur Gott kann ja Mystagogin sein, und ihn könnten wir wohl kaum religionspädagogisch bilden. Dann kann ‚mystagogisch lernen' nur heißen, den Möglichkeitsraum der Gnade, den der Mystagoge Gott öffnet, nutzen zu lernen. Die starre Entgegensetzung von Lernbarkeit und Nichtlernbarkeit des Glaubens wird durch den Reentry der Differenz auf die Seite der Lernbarkeit aufgeweicht:

> „Obwohl die Gotteserfahrung ein sowohl wegen der Unverfügbarkeit Gottes als auch des Menschen freies Geschehen ist, ist sie zugleich eine von Gott an den Menschen und die gesamte Schöpfung gegebene Zusage. Das heißt, dass aufgrund der Initiative Gottes schon immer mit Gott mitten in der menschlichen Lebensgeschichte und der Mit-Welt zu rechnen ist. Mystagogische Lernprozesse entwickeln sich von einem Grund her, den Gott selbst gelegt hat, nämlich seiner Selbstentäußerung in diese Welt hinein. [...] Mystagogisches Lernen ist wie Glaubenlernen überhaupt ein Zusammenspiel von Gnade Gottes und Freiheit des Menschen, von unverfügbarem Geschehen und eröffnenden Gegebenheiten."[286]

Die Begriffe ‚Mystagogie' oder ‚mystagogisches Lernen' werden im aktuellen religionspädagogischen Diskurs zur religiösen Bildung allerdings kaum noch verwendet. Wirkt der Fokus des mystagogischen Lernens auf die Gottesbeziehung einengend?[287] Oder ist das Konzept zu sehr auf den kirchlichen Raum der

---

[284] Lutz, Bernd (2015): Artikel „Sakramentenkatechese/-pastoral", in: Das Wissenschaftlich-Religionspädagogische Lexikon WiReLex. https://www.bibelwissenschaft.de/stichwort/100105/ Aufruf 15.12.2021.

[285] Vgl. Schambeck 2006, 8.

[286] Ebd., 400.

[287] Vgl. Schambeck, Mirjam (2010): Mystagogisches Lernen, in: Hilger, Georg/Leimgruber, Stefan/Ziebertz, Hans-Georg (Hg.): Religionsdidaktik. Ein Leitfaden für Studium, Ausbildung und Beruf (2001), München, 6. Aufl., 400–415. Es dürfte kein Zufall sein, dass weder

4. Beobachtungen differenzieren und bewahrheiten

Sakramentenkatechese bezogen, in dem es wurzelt? Zur Reflexion und Anbahnung religiösen Lernens im Raum der Schule wird heute stattdessen der Begriff ‚Spiritualitätsbildung' bevorzugt, der ein breites Bedeutungsspektrum aufweist und von daher vielfältige Anschlüsse ermöglicht.[288] Martina Ebner weist darauf hin, dass im Englischen das Wort ‚Spiritualität' ein weites Verständnis umfasst, das über den Begriff des Religiösen hinausgeht und sich durchzusetzen scheint: Immer mehr Menschen, die sich als nicht-religiös verstehen, bezeichnen sich gleichwohl als spirituell.[289] Es geht ihnen darum, zur Ruhe zu kommen, zu meditieren, zu entschleunigen – ohne religiöse Konzepte wie ‚Gott', ‚Erlösung', ‚Erleuchtung' oder ‚Reinkarnation' für bedeutsam zu halten. ‚Verbundenheit', ‚Ganzheitlichkeit', ‚Nichtdualität', ‚Ego-Freiheit' und ‚Emotionalität' sind wohlklingende Begriffe, die mit einer solchen säkularen Spiritualität verbunden werden. Man bedient sich der methodischen Erfahrungen religiöser Traditionen, ohne deren religiöses Fundament nachzuvollziehen.

Ebner weist in kritischer Absicht darauf hin, dass immer konkret zu prüfen sei, wie ‚Spiritualität' jeweils beansprucht und realisiert werde, weil „eine Welt voller Mystiker nicht zwangsläufig eine bessere Welt ist", wie sie an zahlreichen Negativbeispielen zeigt.[290] Die Vernunft bleibt somit ein wichtiges Korrektiv; und ebenso der Gemeinschaftscharakter, im Sinne einer sozialen und auch politischen Spiritualität.[291] Für die Spiritualitätsbildung formuliert Ebner zwei Fra-

---

„mystagogisches Lernen" noch „Spiritualitätsbildung" als innovativer Ansatz im Sammelband von Grümme/Lenhard/Pirner (2012/Hg.), a. a. O., gelistet sind und auch im aktuellen „Handbuch Religionsdidaktik" fehlen, vgl. Kropač/Riegel (2021/Hg.), a. a. O., Der spirituelle Aspekt scheint für viele heute durch das Stichwort des „Performativen" abgegolten zu sein (s. o. 4.3.1). Anders aus der Perspektive der Schulpastoral: Vgl. Roeger, Carsten (2015): Mystagogische Schulpastoral, in: Kaupp, Angela/Bußmann, Gabriele/Lob, Brigitte/Thalheimer, Beate (Hg.): Handbuch Schulpastoral. Für Studium und Praxis, Freiburg i. Br., 181–190.

[288] Vgl. Caloun, Elisabeth/Habringer-Hagleitner, Silvia (2018/Hg.): Spiritualitätsbildung in Theorie und Praxis. Ein Handbuch, Stuttgart.

[289] Vgl. Ebner, Martina (2018): Spiritualität – ja, aber welche? Zur kritischen Reflexion von Spiritualitätsbildung, in: Caloun/Habringer-Hagleitner (Hg.), a. a. O., 119–129, 119. Im Gegensatz dazu bedeutet Spiritualität im Deutschen eine bestimmte Ausdrucksform des Religiösen; zur Differenz von engem und weitem Spiritualitätsverständnis vgl. Woppowa, Jan (2018): Religionsdidaktik, Paderborn, 192f.

[290] Ebd., 122f. Ebner bezieht sich auf Ceming, Katharina (2012): Spiritualität im 21. Jahrhundert, Palma de Mallorca. Sie nennt die Kreuzzugspredigten von Bernhard von Clairvaux, die Attacken des Hindus Shankara auf den Buddhismus, den buddhistischen König Dutthanagamani, der hinduistische Tamilen vernichten ließ; und aus der jüngeren Geschichte den Zen-Lehrer Sawaki Kodo (1880–1965), „der als Erleuchteter galt und hohes Ansehen genoss" und gleichwohl „das Töten für die Soldaten des 2. Weltkriegs rechtfertigte" (Ebner 2018, 122).

[291] Vgl. Renoldner, Severin (2018): Spiritualität im gesellschaftlichen Mitfühlen und Tun, in: Caloun/Habringer-Hagleitner (Hg.), a. a. O., 147–159.

gen, die von den Wirkungen der Spiritualität her religionspädagogische Kriterien liefern: „Welche Form der Spiritualität ist lebensfördernd? Mit welcher Art von Spiritualität werden Kinder gestärkt und befähigt, ein sinnvolles Leben zu gestalten?"[292] Wenn Lehrkräfte spirituelle Kompetenz vermitteln wollen oder sollen, dann steht auch ihre eigene Spiritualitätsbildung im Fokus.[293] Das Thema ‚Spiritualität' hat bereits eine hohe Bedeutung im Religionsunterricht,[294] die vermutlich zunehmen wird und deshalb auch für die Religionslehrer*innenbildung bedeutsam ist[295] – verbunden mit ökumenischer und interreligiöser Kooperation.[296] Neue Wege im Übergang von einer Spiritualitäts- zu einer Gebetsdidaktik sind erst noch zu finden, wobei die Unverfügbarkeit religiöser Erfahrungen durch den einladenden Charakter des religionsunterrichtlichen Angebots beachtet werden kann.[297] Dabei mag allein der sorgsame Gebrauch der Sprache einen spirituellen Effekt ausüben (s. o. 1.3.4). Musik und Gesang sowie Rituale

---

[292]   Ebd., 119.

[293]   Vgl. z. B. Gronover, Matthias (Hg.): Spirituelle Selbstkompetenz. Eine empirische Untersuchung zur Spiritualität von Berufsschulreligionslehrkräften (Glaube – Wertebildung – Interreligiosität, Berufsorientierte Religionspädagogik 9), Münster; in Bezug auf Schulseelsorger*innen vgl. Bußmann, Gabriele (2015): Spiritualität, in: Kaupp/Dies./Lob/Thalheimer (Hg.), a. a. O., 108–121.

[294]   Vgl. Gärtner, Claudia (2015): Religionsunterricht – ein Auslaufmodell? Begründungen und Grundlagen religiöser Bildung n der Schule (Religionspädagogik in pluraler Gesellschaft 19), Paderborn, 56–65, 75–85. Gärtner berichtet aus einer von ihr und Judith Könemann durchgeführten Studie an Ganztagsschulen, dass in über der Hälfte der Religionskurse Stilleübungen bzw. Meditationen angeboten werden; in fast 30 % der Kurse wird gebetet (vgl. ebd., 62).

[295]   Vgl. Bitter, Gottfried (2004): Chancen und Grenzen einer Spiritualitätsdidaktik, in: Schreijäck, Thomas (Hg.): Werkstatt Zukunft. Bildung und Theologie im Horizont eschatologisch bestimmter Wirklichkeit, Freiburg u. a., 158–184; Altmeyer, Stefan/Boschki, Reinhold/Theis, Joachim/Woppowa, Jan (2006/Hg): Christliche Spiritualität lehren, lernen und leben (FS Bitter), Bonn; Woppowa 2018, 192–201.

[296]   Vgl. z. B. Gärtner 2015, 164–173; Altmeyer, Stefan/Englert, Rudolf u. a. (2016): Ökumene im Religionsunterricht. Jahrbuch der Religionspädagogik 32, Göttingen; Woppowa, Jan (2017/Hg.): Kooperativer Religionsunterricht. Fragen – Optionen – Wege (Religionspädagogik innovativ 20), Stuttgart; Lindner/Schambeck/Simojoki/Naurath (2017/Hg.); Riegel, Ulrich (2018): Wie in Zukunft Religion unterrichten? Zum Konfessionsbezug des Religionsunterrichts von (über)morgen, Stuttgart. S. o. 2.1.2; 2.2.3.1.

[297]   Selbst wenn der Einladungscharakter natürlich auch entparadoxierend wirkt. Vgl. Gronover, Matthias (2013): Das Gebet im Horizont von religiöser Kompetenz und Differenz. Religionspädagogische Perspektiven, in: Eisele, Wilfried (Hg.): Gott bitten? Theologische Zugänge zum Bittgebet (Quaestiones Disputatae 256), Freiburg i. Br., 186–222. „Die wohl schwierigste religionspädagogische Frage ist, wie das Gebet so erfahren werden kann, dass Gott wirklich größer und unähnlicher als alles menschliches Sein bleibt, also diese Negation ins Gebet mit hinein zu holen und darin loszulassen" (ebd., 221).

werden als Medien der Spiritualitätsbildung erprobt.[298] Im Sinne der performativen Didaktik stellt sich die Frage, wie spirituelle Erfahrungen aus der Teilnahmeperspektive einer Beobachtung erster Ordnung organisch ergänzt werden können durch reflexive Beobachtungen zweiter Ordnung (s. o. 4.3.1).

Dass nach dem Durchgang durch die Beobachtung zweiter Ordnung eine „zweite Naivität" (Paul Ricœur) möglich wird, die sich in den Spuren einer Beobachtung dritter Ordnung zeigt, ist eine wichtige These dieser Arbeit. Eine solche Beobachtung dritter Ordnung entzieht sich als paradoxe Einheit von Beobachtung und Nicht-Beobachtung der Beobachtung und ist deshalb auch keine Beobachtung im strengen Sinne (s. o. 4.1). Heidemann beschreibt sie, bezogen auf den Zen Weg, als „Formlosigkeit der Leere-Einheits-Erfahrung", als „*direkte* Transzendenzerfahrung, weil in ihr kein Unterschied zwischen Subjekt und Objekt besteht". Insofern diese nichtdualistische Erfahrung als eine Erfahrung von „Totalität" und „als Erfüllung einer Verheißung erlebt wird", sei sie als ‚religiöse' Erfahrung zu charakterisieren. Christliche Theologie könne im Dialog mit dem Zen-Weg „erkennen, dass es nicht darum geht, fertige Antworten zu präsentieren und Menschen von dieser ‚Wahrheit' zu überzeugen, sondern darum, Menschen einen Weg zu Gott jenseits von Sprache, Vorstellungen und festen Identifikationen zu eröffnen."[299]

Solche Einsichten sind wichtig für das Thema der Spiritualitätsbildung, auch am Lernort Schule, wo eine intensive Meditationspraxis kaum erfolgen kann. Denn sie weisen auf die Unverfügbarkeit der Wahrheit Gottes hin und dienen so als Grenzmarker aller didaktischen Bemächtigungsversuche.

4.3.5 *Parasitierung: Politik, Moral und Kunst*

Entparadoxierung durch Parasitierung: Was sich wie eine Krankheit anhört – Parasiten schmarotzen bei ihrem Wirt und schwächen ihn dadurch – und sogar lebensbedrohlich sein kann (man denke an die Varroamilbe bei Honigbienen), soll hier also positiv der Paradoxieentfaltung dienen. Statt an Flöhe, Läuse, Würmer und dergleichen unappetitliche Schmarotzer zu denken, wäre daher eher eine Analogie zu probiotischen Parasiten zu ziehen (wie Pilzen, die ihre Wirte bei der Nährstoffaufnahme unterstützen). In Clams Beispiel: Würde das Recht (die Judikative) nicht durch seinen Parasiten, die Politik, unterstützt, könnte es weder die historisch bedingte Geltung der Gesetze legitimieren (Legislative), noch die gefällten Urteile durchsetzen; der Staat gibt dem Recht die Mittel an

---

[298] Vgl. z. B. Nessl, Eva (2018): Musik und Gesang im Religionsunterricht als Beitrag zur Spiritualitätsbildung, in: Caloun/Habringer-Hagleitner (Hg.), a. a. O., 213–219; Zölß, Rosa (2018): Rituale – ein Weg zur Spiritualität mit 6–10jährigen, in: Caloun/Habringer-Hagleitner (Hg.), a. a. O., 221–229.

[299] Heidemann 2013, 318f.

die Hand, beschlossene Sanktionen und ausgesprochene Strafen auch zu verfolgen (Exekutive).

	Thema/Paradox	‚Zwölftes Kamel'	‚Kamel-Rückgabe'
Recht (Clam)[300]	Positivierung des Rechts nach dem Zerfall der Evidenz naturrechtlicher Konstruktionen: Erhaltung starker und voller Rechtsgeltung trotz Einsicht in deren Historizität und Artifizialität	Parasitierung des Rechts durch die Politik: Legalität der normproduzierenden Verfahren (demokratisch legitimierte Gesetzgebung), Recht gilt auf der Grundlage der Revidierbarkeit seiner Geltung	Die von der Politik übernommene Verantwortung für Wandel kann über Wahlen den regierenden Parteien entzogen werden (der Parasit ‚Politik' bleibt als ‚Kamel' erhalten)
Religion	Akzent auf der Immanenz des Transzendenten	Gottkönig, höchste Werte, religiöse Kunst	Relativierung vor Gott (erstes Gebot)
Theologie	Transzendenz unter Projektionsverdacht	Sozialethik, Moraltheologie, theologische Ästhetik	Fundamentaltheologie, Wissenschaftstheorie
Religionspädagogik	didaktische Instrumentalisierung	politische und moralische Sensibilität fördern, Kunst und Literatur Raum geben	kritische Reflektionen der Lernprozesse

Tabelle 14: Parasitierung – Politik, Moral, Kunst

Die Wirkungen der Parasitierung sind ambivalent. Im totalitären Staat wie im NS-Regime kann die Politik das Recht derart dominieren, dass es am Parasitenbefall zugrunde geht. Um abstrakt nachzuvollziehen, welche Bedeutung Parasitierung für die Entwicklung gesellschaftlicher Systeme haben kann, ist deren Grundlegung durch Michel Serres zu bedenken, auf die Luhmann zurückgreift: „Die Rechtsstaatsformel, könnte man zusammenfassend auch sagen, bringt ein wechselseitig-parasitäres Verhältnis von Politik und Recht zum Ausdruck. [...] Mit ‚parasitär' ist dabei nichts anderes gemeint als die Möglichkeit, an einer externen Differenz zu wachsen."[301] Schneider resümiert die zugrunde liegenden kommunikationstheoretischen Überlegungen von Serres, der wiederum an den

---

[300]   Vgl. Clam 2004, 125f.

[301]   Vgl. Luhmann, Niklas (1993a): Das Recht der Gesellschaft, Frankfurt a. M., 427. Zitiert nach Schneider, Wolfgang Ludwig (2015): Zur Relevanz der Figur des Parasiten für die Theorie Sozialer Systeme. http://publikationen.soziologie.de/index.php/kongressband_2014/article/view/94 Aufruf 15.12.2021, 7, Fußn. 17.

Informationsbegriff von Shannon und Weaver anschließt, wenn er den Parasiten als „Störung einer Nachricht", als „Lärm" oder als das „Rauschen im Kommunikationskanal" beschreibt:[302]

„Denn ohne Nachricht, ohne Information, die übermittelt werden soll, keine Störung, kein Rauschen oder Lärm.[303] Die Störung ist nur in Differenz zur Nachricht möglich, gegen die sie sich als Abweichung profiliert, die ihre Existenzbedingung ist und die sie zugleich beeinträchtigt.[304] Insofern lebt und zehrt die Störung von der Nachricht wie ein Parasit von seinem Wirt. [...]
Um eine elementare Informationseinheit zu prozessieren, bedarf es eines Ereignisses (in Form eines ‚Signals' bzw. einer Mitteilung), das einen Unterschied macht im Blick auf mindestens zwei alternative Möglichkeiten, von denen *eine und nur eine* durch das Ereignis ausgewählt und angezeigt werden darf. Mit Bateson [...] kann deshalb die minimale Einheit von Information auch als ein ‚Unterschied' bestimmt werden, ‚der einen Unterschied macht'. Trennschärfe ist dabei erforderlich. Das übermittelte Signal muss für 0 *oder* 1, ja *oder* nein, a *oder* b stehen. Es gilt, in strenger Entsprechung zur zweiwertigen Logik, der Satz vom ausgeschlossenen Dritten. Der Elementarfall einer Störung, eines Rauschens, lässt sich deshalb auch als Verletzung dieses Satzes beschreiben, als ein parasitäres Signal, das nicht erkennen lässt, ob es für 0 oder 1, für a oder b steht, das vielmehr beide zugleich zu bezeichnen bzw. zwischen beiden Werten zu liegen scheint, oder das *weder* dem einen, *noch* dem anderen Wert entspricht, sondern beide negiert und damit den Auswahlbereich überschreitet.
Serres bestimmt auch die Rolle des Parasiten in sozialen Beziehungen nach diesem Modell. Als Störung, die innerhalb eines Ordnungszusammenhangs auftritt, ist der Parasit aus der Perspektive der Logik ein *eingeschlossenes ausgeschlossenes Drittes*. Die parasitäre Störung, um die es Serres geht, meint freilich keine singuläre Abweichung, kein isoliert bleibendes Ereignis ohne weitere Folgen, aber auch kein Ereignis, das zur völligen Ordnungsauflösung und Zerstörung eines Systems führt, – *sondern eine transformierende* Abweichung, welche die Ordnung des Systems verändert. Die Figur des Parasiten erscheint janusgesichtig. Eine gegebene Ordnung störend ist sie zugleich Keim einer neuen. Evolutionstheoretisch gedeutet verbindet der Parasit die Funktion der *Variation* mit der Funktion der *Selektion*, indem er die Reproduktion der Variation im System ermöglicht, das dadurch neu *strukturiert* wird [...]. Auch die vom Parasiten erzeugte neue Ordnung ist nicht gegen Störungen gefeit. Jederzeit kann sie durch neue Parasiten besetzt und verändert werden."[305]

---

[302] Schneider 2015, 2, mit Bezug auf: Serres, Michel (1981): Der Parasit (1980), Frankfurt a. M., 20f.

[303] „[Fußn. 2:] Die Ausdrücke *Störung, Rauschen* oder *Lärm* stehen für verschiedene Übersetzungsmöglichkeiten des in der Informationstheorie üblichen englischen Ausdrucks *noise*. Sie werden deshalb hier [...] wie schon von Serres selbst synonym verwendet."

[304] „[Fußn. 3:] Noch das reine Rauschen ist durch sie ex negativo, als nicht realisierte Möglichkeit, notwendig bestimmt."

[305] Schneider 2015, 2f. Schneider bezieht sich auf Serres 1981, 253ff., 282ff.; und auf Bateson, Gregory (1972): Steps to an Ecology of Mind. Collected Essays in Anthropology, Psychiatry, Evolution and Epistemology. New York, 315, 489.

Kurz zusammengefasst: Parasitierung ist eine Perturbation, die den Einschluss des ausgeschlossenen Dritten forciert und zu evolutionären Veränderungen von Systemen anregen kann. Im System der Religion sind Parasitierungen durch Politik, Moral und Kunst zu verzeichnen. Jede dieser Parasitierungen wäre in einer eigenen Monographie zu reflektieren; daher können im Folgenden nur wenige Schlaglichter geworfen werden. Die Parasiten des Religionssystems zehren davon, dass Religion ihren transzendenten ‚Gegenstand‘ (der alles Gegenständliche transzendiert) nur immanent darstellen kann. Deshalb versuchen die Parasiten, sich durch Anschluss ans religiöse System eine höhere Weihe zu geben – Pharao wird als Gott verehrt, zehn Gebote werden von Gott gestiftet, religiöse Kunst verweist mit ihren immanenten Mitteln auf Transzendenz. Diese ‚zwölften Kamele‘ entparadoxieren das religiöse Paradox, indem sie es durch politische, moralische oder ästhetische Narrative handhaben. Das kann zunächst einmal hilfreich oder sogar notwendig sein (was euryalistisch zu zeigen wäre), bedarf aber einer Relativierung: Weder das goldene Kalb noch der Turm in Babel sind selbst das Transzendente – sie werden zerschlagen am ersten Gebot (was sthenographisch auszuweisen wäre).

Daran zeigt sich ein Sonderstatus der Moral, die aufgrund ihres unspezifischen Problembezugs – die Differenz gut/böse bzw. geachtet/missachtet lässt sich auf alles anwenden – kein eigenes System ausbildet, sondern in allen Systemen parasitär agiert:[306] Die Gebote Gottes sind paradox, insofern sie sich mit dem ersten Gebot auf sich selbst beziehen lassen. Keine Sammlung von Gesetzen darf mit Gott selbst identifiziert werden; die Differenz von Moral und Religion wird so im ersten Gebot selbst angezeigt. Insofern spirituelle Menschen diese Differenz durchschauen, wird klar, dass Religiosität keine Einheit mit Moralität bildet (s. o. 4.3.4). Zugleich motiviert der Glaube zu moralischem Handeln – im Christentum idealerweise durch die Überzeugung, in jedem Menschen begegne Gott selbst, aber auch fremdbestimmt aus immanenter Angst vor transzendenter Bestrafung. Es ist daher nicht verwunderlich, dass sich im Reflexionssystem der Religion Disziplinen gebildet haben, die sich dem weiten Feld dieser Zusammenhänge widmen, die Moraltheologie und die Sozialethik, die auch die Zusammenhänge mit dem System der Politik reflektiert.[307]

---

[306] Vgl. Kirchmeier, Christian (2012): Moral, in: Jahraus/Nassehi u. a. (Hg.), a. a. O., 105–107. „Ohne eigenen Funktionsbereich bleibt der Moral […] nur übrig, mit anderen Funktionssystemen wie der Politik […] oder der Religion […] zu interferieren, während sich umgekehrt die Codes der Funktionssysteme vom Code der Moral distanzieren" (ebd., 107); vgl. diesbezüglich die Rezeptionsprobleme der Luhmannschen Moraltheorie in der philosophischen Ethik: Horster, Detlef (2012): Ethik, in: Jahraus/Nassehi u. a. (Hg.), a. a. O., 336–340.

[307] Vgl. z. B. Höhn, Hans-Joachim (1990): Vernunft – Glaube – Politik, Reflexionsstufen einer Christlichen Sozialethik (Abhandlungen zur Sozialethik 30), Paderborn; Breitsameter, Christof (2010): Handeln verantworten, in: Baranzke, Heike/Breitsameter, Christof u. a.:

Bezüglich der Kunst ist der Zusammenhang insofern komplexer, als das System Kunst Formen bereitstellt, die das Wahrnehmen wahrnehmbar machen.[308] Auf diese Weise verbindet Kunst Beobachtungen erster Ordnung (das Wahrnehmen) mit Beobachtungen zweiter Ordnung (das Wahrnehmen des Wahrnehmens).[309] In diesem Sinne besteht ihre Funktion darin, Zugänge zu eröffnen zu dem in den blinden Flecken des Beobachtens Nicht-Wahrnehmbaren: „So gesehen, wäre es die Funktion der Kunst, etwas prinzipiell Inkommunikables, nämlich Wahrnehmung, in den Kommunikationszusammenhang der Gesellschaft einzuspeisen."[310] Daraus erklärt sich der enge Bezug von Religion und Kunst, insofern es in der Religion immer auch um die Kommunikation der inkommunikablen Transzendenz geht (s. o. 3.1.3). Im Zuge der Ausdifferenzierung der funktionalen Gesellschaft wird Kunst autonom: unabhängig davon, durch andere Systeme beauftragt und dadurch auch festgelegt zu sein. Von daher wird Religion zum Parasiten der Kunst, indem sie sich bei ihr bedient, um ihren ‚Gegenstand' darzustellen: Religion wächst an Kunst, nicht Kunst an Religion.

Auf eine wechselseitige Parasitierung verweisen wissenschaftliche Konzepte einer ‚theologischen Ästhetik', ‚ästhetischen Theologie' oder ‚poetischen Dogmatik'.[311] Durch eine theologische Beobachtung der Kunst kann es gelingen, blinde Flecken des eigenen Beobachtens wahrzunehmen und dadurch Räume zu öffnen für Beobachtungen dritter Ordnung, die sich einer phänomenalen Beschreibung zwar entziehen, aber sich auf spätere Beobachtungen erster und zweiter Ordnung auswirken können: als Anlässe zu qualitativer Entgrenzung und kreativer Ausweitung: Gott wird ‚schön' in der Ahnung unbegrenzter Funktionslosigkeit angesichts der paradoxen Einheit von Funktion/Nicht-Funktion – und entspricht darin dem Konstitutionsprinzip der Kunst:

> „Kunst ist nicht (nur) realisierte Schönheit, Schönheit ist Konstitutionsprinzip von Kunst überhaupt, von Kunst als System, mithin von autonomer Kunst. Paradoxerweise – so muss man annehmen – kann Schönheit diese Funktion der Kunst garantieren, nicht obwohl, sondern weil sie selbst kaum thematisch definierbar ist. Schönheit als kunsthistorisches Prinzip wird zu einer rein formalen Kategorie. Selbst im idealistischen Kontext in der Ästhetik Kants wird Schönheit sowohl

---

Handeln verantworten (Theologische Module 11), Freiburg i. Br., 7–45; Breitsameter, Christof (2012): Nur zehn Worte. Moral und Gesellschaft des Dekalogs, Fribourg.

[308] Vgl. Luhmann, Niklas (1995a): Die Kunst der Gesellschaft, Frankfurt a. M., 70. Vgl. Jahraus, Oliver (2012): Die Kunst der Gesellschaft (1995), in: Ders./Nassehi u. a. (Hg.), a. a. O., 236–241.

[309] Vgl. Luhmann 1995a, 115.

[310] Ebd., 227.

[311] Vgl. die mehrbändigen Werke von Balthasar, Hans Urs von (1961–1969): Herrlichkeit. Eine theologische Ästhetik (3 Teile in 7 Büchern), Einsiedeln; Stock, Alex (1995–2016): Poetische Dogmatik (4 Teile in 11 Büchern), Paderborn; und Huizing, Klaas (2015): Ästhetische Theologie. Der erlesene Mensch (2000) – Der inszenierte Mensch (2002) – Der dramatisierte Mensch (2004), Gütersloh.

durch Interesselosigkeit als auch Begriffslosigkeit definiert. Wird also Schönheit selbst als Funktion ausgegeben, so zeigt sich, dass sich diese Funktion nicht mehr bestimmen lässt. Schönheit fällt mit Funktionslosigkeit zusammen. Funktionslosigkeit wäre die Funktion der Kunst im Kontext des Autonomiegedankens. [...] Schönheit bewirkt, dass die Funktion der Funktionslosigkeit zugleich die Funktion der Autoreflexivität ist. Und so stiftet Schönheit den immanenten Zusammenhang von Autonomie und Autoreflexivität."[312]

Ist die begriffslose Ununterscheidbarkeit Gottes demnach die Wurzel seiner Schönheit, Undefinierbarkeit, Autonomie und Autoreflexivität? Kann Gott deshalb mit künstlerischen Mitteln plastischer zum Ausdruck gebracht werden als mit wissenschaftlichen?[313] Inwiefern ist die Theologie auf Medien der Kunst angewiesen, um Zugänge zum Transzendenten zu eröffnen? Inwiefern und wann beobachtet sie die Offenbarungsmedien als Kunstwerke? Welchen Beitrag kann eine theologische Beobachtung von Kunst leisten, um Projektionsvorbehalte gegenüber dem als transzendent Behaupteten zu widerlegen oder zu bestätigen? Wie die Theologie dieses Geschäft betreiben kann und welche Grenzen es hat, das wäre bei der Rückgabe des ‚ästhetischen Kamels‘ fundamentaltheologisch und wissenschaftstheoretisch zu reflektieren.[314]

Wird Religionspädagogik als Parasit des Religionssystems und des Erziehungssystems verstanden, dann ist damit gemeint, dass sie „ihr Feld nicht selbst bereiten [kann]. Sie ist auf die Interaktion der religiösen Erziehung und Bildung angewiesen".[315] Wie der Parasit seine Nahrung vom Wirt erhält, braucht Religionspädagogik die konkrete Praxis religiöser Erziehung und Bildung. Deshalb

---

[312] Jahraus 2012, 240. Das Verhältnis zwischen ästhetischer Autonomie der Kunst und ihrer gesellschaftlichen Heteronomie bestimmt Luhmann durch „das Konzept der Heautonomie, also der proto-autopoietischen Selbstgesetzgebung der Kunst durch die Kunst" (ebd.).

[313] Vgl. z. B. Brieden, Norbert (2016b): Religionsdidaktische Perspektiven durch Medienvergleich am Beispiel „Life of Pi/Schiffbruch mit Tiger", in: Theo-Web. Zeitschrift für Religionspädagogik H. 1, 15, 257–283, http://www.theo-web.de/zeitschrift/ausgabe-2016-01/ Aufruf 15.12.2021.

[314] Um hier nur ein gelungenes Beispiel zu nennen: Vgl. Tück, Jan-Heiner (2020): Gelobt seist du, Niemand. Paul Celans Dichtung – eine theologische Provokation, Freiburg i. Br., 10–25, 237–327. Ein kurzes Zitat aus der Interpretation eines 1963 im Zyklus „Die Niemandsrose" erschienen Gedichts zeigt die Relevanz dieses „zwölften Kamels": „Weder programmatisch atheistisch noch ungebrochen gläubig und darin sowohl dem Zweifel des Angefochtenen an seinem Zweifel wie dem Zweifel des Gläubigen an seinem Glauben Rechnung tragend, ist Celans *Psalm* Zeugnis eines Ringens, das durch das paradoxe Zugleich von Zweifel und Glaube einen Raum der Offenheit schafft, in dem sich die ‚Unmöglichkeit‘ einer Begegnung mit dem ganz Anderen vielleicht doch ereignen könnte" (ebd., 131f.). Das Oszillieren zwischen den Polen des Zweifels und des Glaubens lässt den Absprung als denkbar erscheinen (s. o. 3.4.2.1). Auch der Priester Ernesto Cardenal benennt ähnliche Paradoxien in der ästhetischen Reflexion seiner mystischen Erfahrung, die auf Beobachtungen dritter Ordnung hinweisen (s. o. 2.1.3).

[315] Gronover 2006, 289.

ist empirische Feldforschung unverzichtbar.[316] Umgekehrt kann die „Interaktion der religiösen Bildung und Erziehung" auch von ihrem Parasiten profitieren. Zwar gibt es keine direkten Eingriffsmöglichkeiten für die Religionspädagogik in das geschlossene System dieser Interaktion, aber wie die probiotischen Pilze kann sie als „ausgeschlossen eingeschlossener Drittwert" Nährstoffe anbieten, die der Selbstreflexion von religiöser Erziehung und Bildung dienen: die ihrer „eigenen Unruhe" innwohnende „kreative Dynamik" wahrzunehmen, „Seitenblicke zuzulassen und in ihre Handlungsrationalität zu integrieren", sie zu „irritieren, sodass [sie] zu ihrem eigenen Begriff kommen."[317]

Religiöse Erziehung und Bildung ist stets versucht, Medien der Kunst didaktisch zu instrumentalisieren und den Glauben zu moralisieren. Die Religionspädagogik regt zur selbstkritischen Reflexion der gestalteten und beobachteten Lernprozesse an, indem sie Möglichkeiten zeigt, moralische Sensibilität zu fördern[318] sowie der Kunst in ihren vielfältigen Formen Raum zu geben,[319] auch dem „Kirchenbau als Symbol".[320] Zudem setzt sich Religionspädagogik mit dem Sys-

---

[316] Vgl. z. B. Hennecke, Elisabeth (2012): Was lernen Kinder im Religionsunterricht? Eine fallbezogene und thematische Analyse kindlicher Rezeptionen von Religionsunterricht (Religionspädagogische Bildungsforschung 2), Bad Heilbrunn; Englert, Rudolf/Hennecke, Elisabeth/Kämmerling, Markus (2014): Innenansichten des Religionsunterrichts. Fallbeispiele – Analysen – Konsequenzen, München; Gärtner, Claudia (2018/Hg.): Religionsdidaktische Entwicklungsforschung. Lehr-Lernprozesse im Religionsunterricht initiieren und erforschen (Religionspädagogik innovativ 24), Stuttgart; Schweitzer, Friedrich/Wissner, Golde u. a. (2018): Jugend – Glaube – Religion. Eine Repräsentativstudie zu Jugendlichen im Religions- und Ethikunterricht (Glaube – Wertebildung – Interreligiosität, Berufsorientierte Religionspädagogik 13), Münster.

[317] Gronover 2006, 289f.

[318] Vgl. z. B. Büttner, Gerhard/Mendl, Hans/Reis, Oliver/Roose, Hanna (2013a/Hg.): Ethik (Jahrbuch für konstruktivistische Religionsdidaktik 4), Hannover; Naurath, Elisabeth/Blasberg-Kuhnke, Martina u. a. (2013/Hg.): Wie sich Werte bilden. Fachübergreifende und fachspezifische Werte-Bildung, Göttingen; Englert, Rudolf/Kohler-Spiegel, Helga u. a. (2015/Hg.): Ethisches Lernen (Jahrbuch für Religionspädagogik 31), Neukirchen-Vluyn; Schambeck, Mirjam/Pemsel-Maier, Sabine (2017/Hg.): Welche Werte braucht die Welt? Wertebildung in christlicher und muslimischer Perspektive, Freiburg i. Br.

[319] Vgl. z. B. Lange, Günter (1999): Bild und Wort. Die katechetischen Funktionen des Bildes in der griechischen Theologie des sechsten bis neunten Jahrhunderts (1969), Paderborn; Burrichter, Rita/Gärtner, Claudia (2014): Mit Bildern lernen. Eine Bilddidaktik für den Religionsunterricht, München; Langenhorst, Georg (2011): Literarische Texte im Religionsunterricht. Ein Handbuch für die Praxis, Freiburg/Basel/Wien; Langenhorst, Georg/Willebrand, Eva (2017/Hg.): Literatur auf Gottes Spuren. Religiöses Lernen mit Texten des 21. Jahrhunderts, Ostfildern; Pirner, Manfred L. (1999): Musik und Religion in der Schule. Historisch-systematische Studien in religions- und musikpädagogischer Perspektive (Arbeiten zur Religionspädagogik 16), Göttingen; Lindner, Heike (2014): Musik für den Religionsunterricht. Praxis- und kompetenzorientierte Entfaltungen, Göttingen.

[320] Vgl. z. B. Müller, Andreas (2017): Kirchenbau als Symbol. Zur Grundlegung der Religions- und Liturgiedidaktik des christlichen Kirchenraums (Theologische Reihe 105), St. Ottilien.

tem der Politik auseinander, wenn sie den Zusammenhang von Religion und Politik reflektiert, nicht nur in Bezug auf die Frage der Bildungsgerechtigkeit.[321]

4.3.6 Unabschließbarkeit: Kommunikative Theologie und korrelative Didaktik

	Thema/Paradox	‚Zwölftes Kamel‘	‚Kamel-Rückgabe‘
Recht (Clam)[322]	Unvollständigkeit der Rechtsordnung – Rechtssystem bleibt notwendig hinter seinem eigenen Anspruch auf Rechtsgewährung zurück (stiftet so die Ferne des Rechts zum Rechtserleben; Gegensatz zum Rechtsgefühl)	Billigkeitsvorbehalt über der Geltung aller Entscheidungen des Rechtssystems (Epikie) Hinweis auf die Unvollkommenheit humaner Verhältnisse, wenn keine Entparadoxierung mehr hilft (Paradoxie als kernhafte Selbstnegation aufgrund des strukturellen Sich-Selbst-Unterschreitens)	Sich-Abfinden: Nichts kann die paradoxe Oszillation zwischen Formalität und Materialität des Rechts zum Stillstand bringen
Religion	Akzent auf der Transzendenz des Immanenten	Symbole, religiöse Sprache	Schweigen
Theologie	Die paradoxe Einheit von Kommunikation und Nicht-Kommunikation	Kommunikative Theologie	Hypertheologie
Religionspädagogik	Die paradoxe Einheit von Verstehen und Nicht-Verstehen	Religionspädagogik (z. B. Symboldidaktik, Korrelationsdidaktik)	Qualität der Beziehungen, Respekt vor Alterität

Tabelle 15: Unabschließbarkeit – Kommunikation und Nicht-Kommunikation, Verstehen und Nicht-Verstehen

---

[321] Vgl. z. B. Grümme, Bernhard (2009): Religionsunterricht und Politik. Bestandsaufnahme – Grundsatzüberlegungen – Perspektiven für eine politische Dimension des Religionsunterrichts, Stuttgart; Mette, Norbert/Könemann, Judith (2013/Hg.): Bildung und Gerechtigkeit?! Warum religiöse Bildung politisch sein muss (Bildung und Pastoral 2), Mainz; Grümme/Schlag (Hg.), a. a. O.,

[322] Vgl. Clam 2004, 130f.

Während die Paradoxie der Parasitierung den Blick auf die Immanenz des Transzendenten lenkt, setzt die Paradoxie der Unabschließbarkeit ihren Akzent auf die Transzendenz des Immanenten und schlägt so einen Bogen zur Grundparadoxie der Identität: Diese bleibt fragmentarisch und unabgeschlossen bis zum Tod – und ob und wie es danach weitergeht, weiß niemand. Jedenfalls entzieht sich das Ende des eigenen ‚Systemoperierens‘ der Vorstellbarkeit (s. o. 3.2.2.2).

Genauso ist an ein Ende von Religion, Theologie und Religionspädagogik nicht zu denken. Die Imperfektion drängt auf Vervollständigung, die in ihrer Unerreichbarkeit eine eschatologische Dimension impliziert.

Die Transzendenz des Immanenten kommt zum Ausdruck in den Symbolen, indem sie auf etwas verweisen, das sie nicht selber sind. In der vielfach bedingten religiösen Sprache soll Unbedingtes aufscheinen.[323] Dabei ist der Geheimnischarakter des Unbedingten zu wahren. Religiöse, symbolische Sprache soll deshalb paradoxerweise immer beides zugleich anzeigen: Das Unbedingte als ihren Inhalt und das Bedingte als ihre Form. Religion benötigt das ‚zwölfte Kamel‘ der religiösen Sprache, um sich selbst zu inszenieren.[324] Zugleich bleibt alles Sprechen über das Unbedingte unbefriedigend, weil bedingt. Im Zerbrechen der religiösen Sprachformen erweist sich das Schweigen als Chance, das ‚Kamel‘ zurückzugeben (s. o. 3.1.3). Aber auch darüber will gesprochen sein: Die im Schweigen erlebten Spuren einer Beobachtung dritter Ordnung drängen darauf, sich mitzuteilen. Vielleicht wird ein solcher Sprechversuch die Kraft der traditionellen religiösen Rede neu entdecken (s. o. 3.2.3.1). Oder er ist so von ihr abgestoßen, dass er andere Worte findet. Oder er versenkt sich zurück ins Schweigen. Oder er oszilliert zwischen Sagen und Nicht-Sagen, Beobachten und Nicht-Beobachten ...

Wie kann die theologische Beobachtung zweiter Ordnung dieses Paradox der Einheit von Kommunikation und Nicht-Kommunikation entfalten? Vielleicht paradoxerweise durch Kommunikative Theologie. Was als religiöse Wahrheit gelten soll, wird dann in den kommunikativen Prozessen einer Gruppe ausgehandelt. So entwickelt sich in den Beziehungsräumen der unterschiedlichen (Lern-)Gruppen (Familie, Klasse, Kurs, Gemeinde, Partei, Religionsgemeinschaft etc.) die Beziehung zum Gegenstand und seiner Wahrheit (dem ES) immer auch in einem und durch ein Beziehungsgefüge: Die Beziehungen der am Lernprozess beteiligten Personen (das WIR), die Beziehung zum eigenen Selbst (das ICH), die Beziehung zu der das Gesamtgeschehen umgreifenden Umwelt (der GLOBE) und

---

[323] Vgl. Tillich, Paul (1964): Die Frage nach dem Unbedingten. Schriften zur Religionsphilosophie (Gesammelte Werke Bd. V), Stuttgart; Hilger, Georg (2010): Symbollernen, in: Ders./Leimgruber/Ziebertz (Hg.), a. a. O., 355–364.

[324] Dem entspricht Luhmanns Auslegung des Satzes von Novalis: „Symbole sind Mystifikationen" durch die zwei kurzen Sätze: „Mystifikationen sind Invisibilisierungen. Invisibilisierungen verschleiern Paradoxien" (Luhmann 1990, 189).

auch die Beziehung zur Zeit sind jeweils involviert.[325] Eigens zu bedenken ist im Blick auf religiöses Lernen die Beziehung zu Gott, die in der theologischen Rezeption das zentrale ES bildet.[326]

Um ein Beispiel für einen solchen Prozess kommunikativer Theologie zu geben, zitiere ich die Zusammenfassung der Themenfindung in einer Arbeitsgruppe anlässlich eines kommunikativ-theologischen Kongresses zum Thema: „Anders gemeinsam – gemeinsam anders? Lebendig kommunizieren in den Ambivalenzen der Gegenwart".[327] Für das gemeinsame Formulieren des Themas ist kommunikativ-theologisch viel Zeit einzuräumen. Nach einem Erfahrungsaustausch darüber, wo jede*r Einzelne Religion als ambivalent erlebt hat, bestimmten wir folgendes Thema als jenes ES, dem wir uns in der weiteren Arbeit widmeten: „In Ambivalenzen authentisch Gott erfahren, Gott bezeugen? (!)"

> „In der Diskussion über unsere Erfahrungen geriet schnell die Gottesfrage ins Zentrum. Gott zu bezeugen setzt Erfahrungen mit Gott voraus. Wie gelingt es, dass hier nicht einfach Althergebrachtes übernommen wird, sondern Traditionen authentisch angeeignet werden bzw. sich auch neue bilden? Gibt es genügend offenen Raum, Zweifel zum Ausdruck zu bringen? Alle geschilderten Erfahrungen waren durch Ambivalenzen geprägt: Zweideutigkeiten entstehen durch äußere Erwartungen, durch Missverständnisse und auch durch innere Unsicherheiten. Sie erscheinen angesichts der Komplexität des Zusammenlebens unvermeidbar. Deshalb stehen sie am Anfang unserer Themenformulierung: ‚In Ambivalenzen'. Ziel ist, trotz der Zweideutigkeiten so von Gott zu reden, dass die Rede mit dem Gefühlten übereinstimmt: ‚authentisch'. Der Schritt von der authentischen Gotteserfahrung zur authentischen Bezeugung ist dabei kein geringer, verändert doch der Prozess der Versprachlichung bzw. Symbolisierung unter der Hand die erste Erfahrung: ‚Gott erfahren, Gott bezeugen'. Nicht jede Gotteserfahrung lässt sich in Worte fassen; grundsätzlich ist schon zu fragen, ob das überhaupt geht. Das Fragezeichen bezieht sich somit nicht nur auf die Frage, ob es überhaupt authentische Gotteserfahrungen unter ambivalenten Rahmenbedingungen geben kann, sondern auch auf die Grenzen des Bezeugbaren. Gleichwohl waren wir uns einig, dass authentische Gotteserfahrungen möglich sind – und dass es auch Chancen gibt, sie zu bezeugen: Das Ausrufezeichen."[328]

Die paradoxe Einheit der ambivalenten religiösen Erfahrung mit ihrer sprachlichen Bezeugung zeigt bereits den Unterschied innerhalb der Beobachtung erster Ordnung, der Luhmann dazu berechtigt, die Form der Unterscheidung als

---

[325] S. o. 2.3.1; vgl. Boschki 2003, 175–177.

[326] Vgl. Hilberath, Bernd Jochen/Scharer, Matthias (2012): Kommunikative Theologie. Grundlagen – Erfahrungen – Klärungen (Kommunikative Theologie 15), Ostfildern, 142–179.

[327] Vgl. zur Kongressdokumentation: Juen/Prüller-Jagenteufel/Rahner/Sejdini (2015/Hg.), a. a. O.

[328] Brieden, Norbert/Werner, Gunda (2015): In Ambivalenzen authentisch Gott erfahren, Gott bezeugen? (!), in: Juen/Prüller-Jagenteufel/Rahner/Sejdini (Hg.), a. a. O., 113–117, 114.

paradox zu charakterisieren (s. o. 1.4.3). Im Beispiel des kommunikativ-theologischen Prozesses wird dieses Paradox als „Schritt von der authentischen Gotteserfahrung zur authentischen Bezeugung" beobachtet. Diese Beobachtung zweiter Ordnung bezieht sich auf die Beobachtung erster Ordnung als operativen Vollzug. Darüber hinaus wird die Beobachtung als eine Beobachtungsweise beobachtet, die daraufhin befragt wird, „ob das überhaupt geht". Mit der Frage nach den „Grenzen des Bezeugbaren" wird die Beobachtungstechnik selbst zum Thema. In der Gruppe wird ein Konsens erzielt, dass trotz der ihr innewohnenden Ambivalenzen authentische Gotteserfahrungen, und trotz des Ungenügens religiöser Sprache authentische Glaubensbezeugungen möglich sind.

Man mag einen solchen differenzierten Konsens für überflüssig halten: Ist es nicht ein Axiom religiöser und auch theologischer Rede, dass Gott sich offenbart (hat) und deshalb erfahren werden kann, und dass es natürlich möglich sein muss, über diese Offenbarungserfahrungen zu sprechen? Hinter dieser Frage steht eine gewisse Naivität, die durch ein unbedingtes Vertrauen in den eigenen Standpunkt und eine exegetische bzw. hermeneutische Ignoranz gekennzeichnet ist. Übersehen wird die in unserer plural-heterogenen Globalgesellschaft eigentlich unübersehbare Perspektivengebundenheit aller Beobachtungen und die sich daraus ergebende Relativierung aller Wahrheitsansprüche (s. o. 4.2). Demgegenüber verstehen sich religiöse Offenbarungen als absolute Wahrheiten und verweisen in der Unbedingtheit dieses Anspruchs auf die Transzendenz Gottes. Aber auch damit können sie nicht der Paradoxie der Einheit von Immanenz und Transzendenz entkommen, die sich in der Korrelation von Glauben und Offenbarung widerspiegelt: Die Offenbarung als das Transzendente ist nur innerhalb der immanenten Glaubenserfahrung fassbar, die das Nichtobjektivierbare in ihrer Glaubensbezeugung objektiviert; die Differenz von Immanenz und Transzendenz tritt als Reentry auf die Seite der Immanenz wieder ein.

Zwar hat es die Theologie generell mit der Paradoxie zu tun, „mit dem Instrumentarium des Objektivierens Nichtobjektivierbares auszuzeichnen".[329] Gleichzeitig wird das Objektivierte nur bedeutsam, wenn es sich wieder in Operationen des Objektivierens verflüssigt und so in neuer Gestalt vergegenwärtigt. Aber zugleich ist es Aufgabe der Theologie, die Nichtobjektivierbarkeit Gottes zu wahren. Somit oszilliert Theologie notwendig zwischen ihren Vollzügen des Objektivierens und der nachträglichen Zurücknahme des Objektivierten, insofern es seinen Gegenstand, das Nichtobjektivierbare, nicht treffend zu fassen vermag. Im Wechsel von positiver und negativer Theologie sucht sie den Absprung in einer Hypertheologie: Gott ist mehr als ..., mehr als ..., mehr als ... (s. o. 3.3.1.2). In der ‚Rückgabe des Kamels' wird kommunikative Theologie deshalb an ihren Grenzen zur Hypertheologie. Inwiefern bestätigt sich im hypertheologischen Ausgriff auf den unerreichbaren Gott die im Prozesscharakter der kommunikativen Theologie angelegte Unabschließbarkeit?

---

[329] Wallich 1996, 494. S. o. 1.3.1; 4.3.1.

Auch im Bildungsbegriff ist diese Unabschließbarkeit im Gedanken der fragmentarisch bleibenden Identität verankert.[330] Die Selbstparadoxie treibt das Selbst zu immer neuer Selbstbestimmung an (s. o. 3.2.2.2). Durch Bildung wird sich das Selbst seiner eigenen Unvollständigkeit und Unabschließbarkeit immer stärker bewusst, denn bei jedem Gegenstand, dem sich das Selbst zuwendet, erfährt es die Unabschließbarkeit seiner Erkenntnis. Diese wird beim Gegenstand des ununterscheidbaren und daher nichtobjektivierbaren Transzendenten besonders deutlich. Inwiefern wird die paradoxe Einheit von Verstehen und NichtVerstehen (s. o. 3.1.1) dadurch bearbeitet, dass sich die Religionspädagogik selbst als ‚zwölftes Kamel‘ zur Entparadoxierung anbietet? Die verschiedenen didaktischen Konzeptionen bieten Modelle an, auf welchen Wegen der nicht zu verstehende Gott als Thema des Verstehens in den Blick geraten könnte.

Symboldidaktik kümmert sich um die Besonderheit religiöser Sprache, die im Unterricht zur Geltung kommen soll[331] – bis hin zu einer Symbolisierungsdidaktik, der es, angeregt durch die Semiotik, darum geht, dass Kinder und Jugendliche selbst eine Sprache für ihr Verhältnis zur Transzendenz entwickeln.[332] Wie sprechen heute Kinder und Jugendliche über Transzendenz und welche Impulse können Ergebnisse empirischer Forschung dafür geben, die ‚Fremdsprache Religion‘ zu lernen bzw. sie als ‚Muttersprache‘ neu zu entdecken?[333] Georg Baudler entwarf Symboldidaktik als Korrelationsdidaktik, insofern es im Reli

---

[330] Vgl. Luther, Henning (1992): Religion und Alltag. Bausteine zu einer Praktischen Theologie des Subjekts, Stuttgart; darin besonders die Kapitel: „Umstrittene Identität. Zum Leitbild der Bildung" und „Identität und Fragment. Praktisch-theologische Überlegungen zur Unabschließbarkeit von Bildungsprozessen" (vgl. ebd., 150–182); vgl. Pirker 2013.

[331] Auf sie baut das beeindruckende Lehrwerk für den Religionsunterricht von Halbfas auf: Schulbücher mit jeweils einem dicken Lehrerband pro Jahrgang vom 1.–10. Schuljahr. Zum didaktischen Konzept vgl. Halbfas, Hubertus (1982): Das dritte Auge. Religionsdidaktische Anstöße, Düsseldorf; Halbfas, Hubertus (2012): Religiöse Sprachlehre. Theorie und Praxis, Düsseldorf. Für den evangelischen Bereich hat Peter Biehl eine vergleichbare Bedeutung; vgl. Meyer-Blanck (2003): Peter Biehl und das Symbol, in: Ders.: Kleine Geschichte der evangelischen Religionspädagogik. Dargestellt anhand ihrer Klassiker, Gütersloh, 249–272.

[332] Vgl. Biehl, Peter (1999): Festsymbole. Zum Beispiel: Ostern. Kreative Wahrnehmung als Ort der Symboldidaktik, Neukirchen-Vluyn; Meyer-Blanck, Michael (2002): Vom Symbol zum Zeichen. Symboldidaktik und Semiotik (1995), Rheinbach, 2. Aufl.

[333] Mit diesen Fragen befasst sich in seiner Habilitationsschrift: Altmeyer, Stefan (2011): Fremdsprache Religion? Sprachempirische Studien im Kontext religiöser Bildung (Praktische Theologie heute 114), Stuttgart; vgl. Schulte, Andrea (2018/Hg.): Sprache. Kommunikation. Religionsunterricht: Gegenwärtige Herausforderungen religiöser Sprachbildung und Kommunikation über Religion im Religionsunterricht (Studien zur Religiösen Bildung 15), Leipzig; vgl. Sitzberger 2013 (s. o. 1.3.4).

gionsunterricht darum gehe, dass sich Glaubens- und Lebenssymbole wechselseitig erhellen.[334]

Die meisten didaktischen Entwürfe zehren von der korrelationsdidaktischen Überzeugung, dass Glauben und Leben ineinander verwoben sind. Deshalb komme es im Religionsunterricht eher darauf an, diesen Bezügen abduktiv nachzugehen, als sie allererst zu stiften.[335] Einen Schritt weiter geht Klaus Hemmerle, wenn er in einer Rede vor Religionslehrer*innen kurz vor seinem Tod den Religionsunterricht christologisch begründet in der paradoxen Einheit von Korrelation und Unkorrelierbarkeit. Aus dieser Rede wurde und wird im religionsdidaktischen Diskurs zitiert;[336] hier soll eine längere Passage vom Ende der Rede stehen, um zu zeigen, wie das religionsdidaktische ‚Kamel' vielleicht zurückgegeben werden kann:

„Im Sinn einer im letzten und tiefsten mich betreffenden Realität glaube ich, daß die höchste Offenbarung Gottes darin besteht, daß er in sich, in seinem Sohn Jesus Christus, die Unkorrelierbarkeit von Gott und Mensch und die Unkorrelierbarkeit der menschlichen Erfahrungen ausgehalten hat: Das ist das Ausgespanntsein. Das ist es, daß er [Jesus, N. B.] die absolute Nähe zu Gott und die absolute Ferne Gottes nicht dialektisch vermittelt, sondern aushält, daß er dorthin geht, wo wir sind, daß er sich ausliefert und einfach uns aushält. Er gibt keine Antwort auf die Theodizeefrage, er gibt keine Antwort auf die theoretische Vermittelbarkeit der Dinge, das tut er nicht! Sondern er geht hin und hält aus.
Und das ist das, was Gott tut. Der Auseinanderbrechende, das Unversöhnbare, das Entzweite – wir könnten eine ganze Perspektive durch die Schrift legen, die das deutlich macht – dies alles geschieht in seiner Einheit nur dadurch, daß es ausgehalten ist. Nicht mehr das ‚Ich denke' der transzendentalen Apperzeption Kants, nicht mehr irgendwo eine Konstruktion eines umgreifenden Systems, nicht die dialektische Vermittlung eines Hegel, sondern die Wortlosigkeit des Wortes, das Fleisch geworden ist, das heißt: Unkorrelierbarkeit geworden ist. Das ist es! Hier allein ist die Folie möglicher Einheit, ohne die im ganzen Leben nichts gelingt. [...] Ich möchte aus diesem Aushalten eine Perspektive der ausgehaltenen Ratlosigkeit entwickeln. Ich glaube, das Wichtigste ist, daß wir die Schüler aushalten.

---

[334] Vgl. Baudler, Georg (1980): Korrelation von Lebens- und Glaubenssymbolen. Zwei Grundregeln einer Korrelations-Didaktik, in: Katechetische Blätter 105, 763–771; Baudler, Georg (1984): Korrelationsdidaktik, Paderborn; Baudler, Georg (1987), Erfahrung – Korrelation – Symbol, in: Katechetische Blätter 112, 30–35.

[335] Vgl. dazu das Konzept einer abduktiven Korrelationsdidaktik: Heil, Stefan (2012): Abduktive Korrelation – Weiterentwicklung der Korrelationsdidaktik, in: Grümme/Lenhard/Pirner (Hg.), a. a. O., 55–67; Ziebertz, Hans-Georg/Heil, Stefan/Prokopf, Andreas (2003/Hg.): Abduktive Korrelation. Religionspädagogische Konzeption, Methodologie und Professionalität im interdisziplinären Dialog, Münster.

[336] Vgl. z. B. Grümme 2006, 75; Platzbecker 2013, 348. Zur didaktischen Anschlussfähigkeit des systematischen Ansatzes von Hemmerle insgesamt und bezogen auf das neuzeitliche Freiheitsverständnis vgl. Böhnke, Michael (2000): Einheit in Mehrursprünglichkeit. Eine kritische Analyse des trinitarischen Ansatzes im Werk von Klaus Hemmerle, Würzburg, 188–213, 273.

Religionsunterricht besteht darin, daß Schüler ausgehalten werden. Das ist die Vermittlung dessen, was Gott tut. Im „Aushalten" allein geschieht „Zusammenhalten" – „Korrelieren". Und nur in solchem Zusammenhalten [kann konzentriert werden], kann auf eine einheitsstiftende Mitte hin, die nicht konstruiert wird, etwas sichtbar werden. Ich bin plötzlich wieder der eine, weil ich dieses Viele aushalte. Aber ich kann's nicht, wenn ich nicht weiß, daß ich ausgehalten bin. Das ist mein Glaube. Glauben Sie ganz einfach an den, der Sie aushält. Dieses Aushalten, Zusammenhalten, Konzentrieren kann vielleicht noch einen anderen Namen haben. Ich möchte sagen: Gott interessiert sich für dich. Wir waren ja Sünder. Wir hatten gar nichts mit ihm zu tun, und trotzdem stirbt er für uns. Warum interessiert der sich so für mich? Das ist die entscheidende Frage. Gott interessiert sich grundlos für mich. Dieses Interesse Gottes, das sozusagen die Feder seines Aushaltens ist, dieses einfache grundlose ‚Mich-wagen-für-dich', das ist Religionsunterricht. Notwendig ist, daß wir immer wieder darum ringen, daß wir Gott glauben, daß er sich für mich interessiert, daß Gott sich für diese Menschen interessiert und daß wir dann wagen, uns auch für sie zu interessieren. [...]
Das ist weder eine methodische Anweisung, noch ist es ein sicheres Rezept, noch eine Inhaltlichkeit. Aber ich denke, daß Inhalte, Prozesse und Überlegungen vielleicht da ansetzen können. Und vielleicht könnten wir dann [...] eine zweite Postmoderne vorbereiten, eine, in der das ‚Ich', statt sich aufzulösen in lauter einzelne Punkte der Jeweiligkeit, Konsistenz dadurch erhält, daß uns deutlich wird, wie sehr wir nur, indem wir gleichzeitig ‚Du' und ‚Wir' sagen, auch ‚Ich' sagen können. Vielleicht kann mir dann auch aufgehen, daß ich nicht alles machen und haben kann, sondern daß ich in diesem Ausgehaltenwerden auf die Gabe aufmerksam werde, die hinter allem Machen steht und allem Machen vorausgeht. Und daß dann eben nicht nur ein beliebiges Nebeneinanderstehen verschiedener Meinungen und Impressionen und Verhaltensweisen da ist, sondern daß es dann doch zu einem Dialog kommt, in dem so etwas wie ein Jakobskampf miteinander und ein Jakobskampf mit dem Unbekannten geschieht."[337]

Die paradoxe Einheit von „absolute[r] Nähe zu Gott und absolute[r] Ferne Gottes" zeigt sich im Geschick des Menschen Jesus, der die Oszillation im Aushalten der Spannung unterbricht. Die Paradoxie wird nicht aufgelöst: „die Theodizeefrage" wird nicht beantwortet, „die theoretische Vermittelbarkeit der Dinge" wird nicht behauptet oder geklärt. Die berühmten ‚zwölften Kamele' der Philosophiegeschichte (Kants transzendentale Apperzeption, Hegels Dialektik) schrumpfen vor der „Wortlosigkeit des Wortes, das Fleisch geworden ist", in sich zusammen. Hemmerle geht es um „eine Perspektive der ausgehaltenen Ratlosigkeit" – das heißt um die paradoxe Einheit von Rat und Nicht-Rat. Dieser ratlose Rat besteht in der merkwürdigen Forderung, die Schüler*innen auszuhalten. Aber ist das nicht das Los aller Lehrer*innen? Wenn sie die Arbeit mit Schüler*innen nicht aushielten, hätten sie wohl ihren Beruf verfehlt ...

---

[337] Hemmerle, Klaus (1994): Religionsunterricht als Vermittlungsgeschehen. Überlegungen zum Korrelationsprinzip. Rede vor Religionslehrer*innen an Gymnasien des Bistums Aachen im September 1993, https://www.klaus-hemmerle.de/de/werk/der-religionsunterricht-als-vermittlungsgeschehen.html#/reader/0 Aufruf vom 15.12.2021, 6–8.

Hemmerle meint aber mehr: Er sieht dieses „Aushalten", „Zusammenhalten" und „Korrelieren" konzentriert im Wort „Interesse" und fragt, wie Lehrer*innen ihren Schüler*innen ein echtes Interesse entgegenbringen können. Er denkt, dieses Interesse könne sich aus der Glaubenserfahrung speisen: „Gott interessiert sich grundlos für mich."[338] Und er identifiziert dieses grundlose Interesse Gottes, die „Feder seines Aushaltens" aller paradoxen Spannungen, mit dem Religionsunterricht. Wenn Lehrer*innen darum ringen zu glauben, dass Gott sich für sie und für die Schüler*innen grundlos interessiert, dann erlangen auch sie die Kraft, ein Wagnis einzugehen, nämlich sich für ihre Schüler*innen wirklich zu interessieren. Wieso ist dieses Interesse ein Wagnis?

Hemmerle ist sich bewusst, dass er seinen Zuhörer*innen keine Methode, kein „sicheres Rezept", noch nicht einmal einen greifbaren Inhalt anbietet. Aber er ist davon überzeugt, dass sein Gedanke Wurzel für „Inhalte, Prozesse und Überlegungen" sein kann. Er fordert die Lehrer*innen sogar dazu auf, eine „zweite Postmoderne vor[zu]bereiten", und zeigt dadurch, dass er ihnen viel zutraut. Mit dem Bezug auf die Postmoderne gesteht Hemmerle das Fragmentarische von Identität ein, aber er hält daran fest, dass das Ich trotzdem eine „Konsistenz" erhalten kann. Aber diesen inneren Zusammenhang erhält das Ich paradoxerweise nur, indem es sich loslässt, indem es „gleichzeitig ‚Du' und ‚Wir' sagen" lernt (s. o. 2.1.1; 2.1.2). Im wechselseitigen „Ausgehaltenwerden" kann das Ich aufmerksam werden „auf die Gabe [...], die hinter allem Machen steht und allem Machen vorausgeht" (s. o. 2.1.3). Gegen die Beliebigkeit der Meinungen vertraut Hemmerle auf einen „Dialog [...], in dem so etwas wie ein Jakobskampf miteinander und ein Jakobskampf mit dem Unbekannten geschieht." Gott bleibt uns fremd, ein Unbekannter. Aber er ist bereit, mit uns zu kämpfen, wenn wir es wagen, uns ihm zu nähern. Das ist das Wagnis, das Hemmerle meint: Im „Jakobskampf" zwischen Lernenden und Lehrenden begegnet Gott – und ereignet sich Religionsunterricht.

Natürlich ist das Festhalten an der Konsistenz des „Ich", wie es sich religionspädagogisch im Prinzip der Subjektorientierung konkretisiert, selbst ein zwölftes Kamel, das irgendwann zurückzugeben sein wird. Dass es aber unentbehrlich ist, um Prozesse religiösen Lernens überhaupt zu beobachten, sollte deutlich geworden sein. Und damit schließt sich der Kreis zu den Kriterien, die aus der Analyse der Ansätze von Boschki und Grümme gewonnen wurden: Es geht Hemmerle um nichts anderes, als im Respekt vor der Alterität Gottes und der Menschen eine Qualität der Beziehungen im Religionsunterricht zu erreichen, die sich als „Gabe" hinter und vor „allem Machen" schenkt (s. o. 2.3). Was

---

[338] In Hemmerles Rede ist dieses grundlose Interesse Gottes stark in einer Kreuzestheologie verankert. Dass das jesuanische Beispiel weitere Anknüpfungspunkte für Spiritualität bietet, zeigt: Habringer-Hagleitner, Silvia (2018): Jesuanische Spiritualitätsbildung – Versuch einer christlich-theologischen Begründung von Spiritualitätsbildung, in: Caloun/Dies. (Hg.), a. a. O., 131–145.

würde die Religionspädagogik vermissen lassen, wenn sie diese ihre theologische Grundlage aus dem Blick verliert?

4.3.7 Religionsdidaktische Desiderate und wissenschaftstheoretisches Fazit

Die Liste der Paradoxien ist wahrscheinlich unabschließbar. Die sechs hier etwas näher beschriebenen ‚Äste' am ‚Stamm' der Paradoxie (1–6) bilden noch nicht den ganzen ‚Baum' der Unterscheidungsform. Der gesamte Bereich der Kompetenzorientierung verdiente unter dem Titel der paradoxen Einheit von Kompetenz und Kompetenzlosigkeit, die man mit ‚Kompetenzlosigkeitskompetenz' zu entparadoxieren sucht, verstärktes Interesse.[339] Auch die Fragen einer politischen Religionspädagogik, die sozialethische Schwerpunkte verfolgt, wurden nur sehr kurz gestreift (5).[340] Kirchengeschichtsdidaktische Fragen sind ebenfalls nur angedeutet worden, etwa in den Verweisen auf die Bedeutung von Glaubensbiographien (s. o. 1.3.3, 4.3.4). Auch die breite Diskussion um die Entwicklung des Religionsunterrichts, etwa angesichts zunehmender Konfessionslosigkeit, wurde nur am Rande thematisiert (4).

Selbst die Themenfelder, die auf der Basis der ausgewählten Paradoxien etwas deutlicher ausgeführt wurden – sozusagen als die zu beobachtenden ‚Zweige und Blätter' an den ‚Ästen' der Teilparadoxien – blieben Skizzen und dienten eher dazu, Fragehorizonte angesichts der beobachteten Paradoxien aufzureißen, als diese weiten Horizonte zu überschauen: Die Fragen der Lernbarkeit des Glaubens und der Bedeutung einer performativen Didaktik müssten in ihrem Zusammenhang erörtert und kritischer ausgeführt werden, um die ‚Identität' eines konfessionellen Religionsunterrichts in ihrer paradoxalen Grundstruktur zu erfassen (die sich dann als paradoxe Einheit von Identität und Nicht-Identität zeigen könnte) – gerade auch im Blick auf die kinder- und jugendtheologisch eingeforderte Subjektorientierung religiöser Bildung (1).

Der wechselseitige Bezug bibel- und dogmendidaktischer Fragen wäre an konkreten Beispielen zu erörtern und vor allem narratologisch zu vertiefen, um

---

[339] S. o. 3.1.2; 4.3.3. Vgl. z. B. Rothgangel, Martin (2014): Kompetenzorientierter Religionsunterricht: theoretische Potentiale – empirische Desiderate – problematische Implementierung, in: Zeitschrift für Pädagogik und Theologie 66, 311–319; Schulte, Andrea/Hahn, Matthias (2014): „Quo vadis?" – Wie geht es weiter mit der Kompetenzorientierung in: Zeitschrift für Pädagogik und Theologie 66, 319–328.

[340] Vgl. z. B. angesichts der Herausforderungen durch den Klimawandel und die Corona-Pandemie: Gärtner, Claudia (2020a): Klima, Corona und das Christentum. Religiöse Bildung für nachhaltige Entwicklung in einer verwundeten Welt, Bielefeld; Bederna, Katrin (2019): Every Day for Future. Theologische und religiöse Bidlung für nachhaltige Entwicklung, Ostfildern.

die Paradoxie des ‚Anfangens' im Glauben auszugraben (2). Die Chancen und Probleme ökumenischen und interreligiösen Lernens wären in der Dialektik von Eigenem und Fremdem präziser zu verorten, um der ‚Ambiguität' des Religiösen, die allein schon jeder religiöse Wahrheitsanspruch für sich impliziert, angemessen zu begegnen. Hier wäre im Sinne der Selbstaufklärung der Religionspädagogik ihre Orientierung am Paradigma des interreligiösen Dialogs – ein zwölftes Kamel ersten Ranges – kritisch zu reflektieren (3).[341]

Die Bedeutung spiritueller Bildung müsste in ihrem Zusammenhang zu den anderen Themenfeldern durchbuchstabiert werden, damit die paradoxe Einheit von Perfektion und Imperfektion als Basis der ‚Mutualität' von Glaubensakt und Glaubensinhalt entfaltet werden kann – auf den diversen Ebenen der Beobachtung (4). Das Verhältnis von Religions- und Ethikunterricht angesichts der Fragen ethischer Bildung und die Bedeutung der ästhetischen Bildung gegenüber einer funktionalen Verwendung literarischer und musikalischer Medien sowie Bildern der Kunst oder Begehungen von Kirchen betreffen fundamentale Fragen, die ausführlicher Reflexionen auf die Eigenarten moralisch-ethischer, ästhetischer, politischer und religiöser Wahrnehmung in ihren komplexen Zusammenhängen bedürften, um die Paradoxien der Parasitierung nachzuvollziehen (5).

Dazu gehörten auch präzisere machtkritische Überlegungen, die religionspädagogisches Handeln angesichts postkolonialer, inklusiver und genderbezogener Forschungsergebnisse beobachten, etwa im Anschluss an die Arbeiten von Judith Butler (s. o. 4.1.4). Warum werden beispielsweise in dieser Arbeit zwei Ansätze von Männern – Reinhold Boschki und Bernhard Grümme – näher untersucht; fehlt es hier nicht an einer genderbewussten Ausgewogenheit? Diese selbstkritische Frage, die ich nicht zureichend beantworten kann, weist auf die Paradoxie hin, dass der Blick auf die Geschlechterdifferenz und die Suche nach einer alle Menschen inkludierenden Sprache auch dazu führt, Differenzen zu verschärfen, was dem Ziel der Gleichberechtigung zuwiderläuft. Allerdings sehe ich keine Alternative zu dem Vorgehen, sich selbst und andere für gesellschaftliche Exklusionen und deren Intersektionalität zu sensibilisieren. Mein Eindruck ist eher, dass wir gesellschaftlich sowohl global als auch regional noch am Anfang einer Entwicklung stehen, die die Diversität von Menschen weltweit und auch der Lebensformen insgesamt (bedrohte Artenvielfalt, Massentierhaltung,

---

[341] Vgl. z. B. angesichts der Wirkungen interreligiösen Lernens die Dissertationsschrift: Unser, Alexander (2019). Social inequality and interreligious learning: An empirical analysis of students' agency to cope with interreligious learning tasks, Wien. Unser weist nach, dass die konzeptuelle Fokussierung von Modellen interreligiösen Lernens auf den interreligiösen Dialog religiöser Expert*innen einen Großteil von Schüler*innen exkludiert, vornehmlich jene, die kaum religiös sozialisiert sind. Mit diesem empirischen Befund wird sich jede zukünftige Didaktik interreligiösen Lernens auseinandersetzen müssen.

Tierversuche etc.) in einer Tiefe anerkennt und würdigt, die der theologischen Einsicht entspricht, dass alles Leben von Gott geschaffen und geliebt ist.

Diese Hinweise sind selbst Beleg für die Unabschließbarkeit des Verstehens, insofern in jedem Verstandenen der Keim des Missverstehens enthalten ist, der zur weiteren Auseinandersetzung drängt (6).

Mir kam es in diesem letzten großen Abschnitt des Buches darauf an, den in der Einleitung gestellten Anspruch einzulösen, die Bedeutung einer konstruktivistischen Religionsdidaktik als einer grundlegenden Reflexionsbewegung zu erkunden – für die Religionsdidaktik im Besonderen und auch die Religionspädagogik im Allgemeinen, die religiöse Erziehung und Bildung an allen Lernorten einschließt.[342] Auch wenn eine solche konstruktivistische Religionspädagogik wie jede andere Religionspädagogik auch „keine systematische Strahlkraft auf andere (theologische) Disziplinen ausüben" mag, wie Matthias Gronover realistisch einschätzt, kann sie vielleicht anderes erreichen, das für die religiöse Praxis der Menschen eine größere Bedeutung hat: Religionspädagogik „kann Empfindlichkeiten aufweisen, sie kann Attraktoren in der Gesellschaft ausmachen, die als Adressaten der christlichen Rede von Gott in Frage kommen. Sie kann die widerstrebendsten Polaritäten in ein Feld setzen und zu Tisch bitten; und sie kann die religiöse Erziehung und Bildung irritieren, sodass diese zu ihrem eigenen Begriff kommen. In jedem Fall gilt, dass die Religionspädagogik als Wissenschaft ein ausgeschlossen eingeschlossener Drittwert ist. Sie ist dabei, ohne anwesend zu sein."[343]

Die Rede vom ‚ausgeschlossen eingeschlossenen Drittwert' verweist auf die Entparadoxierungsleistung der Religionspädagogik, die die paradoxe Einheit

---

[342] Zur Differenzierung eines weitesten (Reflexion religiöser Erziehung und Bildung seit Beginn einer Religion als Teilaspekt ihrer Theologie), engeren (als Teilaspekt Praktischer Theologie im Christentum aus ihrem Entstehungskontext als Krisenwissenschaft um die Jahrhundertwende zum 19. Jahrhundert) und engsten Sinne von Religionspädagogik (als wissenschaftstheoretisch greifbare Disziplin Praktischer Theologie mit abgrenzbarem Gegenstand und eigener Methodenentwicklung seit der Jahrhundertwende zum 20. Jahrhundert) vgl. Heger 2017, 61–68; zur Aufteilung dieser im engsten Sinne verstandenen Disziplin in die sich überschneidenden Disziplinen der Religionsdidaktik und der Katechetik/Gemeindepädagogik vgl. ebd., 71–91; zu multiperspektivischen Verhältnisbestimmungen von Praktischer Theologie und Religionspädagogik vgl. Schlag/Schröder (2020/ Hg.), a. a. O.; darin betont Claudia Gärtner in ihrem Beitrag als die drei zentralen Herausforderungen der Religionspädagogik die „Fachlichkeit religiösen Lernens", die Verhältnisbestimmung von „Rationalität und Gefühl" sowie ihre „politisch-ästhetische Dimensionierung" (vgl. Gärtner, Claudia (2020b): Praktische Theologie und Religionspädagogik in katholischer Lesart. Wissenschaftstheoretische Bestandsaufnahmen und vergleichende Beobachtungen, in: Schlag/Schröder (Hg.), a. a. O., 413–432, 424–432; zur Diskussion der Fachlichkeit vgl. Schlag, Thomas/Suhner, Jasmine (2017/Hg.): Theologie als Herausforderung religiöser Bildung. Bildungstheoretische Orientierungen zur Theologizität der Religionspädagogik (Religionspädagogik innovativ 17), Stuttgart.

[343] Gronover 2006, 290.

von Perfektion und Imperfektion entfaltet, in der sich theologisch die paradoxe Einheit von Theologie und Mystik und religiös die paradoxe Einheit von Leben und Tod widerspiegeln (4). Von ihr her lässt sich begründen, dass die systemtheoretisch-konstruktivistische Perspektive auf religionspädagogische Fragen erstens eine eigenständige wissenschaftstheoretische Perspektive entsprechend der Definition von Johannes Heger darstellt, die zweitens – wie andere Perspektiven auch – andere Perspektiven integriert. Heger definiert den Begriff der wissenschaftstheoretischen Perspektive in Bezug auf die Religionspädagogik als

> „eine mögliche, systematisch reflektierte, auf (interdisziplinären) Ausgangstheorien und Grundannahmen beruhende Herangehensweise an die Religionspädagogik […], die maßgebliche Auswirkungen auf das Woher, Wie und Wozu der Erkenntnis der Disziplin und damit auf ihr Verständnis und Geschäft entfaltet und sich dadurch deutlich von anderen Herangehensweisen unterscheidet. Dabei bleibt sie jedoch zugleich offen und integrationsfähig für Teilaspekte anderer Perspektiven und ist somit in ein multiperspektivisches Grundsetting integrierbar."[344]

So entbindet eine konstruktivistische Haltung verschiedene konstruktivistische Perspektiven, die in der Form der Unterscheidung fundiert sind. Unterscheidung wiederum generiert in ihrer paradoxen Form eine Beobachtungstheorie, aus der sich unweigerlich ,Multiperspektivität' als ein zentrales Charakteristikum der konstruktivistischen Haltung ergibt. Denn in den Beobachtungen zweiter Ordnung zeigt sich die Perspektivengebundenheit der Beobachtungen erster Ordnung und die jeder einzelnen Beobachtung zugrundeliegende Paradoxität. Zudem stellen die verschiedenen Beobachtungsweisen jeweils unterschiedliche Perspektiven dar. Um die Beobachtungstheorie zu bewähren, wurden in diesem letzten Kapitel interdisziplinär soziologische (Esposito, Luhmann), philosophische (Boghossian, Gabriel, Dreyfus/Taylor, Stekeler-Weithofer) und theologische (Meyer zu Hörste-Bührer, Dalferth, Englert) Überlegungen mit konstruktivistischen Theoriebausteinen verschiedener Disziplinen (Luhmann, Reich, Glanville, Fuchs, Schmidt, von Glasersfeld, Maturana, Reis) aufeinander bezogen (s. o. 4.1 u. 4.2).

Das „Woher" einer solchen konstruktivistisch-religionspädagogischen Erkenntnis ergibt sich aus der Beobachtung von Unterscheidungen in Bezug auf die paradoxe Einheit von Immanenz und Transzendenz, die in den jeweiligen Teilparadoxien der Religionspädagogik in den verschiedenen Aspekten ihrer Identität (Anfang, Ambiguität, Mutualität, Parasitierung, Unabschließbarkeit etc.) zum Ausdruck kommen und im Postulat einer Beobachtung dritter Ordnung wurzeln (s. o. 4.1). Daraus folgt als „Wie" ihrer Erkenntnis, die Entfaltung

---

[344] Heger 2017, 58, dort kursiviert. Zur Abgrenzung und Auswahl des Perspektivenbegriffs im Gegenüber zu den Alternativen ,Ansatz', ,Methode/Methodik/Methodologie' und ,Paradigma' vgl. ebd., 41–59. Zur Kritik, dass dem multiperspektivischen Ansatz eine selbstkritische Anlayse ihrer Denkform fehle, vgl. Grümme 2019, 19–26; s. o. 4.1.4.

der jeweiligen Paradoxien als Ausleihen und Rückgaben ‚zwölfter Kamele' zu beobachten (s. o. 4.3.1–6). Das „*Wozu*" dieser Erkenntnis liegt in der Bewährung von
Wahrheitsansprüchen (s. o. 4.2): durch die begleitende Reflexion von Prozessen
religiöser Erziehung und Bildung bzw. der sich aus diesen Reflexionen ergebenden Anregungen, solche Prozesse in Gang zu setzen, sowie durch die Suche nach
Anschlüssen für religiöse Kommunikation in der Gesellschaft und bei den einzelnen Individuen in ihren jeweiligen Lerngruppen bzw. Lebensgemeinschaften.

Schaut man auf die „Linien religionspädagogischer Theorieentwicklung",
zeigte sich

(1) die „Grundoption des dialogisch-interaktionalen Offenbarungsmodells" be-
    sonders in der Reflexion der Anfangsparadoxie,
(2) die „Option der begrenzten Entgrenzung" in der Fundierung jeder Beobach-
    tung in der paradoxen Einheit von Beobachtung und Nicht-Beobachtung,
(3) die „Prüfsteinfunktion der Subjektorientierung" in den Reflexionen der
    Identitäts- und Mutualitätsparadoxie,
(4) die „Pendelfunktion des Korrelationsgedankens" in der Unabschließbar-
    keitsparadoxie, die die ‚Unkorrelierbarkeit' dessen anzeigt, was zusammen-
    zuhalten wäre (Hemmerle),
(5) die „Kompassfunktion zwischen Religion und Religiosität" in der sich aus
    der Mutualitätsparadoxie ergebenden Option für spirituelle Bildung,
(6) die „Option für die Ökumene" in der Reflexion auf die Ambiguitätsparado-
    xie,
(7) das „wachsende intradisziplinäre Selbstbewusstsein und die interdiszipli-
    näre Verantwortung" in dem beobachtungstheoretisch grundgelegten Be-
    zug auf Religion, die als Phänomen nur interdisziplinär in ihrer Facetten-
    vielfalt darzustellen ist, und in Bezug auf Theologie, die intradisziplinär
    Phänomene des Glaubens exegetisch, historisch, systematisch und praktisch
    reflektiert.[345]

Hinzu kommen die in der Parasitierungsparadoxie sich einstellenden Bezüge auf
ethische, ästhetische und politische Dimensionen religiöser Erziehung und Bildung (sowie alle Bezüge, die sich aufgrund der weiteren zu entdeckenden Teilparadoxien ergeben).

4.4   Schluss: Das Ende ist kein Ende

Drei Aspekte sollen die Ergebnisse der Arbeit bündeln: Bevor narrative Hinweise
ihren Charakter als Nicht-Ende andeuten (3) und der Blick auf Desiderate des
Nicht-Geleisteten vertieft wird (2), sollen zunächst wissenschaftstheoretische
Überlegungen den multiperspektivischen Charakter einer konstruktivistischen

---

[345]   Heger, 2017, 567 (Abbildung 12); vgl. ebd., 491–568.

Religionspädagogik begründen. Dazu werden nun die Ansätze genannt, die insgesamt durch diese Arbeit reflektiert werden konnten, und zwar am Leitfaden der sechs religionspädagogischen Perspektiven, die Johannes Heger wissenschaftstheoretisch unterschieden hat (1).

4.4.1 Wissenschaftstheorie: Die konstruktivistische Perspektive der Religionspädagogik als paradoxe Einheit von Perspektive und Nicht-Perspektive

Heger hat in seinem eindrucksvollen Überblick über den wissenschaftstheoretischen Diskussionsstand der Religionspädagogik sechs ausgewählte Perspektiven dieser innerhalb der Theologie jüngsten Wissenschaft dargestellt und multiperspektivisch miteinander vernetzt.[346] Vergleicht man diese Perspektiven der Anwendungs-, Handlungs- und Wahrnehmungswissenschaft, sowie der Ideologiekritik, Semiotik und empirischen Wissenschaft mit der beobachtungstheoretischen Perspektive einer konstruktivistischen Religionspädagogik, ergeben sich zu allen von Heger untersuchten Perspektiven in differenzierter Akzentuierung Berührungspunkte im Blick auf deren jeweilige Entstehungs- und Entdeckungszusammenhänge (dem ‚Woher‘ ihrer Erkenntnisse), deren jeweilige Begründungs- und Forschungszusammenhänge (dem ‚Wie‘ ihrer Erkenntnisse) und deren jeweilige Verwendungs- und Realisierungszusammenhänge (dem ‚Wozu‘ ihrer Erkenntnisse).

Im Folgenden beschränke ich mich exemplarisch auf die Zieldimension der Religionspädagogik, also dem ‚Wozu‘ ihrer Erkenntnisse im Blick auf die Orte, in denen religionspädagogische Erkenntnisse relevant werden: den Praxen religiöser Erziehung und Bildung ebenso wie der Praxis der Reflexion religiöser Erziehung und Bildung selbst:[347]

(1) Als Anwendungswissenschaft geht es Religionspädagogik um „Vermittlung von Glaubensinhalten in die Praxis". Konstruktivistische Religionspädagogik bestätigt es als ihre bleibende Aufgabe, inspirierende Quelle für die Gestaltung religiöser Lernprozesse zu sein.[348] Sie versteht sich dabei jedoch weder als ‚Magd‘ der anderen theologischen Disziplinen, deren Erkenntnisse

---

[346] Vgl. Heger 2017.

[347] Die Zitate zu den Zielen der einzelnen Perspektiven sind jeweils Abbildung 13 entnommen, ebd., 571. Sie sind Kondensate intensiver Auseinandersetzungen mit den jeweiligen Perspektiven (vgl. ebd., 101–463).

[348] Vgl. besonders die vielfältigen praktischen Anregungen in den Jahrbüchern für konstruktivistische Religionsdidaktik: Büttner/Mendl/Reis/Roose (2010–2019/Hg.), a. a. O., Brieden/Mendl/Reis/Roose (2020–2021/Hg.), a. a. O., sowie die von den Herausgebern und der Herausgeberin des Jahrbuchs (mit-)verantworteten Religionsbücher und Unterrichtsmaterialien. S. o. 1.3.4–6.

sie für unterschiedliche Lerngruppen didaktisch reduziert und elementarisiert, noch auch der einem solchen Verständnis paradoxerweise zugrundeliegenden Überhöhung als ‚Königsdisziplin‘, die allein einen Überblick über die Erkenntnisse der gesamten Theologie erlaubt.[349] Im Bewusstsein der paradoxen Einheiten von Lernbarkeit und Nicht-Lernbarkeit des Glaubens sowie von Perfektion und Imperfektion ist sie sich des Balanceakts bewusst, der bereits in der Absicht steckt, Glaubensinhalte vermitteln zu wollen. Die Reflexion etwa des Zusammenhangs von ‚instruktiven‘ und ‚konstruktivistischen‘ Phasen in der Gestaltung von Lernumgebungen mag sie davor bewahren, in ein naives Muster der Applikation von Rezepten zu verfallen.[350] Jeder Lernprozess ist einmalig und daher weder im Voraus vollständig planbar noch im Nachhinein restlos durchschaubar. Trotzdem gilt es, sich der paradoxen Aufgabe, das Unplanbare zu planen, stets aufs Neue zu stellen.

(2) Fragen zur Elementarisierung, die sich aus der Dekonstruktion des alteritätstheoretischen Ansatzes von Bernhard Grümme ergeben – wie etwa die Frage, inwieweit der Unterricht die Unabschließbarkeit des Gottesthemas zur Sprache brachte –, können von der anwendungswissenschaftlichen zur ideologiekritischen Perspektive überleiten, der es um „Selbst-, Religions-, Kirchen- und Theologiekritik" geht. Konstruktivistischer Religionspädagogik liegt es im Bedenken der Ambiguitätsparadoxie am Herzen, Latenzen in den paradoxen Einheiten von Glauben und Unglauben sowie Inklusion und Exklusion zu reflektieren – was immer auch sie selbst als Wissenschaft betrifft: Wo und wie könnte sie mehr Menschen zur Teilhabe an ihren Reflexionen einladen? Wann und inwiefern sind ihre unvermeidlichen Exklusionen berechtigt? Mit welchen Mitteln kann sie einer Selbstideologisierung entgehen?[351] Im Respekt vor der Alterität Gottes, die zur Anerkennung der Alterität aller seiner Geschöpfe motiviert, könnte konstruktivistische Religionsdidaktik eine Quelle für prophetisches Handeln erschließen, die Kritik mit Nächsten- und Feindesliebe verbindet und auf diese Weise Menschen sich selbst emanzipieren hilft (s. o. 2.3.2).

---

[349] Vgl. Heger 2017, 134–136. Gegen solche Selbstbilder des Sich-Erniedrigens oder Sich-Erhöhens interpretiere ich die „Dekonstruktion der ‚Groupness‘ akademischer Theologie" bei Michael Schüßler: Sie bezieht sich zwar auf die „Annahme von eindeutig abgrenzbaren Gruppen" als Untersuchungsgegenstand Praktischer Theologie (etwa der klassischen „Unterscheidung von Christen und Heiden"); die praxistheoretische Information des „Doing Difference" (Stefan Hirschauer) gilt aber in gleicher Weise auch für die Gruppierung in theologische Disziplinen, die zu dekonstruieren ist – vielleicht das zentrale Feld der wissenschaftstheoretischen Selbstvergewisserung der Theologie für das nächste Jahrzehnt (vgl. Schüßler, Michael (2020): Hybride Komplizenschaft entlang robuster Existenzfragen. Wissenschaftstheoretische Bestandsaufnahmen (katholischer) Praktischer Theologie, in: Schlag/Schröder (Hg.), a. a. O., 433–455, 437f.).

[350] Vgl. Büttner/Mendl/Reis/Roose 2014; Brieden 2021; s. o. 1.2.2.

[351] Vgl. Heger 2017, 177–182. S. o. 4.3.3.

(3) Insofern die Emanzipation der in religiöser Bildung und Erziehung Tätigen das Fundament dafür darstellt, eine „Verbesserung der Praxis (religiöser) Lern- und Bildungsprozesse" zu erreichen, ist damit der Bogen zur Zielvorstellung der handlungswissenschaftlichen Perspektive geschlagen. Konstruktivistische Religionspädagogik wird hier in einem weiten Beobachtungsbegriff fundiert, der Erkennen und Handeln umgreift (s. o. 1.4.4). Von daher liegt es ihr nahe, ihren Beitrag zur Optimierung von Praxis in den handlungswissenschaftlich beobachteten Praxisfeldern religiöser Bildung und Erziehung zu leisten – eingedenk all der Paradoxien, die eine triviale Anwendung des Regelkreismodells verbieten.[352] Aus den kybernetischen Dynamiken des Reentrys, nämlich der Selbstreferenz, der Rekursion, der Zirkularität und des Feedbacks, wurden konkrete Hinweise für die Gestaltung und Reflexion religiöser Lehr- und Lernprozesse gewonnen (s. o. 2.2.3.2).

(4) Eine „präzise wissenschaftliche Vergewisserung über (religiöse) Praxis für die (Praktische) Theologie" ist als Ziel einer Religionspädagogik, die sich als empirische Wissenschaft begreift, zugleich die Basis der handlungswissenschaftlichen Perspektive, insofern sie von einer genauen Situationsanalyse ihren Ausgang nimmt. Damit ist zugleich der Hoffnung Ausdruck verliehen, dass die Ergebnisse der mit empirischen Verfahren arbeitenden Religionspädagogik nicht in den Zusammenhängen ihrer Erforschung stecken bleiben, sondern im Verwendungszusammenhang entsprechend dem handlungswissenschaftlichen Ziel der Optimierung von Praxis fruchtbar werden.[353] Eine beobachtungstheoretisch fundierte konstruktivistische Religionspädagogik ist sich dessen bewusst, dass religiöse Beobachtungen erster (und zweiter) Ordnung nur detailliert und wissenschaftlich nachvollziehbar beobachtet werden können, wenn die Bedingungen, unter denen diese religiösen Beobachtungen rekonstruiert werden, selbst detailliert reflektiert werden. Das leisten der von Boschki phänomenologisch ins Spiel gebrachte Schritt des Orientierens (s. o. 4.1.4) sowie die empirische Methodologie mit ihrem Methodenkanon.[354] Zugleich sind die Ergebnisse empirischer Forschung aus der Perspektive einer Beobachtung von Beobachtungen, die sie als Beobachtungen beobachtet (Ebene 4), immer auch kritisch zu dekonstruieren, um eine Haltung zu irritieren, die eine lineare Anwendung für

---

[352] Vgl. ebd., 223–226; Brieden/Heger 2018.
[353] Vgl. Heger 2017, 280–286.
[354] Zur eigenen Arbeit mit der qualitativ-empirischen Methodik der objektiven Hermeneutik vgl. Brieden 2018; Brieden 2018a. Zu weiteren Methoden wie z. B. der *Grounded Theory*, der Dokumentenanalyse, der Videoanalyse etc. vgl. die Stichworte im Wissenschaftlich-Religionspädagogischen Lexikon. Dass nahezu alle Artikel dieses Lexikons auf Ergebnisse empirischer Forschung zurückgreifen, zeigt die Bedeutung der Perspektive ‚empirische Wissenschaft' für die Religionspädagogik.

möglich hält. Auch das wäre ein Anliegen konstruktivistischer Beobachtung, das sich mit dem Ziel der ideologiekritischen Perspektive deckt.

(5) Indem die Empirie dazu beiträgt, religiöse Vollzüge in den Lebenswelten der Menschen präzise zu beschreiben, entspricht sie dem Ziel der wahrnehmungswissenschaftlichen Perspektive, „Religion in der Lebenswelt" aufzufinden. Hinzu kommt noch das Ziel der „Unterstützung bei (rel.) Lebensdeutung", mit dem sich das Interesse dieser Perspektive an einer Subjektorientierung zeigt, die pädagogischen Takt zu ihrem Prinzip erhebt. Stärker als die handlungswissenschaftliche Perspektive realisiert sie die Grenzen des Bemühens, Praxis zu optimieren – und entzieht sich daher dem Wunsch nach schneller Handlungsorientierung.[355] Eine konstruktivistische Religionspädagogik bestärkt diese Intuition beispielsweise in der Reflexion über die paradoxe Einheit von Verstehen und Nicht-Verstehen (s. o. 3.1.1) und das Paradox der Leistungsbewertung (s. o. 3.1.2). Sie dekonstruiert die Kategorie der Beziehung im didaktischen Ansatz von Reinhold Boschki und gewinnt dadurch ein Kriterium, das auf der Grenze zwischen markierter und nichtmarkierter Seite der Unterscheidungsform einen Raum eröffnet, der Religiöses in der Verletzlichkeit der verschiedenen Beziehungen aufzuspüren hilft. So wird die Beziehungsqualität als wahrnehmungswissenschaftlich-konstruktivistisches Kriterium religionspädagogischen Handelns ausgewiesen (s. o. 2.3.1). Ein phänomenologisches Realismus-Konzept kommt in seinen präzisen Analysen menschlicher Wahrnehmung der konstruktivistischen Realitätsauffassung recht nahe (s. o. 4.2.2). Indem die beiden theologisch relevanten Dynamiken des Reentrys, die Selbst-Ähnlichkeit und das Imaginäre, einer wahrnehmungswissenschaftlich fundierten Beschreibung des Religiösen Vorschub leisten, zeigen auch sie den engen Bezug der beiden Perspektiven in ihrem Interesse am Gelingen religiöser Kommunikation (s. o. 2.2.3.2).

(6) Wenn Religionspädagogik als Semiotik dagegen beabsichtigt, das „Misslingen religiöser Kommunikation" offenzulegen und etwa im Sinne der abduktiven Korrelationsdidaktik „nach signifikanten Zeichen zur Beflügelung rel. Kommunikation" zu suchen, dann wird darin der enge Bezug von religiöser Erfahrung und religiöser Sprache deutlich.[356] In der Unabschließbarkeit der Zeichenbildungsprozesse, die im Zeichen die Differenz von Zeichengestalt und Bezeichnetem setzen, und aufgrund der Unerreichbarkeit des Bezeichneten, das als Referenz für ‚Wahrheit' gilt, zeigt die Perspektive der Semiotik die größte Nähe zur konstruktivistischen Perspektive. Denn auch diese ist mit ihrem Wahrheitskriterium der Viabilität davon überzeugt, dass eine letzte Wahrheit aus menschlicher Perspektive nicht endgültig definiert wer-

---

[355] Vgl. Heger 2017, 367–374; Brieden 2021a.
[356] Vgl. Heger 2017, 455–463. S. o. 4.3.6.

den kann – weder religiös noch wissenschaftlich, sondern nur alltagspragmatisch für den jeweiligen Moment (s. o. 4.2.4). Luhmann reflektiert die Bedeutung der Semiose für die religiöse Selbstbeschreibung, indem er die Wurzel der Unterscheidung von Zeichengestalt und Bezeichnetem im Ununterscheidbaren (Gott) verankert (s. o. 3.3.3.2.1). Mit dem Postulat einer Beobachtung dritter Ordnung kommt die Beobachtung des Unbeobachtbaren an der Grenze aller Zeichenbildungsprozesse ins Spiel, die zugleich als Quelle aller Versuche gelten kann, die paradoxe Einheit von Kommunikation und Nicht-Kommunikation kommunikativ zu entparadoxieren (s. o. 4.1.1.2).

Dieser Versuch einer Zusammenfassung des Geleisteten aus der Metaperspektive wissenschaftstheoretischer Beobachtung zweiter Ordnung etabliert eine in der Unterscheidungsform grundgelegte konstruktivistische Religionspädagogik als paradoxe Einheit von Perspektive und Nicht-Perspektive, die durch das Postulat der Multiperspektivität entparadoxiert wird. Diesem ‚zwölften Kamel' entspricht die Strategie Hegers, Multiperspektivität transzendental als „Bedingung der Möglichkeit religionspädagogischen Forschens" zu begründen.[357] Dabei könnten alle ‚Perspektiven' (bis auf die anwendungswissenschaftliche, die in der handlungswissenschaftlichen Perspektive als ihre aufgeklärte Selbsttransformation aufgeht) jeweils für sich selbst die Ziele der anderen Perspektiven integrieren und sich damit als inhärent multiperspektivisch erweisen. Das würde aber eine Profilierung der einzelnen Perspektiven verhindern, weshalb die in der Kleinarbeit der Rekonstruktion vorgenommenen Grenzziehungen etwas aufgebauscht werden müssen. Aus konstruktivistischer Perspektive könnte man hingegen versuchen, das ‚zwölfte Kamel' der Multiperspektivität zurückzugeben, um gerade darin den Respekt vor Alterität zu bezeugen, was religiös dem Schweigen und theologisch der Hypertheologie entgegenkommt – als Alternative zu Grümmes Kritik, die eine alteritätstheoretische Denkform für die Selbstbeschreibung der Religionspädagogik im Konzept der *Aufgeklärten Heterogenität* findet (s. o. 4.1.4). Als religionspädagogisches Zentralthema entsprechen einer Hypertheologie vielleicht am ehesten die Ziele der Spiritualitätsbildung bzw. Mystagogie, sofern sie keine vorschnelle Identifikation des Immanenten mit dem Transzendenten vornehmen (was der Begriff der Mystagogie ausschließt, sofern in ihm nur Gott selbst als Mystagoge anerkannt wird, wovon aber auch nur in der paradoxen Einheit von Immanenz und Transzendenz gesprochen werden kann).

Dann aber hätte man wohl wissenschaftstheoretisch wenig in der Hand, weshalb die Lösung von Heger charmant ist, bei jedem Forschungsprojekt die Chancen und Grenzen religionspädagogischer Perspektiven zumindest zu bedenken, um dadurch „*von einer Perspektivfokussierung zu einer reflexiv-bewussten*

---

[357] Vgl. ebd., 481–488.

Multiperspektivität" zu gelangen.[358] Das ändert freilich nichts daran, wie Heger sogleich einschränkend feststellt, dass im konkreten Forschungsfall erstens immer schon Interessen im Spiel sind, die den Fokus mitbestimmen. Insofern diese Interessen häufig unbewusst bleiben, kann die Reflexion der anderen Perspektiven immerhin dazu dienen, diese Latenzen aufzuklären (und so dem von Boschki geforderten *Orientieren* genügen). Und entspricht Multiperspektivität nicht insofern dem Gedanken der Alterität, als sie das konstruktivistische „Es könnte auch anders sein" einspielt? Das sollte jedoch nicht mit einem *„Anything goes"* verwechselt werden, denn anderes ist schließlich nicht alles, auch wenn Gott als der ‚Ganz Andere' alles ist. Viabilität bleibt zentrales Kriterium, auch wenn Gott beispielsweise im Wunder Nicht-Viables viabel macht und eine Reduktion auf Viabilität als einziges Kriterium ebenfalls nicht viabel ist (s. o. 4.2.4). Zweitens kommt die einzelne Forscherin, schon aufgrund begrenzter Ressourcen etwa im Blick auf die Zeit, gar nicht darum herum, eine Perspektive oder ein Forschungsformat sozusagen als Leitparadigma zu wählen.[359]

Natürlich bleibt auch die konstruktivistische Perspektive eine Perspektive unter anderen, die aber m. E. alle anderen Perspektiven durch ihre differenzbezogene und beobachtungstheoretische Hermeneutik so dekonstruieren kann, dass sich aus einem Dialog für jeweils beide Seiten Anregungen ergeben – was in dieser Arbeit ausführlicher und exemplarisch an zwei Ansätzen gezeigt wurde. Allerdings lassen sich weder der alteritätstheoretische Ansatz, hier probehalber als ideologiekritisch markiert, noch auch der beziehungsorientierte Ansatz, soeben mit der wahrnehmungswissenschaftlichen Perspektive verbunden, diesen Perspektiven eindeutig zuordnen. Zumindest die handlungswissenschaftliche und semiotische Perspektive könnten ihnen neben den beiden bereits zugeordneten Perspektiven appliziert werden. Einzig die Perspektive der empirischen Wissenschaft scheint hier weniger zuzutreffen, auch wenn man sich gerade das wünschte: sozusagen als Nachweis, dass religiöse Bildung und Erziehung so funktionieren, wie es die Ansätze beschreiben. Natürlich hat jede empirische Methodik ihre Grenzen – und ohne sie (beispielsweise die Geschlossenheit der beteiligten Systeme) könnte sie keine Erkenntnisse erzeugen.[360] Deshalb stellt sich bei der Wahl eines konkreten Untersuchungsdesigns immer die Frage der Perspektivität: Was ist durch welche Mittel zu beobachten? Was wird sichtbar und wo bleiben blinde Flecken beim Erforschen komplexer religionsdidaktischer Ansätze?[361]

---

[358] Ebd., 486.

[359] Vgl. ebd., 486–488

[360] Vgl. Meyer-Blanck, Michael (2019): Praktische Theologie – mit Empirie und über die Empirie hinaus, in: Praktische Theologie 54, 5–11.

[361] Vgl. als Beispiel zur Erforschung korrelativer Strukturen im Religionsunterricht: Englert/Hennecke/Kämmerling 2014; als Beispiel für interreligiöses Lernen: Schweitzer, Friedrich/Bräuer, Magda/Boschki, Reinhold (2017/Hg.): Interreligiöses Lernen durch Perspektivenübernahme. Eine empirische Untersuchung religionsdidaktischer Ansätze

Wie auch immer: Die Paradoxie bleibt, dass Multiperspektivität eine paradoxe Perspektive darstellt, insofern in der Vielheit der Perspektiven ausgeschlossen ist, dass eine Perspektive eingenommen wird. Das Postulat der Multiperspektivität entparadoxiert die paradoxe Einheit von Perspektive und Nicht-Perspektive, indem sie die Möglichkeit unterstellt, unterschiedliche Beobachtungen zu beobachten. Diese Perspektive hat als ihren blinden Fleck, dass sie nicht zugleich die Inhalte beobachten kann, die in den einzelnen Perspektiven jeweils zur Geltung kommen. Daran zeigt sich vielleicht auch die Grenze des Perspektivenbegriffs zur Bezeichnung umfangreicher Programme, die jeweils multiperspektivisch die Wirklichkeit religiöser Bildung und Erziehung erforschen und beeinflussen. Wenn dann in der wissenschaftstheoretischen Beobachtung dieser Programme, die jeweils bereits Beobachtungen in religiösen Bildungsprozessen beobachten, Muster solcher Beobachtungen identifiziert und verglichen werden, besteht immer die Gefahr, die Intuitionen der ursprünglichen Beobachtungen erster Ordnung und zweiter Ordnung (der Ebene 3) in den Beobachtungsschleifen zweiter Ordnung zu verlieren (auf Ebene 3 bzw. 4). Die Gefahr besteht, weil im Wechsel der verschiedenen Perspektiven Zeit vergeht, in der Beobachtetes vergessen werden kann. Die Paradoxie der Multiperspektivität selbst wird daher entparadoxiert durch Temporalisierung. Sich dieser Prozesse bewusst zu bleiben, dazu hilft die konstruktivistische Haltung eines wissenden Nichtwissens, die Menschen zu allen Zeiten eingenommen haben, wenn sie entsprechend ‚tief' reflektierten (z. B. Sokrates und Nikolaus von Kues).

4.4.2   Desiderate: Perspektivität – Pädagogik – Internationalität – Kommunikation

Im Begriff des Beobachtens ist der Begriff der Perspektive bereits enthalten, insofern jede Beobachtung eine bestimmte Unterscheidung trifft und einen konkreten Inhalt bezeichnet. Selbst der paradoxe Begriff einer Beobachtung dritter (Un-)Ordnung bestätigt in seinem Charakter als Postulat die Gebundenheit an eine Perspektive (s. o. 4.1.2.2). Von daher wären *Begriff und Konsequenzen der Perspektivität* ausführlich zu bedenken, etwa auf der Grundlage einer Analyse der polykontexturalen Logik von Gotthard Günther. Sofern alle Subjekte die gleiche Logik nutzen, erzielen sie dieselben Resultate; da dies aber „von unterschiedlichen ontologischen Stellen her geschieht, sind ihre Resultate verschieden". Günther führt die Mehrwertigkeit seiner Logik „auf die absolute Differenz zwischen Ich-Subjektivität und Du-Subjektivität" zurück sowie „auf die Unmöglich-

(Glaube – Wertebildung – Interreligiosität, Berufsorientierte Religionspädagogik 10), Münster.

keit, ihre Distribution in einem absoluten Subjekt aufzuheben".[362] Um die komplexe Argumentation Günthers sachgerecht nachzuvollziehen, bräuchte es ein weiteres Kapitel. Günther wurde von Luhmann selektiv in Bezug auf die polykontexturale Logik rezipiert, ähnlich wie Luhmann auch Spencer Browns Reentry-Konzept auf die Dynamik der Paradoxie fokussiert hat (s. o. 2.2; 3.2). Der Streit darum, ob Luhmann diesen Bezugsautoren gerecht werden konnte oder wollte, scheint mir müßig, insofern viel interessanter ist, was Luhmann, angeregt durch seine jeweiligen Rezeptionen, beobachtet und was nicht (s. o. 3.3.1).

Deshalb geht es aus konstruktivistischer Sicht selten um ein Rechthaben, sondern darum, was aus den unterschiedlichen Perspektiven zu lernen ist. Und deshalb kann eine konstruktivistische Perspektive auch nicht ignorieren, was gegen sie ins Feld geführt wird. Zahlreiche Religionspädagog*innen haben Vorbehalte angemeldet, die hier nicht im Einzelnen aufgerufen werden können. Rudolf Englert hat aus seiner dezidiert nicht-konstruktivistischen Perspektive in einer mit Hans Mendl in der Zeitschrift „Religionspädagogische Beiträge" geführten Kontroverse seine Bedenken geäußert.[363] Sie seien resümiert, weil sie viele Vorbehalte bündeln,[364] zusammengefasst in der kritischen Anfrage, ob konstruktivistische Konzepte der Religionsdidaktik weiterhelfen. Was Englert an konstruktivistischen Modellen nämlich schätzt – die Einsicht in die Perspektivität allen Erkennens, die Vorsicht im Formulieren von Wahrheitsansprüchen, die Differenzierung unterschiedlicher Rationalitätstypen, das didaktische Interesse an den spezifischen Konstruktionsleistungen von Lernenden jeder Altersstufe – , stehe bereits „auf der Linie weitgehend unstrittiger didaktischer Grundper-

---

[362] Günther, Gotthard (2005): Identität, Gegenidentität und Negativsprache, in: Joachim Paul (Hg.), www.vordenker.de, URL: https://www.vordenker.de/ggphilosophy/gg_problemtrans-klass-logik.pdf Aufruf 15.12.2021, 13. Ursprünglich publiziert in: Sprache im technischen Zeitalter 15 (1965) 1287–1308.

[363] Englerts Kritik steht hier stellvertretend für viele. Vgl. Englert, Rudolf (2013): Helfen konstruktivistische Konzepte der Religionsdidaktik weiter?, in: Religionspädagogische Beiträge 69, 24–32.

[364] Altmeyer 2014, 352–354, schließt sich den Bedenken Englerts an und konkretisiert sie am vermeintlichen „blinden Fleck einer konstruktivistischen Praxis" bezüglich des ,Eigenlebens der Dinge' (vgl. ebd., 354–357, 357). S. o. 3.1.1.1. Während Altmeyers Vorbehalte sich in erster Linie gegen eine ,konstruktivistische' Praxis im Religionsunterricht richten, würdigt Simojoki den Beitrag der konstruktivistischen Religionsdidaktik zur „theologischen Profilierung der Religionspädagogik". Sie habe die „Vielschichtigkeit der im Religionsunterricht verhandelten ,Sache'" betont und mit „ontologisierenden Didaktikkonzepten" gebrochen, während interkulturelle Fragestellungen eher im englischsprachigen Bereich über den sozialen Konstruktionismus ins Spiel gekommen und in der deutschsprachigen konstruktivistischen Religionsdidaktik (noch) unterbelichtet seien; vgl. Simojoki, Henrik (2014): Wo ,steht' die konstruktivistische Religionsdidaktik? Versuch einer theologischen Ortsbestimmung, in: Zeitschrift für Pädagogik und Theologie 66, 357–366, 359–361.

spektiven", die sich auch ohne den Konstruktivismus begründen ließen und eher triviale Selbstverständlichkeiten darstellten.[365]

Dagegen befürchtet Englert, dass sich mit dem Konstruktivismus als einer Metatheorie ein universeller Habitus herausbildet, der grundsätzlich alles relativiert.[366] Die Abkehr von einem korrespondenztheoretischen Wirklichkeitsverständnis und damit die Reduktion von Wahrheitsansprüchen, weg von der „Realitätsangemessenheit" (das Ernstnehmen der Dinge, wie sie ‚an sich' sind) hin zu einer bloßen „Viabilität", führe letztlich dazu, dass alles am Maßstab seiner Nützlichkeit (es geht nur darum, im „Leben zurechtzukommen") gemessen und damit funktionalisiert werde. Die daraus von Rolf Arnold und Horst Siebert in ihrer konstruktivistischen Erwachsenenbildung abgeleitete „Relativitätspädagogik" und „Ermöglichungsdidaktik" sieht Englert kritisch, weil in einer pluralistischen Welt der allgegenwärtigen Ideologie des Relativismus eher Widerstand entgegenzusetzen sei, als sie auch noch zu befördern.[367]

Konkret stellt Englert die kritischen Fragen, ob der Konstruktivismus in seinem Ausgang von Maturanas Autopoiesis-Theorie und der strukturellen Determiniertheit aller Lebensvollzüge nicht einem naturalistischen Fehlschluss unterliege, sich dadurch gegenüber dem Einbruch des ‚Realen' und religiösen Offenbarungsansprüchen verschließe, aufgrund seiner Tendenz zur Relativierung einem epistemischen Egalitarismus huldige, dem letztlich alles gleich gültig sei, was schließlich zu einer Entsubstantialisierung der Inhalte führe und die didaktische Verantwortung den Konstruktionsprozessen der Lerner*innen überlasse, deren Lernprozesse schließlich nicht von außen zu steuern seien.[368]

Um auf diese Bedenken gebührend zu antworten, wäre dieses Buch neu zu lesen bzw. zu schreiben. Damit meine ich, dass sich der ‚Mehrwert' der konstruktivistischen Perspektive nur im konkreten Operieren an den kritischen Fragen erweisen lässt. Davon konnten in diesem Buch nur vereinzelte Beispiele gegeben werden, die sich auf grundlegende Fragen in Bezug auf die allem Beobachten inhärenten Handlungen bezogen: des Unterscheidens und des Bezeichnens mit ihrer Konsequenz, dadurch Paradoxien zu erzeugen, was wiederum zur Folge hat, dass Paradoxien entfaltet werden, bewusst oder unbewusst (s. o. 3.4.2), worüber dann rekursiv-autologisch aufgeklärt werden kann, sthenographisch bzw. euryalistisch und auch religionspädagogisch (s. o. 4.3) – immerhin allerdings versehen mit einem Set von Kriterien, das zur Bewährung von Wahrheitsansprüchen in einem reflektierten Zusammenspiel zum Tragen kommen kann: Die Reduktion auf Viabilität als einziges, wenn auch verschiedene Wahrheitsansprüche bündelndes Kriterium, ist selbst nicht viabel (s. o. 4.2.4).

---

[365] Englert 2013, 27, vgl. ebd., 24.

[366] Vgl. ebd., 25.

[367] Vgl. ebd., 26. Zu Arnold und Siebert S. o. 1.2.1.

[368] Vgl. ebd., 27–32.

Henrik Simojoki ermutigt konstruktivistische Religionspädagog*innen, die Wahrheitsfrage nicht zu vermeiden, und weist auf die „wechselseitige Verschränkung von Wahrheit und Perspektivität" hin, die in der Absolutheit Gottes das monotheistische Mittel gegen fundamentalistische Ansprüche auch in der Religion selbst entdeckt. Gott ist in diesem Sinne die paradoxe Einheit von Wahrheit und Nicht-Wahrheit, an der absolute Ansprüche zerbrechen, die die eigene Perspektivität meinen vergessen zu dürfen.[369] Die Viabilität solcher „Verschränkung" sollte im Nachverfolgen der Gedanken dieses Buches deutlich werden – und wurde explizit thematisiert, als es um die ‚Viabilisierung' von Wahrheitsansprüchen ging (s. o. 4.2).

Insofern konstruktivistische Perspektiven nicht die Gesamtheit aller Perspektiven usurpieren, ist Religionspädagogik immer eine paradoxe Einheit von Konstruktivismus und Nicht-Konstruktivismus.[370] Nur im Dialog kann sich entscheiden, inwiefern sich beispielsweise nicht-konstruktivistische Perspektiven in ihrer Rezeption durch eine konstruktivistische Perspektive selbst angemessen dargestellt sehen: Kann eine beziehungsorientierte bzw. eine alteritätstheoretische Perspektive mit den hier vorgelegten Re/De/Konstruktionen etwas anfangen? Und umgekehrt gilt dasselbe, weshalb ich besonders gespannt bin auf nicht-konstruktivistische Rezensionen dieses Versuchs einer Grundlegung – die ich allerdings voraussichtlich nicht nicht-konstruktivistisch beobachten werde ...

Neben einer präziseren Grundlegung des Perspektivitäts-Begriffs wäre der *Dialog mit pädagogischen Perspektiven* zu vertiefen, hier exemplarisch geführt mit den konstruktivistischen Konzeptionen von Rolf Arnold, Horst Siebert und Kersten Reich (s. o. 1.2, 4.1.2.1). So könnte etwa an den Beispielen von Paulo Freire detailliert gezeigt werden, wie stark sein emanzipatorisch-ideologiekritischer Ansatz von konstruktivistischen Basisannahmen geprägt ist.[371] Neben dem Diskurs mit bildungstheoretischen Konzeptionen von Volker Ladenthin, Dietrich Benner und Jürgen Baumert, die dem religiösen Weltzugang einen eigenen Wert zumessen,[372] wären Dialoge spannend mit Erziehungswissenschaftler*innen, die

---

[369]   Simojoki 2014, 364–366, 365. Vgl. Simojoki, Henrik (2019): 10 Jahre konstruktivistische Religionsdidaktik: Elevation, Re-Konstruktion, Innovation, in: Büttner/Mendl/Reis/Roose (Hg.), a. a. O., 224–234, 230–232.

[370]   Vielleicht ist das der tiefste Grund dafür, dass Simojoki an dem weiten, religionsdidaktischen Konstruktivismus-Verständnis bemängeln kann, dass die „Grenze zwischen Konstruktivismus und Nicht-Konstruktivsmus droht unkenntlich zu werden" (Simojoki 2019, 230).

[371]   Vgl. Freire 1973, 64–66, das Beispiel des Landarbeiters, der den Zusammenhang des Daseins von Mensch und Welt durchschaut.

[372]   Vgl. Benner, Dietrich (2014): Bildung und Religion. Nur einem bildsamen Wesen kann ein Gott sich offenbaren (Religionspädagogik in pluraler Gesellschaft 18), Göttingen; Ladenthin, Volker (2014): Wozu religiöse Bildung heute? Sieben Versuche, an der Endlichkeit zu zweifeln, Würzburg; Baumert, Jürgen (2002): Deutschland im internationalen Bildungsvergleich, in: Killius, Nelson/Kluge, Jürgen/Reisch, Linda (Hg.): Die Zukunft der Bildung,

das Unternehmen einer religiösen Bildung und Erziehung aus verschiedenen Gründen skeptisch beurteilen; seien es ideologiekritische, gesellschaftspolitische, individualpsychologische oder andere. Fragen aus einer Beobachtung zweiter Ordnung wären: Welche Unterscheidungen liegen einer Ablehnung oder einer Unterstützung dieses Unternehmens zugrunde? Wie religionssensibel kann eine Pädagogik ohne theologische Orientierung sein bzw. welcher ‚Mehrwert' beim Beobachten wird durch die theologische Perspektive gewonnen – und was wird dabei zugleich verloren? Welche Irritationen durch die Erziehungswissenschaften lässt welche religionspädagogische Konzeption zu und welche blendet sie ab? Wie könnten blinde Flecken im Erziehungs- und Religionssystem sowie im Wissenschaftssystem durch die interdisziplinäre Arbeit von Pädagog*innen und Theolog*innen bearbeitet werden?

Eine in dieser Arbeit fehlende Perspektive ist die der *Internationalität*: Wie wird das Unternehmen religiöser Bildung und Erziehung im internationalen Vergleich erforscht und beurteilt? Welche blinden Flecken hat eine ‚deutsche' Religionspädagogik, die ihren Blick natürlich auf die Rahmenbedingungen in Deutschland abstimmt – beispielsweise mit dem grundgesetzlich scheinbar abgesicherten Konzept eines konfessionellen Religionsunterrichts?[373] Wie schlägt sich die ‚Globalisierung' in religiöser Bildung und Erziehung nieder?[374] Wie unterscheidet sich der Gebrauch konstruktivistischer Terminologie in unterschiedlichen Forschungsräumen? Beispielsweise ist mir bei der Lektüre eines englischsprachigen Aufsatzes in der Zeitschrift *Learning and Instruction* aufgegangen, dass dort unterschieden wird zwischen einer „constructivist instruction" und einer „didactic instruction"; also zwischen einer ‚konstruktivistischen', schülerzentrierten, authentischen Instruktion auf der einen, und einer ‚didaktischen', lehrerzentrierten, fremdgesteuerten Instruktion auf der anderen Seite.[375] Dagegen herrscht im deutschsprachigen Bereich eine Kontrastierung von Instruktion und Konstruktion vor.[376]

Frankfurt a. M., 100–150; Englert, Rudolf (2013a): Religion gibt zu denken. Eine Religionsdidaktik in 19 Lehrstücken, München, 155–170.

[373] Vgl. Schambeck, Mirjam/Simojoki, Henrik/Stogiannidis, Athanasios (2019/Hg.): Auf dem Weg zu einer ökumenischen Religionsdidaktik. Grundlegungen im europäischen Kontext, Freiburg i. Br.

[374] Vgl. Simojoki, Henrik (2012): Globalisierte Religion. Ausgangspunkte, Maßstäbe und Perspektiven religiöser Bildung in der Weltgesellschaft (Praktische Theologie in Geschichte und Gegenwart 12), Tübingen.

[375] Nie, Youyan/Lau, Shun (2010): Differential relations of constructivist and didactic instruction to students' cognition, motivation, and achievement, in: Learning and Instruction 20, 411–423, 412; vgl. Brieden 2013, 62.

[376] Dazu kritisch: Schmid, Hans (2010): Frontalunterricht: Besser als sein Ruf!, in: Katechetische Blätter 135, 354–359: „Die Gegenüberstellung von sogenanntem konstruktivistischem und instruktivistischem Lernen in der neueren schulpädagogischen Diskussion

Die unterschiedliche Begriffsverwendung gibt Anlass zur Prüfung: Ist nun die Instruktion grundlegend, die didaktisch oder konstruktivistisch sein kann (dann ginge es im Unterricht um eine gute Balance der diversen Instruktionsmuster), oder die Konstruktion, insofern jede Instruktion sich auf Konstruktionen gründet (dann wäre Unterricht eine durch konstruktive Instruktion angeregte Konstruktion), oder stehen sich instruktive und konstruktive Perspektiven gleichberechtigt gegenüber (dann wäre situationsbezogen didaktisch zu entscheiden und zu begründen, wann nach welchem Grundmuster optimal zu handeln wäre).[377] An diesem Beispiel sollte der Mehrwert von Internationalisierung kurz aufgewiesen werden; dass auch diesbezüglich die Perspektive der vorgelegten Arbeit eingeschränkt geblieben ist, wird deutlich sein.

Abschließend ist zu wiederholen, was bereits anlässlich der Kritik zur Darstellung der Parasitierungsparadoxie gesagt wurde: Eine *Kommunikation* durch strukturelle Kopplungen unterschiedlicher Systeme dürfte sich als produktiv für das Lernen erweisen. Eine *ethische Perspektive* könnte der Frage nachgehen, welches Zusammenspiel von Ebenen der Beobachtung beispielsweise durch die Struktur eines Lernortes gefordert sind. Wahrscheinlich sollten Wechsel in alle Ebenen an allen Lernorten provoziert werden, aber es könnte doch sein, dass in der Katechese Beobachtungen erster Ordnung dominieren, während am Lernort Schule den Beobachtungen zweiter Ordnung ein höheres Gewicht zukommt. Es gibt auch Überschneidungssituationen wie etwa den Schulgottesdienst.[378] Entsprechend dem Mutualitätsparadox wäre das Zusammenspiel auf die verschiedenen Altersstufen abzustimmen: In der Eucharistiekatechese mit neun- bis zehnjährigen Kindern wird sich eine andere Konfiguration ergeben als in der Erwachsenenkatechese; auf der Oberstufe eine andere als auf der Primarstufe.[379] Dabei kann eine Konfiguration nicht vorgegeben werden, aber bei der Planung von Lernprozessen sind Wechsel der Beobachtungsordnungen vorzusehen, und für die Reflexion können sie zum Beobachtungsschwerpunkt auf Ebene 4 werden, die Beobachtungen als Beobachtungen beobachtet.

Aus einer *politischen Perspektive* wäre der GLOBE religiöser Bildungs- und Erziehungsprozesse vor dem Hintergrund der Machtfrage zu bedenken: Durch welche Rahmenbedingungen werden solche Prozesse implizit gesteuert? Wer hat die Macht, diese Bedingungen zu setzen und wie wird mit dieser Macht konkret umgegangen (eigene Macht als Lehrer*in, Bildungspläne, kirchliche Richtlinien, Vorgaben der Seelsorger*innen)? Und auch innerhalb einer Lerngruppe:

---

halte ich für eine verkehrte Alternative. Sie entspringt einer sehr äußerlichen Betrachtungsweise und gewinnt m. E. zunehmend einen ideologischen Charakter, der den Blick auf die Situation des Lernens in der Schule verstellt" (ebd., 359).

[377] S. o. 1.2.2; 4.2.3.3; vgl. Brieden 2013.

[378] S. o. 4.1.3; vgl. Kaupp/Bußmann/Lob/Thalheimer (Hg.), a. a. O.,

[379] Vgl. Kaupp, Angela/Leimgruber, Stephan/Scheidler, Monika (2011/Hg.): Handbuch Katechese. Für Studium und Beruf, Freiburg i. Br. 351–505.

Wie ist das Machtgefälle innerhalb der Gruppe? Wer ist aus welchen Gründen mächtiger als andere? Wodurch könnte ein solches Machtgefüge perturbiert werden, falls man vermutet, es würde Lernprozesse behindern? Welche Impulse können diesbezüglich aus Forschungsformaten wie denen der *Post-Colonial-*, *Gender-* und *Dis/Ability-Studies* gewonnen werden? Auch hier geht es zunächst einmal darum, die politische Perspektive als mögliche und sinnvolle Beobachtung wahrzunehmen (s. o. 4.1.4; 4.3.7).

Aus der *Perspektive der Kunst* schließlich können die bereits eingenommenen Perspektiven dekonstruiert werden: Insofern es Medien der Kunst gelingt, Hinweise für neue Inhalte der Beobachtung bzw. alternative Beobachtungsweisen zu geben, erweisen sie sich als Spur einer Beobachtung dritter Ordnung. Sie können festgelegte Glaubens- oder Unglaubensstandpunkte perturbieren, sie infrage stellen oder ergänzen. In dieser Arbeit wurde versucht, die narrative Potenz einer Wundergeschichte einzuspielen (s. o. 3.4.2.3), um mit ihr die Charakteristika des Paradoxen zu veranschaulichen. Der weite Paradoxiebegriff Luhmanns muss seine Relevanz an den konkreten paradoxen Vollzügen jeweils neu erweisen, z. B. auch im Blick auf die Paradoxien der Theologie als Selbstbeschreibungsform von Religion (s. o. 3.3.3). Auch historische Perspektiven wurden aufgerufen, etwa bezüglich verschiedener Formen der Mystik im Mittelalter nach Peter Dinzelbacher (s. o. 2.1.3) und unterschiedliche Perspektiven zu ihrer Beurteilung nach Benjamin Marius Schmidt (s. o. 4.1.2.2), sowie im Blick auf den interreligiös deutbaren Konflikt zwischen Azteken und Konquistadoren im 16. Jahrhundert, zu dessen Verständnis ein Zusammenspiel verschiedener theologischer Denkformen hilfreich war (s. o. 4.2.4).

Ob und wie Leser*innen solche Perspektivenwechsel als gelungen oder aufgesetzt empfinden, wird u. a. vom persönlichen Geschmack des oder der Einzelnen abhängen, und könnte weitere Fragen zur Beobachtung generieren: Wer lässt sich auf solche Narrationen ein und wer nicht? Was sind unterschiedliche Gründe dafür oder dagegen? Welche Beobachtungen werden durch die Reflexion etwa der Wundererzählung Mk 9,14–29 veranlasst oder auch verhindert? Welche anderen Narrationen ruft diese Erzählung wach? Wie kann sie dazu ermutigen, eigene Narrationen zu bilden, um durch Transformation das zu erhalten, was als Spur einer Beobachtung dritter Ordnung im gemeinsamen Erleben einer Narration emergieren mag?[380]

---

[380]   S. o. 1.4.4. Vgl. Reis 2016, 178.

4.4.3 Narration: Das Motto der Arbeit

In der Rückwendung auf das der Vorbemerkung vorangestellte Motto schließt sich der Kreis der Überlegungen (s. o. 4.1.3). Die ersten drei Aussagen des volkstümlichen Vierzeilers sind Beobachtungen erster Ordnung, die Beobachtungen zweiter Ordnung voraussetzen. Mit der vierten Aussage wird ein Perspektivenwechsel in der Beobachtungsordnung vorgenommen: Von den lapidaren Feststellungen zur Kontingenz des Lebens wechselt das ‚lyrische Ich‘ in einen überraschenden Schluss, in dem es die Quintessenz seiner Beobachtungen des von ihm Beobachteten auf den Punkt bringt.[381]

Ich geh, weiß nit, wohin. Wohin gehe ich? Ich werde älter, wie alle anderen. Damit nähere ich mich unweigerlich meinem Tod: ‚Lasst uns feiern, Leute; so jung wie heute kommen wir nie wieder zusammen!‘ Das Ende vor Augen gibt mir den Grund, mein Leben hier und jetzt zu genießen. Sonst könnte ich das ja später nachholen. Leben und Tod gehören auf paradoxe Weise zusammen (s. o. 4.3.4). Aber kann ich das glauben? Kann ich mich diesem Lebenslauf einfach so anvertrauen? Stellt uns nicht gerade jetzt die Corona-Pandemie vor die paradoxe Situation, dass Entscheidungen, das Leben hier und jetzt zu genießen, für einen selbst oder für andere den Tod bringen können? Aber war das nicht immer schon so, etwa angesichts der ungerechten Verteilung von Lebensressourcen? Wie kann der stete Zweifel zum Glaubensgrund werden: Doch, Gott trägt mich, ich gehe doch zu Gott? Seine Liebe wird mich umfangen! Aber der Zweifel daran nagt an mir. Was ist, wenn nicht? Wenn alles anders sein wird? Aber was hilft mein Grübeln, mein In-der-Schwebe-Bleiben, mein ‚Oszillieren‘ (s. o. 4.3.3)? Das Leben will gelebt sein, hier und jetzt! Und wenn ich dieses ‚Reich Gottes‘, das jetzt beginnt, ergreife, dann kann ich meinen Zweifel in die Transzendenz hineinwerfen: Ja, und? Was soll’s, wenn alles anders ist! Irgendwie werde ich weitergehen! Mein eigenes Ende kann ich nicht denken, denn ich bin unvollständig, nicht abgeschlossen (s. o. 4.3.6).

Ich komm, weiß nit, von wo. Doch, aus dem Leib der Mutter! Aber daran kann ich mich nicht erinnern (s. o. 2.1.1). Was ich vor mir war, bevor ich unterschied und bezeichnete, also beobachtete – da komme ich nicht dahinter. Die Frage nach dem Anfang macht mich kribbelig, sie übersteigt mein Dasein im Hier und Jetzt, führt mich zurück an die Grenze des Vorvergangenen, des Nicht-Erinnerbaren. Was will ich glauben, von wo ich komme? Wie soll ich das erfassen? Die Rückwendung ist grenzenlos und führt mich zurück ins Heute: Nur hier kann ich leben, Vergangenes erinnern und Zukünftiges erhoffen. Alles ist gleichzeitig. Gegenwärtig ist Anfang und Ende (s. o. 3.3.2.3; 4.3.2).

---

[381] Die folgenden Überlegungen sind inspiriert durch: Boothe, Brigitte (2002): Das Dasein als Wunder. Die Entfaltung religiösen Erlebens, in: Ruff, Wilfried (Hg.): Religiöses Leben verstehen, Göttingen, 91–111, 107–110.

Ich bin, ich weiß nit, was. Was bin ich? Einer, der ein Buch schreibt. Das ist eine intensive Lebenszeit. Aber mit heiterem Berufe-Raten kommt sich niemand näher. Bin ich mir nah, bin ich mir fern. Rücke ich weit weg von mir, komme ich mir nah. Bücherschreiben hat mehr Sinn, wenn andere sie lesen. Komme ich ihnen näher durch ein wissenschaftliches Buch? Das kann ich nicht wissen! Was weiß ich denn schon? Wenn mir noch nicht einmal klar ist, was ich selbst bin ... Doch, ich bin ein Mensch, und andere sind es auch (s. o. 2.1.2). Es gibt vieles, was uns miteinander verbindet. Deshalb besteht die Chance, mich ihnen zu nähern, weil zugleich die Gefahr präsent ist, mich von ihnen zu entfernen. Aber Entfernungen können wieder überbrückt werden. So ist es auch mit Gott (s. o. 2.1.3). Wie mit einem Teleskop bin ich ihm nahe im Gebet. Aber dafür sehe ich dann alles andere nicht mehr. Der Preis für die Nähe ist zugleich die Ferne. Wenn die Augen sich an die dunkle Nacht angepasst haben, sehen sie, was sich bei hellem Tag dem Blick verbirgt. Vielleicht ist Gott in sich die Liebe, die Kraft, Beziehungen zu stiften (s. o. 2.1.4). Möglicherweise gibt er mir den Mut, den Blick in die Sonne zu wagen – wenn auch nicht zu lang, um nicht zu erblinden. Die Perspektive darf sich ändern. Ich kann den Glauben lernen, obwohl ich ihn niemals gelernt haben werde (s. o. 4.3.1). Ich glaube, hilf meinem Unglauben (s. o. 3.4.2.3)!

Mich wundert, dass ich so fröhlich bin. Jetzt beobachte ich, wie ich gerade beobachtet habe. Und in diesem Beobachten ist es schon verwunderlich: Warum bin ich einfach so fröhlich, obwohl ich die wichtigsten Dinge nicht weiß: woher ich komme, wohin ich gehe, was ich bin: Kein Wunder, dass ich traurig bin! Vielleicht bin ich gerade deshalb fröhlich, weil ich es nicht weiß – und weil ich trotzdem nicht grübeln muss, was aus mir wird. Ich darf mich freuen, dass ich so denken kann. Und wenn ich meine Beobachtungen noch in einen Reim fasse, den sich andere hinter die Ohren schreiben, dann ist das ein weiterer Grund zur Freude (s. o. 4.3.5). Ich kann ja andere anregen, weiter zu denken. Ich kann ja andere animieren, sich ebenfalls zu wundern und das gesamte Leben als Wunder zu sehen.

Wäre das nicht eine schöne Zielformulierung für den Religionsunterricht und auch für die Katechese: Lernen, das Leben als Wunder zu sehen? Was können wir dazu beitragen, dass wir selbst und andere das Leben als Wunder zu sehen lernen? Lernen ist leben und bedarf der Anregungen. Wer sich nicht bewegen oder aufregen lässt, ist tot mitten im Leben. Deshalb hoffe ich, dass dieses Buch mit seinen grundlegenden Überlegungen Leser*innen zu weiteren Fragen, Reflexionen und Forschungen anregt. Wenn sie zuweilen auch irritieren oder gar perturbieren, liegt das durchaus im konstruktivistischen Interesse. Denn das Ende ist ein Nicht-Ende.

Beobachtungen dritter Ordnung konkretisieren diese Erkenntnis durch Spuren davon, dass jedes Ende sein Nicht-Ende ist. Sie sind die unbeobachtbare Quelle der Fröhlichkeit. Diese Arbeit postulierte die unordentliche Beobachtung dritter Ordnung als paradoxe Einheit von Beobachtung und Nicht-Beobachtung (s. o. 4.1). Sie gründet in der Unterscheidungsweisung des ununterscheidbaren

Gottes, die zugleich die Form der Freiheit ist (s. o. 3.3). In ihr hat sich Gott nach Ansicht von Christ*innen unterscheidbar gemacht: In der Offenbarung Jesu als des Christus, der den Geist der Freiheit im Geist Gottes verkündet. Die Kontingenzformel ‚Gott‘ verbindet Selbst- und Weltparadoxie (s. o. 3.2). Die Analogie von Freiheits- und Rechtsparadoxie bot die Chance, Teilparadoxien des Rechts mit religions/-pädagogischen Teilparadoxien zu vergleichen – ein großes Dankeschön an Jean Clam für seine Entfaltung der Paradoxien des Rechts (s. o. 3.4, 4.3)! Die für Religiöses besonders relevante paradoxe Einheit von Immanenz und Transzendenz wird im christlichen Glauben trinitarisch entparadoxiert. Das ‚zwölfte Kamel‘ der Trinität kann im Beziehungshandeln der Menschen zurückgegeben werden, in dem sich der „dreieine Gott als Quelle und Orientierung menschlicher Kommunikation" erweist.[382]

---

[382] Vgl. Hilberath, Bernd Jochen/Kraml, Martina/Scharer, Matthias (2003/Hg.): Wahrheit in Beziehung. Der dreieine Gott als Quelle und Orientierung menschlicher Kommunikation (Kommunikative Theologie 4), Mainz.

5. Verzeichnis der Abbildungen und Tabellen

6. Literaturverzeichnis

Altmeyer, Stefan (2011): Fremdsprache Religion? Sprachempirische Studien im Kontext religiöser Bildung (Praktische Theologie heute 114), Stuttgart.

Altmeyer, Stefan (2014): Vom Eigenleben der Dinge. Der religionsdidaktische Konstruktivismus quergelesen mit Bruno Latour, in: Zeitschrift für Pädagogik und Theologie 66, 349–357.

Altmeyer, Stefan (2019): Tange me. Proben zu einer Religionsdidaktik der Dinge in fünf Stücken, in: Büttner/Mendl/Reis/Roose (Hg.), a. a. O., 42–52.

Altmeyer, Stefan/Boschki, Reinhold/Theis, Joachim/Woppowa, Jan (2006/Hg): Christliche Spiritualität lehren, lernen und leben (FS Bitter), Bonn.

Altmeyer, Stefan/Englert, Rudolf u. a. (2016): Ökumene im Religionsunterricht. Jahrbuch der Religionspädagogik 32, Göttingen.

Ameln, Falko von (2004): Konstruktivismus, Tübingen-Basel.

Ammermann, Norbert (1994): Zur Konstruktion von Seelsorge – Seelsorge, Erkenntnistheorie und Methodenfrage unter dem Aspekt der Psychologie der persönlichen Konstrukte und auf dem Hintergrund konstruktivistischer Erkenntnistheorien, Frankfurt a. M.

Ammermann, Norbert (1999): Seelsorge im Religionsunterricht. Religionspädagogische und pastoralpsychologische Elementarisierungen unter dem Blickwinkel der Konstruktdimensionen Wahrheit und Sinn, (Forschungen zur praktischen Theologie 18), Frankfurt.

Anselm von Canterbury (1994): Freiheitsschriften, lateinisch/deutsch, übers. u. eingel. von Hansjürgen Verweyen (Fontes Christiani 13), Freiburg/Basel/Wien.

Anselm von Canterbury (1994a): *De casu diaboli* / Vom Fall des Teufels, in: Ders. (1994), a. a. O., 121–247.

Anselm von Canterbury (1994b): *De libertate arbitrii* / Über die Freiheit des Willens, in: Ders. 1994, a. a. O., 61–119.

Anselm von Canterbury (1994c): *De concordia praescientiae et praedestinationis et gratiae dei cum libero arbitrio* / Über die Vereinbarkeit des Vorherwissens, der Vorbestimmung und der Gnade Gottes mit dem freien Willen, in: Ders. 1994, a. a. O., 249–361.

Anselm von Canterbury (2006): *Proslogion.* Lateinischer Text nach der Edition von F.S. Schmitt, S. Anselmi Opera omnia (Seckau 1938), übersetzt und in Teilsatzgliederung ins Netz gestellt von Hans Zimmermann, Görlitz, http://12koerbe.de/pan/proslog.htm Aufruf 15.12.2021.

Ansorge, Dirk (1996): Johannes Scottus Eriugena: Wahrheit als Prozeß. Eine theologische Interpretation von ‚Periphyseon' (Innsbrucker theologische Studien 44), Innsbruck/Wien.

Arnold (2005): Die emotionale Konstruktion der Wirklichkeit (Grundlagen der Berufs- und Erwachsenenbildung 44), Baltmannsweiler.

Arnold, Rolf (2007): Ich lerne, also bin ich. Eine systemisch-konstruktivistische Didaktik, Heidelberg.

Arnold, Rolf (2009): Seit wann haben sie das? Grundlinien eines Emotionalen Konstruktivismus, Heidelberg.

Arnold, Rolf (2015): Wie man lehrt, ohne zu belehren, Heidelberg, 3. Aufl.

Arnold, Rolf/Siebert, Horst (2005): Konstruktivistische Erwachsenenbildung. Von der Deutung zur Konstruktion von Wirklichkeit (Grundlagen der Berufs- und Erwachsenenbildung 4), Baltmannsweiler, 5. Aufl.

Arnold, Rolf/Siebert, Horst (2006): Die Verschränkung der Blicke. Konstruktivistische Erwachsenenbildung im Dialog (Grundlagen der Berufs- und Erwachsenenbildung 46), Baltmannsweiler.

Augustinus, Aurelius (2002): Confessiones – Bekenntnisse, lat.-dt. Eine Synopse nach Netzquellen zusammengestellt von Dittmann, Karsten, Confessiones lateinisch – deutsch – GEOCITIES.ws Aufruf 15.12.2021.

Baecker, Dirk (1993/Hg.): Kalkül der Form, Frankfurt a. M.

Baecker, Dirk (1993/Hg.): Probleme der Form, Frankfurt a. M.

Baecker, Dirk (2000): Wie steht es mit dem Willen Allahs?, in: Teubner, Gunther (Hg.), a. a. O., 145–176.

Baecker, Dirk (2012): Niklas Luhmann: Der Werdegang, in: Jahraus/Nassehi u. a. (Hg.), a. a. O., 1–3.

Baecker, Dirk (2016/Hg.): Schlüsselwerke der Systemtheorie, Wiesbaden, 2., erw. und neu gest. Aufl.

Ballhorn, Egbert/Horstmann, Simone (2019/Hg.): Theologie verstehen. Lernen mit dem Credo, Paderborn

Balthasar, Hans Urs von (1961–1969): Herrlichkeit. Eine theologische Ästhetik (3 Teile in 7 Büchern), Einsiedeln.

Balthasar, Hans Urs von (2007): Kleiner Diskurs über die Hölle – Apokatastasis (Neue Kriterien 1), Einsiedeln, 4. Aufl.

Bateson, Gregory (1972): Steps to an Ecology of Mind. Collected Essays in Anthropology, Psychiatry, Evolution and Epistemology. New York.

Baudler, Georg (1980): Korrelation von Lebens- und Glaubenssymbolen. Zwei Grundregeln einer Korrelations-Didaktik, in: Katechetische Blätter 105, 763–771.

Baudler, Georg (1984): Korrelationsdidaktik, Paderborn.

Baudler, Georg (1987), Erfahrung – Korrelation – Symbol, in: Katechetische Blätter 112, 30–35.

Baumert, Jürgen (2002): Deutschland im internationalen Bildungsvergleich, in: Killius, Nelson/Kluge, Jürgen/Reisch, Linda (Hg.): Die Zukunft der Bildung, Frankfurt a. M., 100–150.

Beck, Erwin u. a. (2008): Adaptive Lehrkompetenz. Analyse und Struktur, Veränderbarkeit und Wirkung handlungssteuernden Lehrerwissens, Münster u. a.

Becker, Patrick (2017): Jenseits von Fundamentalismus und Beliebigkeit. Zu einem christlichen Wahrheitsverständnis in der (post-)modernen Gesellschaft, Freiburg/Br.

Becker, Patrick (2018): Vor der Konzeption von Grundkursen steht der Blick auf die angehenden Studierenden, in: Brieden/Reis (Hg.), a. a. O., 59–70.

Bederna, Katrin (2019): Every Day for Future. Theologische und religiöse Bidlung für nachhaltige Entwicklung, Ostfildern.

Beierwaltes, Werner (1994): Eriugena. Grundzüge seines Denkens, Frankfurt a. M.

Benedikt XVI (2011): Generalaudienz vom 13.4.2011, 3f. https://www.vatican.va/content/benedict-xvi/de/audiences/2011/documents/hf_ben-xvi_aud_20110413.html Aufruf 15.12.2021

Benner, Dietrich (2014): Bildung und Religion. Nur einem bildsamen Wesen kann ein Gott sich offenbaren (Religionspädagogik in pluraler Gesellschaft 18), Göttingen.

Berg, Henk de/Prangel, Matthias (1995/Hg.): Differenzen. Systemtheorie zwischen Dekonstruktion und Konstruktivismus, Tübingen/Basel.

Berg, Horst Klaus (1991): Ein Wort wie Feuer. Wege lebendiger Bibelauslegung, München.

Berg, Horst Klaus (2003): Grundriss der Bibeldidaktik. Konzepte – Modelle – Methoden, München, 3. Aufl.

Bertelsmann-Stiftung (2017/Hg.): Muslime in Europa. Integriert, aber nicht akzeptiert? (Autoren: Halm, Dirk/Sauer, Martina), Gütersloh. https://www.bertelsmann-stiftung.de/de/publikationen/publikation/did/muslime-in-europa/ Aufruf 15.12.2021.

Bertelsmann-Stiftung (2018/Hg.): Zusammenleben in kultureller Vielfalt. Vorstellungen und Präferenzen in Deutschland (Autoren: Benoit, Verena/El Menouar, Yasemin/Helbling, Marc), Gütersloh. https://www.bertelsmann-stiftung.de/de/publikationen/publikation/did/zusammenleben-in-kultureller-vielfalt/ Aufruf 15.12.2021.

Beyer, Franz-Heinrich/Brieden, Norbert (2011): Evangelische und Katholische Religionspädagogik, in: Marko Demantowsky/Volker Steenblock (Hg.): Selbstdeutung und Fremdkonzept. Die Didaktiken der kulturwissenschaftlichen Fächer im Gespräch (Bochumer Beiträge zur bildungswissenschaftlichen und fachdidaktischen Theorie und Forschung 1), Bochum, 53–73.

Biehl, Peter (1996): Didaktische Strukturen des Religionsunterrichts, in: Jahrbuch für Religionspädagogik, 12, 197–223.

Biehl, Peter (1999): Festsymbole. Zum Beispiel: Ostern. Kreative Wahrnehmung als Ort der Symboldidaktik, Neukirchen-Vluyn.

Bitter, Gottfried (2004): Chancen und Grenzen einer Spiritualitätsdidaktik, in: Schreijäck, Thomas (Hg.): Werkstatt Zukunft. Bildung und Theologie im Horizont eschatologisch bestimmter Wirklichkeit, Freiburg u. a., 158–184.

Blasberg-Kuhnke, Martina (2015): Artikel „Familie", in: Das Wissenschaftlich-Religionspädagogisches Lexikon WiReLex. https://www.bibelwissenschaft.de/stichwort/100100/ Aufruf 15.12.2021.

Bloor, David (1976): Knowledge and Social Imagery, London 1976.

Boghossian, Paul (2015): Angst vor der Wahrheit. Ein Plädoyer gegen Relativismus und Konstruktivismus (2006), Frankfurt a. M. 2013, 5. Aufl.

Böhnke, Michael (2000): Einheit in Mehrursprünglichkeit. Eine kritische Analyse des trinitarischen Ansatzes im Werk von Klaus Hemmerle, Würzburg.

Böhnke, Michael (2017): Gottes Geist im Handeln der Menschen. Praktische Pneumatologie, Freiburg/Basel/Wien, 170–193.

Böhnke, Michael (2021): Geistbewegte Gottesrede. Pneumatologische Zugänge zur Trinität, Freiburg i. Br.

Böhnke, Michael/Neuhaus, Gerd u. a. (2007): Leid erfahren – Sinn suchen. Das Problem der Theodizee (Theologische Module 1), Freiburg.

Bonhoeffer, Dietrich (2006): Auswahl, hg. v. Christian Gremmels und Wolfgang Huber, Bd. 5: Briefe aus der Haft 1943–1955, Gütersloh.

Boothe, Brigitte (2002): Das Dasein als Wunder. Die Entfaltung religiösen Erlebens, in: Ruff, Wilfried (Hg.): Religiöses Leben verstehen, Göttingen, 91–111.

Bork, Stefan/Gärtner, Claudia (2016/Hg.): Kirchengeschichtsdidaktik. Verortungen zwischen Religionspädagogik, Kirchengeschichte und Geschichtsdidaktik (Religionspädagogik innovativ 12), Stuttgart.

Bornhauser, Thomas (2002): Gott für Erwachsene. Ein Konzept kirchlicher Erwachsenenbildung im Zeichen postmoderner Vielfalt (Praktische Theologie heute 51), Stuttgart, 3. Aufl.

Boschki, Reinhold (2003): ‚Beziehung' als Leitbegriff der Religionspädagogik. Grundlegung einer dialogisch-kreativen Religionsdidaktik (Zeitzeichen 13), Ostfildern.

Boschki, Reinhold (2007): Der phänomenologische Blick: „Vierschritt" statt „Dreischritt" in der Religionspädagogik, in: Ders./Gronover, Matthias (Hg.): Junge Wissenschaftstheorie der Religionspädagogik (Tübinger Perspektiven zur Pastoraltheologie und Religionspädagogik 31), Berlin, 25–47.

Boschki, Reinhold (2012): Dialogisch-beziehungsorientierte Religionsdidaktik, in: Grümme/Lenhard/Pirner (Hg.), a. a. O., 173–184.

Boschki, Reinhold (2017): Persönlichkeits-Bildung in Beziehungen. Grundlegende Gedanken zum Religionsunterricht an berufsbildenden Schulen, in: Ders./Gronover (Hg.), a. a. O., 69–81.

Boschki, Reinhold/Gronover, Matthias u. a. (2017/Hg.): Person – Persönlichkeit – Bildung. Aufgaben und Möglichkeiten des Religionsunterrichts an berufsbildenden Schulen (Glaube – Wertebildung – Interreligiosität. Berufsorientierte Religionspädagogik 11), Münster.

Breitsameter, Christof (2010): Handeln verantworten, in: Baranzke, Heike/Breitsameter, Christof u. a.: Handeln verantworten (Theologische Module 11), Freiburg i. Br., 7–45.

Breitsameter, Christof (2012): Nur zehn Worte. Moral und Gesellschaft des Dekalogs, Fribourg.

Brieden, Norbert (2005): Kreatives Visualisieren und Korrelative Religionsdidaktik, Diss. Bochum.

Brieden, Norbert (2008): Gott – ein Problem menschlicher Entwicklung?, in: Göllner, Reinhard (Hg.): Das Ringen um Gott. Gottesbilder im Spannungsfeld von subjektivem Glauben und religiöser Tradition (Theologie im Kontakt 15), Münster, 135–174.

Brieden, Norbert (2010): Radikal heißt nicht beliebig. Der Konstruktivismus im Streit um die Wahrheit, in: Büttner/Mendl/Reis/Roose (Hg.), a. a. O., 165–179.

Brieden, Norbert (2013): Instruktion ist Konstruktion, oder: Was bedeutet Jesu ‚Piercing'?, in: Büttner/Mendl/Reis/Roose (Hg.), a. a. O., 53–69.

Brieden, Norbert (2014): Könnte wirklich auch alles ganz anders sein? Zur Kritik konstruktivistischer Unterrichtsplanung, in: Büttner/Mendl/Reis/Roose (Hg.), a. a. O., 189–196.

Brieden, Norbert (2015): Religionspädagogik lehren lernen – hochschuldidaktische Impulse, in: Theo-Web. Zeitschrift für Religionspädagogik 14, H. 2, 86–103, http://theo–web.de/zeitschrift/ausgabe-2015–02/ Aufruf 15.12.2021.

Brieden, Norbert (2015a): Was bedeutet der Glaube an die Auferstehung der Toten? Topografische Mindmaps zu 1 Kor 15,35–44 im Religionsunterricht der Oberstufe, in: Büttner/Mendl/Reis/Roose (Hg.), a. a. O., 81–97.

Brieden, Norbert (2016): Inklusion und Bildungsgerechtigkeit. Interdisziplinäre Sondierungen, in: Grümme/Schlag (Hg.), a. a. O., 42–62.

Brieden, Norbert (2016a): ‚Verstehen von Anfang an'. Hochschuldidaktische Überlegungen zur Paradoxiereflexion, in: Forum Exegese und Hochschuldidaktik. Verstehen von Anfang an 1, 57–76.

Brieden, Norbert (2016b): Religionsdidaktische Perspektiven durch Medienvergleich am Beispiel „Life of Pi/Schiffbruch mit Tiger", in: Theo-Web. Zeitschrift für Religionspädagogik H. 1, 15, 257–283, http://www.theo-web.de/zeitschrift/ausgabe-2016-01/ Aufruf 15.12.2021.

Brieden, Norbert (2017): Der Anspruch der (religiösen) Wahrheit – zwischen konstruktivistischer ‚Viabilisierung' und realistischer Emphase, in: Büttner/Mendl/Reis/Roose (Hg.), a. a. O., 9–23.

Brieden, Norbert (2018): „Ich studiere katholische Theologie, weil ich finde, dass es ein breites Spektrum geworden ist." Studienmotivationen und Studienerwartungen von StudienanfängerInnen im Fach Katholische Theologie, in: Ders./Reis (Hg.), a. a. O., 15–58.

Brieden, Norbert (2018a): „Ich lasse mich firmen, weil ich mich an dem Gedanken erfreue, selbstständig zu sagen, ja ich möchte der Gemeinschaft angehören" – Fallanalysen zur Kommunikation des Evangeliums mit Jugendlichen anlässlich der Firmkatechese, in: Schlag/Roose/Büttner (Hg.) aaO, 191–206.

Brieden, Norbert (2019): Kriterien konstruktivistischer Religionsdidaktik und die Diskussionen im Jahrbuch als Spiegel der Theorie-Entwicklung, in: Büttner/Mendl/Reis/Roose (Hg.), a. a. O., 233–248.

Brieden, Norbert (2021): Artikulation, in: Kropač/Riegel (Hg.), a. a. O., 361–374.

Brieden, Norbert (2021a): Artikel „Wahrnehmungswissenschaft", in: Das Wissenschaftliche-Religionspädagogische Lexikon WiReLex. https://www.bibelwissenschaft.de/stichwort/200259/ Aufruf 15.12.2021.

Brieden, Norbert/Göllner, Reinhard (2012): Vielfalt viabler Wege versus ‚Einfalt' christlicher Glaubenswahrheit? Zur Subjektorientierung religiöser Lernprozesse, in: Mette/Sellmann (Hg.), a. a. O., 297–321.

Brieden, Norbert/Heger, Johannes (2018): Art. „Handlungswissenschaft", in: Das Wissenschaftliche-Religionspädagogische Lexikon WiReLex. https://www.bibelwissenschaft.de/stichwort/200258/ Aufruf 15.12.2021.

Brieden, Norbert/Heidemann, Astrid/Roose, Hanna (2016): Artikel „Auferstehung", in: Das Wissenschaftlich-Religionspädagogische Lexikon WiReLex. https://www.bibelwissenschaft.de/stichwort/100165/ Aufruf 15.12.2021.

Brieden, Norbert/Mendl, Hans/Reis, Oliver/Roose, Hanna (2020/Hg.): Biblische Welten (Jahrbuch für konstruktivistische Religionsdidaktik 11), Babenhausen.

Brieden, Norbert/Mendl, Hans/Reis, Oliver/Roose, Hanna (2021/Hg.): Digitale Praktiken (Jahrbuch für konstruktivistische Religionsdidaktik 12), Babenhausen.

Brieden, Norbert/Reis, Oliver (2018/Hg.): Glaubensreflexion – Berufsorientierung – theologische Habitusbildung. Der Einstieg ins Theologiestudium als hochschuldidaktische Herausforderung (Theologie und Hochschuldidaktik 8), Berlin-Münster.

Brieden, Norbert/Werner, Gunda (2015): In Ambivalenzen authentisch Gott erfahren, Gott bezeugen? (!), in: Juen/Prüller-Jagenteufel/Rahner/Sejdini (Hg.), a. a. O., 113–117.

Browne, Thomas (1972): Religio Medici, Hydrioaphia and The Garden of Cyrus, hg. v. R. H. A. Robbins, Oxford.

Browne, Thomas (1998): Religio Medici. Ein Essay über Vernunft und Glaube. Übertragen, herausgegeben und mit einem Nachwort versehen von Werner von Koppenfels, Mainz.

Buber, Martin (1984): Ich und Du (1923), in: Das dialogische Prinzip, Heidelberg, 5. Aufl.

Bucher, Anton/Büttner, Gerhard (2010/Hg.): „In der Mitte ist ein Kreuz". Kindertheologische Zugänge im Elementarbereich (Jahrbuch für Kindertheologie 9), Stuttgart.

Burke, Kenneth (1962): A Grammar of Motives (1945) and A Rhetoric of Motives (1950), Ohio.

Burrichter, Rita/Gärtner, Claudia (2014): Mit Bildern lernen. Eine Bilddidaktik für den Religionsunterricht, München.

Burrichter, Rita/Langenhorst, Georg/Stosch, Klaus von (2016/Hg.): Komparative Theologie: Herausforderung für die Religionspädagogik, Perspektiven zukunftsfähigen interreligiösen Lernens (Beiträge zur Komparativen Theologie 20), Paderborn.

Bußmann, Gabriele (2015): Spiritualität, in: Kaupp/Dies./Lob/Thalheimer (Hg.), a. a. O., 108–121.

Büttner (2006/Hg.): Lernwege im Religionsunterricht. Konstruktivistische Perspektiven, Stuttgart.

Büttner, Gerhard (2016): Von der religiösen Wirklichkeit erzählen. Narratologische Impulse für die Religionspädagogik, in: Ders./Mendl/Reis/Roose (Hg.), a. a. O., 9–22.

Büttner, Gerhard/Dieterich, Veit-Jakobus (2004): Religion als Unterricht. Ein Kompendium.

Büttner, Gerhard/Dieterich, Veit-Jakobus (2016): Entwicklungspsychologie in der Religionspädagogik, Göttingen, 2. Aufl.

Büttner, Gerhard/Dieterich, Veit-Jakobus/Roose, Hanna (2015): Einführung in den Religionsunterricht. Eine kompetenzorientierte Didaktik, Stuttgart.

Büttner, Gerhard/Freudenberger-Lötz, Petra/Kalloch, Christina/Schreiner, Martin (2014/Hg.): Handbuch Theologisieren mit Kindern. Einführung – Schlüsselthemen – Methoden, Stuttgart.

Büttner, Gerhard/Mendl, Hans/Reis, Oliver/Roose, Hanna (2010/Hg.): Lernen mit der Bibel (Jahrbuch für konstruktivistische Religionsdidaktik 1), Hannover.

Büttner, Gerhard/Mendl, Hans/Reis, Oliver/Roose, Hanna (2011/Hg.): Kirchengeschichte (Jahrbuch für konstruktivistische Religionsdidaktik 2), Hannover

Büttner, Gerhard/Mendl, Hans/Reis, Oliver/Roose, Hanna (2013/Hg.): Lernumgebungen (Jahrbuch für konstruktivistische Religionsdidaktik 3), Hannover

Büttner, Gerhard/Mendl, Hans/Reis, Oliver/Roose, Hanna (2013a/Hg.): Ethik (Jahrbuch für konstruktivistische Religionsdidaktik 4), Hannover.

Büttner, Gerhard/Mendl, Hans/Reis, Oliver/Roose, Hanna (2014): Unterrichtsplanung im Religionsunterricht – eine konstruktivistische Perspektive, in: Dies. (Hg.), a. a. O., 9–27.

Büttner, Gerhard/Mendl, Hans/Reis, Oliver/Roose, Hanna (2014/Hg.): Religionsunterricht planen (Jahrbuch für konstruktivistische Religionsdidaktik 5), Babenhausen.

Büttner, Gerhard/Mendl, Hans/Reis, Oliver/Roose, Hanna (2015/Hg.): Glaubenswissen (Jahrbuch für konstruktivistische Religionsdidaktik 6), Babenhausen.

Büttner, Gerhard/Mendl, Hans/Reis, Oliver/Roose, Hanna (2016/Hg.): Narrativität (Jahrbuch für konstruktivistische Religionsdidaktik 7), Babenhausen.

Büttner, Gerhard/Mendl, Hans/Reis, Oliver/Roose, Hanna (2017/Hg.): Religiöse Pluralität (Jahrbuch für konstruktivistische Religionsdidaktik 8), Babenhausen.

Büttner, Gerhard/Mendl, Hans/Reis, Oliver/Roose, Hanna (2018/Hg.): Heterogenität im Klassenzimmer (Jahrbuch für konstruktivistische Religionsdidaktik 9), Babenhausen.

Büttner, Gerhard/Mendl, Hans/Reis, Oliver/Roose, Hanna (2019/Hg.): Praxis des RU, (Jahrbuch für konstruktivistische Religionsdidaktik 10), Babenhausen.

Büttner, Gerhard/Reis, Oliver (2020): Modelle als Wege des Theologisierens. Religionsunterricht besser planen und durchführen, Göttingen.

Büttner, Gerhard/Roose, Hanna (2007): Das Johannesevangelium im Religionsunterricht. Informationen, Anregungen und Materialien für die Praxis, Stuttgart.

Büttner, Gerhard/Scheunpflug, Annette/Elsenbast, Volker (2007/Hg.): Zwischen Erziehung und Religion. Religionspädagogische Perspektiven nach Niklas Luhmann (Schriften aus dem Comenius-Institut 18), Berlin.

Caloun, Elisabeth/Habringer-Hagleitner, Silvia (2018/Hg.): Spiritualitätsbildung in Theorie und Praxis. Ein Handbuch, Stuttgart.

Cardenal, Ernesto (1991): Das Evangelium der Bauern von Solentiname. Gesamtausgabe, Wuppertal, 3. Aufl.

Cardenal, Ernesto (1994): Teleskop in dunkler Nacht. El telescopio en la noche oscura. Mit einem Nachwort von Luce López-Baralt. Aus dem Spanischen von Lutz Kliche und Anneliese Schwarzer, Wuppertal.

Ceming, Katharina (2012): Spiritualität im 21. Jahrhundert, Palma de Mallorca.

Clam, Jean (2002): Was heißt, sich an Differenz statt an Identität orientieren? Zur De-Ontologisierung in Philosophie und Sozialwissenschaft, Konstanz.

Clam, Jean (2004): Kontingenz, Paradox, Nur-Vollzug, Konstanz.

Clam, Jean (2008): Wie dicht sind Opfer? Zur Entscheidung der Frage nach dem Ort der Transzendenz in heutiger Gesellschaft, in: Teubner (Hg.), a. a. O., 37–51.

Collin, Finn (2008): Konstruktivismus für Einsteiger, Paderborn.

Conrads, Eva (2009): Systemisch-konstruktivistische Ansätze und ihre mögliche Perspektive in der Religionspädagogik und -didaktik mit Blick auf den Religionsunterricht an Berufskollegs, Aachen, publications.rwth-aachen.de/record/51108/files/Conrads_Eva.pdf Aufruf 15.12.2021

Dalferth, Ingolf U. (1986): Theologischer Realismus und realistische Theologie bei Karl Barth, in: Evangelische Theologie 46, 402–422.

Dallmann, Hans-Ulrich (1994): Die Systemtheorie Niklas Luhmanns und ihre theologische Rezeption, Stuttgart u. a.

Dettmann, Ulf (1999): Der radikale Konstruktivismus. Anspruch und Wirklichkeit einer Theorie, Tübingen.

Deutsche Bischofskonferenz (Hg.): Zur aktuellen Diskussion um die Vaterunser-Bitte „Und führe uns nicht in Versuchung". Stellungnahme der Glaubenskommission der DBK, Pressemitteilung vom 25.1.2018.

Dierk, Heidrun (2005): Kirchengeschichte elementar. Entwurf einer Theorie des Umgangs mit geschichtlichen Traditionen im Religionsunterricht (Heidelberger Studien zur Praktischen Theologie 10), Münster.

Dierk, Heidrun (2006): Konstruktion – Rekonstruktion – Dekonstruktion. Zur Viabilität genuin historischer Methoden im Kontext einer konstruktivistischen Kirchengeschichtsdidaktik, in: Büttner (Hg.), a. a. O., 132–144.

Dierk, Heidrun (2013): Kirchengeschichte erzählend verorten, in: Lindner/Riegel/Hoffmann (Hg.), a. a. O., 217–226.

Dinzelbacher, Peter (2001): Die Psychohistorie der unio mystica, in: Jahrbuch für Psychohistorische Forschung, 2, 45–76.

Döbler, Martin (2013): Die Mystik und die Sinne. Eine religionshistorische Untersuchung am Beispiel Bernhards von Clairvaux, Göttingen.

Dressler, Bernhard (2006): Unterscheidungen. Religion und Bildung, Leipzig.

Dressler, Bernhard (2012): ,Religiös reden' und ,über Religion reden' lernen – Religionsdidaktik als Didaktik des Perspektivenwechsels, in: Grümme/Lenhard/Pirner (Hg.), a. a. O., 68–78.

Dressler, Bernhard (2015): Artikel „performativer Religionsunterricht, evangelisch", in: Das Wissenschaftlich-Religionspädagogische Lexikon WiReLex. https://www.bibelwissen schaft.de/stichwort/100017/ Aufruf 15.12.2021.

Dressler, Bernhard/Klie, Thomas/Kumlehn, Martina (2012): Unterrichtsdramaturgien. Fallstudien zur Performanz religiöser Bildung, Stuttgart.

Dreyfus, Hubert/Taylor, Charles (2016): Die Wiedergewinnung des Realismus (2015), Berlin.

Ebner, Martina (2018): Spiritualität – ja, aber welche? Zur kritischen Reflexion von Spiritualitätsbildung, in: Caloun/Habringer-Hagleitner (Hg.), a. a. O., 119–129.

Englert, Rudolf (1994): Gott Raum schaffen. Umrisse einer absichtslosen Religionspädagogik, in: Katechetische Blätter 119, 481–489.

Englert, Rudolf (2008): Religionspädagogische Grundfragen. Anstöße zur Urteilsbildung, Stuttgart.

Englert, Rudolf (2012): Religionsunterricht wohin? Versuch einer Bilanz, in: Grümme/Lenhard/Pirner (Hg.), a. a. O., 247–258.

Englert, Rudolf (2012a): Wenn die Theologie in die Schule geht … Inkulturationserfahrungen, die zu denken und zu lernen geben, in: Mette/Sellmann (Hg.), a. a. O., 92–105.

Englert, Rudolf (2013): Helfen konstruktivistische Konzepte der Religionsdidaktik weiter?, in: Religionspädagogische Beiträge 69.

Englert, Rudolf (2013a): Religion gibt zu denken. Eine Religionsdidaktik in 19 Lehrstücken, München.

Englert, Rudolf (2018): Was wird aus Religion? Beobachtungen, Analysen und Fallgeschichten einer irritierenden Transformation, Ostfildern.

Englert, Rudolf (2020): Geht Religion auch ohne Theologie, Freiburg i. Br.

Englert, Rudolf/Hennecke, Elisabeth/Kämmerling, Markus (2014): Innenansichten des Religionsunterrichts. Fallbeispiele – Analysen – Konsequenzen, München

Englert, Rudolf/Kohler-Spiegel, Helga u. a. (2015/Hg.): Ethisches Lernen (Jahrbuch für Religionspädagogik 31), Neukirchen-Vluyn.

Englert, Rudolf/Schwab, Ulrich/Schweitzer, Friedrich/Ziebertz, Hans-Georg (2012/Hg.): Welche Religionspädagogik ist pluralitätsfähig? Kontroversen um einen Leitbegriff, Freiburg i. Br. 2012, 15–52.

Epikur (2003): Wege zum Glück, hg. v. Nickel, Rainer, Düsseldorf/Zürich.

Erdmann, Heinrich (1999): Vom Glauben an die Wahrheit und von der Wahrheit des Glaubens. Konstruktivismus und seine Bedeutung für Wissenschaft, Weltbild, Ethik und Religion, Frankfurt a. M.

Eri[u]gena, Johannes Scotus (1870): Über die Einteilung der Natur. Erste Abteilung Bücher I–III, übers. v. Ludwig Noack (Philosophische Bibliothek 36), Berlin.

Esposito, Elena (1991): Paradoxien als Unterscheidungen von Unterscheidungen, in: Gumbrecht/Pfeiffer, a. a. O., 35–57.

Esposito, Elena (1993): Zwei-Seiten-Form in der Sprache, in: Baecker (Hg.) Kalkül, a. a. O., 88–119.

Ette, Ottmar (2017): WeltFraktale. Wege durch die Literaturen der Welt, Stuttgart.

Feiter, Reinhard (2002): Antwortendes Handeln. Praktische Theologie als kontextuelle Theologie (Theologie und Praxis 14), Münster-Hamburg-London.

Flüe, Niklaus von (o. J.): Gebetstexte, in: Homepage der Bruder-Klausen-Stiftung. https://bruderklaus.com/niklaus-von-fluee-dorothee-wyss/gebete/ursprung-des-bk-gebets/ Aufruf 15.12.2021.

Foerster, Heinz von (1999): Sicht und Einsicht. Versuche zu einer operativen Erkenntnistheorie, Heidelberg.

Foerster, Heinz von (2002): Lethologie. Eine Theorie des Erlernens und Erwissens angesichts von Unwißbarem, Unbestimmbarem und Unentscheidbarem, in: Voß, Reinhard (Hg.), a. a. O., 14–32.

Foerster, Heinz von (2013): Das Konstruieren einer Wirklichkeit (1973), in: Watzlawick, Paul (Hg.), a. a. O., 39–60.

Foerster, Heinz von/Glasersfeld, Ernst von (2014): Wie wir uns erfinden. Eine Autobiographie des radikalen Konstruktivismus, Heidelberg 5. Aufl.Foerster, Heinz von/Lorenz, Kai/Grube, Gernot (1997): Interview vom 23.1.1997 in Berlin, in: Joachim Paul (Hg.), www.vorden ker.de, URL: http://vordenker.de/contribs.htm Aufruf 15.12.2021.

Foerster, Heinz von/Pörksen, Bernhard (2016): Wahrheit ist die Erfindung eines Lügners. Gespräche für Skeptiker (1998), Heidelberg, 11. Aufl.

Freire, Paulo (1973): Pädagogik der Unterdrückten. Bildung als Praxis der Freiheit, Reinbek.

Freud, Sigmund (1930): Das Unbehagen in der Kultur, Wien.

Frieling, Gudula (2016): Christliche Ethik oder Ethik für Christen? Die Universalität christlicher Ethik auf dem Prüfstand, Regensburg.

Fuchs, Peter (2000): Das Fehlen einer Ab-SICHT, in: Jahraus/Ort (Hg.), a. a. O., 9–13.

Fuchs, Peter (2000a): Vom Unbeobachtbaren, in: Jahraus/Ort (Hg.), a. a. O., 39–71.

Fuchs, Peter (2012): Die Religion der Gesellschaft (2000), in: Jahraus/Nassehi u. a. (Hg.), a. a. O., 247–253.

Gabriel, Markus (2013): Warum es die Welt nicht gibt, Berlin.

Gabriel, Markus (2015): Existenz, realistisch gedacht. In: Ders. (Hg.), a. a. O., 171–199.

Gabriel, Markus (2015/Hg.): Der Neue Realismus (2014), Frankfurt a. M., 3. Aufl.

Gabriel, Markus (2015a): Nachwort. Abgesang und Auftakt, in: Boghossian 2015, 135–156.

Gabriel, Markus (2016): Sinn und Existenz. Eine realistische Ontologie, Frankfurt a. M.

García González, Sylma (2011): „Yo tuve una cosa con él y no es un concepto". Originalidad y modernidad en la literatura mística de Ernesto Cardenal, Madrid/Frankfurt.

Gärtner, Claudia (2015): Religionsunterricht – ein Auslaufmodell? Begründungen und Grundlagen religiöser Bildung n der Schule (Religionspädagogik in pluraler Gesellschaft 19), Paderborn.

Gärtner, Claudia (2018/Hg.): Religionsdidaktische Entwicklungsforschung. Lehr-Lernprozesse im Religionsunterricht initiieren und erforschen (Religionspädagogik innovativ 24), Stuttgart.

Gärtner, Claudia (2020a): Klima, Corona und das Christentum. Religiöse Bildung für nachhaltige Entwicklung in einer verwundeten Welt, Bielefeld.

Gärtner, Claudia (2020b): Praktische Theologie und Religionspädagogik in katholischer Lesart. Wissenschaftstheoretische Bestandsaufnahmen und vergleichende Beobachtungen, in: Schlag/Schröder (Hg.), a. a. O., 413–432.

Gehlen, Arnold (1993): Der Mensch. Seine Natur und seine Stellung in der Welt. Textkritische Edition unter Einbeziehung des gesamten Textes der 1. Auflage von 1940. Teilband 1, Frankfurt a. M.

Gennerich, Carsten (2010): Empirische Dogmatik des Jugendalters. Werte und Einstellungen Heranwachsender als Bezugsgrößen für religionsdidaktische Reflexionen, Stuttgart.

Gergen, Kenneth J. (2002): Konstruierte Wirklichkeiten. Eine Hinführung zum Sozialen Konstruktionismus, Stuttgart.

Glanville, Rainfall (2000): (Die Relativität des Wissens) – Ebenen und Grenzen von Problemen, in: Jahraus/Ort (Hg.), a. a. O., 237–253.

Glasersfeld, Ernst von (1987): Siegener Gespräche über Radikalen Konstruktivismus, in: Schmidt, Siegfried J. (Hg.): Der Diskurs des Radikalen Konstruktivismus, Frankfurt a. M., 401–440.

Glasersfeld, Ernst von (2013): Einführung in den radikalen Konstruktivismus (1985), in: Watzlawick (Hg.), a. a. O., 16–38.

Glasersfeld, Ernst von (1997): Radikaler Konstruktivismus. Ideen, Ergebnisse, Probleme, Frankfurt a. M. 1997.

Goertz, Heinz-Jürgen (1992): Franz Rosenzweigs neues Denken. Eine Einführung aus der Perspektive christlicher Theologie (Bonner dogmatische Studien 12), Würzburg.

Göllner, Reinhard (2010): Kindliche Todesvorstellungen und Trauerreaktionen begleiten. Eine Thanatagogik für Kinder, in: Göllner (Hg.), a. a. O., 135–163.

Göllner, Reinhard (Hg.): Mitten im Leben umfangen vom Tod. Tod und Sterben als individuelle und gesellschaftliche Herausforderung (Theologie im Kontakt 16), Münster

Göllner, Reinhard/Brieden, Norbert/Kalloch, Christina (2010): Emmaus: Auferstehung heute eröffnen. Elementarisierung – Kompetenzorientierung – Kindertheologie (Bibel – Schule – Leben 8), Berlin.

Gräb, Wilhelm (2006): Sinnfragen. Transformationen des Religiösen in der modernen Kultur, Gütersloh.

Gronover, Matthias (2006): Religionspädagogik mit Luhmann. Wissenschaftstheoretische, systemtheoretische Zugänge zur Theologie und Pragmatik des Fachs (Tübinger Perspektiven zur Pastoraltheologie und Religionspädagogik 24), Münster.

Gronover, Matthias (2013): Das Gebet im Horizont von religiöser Kompetenz und Differenz. Religionspädagogische Perspektiven, in: Eisele, Wilfried (Hg.): Gott bitten? Theologische Zugänge zum Bittgebet (Quaestiones Disputatae 256), Freiburg i. Br.

Gronover, Matthias (2017/Hg.): Spirituelle Selbstkompetenz. Eine empirische Untersuchung zur Spiritualität von Berufsschulreligionslehrkräften (Glaube – Wertebildung – Interreligiosität, Berufsorientierte Religionspädagogik 9), Münster.

Grümme, Bernhard (2007): Vom Anderen eröffnete Erfahrung. Zur Neubestimmung des Erfahrungsbegriffs in der Religionsdidaktik (Religionspädagogik in pluraler Gesellschaft 10), Gütersloh.

Grümme, Bernhard (2009): Religionsunterricht und Politik. Bestandsaufnahme – Grundsatzüberlegungen – Perspektiven für eine politische Dimension des Religionsunterrichts, Stuttgart.

Grümme, Bernhard (2012): Alteritätstheoretische Religionsdidaktik, in: Ders./Lenhard/Pirner (Hg.), a. a. O., 119–132.

Grümme, Bernhard (2017): Heterogenität in der Religionspädagogik. Grundlagen und konkrete Bausteine, Freiburg i. Br.

Grümme, Bernhard (2018): Aufbruch in die Öffentlichkeit? Reflexionen zum ‚public turn‘ in der Religionspädagogik, Bielefeld.

Grümme, Bernhard (2019): Religionspädagogische Denkformen. Eine kritische Revision im Kontext von Heterogenität (Quaestiones Disputatae 299), Freiburg i. Br.

Grümme, Bernhard (2020): Halbierte Rezeption. Judith Butler und die Religionspädagogik, in: Ders./Werner (Hg.), a. a. O., 25–42.

Grümme, Bernhard/Lenhard, Hartmut/Pirner, Manfred (2012): Religionsunterricht neu denken? Zur Einführung, in: Dies. (Hg.), a. a. O., 9–13.

Grümme, Bernhard/Lenhard, Hartmut/Pirner, Manfred (2012/Hg.): Religionsunterricht neu denken. Innovative Ansätze und Perspektiven der Religionsdidaktik. Ein Arbeitsbuch (Religionsdidaktik innovativ 1), Stuttgart.

Grümme, Bernhard/Schlag, Thomas (2016/Hg.): Gerechter Religionsunterricht. Religionspädagogische, pädagogische und sozialethische Orientierungen (Religionspädagogik innovativ 11), Stuttgart.

Grümme, Bernhard/Werner, Gunda (2020/Hg.): Judith Butler und die Theologie. Herausforderung und Rezeption, Bielefeld.

Grünstäudl, Wolfgang/Schiefer Ferrari, Markus (2012/Hg.): Gestörte Lektüre. Disability als hermeneutische Leitkategorie biblischer Exegese, Stuttgart.

Grünstäudl, Wolfgang/Schiefer Ferrari, Markus/Distelrath, Judith (2017/Hg): Verzwecktes Heil? Studien zur Rezeption neutestamentlicher Heilungserzählungen, Leuven.

Gumbrecht, Hans Ulrich/Pfeiffer, K. Ludwig (1991/Hg.): Paradoxien, Dissonanzen, Zusammenbrüche. Situationen offener Epistemologie, Frankfurt a. M.

Günther, Gotthard (2000): Identität, Gegenidentität und Negativsprache, in: Joachim Paul (Hg.), www.vordenker.de, URL: http://www.vordenker.de/ggphilosophy/gunther_identitaet.pdf Aufruf 15.12.2021. Ursprünglich publiziert in: Hegeljahrbücher 1979, 22–88.

Günther, Gotthard (2005): Identität, Gegenidentität und Negativsprache, in: Joachim Paul (Hg.), www.vordenker.de, URL: https://www.vordenker.de/ggphilosophy/gg_problem-trans-klass-logik.pdf Aufruf 15.12.2021, Ursprünglich publiziert in: Sprache im technischen Zeitalter 15 (1965) 1287–1308.

Habringer-Hagleitner, Silvia (2018): Jesuanische Spiritualitätsbildung – Versuch einer christlich-theologischen Begründung von Spiritualitätsbildung, in: Caloun/Dies. (Hg.), a. a. O., 131–145.

Hackbarth-Johnson, Christian (2008): Henri Le Saux/Swami Abhishiktananda, in: Bernhardt, Reinhold/Schmidt-Leukel, Perry (Hg.): Multiple religiöse Identität. Aus verschiedenen Religionen schöpfen (Beiträge zu einer Theologie der Religionen 5), Zürich, 35–58.

Hafner, Johann Ev. (2010): Angelologie (Gegenwärtig Glauben Denken 9), Paderborn.

Halbfas, Hubertus (1982): Das dritte Auge. Religionsdidaktische Anstöße, Düsseldorf.

Halbfas, Hubertus (2012): Religiöse Sprachlehre. Theorie und Praxis, Düsseldorf.

Hattie, John/Zierer, Klaus (2016): Kenne deinen Einfluss! „Visible Learning" für die Unterrichtspraxis, Baltmannsweiler.

Hauser, Beatrix (2018): Artikel „Kulturanthropologische Religionsforschung/Religionsethnologie", in: Das Wissenschaftlich-Religionspädagogische Lexikon WiReLex. https://www.bibelwissenschaft.de/stichwort/200354/ Aufruf 15.12.2021.

Heger, Johannes (2017): Wissenschaftstheorie als Perspektivenfrage?! Eine kritische Diskussion wissenschaftstheoretischer Ansätze der Religionspädagogik (Religionspädagogik in pluraler Gesellschaft 22), Paderborn.

Heidegger, Martin (1970): Theologie und Phänomenologie (1927), Frankfurt a. M.

Heidegger, Martin (1978): Wissenschaft und Besinnung. In: Ders.: Vorträge und Aufsätze, Pfullingen, 4. Aufl., 45–70.

Heidemann, Astrid (2013): Religiöse Erfahrung als theologische Kategorie. Grenzgänge zwischen Zen und christlicher Theologie, Paderborn.

Heil, Stefan (2012): Abduktive Korrelation – Weiterentwicklung der Korrelationsdidaktik, in: Grümme/Lenhard/Pirner (Hg.), a. a. O., 55–67.

Heil, Stefan (2015): Artikel „Empire", in: Das Wissenschaftlich-Religionspädagogische Lexikon WiReLex. https://www.bibelwissenschaft.de/stichwort/100002/ Aufruf 15.12.2021.

Hellmann, Kai-Uwe (2012): Die Politik der Gesellschaft, in: Jahraus/Nassehi u. a. (Hg.), a. a. O., 241–146.

Hemel, Ulrich (1986): Religionspädagogik im Kontext von Theologie und Kirche, Düsseldorf.

Hemel, Ulrich (2012): Religionsunterricht, religiöse Kompetenz, kompetenzorientierte Lehrpläne. Oder: Die Chance zum Gestalten eines persönlichen Lebensentwurfs, in: Religionspädagogische Beiträge 67, 17–30.

Hemmerle, Klaus (1994): Religionsunterricht als Vermittlungsgeschehen. Überlegungen zum Korrelationsprinzip. Rede vor Religionslehrer*innen an Gymnasien des Bistums Aachen im September 1993, https://www.klaus-hemmerle.de/de/werk/der-religionsunterricht-als-vermittlungsgeschehen.html#/reader/0 Aufruf vom 15.12.2021.

Hennecke, Elisabeth (2012): Was lernen Kinder im Religionsunterricht? Eine fallbezogene und thematische Analyse kindlicher Rezeptionen von Religionsunterricht (Religionspädagogische Bildungsforschung 2), Bad Heilbrunn.

Herder Korrespondenz (2018/Hg.): Zukunft des jüdisch-christlichen Dialogs. Dossier, Freiburg i. Br.

Hieke, Thomas (2009): ‚Glaubt ihr nicht, so bleibt ihr nicht‘ (Jes 7,9). Zur Bedeutung des Glaubens im Alten Testament, in: Theologie und Glaube (99) 27–41.

Hilberath, Bernd Jochen/Kraml, Martina/Scharer, Matthias (2003/Hg.): Wahrheit in Beziehung. Der dreieine Gott als Quelle und Orientierung menschlicher Kommunikation (Kommunikative Theologie 4), Mainz.

Hilberath, Bernd Jochen/Scharer, Matthias (2012): Kommunikative Theologie. Grundlagen – Erfahrungen – Klärungen (Kommunikative Theologie 15), Ostfildern.

Hilger, Georg (2010): Symbollernen, in: Ders./Leimgruber/Ziebertz (Hg.), a. a. O., 355–364.

Hilger, Georg/Leimgruber, Stephan/Ziebertz, Hans-Georg (2010/Hg.): Religionsdidaktik. Ein Leitfaden für Studium, Ausbildung und Beruf (2001), München, 6. Aufl.

Höhn, Hans-Joachim (1990): Vernunft – Glaube – Politik, Reflexionsstufen einer Christlichen Sozialethik (Abhandlungen zur Sozialethik 30), Paderborn.

Höhn, Hans-Joachim (1996/Hg.): Krise der Immanenz. Religion an den Grenzen der Moderne, Frankfurt a. M.

Höhn, Hans-Joachim (2002): spüren. Die ästhetische Kraft der Sakramente, Würzburg.

Höhn, Hans-Joachim (2008): Der fremde Gott. Glaube in postsäkularer Kultur, Würzburg.

Höhn, Hans-Joachim (2020): Gottes Wort – Gottes Zeichen. Systematische Theologie, Würzburg.

Hölscher, Thomas (2009): Niklas Luhmanns Systemtheorie, in: Schönwälder-Kuntze/Wille/Ders., a. a. O., 257–272.

Homolka, Walter (2020): Der Jude Jesus – Eine Heimholung, Freiburg i. Br.

Hoping, Helmut (2018): Joseph Ratzinger / Benedikt XVI. über das Judentum. Anmerkungen aus aktuellem Anlass, in: Internationale Katholische Zeitschrift Communio 47, 618–631.

Horster, Detlef (2012): Ethik, in: Jahraus/Nassehi u. a. (Hg.), a. a. O., 336–340.

Horstmann, Simone (2019): Intermezzo VI: Irritationen, Leerstellen und Brüche im Text, in: Ballhorn/Dies. (Hg.), a. a. O., 189f.

Huizing, Klaas (2015): Ästhetische Theologie. Der erlesene Mensch (2000) – Der inszenierte Mensch (2002) – Der dramatisierte Mensch (2004), Gütersloh.

Huschke-Rein, Rolf (2003): Einführung in die systemische und konstruktivistische Pädagogik. Beratung – Systemanalyse –Selbstorganisation, Weinheim-Basel-Berlin, 2. Aufl.

Jahraus, Oliver (2012): Die Kunst der Gesellschaft (1995), in: Ders./Nassehi u. a. (Hg.), a. a. O., 236–241.

Jahraus, Oliver/Nassehi, Armin u. a. (2012/Hg.): Luhmann-Handbuch. Leben – Werk – Wirkung, Stuttgart.

Jahraus, Oliver/Ort, Nina (2000/Hg.): Beobachtungen des Unbeobachtbaren. Konzepte radikaler Theoriebildung in den Geisteswissenschaften, Weilerswist.

Jahraus, Oliver/Ort, Nina/Schmidt, Benjamin Marius (2000): Einleitung, in: Jahraus/Ort (Hg.), a. a. O., 14–18.

Janich, Peter (2003): Artikel „Konstruktivismus", in: Sandkühler, Hans Jörg (Hg.): Enzyklopädie Philosophie, Hamburg, 722–726.

Jonker, Evert (2014): Planung des Unverfügbaren – lernen Gott zu begegnen, in: Büttner/Mendl/Reis/Roose (Hg.), a. a. O., 85–100.

Juen, Maria (2013): Die ersten Minuten des Unterrichts. Skizzen einer Kairologie des Anfangs aus kommunikativ-theologischer Perspektive (Kommunikative Theologie 7), Wien/Berlin.

Juen, Maria/Prüller-Jagenteufel, Gunter/Rahner, Johanna/Sejdini, Zekirija (Hg.): Anders gemeinsam – gemeinsam anders? In Ambivalenzen lebendig kommunizieren (Kommunikative Theologie 18), Ostfildern.

Jüngel, Eberhard (1993): Tod (1971), Gütersloh, 5. Aufl.

Jürgens, Eiko/Standop, Jutta (Hg.): Was ist „guter" Unterricht? Bad Heilbrunn.

Kaehr, Rudolf (1999): Zur Logik der ‚Second Order Cybernetics'. Von den ‚Laws of Form' zur Logik der Reflexionsform, in: Joachim Paul (Hg.), www.vordenker.de, URL: http://www.vordenker.de/contribs.htm Aufruf 15.12.2021. Ursprünglich veröffentlicht in: Goldammer, Eberhard von (Hg.): Kybernetik und Systemtheorie – Wissenschaftsgebiete der Zukunft? Dresdener Symposium ´91. Fachbericht des Instituts für Kybernetik und Systemtheorie (ICS), Greven 1992.

Kant, Immanuel (1797): Über ein vermeintes Recht, aus Menschenliebe zu lügen, in: Akademie-Ausgabe VIII. Schriften nach 1781, 423–430.

Kant, Immanuel (1990): Kritik der reinen Vernunft (1784). Nach der ersten und zweiten Original-Ausgabe hg. v. Raymund Schmidt, Hamburg.

Kapriev, Georgi (1997): Räumlichkeit (Ort und Zeit) gemäß Anselm von Canterbury, in: Aertsen, Jan A./Speer, Andreas (Hg.): Raum und Raumvorstellungen im Mittelalter, Miscellanea mediaevalia 25, 229–248.

Karle, Isolde (2012): Rezeption Theologie, in: Jahraus/Nassehi u. a. (Hg.), a. a. O., 408–413.

Kauffman, Louis H. (2016): Das Prinzip der Unterscheidung. Über George Spencer-Brown, Laws of Form (1969), in: Baecker (Hg.), a. a. O., 263–279.

Kaupp, Angela/Leimgruber, Stephan/Scheidler, Monika (2011/Hg.): Handbuch Katechese. Für Studium und Beruf, Freiburg i. Br. 351–505.

Kehl, Medard/Sauter, Gerhard (2003): Himmel, Hölle, Fegefeuer, in: Meyer-Blanck, Michael/Fürst, Walter (Hg.): Typisch katholisch – typisch evangelisch. Ein Leitfaden für die Ökumene im Alltag, Rheinbach, 285–301.

Kelly, William (o. J.): Einführender Vortrag zum Titusbrief. https://www.bibelkommentare.de/kommentare/474/einfuehrender-vortrag-zum-titusbrief Aufruf 15.12.2021.

Khorchide, Mouhanad/Stosch, Klaus von (2018): Der andere Prophet. Jesus im Koran, Freiburg/Basel/Wien.

Kießling, Klaus (2009): Konstruktivistische Religionsdidaktik?, in: Transformationen. Pastoralpsychologische Werkstattberichte, Heft 12, 9, 30–82, 66f.

Kirchmeier, Christian (2012): Moral, in: Jahraus/Nassehi u. a. (Hg.), a. a. O., 105–107

Kirchmeier, Christian (2012a): Sinn, in: Jahraus/Nassehi u. a. (Hg.), a. a. O., 117–119.

Klein, Andreas (2003): „Die Wahrheit ist irgendwo da drinnen ...?" Zur theologischen Relevanz (radikal-)konstruktivistischer Ansätze unter besonderer Berücksichtigung neurobiologischer Fragestellungen, Neukirchen-Vluyn.

Klein, Andreas (2011): Konstruktivistische Diskurse und ihre philosophische und theologische Relevanz, in: Ders./Körtner (Hg.), a. a. O., 13–43.

Klein, Andreas/Körtner, Ulrich H. J. (2011/Hg.): Die Wirklichkeit als Interpretationskonstrukt? Herausforderungen konstruktivistischer Ansätze für die Theologie, Neukirchen-Vluyn.

Klein, Stephanie (2016): Artikel „Qualitative Sozialforschung in der Religionspädagogik", in: Das Wissenschaftlich-Religionspädagogische Lexikon WiReLex. https://www.bibelwissen schaft.de/stichwort/100118/ Aufruf 15.12.2021.

Klinck, Nathalie (2019): Euergetismus, online unter: https://emanualaltegeschichte.blogs.uni-hamburg.de/inschrift-fuer-plinius-d-j-in-como/ Aufruf vom 15.12.2021.

Knapp, Markus (2010): Tod, wo ist dein Sieg? Theologische Überlegungen zur Wirklichkeit des Todes, in: Göllner (Hg.), a. a. O., 77–97.

Knapp, Markus (2012): Das Wort Gottes, seine Überlieferung und Erkenntnis. Die Lehre von den loci theologici, in: Mette/Sellmann (Hg.), a. a. O., 33–51.

Knauth, Thorsten (2017): Dialogisches Lernen als zentrale Figur interreligiöser Kooperation?, in Lindner/Schambeck/Simojoki/Naurath (Hg.), a. a. O., 193–212.

Kneer, Georg/Nassehi, Armin (2000): Niklas Luhmanns Theorie sozialer Systeme. Eine Einführung (1993), Paderborn, 4. Aufl.

Knorr Cetina, Karin (2002): Die Fabrikation der Erkenntnis. Zur Anthropologie der Wissenschaft, Frankfurt a. M.

König, Klaus (2011): Neue Bücher zur Didaktik der Kirchengeschichte, in: Büttner/Mendl/Reis/Roose (Hg.), a. a. O., 195–197.

Körtner, Ulrich H. J. (2011): Einleitung. Zur Gesprächslage zwischen Theologie und Konstruktivismus, in: Klein, Andreas/Ders. (Hg.), a. a. O., 1–11.

Krawietz, Werner/Welker, Michael (1992/Hg.): Kritik der Theorie sozialer Systeme. Auseinandersetzung mit Luhmanns Hauptwerk, Frankfurt a. M.

Kristinová, Katarína (2018): Die verbotene Wirklichkeit. Untersuchungen zu der wirklichkeitskonstitutiven Relevanz des christlichen Offenbarungsbegriffs, Tübingen.

Kropač, Ulrich (2012): Religion und Rationalität. Eine ungewöhnliche Allianz im religionspädagogischen Legitimationsdiskurs, in: Kropač, Ulrich/Langenhorst, Georg (Hg.): Religionsunterricht und der Bildungsauftrag der öffentlichen Schulen. Begründung und Perspektiven des Schulfaches Religionslehre, Babenhausen, 66–83.

Kropač, Ulrich/Riegel, Ulrich (2021/Hg.): Handbuch Religionsdidaktik, Stuttgart.

Kunstmann, Joachim (2002): Religion und Bildung. Zur ästhetischen Signatur religiöser Bildungsprozesse, Gütersloh.

Kutzer, Mirja (2018): Mit anderen Augen. Vom Beitrag des Christentums zu religiöser Toleranz, in: Reese-Schnitker/Bertram/Franzmann (Hg.), a. a. O., 51–65.

Lachmann, Rainer (2006): Artikel „Lehr- und Lernbarkeit des Glaubens", in: Bitter, Gottfried/Englert, Rudolf/Miller, Gabriele/Nipkow, Karl Ernst (Hg.): Neues Handbuch Religionspädagogischer Grundbegriffe, München, 11. Aufl., 435–439.

Ladenthin, Volker (2014): Wozu religiöse Bildung heute? Sieben Versuche, an der Endlichkeit zu zweifeln, Würzburg

Lampe, Peter (1997): Wissenssoziologische Annäherung an das Neue Testament, in: New Testament Studies, 43, 347–366.

Lampe, Peter (2006): Die Wirklichkeit als Bild. Das Neue Testament als ein Grunddokument abendländischer Kultur im Lichte konstruktivistischer Epistemologie und Wissenssoziologie, Neukirchen/Vluyn.

Lampe, Peter (2010): Kognition, Emotion, Empirie und sozialer Kontext. Ein konstruktivistisches Vier-Komponenten-Modell als Steigbügel zum Verstehen der urchristlichen Rede von der „Auferstehung Jesu" in der Religionspädagogik, in: Büttner/Mendl/Reis/Roose (Hg.), a. a. O., 21–34.

Lang, Bernhard (1981): *Die Jahwe-allein-Bewegung*, in: Ders. (Hg.): Der einzige Gott. Die Geburt des biblischen. Monotheismus, München.

Lange, Günter (1999): Bild und Wort. Die katechetischen Funktionen des Bildes in der griechischen Theologie des sechsten bis neunten Jahrhunderts (1969), Paderborn.

Langenhorst, Georg (2011): Literarische Texte im Religionsunterricht. Ein Handbuch für die Praxis, Freiburg/Basel/Wien.

Langenhorst, Georg; Willebrand, Eva (2017/Hg.): Literatur auf Gottes Spuren. Religiöses Lernen mit Texten des 21. Jahrhunderts, Ostfildern.

Latour, Bruno (2011): Jubilieren. Über religiöse Rede (2002). Aus dem Französischen von Achim Russer, Frankfurt.

Lau, Felix (2015): Die Form der Paradoxie. Eine Einführung in die Mathematik und Philosophie der „Laws of Form" von George Spencer Brown (2005). Mit einem Vorwort von Peter Fuchs, Heidelberg, 5. Aufl.

Lehnen, Julia (2006): Interaktionale Bibelauslegung im Religionsunterricht, Stuttgart.

Leonhard, Silke/Klie, Thomas (2012): Performatives Lernen und Lehren von Religion, in: Grümme/Lenhard/Pirner (Hg.), a. a. O., 90–104.

Leutzsch, Martin (2013): Vermögen und Vertrauen, Dämonie und Exorzismus (Die Erzählung vom besessenen Jungen) Mk 9,14–29, in: Zimmermann (Hg.), a. a. O., 350–358.

Limberger, Veronika (2015): Eriugenas Hypertheologie (Quellen und Studien zur Philosophie 125), Berlin/Boston.

Lindemann, Holger (2006): Konstruktivismus und Pädagogik. Grundlagen, Modelle, Wege zur Praxis, München.

Lindner, Heike (2014): Musik für den Religionsunterricht. Praxis- und kompetenzorientierte Entfaltungen, Göttingen.

Lindner, Konstantin (2007): In Kirchengeschichte verstrickt. Zur Bedeutung biographischer Zugänge für die Thematisierung kirchengeschichtlicher Inhalte im Religionsunterricht (Arbeiten zur Religionspädagogik 31), Göttingen.

Lindner, Konstantin (2011): Kirchengeschichte im Religionsunterricht re-konstruieren. Perspektiven einer konstruktivistischen Kirchengeschichtsdidaktik am Beispiel „Oral History" als Zugang zum Vaticanum II, in: Büttner/Mendl/Reis/Roose (Hg.), a. a. O., 85–98.

Lindner, Konstantin (2011a): Kirchengeschichtsdidaktik konstruktivistisch konkretisieren: dem Vaticanum II mit Zeitzeugen auf der Spur, in: Büttner/Mendl/ Reis/Roose (Hg.), a. a. O., 156–175.

Lindner, Konstantin (2013): Kirchengeschichte biographisch erschließen, in: Ders./Riegel/ Hoffmann (Hg.), a. a. O., 227–234.

Lindner, Konstantin (2016): Biografische Zugänge zur Kirchengeschichte. Religionsdidaktische Auslotungen, in: Bork/Gärtner (Hg.), a. a. O., 204–219.

Lindner, Konstantin (2017): Überlegungen zur Didaktik eines konfessionell-kooperativen Religionsunterrichts, in: Woppowa/Isik/Kammeyer/Peters (Hg.), a. a. O., 79–90.

Lindner, Konstantin/Riegel, Ulrich/Hoffmann, Andreas (2013/Hg.): Alltagsgeschichte im Religionsunterricht. Kirchengeschichtliche Studien und religionsdidaktische Perspektiven, Stuttgart.

Lindner, Konstantin/Schambeck, Mirjam/Simojoki, Henrik/Naurath, Elisabeth (2017/Hg.): Zukunftsfähiger Religionsunterricht. Konfessionell – kooperativ – kontextuell, Freiburg/Basel/Wien.

López-Baralt, Luce (1994): Teleskop in dunkler Nacht. Nachwort, in: Cardenal 1994, 61–75.

Luhmann, Niklas (1969): Komplexität und Demokratie, in: Politische Vierteljahresschrift, 10, 314–325.

Luhmann, Niklas (1970): Soziologische Aufklärung. Aufsätze zur Theorie sozialer Systeme. Band 1, Opladen.

Luhmann, Niklas (1977): Funktion der Religion, Frankfurt a. M.

Luhmann, Niklas (1984): Soziale Systeme. Grundriß einer allgemeinen Theorie, Frankfurt a. M.

Luhmann, Niklas (1987): Soziologische Aufklärung 4. Beiträge zur funktionalen Differenzierung der Gesellschaft, Opladen

Luhmann, Niklas (1987a): Archimedes und wir. Interviews, hg. v. Dirk Baecker und Georg Stanitzek, Berlin.

Luhmann, Niklas (1988): Ökologische Kommunikation. Kann die moderne Gesellschaft sich auf ökologische Gefährdungen einstellen?, Opladen, 2. Aufl.

Luhmann, Niklas (1989): Gesellschaftsstruktur und Semantik. Studien zur Wissenssoziologie der modernen Gesellschaft, Frankfurt a. M.

Luhmann, Niklas (1990): Die Wissenschaft der Gesellschaft, Frankfurt a. M.

Luhmann, Niklas (1990a): Soziologische Aufklärung 5. Konstruktivistische Perspektiven, Opladen.

Luhmann, Niklas (1991): Sthenographie und Euryalistik, in: Gumbrecht/Pfeiffer (Hg.), a. a. O., 58–82.

Luhmann, Niklas (1992): Beobachtungen der Moderne, Opladen.

Luhmann, Niklas (1993): Die Paradoxie der Form, in: Baecker (1993/Hg.), a. a. O., 197–212.

Luhmann, Niklas (1993b): Das Recht der Gesellschaft, Frankfurt a. M.

Luhmann, Niklas (1993a): Zeichen als Form, in: Baecker (Hg.) Probleme, a. a. O., 45–69.

Luhmann, Niklas (1994): Die Wirtschaft der Gesellschaft (1988), Frankfurt a. M.

Luhmann, Niklas (1995): Dekonstruktion als Beobachtung zweiter Ordnung, in: de Berg/Prangel (Hg.), a. a. O., 9–35.

Luhmann, Niklas (1995a): Die Kunst der Gesellschaft, Frankfurt a. M.

Luhmann, Niklas (1997): Die Gesellschaft der Gesellschaft (2 Bände), Frankfurt a. M.

Luhmann, Niklas (1997a): Selbstreferentielle Systeme, in: Simon (Hg.), a. a. O., 69–77.

Luhmann, Niklas (1998): Religion als Kommunikation, in: Tyrell, Hartmann/Krech, Volkhard/Knoblauch, Hubert (Hg.): Religion als Kommunikation, Würzburg, 135–145.

Luhmann, Niklas (2000): Die Religion der Gesellschaft, hg. von André Kieserling, Frankfurt a. M.

Luhmann, Niklas (2000a): Die Rückgabe des zwölften Kamels: Zum Sinn einer soziologischen Analyse des Rechts, in: Teubner (Hg.), a. a. O., 3–60.

Luhmann, Niklas (2000b): Das Medium der Religion. Eine soziologische Betrachtung über Gott und die Seelen, in: Soziale Systeme 6, 39–53.

Luhmann, Niklas (2003): Sthenographie (1990), in: Ders./Maturana, Umberto/Namiki, Mikio/Redder, Volker/Varela, Francisco: Beobachter. Konvergenz der Erkenntnistheorien? München, 3. Aufl.

Luhmann, Niklas/Fuchs, Peter (1989): Reden und Schweigen, Frankfurt a. M.

Luther, Henning (1992): Religion und Alltag. Bausteine zu einer Praktischen Theologie des Subjekts, Stuttgart.

Lutz, Bernd (2015): Artikel „Sakramentenkatechese/-pastoral", in: Das Wissenschaftlich-Religionspädagogische Lexikon WiReLex. https://www.bibelwissenschaft.de/stichwort/100 105/ Aufruf 15.12.2021.

Maturana, Humberto (2000): Biologie der Realität, Frankfurt a. M.

Maturana, Humberto/Pörksen, Bernhard (2014): Vom Sein zum Tun. Die Ursprünge der Biologie des Erkennens (2002), Heidelberg, 3. Aufl.

Maturana, Humberto/Varela, Francisco J. (2009): Der Baum der Erkenntnis. Die biologischen Wurzeln menschlicher Erkenntnis (1987), Frankfurt a. M., 2. Aufl.

Meier, Johannes (2018): Bis an die Ränder der Welt. Wege des Katholizismus im Zeitalter der Reformation und des Barock, Münster.

Mendl, Hans (2000): Religion Lernen als Konstruktionsprozess. Schülerinnen und Schüler begegnen der Bibel, in: Porzelt, Burkhard/Güth, Ralph (Hg.): Empirische Religionspädagogik. Grundlagen – Zugänge – Aktuelle Projekte, Münster, 139–152.

Mendl, Hans (2005/Hg.): Konstruktivistische Religionspädagogik. Ein Arbeitsbuch, Münster.

Mendl, Hans (2013): Konstruktivismus. Eine tragfähige Theorie für eine zukunftsfähige Religionspädagogik!, in: Religionspädagogische Beiträge 69, 17–23, 18.

Mendl, Hans (2015): Modelle – Vorbilder – Leitfiguren. Lernen an außergewöhnlichen Biografien (Religionspädagogik innovativ 8), Stuttgart.

Mendl, Hans (2016): Religion zeigen – Religion erleben – Religion verstehen. Ein Arbeitsbuch zum performativen Religionsunterricht (Religionsdidaktik innovativ 16), Stuttgart.

Mendl, Hans (2016/Hg.): Religion zeigen – Religion erleben – Religion verstehen. Ein Studienbuch zum Performativen Religionsunterricht, Religion innovativ 16, Stuttgart.

Mendl, Hans (2018): Religionsdidaktik kompakt. Für Studium, Prüfung und Beruf, überarbeitete 6. Aufl., München.

Mendl, Hans (2019): Artikel „performativer Religionsunterricht, katholisch", in: Das Wissenschaftlich-Religionspädagogische Lexikon WiReLex. https://www.bibelwissenschaft.de/stichwort/200631/ Aufruf 15.12.2021.

Mendl, Hans/Roose, Hanna/Büttner, Gerhard/Reis, Oliver (2019): 10 Jahre Konstruktivismus – eine Entwicklungsgeschichte, in: Büttner/Mendl/Reis/Roose (Hg.), a. a. O., 213–223.

Menke, Christoph (2008): Subjektive Rechte: Zur Paradoxie der Form, in: Teubner (Hg.), a. a. O., 81–108.

Mette, Norbert (2006): Religionsunterricht am Ort der Schule, in: Praktisch-theologische Erkundungen 2, Münster.

Mette, Norbert/Könemann, Judith (2013/Hg.): Bildung und Gerechtigkeit?! Warum religiöse Bildung politisch sein muss (Bildung und Pastoral 2), Mainz.

Mette, Norbert/Sellmann, Matthias (2012/Hg.): Religionsunterricht als Ort der Theologie, (Quaestiones Disputatae 247), Freiburg i. Br. u. a.

Meyer-Blanck, Michael (2002): Vom Symbol zum Zeichen. Symboldidaktik und Semiotik (1995), Rheinbach, 2. Aufl.

Meyer-Blanck, Michael (2003): Peter Biehl und das Symbol, in: Ders.: Kleine Geschichte der evangelischen Religionspädagogik. Dargestellt anhand ihrer Klassiker, Gütersloh, 249–272.

Meyer-Blanck, Michael (2019): Praktische Theologie – mit Empirie und über die Empirie hinaus, in: Praktische Theologie 54, 5–11.

Meyer-Blanck, Michael (2020): Praktische Theologie und Religionspädagogik als theologische Wisenschaften am Ort der Universität, in: Schlag/Schröder (Hg.), a. a. O., 475–489.

Meyer zu Hörste-Bührer, Raphaela (2017): „Wir haben diesen Satz in irdenen Gefässen" Erkenntnistheoretische Überlegungen zur reformierten Bekenntnishermeneutik vor dem Hintergrund von Realismus und Konstruktivismus, in: Bienert, Maren/Hofheinz, Marco/Jochum-Bortfeld, Carsten (Hg.): Neuere reformierte Bekenntnisse im Fokus. Studien zu ihrer Entstehung und Geltung, Zürich, 71–89.

Miles, Jack (2019): Gott im Koran, München.

Mosell, Robert (2016): Systemische Pädagogik. Ein Leitfaden für Praktiker, Weinheim.

Müller, Andreas (2017): Kirchenbau als Symbol. Zur Grundlegung der Religions- und Liturgiedidaktik des christlichen Kirchenraums (Theologische Reihe 105), St. Ottilien.

Müller, Peter (2009): Schlüssel zur Bibel, Stuttgart.

Nassehi, Armin (2012): Zeit, in: Jahraus/Nassehi u. a. (Hg.), a. a. O., 127f.

Naurath, Elisabeth/Blasberg-Kuhnke, Martina u. a. (2013/Hg.): Wie sich Werte bilden. Fachübergreifende und fachspezifische Werte-Bildung, Göttingen.

Nessl, Eva (2018): Musik und Gesang im Religionsunterricht als Beitrag zur Spiritualitätsbildung, in: Caloun/Habringer-Hagleitner (Hg.), a. a. O., 213–219.

Nhat Han, Thich (1996): Buddha und Christus heute. Eine Wahrheit – zwei Wege, München.

Nicklas, Tobias (2001), Formkritik und Leserrezeption. Ein Beitrag zur Methodendiskussion am Beispiel Mk 9,14–29, in: Biblica 82, 496–514.

Nie, Youyan/Lau, Shun (2010): Differential relations of constructivist and didactic instruction to students' cognition, motivation, and achievement, in: Learning and Instruction 20, 411–423.

Nüse, Ralf/Groeben, Norbert/Freitag, Burkhard/Schreier, Margit (1991): Über die Erfindung/en des Radikalen Konstruktivismus. Kritische Gegenargumente aus psychologischer Sicht, Weinheim.

Oberthür, Rainer (1998): Kinder fragen nach Leid und Gott. Lernen mit der Bibel im Religionsunterricht, München (unter Mitarbeit von A. Mayer).

Oberthür, Rainer (2000): Die Seele ist eine Sonne. Was Kinder über Gott und Welt wissen, München, 2. Aufl.

Oberthür, Rainer (2001): Kinder und die großen Fragen. Ein Praxisbuch für den Religionsunterricht (1995), München, 4. Aufl.

Oelkers, Jürgen (1991): Erziehung als Paradoxie der Moderne. Aufsätze zur Kulturpädagogik, Weinheim.

Oelkers, Jürgen (1994), Die Frage nach Gott. Über die natürliche Religion von Kindern, in: Merz, Vreni (Hg.): Alter Gott für neue Kinder? Das traditionelle Gottesbild und die nachwachsende Generation, Fribourg, 13–22.

Pallesen, Carsten (2006): Der Weltbezug der Religion, in: Thomas/Schüle (Hg.), a. a. O., 51–64.

Pemsel-Maier, Sabine (2018): Komparative Theologie als theoretische Fundierung interreligiösen Lernens. Wissenschaftstheoretische und religionstheologische Klärungen, in: Riedl, Hermann-Josef/Ourghi, Abdel-Hakim (Hg.): Interreligiöse Annäherungen, Frankfurt a. M. 2018, 229–250.

Pemsel-Maier, Sabine/Schambeck, Mirjam (2015/Hg.): Keine Angst vor Inhalten! Systematisch-theologische Themen religionsdidaktisch erschließen, Freiburg i. Br.

Petersson, Scott (1993): Indianische Prophezeiungen, München.

Pirker, Viera (2009): Konstruktivistische Didaktik erleben und anwenden, in: Transformationen. Pastoralpsychologische Werkstattberichte, Heft 12, 9, 83–118.

Pirker, Viera (2013): Fluide und fragil. Identität als Grundoption zeitsensibler Pastoralpsychologie (Zeitzeichen 31), Ostfildern.

Pirner, Manfred (2012): Was ist ein guter Lehrer / eine gute Lehrerin? Ergebnisse der Lehrerprofessionsforschung; in: Burrichter, Rita u. a. (Hg.): Religion professionell unterrichten. Ein Arbeitsbuch. Religionspädagogik innovativ 2, Stuttgart 2012, 13–32.

Pirner, Manfred (2012a): About this book, in: Grümme/Lenhard/Ders. (Hg.), a. a. O., 259.

Pirner, Manfred L. (1999): Musik und Religion in der Schule. Historisch-systematische Studien in religions- und musikpädagogischer Perspektive (Arbeiten zur Religionspädagogik 16), Göttingen.

Platzbecker, Paul (2012): Religiöse Bildung als Freiheitsgeschehen. Konturen einer religionspädagogischen Grundlagentheorie (Praktische Theologie heute 124), Stuttgart.

Plumpe, Gerhard/Werber, Niels: Différance, Differenz, Literatur. Systemtheoretische und dekonstruktivistische Lektüren, in: de Berg/Prangel (Hg.), a. a. O., 91–112.

Polak, Regina (2018): Interreligiöser Dialog im Kontext einer Migrationsgesellschaft, in: Reese-Schnittker/Bertram/Franzmann (Hg.), a. a. O., 15–38.

Pollack, Detlef (2001): Probleme der funktionalen Religionstheorie Niklas Luhmanns, in: Soziale Systeme 7, 5–22.

Poplutz, Uta (2013): Dämonen – Besessenheit – Austreibungsrituale, in: Zimmermann (Hg.), a. a. O., 94–107.

Popper, Karl (1935): Logik der Forschung (Schriften zur wissenschaftlichen Weltanschauung 9), Wien.

Porzelt, Burkard (1999): Jugendliche Intensiverfahrungen. Qualitativ-empirischer Zugang und religionspädagogische Relevanz, Graz.

Porzelt, Burkard (2012): Grundlinien biblischer Didaktik, Bad Heilbrunn.

Pröpper, Thomas (1988): Erlösungsglaube und Freiheitsgeschichte. Eine Skizze zur Soteriologie, München, 2. erw. Aufl.

Pröpper, Thomas (2011): Theologische Anthropologie Bd. II, Freiburg i Br.

Prügger, Walter (2014): Die Ungewissheit lieben lernen, in: Büttner/Mendl/Reis/Roose (Hg.), a. a. O., 101–112.

Raden, Matthias J. (1985): Die chiffrierte Einheit einer expansiven Welt: Die heimliche ‚religiöse Funktion‘ der Weltgesellschaft in der funktionalen Systemtheorie Luhmanns, in: Welker (Hg.), a. a. O., 38–56.

Rahner, Karl (1976): Grundkurs des Glaubens, Freiburg i. Br.

Rahner, Karl (2006): Frömmigkeit früher und heute (Vortrag von 1966), in: ders., Sämtliche Werke 23: Glaube im Alltag. Schriften zur Spiritualität und zum christlichen Glaubensvollzug. Bearbeitet von Albert Raffelt, Freiburg/Basel/Wien, 31–46.

Rahner, Karl (2010): Zur Theologie und Spiritualität der Pfarrseelsorge (Vortrag von 1976), in: ders., Sämtliche Werke 28: Christentum in Gesellschaft. Schriften zur Pastoral, zur Jugend und zur christlichen Weltgestaltung. Bearbeitet von Andreas R. Batlogg und Walter Schmolly, Freiburg/Basel/Wien, 28–47.

Ratzinger, Joseph (2018): Gnade und Berufung ohne Reue. Anmerkungen zum Traktat „De Judaeis", in: Internationale Katholische Zeitschrift Communio 47, 387–406.

Reese-Schnitker, Annegret (2010): „Nun sag, wie hast du's mit der Leistung?" Leistungsverständnis und Leistungsorientierung im Religionsunterricht, in: Religionspädagogische Beiträge 64, 31–50.

Reese-Schnitker, Annegret/Bertram, Daniel/Franzmann, Marcel (2018/Hg.): Migration, Flucht und Vertreibung. Theologische Analyse und religionsunterrichtliche Praxis (Religions-pädagogik innovativ 23), Stuttgart.

Reich, Kersten (2002): Systemisch-konstruktivistische Didaktik. Eine allgemeine Zielbestim-mung, in: Voß (Hg.), a. a. O., 70–91, Zitat: 83–87.

Reich, Kersten (2007): Interaktionistischer Konstruktivismus. Texte zur Einführung, http://konstruktivismus.uni-koeln.de/texte/einfuehrung/einf_1.html, Aufruf 15.12.2021.

Reich, Kersten (2009): Die Ordnung der Blicke. Perspektiven des interaktionistischen Konstruk-tivismus. Band 1: Beobachtung und die Unschärfen der Erkenntnis, 2. völlig überarbeitete Aufl. online: http://www.uni-koeln.de/hf/konstrukt/reich_works/buecher/ordnung/band1/reich_ordnung_band_1.pdf, Aufruf 15.12.2021.

Reich, Kersten (2009a): Die Ordnung der Blicke. Perspektiven des interaktionistischen Kon-struktivismus. Band 2: Beziehungen und Lebenswelt, 2. völlig überarbeitete Aufl. online: http://www.uni-koeln.de/hf/konstrukt/reich_works/buecher/ordnung/band2/PDF/reich_ordnung_band_2_komplett.pdf, Aufruf 15.12.2021.

Reich, Kersten (2010): Systemisch-konstruktivistische Pädagogik. Einführung in Grundlagen einer interaktionistisch-konstruktivistischen Pädagogik (1996), Weinheim, 6. Aufl.

Reich, Kersten (2012): Konstruktivistische Didaktik. Das Lehr- und Studienbuch mit Online-Methodenpool, Weinheim, 5. Aufl.

Reis, Oliver (2003): Nachhaltigkeit – Ethik – Theologie. Eine theologische Beobachtung der Nachhaltigkeitsdebatte (Forum Religion & Sozialkultur, Abteilung B, Profile und Projekte 18), Münster.

Reis, Oliver (2009): Wie kommt die Rede von der Auferstehung in den Lernprozess? Das Ver-stehen von Auferstehung und seine Bedeutung für schulische Lernprozesse, in: Religions-pädagogische Beiträge (63), 39–56.

Reis, Oliver (2011): Didaktik eines Systematisch-theologischen Themas: Anthropologie für das Berufskolleg, in: Bruckmann, Florian/Reis, Oliver/Scheidler, Monika (Hg.): Kompetenz-orientierte Lehre in der Theologie. Konkretionen – Reflexionen – Perspektiven (Theologie und Hochschuldidaktik 3), Berlin, 167–196.

Reis, Oliver (2012): Gott denken. Eine mehrperspektivische Gotteslehre (Studienbücher zur Lehrerbildung – Theologie 1), Berlin.

Reis, Oliver (2012a): Didaktik und Theologie in ihrer konstruktiven Wechselwirkung, in: Mette/Sellmann (Hg.) aaO. 284–297.

Reis, Oliver (2014): Systematische Theologie für eine kompetenzorientierte Religionsleh-rer/innenbildung. Ein Lehrmodell und seine kompetenzdiagnostische Auswertung im Rahmen der Studienreform (Theologie und Hochschuldidaktik 4), Münster.

Reis, Oliver (2014a): „Ich denke, dass Gott die Welt gemacht hat, oder was sonst?" – Reli-gionslehrende und ihre Konzepte von „Schöpfung", in: Dieterich, Veit-Jakobus/Büttner, Gerhard (Hg.): „Weißt du wieviel Sternlein stehen?" Eine Kosmologie (nicht nur) für Re-ligionslehrer/innen, Kassel, 152–168.

Reis, Oliver (2015): „Sakramente gehören in die Oberstufe!" – Zum schwierigen Stand der Sakramente in der Religionsdidaktik, in: Pemsel-Maier/Schambeck (Hg.), a. a. O., 331–349.

Reis, Oliver (2016): Was kann eine konstruktivistische Religionsdidaktik von der Narratologie lernen?, in: Büttner/Mendl/Ders./Roose (Hg.), a. a. O., 175–180.

Reis, Oliver (2018): Der Übergang Schule-Hochschule aus hochschuldidaktischer Sicht. Der For-schungsstand zur Studieneingangsphase, in: Brieden/Ders (Hg.), a. a. O., 139–157.

Reis, Oliver/Ruster, Thomas (2012): Die Bibel als „eigenwilliges und lebendiges" Kommunikationssystem, in: Evangelische Theologie 72, 275–290.

Reis, Oliver/Ruster, Thomas (2014): Die Bibel als Akteur. Kanon, Inspiration und Wahrheit der Heiligen Schrift in systemtheoretischer Perspektive, in: Lehmann, Karl/Rothenbusch, Ralf (Hg.): Gottes Wort in Menschenwort. Die eine Bibel als Fundament der Theologie (Quastiones Disputatae 266), Freiburg/Basel/Wien, 51–78.

Reis, Oliver/Schwarzkopf, Theresa Schwarzkopf (2015/Hg.): Diagnose im Religionsunterricht. Konzeptionelle Grundlagen und Praxiserprobungen (Studienbücher zur Lehrerbildung – Theologie 3), Münster.

Reiß, Annike (2015): „Man soll etwas glauben, was man nie gesehen hat". Theologische Gespräche mit Jugendlichen zur Wunderthematik (Beiträge zur Kinder- und Jugendtheologie 33), Kassel.

Reiß, Annike/Freudenberger-Lötz, Petra (2012): Didaktik des Theologisierens mit Kindern und Jugendlichen, in: Grümme/Lenhard/Pirner (Hg.), a. a. O., 133–145.

Renoldner, Severin (2018): Spiritualität im gesellschaftlichen Mitfühlen und Tun, in: Caloun/Habringer-Hagleitner (Hg.), a. a. O., 147–159.

Riegel, Ulrich (2018): Artikel „Sozialisation, religiöse", in: Das Wissenschaftliche-Religionspädagogisches Lexikon WiReLex. https://www.bibelwissenschaft.de/stichwort/200373/ Aufruf 15.12.2021.

Riegel, Ulrich (2018): Wie in Zukunft Religion unterrichten? Zum Konfessionsbezug des Religionsunterrichts von (über)morgen, Stuttgart.

Riegel, Ulrich/Gennerich, Carsten (2015): Artikel „Forschungsmethoden, religionspädagogische", in: Das Wissenschaftlich-Religionspädagogische Lexikon WiReLex. https://www.bibelwissenschaft.de/stichwort/100003/ Aufruf 15.12.2021.

Riegel, Ulrich/Rothgangel, Martin (2021): Formate religionsdidaktischer Forschung, in: Kropač/Riegel (Hg.), a. a. O., 537–546.

Riegger, Manfred (2017): Vielfalt und Verschiedenheiten. Hermeneutische Blicke auf Pluralität, in: Büttner/Mendl/Reis/Roose (Hg.), a. a. O., 24–41.

Roeger, Carsten (2015): Mystagogische Schulpastoral, in: Kaupp, Angela/Bußmann, Gabriele/Lob, Brigitte/Thalheimer, Beate (Hg.): Handbuch Schulpastoral. Für Studium und Praxis, Freiburg i. Br., 181–190.

Roose, Hanna (2015): Die Heilsbedeutung des Kreuzes. Ein schwieriges Thema in systemtheoretischer Perspektive, in: Büttner/Mendl/Roose/Reis (Hg.), a. a. O., 51–65.

Roose, Hanna (2016): Wundererzählungen und Gleichnisse im Geflecht von Faktualität und Fiktionalität. Narratologische, theologische und didaktische Perspektiven, in: Büttner/Mendl/Reis/Dies. (Hg.), a. a. O., 62–72.

Roose, Hanna (2020): Biblische Welten und historische Methode – am Beispiel der Figur Jesu, in: Brieden/Mendl/Reis/Dies. (Hg.): Biblische Welten (Jahrbuch für konstruktivistische Religionsdidaktik 11), Babenhausen, 11–20.

Roose, Hanna (2021): Konstruktivistische Religionsdidaktik, in: Kropač/Riegel (Hg.), a. a. O., 246–252.

Roose, Hanna/Büttner, Gerhard/Schlag, Thomas (2018/Hg.): „Was ist für dich der Sinn?" Kommunikation des Evangeliums mit Kindern und Jugendlichen (Jahrbuch für Kinder- und Jugendtheologie 1), Stuttgart.

Roose, Hanna/Büttner, Gerhard/Schlag, Thomas (2018a/Hg.): „Es ist schwer einzuschätzen, wo man steht". Jugend und Bibel (Jahrbuch für Kinder- und Jugendtheologie 2), Stuttgart.

Roose, Hanna/Schwarz, Elisabeth (2016/Hg.): „Da muss ich dann auch alles machen, was er sagt" – Kindertheologie im Unterricht (Jahrbuch für Kindertheologie 15), Stuttgart 2016.

Rosenzweig, Franz (1976): Der Mensch und sein Werk. Gesammelte Schriften II: Der Stern der Erlösung (4. Aufl., erste Auflage 1921), mit einer Einführung von Reinhold Mayer, Haag.

Rosenzweig, Franz (1984): Das neue Denken. Einige nachträgliche Bemerkungen zum „Stern der Erlösung" (1925), in: Ders., Der Mensch und sein Werk. Gesammelte Schriften III: Zweistromland. Kleinere Schriften zu Glauben und Denken, hg. v. Reinhold und Annemarie Mayer, Dordrecht, 139–161.

Rothgangel, Martin (2014): Kompetenzorientierter Religionsunterricht: theoretische Potentiale – empirische Desiderate – problematische Implementierung, in: Zeitschrift für Pädagogik und Theologie 66, 311–319.

Rückert, Friedrich (o. J.): Koranübersetzung, in: Homepage des Vereins Alrahman – mit Vernunft und Hingabe. https://www.alrahman.de/surenuebersetzungen-von-rueckert/ Aufruf 15.12.2021.

Rumpf, Horst (1986): Mit fremdem Blick. Stücke gegen die Verbiederung der Welt, Weinheim/Basel.

Rusch, Gebhard (1987): Erkenntnis, Wissenschaft, Geschichte. Von einem konstruktivistischen Standpunkt, Frankfurt a. M.

Ruster, Thomas (2001): Distanzierte Beobachtung. Niklas Luhmanns ‚Religion der Gesellschaft', in: Herder Korrespondenz H. 1, 55, 90–96.

Ruster, Thomas (2005): Von Menschen, Mächten und Gewalten. Eine Himmelslehre, Mainz.

Ruster, Thomas (2012): Beobachten lernen, wie Religion die Welt beobachtet. Warum Religionslehrer/innen eine theologische Ausbildung brauchen, in: Mette/Sellmann (Hg.), a. a. O., 243–261.

Sainsbury, R. Mark (2010): Paradoxien. Aus dem Englischen übersetzt von Vincent C. Müller und Volker Ellerberck, Stuttgart, 4. Aufl.

Sajak, Clauß Peter (2018): Interreligiöses Lernen, Darmstadt.

Sale, George (1877): The Koran or Alcoran of Mohammed. With Explanatory Notes ... (1734), London.

Salmann, Elmar (2010): Geistesgegenwart. Figuren und Formen des Lebens, St. Ottilien.

Schäfer, Hilmar (2013): Die Instabilität der Praxis. Reproduktion und Transformation des Sozialen in der Praxistheorie, Weilerswist.

Schambeck, Mirjam (2006): Mystagogisches Lernen. Zu einer Perspektive religiöser Bildung (Studien zur Theologie und Praxis der Seelsorge 62), Würzburg.

Schambeck, Mirjam (2009): Bibeltheologische Didaktik. Biblisches Lernen im Religionsunterricht, Göttingen.

Schambeck, Mirjam (2010): Mystagogisches Lernen, in: Hilger/Leimgruber/Ziebertz (Hg.), a. a. O., 400–415

Schambeck, Mirjam (2012): Was das Theologisieren mit Kindern über das Geschäft der (Praktischen) Theologie und das Verständnis des Religionsunterrichts verrät. Bausteine einer Wissenschaftstheorie, in: Mette/Sellmann (Hg.), a. a. O., 265–283.

Schambeck, Mirjam (2017): Biblische Facetten. 20 Schlüsseltexte für Bibel und Gemeinde, Mainz.

Schambeck, Mirjam/Pemsel-Maier, Sabine (2017/Hg.): Welche Werte braucht die Welt? Wertebildung in christlicher und muslimischer Perspektive, Freiburg i. Br.

Schambeck, Mirjam/Schröder, Bernd (2017): Auf dem Weg zu einer Didaktik konfessionell-kooperativer Lernprozesse, in: Lindner/Schambeck/Simojoki/Naurath u. a. (Hg.), a. a. O., 343–363.

Schambeck, Mirjam/Simojoki, Henrik/Stogiannidis, Athanasios (2019/Hg.): Auf dem Weg zu einer ökumenischen Religionsdidaktik. Grundlegungen im europäischen Kontext, Freiburg i. Br.

Scharer, Matthias (2015): Learning (in/through) Religion in the Presence oft he Other. Accident and/or Text Case in Public Education?, in: Juen/Prüller-Jagenteufel/Rahner/Sejdini (Hg.), a. a. O., 223–238.

Scheible, Annette (2014): Die Rezeption der Erkenntnistheorie Jean Piagets im Radikalen Konstruktivismus nach Ernst von Glasersfeld, in: Weinhardt, Birgitta A./Weinhardt, Joachim (Hg.): Naturwissenschaften und Theologie II. Wirklichkeit: Phänomene, Konstruktionen, Transzendenzen, Stuttgart, 34–57.

Scheible, Annette (2015): Der Radikale Konstruktivismus. Die Entstehung einer Denkströmung und ihre Anschlussfähigkeit an die Religionspädagogik (Religionsdidaktik konkret 7), Münster.

Schimmel, Alexander (2011): Einstellungen gegenüber Glauben als Thema des Religionsunterrichts. Didaktische Überlegungen und Anregungen für die gymnasiale Oberstufe (Zeitzeichen 28), Ostfildern.

Schimmel, Alexander (2015): Artikel „Glaube", in: Das Wissenschaftlich-Religionspädagogische Lexikon WiReLex. https://www.bibelwissenschaft.de/stichwort/100062/ Aufruf 15.12.2021.

Schmid, Hans (2010): Frontalunterricht: Besser als sein Ruf!, in: Katechetische Blätter 135, 354–359.

Schmidt, Benjamin Marius (2000): Beobachtungswelt, Unbeobachtbarkeit und radikal deviantes Erleben. Vom Unterschied zwischen metaphysischem und konstruktivistischem Verdacht, in: Jahraus/Ort (Hg.), a. a. O., 75–89.

Schmidt, Siegfried J. (1987/Hg.): Der Diskurs des Radikalen Konstruktivismus, Frankfurt a. M.

Schmidt, Siegfried J. (2003): Geschichten & Diskurse. Abschied vom Konstruktivismus, Hamburg.

Schneider, Wolfgang Ludwig (2015): Zur Relevanz der Figur des Parasiten für die Theorie Sozialer Systeme. http://publikationen.soziologie.de/index.php/kongressband_2014/article/view/94 Aufruf 15.12.2021.

Schlag, Thomas/Schröder, Bernd (2020/Hg.): Praktische Theologie und Religionspädagogik. Systematische, empirische und thematische Verhältnisbestimmungen (Veröffentlichungen der Wissenschaftlichen Gesellschaft für Theologie 60), Leipzig 2020.

Schlag, Thomas/Suhner, Jasmine (2017/Hg.): Theologie als Herausforderung religiöser Bildung. Bildungstheoretische Orientierungen zur Theologizität der Religionspädagogik (Religionspädagogik innovativ 17), Stuttgart.

Scholz, Frithard (1982): Freiheit als Indifferenz: Alteuropäische Probleme mit der Systemtheorie Luhmanns, Frankfurt a. M.

Schönwälder-Kuntze, Tatjana (2009a): Das zwölfte Kapitel: Re-entry into the Form, in: Dies./Wille/Hölscher, a. a. O., 194–205.

Schönwälder-Kuntze, Tatjana (2012): Luhmann und Spencer-Brown, in: Jahraus/Nassehi u. a. (Hg.), a. a. O., 34–39.

Schönwälder-Kuntze, Tatjana (2012a): Georg Wilhelm Friedrich Hegel (1770–1831), in: Jahraus/Nassehi u. a. (Hg.), a. a. O., 261–265.

Schönwälder-Kuntze, Tatjana/Wille, Katrin (2009): Das erste Kapitel: The Form, in: Dies./Hölscher, a. a. O., 67–86.

Schönwälder-Kuntze, Tatjana/Wille, Katrin/Hölscher, Thomas (2009): George Spencer Brown. Eine Einführung in die Laws of Form (2004), Wiesbaden, überarbeitete 2. Aufl.

Schüßler, Michael (2020): Hybride Komplizenschaft entlang robuster Existenzfragen. Wissenschaftstheoretische Bestandsaufnahmen (katholischer) Praktischer Theologie, in: Schlag/Schröder (Hg.), a. a. O., 433–455.

Schulte, Andrea (2018/Hg.): Sprache. Kommunikation. Religionsunterricht: Gegenwärtige Herausforderungen religiöser Sprachbildung und Kommunikation über Religion im Religionsunterricht (Studien zur Religiösen Bildung 15), Leipzig.

Schulte, Andrea/Hahn, Matthias (2014): „Quo vadis?" – Wie geht es weiter mit der Kompetenzorientierung in: Zeitschrift für Pädagogik und Theologie 66, 319–328.

Schulte, Günter (2013): Der blinde Fleck in Luhmanns Systemtheorie (1993), (Wissenschaftliche Paperbacks 23), Berlin.

Schweitzer, Friedrich (2012): Elementarisierung im Kontext neuerer Entwicklungen, in: Grümme/Lenhard/Pirner (Hg.), a. a. O., 234–246.

Schweitzer, Friedrich (2014): Wo also steht die Religionsdidaktik? Kritische Fragen in weiterführender Absicht, in: Zeitschrift für Pädagogik und Theologie 66, 385–391.

Schweitzer, Friedrich/Bräuer, Magda/Boschki, Reinhold (2017/Hg.): Interreligiöses Lernen durch Perspektivenübernahme. Eine empirische Untersuchung religionsdidaktischer Ansätze (Glaube – Wertebildung – Interreligiosität, Berufsorientierte Religionspädagogik 10), Münster.

Schweitzer, Friedrich/Wissner, Golde u. a. (2018): Jugend – Glaube – Religion. Eine Repräsentativstudie zu Jugendlichen im Religions- und Ethikunterricht (Glaube – Wertebildung – Interreligiosität, Berufsorientierte Religionspädagogik 13), Münster.

Seewald, Michael (2016): Was ist Relativismus? Zu den Konturen eines theologischen Schreckgespensts, in: Internationale Katholische Zeitschrift „Communio" 45, 493–508.

Seewald, Michael (2018): Einführung in die Systematische Theologie, Darmstadt.

Seewald, Michael (2018a): Dogma im Wandel. Wie Glaubenslehren sich entwickeln, Freiburg/Basel/Wien.

Segal, Lynn (1988): Das achtzehnte Kamel oder Die Welt als Erfindung. Zum Konstruktivismus Heinz von Foersters. Aus dem Amerikanischen von Inge Leipold, München.

Sejdini, Zekirija/Kraml, Martina/Scharer, Matthias (2017): Mensch werden. Grundlagen einer interreligiösen Religionspädagogik und -didaktik aus muslimisch-christlicher Perspektive (Studien zur Interreligiösen Religionspädagogik 1), Stuttgart.

Sejdini, Zekirija/Kraml, Martina (2020/Hg.): Interreligiöse Bildung zwischen Kontingenzbewusstsein und Wahrheitsansprüchen (Studien zur Interreligiösen Religionspädagogik 4), Stuttgart.

Sekretariat der Deutschen Bischofskonferenz (1998/Hg.): Fides et Ratio. Enzyklika über das Verhältnis von Glaube und Vernunft (Verlautbarungen des Apostolischen Stuhls 135), Bonn.

Serres, Michel (1981): Der Parasit (1980), Frankfurt a. M.

Siebert, Horst (2002): Der Konstruktivismus als pädagogische Weltanschauung. Entwurf einer konstruktivistischen Didaktik, Frankfurt a. M.

Siebert, Horst (2003): Vernetztes Lernen. Systemisch-konstruktivistische Methoden der Bildungsarbeit, München.

Simojoki, Henrik (2012): Globalisierte Religion. Ausgangspunkte, Maßstäbe und Perspektiven religiöser Bildung in der Weltgesellschaft (Praktische Theologie in Geschichte und Gegenwart 12), Tübingen.

Simojoki, Henrik (2014): Wo ‚steht' die konstruktivistische Religionsdidaktik? Versuch einer theologischen Ortsbestimmung, in: Zeitschrift für Pädagogik und Theologie, 66, 357–366.

Simojoki, Henrik (2019): 10 Jahre konstruktivistische Religionsdidaktik: Elevation, Re-Konstruktion, Innovation, in: Büttner/Mendl/Reis/Roose (Hg.), a. a. O., 224–234.

Simon, Fritz B. (1997): Lebende Systeme. Wirklichkeitskonstruktionen in der Systemischen Therapie, Frankfurt a. M.

Simon, Fritz B. (2002): Die Kunst nicht zu lernen. Und andere Paradoxien in Psychotherapie, Management, Politik ..., Heidelberg, 3. Aufl.

Simon, Fritz B. (2009): Einführung in Systemtheorie und Konstruktivismus, Heidelberg, 4. Aufl.

Sitzberger, Rudolf (2005): Konstruktivistisch Unterricht planen, in: Mendl, Hans (Hg.): Konstruktivistische Religionspädagogik. Ein Arbeitsbuch, Münster, 83–104.

Sitzberger, Rudolf (2013): Die Bedeutung von Sprache innerhalb eines konstruktivistisch orientierten Religionsunterrichts (Religion konkret 3), Berlin.

Sölle, Dorothee (1968): Atheistisch an Gott glauben, Olten.

Specht-Tomann, Monika/Tropper, Doris (2011): Wir nehmen jetzt Abschied. Kinder und Jugendliche begegnen Sterben und Tod, Düsseldorf.

Spencer Brown, George (1969): Laws of Form, London.

Spencer Brown, George (1997): Laws of Form – Gesetze der Form, Lübeck, 7. Aufl.

Spychiger, Maria B. (2010): Fehlerkultur und Reflexionsdidaktik, in: Jürgens, Eiko/Standop, Jutta (Hg.): Was ist „guter" Unterricht? Bad Heilbrunn, 175–197.

Starnitzke, Dierk (2006): Die binäre Codierung der christlichen Religion aus theologisch-exegetischer Sicht, in: Thomas/Schüle (Hg.), a. a. O., 173–188.

Stekeler-Weithofer, Pirmin: Empirische Realität und generische Wirklichkeit. Zu metaphysischen Fehldeutungen materialbegrifflicher Sinnbestimmung. In: Gabriel (Hg.), a. a. O., 308–342.

Stenger, Horst/Geißlinger, Hans (1991): Die Transformation sozialer Realität. Ein Beitrag zur empirischen Wissenssoziologie, in: Kölner Zeitschrift für Soziologie und Sozialpsychologie 43, 247–270.

Stimpfle, Alois (2004): Wie wirklich ist die biblische Wirklichkeit? Die Bibel konstruktionsgeschichtlich gelesen, in: Religionsunterricht an höheren Schulen (47) 133–143.

Stimpfle, Alois (2006): Von Mächten und Gewalten. Konstruktionsgeschichtlich orientierter Lernzirkel zum biblischen „Wunder"-Phänomen, in: Büttner (Hg.), a. a. O., 98–115.

Stimpfle, Alois (2010): „Ich habe den Herrn gesehen!" (Joh 20,11–18). Konstruktionsgeschichtliche Überlegungen zur neutestamentlichen Auferstehungserfahrung, in: Büttner/Mendl/Reis/Roose (Hg.), a. a. O., 51–66.

Stock, Alex (1995–2016): Poetische Dogmatik (4 Teile in 11 Büchern), Paderborn.

Stoellger, Philipp (2006): Kommunikation von Paradoxen. Zu Luhmanns Umgang mit Paradoxen und den anschließenden Möglichkeiten für die Theologie, in: Thomas/Schüle (Hg.), a. a. O., 67–91.

Stögbauer, Eva (2011): Die Frage nach Gott und dem Leid bei Jugendlichen wahrnehmen. Eine qualitativ-empirische Spurensuche (Religionspädagogische Bildungsforschung 1), Bad Heilbrunn.

Stögbauer-Elsner, Eva-Maria (2019): Artikel „Theodizee", in: Das Wissenschaftlich-Religions-pädagogische Lexikon WiReLex. https://www.bibelwissenschaft.de/stichwort/200651/ Aufruf 15.12.2021.

Stosch, Klaus von (2012): Komparative Theologie als Wegweiser in die Welt der Religionen (Beiträge zur Komparativen Theologie 6), Paderborn.

Sudbrack, Josef (1977): Erfahrung des Geistes. Die achte Ansprache Bernhards von Clairvaux zum Hohenlied. Eingeführt und übersetzt von Josef Sudbrack, in: Geist und Leben, 50, 427–436.

Synodenbeschluss (1976): Der Religionsunterricht in der Schule (1974), in: Gemeinsame Synode der Bistümer in der Bundesrepublik Deutschland. Beschlüsse der Vollversammlung. Offizielle Gesamtausgabe, Freiburg/Basel/Wien, 123–152.

Tertullian (1956), De carne christi, hg. v. Ernest Evans, 2002 transkribiert von Roger Pearse, http://www.thelatinlibrary.com/tertullian/tertullian.carne.shtml Aufruf 15.12.2021.

Teubner, Gunther (2000): Editorial, in: Ders. (Hg.), a. a. O., 1f.

Teubner, Gunther (2000/Hg.): Die Rückgabe des zwölften Kamels. Niklas Luhmann in der Diskussion über Gerechtigkeit. Sonderausgabe der Zeitschrift für Rechtssoziologie 21, Heft 1, Stuttgart

Teubner, Gunther (2008): Selbstsubversive Gerechtigkeit: Kontingenz- oder Tanszendenzformel des Rechts?, in: Ders. (Hg.), a. a. O., 9–36.

Teubner, Gunther (2008/Hg.): Nach Jacques Derrida und Niklas Luhmann: Zur (Un-)Möglichkeit einer Gesellschaftstheorie der Gerechtigkeit, Zeitschrift für Rechtssoziologie 29, Heft 1, Stuttgart

Theis, Joachim (2005): Biblische Texte verstehen lernen. Eine bibeldidaktische Studie mit einer empirischen Untersuchung zum Gleichnis vom barmherzigen Samariter (Praktische Theologie heute 64), Stuttgart.

Theißen, Gerd (2003): Zur Bibel motivieren. Aufgaben, Inhalte und Methoden einer offenen Bibeldidaktik, Gütersloh.

Thiede, Werner (1991): Auferstehung der Toten – Hoffnung ohne Attraktivität? Grundstrukturen christlicher Heilserwartung und ihre verkannte religionspädagogische Relevanz, Göttingen.

Thomas, Günter (1992): Welt als relative Einheit oder als Letzthorizont? Zur Azentrizität des Weltbegriffs, in: Krawietz/Welker (Hg.), a. a. O., 327–354.

Thomas, Günter (2006): Kommunikation des Evangeliums – oder: Offenbarung als Re-entry, in: Ders./Schüle (Hg.), a. a. O., 15–32.

Thomas, Günther/Schüle, Andreas (2006/Hg.): Luhmann und die Theologie, Darmstadt.

Tillich, Paul (1964): Die Frage nach dem Unbedingten. Schriften zur Religionsphilosophie (Gesammelte Werke Bd. V), Stuttgart.

Tillich, Paul (1970): Wesen und Wandel des Glaubens (1957), in: Offenbarung und Glaube. Gesammelte Werke 8, Stuttgart, 111–196.

Tillich, Paul (1987): Systematische Theologie I (1951), Berlin, 8. Aufl.

Todesco, Rolf (o. J.): Artikel „Paradoxie", in: Lexikon Hyperkommunikation (www.hyperkommunikation.ch), http://www.hyperkommunikation.ch/lexikon/paradoxie.htm, Aufruf 15.12.2021.

Tomberg, Markus (2010): Religionsunterricht als Praxis der Freiheit. Überlegungen zu einer religionsdidaktisch orientierten Theorie gläubigen Handelns (Praktische Theologie im Wissenschaftsdiskurs 7), Berlin.

Tomberg, Markus (2010a): Leisten ist Handeln in Beziehung. Leistungsbewertung in der Schule – Folgerungen für einen religionspädagogischen Leistungsbegriff, in: rpi-virtuell vom 29.01.2010, 1–15.

Tomberg, Markus (2012): Der Religionsunterricht – ein *locus theologicus*? Zugleich Überlegungen zum Profil der Religionspädagogik, in: Mette/Sellmann (Hg.), a. a. O., 52–64.

Tomberg, Markus (2017): ‚Er allein tut Wunder' (Ps 72,18). Wunderdidaktik und (post-)moderne Normalitätsannahmen, in: Lersch, Markus/Scheule, Rupert M. (Hg.): Tora und Evangelium. Grenzgänge zwischen Altem und Neuem Testament (Fuldaer Hochschulschriften 59), Würzburg, 115–140.

Tomberg, Markus (2021): An diesem Ort war alles anders. Religionspädagogisch interessierte Lektüren von Kinder- und Jugendbüchern zu Sterben, Tod und Trauer aus den Jahren 2017–2020 (Fuldaer Hochschulschriften 62), Würzburg.

Tück, Jan-Heiner (2020): Gelobt seist du, Niemand. Paul Celans Dichtung – eine theologische Provokation, Freiburg i. Br.

Unser, Alexander (2019). Social inequality and interreligious learning: An empirical analysis of students' agency to cope with interreligious learning tasks, Wien.

Varela, Francisco J. (1990): Kognitionswissenschaft – Kognitionstechnik. Eine Skizze aktueller Perspektiven, Frankfurt a. M.

Varela, Francisco J./Thompson, Evan/Rosch, Eleanor (1992): Der Mittlere Weg der Erkenntnis. Der Brückenschlag zwischen wissenschaftlicher Theorie und menschlicher Erfahrung, Bern u. a.

Verweyen, Hansjürgen (1978): Nach Gott fragen: Anselms Gottesbegriff als Anleitung, Essen. https://www.ub.uni-freiburg.de/fileadmin/ub/referate/04/verweyen/anselm1.htm Aufruf 15.12.2021.

Verweyen, Hansjürgen (1994), Einleitung, in: Anselm von Canterbury 1994, a. a. O., 7–60.

Voß, Reinhard (1991/Hg.): Helfen – aber nicht auf Rezept. Alternativen und vorbeugende Maßnahmen aus gemeinsamer Verantwortung für das auffällige Kind, München/Basel, 2. Aufl.

Voß, Reinhard (1998/Hg.): SchulVisionen: Theorie und Praxis systemisch-konstruktivistischer Pädagogik, Heidelberg.

Voß, Reinhard (2002): Vorwort und Einleitung, in: Ders. (Hg.), a. a. O., 1–11.

Voß, Reinhard (2002/Hg.): Die Schule neu erfinden. Systemisch-konstruktivistische Annäherungen an Schule und Pädagogik, Neuwied-Kriftel, 4. überarb. Aufl.

Voß, Reinhard (2002a): Lebenserfahrung passiert, wenn Geschichten zu Personen passen. Supervision mit berufs- und lebenserfahrenen LehrerInnen, in: Ders. (Hg.), a. a. O., 272–281.

Voß, Reinhard (2005/Hg.): Unterricht aus konstruktivistischer Sicht – Die Welten in den Köpfen der Kinder, Weinheim/Basel, 2. Aufl.

Voß, Reinhard (2006a/Hg.): LernLust und EigenSinn – Systemisch-konstruktivistische Lernwelten, Heidelberg, 2. Aufl.

Voß, Reinhard (2006b/Hg.): Wir erfinden Schulen neu – Lernzentrierte Pädagogik in Schule und Unterricht, Weinheim/Basel.

Voß, Reinhard (2007): A Daisy in December – Ernst von Glasersfeld wird 90, in: Zeitschrift für Systemische Therapie und Beratung, Heft 2, 25, 113f.

Vossenkuhl, Wilhelm (2009): Religiöse Bildung und menschliche Selbstbestimmung, in: Bodensteiner, Paula/Weidinger, Norbert (Hg.): Religionsunterricht in offener Gesellschaft, München, 19–24.

Waldenfels, Bernhard (1997): Fremderfahrung und Fremdanspruch, in: Ders.: Topographie des Fremden. Studien zur Phänomenologie des Fremden, Frankfurt, 16–53.

Wallich, Matthias (1999): Autopoiesis und Pistis. Zur theologischen Relevanz der Dialogtheorien des Radikalen Konstruktivismus (Saarbrücker Hochschulschriften 32), St. Ingbert.

Watzlawick, Paul (2013/Hg.): Die erfundene Wirklichkeit. Wie wissen wir, was wir zu wissen glauben? Beiträge zum Konstruktivismus (1985), München, 7. Aufl.

Weidhas, Roija F. (1994): Konstruktion – Wirklichkeit – Schöpfung. Das Wirklichkeitsverständnis des christlichen Glaubens im Dialog mit dem Radikalen Konstruktivismus unter besonderer Berücksichtigung der Kognitionstheorie H. Maturanas, Frankfurt a. M.

Welker, Michael (1985/Hg.): Theologie und funktionale Systemtheorie. Luhmanns Religionssoziologie in theologischer Diskussion, Frankfurt a. M.

Werner, Gunda (2016): Differenz als theologischer Begriff – subjekttheoretische Überlegungen und theologische Materialproben, in: Alkier, Stefan/Schneider, Michael/Wiese, Christian (Hg.): Diversität – Differenz – Dialogizität. Religion in pluralen Kontexten, Berlin, 41–73.

Werner, Gunda (2020): Die normative Kraft der Lücke. Mit Judith Butler Traditionsbildung neu gedacht, in: Grümme/Dies. a. a. O., 201–215.

Werron, Tobias (2012): Welt, in: Jahraus/Nassehi u. a. (Hg.), a. a. O., 125–127.

Wiemeyer, Joachim (2015): Keine Freiheit ohne Gerechtigkeit. Christliche Sozialethik angesichts globaler Herausforderungen, Freiburg u. a.

Wille, Katrin (2009a): Das elfte Kapitel: Equations of the second degree, in: Schönwälder-Kuntze/Dies./Hölscher (Hg.), a. a. O., 174–193.

Wille, Katrin (2009b): 0. Kapitel: Womit der Anfang gemacht wird, in: Schönwälder-Kuntze/Dies./Hölscher, a. a. O., 64–66.

Wille, Katrin (2009c): Praxis der Unterscheidung, in: Schönwälder-Kuntze/Dies./Hölscher, a. a. O., 287–299.

Willems, Joachim (2011): Interreligiöse Kompetenz. Theoretische Grundlagen – Konzeptualisierungen – Unterrichtsmethoden, Wiesbaden.

Wohlmuth, Josef (2001): Chalkedonische Christologie und Metaphysik, in: Knapp, Markus/Kobusch, Theo (Hg.): Religion – Metaphysik(kritik) – Theologie im Kontext der Moderne/Postmoderne, Berlin-New York, 333–354.

Woppowa, Jan (2017): Perspektivenverschränkung als zentrale Figur konfessioneller Kooperation, in: Lindner/Schambeck/Simojoki/Naurath (Hg.), a. a. O., 174–192.

Woppowa, Jan (2017/Hg.): Kooperativer Religionsunterricht. Fragen – Optionen – Wege (Religionspädagogik innovativ 20), Stuttgart.

Woppowa, Jan (2018): Religionsdidaktik, Paderborn.

Woppowa, Jan/Isik, Tuba/Kammeyer, Katharina/Peters, Bergit (2017/Hg.): Kooperativer Religionsunterricht. Fragen – Optionen – Wege (Religionsdidaktik innovativ 20), Stuttgart.

Zander, Hans Conrad (2007): Kurzgefasste Verteidigung der Heiligen Inquisition, Gütersloh.

Ziebertz, Hans-Georg/Heil, Stefan/Prokopf, Andreas (2003/Hg.): Abduktive Korrelation. Religionspädagogische Konzeption, Methodologie und Professionalität im interdisziplinären Dialog, Münster.

Zimmermann, Barbara (2018): Mehr als nur Wissen! Kompetenzorientierung im Bologna-Prozess. Eine theologiedidaktische Analyse (Studien zur Praktischen Theologie 3), Münster.

Zimmermann, Mirjam/Zimmermann, Ruben (2013/Hg.): Handbuch Bibeldidaktik, Tübingen.

Zimmermann, Ruben (Hg.): Kompendium der frühchristlichen Wundererzählungen, Bd. 1: Die Wunder Jesu, Gütersloh.

Zölß, Rosa (2018): Rituale – ein Weg zur Spiritualität mit 6-10jährigen, in: Caloun/Habringer-Hagleitner (Hg.), a. a. O., 221-229.

7. Quellen der Motti

Motto der Arbeit: Volkstümlicher Vierzeiler aus dem Mittelalter, in: Boothe, Brigitte (2002): Das Dasein als Wunder. Die Entfaltung religiösen Erlebens, in: Ruff, Wilfried (Hg.): Religiöses Leben verstehen, Göttingen: Vandenhoeck & Ruprecht, 91-111, 108.

Motto 1. Kapitel: Michael Ende (1979): Die unendliche Geschichte, Stuttgart: Thienemanns, 168.

Motto 2. Kapitel: Henri Nouwen (2014): Mit einem weiten Herzen. Betend leben lernen, Freiburg i. Br.: Herder, 82.

Motto 3. Kapitel: Martin Schleske (2017): Herztöne. Lauschen auf den Klang des Lebens, Asslar: adeo Verlag, vierte Auflage, 282.

Motto 4. Kapitel: Benyoëtz, Elazar (2015): Am Anfang steht das Ziel und legt die Wege frei, Berlin: Hentrich & Hentrich, 33.